Monumente der Welt

Mit einem Beitrag von Ernst von Khuon
über die sieben Weltwunder der Antike

Chronik
Verlag

24
72
156
200
244
282
326
368
404

Alhambra, Granada 26
Cape Canaveral 74
Ephesus 114
Guernica 158
Kölner Dom 202
Olympia 284
Sueskanal 370
Trevi-Brunnen 406

Amazonas 28
Carcassonne 76
Epidauros 116
Guggenheim-Museum 160
Kolosseum 204
Mauna Loa, Vulkan 246
Olympiastadion, München 286
Sagrada Familia, Barcelona 328
Trier, römische Bauten 408

Amsterdam 30
Carnac, Menhire 78
Eremitage 118
GUM 162
Krak des Chevaliers 206
Melk, Stift 248
Sahara 330
Sultan-Ahmad-Moschee 372

Amun-Tempel 32
Escorial 120
Hagia Sophia 164
Kreml 208
Metro, Moskau 250
Omaijaden-Moschee 288
Sakkara, Stufenpyramide 332
Sultan-Hassan-Moschee 374
Tula 410

Angkor Wat 34
Castel del Monte 80
Felsendom 122
Heratempel, Paestum 166
Krüger-Nationalpark 210
Metropolitan Museum of Art 252
Oosterschelde, Flutwehr 290
Sydney, Opernhaus 376
Udaipur, Palast 412

Athos-Klöster
Centre Pompidou
Firth-of-Forth-Brücke
Hofburg
Kyoto
Monte Albán
Osterinsel
Salzburg
Tadsch Mahal
Uffizien

Ein echtes Kunstwerk bleibt wie ein Naturwerk
für unseren Verstand immer unendlich

Johann Wolfgang von Goethe

Das Beste im Leben
ist Verständnis für alles Schöne zu haben

Menander (griechischer Dichter)

Avignon, Papstpalast 38
Ayers Rock 40
Ayutthaya 42
Batalha, Kloster 46
Bhubaneswar 48
Borob

Champs-Élysées 84
Charles-de-Gaulle-Flughafen 86
Chartres, Kathedrale 88
Basilius-Kathedrale 44
Chichén Itzá 90
Chinesische Mauer 92
Cliff D

Florentiner Dom 126
Forum Romanum 128
Freitagsmoschee 132
Fudschijama 134
Galápagos-Inseln 136
Galler

Hollywood 170
Hongkong, Hafen 172
Freiheitsstatue 130
Houses of Parliament 174
Hradschin 176
Iguazú-Fälle 178
Jaipu

Lascaux 216
La Silla, Observatorium 218
Lhasa 220
Liegender Buddha 222
Loire-Schlösser 224
Lourd

Lahore, Rotes Fort 214
Mont-Saint-Michel 256
Montserrat, Kloster 258
Monument Valley 260
Mount Everest 262
Mount Rushmore 264
Myke

Pamukkale, Kalkterrassen 294
Panamakanal 296
Pantheon, Rom 298
Persepolis 300
Petersdom 302
Petrodworez 304
Piazza

Samarkand 336
Sanchi 338
Sanssouci 340
Santa Maria delle Grazie 342
Scala, Mailand 346
Schah

Tafelberg und Kap 380
Taivallahti-Kirche 382
Tal der 13 Gräber 384
Santiago de Compostela 344
Tal de

Uxmal 416
Vatikan 418
Verbotene Stadt, Peking 420
Verona, Arena 422
Versailles 424
Wall Street, New York 426
Westm

Inhalt (Monumente in alphabetischer Reihenfolge)

Inhalt (Monumente nach Staaten geordnet)

Abbildungen auf dem Schuber
Jeweils von links, 1. Reihe: Mount Rushmore, Piazza dei Miracoli mit dem schiefen Turm in Pisa, Sydney Opera House; 2. Reihe: Malawiya-Minaret im Irak, Pyramiden von Gise, Niagara-Fälle; 3. Reihe: Borobudur in Indonesien, Parlamentsgebäude in Brasilia, Felsendom in Jerusalem; 4. Reihe: Sonnenofen von Odeillo, Stonehenge, Notre-Dame in Paris.

Impressum

Idee, Konzeption und verantwortlich für die Redaktion: Bodo Harenberg

Bildredaktion: Norbert Fischer

Autoren: Manfred Brocks, Dr. Petra Gallmeister, Maria Koettnitz-Bies, Peter Lempert, Dr. Harry Olechnowitz, Ingrid Reuter, Ernst Christian Schütt, Stefanie Steinkemper, Marlene Wöste
Redaktionelle Abwicklung: Annette Retinski, Jutta Jouaux
Umschlaggestaltung: Lothar Alker
Druck: Cronion S. A., Barcelona
Printed in Spain

ISBN 3-88379-035-4

Vorwort

213 Monumente der Welt aus Kultur, Technik und Natur werden auf 472 Seiten in Wort und Bild vorgestellt. Vielen Lesern wird das eine oder andere Monument bekannt vorkommen – aus Filmen, Büchern und Berichten. Bei manchem Leser werden die Monumente Erinnerungen wachrufen – Erinnerungen an Reisen, die zu diesen Monumenten geführt haben.

Monumente der Kultur und Technik geben ein Bild von Leistungen der Menschen, von ihren Träumen und Ideen. Andere Monumente zeigen die Vielfalt der Natur in allen ihren faszinierenden Erscheinungen. Alle diese Monumente wecken die Neugierde und den Wunsch, sie zu betrachten, zu verstehen und ihre Gegenwart zu erleben. Vielleicht läßt sich mancher Leser von diesem Bildband anregen, das eine oder andere dieser Monumente aufzusuchen, um sich von seiner Schönheit oder Ungewöhnlichkeit selbst zu überzeugen.

Wer dieses Buch durchblättert, erlebt 213 Monumente der Welt: Bekannte und weniger bekannte, alte und neue, werden in alphabetischer Reihenfolge – und nicht nach den traditionellen Rubriken Kultur, Technik und Natur – vorgestellt. Dieses Vorgehen führt die Vielfalt und die Unterschiedlichkeit wichtiger Zeugnisse der Menschheits- und Erdgeschichte vor Augen: Relikte vergangener Kulturen sind neben Höchstleistungen moderner Technik zu bewundern, Ruinen stehen neben Wolkenkratzern, Museen, die Schätze aus Kunst und Kultur der Menschheit aufbewahren, sind neben Wundern der Natur, die lange vor Beginn menschlichen Lebens entstanden sind, zu betrachten. Der Leser findet den Ganges neben der Geburtskirche von Bethlehem, Notre-Dame von Paris neben dem Sonnenofen von Odeillo, die Pyramiden von Gise neben dem Prado von Madrid und Cape Canaveral neben der Festung Carcassone.

Ausschlaggebend für die Auswahl der Monumente war nicht allein die kulturhistorische Bedeutung eines Bau- oder Kunstwerks, sondern auch ihr Symbolcharakter – die Frage also, ob sie weltliche Macht, Religiösität, Ideen und Werte in einzigartiger Form repräsentieren. Einige Monumente wurden ausgewählt, weil sie noch heute, nach Jahrtausenden oder Jahrhunderten, Rätsel aufgeben und die wissenschaftliche Forschung ihre Entstehung und Bedeutung noch immer nicht schlüssig erklären kann. So wechseln Seite für Seite Vergangenheit und Gegenwart, Länder und Kontinente, Kultur, Technik und Natur.

Aber was rechtfertigt die Darstellung von Disneyworld, Hollywood oder Silicon Valley? Erwartet man in einem Buch über die wichtigsten Monumente der Welt nicht eigentlich Kultstätten, Kirchen, Schlösser und Paläste? Was ist faszinierend am Bosporus, einer Meerenge, die zufällig zwei Kontinente trennt? Und warum Guernica, ein einzelnes Gemälde?

Disneyworld und Hollywood repräsentieren Illusionen und Träume des 20. Jahrhunderts, aber auch deren kommerzielle Ausnutzung. Sie sind bedeutende Zeugnisse unserer heutigen Kultur. Silicon Valley ist Symbol einer tiefgreifenden und in ihren Konsequenzen noch kaum übersehbaren technischen Revolution: Es steht für den Eintritt der Menschheit in das Zeitalter der Elektronik und Computer. Der Bosporus ist mehr als die Begrenzung zweier Erdteile: Er ist mit der Geschichte zahlreicher Völker verknüpft, die an diesem strategisch wichtigen Punkt der Erde Siege oder Niederlagen erlebten. Guernica ist nicht nur das wichtigste Werk von Pablo Picasso, sondern zugleich ein Aufschrei gegen Gewalt und Unterdrückung.

Das Altertum kannte sieben Weltwunder – Ernst von Khuon berichtet darüber in einem Essay, der diesem Band als Anhang beigegeben ist. Nicht wenigen der 213 hier versammelten Monumenten wurde das Attribut zugesprochen, das achte Weltwunder zu sein. Die sieben Weltwunder des Altertums wurden über lange Zeiträume hinweg als gültig angesehen. In unserer heutigen Zeit überstürzen sich die technischen Fortschritte und Höchstleistungen: Was gestern noch als Wunderwerk betrachtet wurde, ist morgen schon wieder vergessen.

Die hier versammelten Monumente werden unvergeßlich bleiben: Es sind Stätten, die der Mensch vorgefunden hat, als er begann, die Welt zu entdecken. Es sind Stätten, die Menschen für ihre Götter errichtet haben. Es sind Stätten, mit denen Menschen kühne Träume und Ideen verwirklichen wollten.

Benutzerhinweise

Die 213 Monumente, die in diesem Buch abgebildet und beschrieben werden, sind alphabetisch geordnet. Wer sich nach Ländern orientieren möchte, findet eine Übersicht auf der rechten Seite im vorausgegangenen Inhaltsverzeichnis.

Eine Lageskizze zu Beginn jedes Textes zeigt den Standort innerhalb des jeweiligen Landes: Das Monument ist mit einem roten Punkt gekennzeichnet, die Hauptstädte werden – zur schnelleren Orientierung – mit einem schwarzen Punkt dazu in Beziehung gesetzt.

Wo es um architektonische Details geht, wurden farbige Grundrisse hinzugefügt. Sehenswürdigkeiten, die sich über größere Flächen erstrecken, sind in zusätzlichen Lageplänen dargestellt.

Ein Verweissystem, das in die Beschreibungen eingearbeitet ist, bringt unterschiedliche Monumente miteinander in Beziehung und weist auf geographische, stilgeschichtliche oder personelle Zusammenhänge hin.

Um die einzelnen Texte nicht mit Informationen zu belasten, die zwar von Interesse, aber nicht allein kennzeichnend für die jeweilige Sehenswürdigkeit sind, wurden diesem Buch ein Personen- und ein Sachregister als Anhang beigegeben. Das Personenregister nennt die wichtigsten Lebensdaten der erwähnten Männer und Frauen und verweist auf die betreffenden Seiten. Das Sachregister erläutert wichtige historische, religiöse und kunsthistorische Fachbegriffe.

In seinem Essay „Die sieben Weltwunder der Antike“ zeigt Ernst von Khuon, wie sich die Vorstellung der Menschen von den Monumenten der Erde im Laufe der Zeit verändert hat. Die Illustrationen zu diesem Beitrag sind dem berühmten Werk „Entwurf einer historischen Architektur“ entnommen, das der Wiener Hofarchitekt und Zeichner Johann Bernhard Fischer von Erlach (1656–1723) im Jahre 1721 veröffentlicht hat und das als erste universale Architekturgeschichte der Welt bis heute von Bedeutung ist.

Die Monumente

Aachener Dom

Im Jahr 1000 ließ Kaiser Otto III. die Gruft Karls des Großen in der Aachener Pfalzkapelle öffnen und stieg hinab, um vor dem Toten niederzuknien. Seine schwärmerische Verehrung für den großen Vorgänger bewog ihn, gleichsam als kostbare Reliquie, ein Brustkreuz Karls an sich zu nehmen. Zwei Jahre später starb der junge Kaiser auf einem Italienfeldzug. Sein letzter Wunsch ging in Erfüllung: Er wurde in der Aachener Pfalzkapelle begraben, als einziger deutscher Herrscher nach Karl dem Großen.

Die Aachener Pfalzkapelle, der Kernbau des heutigen Aachener Doms, ist der erste in allen wesentlichen Teilen erhaltene Monumentalbau des Mittelalters auf deutschem Boden. Der Baubeginn unter Leitung des Meisters Odo von Metz ist nach 756 anzusetzen, die Weihe fand spätestens im Jahr 805 statt. Die Hofkirche des Frankenkönigs und römischen Kaisers wurde im baulichen Zusammenhang mit der Aachener Pfalz geplant, der ersten festen Residenz der Karolinger.

Den Kern des Aachener Doms bildet ein achteckiger Zentralbau (Durchmesser: 14,40 m, Scheitelhöhe: 31,60 m) mit 16eckigem, zweigeschossigem Umgang. Das formale Vorbild für den Aachener Zentralbau, der unter den karolingischen Langhausbauten eine Ausnahme darstellt, waren oströmische Kaiserkirchen wie San Vitale in Ravenna (vollendet um 545) oder San Sergios et Bacchos in Konstantinopel (527–536).

Der mächtige Frankenherrscher war bemüht, sich im Wettbewerb mit dem byzantinischen Kaiser auf allen Gebieten als ebenbürtig zu erweisen. Als Palastkapelle geplant, wurde die Kirche durch die Beisetzung Karls des Großen zur bedeutendsten Grabstätte des Reiches; seit Otto I. diente die Pfalzkapelle auch als Krönungskirche der deutschen Könige (von 936–1531).

Die Aachener Pfalzkapelle hatte im wesentlichen drei Aufgaben zu erfüllen: Sie sollte dem Frankenherrscher einen besonderen Thronsitz zur Teilnahme am Gottesdienst zuweisen, den Geistlichen des Hofes eine reiche Ausgestaltung der liturgischen Feiern ermöglichen und für den von Karl dem Großen zusammengetragenen Reliquienschatz (z. B. Teile vom Mantel des Heiligen Martin) als Aufbewahrungsort dienen.

Den verschiedenen Aufgaben entsprachen drei Bauteile: Die Geistlichen versammelten sich im Erdgeschoß des Achtecks (Oktogon); Karl und seinem Gefolge war das Obergeschoß vorbehalten; der Reliquienschatz wurde im Turm des Westbaus, der dem Thronraum vorgelagert war, sicher verwahrt.

Mit der Zusammenführung einer burgähnlichen Westanlage und eines Zentralbaus wurde in Aachen eine Komposition von dichtgedrängten und hohen Baukörpern verwirklicht, die für die kirchliche Architektur des Mittelalters bestimmend werden sollte. In der Selbständigkeit, mit der spätantikes Formengut verarbeitet und neu gedeutet wurde, steht die im fränkischen Kernland errichtete Pfalzkapelle am Anfang der Baugeschichte des Mittelalters.

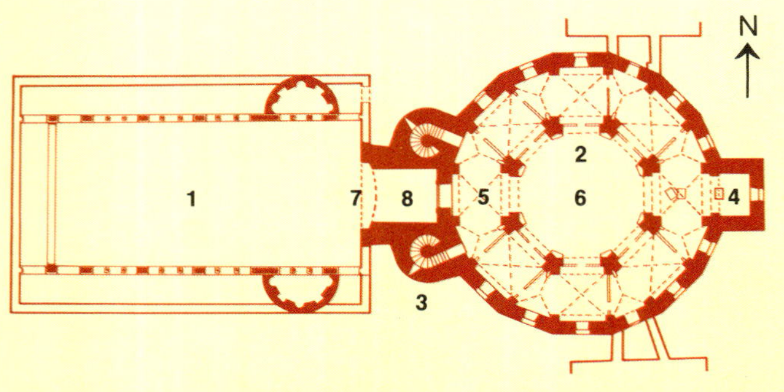

1 Atrium; **2** Pfalzkapelle; **3** Treppentürme; **4** Chor; **5** Thron Ottos des Großen (im Emporengeschoß); **6** Kronleuchter (Stiftung von Kaiser Friedrich I. Barbarossa); **7** Wolfstür mit Löwenköpfen; **8** Bronzebildwerk einer Bärin (volkstümlich als Wolf bezeichnet) und bronzener Pinienzapfen

1

2

1 Das Emporengeschoß der Aachener Pfalzkapelle wird gegen den schachtartigen Innenraum durch zweigeschossige, von Säulen getragenen Arkaden abgeschlossen. Im Westen der Empore steht der Thron Ottos des Großen.
2 Der karolingische Zentralbau wird durch die gotischen Anbauten des 13. bis 15. Jahrhunderts – den langgestreckten Chor, den Kapellenkranz und die Aufbauten des Westwerkes – zum Teil verdeckt.
3 Das Lotharkreuz (um 1000) mit einem Bildnis des römischen Kaisers Augustus symbolisiert das universale Kaisertum.
4 Im Kopf der Karlsbüste, einer Stiftung Kaiser Karl IV., wird die Schädeldecke Karls des Großen aufbewahrt (nach 1349).
5 Auf der Westempore steht der aus antiken Marmorteilen zusammengesetzte Thron Ottos des Großen; in der älteren Forschung wurde der Thron Karl dem Großen zugeschrieben.
6 Der goldene Ambo (zwischen 1002 und 1014) wurde von Kaiser Heinrich II. gestiftet.

5

3

4

6

1 Der Eingang zum Großen Tempel von Abu Simbel, der den beiden Reichsgöttern Amun-Rê und Rê-Harachte gewidmet ist, wird von 20 m hohen Kolossalfiguren flankiert. Auf ihren Köpfen tragen sie das Symbol der königlichen Macht, die Doppelkrone Ober- und Unterägyptens. Auf der Brust, auf den Armen und Beinen ist der Name des Erbauers eingemeißelt: Pharao Ramses II. Die Außenwände des Tempels sind mit Hieroglyphen, Götterfiguren und historischen Darstellungen geschmückt (nach 1250 v. Chr.).

2 Vor der Verlegung von Abu Simbel – zum Schutz vor den Fluten des Nils – konnten die Ausflugsdampfer direkt bei den Felstempeln anlegen.

3 Neben dem Großen Tempel, auch Südtempel genannt, steht die zweite in Fels gehauene Tempelanlage von Abu Simbel, der Hathor-Tempel. Ramses II. widmete ihn seiner Lieblingsgemahlin Nofretari. Die Fassade schmücken sechs schreitende Figuren des Pharao und seiner Gattin. Die Statuen der Königin sind jeweils von Darstellungen ihres Gatten umrahmt.

Abu Simbel

Am 14. November 1963 fiel der Startschuß für das größte Rettungsunternehmen in der Geschichte der Archäologie: An diesem Tage einigten sich Ägypten und die Vereinigten Staaten unter Mithilfe der UNESCO auf die Verlegung der von den Fluten des Nils bedrohten Felstempel von Abu Simbel in Oberägypten.

Fünf Jahre Bauzeit und 36 Millionen Dollar waren erforderlich, um den Tempel einschließlich der Skulpturen in Handarbeit zu zersägen und die jeweils rund 20 t schweren Steinquader 65 m höher und 180 m von der alten Stelle entfernt wieder zusammenzusetzen, wo sie die durch den neuen Assuan-Damm aufgestauten Wasser des Nils nicht mehr erreichen können.

Fast 3300 Jahre nach der Errichtung der Tempelstätte zwischen dem zweiten und dritten Nilkatarakt quälten sich erneut Menschen zum Ruhme des Pharao Ramses II., der Abu Simbel einst hatte erbauen lassen. Über 16000 Steinblöcke wurden mit Hilfe von riesigen Kränen millimetergenau wieder zusammengefügt. Um die Quader aus empfindlichem Sandstein haltbarer zu machen, wurden sie durch Kunstharzinjektionen verfestigt. Damit die äußere Form des Tempels so weit wie möglich gewahrt blieb, war der Bau einer 59 m breiten Betonkuppel erforderlich, die das Gewicht des aufgeschütteten Tempelberges tragen konnte.

Die Verlegungsarbeiten wurden zu einem dramatischen Wettlauf mit der Zeit, denn nur wenige Wochen nach Baubeginn stieg der Pegel des Nil durch die Abriegelungsarbeiten für den Staudamm. Der 121 m hohe und nach zehnjähriger Bauzeit 1970 eingeweihte Assuan-Damm ließ mit seinem fast 600 km langen Stausee – dem drittgrößten der Erde – den Wasserstand um 61 m auf 182 m über dem Meeresspiegel ansteigen. Abu Simbel wäre unweigerlich – ebenso wie die fast ständig überfluteten Tempel auf der nahegelegenen Insel Philae – ein Opfer des Nils geworden.

Die Fassade des Großen Tempels von Abu Simbel wird von vier kolossalen Sitzfiguren Ramses II. beherrscht. Auf einem Gesims über ihren Köpfen thronen 20 Paviane, zu ihren Füßen stehen bis zu 4 m hohe Statuen von Mitgliedern der Herrscherfamilie. Die Räume des Tempels führen 63 m tief in das Felsgestein, der Eingangssaal ist mit 10 m hohen Statuen des Pharao geschmückt; die Wandreliefs verherrlichen die kriegerischen Taten des Königs, der seinem selbstgewählten Beinamen „der Große" alle Ehre machen wollte.

Nach dem unglücklichen Ausgang der Schlacht bei Kadesch gegen die Hethiter 1275 v.Chr. mußte er sich jedoch damit begnügen, durch Monumentalbauten die Glorie seines Herrscherhauses zu verkünden.

Als 1813 der Schweizer Johann Ludwig Burckhardt als erster Europäer den Großen Tempel erblickte, hatte der Wüstensand Abu Simbel fast zugedeckt, nur die Köpfe der Statuen am Eingang waren zu sehen. Vier Jahre später gelang es dem Italiener Giovanni Belzoni, in das Innere vorzudringen. Es dauerte jedoch noch Jahrzehnte, bis Abu Simbel endgültig freigelegt werden konnte und 150 Jahre, bis sich die Aufmerksamkeit der Weltöffentlichkeit auf den Tempel richtete, der heute in altem Glanz an neuer Stelle von der Prunksucht seines Erbauers Ramses II. zeugt.

3

1

2

3

Ätna

Grollend, rauchend, ständig zum Ausbruch bereit – so erscheint der Vulkan Ätna auf Sizilien bereits in den ersten schriftlichen Zeugnissen. Die Griechen, die sich an seinem Fuß ansiedelten, konnten sich seine Existenz nur durch das Wirken übernatürlicher Kräfte erklären: Hephaistos, hinkender Gott der Schmiedekunst und des Feuers, betrieb hier offenbar sein Handwerk. Griechischen Ursprungs ist auch der Name des Berges: Aitne, brennender, flammenspeiender Ort. Selten erwies sich dieser so nützlich wie 369 v. Chr., als er angreifenden Karthagern mit glühender Lava den Weg zur Stadt Catania versperrte. Oft aber brachten die kilometerlangen Lavaströme, die aus seinen Flanken hervorbrachen, Tod und Vernichtung über die Äcker und Dörfer am Berg. Allein seit 475 v. Chr. sind 135 Ausbrüche bezeugt.

Der Ätna an der Ostküste Siziliens hat eine fast kreisrunde Grundfläche von 1800 km^2. Seine Höhe wechselt mit der vulkanischen Aktivität des Berges. 1983 betrug sie 3340 m. Der Ätna wird von unzähligen Spalten durchzogen, die von der Mitte des Berges ausgehen. Auf seinen zunächst sanft, mit zunehmender Höhe steiler ansteigenden Flanken haben sich rund 270 Nebenkrater gebildet. Sein Hauptkrater, eigentlich eine Reihe ineinander verschachtelter Öffnungen, erhebt sich über einem Plateau. Er ist der Jüngste einer Reihe von Kratern, die vor schätzungsweise zweieinhalb Millionen Jahren zum ersten Mal ausbrachen. Ihre Entstehung hängt mit Verschiebungen in der Erdkruste bei der Heraushebung des Apennin zusammen.

Der folgenschwerste Lavaausfluß in historischer Zeit ereignete sich 1669, als sich über der Ortschaft Nicolosi (698 m über dem Meeresspiegel) ein 15 km breiter Spalt mit 13 aufsitzenden Kratern bildete. Diese wuchsen zu einem einzigen feurigen Schlund zusammen, der Asche, Sand und Lavafetzen spie. Der gleichzeitig austretende Lavastrom zerstörte ein Dutzend Orte und kam erst zum Stillstand, nachdem er über den Westteil der Stadt Catania hinaus 700 m weit ins Meer geflossen war. Zwei Wochen nach Beginn der Eruptionstätigkeit, die vom 11. März bis zum 15. Juli 1669 dauerte und schätzungsweise eine Milliarde Kubikmeter Auswurfmaterial förderte, stürzte der Hauptkrater ein. Die Entleerung des Magmaschlotes hatte ihm den Halt genommen.

Die unteren Hänge des Ätna gehören wegen der fruchtbaren Äcker aus verwittertem vulkanischen Material zu den am dichtesten besiedelten Regionen Siziliens. Die Bewohner haben sich daran gewöhnt, mit den Gefahren des Berges zu leben. Im Mai 1983 sollte mittels einer gezielten Sprengung ein 10 m hoher und 200 m breiter Lavawall abgeleitet werden, der zu der Zeit bereits 200 ha Land geschluckt hatte. Der Vorschlag fand aus Aberglaube und Furcht erbitterte Widersacher. Die dennoch am 14. Mai 1983 gezündete Sprengung hatte nur einen geringen Erfolg. Ebenso erfolglos waren 1669 Bürger aus Catania, die verzweifelt mittels Gräben die drohende Lava umzuleiten versuchten. 500 Bewaffnete aus dem Nachbarort Paternó, der sich durch eine Ableitung in Gefahr glaubte, stellten sich ihnen in den Weg. Am Ende begrub der Berg beide Orte unerbittlich.

1 *Während eines Ausbruchs des Ätna fließen glühendheiße Lavaströme aus einer der zahlreichen Spalten, die den Körper des Vulkans durchziehen*
2 *Einige der aus Aschen und Schlacken aufgebauten rund 270 Nebenkrater des Ätna, die zusammen mit den dampfenden Schwefelquellen im Hintergrund von der Aktivität des Berges zeugen.*
3 *Gekrönt von einer Rauchfahne überragt der Ätna die zahlreichen Orte an seinen Hängen.*

1 Die Fresken in den Kulthallen (caityas) und Versammlungsräumen (vihāras) der buddhistischen Höhlenklöster in Ajanta sind als einzige Wandmalereien aus dieser Zeit relativ gut erhalten. Die Malereien an den Wänden, Decken und Pfeilern sind häufig mit plastischem Schmuck verbunden. Die ältesten Gemälde stammen – wie aus der Tracht und dem Schmuck der dargestellten Personen zu erschließen ist – aus spätarchaischer Zeit (1. Jh. v. Chr. – 2. Jh. n. Chr.). In dem Zeitraum vom 2. nachchristlichen bis zum 5. Jahrhundert wurden offensichtlich keine Malereien ausgeführt. Erst im 5. Jahrhundert setzte wieder eine neue Schaffensperiode ein. Diese klassische Malerei zeigt ein reichhaltigeres Motivrepertoire und eine größere Detailgenauigkeit als zuvor sowie eine tiefenräumliche Wirkung der Bilder. Die plastische Wirkung der Figuren wird durch feine Abstufungen der Farbtöne und Schattierungen erzielt. Bemerkenswert ist die Darstellung der Augen in den Malereien der klassischen Periode: Die Augenlider sind halb geschlossen, so daß der Augapfel nur in einem schmalen Spalt zu sehen ist. Entsprechend dem damaligen indischen Schönheitsideal eines „langen Auges" ist die Lidspalte durch Schminke optisch verlängert.

2 Die Eingänge der Felsenklöster und Höhlen zeigen einen reichen plastischen Schmuck mit figürlichen Darstellungen. Da die aus dem Stein geschnittenen mächtigen Portale unter Felsvorsprüngen liegen, waren sie gegen Witterungseinflüsse geschützt und sind gut erhalten.

3 Die Darstellung des Buddha in menschlicher Gestalt setzte erst in spätarchaischer Zeit seit dem Ende des 1. vorchristlichen Jahrhunderts ein.

4

1

2

3

Felsenklöster von Ajanta

Wie eine Versinnbildlichung der Zurückgezogenheit vom weltlichen Leben wirken die buddhistischen Felsenklöster nordöstlich der indischen Stadt Aurangabad in Ajanta. Die buddhistische Religion begreift das Leben als ein ständiges Leiden an unerfülltem Verlangen des Menschen nach Sinnesgenüssen und ewigem Sein. Sie lehrt, daß der Mensch durch Einsicht und Askese dem leidvollen Kreislauf des Lebens, Sterbens und der Wiedergeburt entrinnen kann, um in das Reich der Erlösung von allem Leiden, das Nirwana, einzugehen. Der wahre Weg zum Heil führt nur über die Abwendung von der Welt und findet seinen reinsten Ausdruck in einem zurückgezogenen mönchischen Leben.
Die Felsenklöster von Ajanta entstanden in der Blütezeit des Buddhismus in Indien, zwischen dem 2. Jahrhundert v. Chr. und dem 7. Jahrhundert n. Chr.
In den Tempelhöhlen, deren Fassaden mit hochgewölbten Fenstern sich von den breiten Säulenfronten der Wohnhöhlen abheben, wurde das bedeutendste Kultobjekt der buddhistischen Religion, der Stupa, ein halbkugeliges steinernes Monument verehrt.
Als Abbild des Kosmos und geometrischer Ausdruck der vollkommenen und endlosen Form ist der Stupa ein Symbol des Lebens und dient der wahren Erkenntnis. Die den Stupa umschließende Höhle symbolisiert eine ideal gedachte Welt, aus der Haß, Gier und Wahn verbannt sind, jene Leidenschaften, die nach der Lehre Gautama Buddhas die Hauptursachen des menschlichen Leidens darstellen.
Die Wohnhöhlen, in denen verschiedene Gruppen von Klosterbrüdern lebten und die wandernden Mönchen gastfreien Zutritt boten, bestehen aus größeren Säulenhallen, um die sich kleine Zellen gruppieren.
Eine Besonderheit der Felsenklöster von Ajanta stellt die Bemalung der Innenräume dar, die, von Witterungseinflüssen verschont, Jahrhunderte überdauerte. Fast alle Fresken haben einen erzählenden Inhalt: Sie schildern Episoden aus dem Leben Buddhas und Legenden seiner früheren Existenzen. Dem Betrachter bietet sich ein lebendiges Bild des altindischen höfischen Lebens in einer Welt voller naiver Sinnesfreude.
Innerhalb der indischen bildenden Kunst nehmen die Malereien der Felsenklöster von Ajanta eine außergewöhnliche Stellung ein. Sie bilden eines der seltenen Dokumente einer Epoche der Malerei, die mit dem Rückgang der buddhistischen Religion in Indien in der Mitte des 8. Jahrhunderts n. Chr. endete.

4 *An dem Steilhang eines Flußtales in den Fels gehauen, gleichen die heute verlassenen Tempel und Wohnhöhlen der Mönche mächtigen geheimnisvollen Portalen, die ins Innere der Erde zu führen scheinen. Die 26 teils mehrstöckigen, dicht aneinandergedrängten Höhlen konnten früher durch Treppen vom Talgrund aus erreicht werden; nur sehr wenige waren untereinander durch Stege verbunden. Der Weg, der heute an den Höhlen entlangführt, wurde erst im 18. Jahrhundert angelegt.*

Wie eine weiße Insel liegt der Kalkfelsen der Akropolis mit dem alles überragenden größten Tempel, dem Parthenon, inmitten des modernen Häusermeers von Athen. Die klassischen Bauten auf der Akropolis erlebten nach der Glanzzeit des Stadtstaates Athen, im 5. Jahrhundert v. Chr., eine wechselvolle Geschichte. Die Kultbauten wurden von Makedoniern, Römern, Goten, Byzantinern, Kreuzfahrern, Türken und Bayern teilweise zerstört, umgebaut und zweckentfremdet. Erst im 19. Jahrhundert wurden die Tempel wieder freigelegt.

Akropolis

Die Sage berichtet, daß die Göttin Athene und der Meeresgott Poseidon darum wetteiferten, Schutzgott der Stadt Athen zu werden. Um seine Macht zu beweisen, schlug Poseidon seinen Dreizack in den Boden und aus dem Loch entsprang eine salzige Quelle. Die sanftmütigere Athene pflanzte einen Ölbaum. Die Götter entschieden, daß der Baum als Symbol des Lebens der Stadt heilbringend sei. So wurde Athene zur Schutzgöttin der Stadt.

Inmitten der Stadt Athen erhebt sich der weißlich graue Kalkfelsen der Akropolis mit dem Heiligtum der Göttin Athene, dessen Bauten das berühmteste Zeugnis der klassischen griechischen Kultur darstellen. Die Bebauung des Burgberges, wie sie heute noch erkennbar ist, geht auf die Blütezeit des Stadtstaates Athen unter Perikles im 5. Jahrhundert v. Chr. zurück. Zu Ehren der Göttin Athene ließ Perikles von den hervorragendsten Architekten Griechenlands die prächtigsten Tempel bauen, die je in Athen errichtet wurden. Der Überlieferung nach soll zur Ausführung des Bauplanes eine Geldsumme, die etwa 30 000 kg Gold entspricht, aufgewendet worden sein. Bei der Heranschaffung des kostbaren Baumaterials wurden keine Mühen gescheut. Allein für den Parthenon, den größten Tempel, mußten 22 000 t Marmor von den Steinbrüchen in der Ebene vor Athen durch die Stadt transportiert und die steilen Hänge der Akropolis hinaufgeschafft werden.

Der Parthenon wurde zwischen 447 und 438/32 v. Chr. von den Architekten Kallikrates und Iktinos erbaut. Der Tempel ruht auf einem Unterbau von 72,5 × 34 m und ist in zwei ursprünglich getrennt zugängliche Räume aufgeteilt, die ein Rechteck bilden, das auf allen vier Seiten von 10,43 m hohen Säulen umgeben ist. In einem der Kulträume befand sich das 12 m hohe, von dem Bildhauer Phidias geschaffene Standbild der Athene, das aus Holz, Elfenbein und 1130 kg Gold gefertigt war.

Den nächstgrößeren Tempel, das Erechtheion, nach dem mythischen König Erechtheus benannt, der gemeinsam mit Athene in dem Tempel verehrt wurde, errichtete ein unbekannter Architekt von 421 bis 406. Das

Bauwerk ist in mehrere, auf unterschiedlichem Niveau liegende Teile gegliedert. Das Dach der nach Osten gewandten Vorhalle wird von sechs weiblichen Marmorstatuen, den Koren oder Karyatiden, getragen. Zum Hauptraum des Tempels mit etwa 250 m² Grundfläche führt eine gegen Norden gerichtete Vorhalle. Außerhalb des Tempels befindet sich ein heiliger Bezirk, in dem in Erinnerung an die Sage ein Ölbaum gepflegt wird.

Den Zugang zur Akropolis bilden die von dem Architekten Mnesikles um 437 bis 431 errichteten Propyläen, ein Portalbau mit einem mittleren, zum Haupttor ansteigenden Durchgang und zwei breiten seitlichen Hallen; der Bau blieb unvollendet. Ein weiterer Tempel für Athena Nike, der „siegesverheißenden Athene", wurde nach den Plänen von Kallikrates errichtet (430–421 v. Chr.). Front- und Rückseite des einräumigen Kultbaus sind von je vier Säulen gesäumt.

Die Bauten der Akropolis sind heute durch die Luftverschmutzung der Stadt Athen gefährdet. Seit Beginn der 70er Jahre werden Tempelfriese und Statuen durch Kopien ersetzt und die Originale in das Archäologische Nationalmuseum von Athen gebracht.

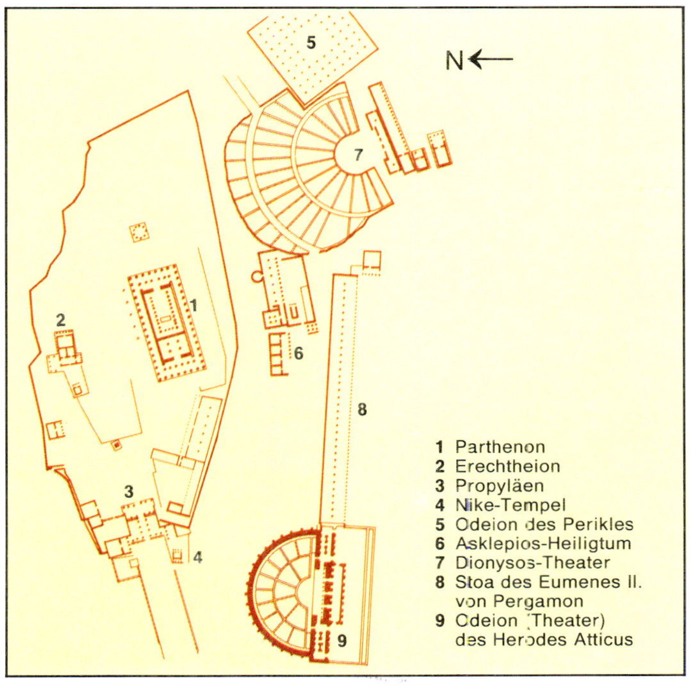

Aletschgletscher

Aletschhorn, Jungfrau und Finsteraarhorn heißen die über 4000 m hohen, mächtigen Gipfel im Schweizer Kanton Wallis. Jeder Bergsteiger kennt ihre markante Silhouette. Nicht weniger bekannt sind die Eismassen, die von diesen Bergen oberhalb der Schneegrenze mit einer Geschwindigkeit von etwa 0,02 m pro Stunde zur Rhône hin ins Tal gleiten: Der Aletschgletscher, mit einer Gesamtlänge von 22 km der größte Eisstrom der Alpen, gehört zu den attraktivsten Touristenzielen der Schweiz.

Mit 115 km^2 bedeckt der Gletscher eine Fläche so groß wie die der Stadt Trier. Im Frühling bieten seine verschneiten Hänge den Skisportlern ideale Bedingungen. Im Sommer verwandelt er sich in einen Energielieferanten, wenn er die Massa, im Winter ein plätscherndes Bächlein, in einen reißenden Wildbach verwandelt, der ein Wasserkraftwerk speist. Der Aletschgletscher entsteht in der Region des ewigen Eises. Hier, wo selbst in der strahlenden Sommersonne die Niederschlagsmengen des Winters nicht verdunsten können, verwandelt sich der Altschnee durch ständiges Schmelzen und Gefrieren nach und nach zu körnigem Firn und schließlich zu Firneis. Unter dem Druck immer neuer Schneemassen entsteht das Gletschereis.

Der Aletschgletscher wird aus drei großen Firnfeldern gespeist. Die Eisströme aus dem Ewigschneefeld, dem Jungfraufirn und dem Großen Aletschfirn fließen in etwa 3000 m Höhe zum größten Alpengletscher zusammen, der hier eine Dicke von 800 m hat. Auf einem Gleitfilm aus Wasser, der durch das häufige Auftauen und Wiedergefrieren entsteht, schieben sich die Eismassen langsam talwärts. Etwa 170 m gleitet der Aletschgletscher pro Jahr die Hänge hinunter. Unterhalb der Schneegrenze beginnt die Gletscherzunge, die wegen der unterschiedlichen Einwirkung von Sonne, warmen Winden und Regen schwankende Ausmaße hat.

Zahlreiche Spalten durchziehen den Gletscher: An der Stirnseite haben sich Längsspalten gebildet, an steilen Abhängen sind Querspalten entstanden und an den Rändern klaffen tiefe Randspalten, weil sich der Eisstrom in der Mitte schneller bewegt als an den Seiten.

Auf seinem Weg ins Tal verändert der Gletscher die Landschaft. Aufragendes Felsgestein wird abgeschliffen, Becken werden erweitert, Täler trogförmig ausgeschürft. Mitgeführte, durch die mahlende Wirkung des Eises abgerundete Gesteinsbrocken werden als Moränen an der Gletscherstirn, an den Seiten oder am Boden abgelagert. Am Ende des Eisstromes fließt die Gletschermilch, das durch fein zerriebenes Gestein trübe Schmelzwasser, zum eiskalten Gebirgsbach zusammen.

An den Rändern des Aletschgletschers sind im Lauf der Zeit mächtige Seitenmoränen sichtbar geworden, Hinweis darauf, daß der mächtigste Gletscher der Alpen zusammenschmilzt. Zu Beginn des 20. Jahrhunderts reichte seine Zunge noch 1000 m weiter ins Tal hinab als heute; seine Fläche hat seit 1927 um 23 km^2 abgenommen. Als Ursache wird eine allgemeine Erwärmung des Klimas angenommen, denn nicht nur das glitzernde Band aus gefrorenem Wasser im Wallis zieht sich zurück, auch die anderen Alpengletscher werden kleiner. Und so bleibt der Aletschgletscher, was er immer war – der Eiskönig der Alpen.

Wie ein blau-glitzerndes Band schiebt sich der größte Eisstrom der Alpen, der Aletschgletscher im Schweizer Kanton Wallis, aus den Regionen des ewigen Eises zwischen den dunklen Felsen der umliegenden Berge zu Tal. Mitgeführtes, zermahlenes Gestein hinterläßt dunkle Streifen. Die Hauptzunge des Gletschers, die in weiten Bögen talwärts gleitet, ist 16 km lang und 1,8 km breit.

1 *Hoch über Granada, der Metropole Andalusiens, liegt auf einem 800 m langen Bergrücken die Alhambra. Mächtige Mauern schützen die kunstvollen Paläste der maurischen Könige, die hier über 150 Jahre residierten und mit der Alhambra eines der bedeutendsten arabischen Profanbauwerke schufen. Inmitten der Festungsanlage erhebt sich um einen runden Innenhof der mächtige Palast, den Kaiser Karl V. zwischen 1526 und 1558 als Alterssitz hatte errichten lassen.*

2 *Der Löwenhof, Patio de los Leones (2. Hälfte des 14. Jh.), in dessen Mitte der Löwenbrunnen (11. Jh.) steht, gehört zum privaten Teil des Palastes, zu dem nur der Herrscher, seine Angehörigen und die engsten Berater Zutritt hatten. An allen vier Seiten ist der Hof mit Säulengängen umgeben. Die Rundbögen sind reich mit Ornamenten im maurischen Stil geschmückt. Eine solche Formgebung findet sich auch in den Innenräumen der Alhambra in den vielfältigsten Variationen. An den Stirnseiten des Hofes sind zwei viereckige Torbauten den Eingängen zu den angrenzenden Gebäuden vorgelagert. Der Torbau im Hintergrund führt zum Eingang des Saales der Könige (Sala de los Reyes) mit seinen drei, durch schmale Säulenreihen begrenzten Haupträumen.*

Alhambra in Granada

Am 2. Januar 1492, zehn Monate, bevor Christoph Kolumbus den neuen Kontinent Amerika entdeckte, ging in Spanien eine fast 800 Jahre dauernde Epoche islamischer Herrschaft zu Ende. In Granada kapitulierte der letzte moslemische Herrscher auf spanischem Boden, Muhammed XI., vor dem katholischen Königspaar Ferdinand von Aragon und Isabella von Kastilien. Die von roten Mauern umkränzte Alhambra (al Hamra, arabisch: die Rote) wurde nun ein christlicher Palast. Hier hatten sich die maurischen Könige von Granada im Lauf des 13. und 14. Jahrhunderts eine Residenz errichtet, die inmitten einer trutzigen Festungsanlage am Fuß der schneebedeckten Sierra Nevada wie ein Märchen aus 1001 Nacht wirkt. Gleichsam wie die Schalen einer Zwiebel verbergen die vielfach verwinkelten Mauern Audienzsäle, Höfe, Moscheen, Bäder und Wohnhäuser.

Der langgestreckte Myrtenhof umschließt ein rechteckiges, an den Längsseiten von Myrtenhecken gesäumtes Wasserbecken. Die Schmalseiten sind mit Säulengängen versehen. Stuckornamente mit vielen unterschiedlichen Mustern verzieren die Säulen – ein gestalterisches Merkmal, das sich auch in den Innenräumen der Alhambra in vielfältigster Form wiederfindet. Am nördlichen Ende befindet sich der größte Saal der Alhambra, die 18 m hohe Audienzhalle. Das in drei Stufen leicht ansteigende Gewölbe ist bedeckt mit über 8000 Holztäfelchen, die das Schmuckmotiv – kleine und große Sterne – in unterschiedlichen Formen variieren. Das Sonnenlicht fällt von drei Seiten durch tief in das Mauerwerk eingelassene Fensternischen in den mit Stuckornamenten geschmückten Saal in den Farben Gold, Blau und Rot.

Der Löwenhof verdankt seinen Namen dem Brunnen in der Mitte des von Arkaden umgebenen rechteckigen Hofes: Zwölf Löwen aus schwarzem Marmor tragen die Alabasterschale des Springbrunnens, dessen Wasser durch kleine Kanäle in alle vier Himmelsrichtungen fließt. An der Ostseite des Hofes beginnt die Königshalle. Hier wie überall in der Alhambra wird der Wunsch der Erbauer deutlich, trotz des geometrischen Grundrisses die Statik des Gebäudes vergessen zu machen und den Eindruck einer gleichsam schwerelosen Architektur zu erzeugen.

Nach dem Tod Karl V. 1558, der sich südlich des Myrthenhofes einen neuen Palast hatte errichten lassen, verfiel die Alhambra zusehends, bis 1833 mit 15 Jahre dauernden Renovierungsarbeiten begonnen und vieles von dem wiederhergestellt wurde, was die Alhambra zu einem Meisterwerk der moslemischen Architektur hatte werden lassen.

3 Der Myrtenhof umschließt ein rechteckiges Wasserbecken, das an zwei Seiten mit einem runden Springbrunnen abschließt. Seinen Namen erhielt er von den Spaniern, die ihn zunächst auch als Patio de Comares (Komarenhof) bezeichneten. In diesem Teil des Palastes kamen die maurischen Könige ihren Herrscherpflichten nach. Im vorderen Ende des Hofes, am Standort des Betrachters, liegt der Eingang zum Thronsaal, der mit einer Grundfläche von 11,30 × 11,30 m die größte Halle der Alhambra ist.

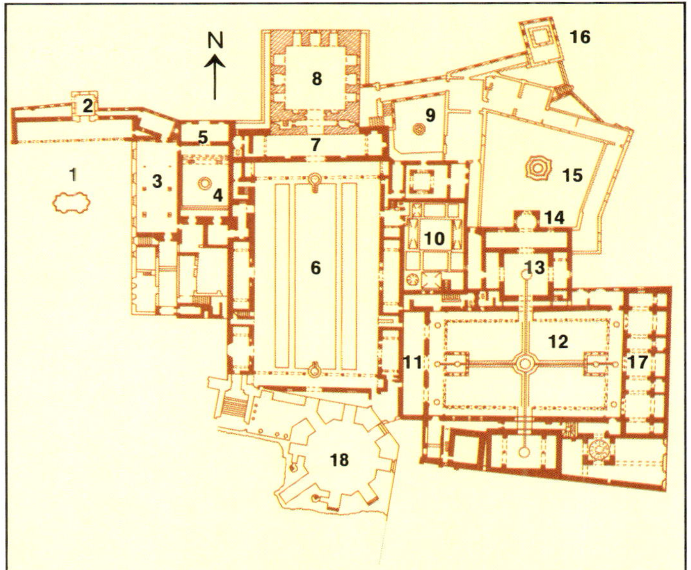

1 Machuca-Hof; **2** Machuca-Turm; **3** Mexuar (Halle der Gerechtigkeit); **4** Hof des Cuarto Dorado; **5** Cuarto Dorado (vergoldetes Zimmer); **6** Patio de Comares oder de los Arryanes (Komaren- oder Myrthenhof); **7** Salon de la Barca; **8** Torre de Comares (Saal der Gesandten und Thronsaal); **9** Palasthof; **10** Königliche Bäder; **11** Sala de los Mozarabes (Halle der Mozaraber); **12** Patio de los Leones (Löwenhof); **13** Sala de dos Hermanos; **14** Mirador de Daraxa; **15** Garten; **16** Turm »Peinador de la Reina«; **17** Sala de los Reyes (Saal der Könige); **18** Palast Kaiser Karl V.

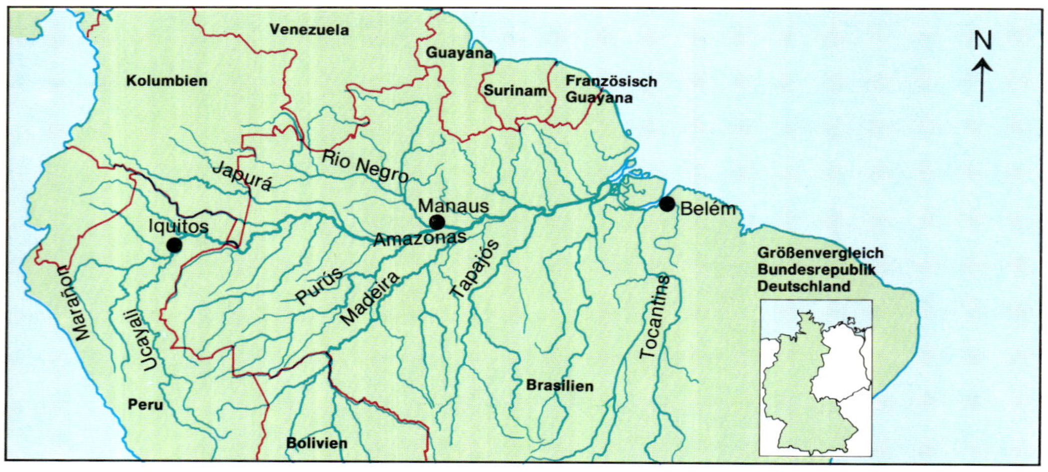

Amazonas

Amazonen hätten ihn angegriffen, weibliche Krieger, gleich denen der griechischen Sagen, ohne rechte Brust, um den Bogen besser spannen zu können. Das behauptete der Spanier Francisco de Orellana, der 1541/42 als erster Weißer den Amazonas von den Anden bis zur Mündung befuhr. Diesem phantastischen Bericht zufolge soll der Fluß nach einigen Quellen seinen Namen verdanken.

Nahezu alles am Amazonas hat riesige Dimensionen. Mit seinen 1000 Nebenflüssen, von denen 17 länger als der Rhein sind, entwässert er 7 050 000 km ^{2}, eine Fläche, die den Ausmaßen des australischen Festlandes entspricht. Die Wassermassen, die er dem Atlantik zuführt, stellen etwa ein Fünftel der in die Weltmeere fließenden

Süßwassermengen dar. Über 320 km öffnet sich seine inselbesetzte Trichtermündung. Weil die schlammigen Wasser des Amazonas sich erst nach 160 km mit dem Meerwasser vermischen, nahm der spanische Entdecker Vincente Yáñez Pinzón im Jahr 1500 an, er sei in ein Süßwassermeer geraten.

Der 6516 km lange Weg des Stromriesen beginnt in einer Höhe von 5000 m in den Anden, wo seine Quellflüsse Marañon und Ucayali entspringen. Oberhalb der peruanischen Stadt Iquitos fließen sie zum Amazonas zusammen. Iquitos liegt in nur 98 m Höhe, aber noch 3800 km vom Meer entfernt.

Für Seeschiffe mit einer Tragfähigkeit von 10000 t ist der Amazonas bis Manaus 1600 km flußaufwärts schiffbar. Die Stadt war um die Jahrhundertwende Zentrum des Kautschukbooms und ist heute wichtiger Handelsplatz am oberen Amazonas. Vor der Trichtermündung hat der Strom eine Breite von 20 km erreicht.

Auf dem Weg zum Meer durchquert der Amazonas mit seinen Nebenflüssen den größten zusammenhängenden tropischen Regenwald der Erde. In den von Flußschleifen und Nebenarmen durchzogenen Überschwemmungsgebieten hinterlassen die jährlichen Hochwasser fruchtbare, dem Ackerbau nützliche Ablagerungen.

Die eingeborenen Indianerstämme des Amazonastieflandes stören das natürliche Gleichgewicht kaum, sie leben hauptsächlich von der Jagd und etwas Maniok-Anbau. Wenn der Wald nichts mehr hergibt, ziehen sie weiter, im Gegensatz zu den aus dem trockenen Nordosten zuwandernden Siedlern, die sich entlang der neuen Straßen niederlassen und große Gebiete roden. Das großzügige Programm der Regierung zur Erschließung des Regenwaldes ist auf internationalen Vorbehalt gestoßen. Klimatologen warnen vor der Katastrophe, die der Erde bevorsteht, wenn ihr größter Feuchtigkeitsspeicher und Sauerstoffproduzent verschwindet.

Nur vom Flugzeug aus läßt sich die ungeheure Ausdehnung des tropischen Regenwaldes erahnen, der den Amazonas und seine Nebenflüsse begleitet. Der Eindruck ungeheurer Fruchtbarkeit, den die „Grüne Hölle Brasiliens" erweckt, ist falsch. Sobald die Bäume gerodet sind, unterbleibt die notwendige Düngung des Bodens durch die abgestorbenen Pflanzenteile des Waldes. Dennoch drängt die wachsende Bevölkerung Brasiliens darauf, weitere Teile des Urwaldes für die Besiedlung zu erschließen.

Amsterdam

Handtuchschmale Häuser aus dem 16. bis 18. Jahrhundert an hufeisenförmigen Grachten, tausende von Fahrrädern, asiatische Lokale, das Rote-Laternen-Viertel mit dem Jugendhotel gegenüber, das Reichsmuseum (→S. 318/319) und die Erinnerung an Rembrandt, die Hausbesetzerszene, das Judenviertel und die Diamantenschleifereien, die Wohnboote, auf denen Hanf gezüchtet wird – dank der Toleranz der individualistischen Einwohner verbinden sich solche Gegensätze in Amsterdam.
Diese Liberalität hat dort eine lange Tradition. Während man im übrigen Europa des 16. und 17. Jahrhunderts Krieg um den rechten Glauben und territorialen Besitz führte, wurde in Amsterdam, noch während des Unabhängigkeitskampfes der Niederländer gegen die Spanier, 1578 ein Edikt über die Toleranz in Religionsfragen erlassen. Diese Freiheit lockte viele politisch und religiös Verfolgte aus Deutschland an. Auch aus Portugal vertriebene Juden suchten dort Zuflucht und begründeten einen neuen Wirtschaftszweig, die Diamantenschleiferei, in Amsterdam.
Wirtschaft und Handel blühten auf und erreichten dank der Gründung der Ostindischen Handelskompanie (1602) weltweite Dimensionen. Das „goldene Zeitalter" begann. Im 17. Jahrhundert war Amsterdam jedoch nicht nur die führende Handels- und Seemacht Europas. Auch eine großbürgerliche Kultur entfaltete sich, auf deren Hintergrund ein Künstler wie Rembrandt sich entwickeln konnte.
Das Wachstum der Bevölkerung machte bald Stadterweiterungen notwendig. 1612 wurde mit der planvollen Anlage weiterer Grachten, parallel zum Singel, dem alten Stadtgraben, begonnen: Das heutige Stadtbild entwickelte sich. Westlich der Prinsengracht entstand der Jordaan, ein noch heute malerisches Viertel, in dem sich Handwerker und Kleingewerbetreibende niederließen.
Durch die Auseinandersetzungen mit England um die koloniale Vorherrschaft in Übersee ging Ende des 17. Jahrhunderts das „goldene Zeitalter" zu Ende. Zwar behielt Amsterdam weiterhin seine Bedeutung als europäischer Geldmarkt, doch der Handel stagnierte.
In den Kriegen, die Europas Monarchen nach der Französischen Revolution gegen Frankreich führten, verlor die Republik der Vereinigten Niederlande für 18 Jahre ihre Unabhängigkeit und stand unter französischer Herrschaft. Die von Kaiser Napoleon I. gegen Großbritannien errichtete Kontinentalsperre erschütterte die Wirtschaft Amsterdams erneut schwer. Erst nach der Vertreibung der Franzosen 1813 nahm der Handel wieder einen Aufschwung. Vor allem gegen Ende des 19. Jahrhunderts gewann der Amsterdamer Hafen durch den Bau eines Kanals zur Nordsee eine neue Bedeutung.
Unter den Auswirkungen des Ersten Weltkrieges hatte Amsterdam – trotz der niederländischen Neutralitätspolitik – zu leiden. Die wirtschaftlichen Krisen der 20er Jahre erfaßten auch die Niederlande. Von den Bomben des Zweiten Weltkriegs blieb Amsterdam weitgehend verschont, da die Niederlande nach der Zerstörung Rotterdams vor den Deutschen kapituliert hatten.
Nach 1945 wuchsen die Vorstädte Amsterdams, die Bevölkerungszahl der Innenstadt dagegen verringerte sich, weil sich vor allem die überalterten Wohnviertel und der Jordaan in einem schlechten Zustand befanden. In den letzten Jahren bemüht man sich allerdings, das Wohnen in der Innenstadt sowohl attraktiver, als auch preisgünstiger zu machen.

1 Schmale Häuser, deren Giebelfront zur Straße weist, und Grachten bestimmen das Stadtbild von Amsterdam.

2 Eine Häuserzeile im Stadtteil Jordaan, der Anfang des 17. Jahrhunderts entstand und heute aufgrund seiner besonderen Atmosphäre ein Anziehungspunkt für Künstler und Individualisten ist.

3 Auf dem Dam befindet sich das 1956 eingeweihte Nationaldenkmal: Ein 22 m hoher Obelisk erinnert an die Opfer des Zweiten Weltkriegs und an die Befreiung der Niederlande.

1 Zwei lange Reihen von Sphinx-Gestalten mit Widderköpfen säumen den Prozessionsweg vom Ufer des Nils zum Amun-Tempel in Karnak. Der erste Pylon (Torbau), wegen seiner Ausmaße (113 m breit, 43 m hoch und 15 m tief) auch das „Hohe Tor von Karnak" genannt, bildet den Eingang zum ersten Tempelhof.

2 Der Große Säulensaal im Amun-Tempel von Karnak erreicht mit einer Länge von 52 m und einer Breite von 103 m ein Drittel der Grundfläche der Peterskirche in Rom. Die sechs Säulenpaare des Mittelschiffs, 24 m hoch und mit einem Durchmesser von 3,30 m, stehen exakt zu beiden Seiten der Mittelachse der Tempelanlage vom Allerheiligsten bis zum ersten Torbau. Bei den mittleren Säulen – ebenso wie die übrigen Papyrusbündeln nachempfunden – sind die Papyrusdolden am oberen Ende geöffnet.

Amun-Tempel in Karnak

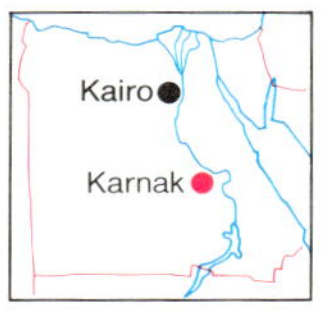

Als Pharao Ramses II. in der Schlacht bei Kadesch in Syrien 1275 v. Chr. von seinen Soldaten verlassen war und von den feindlichen Hethitern umzingelt wurde, hatte er, so erzählt die Sage, seine Rettung nur dem Umstand zu verdanken, daß seine Stimme viele hundert Kilometer südlich in seiner Hauptstadt Theben widerhallte und dort vom Gott Amun erhört wurde. Ihm zu Ehren errichtete Ramses II. wie viele Pharaonen vor ihm und nach ihm Tempelbauten im heiligen Bezirk von Karnak am rechten Ufer des Nil in Oberägypten. Fast 2000 Jahre wurde hier gebaut, abgerissen, neu gebaut und erweitert. So präsentiert sich Karnak heute nicht als ein nach festen Plänen entstandenes Bauwerk, sondern als die Summe von Bauvorhaben vieler Jahrhunderte und Herrscher.

Vom Nil führt ein breiter Prozessionsweg, flankiert von einer Allee von Sphinx-Gestalten mit Widderköpfen, zum ersten von sechs Toren, Pylonen, die zu durchschreiten sind, bis der Besucher in den heiligsten Bezirk des Amun-Tempels, den Barkenschrein, gelangt, wo früher auf einem Sockel die heilige Barke des Gottes stand. Als Ruhestätte für die Träger des Gottesbootes bei den alljährlichen Prozessionen diente ein kleiner Tempelbau aus weißen, mit Reliefs geschmückten, Sandsteinquadern, die „Weiße Kapelle", die von Archäologen aus vorhandenen Bauteilen vollständig restauriert werden konnte. Dieser Tempel ist zugleich eine verkleinerte Nachbildung des nicht mehr vorhandenen zentralen Heiligtums von Karnak aus der 12. Dynastie (1991–1785 v. Chr.), das einst nur die Amun-Priester und der Pharao betreten durften.

Zwischen dem zweiten und dritten Pylon liegt der Große Säulensaal: In 16 Reihen stehen 134 riesige Säulen in Form von Papyrusbündeln zu beiden Seiten eines breiten Mittelgangs, der mit zwölf höheren Säulen aus dem Saal hinausragt. Die an den Säulen angebrachten Reliefs berichten von kultischen Handlungen und verherrlichen die ägyptische Götterwelt. Vollendet wurde der Säulensaal von Ramses II. (19. Dynastie, 1290–1223 v. Chr.), der sich in zwei Kolossalstatuen verewigen ließ, die das Eingangstor zum Säulensaal flankieren. Zwischen dem vierten und dem fünften Torbau ließ die Pharaonin Hatschepsut (18. Dynastie, 1490–1468 v. Chr.) auf den Grundmauern eines von ihrem Vorgänger erbauten Säulensaales einen fast 30 m hohen Obelisk errichten, einen Monolith aus rosafarbenem Sandstein, dessen Reliefs von der Krönung der Königin berichten. Ihr Nachfolger Thutmosis III. (1468–1436 v. Chr.) ließ den Obelisk einmauern, um jegliches Andenken an die Königin zu tilgen, erst Archäologen haben den 322 t schweren Koloß wieder freigelegt.

Bei Beginn der Ausgrabungsarbeiten gegen Ende des 19. Jahrhunderts präsentierte sich der Tempelbezirk von Karnak als ein verwirrendes Trümmerfeld von Mauern, Säulen und Obelisken. Die bis heute nicht abgeschlossenen archäologischen Arbeiten brachten neben dem Haupttempel des Amun kleinere Tempel für die Gefährtin des Amun, die Göttin Mut, und seinen Sohn Chons sowie verschiedene Wirtschafts- und Wohngebäude für die hierarchisch gegliederte Priesterschaft zu Tage, die über ihre Rolle als Hüter des Glaubens hinaus zeitweise auch über großen politischen Einfluß in Ägypten verfügte. Mit der Verlegung der Hauptstadt des Reiches von Theben nach Tanis im östlichen Nildelta nördlich von Kairo endete um 1080 v. Chr. die große Epoche des Amun-Tempels in Karnak.

1 *Die Tempelanlage Angkor Wat in Zentralkambodscha gilt als Höhepunkt von Kunst und Architektur der Khmer-Kultur, die ihre Blütezeit im 11. und 12. Jahrhundert hatte. Die alte Hauptstadt Angkor verfiel ab dem 15. Jahrhundert und ist heute eine Ruinenstätte. An die Glanzzeit des Khmer-Reiches erinnern die reichen Verzierungen und Skulpturen, die den Tempel Angkor Wat schmücken und in denen sich die religiösen Vorstellungen der Khmer ausdrücken.*

1

Angkor Wat

Als irdische Verkörperungen der Götter galten die Könige der Khmer, von deren Ruhm und Macht die Heiligtümer in der Residenz- und Tempelstadt Angkor in Zentralkambodscha ein eindrucksvolles Zeugnis ablegen. Die Tempelanlage Angkor Wat ist das unvergleichliche Meisterwerk der klassischen Khmer-Architektur und zugleich das gewaltigste Bauwerk Südostasiens. Der architektonische Aufbau des terrassenförmigen Tempelbaus mit seinen fünf Türmen, umschlossen von einer Mauer und einem breiten Wassergraben, stellte ein Abbild des Universums dar, wie es den Vorstellungen der Khmer-Kosmologie entsprach. Der zentrale Tempel war das Symbol des Berges Meru, dem Ort der Götter, die fünf Türme verkörperten die Gipfel des Weltenberges, und die den Tempel umschließenden Mauern bezeichneten den Rand der Welt; der um die Gesamtanlage gelegte Wassergraben

2

symbolisierte die Weltmeere, die den Kosmos nach den Vorstellungen der Khmer eingrenzten.
Als religiöses Bauwerk, als Zentrum der Welt und aller Macht, stellte Angkor Wat den Höhepunkt der Bautätigkeit und Machtentfaltung der Khmer unter König Surjawarman II. dar. Ein unbekannter Meister schuf eine Tempelanlage, die eine Fläche von 1500 × 1300 m umfaßt, die von einem 6 km langen und 200 m breiten Wassergraben umgeben wird und deren Haupttempel, eine dreistufige, terrassenförmige Pyramide, eine Fläche von 215 × 197 m einnimmt. Auf den Stufen des Haupttempels erheben sich fünf mit Galerien verbundene Türme; die einzelnen Terrassen sind von Säulengängen umfaßt und durch überdachte Treppenaufgänge miteinander verbunden. Eine kreuzgangähnliche Galerie mit eingeschlossenen Tortürmen umgibt das Heiligtum. Schnitzereien und Fresken mit Darstellungen der Götter schmücken die gesamte Tempelanlage. Auf der ersten Stufe des Haupttempels zeigen Reliefs auf einer Fläche von 2000 m^2 die Geschichte und Mythologie des Hinduismus. Auch Szenen aus der Geschichte der Khmer, besonders die Heldentaten des Königs Surjawarman II., werden auf den kunstvollen, in Stein gemeißelten Reliefs dargestellt.
Angkor Wat war unter König Surjawarman II. ein dem Sonnengott Wischnu geweihtes Heiligtum. Nach dem Tod des Königs wurde der Tempel zu seiner letzten Ruhestätte. Als die nachfolgenden Könige der Khmer zum Buddhismus übertraten, wurde Angkor Wat als buddhistischer Tempel genutzt. Im 15. Jahrhundert, nach der Zerstörung Angkors durch die Thai, verlegten die Könige der Khmer, da sie nach verlorenen Kriegen ihre Macht und ihren Einfluß verloren hatten, ihre Residenz in das 230 km südlich gelegene Phnom Penh, der heutigen Hauptstadt Kambodschas. Angkor Wat, die Glanzleistung und der Höhepunkt der Khmer-Architektur, wurde vernachlässigt, verlassen und schließlich vergessen. Erst im 19. Jahrhundert wurde die alte Hauptstadt wiedergefunden: Der französische Naturforscher Henri Mouhot entdeckte 1860 auf einer Abenteuerexpedition die vom Dschungel überwucherten Ruinen des Tempels Angkor Wat.

2 *Bis zu 65 m hoch ragen die pyramidenförmigen Türme der Tempelanlage Angkor Wat in den Himmel. Sie spiegeln sich in dem breiten Wasserbecken, das künstlich vor dem Tempel angelegt wurde. Seinen Namen erhielt das ursprünglich hinduistische Heiligtum durch den Übertritt der auf Surjawarman II., dem Erbauer der Tempelanlage, folgenden Khmer-Könige zum Buddhismus. Der Name Angkor Wat bedeutet sinngemäß: „Die Königsstadt, die in einen buddhistischen Tempel verwandelt wurde".*

1 *Das Kloster Dionysiu liegt auf einem steil abfallenden Felsen über dem Meer. Die Architektur des Klosters ist eng mit der Felslandschaft verbunden. Die unzugängliche Lage schützte vor Angriffen. Das Kloster wurde im 14. Jahrhundert von dem heiligen Dionysios aus Korytsa gegründet. Dionysiu ist ein koinobitisches Kloster: Die Mönche besitzen kein Privateigentum; alles gehört der Klostergemeinschaft. Das ganze Jahr hindurch müssen die Mönche von Fastenkost leben.*
2 *Der Kreuzgang in einem der Klöster lädt zu Besinnung und Ruhe ein.*

Athos-Klöster

Das Streben nach Weltabgeschiedenheit, Einsamkeit, Wahrheits- und Gottsuche sowie die Ablehnung jedes weltlichen Treibens haben auf der östlichen Landzunge von Chalkidike im nördlichen Griechenland, am Athos-Gebirge, zu einer für die griechisch-orthodoxe Kirche einzigartigen Klosteranlage geführt: Im 10. Jahrhundert begründeten Mönche dort im abweisenden, schroffen, steil abfallenden Gelände eine autonome Klostergemeinschaft, die sich zu einer Mönchsrepublik entwickelte und noch heute nach ihren eigenen Gesetzen lebt. So versagt eine kaiserliche Bulle aus dem Jahr 1046 Frauen, Knaben, Eunuchen und weiblichen Tieren den Zutritt zu den heiligen Klöstern. Besucher der Mönchsrepublik benötigen eine Genehmigung, die in der Regel nur Professoren und Studenten der Theologie, Philosophie, Geschichte oder Kunstgeschichte erhalten. Die Mönche regieren sich selbst; laut ihrer Verfassung aus dem Jahr 1783 entsendet jedes der 20 Klöster einen Abgeordneten in den Gesamtrat, der vier Vertreter zur Führung der laufenden Geschäfte wählt.
Die ersten Mönche, die sich Mitte des 9. Jahrhunderts am Athos-Berg niederließen, wählten das Einsiedlerda-

sein in nahezu unzugänglichen Zellen und begründeten eine Tradition, die jede Form menschlicher Gemeinschaft ablehnt. Gegen den Widerstand der Einsiedler entstanden in der 2. Hälfte des 10. Jahrhunderts Klöster, in denen die Mönche in räumlicher Gemeinschaft lebten. Daneben wurden im 14. Jahrhundert Mönchsdörfer gegründet, deren Bewohner über Privatbesitz und einen eigenen Haushalt verfügten. Ihr Gemeinschaftsleben findet bei der Arbeit, den Gottesdiensten und den gemeinsamen Mahlzeiten zu hohen Festtagen statt.
Noch heute hängen die Mönche auf Athos mit ihren charakteristischen langen Bärten und dem zu einem Knoten zusammengefaßten Haar den verschiedensten Formen des mönchischen Lebens an. Die meisten Mönche jedoch wohnen und arbeiten in den heute noch bestehenden insgesamt 20 Klöstern.
Das älteste Kloster, die Moni Lawra, gründete 963 Athanasios aus Trapezus (Trapezunt); in Baustil und Organisationsform beeinflußte es nahezu alle griechischen Klöster. Athanasios war es auch, der die Klostergemeinden zu einer republikanischen Gemeinschaft zusammenschloß und ihr die ersten Regeln gab.
Die Klosteranlagen auf Athos folgen einem einheitlichen, rechteckigen Grundriß, der allerdings mannigfache Varianten erfahren hat und dadurch einen komplexen, verwirrend anmutenden Eindruck vermittelt. Den Hof eines Klosters umschließt eine wuchtige, befestigte, mit Wachtürmen versehene Mauer, welche die Anlage vor den in früheren Zeiten zahlreichen Angriffen von Seeräubern und feindlichen Mächten schützen sollte. Längs der Mauer befinden sich die Mönchszellen und die Wirtschaftsgebäude. Den Mittelpunkt der Anlage bilden die sakralen Bauten: Die Klosterkirche und das Weihwasserbecken. Der Grundriß der Kirche folgt einem gleicharmigen griechischen Kreuz. Verschieden große Kuppeln überspannen die Kreuzarme und die Gebäudemitte. An die Kirche lehnen sich häufig noch mehrere Nebenkirchen an, vor der Kirche steht eine Binnenvorhalle, die manchmal größere Ausmaße als die Kirche selbst erreicht und in der auch Gottesdienste stattfinden. Gegenüber der Kirche liegt das Refektorium, das ebenfalls als ein Ort der Andacht gilt, denn hier findet der Gottesdienst mit einer gemeinsamen Mahlzeit seinen Abschluß. Die Wände der Refektorien und die der Kirchen weisen kostbaren Freskenschmuck aus allen Epochen seit dem 14. Jahrhundert auf. Die Mönche überlieferten die Kunst der Fresken- und Ikonenmalerei von Generation zu Generation. Zu den wertvollen Kunstschätzen der Athos-Klöster zählen ferner alte Handschriften, seltene Bücher, Reliquienschreine und Mosaike. Jedoch sind viele Kunstschätze vom Verfall bedroht, da die Zahl der Bewohner der Mönchsrepublik ständig zurückgeht und sich niemand ausreichend um die Erhaltung der Kostbarkeiten kümmert.

Papstpalast in Avignon

„Man hält ihn eher für die Zitadelle eines asiatischen Tyrannen, als für den Wohnsitz eines Vikars Gottes", urteilte im 19. Jahrhundert der französische Schriftsteller Prosper Mérimée über den Palast der Päpste im südfranzösischen Avignon. Auch den heutigen Besucher erinnert der wuchtige, von einer bis zu 50 m hohen Mauer umgebene Gebäudekomplex von weitem eher an eine Kaserne – was er zwischen 1810 und 1906 auch war – als an die Residenz der Oberhirten der katholischen Kirche. Und doch schlug hier zwischen 1309 und 1376 das Herz der Christenheit, residierten hier sieben Päpste und zahlreiche Kardinäle mit ihrem umfangreichen Hofstaat, wurden hier weitreichende Entscheidungen für die Zukunft der katholischen Kirche gefällt.

Die mächtige Residenz, Palast und Festung in einem, wurde innerhalb von 35 Jahren aus dem Boden gestampft. Auf einer Fläche von 15 000 m^2 entstand in zwei Bauphasen ein weitläufiger Komplex im gotischen Stil, mit großzügigen Sälen, Zimmern und Fluren, weiten Höfen und Gärten, zahlreichen Türmen und Kapellen. Der ältere und größere Nordbau mit dem Versammlungsraum der Kardinäle für das Konklave, die Papstwahl, umschließt einen Hof mit Kreuzgang, der Neue Palast mit Audienzhalle, Klemenskapelle und den päpstlichen Privatgemächern begrenzt den großen Palasthof nach Süden und Westen. Während der von Papst Benedikt XII. zwischen 1334 und 1338 errichtete Alte Palast den zurückgezogenen Lebensstil des ehemaligen Zisterziensermönchs widerspiegelt, zeigt der Neue Palast die luxuriöse Hofhaltung seines Nachfolgers Klemens VI. Der großzügig ausgestattete, zweischiffige Audienzsaal im Erdgeschoß des Südflügels diente für die Sitzungen der Rota, des päpstlichen Gerichtshofes. Die Schlafgemächer des Papstes in der Tour de la Garde-Robe wurden unter Klemens VI. prächtig mit Fresken im italienischen Stil geschmückt, die Szenen fröhlichen Landlebens darstellen.

Von der 52 m hohen Tour de Trouillas im Nordflügel bietet sich dem Besucher ein weiter Blick über die reizvolle Landschaft der Provence und auf die Rhône, die einst von der Brücke Saint-Bénézet in einer Länge von 900 m überspannt wurde. 1660 zerstörte ein Hochwasser die Brücke, die durch das Lied „Sur le pont d'Avignon" zusätzliche Popularität erfuhr, vier Brückenbögen ragen noch in den Fluß hinein.

Avignon, bis zum 13. Jahrhundert eine unbedeutende Provinzstadt, geriet 1309 in den Mittelpunkt des Weltinteresses, als König Philipp IV., der Schöne, von Frankreich Papst Klemens V. dazu bewegen konnte, von Rom nach Avignon umzuziehen. Klemens V., ein gebürtiger Franzose, dessen Wahl erst nach einem fast elfmonatigen Konklave zustandegekommen war, nutzte die Gelegenheit, sich den ständigen Streitigkeiten in Rom zu entziehen. Gleichzeitig geriet das Papsttum jedoch unter den Einfluß der französischen Krone. Während der Zeit des Exils in Avignon, das von kritischen Zeitgenossen auch als „Babylonische Gefangenschaft der Kirche" bezeichnet wird, wurde die zentralistische Kirchenstruktur weiter gestärkt und der beherrschende Einfluß des Papstes gefestigt. Gleichzeitig erhielt die innerkirchliche Opposition, die eine „Reform an Haupt und Gliedern" forderte, Auftrieb. Als Papst Gregor XI. 1377 nach Rom zurückkehrte, diente Avignon während der bis 1417 dauernden Kirchenspaltung, dem „Abendländischen Schisma", mehreren Gegenpäpsten als Residenz.

Im Jahr 1797 wurde Avignon, seit 1348 päpstlicher Besitz, von Frankreich annektiert. Als Sitz eines Erzbischofs ist die Stadt weiterhin ein Zentrum der katholischen Kirche Frankreichs, seine Bedeutung für die gesamte Christenheit hat Avignon, in dessen Kathedrale Notre-Dame des Domes zwei Päpste und 157 Kardinäle und Prälaten begraben liegen, jedoch verloren.

2

Ayers Rock

Ayers Rock heißt der riesige, 350 m hohe Monolith („Einstein“) in der trockenen Ebene Zentralaustraliens nur bei den Weißen. Die bis zum Beginn des 20. Jahrhunderts an seinem Fuß lebenden Stämme der Schlangen- und Känguruhmänner nannten ihn Uluru, „schattenspendender Platz“. Nach ihrer Überzeugung hatten ihn die Ahnen aus einer Sanddüne geschaffen. Jahrtausendelang war er Zentrum und Kultstätte für die in seiner Umgebung lebenden Eingeborenen, bevor ihn 1872 sein weißer Entdecker William Christie Gosse nach dem südaustralischen Politiker Henry Ayers benannte. Die Eingeborenen verehrten die Quellen des Berges als heilige oder tötende Wasser, vollzogen am Fuß des Felsens religiöse Riten und glaubten, im Innern des Ayers Rock schliefen ihre Ahnen. In den Höhlen und unter Felsüberhängen finden sich viele religiöse Zeichnungen; jede Felsrippe hatte eine eigene Bedeutung.

Heute kommen Touristen aus aller Welt und bestaunen den unvermittelt aus der Ebene aufragenden Felsen, dessen Plateau 350 m über der Ebene liegt.

Seine Höhe über dem Meeresspiegel beträgt 854 m, seine Breite 2,4 km und seine Länge 3,6 km. Nicht nur

die Eigenart seiner rundlichen steilwandigen Form macht seine Schönheit aus, sondern auch das Farbenspiel, dem er im Lauf des Tages und bei unterschiedlichen Witterungen unterliegt. Bei klarem Himmel leuchten rote und gelbe Farben. Bei Feuchtigkeit und bedecktem Himmel wirkt der Felsen weißlich, braun, schwarz oder violett getönt.

Ayers Rock besteht aus fest zusammengekittetem Sandstein und Felsspatgeröllen, sogenannten Arkosen, abgelagert und zusammengepreßt vor rund 600 Millionen Jahren im Erdzeitalter des frühen Kambriums. Später wurden die Schichten bei einer Gebirgsbildung fast senkrecht gestellt. Der dann während Jahrmillionen durch die Kräfte der Abtragung eingeebnete, nurmehr aus sanften Tälern und Höhenzügen bestehende Gebirgsrumpf war vor rund 60 Millionen Jahren im Tertiär wechselnd feucht- und trockenwarmem Klima ausgesetzt, wie es heute in den Tropen und Subtropen herrscht. Unter diesen spezifischen Verwitterungsbedingungen blieben als einzige Zeugen des ehemaligen Gebirges Reste der Erhebungen, sog. Inselberge, stehen. Zu diesen gehören der eher glockenförmige Ayers Rock und der 30 km entfernt gelegene Mount Olga, ein durch Schluchten in bizarre Einzelberge zerteilter Höhenrükken. Die rötliche Färbung des Gesteins ist ebenso auf die Verwitterung zurückzuführen wie die Herausbildung von bis zu 2 m tiefen Rippen, die Zonen härteren und weicheren Gesteins folgen.

Zum Gesamteindruck des Felsens trägt der vollkommene Mangel an Pflanzenwuchs bei. Die kontinuierliche Abtragung, verursacht durch die hohen, gesteinssprengenden Temperaturschwankungen zwischen Tag und Nacht, verhindert jegliche Bodenbildung. Zuweilen rutschen parallel zur Felsoberfläche abgesprengte Schuppen und Platten die Außenflächen herab und bleiben stehen, wie z.B. der 200 m hohe und 2 m dicke „Känguruhschwanz". Wo der Sandstein zu Sand zerfallen ist, öffnen sich Höhlen und Felsüberhänge. Eine Ansammlung solcher Öffnungen an der Nordflanke des Felsens wird von den Weißen „Gehirn" genannt. Für die Eingeborenen sind es die Fußstapfen des Kurapunyi-Hundes, der einst die Traumzeit-Ahnen bedrohte, und eine Höhle über der Quelle Mutidjula, deren Wasser durch magisches Gift töten soll, verehren sie als Wohnort der heiligen Regenbogenschlange.

Die Technik hat den „schattenspendenden Ort" eingeholt. Von Alice Springs, dem Zentrum des „roten Herzens Australiens" im Nordosten des Ayers Rock, führt eine 400 km lange asphaltierte Straße zum Felsen, und dort, wo der Loonba wohnt, ein rotrückiger Vogel, der einst die Ahnen vor dem Kurapunyi warnte, landen heute vom Menschen gemachte Metallvögel.

1 *Schroff und unvermittelt erhebt sich der Ayers Rock aus der trokkenen Wüste im roten Herzen Australiens. Seine je nach Witterung und Tageszeit wechselnden Farben haben ihn weltberühmt gemacht.*

2 *Die „Olgas", eine Kette von 61 kuppelförmigen Erhebungen 30 km vom Ayers Rock entfernt, sind wie dieser Zeugen eines längst abgetragenen Gebirges. Katatjuta, „Viele Köpfe", werden die halbkreisförmig angeordneten Kuppeln von den Eingeborenen genannt. Ebenso wie beim Ayers Rock ranken sich auch um die „Olgas" zahlreiche Stammeslegenden, die den Bergen und Tälern ihre Namen gaben. Der höchste Berg ist der 1072 m hohe Mount Olga, von den Eingeborenen Pungalung genannt.*

1 Die Tempelanlage des Wat Si Sanpeth in Ayutthaya, des königlichen Privattempels, umfaßte ursprünglich ein von Mauern eingefaßtes langgestrecktes Areal. Die Tempeltürme stehen auf einem hohen Sockel und weisen eine glokkenförmige Spitze auf, die klassische Form der Thai-Chedis.
2 Die häufig anzutreffenden liegenden Buddha-Figuren haben meist monumentale Ausmaße. Die abgebildete Skulptur mißt 28 m. Die Köpfe der Figuren sind fein modelliert, der Mund weist oft ein schwaches Lächeln auf.
3 Ein Leuchtturm steht an einem der Wasserläufe, von denen Ayutthaya vollständig umgeben ist.
4 Die Ruinen gehören zum alten Königspalast, der – wie die Stadt – 1767 zerstört wurde.

2

3

Ayutthaya

Aus den Augen der 19 m hohen, vergoldeten Buddha-Statue im Tempel Wat Phra Chao Phanan Choeng sollen einer Legende nach Tränen geflossen sein, als die Birmanen 1767 Ayutthaya eroberten und zerstörten. Über 400 Jahre lang hatten die Könige der Thai von dieser Stadt aus über ein mächtiges Reich geherrscht, das Fürst U Thong 1350 begründet hatte. Während der ersten beiden Jahrhunderte der Ayutthaya-Epoche erlebte Thailand einen Höhepunkt seiner Geschichte. U Thong, der sich zum König Rama Thibodi I. proklamierte, besiegte mehrere Thai-Fürstentümer, eroberte das nördlich gelegene Thai-Reich Sukhothai und das Reich der Khmer mit seiner alten Hauptstadt Angkor (→ S. 34/35) auf dem Gebiet des heutigen Kambodscha.

Während der Herrschaft der Könige von Ayutthaya bildete sich ein eigener Kunststil heraus, der auf im Sukhothai- und Khmer-Reich entwickelten Formen fußt. Die beiden wesentlichen Bautypen der seit dem 15. Jahrhundert als National-Stil bezeichneten Kunstrichtung stellten Prang und Chedi dar, spitz bzw. rundlich zulaufende Turmbauten auf Tempeln.

Die Ruinen der Tempel- und Klosteranlagen von Ayutthaya, die seit 1956 freigelegt werden, lassen ihre einstige Pracht erkennen. Der größte und schönste Tempel der alten Stadt, das Wat Sri Sanphet, mit seinen drei hohen glockenförmigen Chedis ein Wahrzeichen Ayutthayas (15. Jh.), liegt neben dem einstigen Königspalast. Er diente als königlicher Privattempel und als feierlicher Rahmen für Staatszeremonien. Die drei großen Chedis wurden für die Asche von drei Königen erbaut. Die Errichtung von Tempeln für die Asche der verstorbenen Könige deutet auf die enge Verbindung von Religion und Macht in Ayutthaya, auf die Vorstellungen vom göttlichen Königtum hin.

Das Wat Rat Burana (1424) ließ König Boromoraja II. über dem Verbrennungsplatz seiner beiden Brüder erbauen, die sich im Zweikampf um die Thronfolge gegenseitig getötet hatten. Bei Ausgrabungsarbeiten fand man unter dem Prang mit seinen vorkragenden Steinplatten zwei mit Wandmalereien geschmückte Krypten. Sie bargen wertvolle Grabbeigaben – goldene Votivtäfelchen, Goldfiguren, die Wächter und mythische Tiere darstellen, Schmuck und Buddha-Plastiken –, die heute im Museum von Ayutthaya ausgestellt sind. Vermutlich enthielten alle Tempel, in denen die Asche von Königen beigesetzt wurde, reiche Grabbeigaben.

Wie bei den meisten Tempelanlagen schließen sich an den Prang, den kleinere Chedis flankieren, im Osten und Westen Klostergebäude mit übereinander angeordneten Satteldächern an. Der Prang des Wat Phra Ram (1369) weist noch Teile der alten Stuckdekoration auf, stehende und schreitende Figuren. In einer der Nischen, die das Gebäude umgeben, steht eine noch gut erhaltene Buddha-Figur.

Während der Ayutthaya-Epoche wurden zahlreiche Buddha-Figuren in den verschiedensten Haltungen geschaffen: Stehend, liegend, in Heldenpose oder in meditativer Versenkung sitzend. Im Klostergebäude des Wat Phra Men steht ein Buddha, der mit einem Krönungsornat geschmückt ist. Im Tempel Vihara Phra Mongkol Bopit befindet sich eines der größten Bronzebildnisse Thailands: Eine Buddha-Figur in meditierender Haltung (15. Jh.). Die Gläubigen bringen dem Buddha auch heute noch Opfergaben dar.

Basilius–Kathedrale

„Sie sieht wie eine Schachtel kandierter Früchte aus", spöttelte ein kritischer Besucher im 18. Jahrhundert und umschrieb damit, was die am Roten Platz in Moskau gelegene Basilius-Kathedrale weltberühmt gemacht hat. Die üppigen Verzierungen der Fassaden mit Dreiecken, Quadern, Bögen, Vorsprüngen und Nischen, die farbenprächtigen Zwiebelkuppeln, die viel eher an bunte Turbane, Konfektverzierungen und Ananasfrüchte erinnern, sowie die gedrungene Anordnung der unterschiedlich großen neun Türme ergeben ein verwirrendes und faszinierendes Gesamtbild des Renaissancegebäudes.
Den ordnenden Prinzipien der Architektur widersprechend, scheinen die Baumeister der Kathedrale in naiver Gestaltungslust ein bizarres Gewirr von Farben, Formen und architektonischen Elementen zusammengetragen zu haben. Daß dieses heimliche Wahrzeichen Moskaus – wenn nicht ganz Rußlands – trotz seiner äußeren Erscheinung streng geometrisch konzipiert ist, wird erst bei Betrachtung des Gebäudegrundrisses deutlich. Die Hauptkirchen und die sie umgebenden acht Kapellen sind achsensymmetrisch angelegt. Die Spiegelachse verläuft in Längsrichtung durch die Hauptkirche. Vier Kapellen mit vieleckigem Grundriß sind an den Seiten des zentralen Gebäudes angeordnet. Zwischen ihnen – gewissermaßen an den Ecken der Hauptkirche – liegen vier kleinere Kapellen, von denen jeweils zwei den gleichen Grundriß haben. Außerhalb dieser symmetrischen Einheit befindet sich lediglich der Glockenturm. Die ehemals freistehenden, nur durch schmale Gänge miteinander verbundenen Einzelkapellen sind nachträglich durch Überdachung der Zwischenräume zu einem Gesamtbauwerk verschmolzen worden.
Ursprünglich bestand diese auf Geheiß Zar Iwan IV., des Schrecklichen, 1555 bis 1560 erbaute „Kirchenstadt" aus einem Hauptgebäude und sieben Kapellen mit weißen Mauern und helmartigen Kuppeln. Unter dem Namen Mariä-Schutz-Kathedrale sollte sie an die Eroberung des mongolischen Khanats Kasan im Jahr 1552 durch russische Truppen erinnern, deren entscheidender Sieg über die Mongolen auf den Tag des Mariä-Schutz-Festes gefallen war.
1588, vier Jahre nach dem Tod des Zaren, wurde die Kathedrale durch eine Kapelle zu Ehren Basilius des Seligen ergänzt. Der Name des Wandermönchs, den das russische Volk wegen seiner furchtlosen Kritik an Iwans Schreckensherrschaft verehrte, wurde auf die gesamte Anlage übertragen.
Weitere architektonische Veränderungen machten aus der Kirchenstadt das prachtvolle und originelle russische Baudenkmal, wie wir es heute kennen. Die alten Dächer der Kapellen wurden Ende des 16. Jahrhunderts gegen die phantasievoll gestalteten Zwiebelkuppeln ausgetauscht. In den 70er Jahren des folgenden Jahrhunderts entstanden der freistehende Glockenturm und die Deckengewölbe, die Zentralkirche und Kapellen zu einem Ganzen zusammenfügten. Die vielfarbigen Fresken und Bemalungen der Kathedrale stammen ebenfalls aus dem 17. Jahrhundert.
Nur zufällig ist die Basilius-Kathedrale im September 1812 der Zerstörung durch die Franzosen unter Kaiser Napoleon I. entgangen.
Heute beherbergt das sorgfältig restaurierte Gebäude in seiner offiziellen Funktion als „Denkmal der Bautechnik des 16. Jahrhunderts" eine Ausstellung mit Dokumenten aus seiner Entstehungsgeschichte und bleibt mit der seltsam phantastischen Erscheinung neben dem Kreml (→ S. 208/209) Jahr für Jahr Anziehungspunkt für Besucher aus der ganzen Welt.

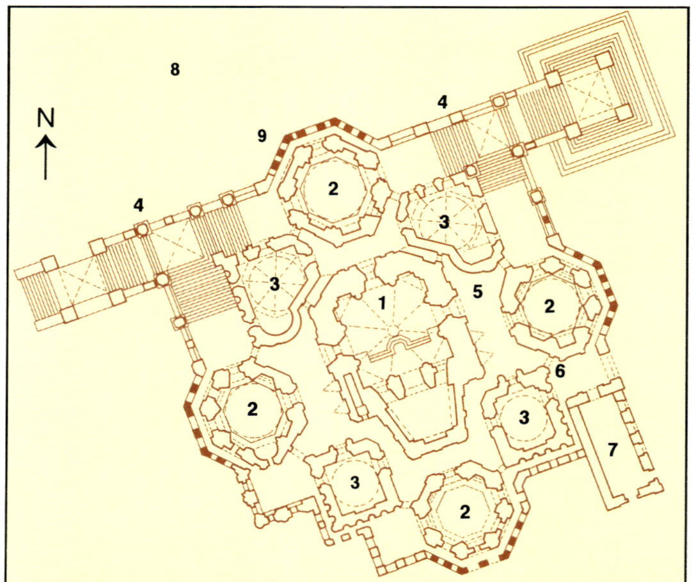

1 Hauptturm (Pokrow-Kirche); **2** Großer Kapellenturm; **3** KLeiner Kapellenturm; **4** Treppen- und Galerieflügel; **5** überdachte Zwischenräume; **6** Verbindungsgang; **7** Glockenturm; **8** Roter Platz; **9** Denkmal für Minin und Porscharski

1 *Blick aus südwestlicher Richtung auf die Basilius-Kathedrale, die sich an der Südseite vom Roten Platz in Moskau befindet. Die Kathedrale mit ihrem 57 m hohen Hauptturm ist der überragende Blickfang auf dem Roten Platz (im Hintergrund links das Kaufhaus GUM, → S. 162/163). Aus der harmonischen Gestaltung der Kathedrale bricht nur der freistehende Glockenturm (rechts) aus.*
2 *Der Anstrich des Märchenhaften, der sich bei Tag ergibt, wird bei Nacht noch durch die Beleuchtung dieses architektonischen Meisterwerks verstärkt. Das Denkmal im Vordergrund zeigt die russischen Nationalhelden Kusma Minin und Dmitri Porscharski; es wurde von Iwan Martos errichtet (1818) und ist eines der ersten und bedeutendsten Denkmäler des Klassizismus in Rußland.*

1

ГРАЖДАНИНУ МИНИНУ И КНЯЗЮ ПОЖАРСКОМУ
БЛАГОДАРНАЯ РОССІЯ. ЛѢТА 1818

1 *Das Brunnenhaus des Klosters Batalha, das zum Garten hin durch offene Spitzbögen begrenzt wird, liegt in der Nordwestecke des Kreuzgangs (Claustro Real). Das Wasser des Brunnens fließt über den Marmorrand des obersten Beckens in die nächstgrößere Schale, eine Form des Wasserspiels, die von maurischen Baumeistern übernommen wurde.*

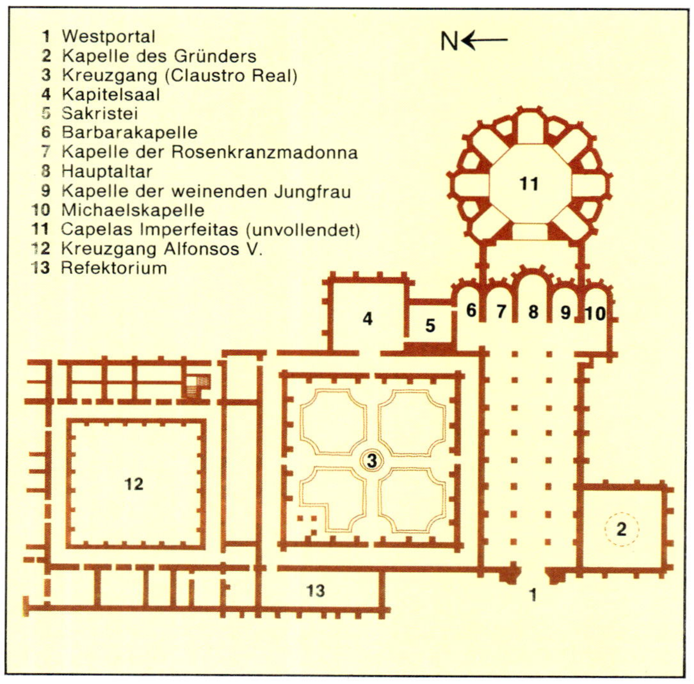

Kloster Batalha

Die Gründung des Klosters Batalha ist eng mit den schweren Kämpfen um die Unabhängigkeit des jungen Königreichs Portugal im ausgehenden Mittelalter verbunden. Immer wieder erhoben die mächtigen Könige von Kastilien und León Anspruch auf den Thron des grünen Landstreifens entlang des Atlantischen Ozeans.

In der Entscheidungsschlacht am 14. August 1385 siegten die mit den Engländern verbündeten Portugiesen bei Aljubarrota über die von den Franzosen unterstützten Kastilier. Der portugiesische König Johann I. hatte vor der Schlacht gelobt, der Jungfrau Maria ein Kloster zu errichten, wenn ihm der Sieg zufallen würde. In Erfüllung des Gelübdes begann 1387 der Bau des Klosters Santa Maria da Vitória, das der Volksmund sehr bald in Batalha (die Schlacht) umtaufte. Nach dem Willen des Königs sollte das Kloster auch das Mausoleum des neuen Königshauses Aviz werden. Rund 100 Jahre wur-

2

den Angehörige der Dynastie hier beigesetzt; danach wählte König Emanuel I. für sich und seine Nachfolger das Jerónimos-Kloster in Belém bei Lissabon als letzte Ruhestätte.
Sechs Könige und in ihrem Auftrag sechs Baumeister haben fast 200 Jahre an dem Kloster gebaut. Die Stilgebung der Bauten und Ausstattungen reicht von der Hochgotik bis zur Renaissance. Ursprünglich war allein der Bau von Kirche, Stifter-Grabkapelle (Gründerkapelle) und Kloster mit Kreuzgang vorgesehen (um 1436 vollendet). Dieser Baukomplex wurde jedoch bis Mitte des 16. Jahrhunderts durch einen zweiten und dritten Kreuzgang sowie ein neues Mausoleum im Anschluß an den Ostchor der Kirche stetig erweitert; im Jahr 1557 wurden die Bauarbeiten eingestellt.
Das hochgotische Hauptportal der Klosterkirche ist mit rund 100 Figuren geschmückt, die Heilige, Propheten, Päpste und Könige darstellen. Der Grundriß zeigt ein dreischiffiges Langhaus mit einem östlichen Querschiff, an das sich fünf Altarkapellen anschließen. Das Innere der Kirche überrascht durch seine Höhe (32,5 m); die Gesamtlänge der Kirche beträgt 79,20 m. Vom südlichen Seitenschiff gelangt der Besucher in die Grabkapelle des Stifters, einen sehr seltenen quadratischen gotischen Zentralbau mit einer Seitenlänge von 19,80 m, dessen figürliche Ornamentik an die Phantasieformen Brüsseler Spitzen erinnert. An die Chorkapellen schließt sich eine Halle an, die zu dem im 15. Jahrhundert begonnenen neuen Mausoleum führt. Um ein mächtiges Achteck von 20 m Durchmesser sind sieben Kapellen gruppiert, die reich mit figürlichen und floralen Friesen geschmückt sind. Da die Kapellen bis heute unbedeckt blieben, werden sie als Capelas Imperfeitas (Unvollendete Kapellen) bezeichnet.
Im Gegensatz zu manchen gotischen Kirchen, die stolz und unnahbar auf einem Hügel emporragen, liegen die Gebäude des Klosters Batalha sanft gebettet im Tal des Rio Lena. Bis in die Gegenwart mußten Schäden behoben werden, die von den französischen Revolutionsarmeen verursacht worden waren. Heute sind die Restaurierungsarbeiten weitgehend abgeschlossen. Das Kloster mit seiner leuchtenden Kalksteinfassade hat damit auch rein äußerlich die Geltung bekommen, die ihm als erstem portugiesischen Nationaldenkmal gebührt.

2 *Die Gründerkapelle des Klosters Batalha wurde zwischen 1426 und 1434 von dem wahrscheinlich aus Frankreich stammenden Baumeister Huguet errichtet und gehört zu den prächtigsten Bauwerken Portugals. In der Raummitte, umgeben von acht Bündelpfeilern, steht der von acht Löwen getragene Doppelsarkophag mit den Liegefiguren König Johann I. und seiner Frau Philippa von Lancaster, der König in voller Ritterrüstung dargestellt, die Königin in einen weiten Mantel gehüllt. Die Schmuckbaldachine über ihren Köpfen tragen ihre Wappenbilder.*

1 *Lange bevor Bhubaneswar im 8. Jahrhundert n. Chr. Hauptstadt der Provinz Orissa wurde und die großartigen hinduistischen Tempelanlagen entstanden, haben sich an den nahe gelegenen Bergen Udayagiri und Khandagiri dschainistische Mönche angesiedelt. Die einfachen, teilweise mehrstöckigen Höhlentempel wurden von den asketischen Mönchen in den Fels hineingehauen.*

2

Bhubaneswar

Das verführerisch anmutige Orissa-Lächeln der Frauen-Skulpturen an den Tempeln von Bhubaneswar zählt zu den eigenwilligen Besonderheiten der hinduistischen Tempelarchitektur in Nordostindien. Die Skulpturen an den Außenwänden der Tempel stehen auf Sockeln oder in Nischen. Die Künstler schufen Skulpturengruppen, in denen zumeist Götter von Nebenfiguren und Dekorationen umgeben sind. Weil es für die Darstellung der Götter feste Vorschriften gab, fallen die Nebenfiguren und Ornamente häufig phantasievoller aus. Pflanzen und Früchte, Tiere und Menschen mit breiten, fast runden Gesichtern umgeben die Götter.

Bei den menschlichen Figuren kommen am häufigsten Frauenbildnisse in den unterschiedlichsten Formen vor. Die Künstler stellten Szenen aus dem Alltagsleben sowie aus den mythischen Schriften dar, die sich um die beiden obersten Götter des Hinduismus, Schiwa und Wischnu, ranken. Die beiden Gottheiten stehen für die Zerstörung und Erhaltung der Welt: Wischnu gilt als dem Leben zugewandt, als lebenserhaltend, wohingegen Schiwa zerstörerisch wirkt und in sich die Gegensätze von Askese und Erotik vereinigt.

Am Tempel Parasumaresvara (um 750), einem der ältesten Tempel Bhubaneswars und Nordindiens, finden sich die verschiedenartigsten Skulpturen von Schiwa, als Tänzer, als Asket, als Bettler und als Meditierender. Der Fassadenschmuck des Rajarani-Tempels (11. Jh.) zeigt junge Frauen und Liebespaare.

Auch der Lingaraja-Tempel (um 1000), der Haupttempel von Bhubaneswar, weist einen reichen Skulpturenschmuck auf. Der 45 m hohe Tempelturm besteht, im Gegensatz zu den früheren Tempeln, aus einer Vielzahl von Vor- und Rücksprüngen, die in das Bauwerk einschneiden und senkrechte Linien bilden. Zahlreiche kleine Schreine umgeben den Tempelturm.

Der Hindu-Tempel dient als Wohnstätte eines Gottes, dessen Kultbild sich im Hauptschrein der Tempelanlage befindet. Das Bildnis des Gottes verehren die Gläubigen in Gebeten und mit Opfergaben. Die Bildnisse in den Tempelschreinen bestehen z. T. aus einem anderen Material – aus Edelmetall oder Bronze – als die Götterskulpturen an den Außenwänden.

Der Hauptschrein ist fensterlos, dunkel, eine Stätte des Mysteriums, über ihm erhebt sich ein hoher Turmbau. Die Türme verjüngen sich terrassenförmig zur Spitze hin. Zu einer Tempelanlage gehört zudem die dem Schrein vorgelagerte Versammlungshalle. Den idealen Grundriß des Heiligtums bildet ein Viereck, das als Symbol der Ewigkeit gilt.

2 *Der um 950 erbaute Muktesvara-Tempel in Bhubaneswar leitet die mittlere Bauperiode ein. Der Tempelbezirk ist von einer niedrigen Mauer umgeben. Ihm ist ein freistehender Eingangsbogen vorgelagert. Den Abschluß des Tempelturms bildet ein vasenförmiger Schlußstein. Die Architekten hatten bereits Erfahrungen im Umgang mit Stein gewonnen – die früheren Tempel wurden mit Holz gebaut –, aber man traute es der Tragkraft noch nicht zu, einen schweren Schlußstein, den spätere Tempelbauten aufweisen, zu halten. Die Aneinanderreihung von Kultgebäuden charakterisiert die großen Tempel in der nordindischen Provinz Orissa. Seit der Ausbreitung hinduistischer Glaubensvorstellungen in Indien bildete Orissa ein Zentrum des Hinduismus, und seit Ende des 8. Jahrhunderts entwickelte sich hier ein geschlossener Regionalstil.*

Stupa von Borobudur

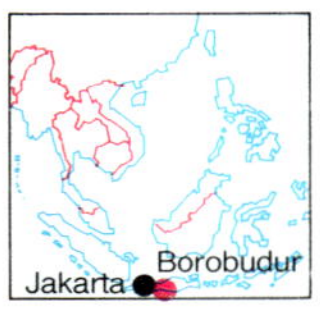

In der Kedu-Ebene der südostasiatischen Insel Java erhebt sich ein bedeutendes Bauwerk Indonesiens, der Stupa von Borobudur, ein buddhistisches Heiligtum aus dem 8. Jahrhundert. Der unter der Dynastie der Shailendra errichtete, düster wirkende Sakralbau war einst eine Stätte der Ahnenverehrung und ein Ort der Meditation. Er demonstrierte darüber hinaus die politische Macht der damaligen Könige von Shailendra.

Der im Grundriß quadratische Bau mit einer Seitenlänge von 152 m und einer Höhe von 31,5 m ist aus Vulkangestein in mörtelfreier Fugenbauweise errichtet und umkleidet einen natürlichen Hügel. Der dreiteilige architektonische Aufbau des Stufenmonuments entspricht der Vorstellung von der Gestalt der Welt im frühen Buddhismus: Die erste Balustrade sowie der Sockel des aus fünf übereinandergeschichteten Plattformen bestehenden Bauwerks stellen die Welt der Begierden (Kamadathu) dar. Die folgenden, stufenweise ansteigenden Korridore, deren Wände mit Reliefs bedeckt sind, symbolisieren die Welt der Namen und Formen (Rupadathu). Der obere Teil des Sakralbaus wird von drei schmucklosen Rundterrassen mit 32, 24 und 16 steinernen Glocken, Stupas, sowie einer Riesenglocke, dem Hauptstupa im Mittelpunkt, gebildet. In der Hauptkuppel befinden sich zwei übereinander liegende Räume, deren Zweck unbekannt ist. Dieser obere Abschnitt des Bauwerks entspricht dem buddhistischen Glauben nach der formfreien Welt (Arapadhatu).

Die architektonische Dreiteilung wird auch als Entsprechung des Bildes einer unterirdischen, einer irdischen und einer überirdischen, himmlischen Welt gedeutet. Die Steinglocke des Stupa symbolisiert in der hindubuddhistischen Ikonographie die kosmische Gebärmutter (Garbha) und gleichzeitig das Ei der Schöpfung (Brahmanda). Zu der Hauptstupa führen vier Treppen, jeweils in der Mitte der vier Seiten gelegen.

Die annähernd zweieinhalb Kilometer langen Korridore auf den quadratischen Terrassen des mittleren Bauabschnittes sind mit 1460 erzählenden und mit 1212 ornamentalen Steinreliefs geschmückt, die teilweise als doppelte Friese an den Wänden verlaufen.

Der Stupa von Borobudur, der seit dem bisher schwersten Ausbruch des nahe gelegenen Vulkans Merapi im Jahr 1006 von einer Lavaschicht bedeckt und in der Folgezeit von Sträuchern und Bäumen überwuchert worden war, wurde erst 1814 wieder entdeckt. Von 1973 bis 1982 fand eine Restaurierung des Sakralbaus statt, der 1985 durch einen Bombenanschlag beschädigt wurde.

1

2

1 *Die Reliefs, mit denen der Stupa von Borobudur geschmückt ist, stellen Szenen aus dem Leben Buddhas und Legenden seiner früheren Existenzen dar.*

2 *Auf der runden Gipfelterrasse des Stupa von Borobudur stehen 72 glockenförmige kleinere Stupas mit rhombenförmigen Öffnungen. Sie symbolisieren im Hinduismus die kosmische Gebärmutter und enthalten Bildnisse Buddhas (im Vordergrund ein Buddha, dessen Stupa zerstört ist).*

Bosporus

Seit 1973 dauert die Reise von einem Kontinent zum anderen nur wenige Minuten. Für einige türkische Lira können Autofahrer und Fußgänger eine Brücke benutzen, um den Bosporus, die Meerenge zwischen Europa und Asien, zu überwinden. Nicht immer erspart der Weg über die eineinhalb Kilometer lange, sechsspurige Konstruktion aus Stahl und Beton Zeit. Zu den Hauptverkehrszeiten bilden sich an beiden Enden der viertgrößten Hängebrücke der Welt lange Autoschlangen. Dann ist die halbstündige Fahrt mit dem Schiff über den Bosporus schneller und allemal beschaulicher.

Hier in Istanbul, dem Knotenpunkt für den Verkehr zwischen Europa und Asien, pendeln seit Jahrhunderten die Fähren zwischen den Erdteilen. Hier entstand auf der europäischen Uferseite um 658 v. Chr. Byzanz. Der römische Kaiser Konstantin I., der Große, gab ihr 330 n. Chr. den Namen Konstantinopel und erhob sie zum neuen Mittelpunkt des römischen Reiches.

Zahlreiche Völker – Awaren, Araber, Bulgaren, auch abendländische Kreuzfahrer – belagerten im Lauf der Jahrhunderte die strategisch wichtige und wegen ihrer Pracht begehrte mächtige Hauptstadt des oströmischen bzw. byzantinischen Reiches. 1453 schließlich erlagen Stadt und Reich dem Ansturm der Osmanen, die Konstantinopel zur Hauptstadt ihres Osmanischen Reiches machten. Den türkischen Namen Istanbul aber erhielt die Metropole am Bosporus erst 1930.

Nicht immer hatte eine Meerenge Europa und Asien getrennt. Wo heute Schiffe zwischen dem Schwarzen Meer und dem Marmarameer verkehren, gab es vor Jahrmillionen nur ein kleines Flußtal, das vor mindestens 1,8 Millionen Jahren, im Erdzeitalter des Tertiär, versank. Es entstand der rund 30 km lange, 600 bis 3000 m breite und 30 bis 120 m tiefe Bosporus, an dessen steil ansteigenden Ufern heute Dörfer, Burgen und Ruinen zu sehen sind. Am Südende der Wasserstraße, auf der europäischen Seite, bildete sich eine hornförmig gekrümmte, etwa 6 km lange Meeresbucht – das Goldene Horn, wie kaum ein anderer Platz auf der Erde als natürlicher Hafen geeignet. Hier siedelte sich vor mehr als 2500 Jahren Byzas von Megara an und gründete die Stadt Byzanz, die sich im Lauf einer wechselvollen Geschichte zur heutigen Millionenstadt entwickelte. Im Mündungsbereich überspannen zwei Brücken die Hafenbucht. Vor

1 Der idyllische Anblick der Istanbuler Altstadt mit dem Goldenen Horn im Vordergrund läßt nur wenig vom hektischen Leben der traditionsreichen Metropole am Bosporus erahnen. Eine der prächtigsten Moscheen, die vom Stadtteil Galata aus zu sehen sind, ist die zwischen 1550 und 1557 von Baumeister Sinan errichtete Süleyman-Moschee mit ihren vier schlanken Minaretts.

1

der Altstadt Istanbuls, auf der Halbinsel zwischen Marmarameer und dem Goldenen Horn gelegen, mit der Sultan-Ahmad-Moschee (→S. 372/373), der Hagia Sophia (→S. 164/165) und dem Topkapi-Sarai (→S. 398/399), führen die Galata- und die Atatürkbrücke zu der alten Vorstadt Galata. Steile und winklige Straßen durchziehen dieses belebte Handelsviertel auf den Hügeln nördlich über der Einfahrt in das Goldene Horn. An seiner Südspitze legen die Fähren nach Üsküdar (Skutari) ab, dem ältesten asiatischen Teil Istanbuls. Während der Überfahrt zum anderen Erdteil zeigt ein Blick zurück die Silhouette des europäischen Teils von Istanbul: Von den Ufern des Bosporus und des Goldenen Horns erstreckt sich die Stadt über die sanft ansteigenden Hügel; Moscheen und Minarette überragen die vielen historischen Bauten der traditionsreichen Stadt. Ein Brückenkoloß, so glaubten viele Türken nach Bekanntwerden der Pläne für die stählerne Konstruktion, würde diesen Anblick zerstören. Ihre Bedenken waren unbegründet: Die Bosporusbrücke fügt sich mit ihrer schlanken Silhouette und den bogenförmigen Stahlseilen harmonisch in die hügelige Umgebung ein.

2 *Blick vom Stadtteil Galata über das Goldene Horn; die Sarai-Spitze der Altstadt schiebt sich als Landzunge zwischen die Hafenbucht und den Bosporus.*
3 *Wie ein schmales Band verbindet die Bosporus-Brücke in Istanbul Europa und Asien. Sie verkürzt die Überfahrt über die Meerenge auf wenige Minuten. Maximal 80 000 Fahrzeuge können die 1973 fertiggestellte, viertgrößte Hängebrücke der Welt täglich passieren.*

2

3

1

2

3

1 *Die Attika des Brandenburger Tors wird unterhalb der Quadriga von einem Relief („Zug des Friedens“) geschmückt.*
2 *In Berlin/West bildet das Brandenburger Tor den Abschluß der Straße des 17. Juni, die ihren Namen zum Gedenken an den Arbeiteraufstand von 1953 in der DDR erhielt. Östlich vom Brandenburger Tor führt die Prachtstraße Unter den Linden bis in das alte Zentrum Berlins.*

Brandenburger Tor

Wie kaum ein anderes Denkmal symbolisiert das Brandenburger Tor in Berlin die wechselvolle Geschichte Deutschlands: Zwischen 1788 und 1791 als Friedenstor gebaut, wurde es 1814, nach dem siegreichen Ende der Befreiungskriege gegen die Franzosen zum Sieges- und Triumphtor erhoben. Im Jahr 1933 diente das Brandenburger Tor den Nationalsozialisten als gespenstische Kulisse, vor der sie die Machtergreifung Hitlers feierten. 1945 hißten sowjetische Soldaten als Zeichen des Sieges die Rote Fahne auf dem Tor. Im Zug des Arbeiteraufstandes am 17. Juni 1953 in Berlin/Ost wurde die Rote Fahne von aufgebrachten Demonstranten herabgerissen und verbrannt. Heute weht die Staatsflagge der DDR auf dem Brandenburger Tor. Unmittelbar an der Grenzlinie des Ostsektors zu den Westsektoren Berlins gelegen, wurde es 1961 in den Sperrbezirk der von der DDR-Führung errichteten Berliner Mauer einbezogen.

Das Monument bildet den architektonischen Höhepunkt am westlichen Ende der repräsentativen Straße Unter den Linden, jener ursprünglich vom Königlichen Schloß ausgehenden Allee, an der seit dem König Friedrich I. zahlreiche Prachtbauten errichtet wurden.

Das Brandenburger Tor ist ein Werk des Baumeisters Carl Gotthard Langhans, der sich an dem Vorbild der antiken Propyläen auf der Akropolis in Athen (→ S. 22/23) orientierte. Zwölf strenge dorische Säulen tragen eine mächtige Attika, die von einem mit vier Pferden be-

spannten Wagen – der ersten monumentalen Quadriga der Neuzeit – der Viktoria als Friedensgöttin bekrönt wird. Mit dem eindrucksvollen und zugleich betont einfachen Bauwerk wird erstmals der Kanon der klassizistischen Baukunst festgelegt, die im Lauf des 19. Jahrhunderts mit den Bauten von Karl Friedrich Schinkel (→S. 350/351) ihren Höhepunkt erreichte.

Die zur Stadt gewandte Quadriga wurde zwischen 1789 und 1793/94 von Gottfried Schadow modelliert und in Kupfer getrieben. Während der französischen Okkupation wurde die Quadriga 1807 von Kaiser Napoleon I. als Siegeszeichen nach Paris transportiert. Sieben Jahre später wurde sie mit Triumphfeiern von Paris nach Berlin zurückgebracht. Anläßlich der feierlichen Enthüllung im August 1814 erhielt die Viktoria ein neues von Schinkel entworfenes Siegeszeichen: Ein Eisernes Kreuz im Eichenkranz, darüber ein auffliegender Adler. Die Quadriga wurde im Zweiten Weltkrieg weitgehend zerstört. Eine nach Gipsabdrücken hergestellte Nachbildung der Quadriga übergab der Berliner Senat 1958 der Stadtverwaltung in Berlin/Ost, die jedoch vor ihrer Aufstellung den preußischen Adler und das Eiserne Kreuz entfernen ließ.

Hinsichtlich seiner Monumentalität und seiner Lage ist das Brandenburger Tor wohl nur mit dem Arc de Triomphe (→S. 84/85) am Ende der Champs-Élysées in Paris vergleichbar. Doch im Gegensatz zu dem belebten Platz des Triumphbogens, einem Verkehrsknotenpunkt im Herzen der französischen Hauptstadt, liegt das Brandenburger Tor heute in einer Zone beklemmender Stille zwischen zwei durch eine Mauer getrennten Welten und kann nur von der Ferne aus betrachtet werden.

3 *Das Brandenburger Tor (26 m hoch, 65,5 m breit), im Ostsektor Berlins gelegen, gilt heute im Westen als Symbol der Teilung Deutschlands. Die Berliner Mauer (1961 erbaut) verläuft direkt vor dem Brandenburger Tor. Sperrbezirke auf beiden Seiten verbannen das Tor ins Niemandsland zwischen Ost und West.*

1 *Das Parlament von Brasília bildet den Mittelpunkt der Regierungsgebäude der neuen Hauptstadt Brasiliens. Die Zwillingstürme des Kongreßhochhauses im Vordergrund, 28 Stockwerke hoch und vom 11. bis zum 13. Stockwerk miteinander verbunden, werden von einer Wasserfläche umgeben. Aus der zweigeschossigen Halle im Hintergrund erhebt sich links die Schüssel des Abgeordnetenhauses und rechts die Kuppel des Senats.*

2 *Die geschwungenen Betonträger und die wabenförmig gegliederten Fensterflächen der Kathedrale von Brasília umhüllen einen einfach gehaltenen Innenraum. Unter der Kuppel hängen an dünnen Drahtseilen drei überlebensgroße Engelsfiguren, die scheinbar in der Mitte des Innenraumes schweben.*

Brasília

Hügelketten, Termitenbauten, eine dünne Grasnarbe über hellroter Erde – mehr bot sich im Jahr 1957 den Blicken der Bauarbeiter nicht, die innerhalb von drei Jahren eine neue Hauptstadt im menschenleeren zentralbrasilianischen Hochland aus dem Boden stampfen sollten. In diese Gegend, 1204 km entfernt von der lebensfrohen alten Hauptstadt Rio de Janeiro, sollten die Regierungsbediensteten ziehen? Die Antwort war eindeutig: Am Anfang war Brasília jedes Wochenende menschenleer, die Flugzeuge in Richtung Rio ausgebucht.

Die Idee, die Hauptstadt in das Landesinnere zu verlegen, war bei ihrer Realisierung bereits 150 Jahre alt. Seit Gründung der Republik Brasilien (1891) wurde die Verpflichtung, eine neue Hauptstadt zu errichten, in jede neue Staatsverfassung aufgenommen. Aber erst 1956 schien dem Präsidenten Juscelino Kubitschek de Oliveira die Zeit für ihre Erfüllung reif zu sein.

Die Stadt sollte Ausgangspunkt für die Erschließung des riesigen Binnenraumes sein und zum Symbol des wachsenden Selbstbewußtseins der brasilianischen Nation werden. Als geeigneter Standort wurde das Hochplateau im Herzen des Bundesstaates Goiás bestimmt und von ihm 5814 km^2 als Bundesdistrikt abgetrennt. Der Stadtplaner Lúcio Costa konzipierte den Grundriß der Stadt, der Architekt Oscar Niemeyer entwarf die Repräsentativbauten. Der Stadtplan Brasílias ähnelt einem Flugzeug mit zurückgebogenen Tragflächen. Ein Stausee nimmt den Platz vor Bug und Flügeln ein. Die 250 m breite, vorwiegend gebäudefreie Längsachse beginnt am Platz der Drei Gewalten. Sie bietet hauptsächlich Raum für Regierungsgebäude. An der Kreuzung der Querachse befindet sich das Geschäftsviertel und kulturelle Zentrum der Stadt. Entlang der Querachse liegen Wohnviertel, denen diplomatische Quartiere und das Gelände der Universität zugeordnet sind. Bahnhof, Flugplatz, Industriegebiet und militärische Einrichtungen haben ihre eigenen abgeschlossenen Standorte.

Die Architektur Oscar Niemeyers besticht durch die Leichtigkeit, die sie trotz aller Funktionalität ausstrahlt. Der Oberste Bundesgerichtshof, eigentlich ein dunkler Glaswürfel, wird z. B. durch eine weiße Basis- und Deckplatte, gestützt durch Säulen, aufgelockert. Die Kathedrale von Brasília ähnelt mit ihren empor- und auseinanderstrebenden Säulen einer Dornenkrone. Ihr unterirdischer, schwarz gehaltener Eingang soll zur Meditation und Besinnung anregen.

Das meistfotografierte Objekt Brasílias ist ohne Zweifel das Parlament. Zwei schmale Baukörper bilden ein Bürohochhaus. Ihnen vorgelagert ist eine flache Halle, aus deren begehbarem Dach sich die Kuppel des Senates und der schüsselförmige Bau der Abgeordnetenkammer erheben. Betont wird die Komposition der Gebäude durch den unverstellten Hintergrund des Planalto Central, auf dem die Stadt liegt. Diese großzügige Gestaltung ist ein kennzeichnendes Element Brasílias.

Die Stadt, in Teilen der Welt als brasilianischer Größenwahn bezeichnet, ist nicht unumstritten. Die Staatskasse wurde stark belastet. Abstriche, die aus finanziellem Grunde an der Konzeption der Stadt gemacht wurden, haben ihre Bewohnbarkeit erschwert. Ursprünglich eingeplante Geschäfte und Infrastruktureinrichtungen für jeden Wohnblock wie auch Freizeiteinrichtungen wurden erst realisiert, als deutlich wurde, daß die Stadt zu veröden drohte. Slums, in Brasília selbst vermieden, entwickelten sich in den acht ausufernden Vorstädten. Der Zuzug aus den Küstengebieten ist andererseits ein Beweis dafür, daß die Besiedlung des Binnenraumes attraktiver geworden ist.

Mittlerweile ist die erste in Brasília geborene Generation herangewachsen. Der Lebensstil in der Stadt ist sachlicher, ruhiger als an sich für Brasilien typisch. Noch ist nicht festzustellen, welchen Weg Brasília geht: Architektonisches Denkmal oder lebendige Stadt.

3

4

1 Präsidentenpalast; **2** Platz der Drei Gewalten; **3** Oberster Bundesgerichtshof; **4** Regierungspalast; **5** Nationalkongreß (Parlament); **6** Kathedrale; **7** Amtssitz des Gouverneurs; **8** Geschäftsviertel und kulturelles Zentrum; **9** Wohnviertel; **10** Diplomatenviertel; **11** Universität; **12** Bahnhof; **13** Industriegebiet; **14** Flughafen; **15** Villenviertel

3 *Auch die Hauskapelle des Präsidenten im Stadtgebiet zeichnet sich durch eine moderne architektonische Gestaltung aus.*
4 *Der Oberste Bundesgerichtshof wurde ebenso wie Kathedrale und Parlament vom brasilianischen Architekten Oscar Niemeyer entworfen. Der Bau zeigt die gelungenste Komposition der für viele Regierungsgebäude eingesetzten Stilelemente von rechteckigem Baukörper, vorgezogenem weißem Dach und schlanken Säulen. Das Ganze vermittelt ein Gefühl bemerkenswerter Leichtigkeit.*

Braunkohlenrevier in der Niederrheinischen Bucht

Wie hungrige Tiere fressen sich die riesigen Schaufelradbagger durch die Landschaft der Niederrheinischen Bucht. Ganze Ortschaften, die im Abbaugebiet der Braunkohle liegen, werden verlegt und ihre Bevölkerung wird umgesiedelt.
Bei der Förderung der Braunkohle werden im wahrsten Sinn des Wortes Berge versetzt: Auf den Kohleflözen ruht ein stellenweise über 300 m hohes Deckgebirge, das zur Gewinnung der Kohle abgetragen werden muß.
Wenn die tägliche Fördermenge eines Schaufelradbaggers (bis zu 240 000 m^3) auf einem Fußballfeld verteilt würde, entstünde eine Aufschüttung von etwa 24 m Höhe. Einige Bagger sind 220 m lang und 85 m hoch. Mit einem Gewicht von 13 000 t sind sie schwerer als eine große Rheinbrücke. Das Schaufelrad hat einen Durchmesser von 21,6 m, etwa der Höhe eines siebenstöckigen Hauses entsprechend.
Braunkohle wird in mehr als 25 Ländern der Erde abgebaut; die Weltvorräte werden auf 4700 Milliarden t geschätzt (Europa rund 150 Milliarden t). In der Bundesrepublik Deutschland gibt es insgesamt 56 Milliarden t Braunkohle, davon allein 55 Milliarden t im Rheinischen Revier. Damit besitzt das Rheinland die größte zusammenhängende Braunkohlenlagerstätte Europas; das Braunkohlevorkommen dehnt sich im Raum Köln–Düsseldorf–Aachen über eine Fläche von 2500 km^2 aus.
Im Rheinland werden jährlich rund 120 Millionen t Braunkohle abgebaut. Mit einer Gesamtförderung von rund 130 Millionen t pro Jahr ist die Bundesrepublik

Deutschland nach der DDR (255 Millionen t) und der UdSSR (165 Millionen t) der drittgrößte Braunkohleförderer der Welt.
Die Entstehung der rheinischen Braunkohle begann im Erdzeitalter des Tertiär vor rund 35 Millionen Jahren mit einem Einbruch der Erdschollen. Aus diesem Einbruch bildete sich die heutige Niederrheinische Bucht als dem Rheinischen Schiefergebirge vorgelagerte Senkungszone. Begünstigt durch subtropische Klimaverhältnisse und damit verbundene üppige Vegetation entstanden ausgedehnte Torfmoore, aus denen sich im Lauf von zehn Millionen Jahren eine Braunkohlelagerstätte entwickelte. Die Rheinische Braunkohle ist 12 bis 15 Millionen Jahre alt und bildet das Mittelglied in der Entwicklungsreihe Torf–Braunkohle–Steinkohle. Im Rheinland sind die Kohleflöze bis zu 100 m mächtig. Die oberflächennahen Vorkommen sind weitgehend abgebaut. Der Tagebau wird heute in Tiefen bis zu 360 m vorangetrieben, der 1978 begonnene Tagebau Hambach wird einmal 470 m in die Tiefe gehen.
Der Abbau von Braunkohlelagerstätten im Tagebau greift zwangsläufig in die natürlichen Verhältnisse der Landschaft ein. Ein Ziel der Tagebauplanung ist es daher, mit den Abraummassen neuer Abbauflächen die Aushöhlungen der ausgebeuteten Tagebaue aufzufüllen und die Erdoberfläche zu rekultivieren. Ein besonderes Problem stellt die Senkung des Grundwasserspiegels dar. Die Gewinnung der Braunkohle setzt voraus, daß die Erdschichten über und zwischen den Kohleflözen entwässert werden. Dazu wurden bisher 850 Entwässerungsbrunnen angelegt. Für die Förderung von 1 t Braunkohle müssen etwa 10 m^3 Grundwasser abgepumpt werden.
Die Folgen, die das Abpumpen des Grundwassers für die nähere und weitere Umgebung haben wird, lassen sich heute noch nicht absehen.

Die Schaufelradbagger (mit jeweils bis zu 18 Schaufeln) fräsen die Braunkohle (bis zu 6,6 m^3 pro Schaufel) Schicht für Schicht aus immer tiefer gelegenen Erdschollen heraus. Anschließend wird die Kohle zur Elektrizitätsgewinnung im Kraftwerk verheizt.

1 *Der Haupteingang des Britischen Museums ist streng im antiken Stil gehalten. Im Giebelfeld über dem von einer doppelten Säulenreihe getragenen Portikus stellen Skulpturen von Richard Westmacott die Entwicklung der Menschheit dar (links); die Figuren rechts versinnbildlichen Mathematik, Drama, Poesie, Musik und Naturforschung.*
2 *Die King's Library in der Britischen Bibliothek enthält wertvolle Bestände aus vergangenen Jahrhunderten. Insgesamt besitzt die Britische Bibliothek mehr als sieben Millionen gedruckte Bände, über 100 000 Urkunden und Papyri sowie 70 000 Bände Handschriften. Die Sammlungen gehen auf die Bibliotheken von Sir Robert Cotton, Robert Harley Earl of Oxford und Sir Hans Sloane zurück. 1757 kamen die Sammlungen von König Georg II., 1823 die von König Georg III. hinzu. Seit 1757 besitzt die Britische Bibliothek das Pflichtexemplarrecht für alle Druckerzeugnisse aus Großbritannien.*

1

2

Britisches Museum in London

Schon Lord Byron kritisierte die Art und Weise, wie das Britische Museum 1816 in den Besitz der Friese des Athener Parthenon-Tempels, einer Frauenstatue des Erechtheions und anderer Schätze der Akropolis gekommen war. Die sog. Elgin Marbles, die heute zu den Prunkstücken des Museums gehören, waren von Thomas Bruce Earl of Elgin zu Beginn des 19. Jahrhunderts von der Akropolis abgebaut und nach Großbritannien transportiert worden. Die Erlaubnis hierfür, die Elgin angeblich von osmanischen Behörden erhalten hatte, ist zweifelhaften Charakters. Aus Geldmangel mußte der Earl seine Schätze 1816 an das Britische Museum verkaufen. Seit 1982 fordert Griechenland die Rückgabe der geraubten Kunstwerke. Die Geschichte der Elgin Marbles ist beispielhaft für die Art, wie europäische Museen in den Besitz mancher Schätze gekommen sind.

Das Britische Museum, dem die Britische Bibliothek angeschlossen ist, gilt als das größte Museum der Welt. Seine Sammlungen umfassen Objekte aus Ägypten, Assyrien, Babylonien, Griechenland, dem Römischen Reich, Süd- und Südostasien, China und dem europäischen Mittelalter. Neben den Elgin Marbles (etwa 5. Jh. v. Chr.) beherbergt das Museum den Stein von Rosette (195 v. Chr.), der mit seinen dreisprachigen Inschriften die Entzifferung der Hieroglyphen ermöglichte, assyrische Reliefs von einer Löwenjagd König Assurbanipals und aus der römischen Zeit den Mildenhall-Schatz aus dem 4. Jahrhundert, der 1942 in Suffolk beim Pflügen gefunden worden war, sowie die Portland-Vase, eine römische Glasarbeit im griechischen Stil aus dem 2. Jahrhundert v. Chr. In zwei Sälen sind ägyptische Mumien zu besichtigen. Die Britische Bibliothek gehört mit mehr als sieben Millionen Bänden neben der Nationalbibliothek in Paris zu den wertvollsten in Europa.

Gegründet wurden Museum und Bibliothek 1753 durch eine Parlamentsakte. Seit 1759 waren die beiden Institutionen im Montagu House untergebracht. Wegen Platzmangels wurde 1823 das heutige Gebäude nach Plänen von Robert Smirke begonnen. Vollendet wurde der klassizistische Bau 1857 von Smirkes Bruder Sydney. Die Hauptfassade mit einer Galerie von 44 ionischen Säulen nimmt eine Länge von 123 m ein. Der nördliche Gebäudeteil wurde zwischen 1907 und 1914 angebaut. Ein Kernstück des Gebäudes ist der von Sydney Smirke geschaffene runde Lesesaal unterhalb der Kuppel, der über 300 Besuchern Platz zum Arbeiten bietet: Hier schrieb z. B. Karl Marx im Londoner Exil am „Kapital".

FIFTEENTH CENTURY
FIFTEENTH CENTURY
24

1 *Das Stadthaus (Stadhuis) von Brügge wurde zwischen 1376 und 1420 im gotischen Stil erbaut. Die Fassade des am Großen Markt gelegenen Gebäudes ist reich mit Statuen und Verzierungen geschmückt. Die Räumlichkeiten wurden 1895 im alten Stil renoviert und mit wertvollen Bildern ausgestattet.*
2 *Der Marktplatz von Brügge wird von zahlreichen ehemaligen Zunfthäusern gesäumt. Heute werden diese prachtvoll renovierten Gebäude zum Teil als Hotels und Restaurants genutzt.*

Altstadt von Brügge

„Geschaffen uns die Seele zu laben und die Augen zu öffnen." Mit diesen Worten rühmte schon im 16. Jahrhundert ein unbekannter Chronist die flandrische Stadt Brügge, die einst zu den wichtigsten Zentren des Welthandels gehörte. Im Herzen der Stadt liegt der Große Markt (Groote Markt), dessen Silhouette von dem Wahrzeichen der Stadt, dem Belfried, beherrscht wird. Dieser Turm erhebt sich 85 m hoch über den Hallen an der Südseite des Platzes, die im 13./14. Jahrhundert erbaut wurden. Der Belfried besteht aus zwei rechteckigen Untergeschossen und einem achteckigen Turm, der 1482 hinzugefügt wurde. Eine steile Treppe mit 366 Stufen führt in den Turm hinauf. Eines der schönsten und größten Glockenspiele des Landes, das sich aus 47 bronzenen Glocken mit einem Gesamtgewicht von 27 t zusammensetzt, befindet sich in dem Belfried. Unter diesem Glockenspiel hängt die „Siegesglocke", die nur bei besonderen Anlässen läutet; sie hat einen Durchmesser von 2,5 m und ein Gewicht von über 6 t.
Der Marktplatz wird von prächtigen ehemaligen Zunfthäusern gesäumt, die von der ruhmreichen Vergangenheit der Stadt Zeugnis ablegen. Zu den beeindruckendsten Gebäuden gehört das Haus der Provinzverwaltung Westflanderns. Dieses Gebäude wurde von 1887 bis 1890 an der Ostseite des Marktplatzes anstelle der 1787 zerstörten Tuchhalle errichtet und gilt mit seiner reich geschmückten Fassade und seinen stolzen Türmen als

eine architektonische Meisterleistung der Neugotik. Zu den weiteren bedeutenden Bauten am Marktplatz gehören das Stadthaus, die ehemalige Stadtkanzlei – ein reich mit Vergoldungen und Bildwerken geschmückter Renaissancebau (1535–1537 und 1881–1884 erneuert) – und der Justizpalast, der von 1722 bis 1727 errichtet wurde. Rechts vom Stadthaus liegt die Heiligblutkapelle, von der einige Gebäudeteile noch aus dem 12. Jahrhundert stammen; die Kirche wurde zwischen 1819 und 1839 restauriert. Seit 1887 ziert den Großen Markt ein Bronzedenkmal der Zunftmeister Jan Breydel und Pieter de Coninck, Anführer der Bürger im Kampf um ihre Unabhängigkeit von Frankreich (1302).
Die traditionsreiche Geschichte Brügges wird alljährlich mit großartigen Festen und Umzügen gefeiert und in Erinnerung gerufen. Zu den Höhepunkten dieser Feierlichkeiten gehört die Heilig-Blut-Prozession, die durch das Zentrum der Stadt zum Marktplatz führt und die seit dem Jahr 1396 alljährlich am Himmelfahrtstag veranstaltet wird. Begleitet vom Geläut der Glocken des Belfrieds werden Szenen aus dem Evangelium und historische Begebenheiten gespielt; Reitersleute und Musikkapellen in farbenprächtigen, historischen Trachten runden das Schauspiel ab. Mit seinen historischen Gebäuden, den stolzen Zunfthäusern und dem alles überragenden Belfried am Großen Markt, umgrenzt von den Resten der alten Stadtbefestigungsanlage, gleicht die Stadt Brügge auch in ihrem heutigen Erscheinungsbild noch einer mittelalterlichen Stadt; zusammen mit den zahlreichen Kanälen und Brücken ergibt sich eine einzigartige Stadtanlage, die Brügge den Namen „Venedig des Nordens" eingebracht hat.

3 *Die Altstadt von Brügge wird von dem Belfried, dem Wahrzeichen der Stadt, überragt. Zahlreiche Grachten und Kanäle, in deren Wasser sich die alten Häuser spiegeln, durchziehen den Stadtkern. Von allen belgischen Städten hat Brügge sein mittelalterliches Äußeres und seine traditionsreiche Geschichte am treuesten bewahrt.*

1 *Gegenüber dem prachtvollen Rathaus, im Nordosten der Grand' Place (Grote Markt) von Brüssel, liegt das Haus des Königs, das in seiner heutigen Form 1873 bis 1896 im Stil der flandrischen Spätgotik des 15./16. Jh. erbaut wurde; das Gebäude trug früher den Namen Brothaus, weil es an der Stelle der alten Brothallen steht. Im Innern des Gebäudes ist heute ein Museum eingerichtet, in dem vor allem Werke niederländischer Meister aus dem 17. Jh. ausgestellt sind.*

2 *Auf dem Marktplatz von Brüssel findet vor der Kulisse der prachtvollen ehemaligen Zunft- und Gildehäuser ein malerischer Blumenmarkt statt. Zu sehen sind (von links) das Haus der Krämer (1699), das Haus der Schiffer mit einem Giebel in Form eines Schiffshecks (1697), das Haus der Bogenschützen, das Haus der Fetthändler, das Haus der Buchdrucker (alle Ende 17. Jh. und 1889–1902 restauriert) und das Haus der Bäcker (1902 nach alten Plänen wiederaufgebaut).*

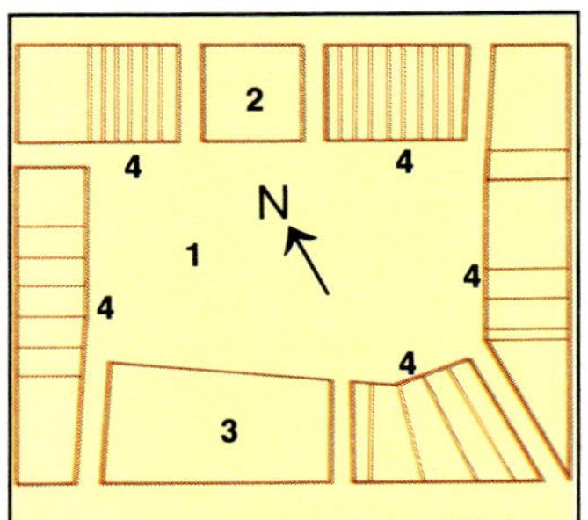

1 Marktplatz; **2** Haus des Königs (Maison du roi); **3** Rathaus; **4** Gebäude der verschiedenen Zünfte

1

2

Marktplatz von Brüssel

„La gigantesque place", so rühmte Victor Hugo den Großen Markt in Brüssel, der zu den eindrucksvollsten Platzarchitekturen Europas zählt. Dabei ist es weniger die räumliche Größe des Marktplatzes der einstigen Hauptstadt Brabants (heute Belgiens), die Victor Hugos Bewunderung hervorrief, als vielmehr die einzigartige Ansammlung weltlicher Gebäude im Stil des italienischen Barocks und der flandrischen Spätgotik.

Mit dem Sieg der standesbewußten Zünfte über das aristokratische Stadtregiment im Jahr 1426 war der Marktplatz zum Zentrum der von den Gilden getragenen bürgerlich-demokratischen Verwaltung der Stadt geworden. Rund um das Rathaus entstanden hochgiebelige Zunfthäuser, mit denen die verschiedenen Zünfte ihr Prestige und ihren Einfluß zur Schau stellten und sich gegenseitig in ihrer Selbstdarstellung zu übertreffen suchten. Die meisten Gebäude, die heute den etwa 110 m langen und 70 m breiten Marktplatz umschließen, wurden im 17. und 18. Jahrhundert, zum Teil nach alten Plänen, errichtet. Im Jahr 1695 war die Stadt Brüssel und mit ihr – außer dem Rathaus – fast alle Zunfthäuser bei einer Beschießung durch die französischen Truppen König Ludwig XIV. zerstört worden. Doch kaum 25 Jahre später waren die Gebäude am Marktplatz mit ihren stolzen Fassaden nach alten Vorlagen wieder aufgebaut – ein Ausdruck der wirtschaftlichen Kraft und des Selbstbewußtseins der Bürger.

Das Rathaus am Marktplatz von Brüssel gehört zu den größten und schönsten seiner Art in Belgien. Das Gebäude bildet ein unregelmäßiges Viereck; die beiden unterschiedlichen Fassaden entstanden 1402 bzw. in den Jahren nach 1444. Ihr im 19. Jahrhundert erneuerter Skulpturenschmuck zeigt die Geschichte der Stadt in Verbindung mit Motiven aus der spätmittelalterlichen Welt. Der 1449 bis 1454 von Jan van Ruysbroeck erbaute Rathausturm überragt mit einer Höhe von 89 m die Altstadt; seine Spitze schmückt ein vergoldetes Standbild des heiligen Michael, des Schutzpatrons von Brüssel. Im Binnenhof des Rathauses befinden sich zwei Brunnen; sie wurden im Jahre 1715 gebaut und symbolisieren die Flüsse Maas und Schelde. Viele Gebäude am Marktplatz weisen sich durch ihre Namen als alte Zunfthäuser aus: Beispielsweise das Haus der Schiffer, dessen Giebel einem Achterschiff gleicht. Andere Gebäude tragen den Namen ihrer Hauszeichen, z. B. Der Sack, Der Schwan, Der Helm oder Zur Waage.

Welches der knapp 40 Gebäude, die den Marktplatz säumen, das schönste ist, welcher Giebel der prachtvollste und welche Verzierungen und Skulpturen die prunkvollsten sind – dies ist kaum zu entscheiden: Immer wieder entdeckt der Betrachter neue Ornamente und architektonische Besonderheiten sowie historische Bezüge an den Fassaden der traditionsreichen Prachtbauten.

EUR INFO
Europa
bericht

1 *Von der Fischerbastei auf dem Budaer Burgberg aus bietet sich ein überwältigender Blick über die Donau auf den Stadtteil Pest. Die neoromanische Bastei wurde zwischen 1895 und 1902 von dem ungarischen Baumeister Frigyes Schulek auf den Resten alter Wehranlagen neben der Matthiaskirche errichtet. Sie diente allerdings nicht mehr Verteidigungszwecken. Rechts im Hintergrund liegt am Donauufer das neogotische Parlamentsgebäude, das nach Plänen des Architekten Imre Steinl zwischen 1885 und 1904 erbaut wurde.*

Budaer Burgberg

Unter den Geistesgrößen Ungarns wurden im Jahr 1872 Wettbewerbe veranstaltet, um einen Namen für die Hauptstadt des Landes, die durch den Zusammenschluß der Städte Buda (Ofen) und Pest (einschließlich der Margareteninsel) entstand, zu finden. Endlich einigte man sich auf den Namen Budapest, um beiden Teilen der Stadt gleichermaßen gerecht zu werden.
Die Anfänge von Buda am rechten Donauufer reichen bis in keltische und römische Zeiten zurück. Die beiden Orte Buda und Pest wurden 1148 erstmals urkundlich erwähnt. Der Budaer Burgberg wurde im 13. Jahrhundert befestigt, um den Siedlungen rechts und links der Donau Schutz vor den Mongolen zu geben, die 1241/42 Ungarn heimsuchten.
Gleichzeitig mit der Bürgerstadt ließ König Bela IV. an der Südspitze des Berges eine königliche Burg errichten. Als Pfarrkirche der deutschen Bürgerschaft von Buda

2

(zu deutsch Ofen) wurde zwischen 1255 und 1269 die gotische Liebfrauenkirche erbaut. Sie wurde im 14. Jahrhundert zur Hallenkirche umgebaut und galt – nun dem heiligen Matthias geweiht – als königliche Kapelle, nachdem Buda Ende des 14. Jahrhunderts von König Sigismund, dem späteren römisch-deutschen Kaiser, zur Residenz erhoben worden war. Sigismund ließ die Palastanlagen erweitern. Die Ausgestaltung erfolgte jedoch erst seit 1470 unter König Matthias Corvinus. Er zog italienische Künstler an seinen Hof und gründete eine berühmte Bibliothek. Die Pracht des Schlosses und der Hofhaltung währte nicht lange: Nach der Schlacht bei Mohács (1526) brannten die siegreichen Osmanen die Städte an der Donau nieder. Zwar wurden zwischen 1534 und 1540 einige Restaurierungsarbeiten vorgenommen, doch 1541 fiel Buda erneut in die Hände der Osmanen, die es bis 1686 besetzt hielten. Die Matthiaskirche wurde in eine Versammlungsmoschee umgewandelt, das Schloß verfiel – nur die Befestigungsanlagen wurden erweitert und verstärkt.

Nach der Vertreibung der Osmanen wurde mit der Wiederherstellung des Palastes auf dem Burgberg begonnen. Die Arbeiten gingen schleppend voran, denn Buda war nicht mehr königliche Residenz: Ungarn hatte seine Selbständigkeit verloren, und seine Könige, die habsburgischen römisch-deutschen Kaiser, saßen in Wien. Erst in der Regierungszeit von Königin Maria Theresia wurde 1770 ein Barockpalast auf dem Burgberg fertiggestellt. Eine Zeitlang beherbergte das Schloß die Universität, seit 1790 war es Sitz des Stellvertreters der Habsburger in Ungarn.

Nach dem Ausgleich zwischen Ungarn und Österreich 1867, der den Ungarn eine weitgehende Autonomie brachte, wurde das Schloß von Buda wesentlich erweitert. Der unter Maria Theresia errichtete Palast wurde zwischen 1894 und 1902 in historisierendem Stil auf das Dreifache seiner ursprünglichen Ausmaße vergrößert. 40 Jahre nach dem Ausbau des Schlosses, im Winter 1944, wurde der Palast erneut zerstört.

Nach Kriegsende setzten bald Wiederaufbauarbeiten unter historischen Gesichtspunkten ein. Reste der mittelalterlichen Stadt wurden freigelegt und in die restaurierten Gebäude einbezogen. Das Schloß beherbergt heute Museen, u.a. die Nationalgalerie Ungarns.

2 *Von der Kettenbrücke, zu der dieser ruhende Löwe gehört, fällt der Blick auf den Budaer Burgberg: Links die im 13. Jahrhundert errichtete Matthiaskirche. Ihr heutiges Aussehen geht auf den ungarischen Architekten Frigyes Schulek zurück. Nach einem Brand baute er die Kirche zwischen 1873 und 1896 auf dem alten Grundriß wieder auf. Das Kirchenschiff wurde mit farbigen Ziegeln gedeckt und das Innere mit Wandmalereien geschmückt. Neben der Matthiaskirche befindet sich ein modernes Gebäude (ein Hotel), das sich in die vorwiegend barocke sowie die historisierende Architektur des 19. Jahrhunderts harmonisch einpassen soll.*

1 Die prachtvollen durchbrochenen Helme der beiden 84 m hohen Westtürme der Kathedrale Santa Maria in Burgos wurden von 1442 bis 1458 durch den Meister Hans von Köln ausgeführt. Die 28 m hohen Helme gleichen mit ihrem hellen, leicht gelblich schimmernden Stein kostbaren Schnitzereien aus Elfenbein. Als Baumaterial für die Kirche wurde marmorartiger weißer Kalkstein gewählt. Der Vierungsturm über der Kreuzung von Mittel- und Querschiff wurde 1466 durch Hans von Köln begonnen und 1567 durch Felipe Vigarni vollendet. Drei gotische Portale führen in das Kircheninnere; das südliche, die Puerta del Sarmental (um 1230 erbaut), wird von einem besonders bemerkenswerten Tympanon (Bogenfeld) geschmückt: Christus thront inmitten der vier Evangelisten. Über dem Hauptportal (Puerta Principal) an der Westfassade durchbricht eine kunstvolle Rosette die Wandfläche, darüber befinden sich acht Königsstatuen. An den dreischiffigen Kirchenbau schließen sich zu beiden Seiten zahlreiche Kapellen an. In der Capilla del Santisimo Cristo steht der berühmte Cristo de Burgos, ein altes Kruzifix aus Büffelhaut und Menschenhaaren. In der Capilla de Santa Tecla befindet sich ein Taufbecken aus dem 12. Jahrhundert; die Kapelle hat einen großen Hauptaltar und ist mit farbiger Rokokodekoration geschmückt. In einer weiteren Kapelle, dem Relicario, steht die vielverehrte Virgen de Oca, eine Statue der Jungfrau Maria, die wahrscheinlich aus dem 16. Jahrhundert stammt.

1

2 *Zur Kathedrale gelangt man durch den Arco de Santa Maria, ein von zwei halbrunden Türmen flankiertes Stadttor, das 1536 errichtet wurde. Unter dem Standbild des Erzengels Michael im Bogen ist der Kaiser dargestellt; rechts neben ihm die Statue des Cid. Die Türme beherbergen das Archäologische Museum.*

Kathedrale von Burgos

Die nordspanische Stadt Burgos ist die Heimat des Cid, des berühmten spanischen Nationalhelden. Seine Siege über die Mauren im 11. Jahrhundert brachten ihm den Ehrentitel El Campeador (der Kämpfer) ein. Er galt als genialer militärischer Führer und als treuer Lehnsmann des kastilischen Königs. Um seine Person rankte sich schon im 12. Jahrhundert eine Heldenlegende; in ihm sahen die Zeitgenossen die Ideale des mittelalterlichen Rittertums verkörpert. El Cid (der Herr), der eigentlich Rodrigo Díaz de Vivar hieß, starb 1099 als Herrscher von Valencia. Seine Gebeine und die seiner Gemahlin Jimena wurden 1921 nach Burgos überführt und ruhen seitdem unter der 50 m hohen Kuppel der Kathedrale Santa Maria. Eine schlichte Grabplatte kennzeichnet die Stelle.
Der Bau der gotischen Kathedrale wurde 1221 von Bischof Mauricio begonnen; Mitte des 13. Jahrhunderts war er im wesentlichen vollendet; bereits 1230 konnte der erste Gottesdienst gefeiert werden. Der Grundriß zeigt eine dreischiffige Anlage mit Querhaus, an das sich eine Ostapsis anschließt. Die Außenmauern der Seitenschiffe sind zu verschiedenen Kapellen geöffnet. Die 85 m lange Kathedrale, deren Türme wie Spitzenwerk aus Stein wirken, zählt zu den schönsten Kirchen Europas. Als Vorbilder gelten die französischen Bischofskirchen von Bourges und Coutances.
Der freie Blick durch den Kirchenraum wird durch den 1497 bis 1512 erbauten Chor behindert, der im Mittelschiff des Langhauses steht. Ebenfalls im Mittelschiff befindet sich eine Uhr mit der berühmten volkstümlichen Figur des Papamoscas, des Fliegenschluckers, der bei jedem Stundenschlag erscheint und den Mund mehrmals öffnet. Die größte und schönste Nebenkapelle, die Capilla del Condestable, ist ein achteckiger Zentralbau im Anschluß an die Apsis. Sie wird von einem Sterngewölbe überdeckt. Sie wurde 1485 durch Meister Simon von Köln vollendet.
In der an den Kreuzgang aus dem 13. Jahrhundert anschließenden Capilla del Corpus Christi wird der Besucher ein zweites Mal auf den Cid aufmerksam gemacht. Hier steht die Schatztruhe des Helden, eine Holzkiste mit schweren Beschlägen, die der Cid einem jüdischen Kaufmann als Pfand für einen Kredit überlassen hatte. Als der Cid das Geld zurückzahlte, stellte sich heraus, daß die Kiste nicht, wie er versprochen hatte, mit Gold und Edelsteinen, sondern nur mit Sand und Steinen gefüllt war – eine Legende, die offenbar das Bild vom ehrenwerten kastilischen Ritter nicht zerstören konnte.

Der Canal Grande mündet in östlicher Richtung in den breiten Canale di San Marco. Auf der Landspitze rechts steht die Dogana di Mare, das frühere Seezollamt. Den kleinen Turm schmükken zwei Atlanten, die eine Weltkugel mit der Figur der Fortuna tragen. Daneben ragen die Kuppeln der Barockkirche Santa Maria della Salute empor. Der Bau des Gotteshauses begann 1631, nachdem man während der Pestepidemie von 1630 das Gelöbnis abgelegt hatte, eine Kirche zu stiften. Der Entwurf stammt von Baldassare Longhena. Auf der Spitze der großen Kuppel thront Maria als Gebieterin des Meeres. Der Stadtteil auf dieser Seite des Canal Grande enthält stillere und pittoreskere Viertel als der gegenüberliegende repräsentative Bezirk San Marco.

1 *Der Canal Grande mündet in östlicher Richtung in den breiten Canale di San Marco. Auf der Landspitze rechts steht die Dogana di Mare, das frühere Seezollamt. Den kleinen Turm schmükken zwei Atlanten, die eine Weltkugel mit der Figur der Fortuna tragen. Daneben ragen die Kuppeln der Barockkirche Santa Maria della Salute empor. Der Bau des Gotteshauses begann 1631, nachdem man während der Pestepidemie von 1630 das Gelöbnis abgelegt hatte, eine Kirche zu stiften. Der Entwurf stammt von Baldassare Longhena. Auf der Spitze der großen Kuppel thront Maria als Gebieterin des Meeres. Der Stadtteil auf dieser Seite des Canal Grande enthält stillere und pittoreskere Viertel als der gegenüberliegende repräsentative Bezirk San Marco.*

2 *Als Herzstück Venedigs gilt die überdachte Rialto-Brücke, zwischen 1588 und 1591 von Antonio da Ponte errichtet. Bis 1854 war die Marmorbrücke, die von nur einem Bogen getragen wird, die einzige Verbindung über den Canal Grande. Heute führen zwei weitere Brücken – Ponte Scalzi und Ponte dell'Accademia – über den wohl berühmtesten Kanal der italienischen Lagunenstadt.*

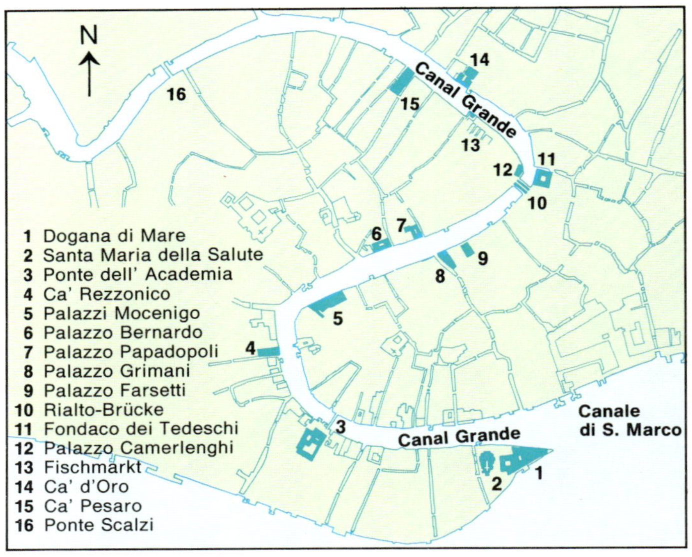

2

Canal Grande in Venedig

Der Canal Grande, der viel gerühmte Corso Venedigs, zieht seit Jahrhunderten Dichter, Maler und Musiker an, die in Italien die Kunst und ein unbeschwerteres Leben suchen. Richard Wagner komponierte im Palazzo Giustinian, inspiriert vom Lied eines Gondoliere, das Vorspiel zum dritten Akt von „Tristan und Isolde". Lord Byron, der im Palazzo Mocenigo als Gast weilte, äußerte seine Begeisterung für den Canal Grande, indem er ihn in seiner ganzen Länge von 3,8 km durchschwamm.

Der Canal Grande erinnert mit den über 200 Palästen an seinen Ufern, in denen die herrschenden Adelsfamilien Venedigs residierten, an die einstige politische Macht und die künstlerische Prachtentfaltung der Lagunenstadt und See-Republik. Die Paläste an der fragezeichenförmigen Verkehrsader, von den Venezianern Canalazzo genannt, stehen eng aneinander, ein Zeichen für die innenpolitische Stabilität innerhalb der herrschenden Schicht und die Gleichstellung der Patrizierfamilien, aus deren Mitte der Doge, das Staatsoberhaupt der Republik Venedig, gewählt wurde.

Viele Paläste sind seit Jahrzehnten vom Verfall bedroht, ihr Mauerwerk bröckelt, der Putz blättert ab. Einige wurden restauriert und künden wieder vom Reichtum, Geschmack und der Macht ihrer Erbauer, der Adeligen, die aus dem Kaufmannstand hervorgingen.

Die Anlage der Paläste, deren prächtige Front zur Kanalseite liegt, zeigt ihre Doppelfunktion als Repräsentations- und Geschäftsgebäude. Ein breites Bogentor in der Mitte des Hauses führt in eine weitläufige Halle, in der die Waren gestapelt wurden. In einem Zwischengeschoß seitlich der Halle lagen die Geschäftsräume der Handelsherren. Im ersten Stock spielte sich das gesellige und private Leben ab. Die Tiefe des Palastes nahm ein großer Saal mit vorgelagertem Balkon oder einer Loggia für Festlichkeiten ein. Ihm benachbart lagen Wohn- und Schlafzimmer. Das zweite und dritte Stockwerk zeigt eine ähnliche Anordnung. Die Räume schmückten kostbare Seiden- oder Ledertapeten, geschnitzte Decken, Teppiche, wertvolle Gemälde und kunstvoll gefertigte Möbel. Ein Bild vom patrizischen Leben im 18. Jahrhundert vermittelt das Museo del Settecento Veneziano im Palazzo Ca' Rezzonico.

Die Paläste am Canal Grande bieten einen lückenlosen Überblick über die Baustile vom 12. bis zum 18. Jahrhundert. Der Palazzo Farsetti, das heutige Rathaus, ist im byzantinisch-venezianischen Stil erbaut, der sich durch mehrfarbige Mamormedaillons und -reliefs an einer sonst schmucklosen Fassade auszeichnet. Als schönster gotischer Palast gilt der Palazzo Ca' d'Oro, dessen Fassade ursprünglich zum größten Teil vergoldet war; die übrigen Flächen erstrahlten in roten und blauen Farben. Barocke Architektur zeigt der Palazzo Ca' Pesaro mit einer reich geschmückten Fassade; er enthält heute ein Museum für die Kunst des 19. und 20. Jahrhunderts. Nur wenige Paläste befinden sich noch in Privatbesitz, die meisten beherbergen Behörden, Museen, Banken, Kunst- und Antiquitätengeschäfte oder wurden zu Nobelhotels und Appartements umgebaut.

An warmen Sommertagen, wenn Touristen Venedigs Kunstschätze bestaunen, deutet nichts auf die bedrohlichen Überschwemmungen hin, denen die Stadt in den Wintermonaten ausgesetzt ist. Das Wassergleichgewicht in der Lagune wurde in den letzten Jahrzehnten durch Landgewinnung an der Festlandseite gestört. Nach jahrelangen Diskussionen um verschiedene Rettungsaktionen der Stadt wurde 1985 ein Sanierungsprojekt beschlossen, das den Bau von Dämmen auf der Meerseite der Lagune vorsieht. Ende 1986 soll das Projekt in Angriff genommen werden und 1993 abgeschlossen sein. Die Sanierungskosten, die mehrere Milliarden DM betragen, werden durch die Rettung der unschätzbaren Kostbarkeiten Venedigs aufgewogen.

Die Kathedrale von Canterbury

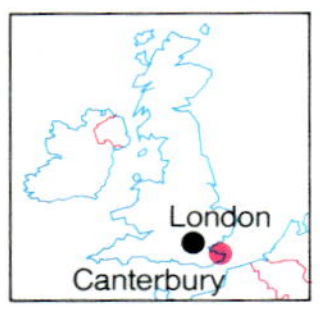

Am 29. Dezember 1170 wurde der Erzbischof von Canterbury, Thomas Bekket, in seiner Kathedrale von Gefolgsleuten des englischen Königs Heinrich II. ermordet. Damit erreichte die Auseinandersetzung zwischen Königtum und Kirche ihren Höhepunkt. Thomas Becket trug den Konflikt um die Investitur, die Einsetzung von Bischöfen und Äbten durch König oder Papst, kompromißlos aus. Zunächst unterstützte er als engster Berater und Kanzler Heinrich II. dessen Kirchenpolitik bedingungslos. Als er jedoch 1162 zum Erzbischof von Canterbury geweiht wurde, verfocht er unerbittlich die Interessen der Kirche. Er mußte sterben, weil er sich geweigert hatte, die von ihm suspendierten königstreuen Bischöfe wieder einzusetzen und die Exkommunikation einiger königlicher Beamter aufzuheben. Ein abgewetzter Stein im Boden des Querschiffs verweist auf den Ort des grausamen Geschehens. Thomas Stearns Eliot setzte Becket, der schon 1173 heiliggesprochen wurde, mit der Tragödie „Mord im Dom“ ein literarisches Denkmal.

Der Neubau der Kathedrale im südenglischen Canterbury nach einem verheerenden Brand im Jahr 1174 bildete den Auftakt zur Errichtung bzw. zum Umbau einer Reihe bedeutender englischer Kathedralen und Klostergebäuden im gotischen Stil. Unter Meister William von Sens begannen die Arbeiten 1175. Anfang des 16. Jahrhunderts wurde die Kathedrale mit dem Bau einer prunkvollen Torfestung vollendet.

Hinter dem Hochaltar (Dreifaltigkeitskapelle) stand ab 1220 ein kostbarer, die Reliquien des heiligen Thomas Becket, bergender Schrein, um den sich Scharen von Gläubigen drängten. Die Tritte der Pilger haben die Marmorfliesen so stark abgeschliffen, daß sich um die steinerne Basis des Schreins ein Rinne bildete.

1538 beschloß König Heinrich VIII., der immer in Geldnöten war, dem »falschen Heiligen« den Prozeß zu machen: Die Anklage lautete auf Hochverrat und Rebellion und wurde über 30 Tage hinweg vor Beckets Schrein verlesen. Da der Heilige nicht erschien, um sich gegen die Anklage zu verteidigen, wurde er für schuldig befunden. Die Gebeine wurden verbrannt, das kostbare Reliquienbehältnis aus Gold und vergoldetem Silber sowie die reichen Weihegeschenke fielen als Besitz eines Verräters an die Krone.

Im Verlauf der Glaubenskämpfe des 17. Jahrhunderts wurden einige Kunstwerke (z. B. die Mehrzahl der Fenster) zerstört, dennoch ist die Kathedrale von Canterbury auch nach der Reformation Sitz des Primas von England geblieben und bildet als solcher den Mittelpunkt der anglikanischen Kirche.

Der Grundriß zeigt eine dreischiffige Anlage mit zwei Querschiffen, einem langgestreckten Chor mit Umgang und einer Ostkapelle. Vor allem die doppelte Querschifflösung wurde zum Vorbild für andere englische Kathedralen wie Lincoln, Rochester, Salisbury oder Worchester. Die Kathedrale wird von einem 71 m hohen Turm (Vierungsturm) überragt.

Der heutige Besucher betritt die Kathedrale von derselben engen Gasse aus, die schon die Pilger zum Grab des heiligen Thomas Becket benutzt hatten. Im Mittelalter waren Wallfahrten und Pilgerreisen die einzige Form der Gesellschaftsreise, so fromm, fröhlich oder auch ausschweifend, wie Geoffrey Chaucer sie in seinem Hauptwerk, den „Canterbury Tales“, beschrieben hat.

1

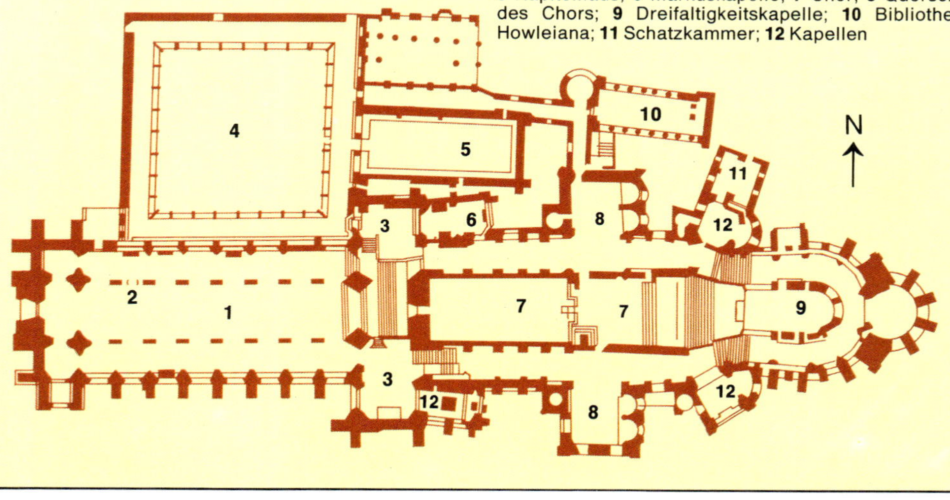

1 Langhaus; **2** Taufbecken; **3** Querschiff; **4** Kreuzgang; **5** Kapitelhaus; **6** Markuskapelle; **7** Chor; **8** Querschiff des Chors; **9** Dreifaltigkeitskapelle; **10** Bibliotheca Howleiana; **11** Schatzkammer; **12** Kapellen

1 *Wie eine Festung erhebt sich die Kathedrale von Canterbury aus dem Gewirr enger Gassen und niedriger Häuser.*

2 *Im Osten der Kirche liegt der Chor, der zwischen 1175 und 1184 errichtet wurde; er gilt als typisches Beispiel des Übergangs vom normannischen Stil zum Stil der englischen Frühgotik. Vom Chor führen Stufen hinauf zum Hochaltar und der Dreifaltigkeitskapelle, die zwischen 1170 und 1180 erbaut wurde. Dort stand einst der Schrein des heiligen Thomas Bekket. Die Fenster der Kapelle mit kostbaren mittelalterlichen Glasmalereien sind teilweise erhalten; sie wurden um 1220 geschaffen und zeigen Wunder aus dem Leben des heiligen Thomas. Der Fußboden der Kapelle ist mit einem aus wertvollen Steinen geschnittenen Mosaik geschmückt; runde Steinscheiben zeigen Darstellungen von Löwen und Greifen, Monatssymbole, Tugenden, die Laster besiegen, und Monsterfiguren. Neben Thomas Becket wurden dort König Heinrich IV. und der englische Volksheld Eduard, Prinz von Wales, genannt der Schwarze Prinz, beigesetzt. Der Schwarze Prinz war der Held des Hundertjährigen Krieges (1339–1453).*

3 *Das Fächergewölbe des Vierungsturmes (über dem Schnittpunkt von Chor und Ostquerschiff) wurde um 1504 von dem Baumeister John Wastell vollendet. Im zentralen Kreis zeigt es das Wappen des Priorats, umgeben von den Initialen des Priors Thomas Goldstone (TGP). Die Schlußsteine tragen die Wappen des Stifters Erzbischof Morton, der um 1501 starb, seines Nachfolgers William Warham, König Heinrich VII. und Thomas Goldstones.*

4 *Die Krypta mit dem Marienaltar, die unter dem erhöhten Chor (Dreifaltigkeitskapelle) liegt, ist der älteste Teil der Kathedrale von Canterbury (nach 1070 erbaut), ein Überrest der normannischen Kirche. Die Säulen tragen schön geschnittene romanische Kapitelle, die teilweise unvollendet blieben. Die Krypta ist mit Fenstern versehen. Vergleichbares gab es zur Zeit der Entstehung dieser Krypta bereits im Speyerer Dom.*

1 *Das herausragendste Ereignis in der internationalen Raumfahrtgeschichte war die Landung der amerikanischen Astronauten Neil Armstrong und Edwin Aldrin auf dem Mond. Am 20. Juli 1969 um 21.17 Uhr Mitteleuropäischer Zeit setzte das Mondlandegerät auf der Oberfläche des Erdtrabanten auf. Nachdem die beiden Astronauten alle Systeme der für den Rückflug benötigten Aufstiegsstufen der Mondfähre überprüft hatten, verließen sie die Fähre. Armstrong stieg als erster aus. Über den Bildschirm verfolgten Zuschauer in der ganzen Welt den historischen Augenblick:*
Houston: „In Ordnung, wir bekommen gerade ein Bild auf den Schirm."
Aldrin: „Ihr habt ein gutes Bild, oder?"
Houston: „Es ist sehr differenziert und im Moment ist es falsch herum auf dem Monitor. Aber wir können eine ganze Menge Details erkennen."
Aldrin: „O. k., könnt ihr die richtige Position überprüfen, die Öffnung, die ich bei der Kamera haben sollte?"
Houston: „Die was? O. k., Neil, wir können dich jetzt die ‚Leiter' hinunterkommen sehen."
Armstrong: „Gut, ich habe gerade versucht, die erste Stufe zurückzuklettern. Sie ist nicht zu schlimm kaputtgegangen, es reicht aus, um wieder hinaufzukommen."
Houston: „O. k., wir notieren das."
Armstrong: „Es ist ein ganz netter kleiner Sprung."
Houston: „Buzz (Aldrin), hier ist Houston (geben die Einstellung für die Kamera auf dem Mond durch.)"
Armstrong: „Ich bin am Fuß der Leiter. Die Leiterfüße sind nur ein oder zwei Inches (1 inch = 25,4 mm) in den Boden eingesunken, obwohl die Oberfläche sehr feinkörnig zu sein scheint, wenn man sie näher ansieht. Es ist fast wie Puder. Es ist sehr feinkörnig. Ich trete jetzt von der Leiter herunter. Dies ist ein kleiner Schritt für einen Menschen, aber ein gigantischer Sprung für die Menschheit. Die Oberfläche ist fein und wie Puder. Ich kann ihn locker mit meiner Zehe aufheben. Er klebt in feinen Schichten wie pulverisierte Holzkohle an den Sohlen und den Seiten meiner Stiefel. Ich bewege mich nur in Bruchteilen von Inches vorwärts . . ."

2 *Der wiederverwendbare Raumtransporter (Space-Shuttle) besteht aus einer bemannten Kabine (Orbiter), einem Treibstofftank und zwei Feststoffraketen. Treibstofftank und Feststoffraketen werden vor dem Eintritt des Orbiters ins All abgeworfen.*

Cape Canaveral

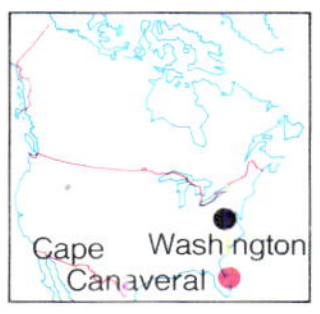

Am 16. Juli 1969 versammelten sich Hunderttausende von Menschen an der Ostküste des amerikanischen Bundesstaates Florida, um einen Höhepunkt in der Geschichte der Raumfahrt mitzuerleben: Von dem Raketenstartgelände Cape Canaveral hob die Trägerrakete Saturn 5 mit der Raumkapsel Apollo 11 an Bord unter gewaltigem Dröhnen von der Erde ab. Damit war das bisher größte und riskanteste Unternehmen der Raumfahrt eingeleitet, der Flug der ersten Menschen zum Mond. Dort landeten die Astronauten Neil Armstrong und Edwin Aldrin am 20. Juli 1969. Dem historischen Augenblick gingen Jahre der intensivsten Forschung voraus, in denen in Cape Canaveral, dem größten Flug- und Raumfahrtoperationszentrum der Vereinigten Staaten, zahllose Flug- und Landetests durchgeführt worden waren.

1947 wurde der Küstenstrich als Versuchsgelände für die ersten Varianten der deutschen V2-Rakete vom amerikanischen Verteidigungsministerium ausgewählt. Das Gebiet eignete sich für diesen Zweck aufgrund seiner klimatischen Verhältnisse, die es erlauben, zu jeder Jahreszeit Testflüge zu unternehmen. 1953 kam es in Cape Canaveral zu den ersten Tests einer Kurzstreckenrakete vom Typ Redstone, die unter der Leitung des deutschen Wissenschaftlers Wernher von Braun entwickelt worden war. Zu dieser Zeit nahmen die Startplätze und Montagehallen nur einen kleinen Teil des heutigen Weltraumbahnhofs nördlich der Stadt Cape Canaveral ein. Damals war der Ort noch ein verschlafenes Fischerdörfchen. Als 1957 die UdSSR den ersten künstlichen Satelliten in einer Umlaufbahn um die Erde plazierte, fühlten sich die Amerikaner herausgefordert und intensivierten ihr Raumfahrtprogramm, so daß sie schon einige Monate später, im Februar 1958, einen eigenen Satelliten in den Weltraum schießen konnten.

Mit der Gründung der amerikanischen Raumfahrtbehörde NASA (National Aeronautics and Space Administration) im Oktober desselben Jahres setzte in Cape Canaveral eine rege Bautätigkeit ein. Für das erste bemannte Raumfahrtprogramm wurden neue Startplätze geschaffen, und die Ortschaft Cape Canaveral erlebte einen ungeahnten wirtschaftlichen Aufschwung durch die Ansiedelung von Wissenschaftlern aus allen Teilen der USA. 1961, als Alan Shepard mit einer Mercury-Kapsel als erster Amerikaner einen Raumflug unternahm, kündigte der Präsident der Vereinigten Staaten, John F. Kennedy, die Landung der Amerikaner noch im selben Jahrzehnt auf dem Mond an. 20 Milliarden Dollar wurden für das Apollo-Programm zur Verfügung gestellt, in dessen Rahmen in den folgenden Jahren insgesamt rund 400 000 Menschen beschäftigt wurden.

Für den Bau der Abschußrampen der mächtigen Saturn-Raketen wurde auf einem 350 km² großen Gelände nordwestlich der alten Startplätze das Kennedy Space Center eingerichtet. In Rekordzeit baute die NASA 1964/65 für die Saturn-Raketen eine große Montagehalle, die auch heute noch zur Montage des Raumtransporters (Space-Shuttle) benutzt wird. Das 160 m hohe Gebäude mit einer Bodenfläche von 218 × 158 m ist mit insgesamt 141 Kränen und Liften ausgestattet, die eine Tragkraft von maximal 128 t haben und zum Hochhieven von Raketenstufen benötigt werden.

Der Start von monatlich mindestens einer Rakete zur Beförderung von Satelliten oder des Raumtransporters ist inzwischen zur Routine geworden, doch versammeln sich auch heute noch vor jedem Start Hunderte von Menschen an den Stränden und in den Straßen rings um das Kennedy Space Center, um die Feuerspur der Raketen auf ihrem Weg in den Himmel zu verfolgen.

1

2

3

1 *Ein Abschnitt des Wehrgangs zwischen innerer und äußerer Stadtmauer gewährt Einblick in das Verteidigungssystem von Carcassonne. Die Vielzahl von Türmen, Wehrgängen, Mauern und Zinnen der befestigten Altstadt vermitteln einen anschaulichen Eindruck von mittelalterlichen Festungsanlagen.*
2 *Innerhalb des doppelten Mauerringes der Cité, der Altstadt von Carcassonne, liegt das Château Comtal, ein Grafenschloß aus dem 12. Jahrhundert.*

Carcassonne

Im Jahr 1209 fielen Kreuzrittertruppen unter dem gefürchteten Heerführer Simon IV. von Montfort in die Stadt Béziers in der heutigen südfranzösischen Region Languedoc ein und richteten ein grausames Blutbad an: Die gesamte Bevölkerung wurde ungeachtet des religiösen Bekenntnisses einzelner niedergemacht. Der im Auftrag von Papst Innozenz III. geführte Kreuzzug sollte die im Languedoc ansässigen Katharer, die von der Lehrmeinung der römisch-katholischen Kirche abweichende Glaubensgrundsätze vertraten, bekehren.
Nach der Verwüstung von Béziers belagerten die Kreuzritter die befestigte Stadt Carcassonne, wo sich der Graf Raimond VI. von Toulouse, Herrscher auch über Béziers, Albi und Carcassonne, mit den Einwohnern der Stadt verschanzt hatte. Die Kreuzritter bezwangen die Stadt und nahmen den Grafen gefangen. Die Bürger mußten Carcassonne ohne Besitz verlassen. Die befestigte Stadt wurde zum Ausgangspunkt für den brutalen Eroberungskrieg des Simon von Montfort.
1229 fiel Carcassonne an die französische Krone. Ein Aufstand im Jahr 1240 mit dem Ziel, die Herrschaft der Grafen von Toulouse über das südliche Frankreich wiederherzustellen, scheiterte.
Carcassonne entwickelte sich in der Folgezeit zu einem der Hauptstützpunkte des Königshauses im Süden Frankreichs. König Ludwig IX. und seine Nachfolger verdoppelten den mächtigen Mauerring um die Stadt. Die ehemaligen Einwohner von Carcassonne, die sich nach der Eroberung der Stadt durch den französischen

König am Fuß der Mauern angesiedelt hatten, mußten ihre provisorisch erbauten Häuser verlassen. Unter königlicher Administration errichteten sie gegenüber der alten Stadt, die sich auf einem 150 m hohen Hügel über dem Tal der Aude erhebt, eine neue Stadt mit einem streng rechtwinkligen Straßensystem und gleichmäßig verteilten Plätzen und Kirchen.
Die befestigte Altstadt von Carcassonne, die malerische Cité, stellt heute das bedeutendste Beispiel einer mittelalterlichen Festungsanlage in ganz Europa dar. Die von zwei 1100 m und 1500 m langen Ringmauern mit zusammen 52 Türmen und fünf Bastionen umgebene Altstadt ist lediglich durch ein Tor, die Porte Narbonnaise, zugänglich. Die ältesten Teile der Ummauerung stammen aus dem 5. Jahrhundert, als Carcassonne eine strategisch günstig gelegene westgotische Bastion war. Innerhalb der Cité liegen das Château Comtal, ein mächtiges Grafenschloß aus dem 12. Jahrhundert, und die Kathedrale St. Nazaire. In dem Grafenschloß, das mit über 10 m hohen wuchtigen Mauern eine zweite Festung innerhalb der Stadt darstellt und getrennt verteidigt werden konnte, ist heute ein archäologisches Museum untergebracht.
Die von 1269 bis um 1330 erbaute Kathedrale, die aus einem romanischen Kirchenschiff, einem später angefügten Querschiff und einem Chor im nordfranzösischen gotischen Stil besteht, wird von sehenswerten hohen Glasfenstern in Blautönen erhellt.
Daß Carcassonne heute eines der beliebtesten Touristenziele in ganz Südfrankreich ist, verdankt die Stadt dem französischen Schriftsteller Prosper Merimée, der im 19. Jahrhundert als Inspektor historischer Denkmäler Frankreichs die Cité vor dem Zerfall rettete und eine umfassende Restaurierung der Altstadt erwirkte.

3 *Die Festung Carcassonne liegt in der Nähe der höchsten Stelle einer breiten Senke, die Toulouse und das Tal der Garonne mit dem Mittelmeer verbindet. Strategisch günstig blockiert die natürliche Erhebung den wichtigen Weg zwischen Atlantik und Mittelmeer.*

Menhire von Carnac

In vorgeschichtlicher Zeit machten sich Volksstämme, die wahrscheinlich aus den Steppen Asiens stammten, auf den Weg in Richtung Europa. Sie beteten die Sonne an und folgten ihr darum bis zu der bretonischen Küste, wo sie scheinbar im Meer versank. Auf ihrem langen Marsch zur Sonne stellten diese Menschen hier und da riesige Steine (Megalithen) auf und verwandten diese auch zur Errichtung von Denkmälern ganz verschiedener Art und Größe: Menhiren (große Steine), Alignements (Steinalleen), Kromlechs (Steinkreise) und Dolmen (Ganggräber); sie entstanden in der Jungsteinzeit (4000–2000 v. Chr.), dem Höhepunkt der Megalithkultur.
Die Bretagne – das klassische Land frühgeschichtlicher Großanlagen Europas – beherbergt Kultplätze aus großen Steinen, Steinkreisen und Steinalleen. Als schönste Anlagen gelten die Alignements von Le Ménec, Kermario und Kerlescan, die sich nördlich der Stadt Carnac unweit des Golfs von Morbihan in einer Kette von 4 km erstrecken: Unförmige Felsblöcke aus grauem, grünlich schimmerndem, stark verwittertem Granit. Es handelt sich hierbei nicht mehr um isoliert stehende Monolithen („Einsteine"), wie sie in vielen Orten der Bretagne zu finden sind, sondern um ganze Gruppierungen, die in mehreren geradlinig nebeneinanderlaufenden Reihen mit wenigen Metern Abstand angeordnet sind.
In der Umgebung von Carnac gibt es noch eine große Anzahl weiterer Kult- und Totenstätten. In Locmariaquer befindet sich ein gewaltiger Dolmen, Table des Marchands (Tisch der Kaufleute), und der größte Menhir der Welt. Der Table des Marchands hatte bis 1937 das Aussehen eines Riesentisches, dessen Tischplatte, 5,72 m lang, 3,95 m breit und 0,85 m dick, in 3 m Höhe auf wenigen Tragsteinen auflag. Um die eingeritzten Bildzeichen vor der Zerstörung durch Erosion zu bewahren, wurde das Totenhaus mit einer Schicht aus Stein und Erde bedeckt. Vor dem Dolmen liegt der in vier Teile zerbrochene große Menhir; seine Gesamtlänge beträgt 20,30 m, er wiegt 350 t.
Trotz zahlreicher Deutungsversuche bleiben die Menhire ein geheimnisvolles Phänomen. Ob sie als Gedenksteine dienten, als Teile eines riesigen Observatoriums, als Wegweiser für die in den Golf von Morbihan einfahrenden Schiffe der Megalithvölker oder als Throne für die Seelen der Verstorbenen konnte bisher nicht geklärt werden. In den Vorstellungen der Alten wurden den Menhiren (nicht zuletzt wegen ihrer phallischen Gestalt) geheimnisvolle Kräfte der Zeugung zugeschrieben. Auffallend ist, daß es überall, wo Menhire auftreten, auch Steinalleen mit oder ohne Steinkreise gibt. Auch über die Bedeutung dieser Anlagen gibt es keine Klarheit.
Die Überlieferung der einheimischen Bevölkerung sieht in den Steinsäulen „versteinerte Menschen": Der Legende nach hatte der heilige Cornelius sich einer Gefangennahme durch ein römisches Heer nur dadurch entziehen können, daß er die Soldaten in Steine verwandelte; noch heute werden die Menhire daher als „Soldaten des heiligen Cornelius" bezeichnet.

In der Nähe von Carnac befinden sich die schönsten Großanlagen von Menhiren und Steinalleen. Die Anlage von Le Ménec besteht aus 1099 bis zu 4 m hohen Menhiren in elf parallel verlaufenden Reihen. Die 1167 m lange und rund 100 m breite Steinallee wird von zwei Steinkreisen abgeschlossen. Im nur 500 m entfernten Kermario stehen 1029 bis zu 6 m hohe Menhire in zehn Reihen auf einer Länge von 1120 m. Die 550 Menhire von Kerlescan sind in 13 Reihen angeordnet.

Castel del Monte

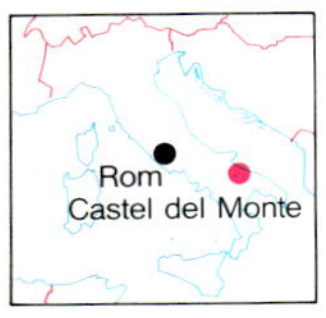

Auf einem kahlen Hügel der einsamen süditalienischen Landschaft Murge erhebt sich 540 m über dem Meeresspiegel die „Krone Apuliens", das Castel del Monte, die reifste Schöpfung Kaiser Friedrich II. und der gesamten staufischen Burgenbaukunst Italiens. Mit seinem bräunlichgrauen Kalksteinmantel leuchtet es in einer Aura von Unnahbarkeit. Die einzigen Staufer, die das Kastell längere Zeit bewohnten, taten dies nur unfreiwillig als Gefangene: Nach seinem Sieg über die Staufer ließ Karl von Anjou, seit 1263 König von Sizilien, drei Enkel des verstorbenen Kaisers hier festsetzen; seinem Befehl gemäß hatten sie in der Burg „zu leben, als seien sie nie zur Welt gekommen, zu leben, nur um zu sterben". Erst im Jahr 1297 wurden ihnen die Ketten abgenommen. Mit dem Tod des im Kerker erblindeten Heinrich im Jahr 1318 erlosch der staufische Mannesstamm.

Das Castel del Monte, um 1240 bis 1250 errichtet, ist ein Zeugnis für den höchst eigenwilligen Gestaltungswillen Kaiser Friedrich II.: Nach außen bewahrt es seinen Burgcharakter, im Innern ähnelte es mit seiner kostbaren Ausstattung einem Palast. Der Bau des Kastells wurde aus einer einzigen geometrischen Figur, dem Achteck (Oktogon), entwickelt. Außer dem Gesamtgrundriß sind der Innenhof und die Türme, die an den Ecken des Oktogons hervortreten, achteckig; der Grundriß gleicht damit einem achtzackigen Stern. Die Wände, Fensterrahmungen und zahlreiche Durchgänge der beiden Geschosse wurden mit verschiedenfarbigen Marmorplatten verkleidet. Von den Mosaiken und dem Statuenschmuck ist nur ein bescheidener Rest erhalten. Dem Hof zu öffnen sich drei Portale, hier stand eine Brunnenanlage, die aus dem in den Dachzisternen gesammelten Wasser gespeist wurde. Das seit dem 16. Jahrhundert verwahrloste Kastell ging 1876 in italienischen Staatsbesitz über und wurde restauriert.

Über die Absicht, die der Kaiser mit dem Bau der einzigartigen Pfalzanlage verfolgte, herrscht noch immer Unklarheit. Sie mag als reiner Zweckbau, als Jagdschloß, gedacht gewesen sein, aber ihre ungewöhnliche Gestalt läßt zugleich vermuten, daß sie etwas Zeitloses ausdrükken, eine Idee verkörpern, ein Herrschaftszeichen setzen, den Ruhm des Stauferherrschers den Untertanen in sinnfälliger Weise vor Augen führen sollte.

Auch dem heutigen Besucher des Castel del Monte teilt sich noch etwas von dem Großartigen und zugleich Unergründlichen der Persönlichkeit Friedrich II. mit, etwas, das schon ein Zeitgenosse mit den Worten umschrieb, „stupor mundi et immutator mirabilis", das Staunen der Welt und ihr wunderbarer Verwandler.

Schnitt durch das Castel del Monte: **1** Gotisches Portal; **2** Innenhof; **3** Erdgeschoß; **4** Emporengeschoß; **5** achteckige Turmbauten

1 *An der Hauptfassade des Centre Pompidou im Westen liegen raupenartige Gänge und Rolltreppen, die durchsichtigen „Kommunikationsröhren" für die Besucher.*
2 *Das Innere des Kulturzentrums, das in einem nüchternen, sachlichen Stil gehalten ist, kann durch Stellwände variabel gestaltet werden.*
3 *Rolltreppen in verglasten Röhren an der Außenwand des Gebäudes befördern die Besucher zu den verschiedenen Stockwerken.*
4 *Die Gesamtansicht des Centre Pompidou zeigt den starken Gegensatz des futuristisch anmutenden Gebäudes zur Umgebung, die von der Architektur des 19. Jahrhunderts geprägt ist.*

Centre Pompidou in Paris

Von den Pariser Taxifahrern wird das 1977 eröffnete Centre National d'Art et de Culture Georges Pompidou wegen seiner eigenwilligen Architektur „La raffinerie", die Ölraffinerie, genannt. Rund sechs Millionen Menschen besuchen jährlich das aufwendige Kulturzentrum, dessen Gesamtetat bei über 130 Millionen DM im Jahr liegt. Auf 100000 m^2 kann sich der Besucher inmitten von Paris, nicht weit vom Louvre über alle Bereiche der zeitgenössischen Kunst und Musik, des Films und Theaters umfassend informieren.

Einen Teil des Gebäudes nimmt das Musée National d'Art Moderne ein, das einen eindrucksvollen Überblick über die Kunst des 20. Jahrhunderts bietet. Die Sammlungen reichen von den „Nabis" (Propheten) und den „Fauves" (Wilden), den Expressionisten, Surrealisten, Kubisten und Abstrakten bis zu zeitgenössischen Stilrichtungen und Künstlern. Ein Schwerpunkt des Museums liegt in der Kunst der École de Paris.

Doch nicht allein das Museum oder die Aussicht über Paris, die man vom fünften Stockwerk aus genießen kann, bilden einen Anziehungspunkt für die täglich rund 20000 Besucher. Das Centre Pompidou ist vor allem ein Ort der Begegnung und des kulturellen Austausches. Neben dem Museum und den zahlreichen wechselnden Ausstellungen, die wie „Paris – Berlin" Rekordbesuche verzeichnen können, sind in der „Ölraffinerie" eine umfangreiche öffentliche Bibliothek – ausgestattet mit modernsten audiovisuellen Medien –, das Institut für akustisch-musikalische Forschung unter der Leitung von Pierre Boulez und das Zentrum für industrielle Formgebung untergebracht. Rund um das Centre Pompidou finden täglich Straßentheateraufführungen, Musikveranstaltungen oder Zirkusdarbietungen statt.

Die Errichtung des Kulturzentrums wurde von dem ehemaligen Staatspräsidenten Georges Pompidou angeregt und gefördert. 1972 wurden die Pariser Großmärkte (Halles Centrales) in den Süden von Paris, nach Orly, verlegt und die alten „Hallen" auf dem Plateau Beaubourg abgebrochen.

Viele Pariser bedauerten die Verlegung des „Bauches von Paris", da durch den Abriß der von Victor Baltard 1852 bis 1859 errichteten Markthallen ein Stück Pariser Stadtgeschichte und der typische Charakter des Viertels verlorenginge.

Mit einem Aufwand von fast einer Milliarde Francs entstand innerhalb von fünf Jahren, nach Entwürfen und unter Leitung des Italieners Renzo Piano und des Briten Richard Rogers, die 166 m lange, 60 m breite und 42 m hohe fünfstöckige Stahl- und Glaskonstruktion des Centre Pompidou. Sein Aussehen, das im starken Kontrast zur Umgebung steht, bot neuerlichen Anlaß zur Kritik. Das futuristische Äußere des Gebäudes entstand durch die Verlegung aller haustechnischen Anlagen für Heizung, Lüftung, Abfluß, Elektrizität usw. an die östliche Außenseite des Gebäudes. Hierdurch wurde im Inneren Raum für sechs riesige Hallen (48 × 168 m) geschaffen, die mit Stellwänden äußerst variabel eingerichtet werden können, was sich bei den großen wechselnden Ausstellungen als besonderer Vorteil erweist.

Das Centre Pompidou soll Ausdruck eines zukunftweisenden kulturpolitischen Programms sein. Vor allem im Kreativen, in der künstlerischen Produktion soll das Kulturzentrum anregend und fördernd wirken.

Avenue des Champs-Elysées

Die Stadt Paris besitzt über 3000 Straßen, 100 Boulevards und 300 Avenuen, keine jedoch genießt solchen Ruhm wie die Avenue des Champs-Elysées. Sie war Schauplatz nationaler Trauer und nationalen Triumphes, wie der Siegesparaden von 1919 und 1944; noch heute findet am 14. Juli, dem französischen Nationalfeiertag, auf der Avenue des Champs-Elysées eine große Parade statt.

Die Avenue des Champs-Elysées verbindet die Place de la Concorde, einen der größten Plätze der Welt (84 000 m²), mit der westlich gelegenen Place Charles-de-Gaulle. Ihre heutige Gestalt erhielt die Avenue im 19. Jahrhundert; damals promenierte hier das mondäne Paris. In den Parkanlagen der Champs-Elysées spielte der junge Marcel Proust mit einer Schar gleichaltriger Mädchen, deren Gestalten er zu einer Person, der Gilbertes, in seinem Meisterwerk „Auf der Suche nach der verlorenen Zeit" zusammenfließen ließ. Spazierwege und Kinderspielplätze gibt es heute nur noch im unteren, östlichen Teil der Prachtstraße. Vom Rond Point des Champs-Elysées an beginnt der zweite Teil der Avenue mit ihren Luxusgeschäften, Cafés, Restaurants, vor allem aber Kinos und Vertretungen großer Automobilkonzerne, Versicherungen, Banken und Touristikunternehmen, an denen die Pariser und die Touristen auf breiten Trottoirs vorbeiflanieren.

Bis ins 17. Jahrhundert bestand das Gelände, auf dem sich heute die Champs-Elysées erstrecken, aus Feldern und Sümpfen. 1667 ließ der Architekt André Le Nôtre eine breite Straße anlegen, die 1709 ihren heutigen Namen erhielt (Avenue der Elysischen Felder). Zwischen Place de la Concorde und Rond Point, in den rund 400 m breiten Grünanlagen beiderseits der Avenue, sind einige charakteristische Bauwerke des 18. und 19. Jahrhunderts erhalten, z.B. das Restaurant Ledoyen, das Theater Marigny, der Elysées-Palast (1718), seit 1873 Sitz des französischen Staatspräsidenten, das Grand Palais und das Petit Palais, die zur Weltausstellung von 1900 erbaut wurden. Während im Petit Palais seit 1902 die Kunstsammlungen der Stadt Paris untergebracht sind, wird das Grand Palais vor allem für die Durchführung der großen Pariser Kunstausstellungen genutzt. Am Beginn der Champs-Elysées stehen die beiden berühmten Rossebändiger des französischen Bildhauers Guillaume Coustou (1794 von Schloß Marly hierher versetzt); am westlichen Ende der Avenue liegt die Place Charles-de-Gaulle (bis 1970 Place de l'Etoile, so benannt nach den zwölf großen Avenuen, die hier sternförmig ihren Ausgang nehmen) mit dem Arc de Triomphe, einem Wahrzeichen von Paris und französisches Nationaldenkmal. Nach den Siegen über Österreich, Rußland und Preußen (1805/06) ließ Kaiser Napoleon I. den Triumphbogen zu Ehren seiner Siege errichten. Der Baumeister Jean-François Chalgrin nahm den Konstantinbogen in Rom zum Vorbild; doch wurde der Pariser Triumphbogen weitaus größer (54 m hoch, 45 m breit, 22 m tief). Der 1836 fertiggestellte Bogen trägt reichen plastischen Schmuck; der „Auszug der Freiwilligen 1792" („La Marseillaise") ist ein Meisterwerk des Bildhauers François Rude. Im Boden unter dem Bogen befindet sich seit dem 11. November 1921 das Grab des unbekannten Soldaten, die erste Gedächtnisstätte dieser Art. Jeden Abend wird das ewige Licht, das über dem Grab brennt, neu entzündet.

Die Avenue des Champs-Elysées ist rund 1900 m lang und 71 m breit. Mit ihren Häusern aus dem 19. und 20. Jahrhundert zählt sie zu den faszinierendsten städtebaulichen Ensembles der Welt. Am Abend übt die Avenue einen ganz besonderen Reiz aus, sie gleicht dann einem großen Lichtermeer: Unter dem goldenen Glanz des von Scheinwerfern angestrahlten Arc de Triomphe wirken die Lichter der Autos auf der leicht ansteigenden Prachtstraße wie ein Feuerwerk in Rot und Weiß.

Von der mit einem Fahrstuhl erreichbaren Plattform des Arc de Triomphe (Triumphbogen) auf der Place Charles-de-Gaulle haben die jährlich rund 500 000 Besucher eine der schönsten und umfassendsten Aussichten auf Paris: Sie können über die Avenue des Champs-Elysées bis zum Louvre blicken, vor dem sich ein kleinerer Triumphbogen (Arc de Triomphe du Carrousel) erhebt, der von 1805 bis 1808 errichtet wurde. Seine heutige Gestalt verdankt die Place Charles-de-Gaulle dem berühmten französischen Architekten Georges Eugène Baron Haussmann, der die Mehrzahl der geradlinigen, sehr breiten Pariser Boulevards und Avenuen im 19. Jahrhundert – ohne Rücksicht auf die Bebauung des alten Paris – anlegen ließ. Den Kranz der den Platz und den Triumpfbogen einschließenden Häuser entwarf der deutsche Architekt Jacob Ignatz Hittorf. Bis 1860 verlief die Stadtgrenze über den Platz, zwei Pavillons bildeten als Zollhäuser das Ende der Champs-Elysées. Der Abschluß der Straße war schon im 18. Jahrhundert Gegenstand verschiedenartiger Entwürfe, so wurde z. B. die Errichtung eines Obelisken, einer riesigen Säule, ja sogar eines Elefantenmonuments vorgeschlagen. Dem von Kaiser Napoleon I. schließlich in Auftrag gegebenen Triumphbogen sind vier Reliefs mit überlebensgroßen Figurengruppen vorgesetzt: Auf der rechten, der Champs-Elysées zugewandten Seite der „Aufbruch der Freiheit" von François Rude, links der „Triumph Napoleons 1810" von Jean-Pierre Cortot. Auf der dem Stadtteil Neuilly zugewandten Seite finden sich zwei Reliefs von Antoine Etex, der „Widerstand von 1814" und der „Frieden 1815". Den ganzen oberen Teil des Bauwerks umläuft ein Fries, dessen 2 m hohe Figuren den Auszug und die siegreiche Rückkehr der napoleonischen Armee zeigen. Am Sims darüber sind auf den runden Buckelschildern die Namen der Schlachten Napoleons eingeschrieben. Auf den Innenwänden des Bogens stehen die Namen der 558 Generäle Napoleons. Wie die sterblichen Überreste Napoleons im Jahr 1840, so wurde auch der Leichnam des Dichters Victor Hugo 1885 unter dem Triumphbogen aufgebahrt.

1 Luftaufnahme von Terminal 2 des Flughafens Charles de Gaulle. Ein moderner internationaler Großflughafen benötigt für die Abfertigung der Millionen von Passagieren und einiger Hunderttausend Tonnen Fracht eine besonders gute Straßenverbindung zum Stadtzentrum.
Im neuen Terminal 2 können die Fluggäste innerhalb des Rondells der Flugsteige parken, so daß ein direktes Umsteigen vom Fahrzeug in das Flugzeug ermöglicht wird.
Auch die Stationen der ankommenden Passagiere sind so zweckmäßig organisiert, daß die Flughafengesellschaft eine sehr kurze Transitzeit für das Umsteigen auf einen internationalen Flug angeben kann.

Flughafen Charles de Gaulle bei Paris

Funktionalität war oberstes Gebot für die Planer des Pariser Großflughafens Charles de Gaulle in Roissy, 50 km nördlich der Zweimillionenstadt Paris. Direktes Umsteigen vom Auto ins Flugzeug ermöglicht der Ende 1973 in Betrieb genommene Terminal 1 ebenso wie die später hinzugekommenen Terminals. Mit fast 13 Millionen Fluggästen, die dort abflogen oder landeten, war Charles de Gaulle 1982 der viertgrößte Flughafen Europas.
Den Kern von Terminal 1 nimmt eine große Halle mit einem Durchmesser von 800 m ein, ein riesiger Betonklotz mit elf Stockwerken in Form eines Holzylinders. Die obersten vier Stockwerke unterhalb der Dachterrasse mit den Büroräumen sind Parkhäuser mit jeweils 9000 Stellplätzen für Pkw. Über breite Zufahrtsstraßen gelangt der Autofahrer mitten ins Zentrum dieser gigantischen technischen Systems, spiralförmige Rampen leiten ihn innerhalb des Terminals zu den mit verschiedenfarbigen Feldern markierten Parkplätzen.
Die erste Ebene, tief unter der Erde, dient der Gepäckbeförderung. Jedes aufgegebene Gepäckstück wird mit der Flugnummer versehen und dann durch ein Computersystem vollautomatisch zum Flugzeug befördert. Auf der zweiten Ebene kann der Fluggast einkaufen oder in einem der Restaurants essen. Auf der dritten Etage liegen die Abflugschalter, auf Ebene 4 beginnt der Transfer zum Flugzeug. Die fünfte Etage dient zur Abfertigung der ankommenden Passagiere, ein Stockwerk höher sind technische Einrichtungen untergebracht.
Die strenge Funktionalität der großzügig gestalteten Innenräume mit dem alles beherrschenden Grau des Betons wird nur durch die orangefarbenen Polster der Sitzbänke, die weißen Fliesen des Fußbodens und die Leuchtbuchstaben auf den großen Anzeigetafeln aufgelockert. Nichts wurde bei den Planungen für Charles de Gaulle dem Zufall überlassen, auch für Kleinigkeiten wurden Spezialisten konsultiert und eine Atmosphäre hochentwickelter Technik erzeugt, die nur einem einzigen Zweck dient: Den Reisenden möglichst schnell an sein Ziel zu bringen.
Anders als der zweite Pariser Großflughafen Orly, der mit einer Mischung aus Technik und Romantik auch zum bloßen Verweilen einlädt, ist Charles de Gaulle kein Ort für gemütliche Aufenthalte, sondern schneller Umsteigebahnhof zwischen Himmel und Erde.

2 *Der große Lichtschacht in der Mitte von Terminal 1 auf dem Flughafen Charles de Gaulle ist das Herzstück des internen Beförderungssystems für die Fluggäste. Lange Rollbahnen, überdacht mit durchsichtigen Glaskuppeln, führen kreuz und quer durch den riesigen Hohlkörper und sorgen für einen reibungslosen Personenverkehr zwischen den einzelnen Etagen.*
3 *Eine Concorde wartet an einer der sieben Anlegestellen, den Satellites, von Terminal 1 auf ihre Fluggäste. Bis zu 30 Flugzeuge können gleichzeitig abgefertigt werden. Von der vierten Etage im Terminal 1 gelangt der Fluggast über eine 170 m lange unterirdische Rollbahn zu seiner Anlegestelle auf dem Flugfeld. Ein überdachter Gang, bis zu einer Länge von 47 m ausfahrbar, geleitet ihn trockenen Fußes zu seiner Maschine. Für den Transatlantikflug nach New York braucht die Concorde mit ihrer doppelten Schallgeschwindigkeit nur drei Stunden und 45 Minuten.*

Kathedrale von Chartres

Im Jahr 1144 schleppten bußwillige Männer mit Hilfe von Ochsenkarren tonnenschwere Steine zur Baustelle der Kathedrale von Chartres. Als sie auf dem oberhalb der Stadt gelegenen Berg angekommen waren, flehten sie die Priester an, sie zur Strafe für ihre Sünden auszupeitschen. Mit jener Kirche, für die sich Adlige und Kaufleute in Schwerstarbeiter verwandelten, hat die heutige Kathedrale Notre-Dame – abgesehen von der Westfassade – allerdings nichts mehr gemein: In der Nacht vom 10. auf den 11. Juni 1194 legte ein großer Brand die alte Kirche in Schutt und Asche.
An ihrer Stelle wurde eine Kathedrale von seltener stilistischer Einheitlichkeit errichtet, die nicht nur die Jahrhunderte nahezu unverändert überstanden hat, sondern bei der auch die Skulpturen der Portale und vor allem die Farbfenster fast vollständig erhalten sind: Die jährlich rund drei Millionen Besucher können in Chartres die mittelalterlichen Bildprogramme und das Zusammenwirken der verschiedenen Kunstgattungen am gotischen Kathedralbau in einzigartiger Weise studieren.
Die Kathedrale von Chartres war das bevorzugte Heiligtum der Jungfrau Maria: Scharen von Pilgern zogen in die Stadt, um das seit 876 in der Bischofskirche aufbewahrte Gewand der Gottesmutter zu sehen. Als sich nach dem Brand von 1194 herausstellte, daß die kostbare Reliquie gerettet worden war, brach bei der Bevölkerung eine große Baubegeisterung aus. Noch im selben Jahr wurden die Arbeiten aufgenommen, und bereits 1260 konnte die Kirche geweiht werden. Der durch Blitzschlag beschädigte Nordturm erhielt in den Jahren 1507 bis 1513 einen 115 m hohen Steinhelm.
Notre-Dame besitzt drei Fassaden mit jeweils drei Portalen, eine architektonische Lösung, für die es in der Kathedralbaukunst kein anderes Beispiel gibt. Der um 1145/1155 (teilweise nach 1194) entstandene Skulpturenschmuck der Westportale zeigt ein theologisches Programm der Weltgeschichte, vom Alten Testament über das Neue Testament bis zum apokalyptischen Christus. Die Portale der Südseite (nach 1194) sind mit Szenen aus dem Neuen Testament geschmückt, in dessen Zentrum ein Weltgericht steht. An der Nordseite ist das Mittelportal (nach 1204) Maria, der Mutter Jesu, gewidmet, die linke Pforte (um 1220) zeigt verschiedene Episoden aus der Kindheit Jesu, die rechte (um 1220) die großen Gestalten des Alten Testaments.
Der Ruhm der Kathedrale von Chartres beruht vor allem auf ihren rund 160 Fenstern mit mittelalterlichen Glasmalereien (größtenteils zwischen 1200 und 1236 entstanden). Sie können noch heute an Ort und Stelle in ihrem ursprünglichen Sinn als Summe der christlichen Lehre betrachtet werden. Die Rose der Westfassade zeigt Christus und das Jüngste Gericht, die Rose über dem Südportal dient der Verherrlichung Christi, die Rose über dem Nordportal zeigt Maria und die Könige und Propheten des Alten Testaments. Die Mittelschifffenster, auf Fernsicht angelegt, tragen die großen Gestalten der Apostel, Heiligen und Propheten, während in den kleineren Fenstern der Seitenschiffe und des Chores Szenen aus dem Alten und Neuen Testament sowie Heiligenlegenden dargestellt sind.
Der Grundriß zeigt eine dreischiffige Anlage mit dreischiffigem Querhaus sowie einem Ostchor mit Umgang und Kapellenkranz. Der außerordentlichen Breite des Mittelschiffes von 16,40 m entspricht eine Höhe von 36,55 m (bei 130,20 m Gesamtlänge). Der Besucher empfindet den Raum als sich nach oben ausweitend, aus der dunklen, von schweren Pfeilern bestimmten Zone unten in die lichte, fast schwerelose Zone der Fenster. Die Fenster tauchen das Innere der Kathedrale in jenes violette unwirkliche Licht, das eine wunderbare Atmosphäre von Wärme und Glanz erzeugt, die in der mittelalterlichen Architektur einmalig ist.

2

1 Die Westfassade der Kathedrale von Chartres überwältigt den Betrachter durch das harmonische Zusammenspiel verschiedener Baustile: Der nördliche Turm wurde 1134, der Südturm und das Königsportal 1145 begonnen. Die Glasmalereien der Fenster über dem Portal zeigen links die Passion, rechts den Stammbaum Christi, in der Mitte wird das Leben Marias geschildert.
2 Die Fenster über dem Südportal wurden von Pierre de Dreux gestiftet. Die Rose zeigt den thronenden Christus umgeben von Engeln, Aposteln und Heiligen. Die Rose des Nordpotals ist Maria gewidmet, die im Zentrum mit Christus thront. Um diese Mitte gruppieren sich Engel und Propheten.

1 *Über der östlichen Begrenzungsmauer des Ballspielplatzes von Chichén Itzá ragt der Tigertempel (auch Jaguartempel genannt) auf. Der Bau hat die Form einer abgestumpften Pyramide und birgt zwei Heiligtümer. Eine steile Treppe führt zum oberen Heiligtum, dessen Fassade zum Spielfeld ausgerichtet ist. Im mittleren Eingang des unteren Heiligtums bildet eine Jaguarplastik den Altar. Im Vordergrund des Platzes liegt die mit Schlangenmotiven geschmückte Plattform der Tiger und Adler.*

Chichén Itzá in Yucatán

„Es ist etwas geschehen in dieser Stadt", notierte der renommierte Maya-Forscher Frederick Catherwood 1842 bei seiner ersten Reise nach Chichén Itzá, der größten der Maya-Städte auf der mexikanischen Halbinsel Yucatán. Er, der gemeinsam mit John Lloyd Stephens bereits zahlreiche Zentren des rätselhaften Indianervolkes entdeckt hatte, spürte etwas Fremdes beim Anblick der Ruinen, etwas, das diesen Ort von anderen Stätten der Maya-Kultur unterschied. Was Stephens und Catherwood so rätselhaft erschien, trat bei der Freilegung der Anlage deutlicher zutage: Chichén Itzá hat zwei Gesichter.

Die Stadt, auf einer flachen Ebene nahe der heutigen Stadt Valladolid gelegen, ist mehrfach besiedelt worden. Wahrscheinlich wurde Chichén Itzá im 5. Jahrhundert von den Maya gegründet, die den Ort nach rund 200 Jahren aus unbekannten Gründen verließen. Drei Jahrhunderte später (um 918) kehrten die Maya, und zwar vom Stamm der Itzá, in die Stadt zurück, die nun zu geistiger und kultureller Blüte gelangte. Als um das Jahr 987 die Tolteken in Yucatán eindrangen, erhielt Chichén Itzá ein neues Gesicht: Das Volk aus dem zentralmexikanischen Hochland baute das Maya-Zentrum zu seiner neuen Hauptstadt aus. Die Anlage ähnelt dem alten Toltekenzentrum Tula (→ S. 410/411), trägt jedoch gleichzeitig Züge der Maya-Kultur.

Die Stadt wird vom Castillo beherrscht. Diese dem Gott Quetzalcoatl, in der Maya-Sprache Kukulkan, geweihte Tempelpyramide verdankt ihre Monumentalität vor allem dem neunstufigen Aufbau.

Toltekischer Einfluß wird in Chichén Itzá vor allem an der Verwendung von Säulen deutlich. So schließt sich z. B. an den Kriegertempel in der Nähe des „Castillo" ein Säulengang an. Daneben befindet sich die Gruppe der Tausend Säulen, deren Säulenanordnung noch heute von der Raumaufteilung des früheren Baus zeugt. Beispielhaft für die Verschmelzung von Maya- und Toltekenkultur ist das Observatorium, wegen seiner Wendeltreppe El Caracol, Schneckenhaus genannt. Es weist einen von den Tolteken verwendeten kreisförmigen Grundriß auf, zeigt jedoch in der Bauausführung Elemente des Maya-Stils.

Die Tolteken beeinflußten nicht nur das äußere Gesicht von Chichén Itzá, sondern auch das Leben in der Stadt. Kriege und Opferbräuche spielten bei ihnen eine größere Rolle als bei den Maya. Die Wandreliefs an den

Umfassungsmauern des größten Ballspielplatzes Mittelamerikas (168 × 70 m) erzählen vom blutigen Ritual, das dieses Spiel begleitet haben muß. Gezeigt werden enthauptete Ballspieler, die vielleicht der unterlegenen Mannschaft angehörten. Bei diesem Spiel mußte ein Hartgummiball mit der Hüfte, den Ellbogen oder den Knien durch einen steinernen Ring an der Mauer des Platzes gestoßen werden. Es symbolisierte das Ballspiel der Götter mit Sonne und Mond.

Vom Brauchtum des Menschenopfers zeugt auch der Heilige Cenote, jener dem Regengott geweihte, etwa 70 m breite Brunnen, der zum Wallfahrtsort der Maya wurde. Aus seinem schlammigen Grund wurden 42 Skelette, tausende von Jadegegenständen und Goldschmuck mit einem Gewicht von 15 Pfund geborgen.

An das Ritual des Herzopfers erinnert Chac-Mool, eine auf dem Rücken liegende, sich halb aufrichtende Figur. In eine Schale auf ihrem Bauch wurden wahrscheinlich die Herzen gelegt, die den Geopferten zu Ehren der Götter bei lebendigem Leibe herausgerissen wurden. Diese blutigen Opferbräuche zeigen, daß auch das kulturelle Leben in Chichén Itzá zwei Gesichter hatte: Die Verschmelzung von Maya und Tolteken brachte Kunst und Architektur zu einer Blüte, die in krassem Gegensatz zur Grausamkeit der religiösen Rituale steht.

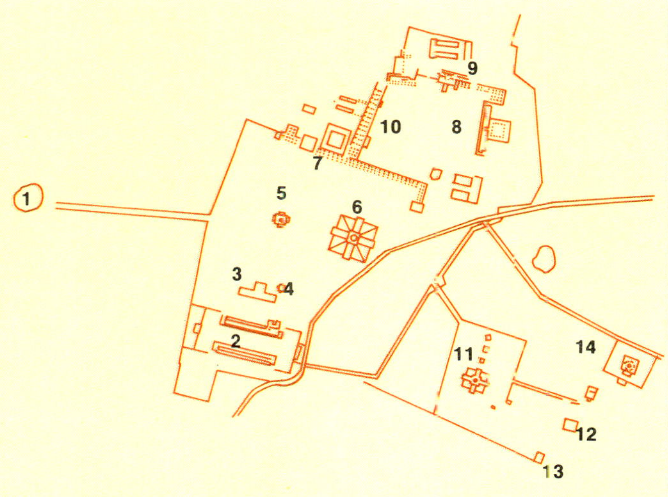

1 Heiliger Cenote; **2** Ballspielplatz; **3** Tzompantli; **4** Plattform der Tiger und Adler; **5** Plattform der Venus; **6** El Castillo (Pyramide des Quetzalcoatl; **7** Tempel der Krieger; **8** Marktplatz; **9** Dampfbad; **10** Gruppe der »Tausend Säulen«; **11** Grab des großen Priesters; **12** La Casa Colorada (Das bunte Haus); **13** La Casa del Venado (Haus des Hirsches); **14** Observatorium El Caracol

2 Im Mittelpunkt der Anlage von Chichén Itzá steht El Castillo, die dem Gott Quetzalcoatl (Kukulkan) geweihte Tempelpyramide. Die je 91 Treppenstufen an den vier Seiten ergeben zusammen mit der oberen Plattform 365, die Anzahl der Tage eines Jahres.
3 Der architektonische Einfluß der Tolteken im einstigen Maya-Zentrum Chichén Itzá wird vor allem beim Kriegertempel deutlich. Säulen und Pfeiler werden zum Hauptbauelement. Die Pfeiler vor dem Tempel bildeten ursprünglich eine Vorhalle, an die sich ein Säulengang anschloß, der bis zur Gruppe der Tausend Säulen führte. Dieser Ruinenkomplex war früher überdacht.

Chinesische Mauer

Die chinesische Mauer stellt das einzige Bauwerk der Erde dar, das man vom Mond aus erkennen kann. Der chinesische Name der Mauer, der größten Wehranlage der Welt, lautet „Wan-li Ch'ang-ch'eng", Mauer der zehntausend Li, was etwa 4800 km entspricht. Ihre heute noch bestehenden Teile werden auf eine Länge von 2500 bis 3000 km geschätzt. Vermutlich befestigte sie früher eine Strecke von fast 5000 km, was einem Achtel des Erdumfangs entspricht.
Die chinesische Mauer entstand unter der Herrschaft von Kaiser Shih Huang Ti (221–210 v. Chr.), der die letzten unabhängigen Feudalstaaten in China unterwarf und das Reich einigte. Er proklamierte sich zum ersten Kaiser von China und nahm den Titel „Erlauchter Kaiser" an. Um seine Herrschaft zu festigen und die Einheit des Reichs zu wahren, mußte das Staatsgebiet im Norden gegen die Nomadenvölker der Mongolen geschützt werden, die immer wieder in China einfielen.
In zehnjähriger Bauzeit ließ Shih Huang Ti dort bereits bestehende Grenzbefestigungen erneuern, verstärken und durch zusätzliche Bauten verbinden. Die Bauarbeiten leitete der Feldherr Meng Tien. Er beschäftigte einige hunderttausend Arbeiter, darunter Sträflinge und politische Gefangene. Man schätzt, daß etwa ein Drittel aller arbeitsfähigen Männer Chinas zum Bau der Mauer, einschließlich der Zulieferungen, und zu ihrer Verteidigung herangezogen wurden. Der rücksichtslos betriebene Bau forderte unzählige Menschenleben.
Neben ihrer Funktion als Verteidigungswall gegen Feinde von außerhalb des Reiches erfüllte die Mauer auch innenpolitische Zwecke. Sie band große Teile des Heeres an die Grenzbefestigung fern von der Hauptstadt, so daß der Kaiser vor überraschenden Rebellionen der Soldaten sicher sein konnte. Auch wurden bei Hof in Ungnade gefallene Personen zum Dienst an der fernen Grenze verurteilt. Zudem hinderte die Mauer Angehörige der unterworfenen Völker daran, das Reich zu verlassen und zum Feind überzulaufen. Darüber hinaus kam ihr eine wirtschaftliche Funktion zu: An den Kreuzungen der Mauer mit Handelsstraßen bildeten sich Festungen und Märkte heraus.
Die chinesische Mauer symbolisierte jedoch vor allem den Herrschaftsanspruch des chinesischen Kaisers. Ihre Schutzfunktion ist hingegen umstritten. Solange das Reich stark war, konnte es seine Feinde ohnehin abwehren oder verfügte über genügend Mittel, um die Mauer verteidigungsbereit zu halten, in Zeiten des Verfalls aber bildete die Mauer kein unüberwindbares Hindernis.
Im 13. Jahrhundert gelang es den Mongolen, China zu erobern; die Mauer zerfiel teilweise. Nach der Vertreibung der Mongolen kam die Ming-Dynastie an die Macht (1368–1644), die den Verteidigungswall erneut befestigen ließ. In dieser Zeit erhielt die Befestigung ihre heutige Gestalt. Die aus Erde und Geröll bestehenden Wälle wurden mit Ziegeln ummantelt, der Weg auf der 6 bis 9 m hohen Mauer wurde gepflastert und mit etwa 1,5 m hohen Zinnen abgesichert. Am Fuß ist die Mauer 7,6 m breit; im Abstand von 100 m bis 2000 m stehen 11 bis 12 m hohe Wachtürme (die Maße differieren in den einzelnen Abschnitten).
Im 17. Jahrhundert verlor die Mauer ihre militärische Bedeutung, weil die Reichsgrenze weit über den Verteidigungswall hinausging. Die Mauer verfiel und wurde teilweise abgetragen. In jüngster Zeit ließ die chinesische Regierung drei Bauabschnitte restaurieren und gab sie zur Besichtigung frei.
Die chinesische Mauer prägte die Geschichte Asiens und Europas: Sie förderte die Einheit des chinesischen Reiches sowie die Entstehung einer eigenständigen chinesischen Kultur. Sie bewog die Hunnen nach ihren ersten Niederlagen an der Mauer dazu, im 5. Jahrhundert ihre Eroberungszüge auf Europa zu richten.

1 *Die größte der Felssiedlungen ist der sogenannte Cliff Palace. In einer Felshöhle von 100 m Länge, 27 m Tiefe und 18 m Höhe errichteten die Indianer in sehr kurzer Zeit über 200 Wohnräume und 23 Kivas, kreisrunde Versammlungsstätten, in denen gemeinschaftliche Zeremonien abgehalten wurden. In den Gebäuden, die teilweise mehrstöckig übereinanderliegen, lebten bis zu 250 Menschen auf engstem Raum zusammen. Die Unterkünfte waren zum Teil kaum größer als 6 m².*

2

Cliff Dwellings in Colorado

Nur ein lebensbedrohendes Ereignis kann die Bewohner der nordamerikanischen Mesa Verde veranlaßt haben, ihre Dörfer, die Pueblos, auf der Ebene zu verlassen und ihre Behausungen in die Felsnischen der zahlreichen Canyons zu verlegen. Wohl an die tausend Jahre hatten die Indianer auf dem von Tälern durchzogenen Hochplateau im heutigen Colorado gelebt, ehe sie sich etwa um 1200 in die Cliff Dwellings, die Felswohnungen, zurückzogen. Sicherlich boten die Bauten, die sich wie Schwalbennester an die Felsen schmiegen, einen vorzüglichen Schutz vor Feinden; einige sind heute nicht einmal mehr mit Seilen erreichbar. Aber nichts weist darauf hin, daß die früheren Bewohner Südcolorados in kriegerische Auseinandersetzungen verwickelt waren oder von feindlichen Stämmen bedroht wurden. Ein möglicher Grund für den Umzug in die Felssiedlungen könnte darin liegen, daß an vielen der Felsnischen Sickerwasser austritt und die Indianer hier das lebensnotwendige Naß in der häufig von Dürre heimgesuchten Gegend jederzeit zur Verfügung hatten. Allerdings gestaltete sich das Leben in den eng zusammengedrängten Räumen, die zudem kalt, feucht und schattig waren, wesentlich unbequemer als in den großzügigen, luftigen Pueblos auf der Hochebene, die von den Indianern vorher bewohnt wurden.

Als Sammler und Jäger waren die Indianer in den ersten Jahrhunderten nach der Zeitwende in die Mesa Verde gekommen. Zuerst lebten sie in primitiven Erdgrubenhäusern. Nach und nach entwickelte und intensivierte sich der Ackerbau. Die Indianer pflanzten vor allem Mais und Bohnen an, und mit der größeren Seßhaftigkeit entfaltete sich auch das handwerkliche Können. Die Erdhöhlen wurden durch Hütten aus Holz und Lehm ersetzt, die im Lauf der Zeit zu größeren Siedlungen, den Pueblos, zusammengefaßt wurden. Der kulturelle Aufstieg der Mesa-Verde-Siedlungen zeigt sich auch deutlich an der Verfeinerung und Perfektionierung der Handwerkskunst. Sogar später – in den beengten Verhältnissen der Felswohnungen – hielt sich das hohe Niveau der Indianerkultur, von der heute noch kunstvoll bemalte Tongefäße zeugen.

Erst eine Dürreperiode Ende des 13. Jahrhunderts, die 24 Jahre andauerte, führte zum Niedergang dieser blühenden Gemeinschaften. Ihre Mitglieder verließen nach und nach das ausgetrocknete Gebiet und hinterließen der Nachwelt die Cliff Dwellings der Mesa Verde, die – jahrhundertelang vor Wind und Wetter geschützt – noch fast im ursprünglichen Zustand erhalten sind.

2 Nur mühselig zu erreichen sind die Felssiedlungen, die sich in den weitläufigen Canyons der Mesa Verde verteilen. Neben dem Cliff Palace gibt es 15 weitere Pueblos, Hunderte von Siedlungen mit bis zu 50 Räumen und Tausende von kleinen Behausungen. Teilweise liegen sie so versteckt, daß bis heute vermutlich noch nicht alle gefunden sind.

Große Moschee von Córdoba

„Hätte ich gewußt, was Ihr vorhabt, wärt Ihr nicht dazu gekommen, es durchzuführen. Das, was Ihr hier hinstellt, bekommt man an jeder Straßenecke zu sehen, aber das, was hier einmal war, hat es auf der ganzen Welt nur einmal gegeben." Mit diesen Worten tadelte Kaiser Karl V. 1523 die Domherren von Córdoba, die für den Einbau einer christlichen Kathedrale in das Zentrum der ehemaligen Großen Moschee von Córdoba, dem bedeutendsten religiösen Bauwerk des Islam auf europäischem Boden, verantwortlich waren.

Nach dem Sieg über das spanische Westgotenreich im Jahr 711 begründeten die Araber (Mauren) dort ein unabhängiges Kalifat, erhoben Córdoba zur Residenz (756) und bauten es zu einer der reichsten Städte des mittelalterlichen Europa und zu einem der wichtigsten Kulturzentren des Islams aus. Um seinen Anspruch als Kalif, als Führer aller moslemischen Gläubigen in der Nachfolge Mohammeds, zu untermauern, erteilte Abd Ar Rahman I. den Auftrag, eine Moschee zu errichten, die denen des Orients in nichts nachstehen sollte. Der 785 begonnene, auf quadratischem Grundriß errichtete Bau wurde bis zum Jahr 988 in verschiedenen Bauphasen immer wieder erweitert: An den Baubestand wurden nach dem Herausbrechen jeweils vorhandener Außenwände neue gleichartige Gebäudeteile hinzugefügt. Im 10. Jahrhundert erreichte die Moschee mit einer Länge von 179 m und einer Breite von 129 m ihren heutigen Umfang. Trotz der rund 200jährigen Bauzeit strahlt die Moschee eine große Einheitlichkeit aus. Sie wird von einer zinnengekrönten, aus sorgfältig bearbeitetem Sandstein errichteten Außenmauer umgeben, die auch den Patio de los Naranjos, den Orangenhof mit seinen Palmen und Apfelsinenbäumen, einschließt. 952 erhielt die Moschee an ihrer Nordseite ein Minarett; es erhebt sich über einem Quadrat von 8,58 m Seitenlänge und bildet heute den Kern eines 1539 bis 1564 errichteten Glockenturmes, der von einer Statue des Erzengels Raphael gekrönt wird.

Um bei der Deckenwölbung an Höhe (11 m) zu gewinnen, griffen die arabischen Baumeister bei der Gestaltung des Innenraums auf das Vorbild römischer Wasserleitungen zurück. Sie bauten Doppelarkaden aus Hufeisenbögen übereinander, in deren Mauerung rote Ziegel und weiße Keilsteine miteinander abwechseln. Die Moschee von Córdoba wurde einst von 200 Bronzeleuchtern erhellt, von denen ein einziger angeblich 1000 Lichter getragen haben soll.

1236 wurde das andalusische Córdoba von Ferdinand III., dem König von Kastilien und Léon, für die Christenheit zurückerobert. Die Moschee wurde in eine Kathedrale umgewandelt und der Jungfrau Maria geweiht. 1523 begann dann der Einbau einer kleinen, lichtdurchfluteten Kirche in das Herz des alten Bauwerks. Trotz des Einbaus der Kirche wirkt das Innere der ehemaligen Moschee noch immer höchst beeindruckend. Der Besucher fühlt sich im Wechselspiel der Bögen wie in einen großen Spiegelsaal versetzt. Die Doppelbögen sind in der muslimischen Architektur einzigartig, der dekorative Schmuck gehört ebenso wie der steinerne Wald von Säulen zum Schönsten, was maurische Handwerkskunst hervorgebracht hat.

1 *Der Innenraum der ehemaligen Moschee von Córdoba (begonnen um 785) wirkt auf den ersten Blick verwirrend: Von Norden nach Süden erstrecken sich 19 Schiffe, die durch 856 Säulen voneinander getrennt sind; dadurch entsteht im Dämmerlicht der Moschee ein scheinbar grenzenloses Labyrinth. Die Säulen bestehen aus Marmor, Porphyr oder Jaspis.*

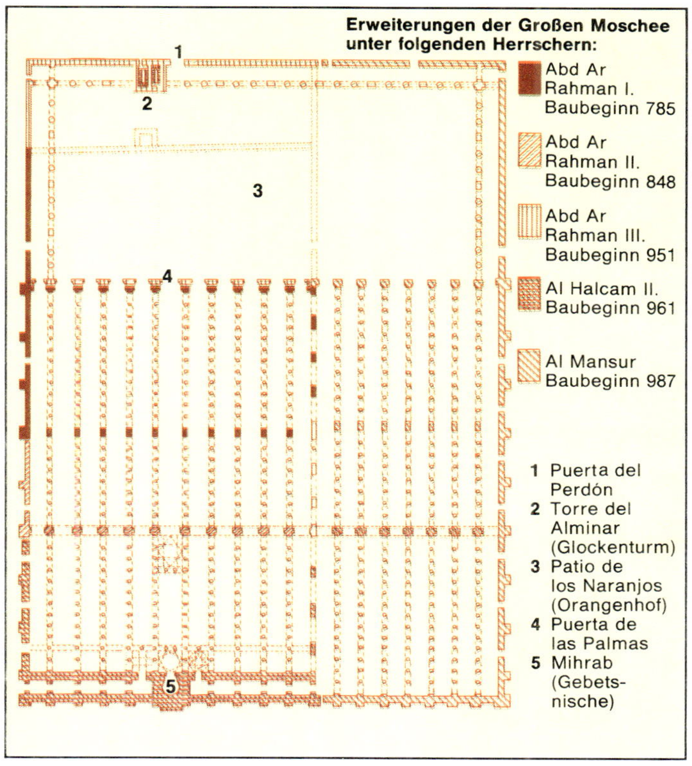

2 *Die prachtvollste Ausstattung erhielt die Südwand (mit Richtung nach Mekka), deren Gebetsnischen durch reiche maurische Mosaikornamentik und Reliefs geschmückt sind. Die Gebetsnische (Mihrab, vollendet 965) besteht aus einem achteckigen überkuppelten Raum, der durch einen hufeisenförmigen Torbogen zu betreten ist und von einer aus Stuck gearbeiteten Muschelwölbung gedeckt wird. Weinlaub und Muscheln waren die bevorzugten Motive zur Ausschmückung von islamischen Gebetsnischen.*

1 *Nahe der Zitadelle von Damaskus, einer Befestigungsanlage, die im 12. Jahrhundert entstanden ist und heute noch militärisch genutzt wird, befindet sich der Ali-Pascha-Basar. Bevorzugte Handelsware sind hier getrocknete Früchte, Oliven, Aprikosen und Nüsse, die in vielbenutzten, abgegriffenen Schalen präsentiert werden. Das Feilschen um den Preis der Ware gehört zum üblichen Verkaufsritual in den Basaren.*
2 *Suks heißen in der arabischen Sprache die Märkte, aber auch die einzelnen Verkaufsbuden der Händler werden so bezeichnet. An vielen Ständen und in zahlreichen Läden begegnet man den Porträts des seit 1971 regierenden syrischen Staatsoberhaupts Hafis Asad – wie hier auf dem Bab-al-Herid-Basar, wo neben einheimischer auch europäische Kleidung verkauft wird.*

Basar von Damaskus

Damast und Damaszenerklingen – Begriffe, die sofort Bilder aus Tausendundeiner Nacht hervorzaubern: Orientalische Kostbarkeiten, reich bepackte Kamelkarawanen, traumhafte Pracht in Kalifenpalästen, geheimnisvoll verschleierte Schönheiten, unermeßlich reiche Kaufleute und das bunte Treiben in den Basaren – all das, wenn auch nicht so romantisch verklärt, hat Damaskus in 6000jähriger Geschichte zur Genüge erlebt.
War die Oasenstadt in Syrien doch über viele Jahrhunderte Knotenpunkt wichtiger Handelswege im Orient und unter den Omaijaden-Kalifen Mittelpunkt des großen arabischen Reiches, das von den fernsten Grenzen Persiens bis nach Spanien reichte. In Damaskus wurden Handelsgüter aus aller Herren Länder umgeschlagen, erreichten die verschiedensten Handwerkskünste schon in frühen Zeiten ein unvergleichliches Niveau.
Kern dieser Metropole war der Basar, der kaum jünger als die Stadt ist. Die Gebäude dieses Handels- und Handwerksviertels sind heute nicht mehr die ursprünglichen, dennoch herrscht hier in den meist überdachten Gassen ein Leben und Treiben wie eh und je. Die faszinierende Atmosphäre des alten Basars konnte sich bis zur Gegenwart behaupten. Die Verkaufsstraßen in der Damaszener Altstadt sind zwar auch ein grandioser Kulissenzauber für gut zahlende Touristen, aber vor allem bleiben sie die Kultstätte des orientalischen Feilschens und Umschlagplatz für Neuigkeiten.

Die Basarviertel nahe der berühmten Omaijaden-Moschee (→S. 288/289) sind von alters her streng nach Zünften aufgeteilt. Das alte jüdische Viertel, der al-Aruan-Basar, beherbergt im Schatten der Zitadelle neben den Ständen der Eselhändler und Stuhlverkäufer den Ali-Pascha-Basar, auf dem unter anderem die viel gelobten Aprikosen aus den Obstkulturen der Damaszener Umgebung angeboten werden. Das laute Anpreisen ihrer Waren, sobald sich ein potentieller Kunde zeigt, beherrschen die Obstverkäufer auf dem Ali-Pascha-Basar ebenso gut wie die Händler auf dem an-Nahhasin, wo das Kupferschmiedehandwerk sich niedergelassen hat. Kaum wird Interesse für ein Stück gezeigt, versuchen die Händler im Brustton der Überzeugung und einem unvergleichlichen Schwall von Worten, den Passanten zum Käufer zu machen. In die Gefahr, von solcher Überredungskunst überrumpelt zu werden, gerät der Besucher besonders im al-Hamidiye-Basar. Hier werden von den Antiquitätenhändlern überall Damaszenerschwerter und -dolche verkauft. Dabei handelt es sich aber meist nicht um solch wertvolle Waffen, wie sie im Mittelalter mit höchster Kunstfertigkeit geschmiedet wurden, sondern um Produkte der modernen Klingenfabriken, die heute neben der Zement-, Textil- und Nahrungsmittelherstellung die Industrie der syrischen Hauptstadt bestimmen.
Dem al-Hamidiye-Basar schließen sich die Läden und Stände vieler weiterer Zünfte an. Dabei zeugt der Basar Suleiman Pascha von einer besonders bewunderten orientalischen Handwerkskunst: Überall vor und in den kleinen Läden dieses Basars hängen und liegen die kostbaren Teppiche der syrischen Teppichknüpfer.

3 *Der Suk al-Hamidiye ist die Hauptader des Basars von Damaskus. Die 550 m lange belebte Straße südlich der Zitadelle führt direkt zum Westtor der Omaijaden-Moschee.*

Delphi

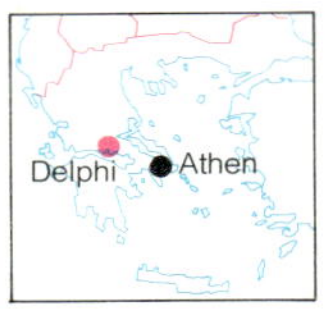

Als Krösus, der im 6. Jahrhundert v. Chr. das lydische Königreich regierte, das Orakel von Delphi befragte, ob er den Fluß, der die Grenze zwischen seinem und dem Perserreich bildete, überschreiten solle, antwortete das Orakel: „Wenn du das tust, wirst du den Fall eines mächtigen Reiches herbeiführen." Krösus überquerte den Fluß und erlitt eine Niederlage. Die Doppeldeutigkeit des Orakelspruchs wurde ihm zu spät bewußt.

Krösus hatte das hoch über der Südküste des griechischen Festlandes am Golf von Korinth gelegene panhellenische Heiligtum und Orakel von Delphi aufgesucht. Der heilige Ort an der Westküste des griechischen Festlandes, etwa 200 km nordwestlich der Hauptstadt Athen, war über Jahrhunderte hinweg das Ziel von Pilgern aus allen Teilen Griechenlands, die hier den Rat der Götter einholen wollten.

Apollon, der Gott des Lichtes, so berichtet die Gründungssage Delphis, sei in Gestalt eines Delphins an Land geschwommen, habe den das Orakel bewachenden Drachen Python getötet und die Stätte in seinen Besitz genommen.

1 Der Tholos, ein Rundbau aus Marmor und Kalkstein aus Eleusis, der sich in einem abgegrenzten heiligen Bezirk der Göttin Athene unterhalb des Apollon-Heiligtums in Delphi befindet, wurde um 390/380 v. Chr. erbaut. Er gilt als hervorragendes Beispiel dieser Architekturgattung. 20 dorische Säulen umgaben den kreisrunden Innenraum, die Cella, an deren Innenwand zehn korinthische Säulen mit dem äußeren Säulenkranz korrespondierten. Der Zweck des Tholos ist unbekannt. Vermutlich dienten derartige Rundbauten der Heroenverehrung. Wahrscheinlich hat die Tholosgestalt, von den Römern übernommen, die Form der Kaisermausoleen in der römischen Kaiserzeit beeinflußt.

2 Das im 2. Jahrhundert v. Chr. im heiligen Bezirk in Delphi entstandene Theater aus weißem Kalkstein bot 5000 Zuschauern auf 35 Sitzreihen Platz. Die Säulen im Hintergrund gehören zum Apollon-Tempel.

Zu Ehren des Apollon bauten die Griechen einen Tempel, in dessen Keller das Zeremoniell stattfand. Dort befand sich ein Marmorblock, der als Mittelpunkt, als „Nabel" der Welt galt, sowie ein Erdspalt, aus dem ein „berauschender Hauch" aufstieg. Über diesem Spalt saß auf einem Dreifuß eine Priesterin, die Pythia. Die Fragen, die von den Pilgern dem Orakel gestellt wurden, mußten immer auf konkrete Ereignisse bezogen sein. Die Pythia antwortete mit Gesten oder Geräuschen, die von den Priestern gedeutet und anschließend in Worte gefaßt wurden. Bedeutung und Einfluß des Orakels beruhten so hauptsächlich auf der gut organisierten Priesterschaft Delphis, deren Verbindungen in alle Teile der griechischen Welt reichten. So konnten sie großen Einfluß auf wichtige politische Entscheidungen nehmen.

Vom 8. Jahrhundert v. Chr. bis zum Ende des 4. Jahrhundert n. Chr. pilgerten – zunächst nur einmal im Jahr, später in der warmen Jahreszeit sogar täglich – Ratsuchende zum Heiligtum nach Delphi. Der ummauerte heilige Bezirk liegt an einer steil abfallenden Terrasse des Parnaß (570–650 m über dem Meeresspiegel) auf einer Fläche von 135 × 180 m. Im Mittelpunkt der Anlage steht der Apollon-Tempel. Seine heute noch sichtbaren Reste stammen von dem zwischen 370 und 340 v. Chr. errichteten Bau. Mehrere Vorgängerbauten wurden durch Feuer oder Erdbeben zerstört.

Der Tempel ist über eine heilige Straße zu erreichen, an deren Seiten die Pilger einst Weihegaben und Siegestrophäen aufstellten. Die griechischen Staaten erbauten dort Schatzhäuser, Votivtempel, in denen Kostbarkeiten aus Gold und Silber aufbewahrt wurden. Einige der bei Ausgrabungen gefundenen großartigen Geschenke der Pilger an Apollon werden heute im Museum von Delphi aufbewahrt. Von den meist einräumigen, mit Skulpturen und Malereien ausgestatteten Schatzhäusern sind nur wenige erhalten geblieben.

Zu den Besonderheiten der griechischen Kultur gehörte, daß die Heiligtümer nicht nur Opfer- und Betstätte waren, sondern dort auch musische und sportliche Wettkämpfe zu Ehren der Götter abgehalten wurden. Für diese Darbietungen entstand im 2. Jahrhundert v. Chr. innerhalb des heiligen Bezirks ein Theater, das 5000 Zuschauern Platz bot. Oberhalb des Bezirks entstand in römischer Zeit ein Stadion mit Plätzen für 7000 Menschen. Beide Bauten sind relativ gut erhalten.

Dem Orakelkult, der außer in Delphi auch an anderen Orten blühte, wurde von führenden Gelehrten der damaligen Zeit eine günstige Einflußnahme auf die griechische Kultur bescheinigt. So forderte der Philosoph Platon in seinem Entwurf eines Idealstaates, daß alle auf den Kult und die Sittlichkeit bezogenen Fragen vom Delphischen Orakel zu regeln seien.

Disneyworld

Was 1895 Herbert George Wells in seinem utopischen Roman beschrieb, ist in Florida in wenigen Stunden möglich: Die Reise durch Vergangenheit und Zukunft, die Sightseeing Tour zu den Sehenswürdigkeiten der Welt. In hypermodernen Verkehrsmitteln werden die Besucher von Disneyworld von den pneumatisch betriebenen Dinosauriern zu den Wundern der Technik in Gestalt von radelnden Robotern in Polizeiuniform oder singendem Gemüse befördert. In einem anderen Teil des Parks kann man „deutsche Gemütlichkeit“ in einem Gartenlokal genießen, sich in „Frankreich“ ein Glas Wein schmecken lassen oder in „Mexiko“ einer Folkloregruppe lauschen. Die Reise der Illusionen kann auch in die Zeit der Westernhelden und Mississippidampfer oder in das New Orleans von 1850 führen. In Disneyworld können dem Besucher (fast) alle Wünsche erfüllt werden.

„Der glücklichste Ort der Welt“ – so das Motto der Disney-Vergnügungsparks – wurde 1971 in Florida eröffnet und 1982 um „Epcot“ erweitert; Epcot bedeutet soviel wie „umweltfreundlicher Prototyp der Gesellschaft von morgen“. Die Verwirklichung dieses Traums von einer besseren Welt gehörte zu den letzten Ideen Walt Disneys, der 1966 starb. In der jetzigen Form ist Epcot allerdings kein Modell für die Zukunft, sondern ein Vergnügungspark, der alle technischen Möglichkeiten nutzt, um den Besucher in eine fremde Welt zu versetzen. Grundlage von Epcot ist ein ungebrochener Glaube an die Möglichkeiten und den Fortschritt der Technik. Wer Epcot besucht, bewundert eine naive Futurologie – Gedanken über die Ausbeutung der Natur und die Grenzen der Technik werden nicht verlangt, sind sogar eher hinderlich, wenn man den Vergnügungspark genießen will.

Die ungeheuren Kosten zur Errichtung von Epcot, rund zwei Milliarden DM, wurden zum Teil von Firmen aufgebracht, die den Vergnügungspark zur Imagepflege nutzen. So wurde beispielsweise mit dem Geld von General Motors eine Weltgeschichte der menschlichen Fortbewegung inszeniert, die in einer Automobilausstellung endet. Computeranlagen, Sonnenkollektoren, Warnsysteme und ein großer Stab von Personal sorgen für den reibungslosen Ablauf der Schau.

Wenn die Tore des Parks geschlossen sind, beginnt die eigentliche Arbeit: Die Roboter werden gewartet, Tonbänder und Filmprojektoren überprüft, Putzkolonnen beseitigen den Abfall, damit die Besucher des nächsten Tages wieder eine strahlende, saubere und funktionierende Disneyworld bewundern können. Selbst die Natur wird den Proportionen des Vergnügungsparks angepaßt, indem sie chemisch an einem zu großen Wachstum gehindert wird.

Walt Disney war zunächst als Karikaturist und Reklamezeichner tätig. 1922 ging er nach Hollywood, und in Zusammenarbeit mit Ub Iwerks gelang ihm 1926 mit der Erfindung der Figur Micky Maus der große Durchbruch; es folgten Trickfilme mit den weltbekannten Figuren Donald Duck, Bambi und Pluto sowie erfolgreiche Dokumentar- und Spielfilme.

Den ersten Vergnügungspark eröffnete Walt Disney 1955 im kalifornischen Anaheim, südlich von Los Angeles. Mit einem Kapital von 17 Millionen Dollar baute Disney zunächst 22 Attraktionen auf – heute sind es 57, und die Gesamtinvestitionen belaufen sich auf über 188 Millionen Dollar. Figuren aus Disneys Zeichentrickfilmen wie die berühmte Familie Duck aus Entenhausen und ihre Freunde Micky Maus und Goofy bevölkern das Fantasieland des Parks. Daneben gibt es Gebiete, in denen die Vergangenheit Amerikas dargestellt ist, ein Abenteuerland und eine Welt der Zukunft. Zwar war Disneyland nicht der erste Vergnügungspark dieser Größe in den USA, durch seine technische Ausrüstung und Perfektion gehört er jedoch noch heute zu den Attraktionen Kaliforniens.

1

1 *Überlebensgroße Figuren aus den Zeichentrickfilmen von Walt Disney wie Micky Maus und Donald Duck grüßen die Besucher von Disneyworld. Einschienenbahnen, die jeweils 300 Passagieren Platz bieten, befördern täglich 60 000 bis 80 000 Besucher zu den 45 großen und vielen kleinen Attraktionen oder nach Epcot.*

2 *Die King Stefan's Banquet Hall erinnert an Schloß Neuschwanstein, mit dem sich König Ludwig II. von Bayern seine Märchenträume erfüllte.*

3 *Das Wahrzeichen von Epcot, dem Modell einer Stadt von morgen, ist ein kugelförmiges silbrig glänzendes Gebäude, das die Erde als Raumschiff darstellen soll. Das Wahrzeichen wird von einer Einschienenbahn umfahren.*

Lehmmoschee von Djenne in Mali

Riefe nicht fünfmal täglich der Muezzin von den Türmen des großen Gebäudes aus die Gläubigen zum Gebet, könnte man das Bauwerk leicht für eine afrikanische Festungsanlage halten. Aber der wuchtig rechteckige Lehmbau inmitten der tausendjährigen Stadt Djenne am Binnendelta des Niger ist nicht zur Verteidigung der ehemals reichen Handelsmetropole erbaut worden, sondern er dient der vorwiegend islamischen Bevölkerung als Gotteshaus. Zugleich ist diese größte Lehmmoschee Malis (Westsudan) auch ein hervorragendes Beispiel der traditionellen nordafrikanischen Architektur.

Nach dem Vorbild der alten Moschee von Djenne aus dem 15. Jahrhundert, die zu Beginn des 19. Jahrhunderts während der Regierungszeit Seku Ahmadous, eines radikalen Führers der Fulbe Massina, zerstört worden war, entstand 1907 in zweijähriger Bauzeit die neue Lehmmoschee, die damals wie heute mit dem vorgelagerten Marktplatz den Mittelpunkt der Stadt bildet.

Die auf einem erhöhten Sockel errichtete Moschee ist mit einer breiten Terrasse umgeben, die von drei Seiten betreten werden kann. Eine Lehmmauer – von Treppenaufgängen unterbrochen – trennt den Kultbereich vom geschäftigen Treiben auf dem Markt ab. Wenn auch das 150 m lange und an die 20 m hohe Bauwerk mächtig aus dem Meer der flachen Lehmhäuser emporragt, so wirkt es doch mit seiner schlichten, klar strukturierten Erscheinungsform nicht erdrückend.

Auf der Nord- und Südseite werden die breiten Fassaden der Moschee durch jeweils drei Minarette unterbrochen. Die massiven Türme ragen kantig empor, um sich im oberen Viertel plötzlich zu verjüngen und in schlanken Zinnen zu enden, die überraschenderweise mit Straußeneiern geschmückt sind.

Diese eigentümliche Zierde ist auf vielen afrikanischen Moscheen zu finden und dient als Abwehrzauber – ein Relikt des Geister- und Götterglaubens in einer islamisierten Region. Das große mittlere Minarett ist auf seiner ganzen Front zudem mit gleichmäßig angeordneten Holzpflöcken gespickt. Sie sind nicht nur ein charakteristisches Zierelement nordafrikanischer Baukunst, sondern haben auch praktische Funktionen. Einerseits sind sie ein tragender Teil der Innen- und Dachkonstruktion der Lehmmoschee, andrerseits dienen sie als Gerüst für die alljährlich notwendigen Renovierungsarbeiten. So setzen sich die einfachen Holzverzierungen auch konsequenterweise auf der oberen Fassadenfront fort, die mit Leitern schlecht zu erreichen ist und den Wettereinflüssen besonders stark ausgesetzt ist.

Ein weiteres schmückendes und konstruktives Element der Lehmarchitektur wurde in Djenne besonders wirkungsvoll eingesetzt: In regelmäßigen Abständen steigen schlanke Halbsäulen an den Mauern der Moschee empor, die ebenso wie die Minarette von spitzen Zinnen gekrönt werden. Sie geben den massiven Lehmwänden den notwendigen Halt, und gleichzeitig verstärken sie den durch die hohen Minarette bewirkten aufstrebenden Charakter des Gebäudes.

Diese starke Betonung der Vertikalen nimmt im Innern der Lehmmoschee von Djenne geradezu gotische Züge an. Über hundert hohe Säulen tragen das riesige hölzerne Flachdach des großen Gebetssaals. Die eckigen, durch Spitzbögen miteinander verbundenen Lehmpfeiler lassen die dämmrige Halle ehrfurchtgebietend an Höhe gewinnen.

So ist die Lehmmoschee von Djenne mit ihrer Wuchtigkeit und Eleganz, mit dem harmonischen Zusammenspiel von Funktionalität und Ästhetik nicht nur die architektonische Krönung der Stadt im Nigerbinnendelta, sondern auch ein überzeugendes Denkmal für die Baukunst Nordwestafrikas.

1 Wallpavillon; 2 Nymphenbad; 3 Gemäldegalerie; 4 Historisches Museum; 5 Meißner Porzellanglockenspiel; 6 Porzellansammlung; 7 Kronentor; 8 Zwingergraben; 9 Mathematisch-Physikalischer Salon

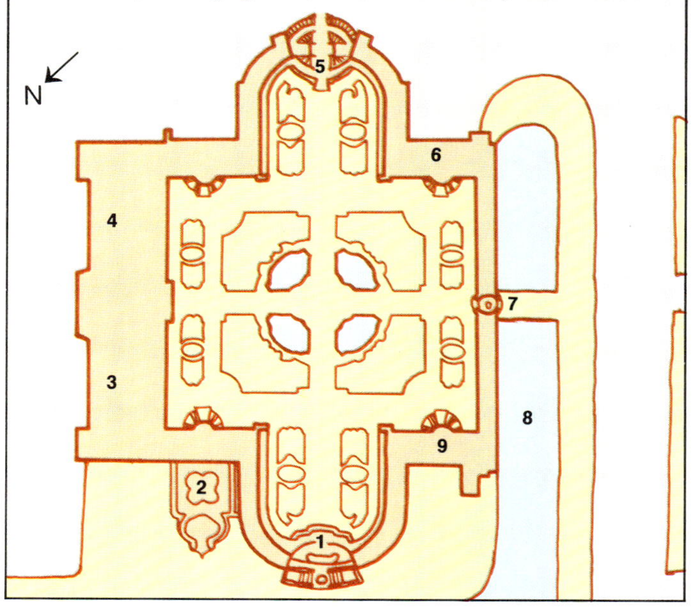

Dresdener Zwinger

Als am 13./14. Februar 1945 die ehemalige sächsische Residenzstadt Dresden durch einen Bombenangriff der Alliierten in eine unüberschaubare Trümmerlandschaft verwandelt wurde, blieben auch vom Dresdener Zwinger, einem Meisterwerk deutscher Bau- und Bildhauerkunst des Hochbarocks, nur ausgebrannte Mauerwerke, Schutt und Asche übrig. Der Ruhm Dresdens als einer der schönsten deutschen Städte („Elbflorenz"), in der sich über Jahrhunderte das Kunstschaffen verschiedener Stilepochen konzentriert hatte, war nach einem der schrecklichsten Bombardements des Zweiten Weltkriegs dahin. Doch weniger als zwei Jahrzehnte später war der Dresdener Zwinger, dessen Name sich von der hier ursprünglich verlaufenden Stadtbefestigung ableitet, unter großem finanziellen Aufwand und dank dem Können zahlreicher Künstler und Handwerker in alter Schönheit wiedererstanden. Zwar waren einige Deckengemälde unwiederbringlich verlorengegangen. Doch die zentra-

len Bauwerke des Zwinger – das Kronentor, der Wallpavillon, der Glockenspielpavillon und das Nymphenbad – lassen zusammen mit anderen rekonstruierten und restaurierten Baudenkmälern den einstigen Glanz Dresdens wieder leuchten.
Der Dresdener Zwinger wurde in den Jahren 1709 bis 1728 auf Veranlassung August des Starken, Kurfürst von Sachsen und zugleich König von Polen, erbaut. Dem Baumeister, Daniel Pöppelmann, der zahlreiche bedeutende höfische, sakrale und bürgerliche Bauten in Dresden und Sachsen errichtete, stand der Bildhauer Balthasar Permoser, der die Skulpturen entwarf, zur Seite. Der Bau des barocken Residenzschlosses begann mit der Errichtung einer Orangerie, in der August der Starke seine umfangreiche Sammlung exotischer Gewächse unterbringen wollte. Mit der Fertigstellung des Nymphenbades entstand eine der schönsten barocken Brunnenanlagen: Von einem erhöhten Springbrunnen aus fällt das Wasser in ein Bassin mit wasserspeienden Delphinen. Die aus zahlreichen Nischen und einem Grottenhof bestehenden Wasserspiele sind mit einem aufwendigen Skulpturenschmuck und phantasievoll geformten Verzierungen versehen.
Im Jahr 1714 wurde mit dem Bau des Kronentors, dem Haupteingang zum Zwinger, und den Langgalerien an den Seiten des Tores begonnen. In Abwandlung antiker Triumphbögen entstand ein zweigeschossiger Torbau. Als Manifestation der absolutistischen Macht des Fürsten wird das Tor von einer Turmzwiebel überragt, auf der vier polnische Adler eine Königskrone tragen.
Das architektonische und bildhauerische Glanzstück des Zwinger ist zweifellos der Wallpavillon, mit dessen Bau 1716 begonnen wurde. Die äußere Gliederung dieses prächtigen Bauwerks beeindruckt durch eine gestalterische Ausgewogenheit, die alle Teile einbezieht: Beginnend mit den zahlreichen plastischen Werken von Permoser bis hinauf auf die oberste Spitze zu dem eine Weltkugel tragenden Herkules.
Die der Elbe zugewandte Seite des Zwingerhofes war lange Zeit von einer einfachen Mauer begrenzt, bis an dieser Stelle in den Jahren 1847 bis 1854 die Gemäldegalerie nach Plänen des Baumeisters Gottfried Semper errichtet wurde. In diesem Bau ist heute die bedeutende Gemäldegalerie Alter Meister zu besichtigen, während in den Pavillons des Zwinger einige Museen mit kostbaren Kulturschätzen eingerichtet sind.

Der Innenhof des Dresdener Zwinger wird auf der Ostseite von dem Glockenspielpavillon begrenzt (rechts im Bild). Der auch als Eingang genutzte Pavillon ist ein architektonisches Pendant zum Wallpavillon auf der anderen Seite des Zwingerhofes. Die Porzellanmanufaktur Meißen schuf zwischen 1924 und 1935 für den Glockenspielpavillon ein Glockenspiel aus Porzellan, wie es schon dem Baumeister des Dresdener Zwinger, Daniel Pöppelmann, vorgeschwebt hatte. Nach den Zerstörungen durch den Zweiten Weltkrieg fertigte die Meißener Porzellanmanufaktur ein neues Glokkenspiel mit 40 (früher 25) Porzellanglocken an (rechts und links neben der Uhr). Links schließt sich eine Bogengalerie an, als Verbindung zu einem der vier zweigeschossigen Pavillons.

1 Der Eiffelturm erhebt sich zwischen den Parkanlagen des Palais de Chaillot und des Champ de Mars (Marsfeld). Das 1 km lange und 500 m breite Marsfeld wurde 1765 als Manöver- und Exerzierplatz angelegt. Heute bietet es das Bild eines englischen Gartens. 1867, 1878, 1889 und 1937 fanden hier die Weltausstellungen statt.

2 Trotz anfänglichen Widerstands in der Öffentlichkeit war der Erfolg des Eiffelturms, der umgerechnet rund 3,5 Millionen Mark gekostet hat, beim Pariser Publikum überwältigend. Waren an den ersten Protesten noch zahlreiche Künstler beteiligt, so wurde der Turm mit seinem Gewirr ineinander verschlungener Metallteile seit dem Kubismus zu einem beliebten Studienobjekt der Künstler. Die Maler Robert Delaunay, Raoul Dufy und Maurice Utrillo ließen sich z. B. vom Eiffelturm inspirieren.

3 Alexandre Gustave Eiffel ließ für seinen Turm einen 12 m tief in die Erde reichenden Sockel mauern. Wegen der von den Anwohnern des Baugeländes befürchteten Einsturzgefahr mußte er die persönliche Haftung für alle möglichen Schäden übernehmen. Die Metallkonstruktion zeichnet sich jedoch durch eine außerordentliche Leichtigkeit aus: Der Belastungsdruck, den der Eiffelturm auf den Boden ausübt, beträgt lediglich 4 kg pro cm^2; dies entspricht dem Druck, den ein sitzender Mensch auf den Boden ausübt. Die weiten Bögen zwischen den schräggestellten Beinen lassen den Besucher des Eiffelturms wie durch ein Tor zum Palais de Chaillot blicken. Das Gebäude wurde für die Weltausstellung 1937 errichtet; es besteht aus zwei Pavillons mit bogenförmigen Flügeln, die durch eine Terrasse getrennt sind, und beherbergt verschiedene Museen.

2

Eiffelturm

Der Eiffelturm, der sich auf dem Marsfeld an der Seine erhebt, ist das bekannteste Wahrzeichen der französischen Hauptstadt. Mit jährlich rund drei Millionen Besuchern ist der 1887 bis 1889 nach Plänen des Ingenieurs Alexandre Gustave Eiffel errichtete Turm die mit Abstand größte Touristenattraktion Frankreichs, 1983 wurde der hundertmillionste Besucher gezählt.

Der Eiffelturm, der mit seinen 300 m (seit 1957 nach Installierung einer Fernsehantenne 320,8 m) bis zur Fertigstellung des Chrysler Building in New York (1930) das höchste Bauwerk der Erde war, gilt als erstes Weltwunder des Industriezeitalters; er war eine im wesentlichen zweckfreie Demonstration technischen Könnens und ein Symbol des Fortschritts.

Zur Weltausstellung von 1889 und gleichzeitig zur Hundertjahrfeier der Französischen Revolution wollte die Stadt Paris ein repräsentatives Monument aufstellen; unter 700 Entwürfen wurde die Eisenkonstruktion Eiffels ausgewählt. Eine Gebäudehöhe von 1000 Fuß (etwa 300 m) war die magische Zahl, die im 19. Jahrhundert viele Bauingenieure beschäftigte. Eiffels Vorschlag, einen Turm in Eisenfachwerk zu errichten, bot angesichts der enormen Windlasten, denen ein so hohes Gebäude standzuhalten hatte, die überzeugendste Lösung. Die weiten Bögen zwischen den schräggestellten Beinen des Turms bildeten gleichzeitig den torartigen Eingang zur Weltausstellung auf dem Marsfeld.

Über einer quadratischen Grundfläche (Seitenlänge 125 m) steigt der Turm in Form einer Pyramide auf, deren vier Seiten leicht eingeschwungen sind und die dreifach unterteilt ist: Die erste Plattform befindet sich in einer Höhe von 57 m, die zweite in 115 m, die dritte in 276 m Höhe. Die Plattformen mit Restaurants, Bars und Souvenirläden können über Treppen erreicht werden (1792 Stufen bis zur Turmspitze), die meisten Besucher ziehen es jedoch vor, die Aufzüge zu benutzen.

Der Eiffelturm war keineswegs von Anfang an so beliebt wie heute. Schon während seiner Bauzeit hatten 300 namhafte Persönlichkeiten aus Literatur und Kunst (z. B. Alexandre Dumas der Jüngere, Guy de Maupassant) in einem offenen Brief gegen den „nutzlosen, monströsen und ganz und gar lächerlichen Turm" polemisiert, „der Paris wie ein riesiger schwarzer Fabrikschlot beherrschen und unsere Bauwerke dadurch demütigen wird, daß er sie klein erscheinen läßt".

1909 wurde die Demontage des Turms beschlossen; sie unterblieb nur, weil das französische Militär ihn als brauchbare Sende- und Empfangsstation für den Funkverkehr entdeckte. Alle Einwände gegen diese Rettung des Eiffelturms wurden endgültig entkräftet, als mit Hilfe seiner Funkstation 1914 Einzelheiten über den geplanten deutschen Angriff auf Paris aufgefangen werden konnten, und die französischen Streitkräfte daraufhin in der Lage waren, die Strategie für die Marneschlacht zu entwickeln.

Bis zum Anfang der 80er Jahre mußte keine einzige der zweieinhalb Millionen Nieten erneuert werden, mit denen die rund 15 000 Einzelteile des Eiffelturms zusammengehalten werden. Zur Überdeckung der Rostschäden wurden immer neue Betonschichten auf das Stahlgerippe aufgetragen. Das Gesamtgewicht erhöhte sich dadurch von ursprünglich 7175 t auf rund 11 000 t; Ingenieure sorgten sich um die Tragfähigkeit der Turmbeine. Für 65 Millionen Mark wurde der Eiffelturm deshalb 1981 bis 1983 einer Generalüberholung unterzogen.

1 *Die anmutige Frauenskulptur steht in einer Nische des Kailasanath-Tempels in Ellora. Zahlreiche Skulpturen schmücken den Kailasanath-Tempel, sie stellen zumeist Götter und Göttinnen sowie Szenen aus der religiösen Überlieferung dar. Die Frauendarstellungen zählen zu den Meisterwerken der indischen Kunst.*

Kailasanath-Tempel in Ellora

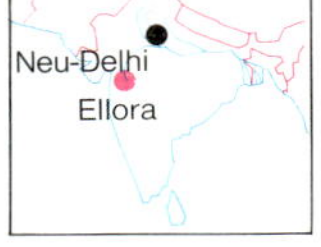

Der ständige Kampf zwischen Göttern und Dämonen, den Halbbrüdern der Götter, beherrscht nach hinduistischer Auffassung das Universum.

Als der Dämonenkönig Mahischa, der in der Gestalt eines Wasserbüffels auftrat, eine derartige Machtfülle erreicht hatte, daß die beiden obersten Götter, Schiwa und Wischnu, nicht mehr gegen ihn ankamen, schufen die Götter eine schöne, unbesiegbare Frau, die Göttin Durga, die über mehr Macht verfügte als jeder Gott für sich allein, weil ihr jeder von ihnen einen Teil seiner Kraft und seine bevorzugte Waffe überließ. Auf einem Löwen reitend trat Durga dem Dämonenkönig und seinem Heer entgegen und besiegte ihn in einer blutigen Schlacht. So stellte sie die Weltordnung wieder her, die gestört war, wenn die Dämonen die Götter an Macht übertrafen.

Die Darstellung dieser Legende, „Durga erschlägt den Büffeldämon", ein altes und auch heute noch verehrtes Motiv der Hindu-Skulptur, schmückt den Kailasanath-Tempel von Ellora im westindischen Bundesland Maharashtra. Dem Bildhauer ist es gelungen, Durga sowohl als macht- und kraftvolle Göttin als auch als schöne, anmutige Frau darzustellen. Die Szenen zeigen ihren Kampf gegen den Dämon, der nicht als Ungeheuer, sondern als Held erscheint; mit ihren acht Händen schleudert Durga ihre Waffen in alle Richtungen. Von oben herab beobachten die Götter das Geschehen. Eine andere Szenenfolge an dem Schiwa geweihten Kailasan-

ath-Tempel schildert den Kampf von Schiwa gegen den Dämon Tripura: Indem Schiwa die Städte des Dämons zerstört, stellt er die kosmische Ordnung wieder her.
Der Kailasanath-Tempel (errichtet 752–783) zählt zu den bedeutendsten Bauwerken der indischen Felsentempelarchitektur. Das zweistöckige Heiligtum wurde aus einem einzigen freistehenden Felsblock herausgemeißelt, der 76 m lang, 46 m breit und 30 m hoch war. Die Baumeister gingen dabei von oben nach unten vor. Erstmals wurde ein Tempel vollständig aus einem Felsen herausgeschlagen. Er sollte vermutlich den Berg Kailasanath nachbilden, den Wohnsitz Schiwas. Der Tempel entstand während der Regierungszeit von Krishna I. Viele indische Tempel gingen auf Stiftungen der Herrscher zurück, denn der Bau eines Heiligtums galt als verdienstvolle fromme Handlung, und kein Herrscher konnte es sich erlauben, kultische Belange und die Priesterschaft zu mißachten.
Der Kailasanath-Tempel gehört zu den Höhlentempeln von Ellora auf dem Hochland von Dekhan. Der Kultbereich umfaßt 34 Tempel und Klöster. In ihnen sind, hintereinander angeordnet, die drei Hauptreligionen Indiens vertreten: Buddhismus, Hinduismus und Dschainismus (Jainismus). Die Heiligtümer wurden vom 6. bis 9. Jahrhundert geschaffen und in die Felsen gemeißelt. Einige von ihnen bieten so viel Raum, daß in ihnen Gottesdienste abgehalten werden konnten. Wandmalereien und Reliefs schmücken die Tempel, die eine Art Porträtgalerie der verschiedenen Götter vorstellen. Ein häufiges Motiv bildet die Darstellung Schiwas als Tänzer, wobei der Tanz den kosmischen Kreislauf von Erschaffen und Zerstören versinnbildlichen soll.

2 *Der Kailasanath-Tempel in Ellora wurde aus einem einzigen Felsen herausgearbeitet. Schätzungen besagen, daß 200 000 t Stein aus dem Felsblock herausgemeißelt wurden. Das Heiligtum steht auf einem massiven, 7,60 m hohen Sockel, der die imposante Wirkung der Anlage noch erhöht. Den Tempel bedeckt ein stufenförmiges Dach, das mit kleinen Vorbauten verziert ist.*

Empire State Building

Auf die Spitze des Empire State Building in 381 m Höhe flüchtete sich King Kong vor seinen Verfolgern. Auf seiner Aussichtsplattform im 102. Stockwerk, die Lichter Manhattans im Hintergrund, fand so mancher Liebesfilm sein Happy-End. Rund 25 000 New Yorker haben in dem Gebäude ihren Arbeitsplatz, und etwa 35 000 Besucher täglich genießen den Rundblick über die Weltstadt am Hudson: Das Empire State Building, 1931 erbaut und bis 1970 das höchste Bauwerk der Welt, ist auch heute das Wahrzeichen von Manhattan. Der 381 m, mit Fernmeldeturm 448,5 m hohe schlanke Riese ist der Inbegriff des Wolkenkratzers geblieben, obwohl ihm das World Trade Center an der Südspitze von Manhattan (411,34 m; → S. 432/433) und der Sears Tower in Chicago (443 m) den Höhenrekord abgenommen haben.

Die Geschichte der Errichtung des Empire State Building ist noch immer beeindruckend. Nach nur 13monatiger Bauzeit wurde der Gigant am 1. Mai 1931 eingeweiht, sieben Monate früher als geplant und mit Gesamtkosten von 40 Millionen Dollar um 10 Millionen Dollar preiswerter als veranschlagt. Während der Rohbauphase wurde pro Tag ein Stockwerk hochgezogen. Ein Gerippe aus 60 000 t Stahl trägt das Bauwerk, für das rund 10 Millionen Ziegelsteine vermauert wurden. 1860 Treppenstufen müßte derjenige ersteigen, der keinen der 74 Lifte benutzen wollte. Nahezu 6000 km Telefondraht – das entspricht der Strecke New York–Mexiko und zurück – verbinden die 18 000 Telefone und Fernschreiber des Bürohochhauses. 6500 Fenster prägen das Gesicht der schlanken Fassade, die aus Kalkstein, Granit, Nikkel und Aluminium besteht.

Seinen stufenförmigen Aufbau verdankt das Empire State Building weniger einer architektonischen Idee als den damals geltenden Bauvorschriften. Der Architekt des Hochhauses, William F. Lamb, bekannt für kommerziell bestimmte Entwürfe, beachtete bei der Planung des Gebäudes auf dem Gelände des abgerissenen Hotels Waldorf-Astoria streng die Baugesetze. Danach durfte kein Gebäude an der Fifth Avenue in der Baufluchtlinie höher als 38 m sein; darüberliegende Stockwerke mußten weiter von der Straße zurückgesetzt werden, um Licht- und Luftversorgung der Straßen Manhattans zu gewährleisten. Lambs Entwurf überwindet diese Einschränkungen, indem er auf einer fünfgeschossigen Basis, die das ganze Grundstück einnimmt, den eigentlichen Wolkenkratzer aufsteigen läßt. Oberhalb des 86. Stockwerks, in 320 m Höhe, wo sich die erste, rundum verglaste Aussichtsplattform befindet, verringert sich die Grundfläche des Gebäudes ein weiteres Mal. Gekrönt wird der Büroturm mit der unverwechselbaren Silhouette oberhalb des 102. Stockwerkes von einem nie benutzten Landemast für Luftschiffe, auf dem heute Funk- und Fernsehantennen installiert sind.

Das Empire State Building ist nicht nur ein architektonisches Phänomen. Es wurde geplant zur Zeit der Weltwirtschaftskrise Ende der 20er Jahre und entwickelte sich zum Symbol des amerikanischen Wiederaufschwungs. Diesem Symbolcharakter entspricht die riesige Eingangshalle, deren Wände und Boden mit kostbarem, sorgfältig nach seiner Maserung ausgewähltem Marmor verkleidet sind. In dieser drei Stockwerke hohen Halle befinden sich auch die großen Glasfenster der Künstler Roy und Renée Nemerov Sparkia, in denen die Bewunderung für den Wolkenkratzer zum Ausdruck kommt: Die Fenster zeigen neben den antiken Sieben Weltwundern als achtes Weltwunder das Empire State Building.

1

1 *Hoch ragt das Empire State Building aus dem Wolkenkratzer-Wald Manhattans heraus. Seine unverwechselbare Silhouette prägt noch immer die Skyline von New York, obwohl die beiden schlanken Türme des World Trade Center im Hintergrund mit 110 Stockwerken um rund 31 m höher sind als der 1931 fertiggestellte Wolkenkratzer an der Fifth Avenue mit 381 m Höhe.*

2 *Die riesige, drei Stockwerke hohe Eingangshalle des Empire State Building repräsentiert die Monumentalität des gesamten Gebäudes: Boden und Wände sind mit wertvollem Marmor getäfelt, eines der acht nahezu raumhohen Glasfenster zeigt das Empire State Building.*

1 *Die antike Stadt Ephesus ist noch heute ein christlicher Wallfahrtsort. Hier befinden sich angeblich das Sterbehaus der heiligen Maria und das Grab des Jüngers Johannes. Über seiner Ruhestätte, die auf einem Hügel liegt, errichtete man zunächst eine Kapelle und später, unter Kaiser Justinian I., eine Kreuzkuppelbasilika. Die im 6. Jahrhundert erbaute Kirche wurde im 8. Jahrhundert zerstört; über die Ursachen ist nichts bekannt. Einige Arkaden der Kirche wurden rekonstruiert. Vermutlich in frühbyzantinischer Zeit wurde um den gesamten Hügel ein Mauerring gezogen.*

Ephesus

Im Jahr 356 v. Chr. ging angeblich in jener Nacht, in der Alexander der Große geboren wurde, eines der berühmtesten Bauwerke der Antike in Flammen auf, der Tempel der Artemis in Ephesus an der Küste Kleinasiens. Der Brandstifter Herostratos, ein Hellene unbekannter Herkunft, gestand unter Foltern seine frevelhafte Tat und gab an, aus Ruhmsucht gehandelt zu haben. Die Epheser beschlossen, den Namen des Brandstifters nie mehr zu nennen, und bauten das Heiligtum der Artemis, die ihnen als Göttin der Fruchtbarkeit galt, wieder auf.
Der durch Brand zerstörte Tempel, der im 6. Jahrhundert v. Chr. erbaut worden war, hatte als wichtigste Kultstätte der Stadt und als bekanntes Wallfahrtsziel die weitaus größte Bedeutung aller Bauten in Ephesus.
Als die im 10. Jahrhundert v. Chr. von ionischen Griechen auf einem Hügel am Meer gegründete kleinasiatische Stadt um 550 v. Chr. von dem lydischen König Krösus erobert wurde, zerstörte er zwar die Stadt, ließ jedoch das Heiligtum der Artemis, das außerhalb der Stadt lag, unangetastet.
Die Bewohner von Ephesus errichteten um den Tempel eine neue Stadt, die wiederum dank ihrer günstigen Lage am Meer durch den Seehandel zu großer Blüte gelangte. In der Folgezeit wurde die Stadt nacheinander von den Persern, Athenern und Spartanern beherrscht. Durch eine allmähliche Verlandung der Küste drohte Ephesus um 300 v. Chr. der Verlust der Seeverbindung, so daß König Lysimachos von Thrakien im Jahr 287 v. Chr. den Hafen von Ephesus verlegen ließ.
133 v. Chr. fiel die Stadt an die Römer, die sie zur Hauptstadt der Provinz Asia machten. Ephesus hatte zu dieser Zeit etwa 200000 Einwohner. Noch einmal erlebte Ephesus einen wirtschaftlichen Aufschwung, bis es 262 n. Chr. von den Goten zerstört wurde. Danach verlor die Stadt durch eine erneut zunehmende Verlandung des Hafens an Bedeutung.
Im Mittelalter wurde Ephesus während der Kämpfe zwischen Seldschuken, Osmanen und Mongolen zerstört. Die antiken Trümmer wurden später allmählich vom Sand zugedeckt. Erst im 19. Jahrhundert begannen Archäologen mit der mühevollen Ausgrabung der großen und eindrucksvollen Ruinenstadt.
Die meisten der ausgegrabenen Bauten stammen aus römischer Zeit. Dazu gehören das im 2. Jahrhundert n. Chr. von Publius Vedius Antonius errichtete Vediusgymnasion, eine Stätte für Sportwettkämpfe, die zusammen mit einer Thermenanlage eine bauliche Einheit bil-

det, und die zu Beginn des 2. Jahrhunderts erbaute Celsus-Bibliothek, in der Buchrollen aufbewahrt wurden. Aus römischer Zeit stammen außerdem verschiedene Marktplätze und Häuserkomplexe, das um 40 n. Chr. begonnene und im Jahr 117 vollendete Theater mit 24000 Sitzplätzen, ein weiteres Gymnasion am Hafen, das mit mehreren 20 m hohen Hallen eine imposante Größe erreichte, ferner das Stadion sowie verschiedene Heiligtümer römischer Kaiser.

Von dem einst großartigsten Bau in Ephesus, dem Artemis-Tempel, der zu den Sieben Weltwundern der Antike zählt, sind heute nur noch einige Marmorblöcke zu sehen. Der Tempel war 109 m lang, 55 m breit und hatte einen doppelten Säulenumgang. Der dreischiffige Hauptraum des Tempels, die Cella, war an beiden Schmalseiten von Vorhallen begrenzt. Der Kultbau, der von insgesamt 127 Säulen getragen wurde, die teilweise mit Reliefs geschmückt waren, beherbergte eine Statue der Artemis, der griechischen Göttin der Jagd, die den Hellenen als Symbol der Fruchtbarkeit galt.

Die Ausgrabungen in Ephesus sind noch nicht abgeschlossen. Da durch die Verlandung des antiken Hafens der Grundwasserspiegel im Bereich der Ausgrabungsstätte gestiegen war, kamen die Grabungen anfangs nur sehr langsam voran. Weitere Funde aus vergangener Zeit stehen in Ephesus noch aus.

2 *Der zierliche Hadrianstempel wurde einer Inschrift zufolge zu Ehren des vergöttlichten Kaisers Hadrian erbaut. Der Tempel aus dem 2. Jahrhundert ist das am besten erhaltene Bauwerk der antiken Stadt Ephesus. Er erinnert an die Arkaden der Villa Hadrians in Tivoli bei Rom. Auf den vier Podesten vor der Tempelfront standen Statuen der Mitglieder des kaiserlichen Kollegiums. Die Vorhalle war mit Wandreliefs mythologischer Szenen geschmückt.*

Epidauros

Nahe der Nordostküste der griechischen Halbinsel Peloponnes liegt das dem Gott Asklepios geweihte antike Heiligtum Epidauros, das vor allem durch sein Theater berühmt wurde.

Das unter freiem Himmel gelegene Bauwerk, ein architektonisches Meisterstück aus dem 3. Jahrhundert v. Chr., verbindet auf seltene Weise technische Raffinesse mit harmonischer Formgebung. An einen natürlichen Hang gelehnt, fügt sich der Zuschauerraum (Theatron) mit seinen gestaffelten Sitzreihen auf ideale Weise in die landschaftliche Umgebung ein. Von dem Halbrund der Zuschauerränge, das nach Süden gerichtet ist, um eine natürliche Beheizung der wärmespeichernden steinernen Sitzbänke zu gewährleisten, eröffnet sich als Bühnenhintergrund ein reizvolles landschaftliches Panorama. Einzigartig ist die Akustik des Theaters. Selbst geflüsterte Worte, die im Mittelpunkt des kreisförmigen Bühnenplatzes (Orchestra) gesprochen werden, sind noch in der letzten, 54. Sitzreihe deutlich zu hören.

Im antiken Griechenland hatten dramatische Aufführungen einen religiösen Hintergrund. Sie waren aus der Vereinigung von Kult und Spiel erwachsen und wurden bei Festen zu Ehren des Dionysos, dem Gott des Weines und der Fruchtbarkeit, aufgeführt. Seit der ersten Hälfte des 6. vorchristlichen Jahrhunderts wurden in Athen zweimal im Jahr an drei bis vier Tagen, den Dionysien, vor Sonnenaufgang an jeweils mehrere Stücke hintereinander dargeboten. Wie sportliche Wettkämpfe, so fanden auch die dramatischen Spiele als Wettbewerb mit Preisverteilungen statt. Es wurden nur Tragödien und Komödien aufgeführt; ein Chor begleitete mit Gesang und Tanz die Schauspiele. Alle Frauenrollen wurden von Männern gespielt, weil es als unsittlich galt, daß Frauen an dem Geschehen teilnehmen. Als kultisch-religiöse Zeremonie gab das Spiel den Darstellern wenig Raum zur persönlichen Entfaltung. Sie trugen, auf den Charakter der darzustellenden Person abgestimmt, farblich festgelegte Kostüme und Gesichtsmasken. Nach Beendigung der Aufführungen, die aus szenischen und musikalischen Elementen bestanden, fand die Preisverleihung statt: Dichter, Hauptdarsteller und Chor erhielten im Rahmen einer feierlichen Zeremonie jeweils einen einfachen Lorbeerkranz.

Von Athen aus verbreitete sich der Dionysos-Kult, und das Athener Dionysos-Theater entwickelte sich zum Prototyp der Theaterbauten in der ganzen griechischen Welt, der in Epidauros seine klassische Vollendung fand. Jenseits des Zuschauerraumes und der kreisrunden Orchestra stand das Bühnengebäude (Skene), von dem nur Fundamente erhalten sind. Das zweigeschossige Gebäude hatte eine vorgelagerte Säulenhalle, an der Kulissen angebracht werden konnten.

Die Kultstätte Epidauros, zu der das Theater gehörte, war auch eine von Kranken aus allen Gegenden besuchte Heilstätte und ein Kurort. Daher befanden sich dort neben Tempeln auch Sport- und Pflegeanlagen.

Heute finden jährlich im Sommer Festspiele des Athener Nationaltheaters in Epidauros statt.

Das Theater in Epidauros bot zunächst 6000 Zuschauern auf 34 Sitzreihen Platz und wurde im 2. Jahrhundert v. Chr. um 20 Reihen auf das doppelte Fassungsvermögen erweitert. Die Sitze der untersten Reihen sind flacher als die übrigen Plätze, da sie zur Bequemlichkeit der vornehmsten Besucher und der Preisrichter, die hier Platz nahmen, mit Kissen ausgestattet wurden. In den Stein gemeißelte kleine Kanäle zwischen den Reihen sorgten für den Abfluß des Regenwassers.

1 *Die Haupttreppe des Leningrader Winterpalais mit ihrem reichen Schmuck zeigt die Pracht, mit der sich die Zaren des alten russischen Reiches umgaben. Die Farben Weiß, Blau und Gold sind kennzeichnend für die Gebäude des italienischen Barockbaumeisters Bartolomeo Francesco Rastrelli. Im Jahre 1837 wurden die Innenräume des Palastes durch eine Feuersbrunst völlig zerstört. Das große Treppenhaus wurde in seiner ursprünglichen Form wieder aufgebaut und zusätzlich mit monolithischen Säulen aus grauem Granit versehen, die den würdevollen und monumentalen Eindruck des Aufgangs architektonisch unterstreichen.*

2

2 *Eine Schmuckplatte, die im Goldenen Saal der Eremitage ausgestellt ist, zeigt beispielhaft die Kunstfertigkeit der Skythen, die im nördlichen Schwarzmeergebiet lebten. Auf der Platte ist die Rast eines Kriegers mit seiner Frau und einem Diener dargestellt. Die Goldarbeit aus dem 4. Jahrhundert v. Chr. stammt aus der Sammlung von Zar Peter I.*

3

Eremitage und Winterpalais in Leningrad

Hier residierten die Zaren, hier saß die provisorische bürgerliche Regierung nach der Februarrevolution von 1917, hier siegten im November 1917 die Bolschewisten, die Rußland in eine Sozialistische Sowjetrepublik umwandelten: Das Leningrader Winterpalais, wo die Geschicke Rußlands entschieden wurden, birgt heute die Eremitage. Das erste Winterpalais an der Newa wurde 1711 – acht Jahre nach Gründung der Stadt Sankt Petersburg (seit 1924 Leningrad) – errichtet als Residenz Zar Peter I., des Großen. Das heutige Gebäude ließ zwischen 1754 und 1763 die Zarin Elisabeth erbauen.

Bereits Peter der Große, der Rußland bewußt europäischen Einflüssen öffnete, hatte mit dem Aufbau einer Kunstsammlung, in der ausschließlich Werke nichtrussischer Maler vertreten waren, begonnen. Erweitert wurde diese Sammlung vor allem unter Zarin Katharina II., der Großen, die seit 1762 in ihrer 34jährigen Regierungszeit zahlreiche bedeutende Gemäldesammlungen in Paris, Amsterdam und London aufkaufen ließ. Für die Kunstsammlungen der Zarin errichtete der Baumeister Jean-Baptiste Michel Vallin de la Mothe zwischen 1764 und 1767 direkt neben dem Winterpalais die Kleine Eremitage. Doch bereits wenige Jahre später wurde auch dieser Bau zu klein angesichts der Sammelleidenschaft Ka-

tharinas. So wurde von 1775 bis 1785 die Alte Eremitage erbaut. Mitte des 19. Jahrhunderts war die neuerliche Vergrößerung der Museumsfläche erforderlich: Die Neue Eremitage, mit deren Bau Leo von Klenze 1839 begonnen hatte, wurde 1852 feierlich eröffnet; gleichzeitig machte Zar Nikolaus I. die Kunstsammlungen der Öffentlichkeit zugänglich. Mit der Revolution von 1917 gingen die Kunstschätze in den „Besitz des Volkes" über. Durch Gemälde aus Schlössern und Privatsammlungen wurde der Bestand des Museums neuerlich vergrößert und das Winterpalais als zusätzliche Ausstellungsfläche genutzt.

Die Eremitage ist in sechs Hauptabteilungen gegliedert. Prunkstücke der Sammlung der Kunst früherer Kulturen sind die Goldschmiedearbeiten der Skythen (6.–4. Jh. v.Chr.), eines Reiternomadenvolkes. Peter der Große hatte den Grundstock für diese Kollektion gelegt. In der Abteilung für Kunst des Orients können hauptsächlich Werke der byzantinischen Kunst bewundert werden; andere Abteilungen sind der Antike gewidmet sowie der Kunst und Kultur der Völker der UdSSR. Der Sammlung und Ausstellung russischer Kunst in der Eremitage wandte man sich erst in den letzten Jahren zu. Die größte Abteilung des Museums bleibt der westeuropäischen Kunst vorbehalten. Künstler des 13. bis 20. Jahrhunderts sind hier mit Meisterwerken vertreten. Berühmt ist die Sammlung französischer Impressionisten. Heute werden rund 1,5 Millionen Besucher jährlich von den Kunstschätzen der Eremitage angezogen. Wollte man alle 374 Ausstellungsräume durchwandern, müßte man allerdings einen 25 km langen Weg durch einen gewaltigen Gebäudekomplex von 2500 m^2 zurücklegen.

3 *Eremitage und Winterpalais (rechts im Bild) liegen direkt am Ufer der Newa. Durch die Verbindung des europäischen Barock mit Elementen russischer Bautradition schuf Bartolomeo Francesco Rastrelli, der Erbauer des Winterpalais, einen eigenen Stil. Neben dem Winterpalais sind die Kleine Eremitage (Mitte) und die Alte Eremitage (links) zu erkennen. Hinter der Alten Eremitage erbaute Leo von Klenze die Neue Eremitage. Die Kuppel der Isaaks-Kathedrale und die Spitze des Admiralitätsgebäudes überragen den Palast.*

1 Die Gärten des Klosters und Palastes El Escorial in der Nähe von Madrid liegen vor der Süd- und Ostfassade des Gebäudekomplexes. Die geometrische Gartenanlage korrespondiert mit der strengen, rechteckigen Architektur des Bauwerkes.

2 Im Pantheon unterhalb der Basilika des Escorial ruhen die sterblichen Überreste fast aller spanischen Könige und ihrer Frauen aus der Zeit zwischen 1558 und 1885. Der achteckige Kuppelbau wurde von dem Architekten Juan de Herrera entworfen und im 17. Jahrhundert erweitert. Die 24 Särge aus schwarzem Marmor mit Namensschildern aus vergoldeter Bronze stehen in Wandnischen, die mit Marmor ausgekleidet sind. Über dem Altar hängt ein vergoldetes Kruzifix aus Bronze, eine Arbeit aus dem 17. Jahrhundert. Im benachbarten Pantheon der Infanten liegen die übrigen Angehörigen der spanischen Königshäuser begraben.

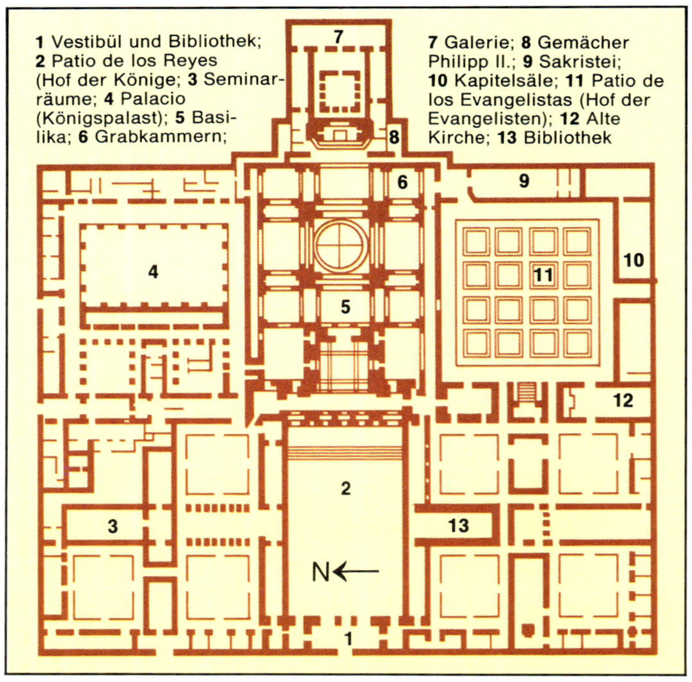

El Escorial

„Der Escorial ist sicherlich nach den ägyptischen Pyramiden der größte Steinhaufen auf dem Erdenrund", urteilte im 19. Jahrhundert der Franzose Théophile Gautier über die Residenz der spanischen Könige in der Berglandschaft der Sierra Guadarrama 50 km nordwestlich von Madrid. Wie das Schloß von Versailles (→S. 424/425) ist auch der Escorial das Werk eines Monarchen, des spanischen Königs Philipp II. Doch im Gegensatz zu Versailles ist der Escorial weniger Ausdruck eines absoluten Gottesgnadentums als vielmehr Sinnbild der engen Bindung von Staat und Kirche im Spanien des 16. Jahrhunderts. Der riesige reckteckige Komplex mit einem Umfang von 161 × 204 m ist Kloster, Kirche, Palast, Mausoleum, Bibliothek und Museum in einem. Der Bau mit seinen schlichten Außenmauern aus hellgrauem Granit, seinen endlosen Fensterreihen und den wuchtigen quadratischen Ecktürmen umfaßt 16 Höfe, zwölf Kreuzgänge, 86

Treppen und unzählige Gänge, die insgesamt rund 160 km lang sind. 1557 hatte Philipp II. das Gelübde abgelegt, ein dem heiligen Laurentius geweihtes Kloster zu errichten, das königliche Residenz und Grablege zugleich sein sollte. Die Anlage wurde zwischen 1562 und 1586, hauptsächlich von den Baumeistern Juan Bautista de Toledo und Juan de Herrera, errichtet.
Durch den Haupteingang führt der Weg in den Hof der Könige. Seinen Namen verdankt er den sechs überlebensgroßen Statuen der Könige von Juda am Vorbau der Basilika. Mit den zwei massiven, 72 m hohen Ecktürmen an der Vorhalle und der 90 m hohen Kuppel ist die Kirche nicht nur das größte Bauwerk des Escorial, sondern auch Kern der gesamten Anlage. Ihr Grundriß ist dem Petersdom in Rom (→ S. 302/303) nachempfunden. Der 30 m hohe Hauptaltar aus rotem Marmor ist flankiert von vergoldeten Bronzestatuen, die Angehörige des spanischen Herrscherhauses darstellen. Die reich mit Fresken ausgemalte Kirche vermittelt den Eindruck von Nüchternheit und zugleich Monumentalität. Die Kuppel wird von vier Pfeilern, die jeweils einen Umfang von 34 m haben, getragen.

Der königliche Palast links neben dem Chor der Basilika sollte nach dem Willen Philipps II. in erster Linie ein Ort der Einkehr und Besinnung sein. Entsprechend nüchtern sind die Privatgemächer ausgestaltet. Von einem Fenster seines Schlafzimmers konnte Philipp II. direkt auf den Hochaltar blicken. Nur die Bildersammlungen des kunstsinnigen Monarchen, der vor allem das Werk des Niederländers Hieronymus Bosch schätzte, und der Saal der Schlachten, dessen Wandgemälde die Erfolge Spaniens glorifizieren, lockern das nüchterne Bild auf. Unter seinen Nachfolgern wurden viele Räume mit kostbaren Möbeln und über 300 farbenprächtigen Wandteppichen umgestaltet.
Die Nachfolger Philipp II., die zunächst versuchten, die Residenz wohnlicher zu gestalten, beschränkten sich bald darauf, nur dreimal im Jahr zu hohen Festtagen mit Hofstaat und Gefolge den Escorial aufzusuchen, bis auch dies im 19. Jahrhundert aufgegeben wurde. Heute gilt der Escorial als Nationaldenkmal, von den einen als „achtes Weltwunder" gepriesen, von anderen, wie Theophile Gautier, als „das langweiligste und düsterste Bauwerk, das sich denken läßt", belächelt.

3 *An der Südfront des Escorial ist die Außenfassade durch die angrenzende, offene Galerie der Genesenden (links) aufgelockert. Hier, nahe der Krankenstation des Klosters und unbehelligt von den strengen Nordwinden, sollten sich alte und genesende Mönche erholen. Überragt wird der Südflügel von der Rundkuppel der Basilika.*

Felsendom in Jerusalem

Der Felsendom in Jerusalem umgibt den heiligen Fels, den jüdische und mohammedanische Überlieferungen mit Abraham und Mohammed in Beziehung setzen. Er steht weithin sichtbar auf dem Tempelberg, dem Brennpunkt jüdischer, christlicher und islamischer Religion und Geschichte. Der heilige Fels gilt u. a. als der Brandopferaltar, an dem der Stammvater der Israeliten, Abraham, seinen Sohn Isaak Gott opfern wollte (1. Buch Moses 22,1–19) und der innerhalb des alten Tempels Salomo lag. Die Mohammedaner sehen den Fels als den Ort an, von dem der Prophet Mohammed auf seinem geflügelten Pferd Buraq seine legendäre Himmelsreise antrat. Den Christen galt er – besonders im Mittelalter – als Zentrum der Welt inmitten des Himmlischen Jerusalem.

Die Spitze des 17,94 m langen und 13,19 m breiten Felsens bildet das Zentrum des Felsendoms. Sie ist von einer Balustrade umgeben, um die ein doppelter Umgang führt. Nach dem Glauben des Islam verdeckt der Fels den darunterliegenden Seelenbrunnen, an dem sich zweimal in der Woche die Seelen der Verstorbenen zum gemeinsamen Gebet versammeln.

Der Felsendom ist ein zentraler Kuppelbau, dessen runder, von Säulen und Pfeilern umgebener Innenraum von zwei achteckigen Umgängen eingefaßt wird. Über der Mitte erhebt sich die 54 m hohe Kuppel. Die Wände und Pfeiler des Innenraums sind mit Marmor verkleidet. Die oberen Bereiche der Arkaden und Pfeiler schmücken goldgrundige Ornamente und Mosaike. Sie zeigen Ranken, Blätter, Blüten, Bäume, Weinlaub, Reben und Kelche; einige Ornamente sind mit Perlen- und Edelsteinbesatz versehen. Weinlaub und Reben stellen Symbole des ewigen Lebens dar. Vergoldete Stuckarabesken auf rotem Grund verzieren die Kuppel. Unterhalb der Kuppel befinden sich 16 farbige Rundbogenfenster, die den Innenraum in ein dämmriges Licht tauchen.

Die Außenmauern des Felsendoms bilden ein Achteck mit vier Portalen, die ebenfalls mit einem verschwenderischen Ornamentschmuck versehen sind. Hinter dem nach Mekka (→ Kaaba, S. 186/187) weisenden Südtor befindet sich die Gebetsnische. Die Pracht der Außenwände bestimmen farbige Marmorplatten und Fayencekacheln in Blau, Grün und Weiß. Die Schale der Kuppel besteht aus vergoldeten Aluminiumplatten, auf ihrer Spitze erhebt sich ein Halbmond aus Bronze.

Nachdem die Araber 637 Jerusalem erobert hatten, erwachte das Bedürfnis, den heiligen Fels mit einem schützenden Gebäude zu umgeben, und Kalif Abd Al Malik ließ 688 bis 692 den Felsendom errichten. Mit diesem prachtvollen Bauwerk setzte die monumentale Sakralarchitektur des Islam ein. Weil zudem zu jener Zeit die bürgerkriegsähnlichen Wirren im Kalifenreich eine Wallfahrt nach Mekka und Medina erschwerten, bot sich der Felsendom als drittes Heiligtum und religiöses Zentrum des Islam an. Die Gläubigen durften jetzt anstelle der Kaaba in Mekka den heiligen Fels in Jerusalem besuchen und umschreiten.

Der Felsendom auf dem Tempelberg, der alten jüdischen und christlichen Kultstätte, diente als Legitimation für die aufstrebende Religion des Islam, worauf die Inschriften im Innenraum hinweisen, die von der Bedeutung Mohammeds in der Reihe der jüdischen und christlichen Propheten sprechen und die zur Bekehrung zum Islam auffordern. Dennoch stellt der Felsendom keine Moschee im eigentlichen Sinne dar, sondern ein allen Gläubigen gemeinsames Heiligtum, in dem jeder gemäß seiner religiösen Überzeugung beten kann.

2 *Die Eisenbahnbrücke über den Firth of Forth während des Baus. Die Abbildung verdeutlicht die zeitliche Folge der verschiedenen Bauabschnitte: Von den Fundamenten ausgehend wurden zunächst die drei mächtigen Stahlrauten fertiggestellt, die anschließend durch Ausleger miteinander verbunden wurden. Die insgesamt 1,6 km lange Brücke (Bauzeit: 1883–1890) wurde von den britischen Ingenieuren John Fowler und Benjamin Baker konstruiert, die dabei auf ein Patent des deutschen Ingenieurs Heinrich Gerber zurückgriffen.*

2

Eisenbahnbrücke über den Firth of Forth

1 *Wuchtig erhebt sich die rostrote Stahlkonstruktion der Eisenbahnbrücke vor der vergleichsweise zierlich aussehenden Autobrücke über den Firth of Forth. Mehr als 100 m ragen die drei Stahlrauten mit ihren 3 m dicken Stützrohren aus dem Wasser empor. Die Fundamente der beiden äußeren Rauten liegen in 27 m Wassertiefe. Auf der kleinen Insel Inch Garvie sind die Fundamente der mittleren Raute verankert. Bis 1917 war die Firth-of-Forth-Brücke die längste Trägerbrücke der Welt.*

Noch zehn Jahre vor dem Bau der berühmten Eisenbahnbrücke bei Edinburgh war es nicht denkbar, daß derartig große Spannweiten im Brückenbau erreicht werden könnten. Dann eröffnete im März 1890 – nach siebenjähriger Bauzeit – Eduard, Prinz von Wales, dieses Wunder der Stahlbautechnik an der schottischen Ostküste.

Das großartige Bauwerk über den Firth of Forth ist die aufwendigste Brückenkonstruktion des 19. Jahrhunderts. Mit Staunen erfuhr die Öffentlichkeit von der Spannweite der Forth-Brücke: Über jeweils 521 m erstrecken sich die Hauptöffnungen der Ausleger in der Mitte des Meerarmes. Vier Eisenbahngesellschaften brachten die erheblichen Kosten für das Bauwerk – umgerechnet 63 Millionen DM – auf und bewiesen damit Risikofreude. Denn viele Zweifler fragten sich, ob das zuvor wenig erprobte Konstruktionsprinzip bei solchen Ausmaßen überhaupt funktionieren könne.

Aber der 1866 patentierte Gerberträger bewährte sich, und sein Erfinder, der deutsche Ingenieur Heinrich Gerber, gilt heute als einer der Wegbereiter des Stahlbrückenbaus in der zweiten Hälfte des 19. Jahrhunderts. Noch bis heute wird die Gerbersche Konstruktionsart verwandt. Dabei werden von freistehenden Stützpfeilern aus zu beiden Seiten hin gleichgewichtige Ausleger-Stahlkonstruktionen freischwebend angebaut. Die Enden der einander jeweils gegenüberliegenden Auslegerarme verbindet ein Zwischenglied, das gelenkig eingehängt wird. Die Vorteile dieser Bauweise sind offensichtlich: Ohne ein festes Gerüst können die rautenförmigen Ausleger von den Stützpfeilern her vorgetrieben werden. Durch die flexible Auflage des Zwischenglieds werden Materialspannungen, die durch Wärmedehnung und minimale Bewegungen der Stützpfeiler entstehen, weitgehend ausgeglichen.

Wurden in der Folgezeit – vor allem durch die Entwicklung des Spannbetons – viele, weit längere Brücken gebaut, so dokumentieren doch heute noch die gigantischen Stahlrauten der Eisenbahnbrücke nördlich von Edinburgh den Pioniergeist und die technische Höchstleistung der Brückenbauer vom Firth of Forth.

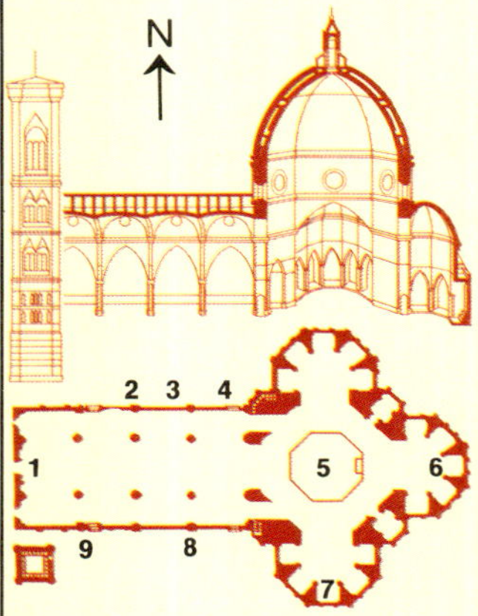

1 Portale Maggiore mit Relief „Maria in Gloria" von A. Passaglia; **2** Reiterstandbild des John Hawkwood von Paolo Uccello (1436); **3** „Dante und die Göttliche Komödie" von D. di Michelino (1456); **4** Porta della Mandorla von Giovanni d'Ambrogio und Nanni mit der von Engeln getragenen Madonna von Nanni di Banco; **5** Kuppel von Brunelleschi mit dem Fresko des Jüngsten Gerichts von Vasari; **6** Altar; **7** Altar des Michelozzo; **8** Büste des Marsilio Ficino von A. Ferruci (1521); **9** Ehrenmal für Giotto von Benedetto da Maiano

Florentiner Dom

Am Ostersonntag ziehen zwei weiße Ochsen einen reich geschmückten und mit Feuerwerkskörpern präparierten Wagen auf den Platz zwischen dem Florentiner Dom und dem Baptisterium. Zur gleichen Zeit wird das Heilige Feuer von der Kirche Santi Apostoli in den Dom getragen. Eine mit diesem Feuer entzündete Rakete, die einer Taube ähnlich sieht, schießt vom Hochaltar des Doms, über ein Hanfseil geleitet, zum Ochsenkarren hinunter und steckt die Lunten der Feuerwerkskörper in Brand. Mißlingt die Zündung der Raketen, so daß ein Feuerwehrmann nachhelfen muß, gilt dies als ein böses Omen für die kommende Ernte und für zukünftige Geschäfte. Dieses Volksfest wird seit dem Mittelalter alljährlich auf der Piazza del Duomo gefeiert.
Der im Stadtzentrum gelegene Platz wird von drei Bauwerken beherrscht, dem Dom Santa Maria del Fiore, dem 85 m hohen Campanile und dem Baptisterium. Das Baptisterium, die Taufkirche von San Giovanni Battista, ist ein achteckiger romanischer Bau, der um das Jahr 1000 errichtet wurde. Die drei Portale werden mit kostbaren Bronzetüren aus dem 14. und 15. Jahrhundert geschlossen, die mit vergoldeten Reliefs geschmückt sind. Die Kuppel ist mit Mosaiken aus dem 13. und 14. Jahrhundert verziert, sie zeigen das Jüngste Gericht sowie Szenen aus dem Alten und Neuen Testament. Der Mosaikfußboden stammt aus dem Jahr 1209.
Der Dom wurde 1296 von Arnolfo di Cambio begonnen und Mitte des 14. Jahrhunderts umgebaut und vergrößert. Das gesamte Bauwerk wurde 1472 vollendet. Mit einer Länge von 153 m und einer Breite von 38 m gehört der Dom neben dem Petersdom in Rom (→ S. 302/303), der Londoner Saint Paul's Cathedral und dem Mailänder Dom (→ S. 234/235) zu den größten Kirchen der Christenheit. An das dreischiffige Langhaus schließt sich ein gewaltiger achteckiger Chorbau an, der von einer kühnen Kuppel überwölbt wird. Die Pietà des Michelangelo, die bis 1981 im Dom stand, befindet sich heute im Dom-Museum; sie ist ein Alterswerk des Künstlers, wurde vor 1550 begonnen und blieb unvollendet.
Der Dom steht mit seiner leuchtend grünen, weißen und rosaroten Marmorverkleidung wie eine helle Insel inmitten einer dunklen, unscheinbaren, von einer bräunlichroten Farbe dominierten Umwelt. Über seine riesige Kuppel, das Wahrzeichen der Stadt, sagte der italienische Künstler und Gelehrte Leon Battista Alberti, daß sie weit genug sei, um mit ihrem Schatten alle toskanischen Völker bedecken zu können.

1 *Filippo Brunelleschi, einem der Begründer der Renaissance-Architektur, gelang mit der Konstruktion der 114 m hohen Kuppel des Florentiner Doms ein architektonisches Meisterwerk; ihr Durchmesser beträgt 45 m. Die Kuppel wurde mit einem prächtigen Fresko geschmückt, das von Giorgio Vasari 1572 begonnen und von Federico Zuccari 1579 vollendet wurde. Es zeigt das Jüngste Gericht.*

2 *Das Äußere des Doms wird von einer reichen Gliederung mit verschiedenfarbigen Marmorplatten bestimmt.*

3 *Der Campanile, der Glockenturm des Florentiner Doms, wurde 1334 von Giotto begonnen und 1359 von Francesco Talenti vollendet. 414 Stufen führen zur Turmspitze hinauf.*

4 *Das Stadtbild von Florenz wird durch den 1472 vollendeten Dom Santa Maria del Fiore beherrscht.*

1 *Abgeschieden von der hektischen Betriebsamkeit und dem Lärm der modernen Großstadt Rom liegt das Forum Romanum, vom Bauschutt der Jahrhunderte befreit, 6 m unterhalb des heutigen Straßenniveaus. Heute lassen nur noch einzelne erhaltene Bauten, Säulen und Mauerreste das ursprüngliche Aussehen des antiken Marktplatzes erahnen. Der Tempel des Antoninus und der Faustina (links im Bild), 141 n. Chr. erbaut, blieb weitgehend erhalten, weil er im 7. Jahrhundert in eine Kirche umgewandelt worden war. Die Säulen der Vorhalle des Tempels (Pronaos) sind 17 m hoch. Der Giebel stammt aus dem 16. Jahrhundert. Im Vordergrund verläuft die Via Sacra (Heilige Straße), die bis zum Titus-Bogen (hinten rechts) zu verfolgen ist. Im Hintergrund des Forum Romanum sind die Ruinen des Kolosseum (→ S. 204/205) zu sehen.*

Forum Romanum

Noch heute bezeichnet eine schwarze Marmorplatte auf dem alten Marktplatz der Stadt Rom, dem Forum Romanum, den Platz, an dem sich das Grab von Romulus, dem Gründer der Stadt, befinden soll. Der Sage nach wurde Romulus mit seinem Zwillingsbruder Remus im Säuglingsalter ausgesetzt. Eine Wölfin nahm sich der Kinder an und zog sie groß. Die Brüder gründeten eine Stadt und kämpften um ihre Vorherrschaft. Romulus besiegte seinen Bruder und wurde der erste König von Rom.

Das Grab und die Bebauung des Forums, wie sie heute noch in Grundzügen erkennbar ist, geht auf die Blütezeit Roms als Hauptstadt des Römischen Reiches im 1. Jahrhundert v. Chr. zurück, als Julius Cäsar die römische Republik regierte. Cäsar nahm eine Erneuerung des von öffentlichen Gebäuden, Markthallen und Tempeln umgebenen Forums vor, um die politische Macht Roms auch äußerlich glanzvoll zu demonstrieren. Auf dem Marktplatz spielte sich Roms politisches, wirtschaftliches und religiöses Leben ab. Darüber hinaus waren Religion und Politik eng miteinander verknüpft. So wurden in den Tempeln auf dem Forum nicht nur Gottheiten verehrt, sondern gleichzeitig auch staatliche Verwaltungsaufgaben wahrgenommen, politische Versammlungen abgehalten, Staatsgäste empfangen und Gerichtsurteile gefällt. Die sakralen Räume sollten den Staatsgeschäften eine unantastbare Würde verleihen. In enger Nachbarschaft der Tempel befanden sich elegante Geschäfte, in denen die Römer Dinge des täglichen Bedarfs ebenso wie Luxusartikel erstehen konnten.

Im Rahmen der Neuordnung des Marktplatzes, der im 5. Jahrhundert v. Chr. auf einem trockengelegten Sumpfgebiet entstanden war, veranlaßte Cäsar den Neubau der Kurie (51 v. Chr.), des Sitzungssaales des römischen Senats, und die Errichtung der Rostra, der öffentlichen Rednertribüne, sowie der Basilica Iulia (begonnen 54 v. Chr.), die dem Marktverkehr diente und in der Gerichtsverhandlungen abgehalten wurden. Die heute wiederhergestellte Kurie geht auf einen Neubau Diokletians im Jahr 303 n. Chr. zurück. Der 25,20 × 17,60 m große Innenraum beeindruckt durch seine Höhe. Auf den Stufen, die an den Innenwänden verlaufen, standen früher die Bänke für etwa 300 Senatoren. Von der Basilica Iulia lassen nur noch die Fundamente und ein rekonstruierter Pfeiler die wichtigsten Züge des Gebäudes erkennen, das im Grundriß 101 × 49 m maß.

Cäsar erlebte die Vollendung der Bauten nicht. Er fiel 44 v. Chr. einer Verschwörung zum Opfer und wurde ermordet. Sein Neffe und Nachfolger Kaiser Augustus führte den Ausbau des Forums fort. Unter ihm wurde die 179 v. Chr. aus Holz errichtete Basilica Aemilia, die 14 n. Chr. einem Brand zum Opfer gefallen war, wieder aufgebaut und ein neuer Tempel zu Ehren Cäsars (29 v. Chr.) sowie ein dreiteiliger kaiserlicher Triumphbogen (29 v. Chr.) errichtet.

Der heutige Besucher vermag die Bedeutung und Größe der ehemaligen Prunkbauten auf dem Forum nur anhand weniger erhaltener Bauten und zahlreicher Ruinen oder grasbewachsener Fundamente zu erahnen. Nachdem die Stadt im 4. Jahrhundert n. Chr. an Bedeutung verlor, weil die römischen Kaiser dort nicht mehr residierten und schließlich die Hauptstadt nach Konstantinopel am Bosporus (→ S. 52/53) verlegt wurde, verfielen Tempel und Basiliken, soweit sie nicht als christliche Kirchen dienten. Im Mittelalter wurden die Ruinen auf dem Forum ausgeplündert.

Erst gegen Ende des 18. Jahrhunderts gruben Archäologen den antiken Marktplatz, der unter dem 6 m hohen Schutt der Jahrhunderte versunken war und als Weideplatz für Kühe genutzt wurde, wieder aus. Noch heute finden in der Umgebung des Forums zahlreiche Ausgrabungen statt, durch die weitere antike Gebäude und Plätze freigelegt werden.

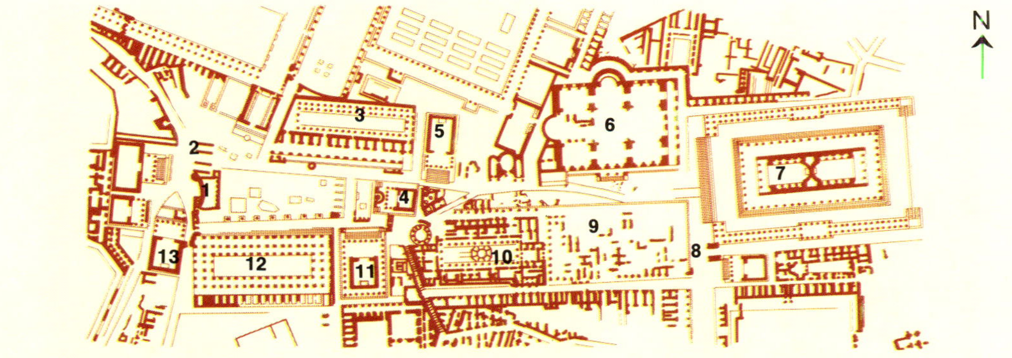

1 Rednertribüne; **2** Septimius-Severus-Bogen; **3** Basilica Aemilia; **4** Cäsar-Tempel; **5** Tempel des Antoninus und der Faustina; **6** Basilika des Konstantin; **7** Tempel der Venus und der Roma; **8** Titus-Bogen; **9** Porticus Margaritaria; **10** Haus der Vestalinnen; **11** Castor-Tempel; **12** Basilica Julia; **13** Saturn-Tempel

2 *Die Stelle, an der einst der älteste Tempel Roms stand, der 498 v. Chr. für Saturn errichtet wurde, bezeichnen heute acht Granitsäulen der ehemaligen Vorhalle (Pronaos) des Tempels. Die Säulen stammen vermutlich von einem Neubau des Tempels aus dem Jahre 282 n. Chr.*

3 *Der Titus-Bogen ist der älteste erhaltene Triumphbogen Roms. Er erinnert an die Niederwerfung des Aufstandes in Palästina und die Besetzung Jerusalems durch Titus im Jahr 70 n. Chr. Titus war zu dieser Zeit an der Regierung seines Vaters Vespasian beteiligt. Schon im 2. Jahrhundert v. Chr. wurden für Feldherren und verdiente Bürger Ehrenbögen und -säulen errichtet.*

1 *Auch nachts ist die hellerleuchtete Fackel, Symbol der Freiheit, in der erhobenen Rechten der Statue of Liberty im New Yorker Hafen schon von weit her zu erkennen. Die Fackel des riesigen Denkmals, eine Konstruktion aus Glas, Kupfer und Stahl, ist fast 9 m hoch; der Zeigefinger der rechten Hand mißt nahezu 2,5 m. 1984 wurde mit einer vollständigen Restaurierung der Freiheitsstatue begonnen. Etwa 230 Millionen Dollar kostet die Verjüngungskur der riesigen Lady. Den größten Teil dieser Summe spendeten amerikanische Firmen und gemeinnützige Organisationen. Die rund 100 Jahre alten Nägel, Bolzen, Nieten und Schrauben aus Kupfer und Stahl, mit denen das tragende Stahlgerüst im Innern der Statue und die äußere Haut aus Kupferplatten befestigt sind, werden ausgetauscht. Schon haben findige Geschäftsleute den bei den Renovierungsarbeiten anfallenden Schutt und Schrott aufgekauft, um die Schrauben, Nieten und anderen Kleinteile aus Metall als Souvenirs zu beachtlichen Preisen weiterzuverkaufen.*

Freiheitsstatue in New York

Sie symbolisiert die Freiheit und repräsentiert Entwicklung und Fortbestand der Demokratie in den Vereinigten Staaten. Sie verkörpert das Selbstverständnis der Amerikaner als Hüter der menschlichen Freiheitsrechte in der Welt. Und sie ist das Wahrzeichen von New York: Seit rund 100 Jahren grüßt die Freiheitsstatue von einer kleinen, felsigen Insel in der Hafeneinfahrt der nordamerikanischen Metropole die einlaufenden Schiffe.

Schon von weitem ist in der Nacht die elektrisch hell beleuchtete Fackel in der erhobenen Rechten des Denkmals zu sehen. Mehr als 50 Millionen Menschen haben die 46 m hohe kupferne Dame auf ihrem 47 m hohen Podest auf Bedloe Island (heute Liberty Island) seit ihrer Ankunft in New York im Jahr 1886 besucht.

Die Dame hatte eine lange Reise hinter sich: Sie war ein Geschenk des französischen Volkes an die Vereinigten Staaten anläßlich der 100jährigen Unabhängigkeit Amerikas. Von 1871 bis 1884 arbeitete der im Elsaß geborene Bildhauer Frédéric Auguste Bartholdi in Paris an der monumentalen Figur, die zum Teil von der französischen Regierung, zum Teil durch Spenden finanziert wurde. Anhand zweier Studienmodelle von 2,11 m und 8,50 m Höhe entwickelte der Bildhauer die heutige Form und bestimmte die endgültigen Maße der Statue. Das Stahlgerüst in ihrem Innern wurde von Gustave Eiffel, dem Erbauer des Pariser Eiffelturms (→S. 108/109), konstruiert. Die äußere Haut, die das Gerippe der Riesenplastik umgibt, besteht aus rund 300 einzelnen Kupferplatten, die jeweils etwa 0,25 cm dick sind und insgesamt mehr als 80 t wiegen.

Nach 13jähriger Arbeit ging das Freiheitsdenkmal im Jahr 1885 auf die Reise über den Atlantik: In seine Einzelteile zerlegt, wurde das Staatsgeschenk (Gesamtgewicht: 225 t) nach Amerika transportiert.

„Unter dem Donner von 500 Kanonen, Glockengeläut und gewaltigem Applaus wurde die Statue enthüllt", berichtete die britische Zeitung „The Illustrated London News" über die Einweihung des riesigen Denkmals am 28. Oktober 1886. Auf einem Granitsockel über den Grundmauern eines ehemaligen Forts wurde die ursprünglich „Statue of Liberty Enlightening the World" (Freiheit, die die Welt erleuchtet) getaufte Plastik aufgestellt. In der linken Hand hält sie eine Tafel mit dem Datum der amerikanischen Unabhängigkeit, dem 4. Juli 1776. Die zerschlagenen Ketten unter den Füßen der vielbesuchten Lady symbolisieren die Befreiung von Sklaverei und Gewaltherrschaft. Sie sind jedoch nur aus der Vogelperspektive zu sehen.

167 Stufen führen vom Sockel zum Fuß der von einem Strahlendiadem gekrönten Statue. Eine Wendeltreppe im Inneren der Skulptur mit 171 Stufen – das entspricht etwa der Höhe von 12 Stockwerken – muß derjenige ersteigen, der durch die Fenster in der Krone den Rundblick auf die Hafeneinfahrt und die Skyline von New York genießen will.

Von hier aus ist auch Ellis Island zu sehen, jene von Liberty Island etwa 1 km entfernte Insel, die zwischen 1892 und 1954 vorläufige Endstation für rund zwölf Millionen Einwanderer war. Hier mußten sich die Neuankömmlinge, kaum hatten sie die Statue of Liberty als langersehntes Symbol der Freiheit in der Neuen Welt passiert, den Einwanderungsformalitäten unterziehen und die vorgeschriebene Quarantänezeit verbringen. Manch einer von ihnen kam über diese Station nicht hinaus und wurde zurückgeschickt.

2 *Aus der Vogelperspektive lassen sich Details der Freiheitsstatue im New Yorker Hafen erkennen, die den vorbeifahrenden Schiffsreisenden und den Besuchern von Liberty Island entgehen: Die Ornamente an der Fackel, das in erhabenen römischen Ziffern geschriebene Datum – der 4. Juli 1776, Tag der amerikanischen Unabhängigkeitserklärung – auf der Tafel in der Linken und die zerschlagenen Ketten unter den Füßen der Statue – Symbol der Befreiung von Sklaverei und Gewaltherrschaft. Die erhobene Rechte der Riesenskulptur ist fast 13 m lang und hat einen Durchmesser von nahezu 3,5 m. Zu Füßen der Freiheitsstatue befindet sich seit 1954 das American Museum of Immigration (Einwanderermuseum), in dem in festen und wechselnden Ausstellungen die Geschichte der Einwanderungen in die Vereinigten Staaten nachgezeichnet wird. Dabei wird auch das Kapitel der Einwanderungsgeschichte nicht ausgespart, das dem amerikanischen Freiheitsideal widerspricht: Eine Sonderausstellung befaßt sich mit der Zeit der Sklaverei und mit den Menschen, die als unfreiwillige Einwanderer mit Gewalt nach Amerika verschleppt wurden.*

1 *Vom Hofeingang der Freitagsmoschee von Kairuan fällt der Blick auf das wuchtige Minarett, eines der ältesten überhaupt, das um 836 errichtet worden ist. Es besteht aus drei übereinander gefügten, nach oben hin schmaler werdenden Steinkuben, die eine gerippte, aus dem 13. Jahrhundert stammende Kuppel krönt. Drei Kupferkugeln an einer Stange zieren die Kuppel. Vom Minarett aus ruft der Muezzin fünfmal täglich die Gläubigen zum Gebet auf.*

Freitagsmoschee von Kairuan

Als Emir Sijada Allah I. von Ifrikijja (Afrika) im Jahr 836 befahl, für den Neubau einer großen Moschee in Kairuan (Tunesien) den Vorgängerbau vollständig niederzulegen, wagte es niemand, auch dessen Gebetsnische abzureißen. Darum wurde sie in die neue Freitagsmoschee (auch Große Moschee genannt) einbezogen und hinter der neuen Gebetsnische vermauert.
Die Errichtung der Großen Moschee stand im Zusammenhang mit dem wachsenden Wohlstand und Einfluß der arabischen Provinz Ifrikijja. Kairuan wurde 671 zunächst als befestigtes Lager im Zug der mohammedanischen Eroberung Nordafrikas (670–696) gegründet. Dort ließ sich die Statthalterdynastie der Aghlabiden nieder und machte die Stadt zu ihrer Residenz. Die Provinz unterstand dem Kalifen in Damaskus. Seit 800 aber erlangten die Aghlabiden eine gewisse Selbständigkeit. Kairuan entwickelte sich, neben Mekka, Medina und Jerusalem, zu einer der vier heiligen Städte des Islam und zu einem bedeutenden Wallfahrtsort der Mohammedaner in Nordafrika.
Die Große Moschee in Kairuan wirkte stilbildend auf die islamische Baukunst. Der Gebetssaal weist als erster in Afrika einen T-förmigen Grundriß auf. Die T-Form bilden das breite Mittelschiff und ein Querschiff, das längs der Wand mit der Gebetsnische verläuft. Über

dem Schnittpunkt der beiden Schiffe erhebt sich eine Steinkuppel. Eine weitere Kuppel krönt auf der gegenüberliegenden Seite den Eingang am Mittelschiff.
Die Gebetsnische, den heiligsten, nach Mekka (→ Kaaba, S. 186/187) gewandten Ort der Moschee, schmücken weiße Marmorplatten sowie gold und blau schimmernde Lüsterfayencen, auf denen geometrische Formen und Ranken dargestellt sind. Die Fayencekacheln, die 862 aus Bagdad nach Kairuan kamen, zählen zu den frühen Zeugnissen der islamischen Keramikkunst. Die Schnitzarbeiten an der aus Teakholz gefertigten Kanzel zeigen geometrische und pflanzliche Ornamente. Die Gläubigen betreten den Gebetssaal vom nördlich gelegenen Hof aus durch eines der 17 hohen Tore aus Zedernholz. Die Nordwand wird von dem quadratischen, wuchtigen Minarett unterbrochen. Den gesamten Moscheekomplex umgibt eine schmucklose Außenmauer. Mehrere Tore führen in den Innenhof, direkt in den Gebetssaal leitet das 1224 im spanisch-maurischen Stil erbaute Lalla Rihana-Tor.
Die Große Moschee in Kairuan zeigt die typische Bauform der ersten Moscheen: An einen Innenhof mit umlaufenden Säulenhallen schließt sich ein mehrschiffiger Gebetsraum an. Ihre Anlage geht auf den Gebetsplatz zurück, den der Prophet Mohammed an seinem Haus in Medina eingerichtet hatte und der aus einem quadratischen Hof mit Galerien und einer einfachen Kanzel bestand. Von dieser Kanzel aus verkündete Mohammed seine Lehren. Jede Moschee verfügt über eine derartige Kanzel, die neben der Gebetsnische steht.

2 *414 antike Säulen unterteilen den mit Teppichen ausgelegten Gebetssaal der Freitagsmoschee in 17 Schiffe, die auf die nach Mekka ausgerichtete Gebetswand zuführen. Im Gegensatz zu christlichen Kirchen enthalten Moscheen keine Sitzbänke, die Gläubigen stehen oder knien.*

Fudschijama

Konohama-saku-ya-hima, die Baumblütenprinzessin, ist die Schwester der Sonnengöttin Amaterasu, der göttlichen Ahnherrin der Kaiser von Japan. Als Göttin beherrscht sie einen zugleich schönen und gefährlichen Berg: Der Fuji-san, Berg Fuji, wie der Vulkan eigentlich heißt, ist der heilige Berg Japans und hat sich gleichsam zum Symbol des Landes entwickelt.

Seine ebenmäßige, zehn Monate im Jahr von Schnee bedeckte Kegelform hat Generationen von Malern und Dichtern zu Meisterwerken inspiriert. Zu den berühmtesten Abbildungen zählt die Holzschnittserie „36 Ansichten des Fudschi" des Künstlers Hokusai. Tod und Vernichtung kann der Vulkan verbreiten, wenn er explosionsartig ausbricht. Zuletzt geschah dies im Jahr 1707, als sich etwa 1,5 km breite und 30 km lange Lavaströme über das Land ergossen. Noch die 100 km westlich gelegene Regierungshauptstadt Edo, das heutige Tokio, wurde von einer 20 cm hohen Aschenschicht bedeckt. Dieser unheilbringenden Seite des Berges entspricht der Name, den die Ureinwohner Japans, die Ainu, ihm gaben: Fudschi war die Göttin des Feuers.

Der aus der Ebene hervorragende, nahezu symmetrische Berg liegt eingebettet in die Einbruchskrater zweier vorangegangener Vulkangenerationen. Diese entleerten bei gewaltigen Ausbrüchen ihre mit glutflüssigem Magma gefüllten inneren Kammern vollständig. Die Gipfel stürzten über den Hohlräumen zusammen. Im Inneren dieser Einbrüche (Calderen) entwickelte sich über einem Magmagang ein neuer Vulkan, der Fuji.

Vor 600 000 Jahren begann die Ablagerung von abwechselnden Tuff-, Asche- und Lavaschichten, vor 300 000 Jahren bekam der Berg annähernd seine heutige Gestalt. Er hat eine Höhe von 3776 m erreicht und überdeckt eine Grundfläche von 908 km^2, der größte seiner rund 70 Nebenkrater, der 1707 entstandene Hoei-san, liegt in einer Höhe von 2702 m.

Der Fuji ist Japans größter und schönster, bei weitem aber nicht einziger Vulkan. Durch die Wanderung der Kontinente wird vor dem japanischen Inselbogen die pazifische Kontinentalplatte unter die ostasiatische Landmasse gedrückt. Diese gewaltigen Verschiebungen sind die Ursache für die häufig auftretenden, verheerenden Erdbeben und die 265 vulkanischen Erhebungen Japans. 36 von ihnen werden als aktiv bezeichnet, 20 Vulkane sind seit 1900 ausgebrochen.

Der heilige Berg Fuji-san ist mit seiner idealen Gestalt das Sinnbild der Ewigkeit, eine Verkörperung von Reinheit und Klarheit der Seele. Der zentrale Krater selbst, 600 m im Durchmesser und 200 m tief, trägt die Bezeichnung Nai-in, d.h. Heiligtum. Im Jahr 806 n. Chr. errichtete Kaiser Heizei einen Schinto-Schrein auf dem Gipfel, ein Heiligtum der Religion Japans, des Schintoismus. Am Berg siedelten sich aber auch buddhistische Mönche an. Wie alle Naturheiligtümer durfte der Fudschijama bis 1868 nicht von Frauen erstiegen werden.

Erstarktes Nationalbewußtsein, verbunden mit der Wiederbelebung des Schintoismus, hat 1911 zur Aufnahme patriotischer Pilgerfahrten zum Gipfel des Fuji geführt. Jeder Japaner sollte einmal im Leben die zehn Stationen des Weges absolviert haben und den Sonnenaufgang auf dem Fuji miterlebt haben. Dies ist ebenso wie der berühmte Blick auf den Fuji aus klimatischen Gründen nur sehr selten möglich. In den schneefreien Monaten Juli und August erklimmen etwa 300 000 Menschen in einer nie endenden Schlange den Berg. Der erste Mensch, dessen Bergbesteigung überliefert ist, war im Jahr 800 n. Chr. ein buddhistischer Mönch, der hier Ruhe und Stille zur Meditation suchte. Er kam mit versengten Haaren und Kleidern zurück und behauptete verstört, der Krater sei mit kochender Lava gefüllt. Heute finden sich hier nur noch Schnee, Asche und Eis statt rotglühender Lava.

1 *Auf dem Stein, den sich dieser Leguan zum Sonnen ausgesucht hat, verkündet eine Inschrift die Errichtung eines Nationalparks auf den Galapagos-Inseln. Durch diesen Park soll die einmalige Fauna und Flora geschützt werden, die dem Naturforscher Charles Darwin Anstöße für seine Evolutionstheorie gab.*

2 *Karg und rauh erscheinen die Inseln dem menschlichen Auge. Für die Entwicklung einer einzigartigen Tierwelt haben sie sich jedoch als Paradies erwiesen.*

Galápagos-Inseln

Nicht die sprichwörtliche Schlange, sondern die Ziege stört im Paradies. Dieses Paradies liegt am Äquator, 1000 km westlich der Küste von Ecuador im Pazifik. Trockene Küstenregionen, Kakteenbewuchs, der in höheren Lagen in Regenwald übergeht, schroffe, teilweise aktive Vulkane, die bis 1500 m Höhe aufsteigen – auf den ersten Blick sehen die 13 großen und 17 kleinen Galápagos-Inseln nicht nach dem Garten Eden aus. Dennoch können sie dem Besucher eine Vorstellung vom Leben im Paradies geben. Seit Zehntausenden von Jahren hat sich die einzigartige Tierwelt des Archipels ohne inneren und äußeren Feind entwickelt, bis die Ankunft des Menschen und seiner Haustiere das natürliche Gleichgewicht bedrohte. Seit ihrer Übernahme durch Ecuador 1832 heißen die Inseln Archipiélago de Colón, Inseln des Kolumbus. Als Galápagos bezeichneten die Spanier die hier heimischen Riesenschildkröten, die bis zu zwei Meter lang und sechs Zentner schwer werden können. Entdeckt wurde das Archipel vom spanischen Bischof Tomás de Berlanga 1535. Was er sah, veranlaßte ihn, sie Las Encantadas, „die Verzauberten", zu nennen. Im 17. und 18. Jahr-

hundert entwickelten sich die Inseln zunächst zu einem Piratenstützpunkt, dann zu einem Rastplatz für Walfänger. Diese nahmen die Riesenschildkröten zu Tausenden als lebende Konserven mit.

1835 kam Charles Darwin auf die Inseln, der Mann, der sie weltberühmt machte. Er fand hier so manche Anregung für seine Evolutionstheorie. Wie anders, wenn nicht durch die Weiterentwicklung der Arten, war zu erklären, daß die Tiere auf den Inseln nicht nur von ihren nächsten Verwandten auf dem südamerikanischen Kontinent so stark abwichen, sondern sich auch von Insel zu Insel stark unterschieden. Allein von den Darwin-Finken gibt es innerhalb der Galápagos-Gruppe 13 Unterarten, die sich nach der Theorie Darwins aus den Nachkommen eines einzigen irgendwann auf die Inseln verschlagenen Finkenpärchens entwickelt hatten. Durch Auslese und Anpassung differenzierten sie sich den Bedingungen der einzelnen Lebensräume entsprechend. Ein anderer Vogel, der Galápagos-Kormoran, hat seine Flugfähigkeit verloren, weil seine natürlichen Feinde fehlen. Ebenfalls einmalig auf der Erde ist eine dort heimische, nachts jagende Möwenart.

Daß sich das Leben auf den Inseln so seltsam entwickelt hat, ist mit ihrer geologischen Entstehung zu erklären. Sie begannen sich vor etwa drei bis fünf Millionen Jahren über einem Spaltensystem im Meeresboden aufzubauen. Eine Verbindung zum Festland hat nie bestanden; über Land haben keine Tiere zuwandern können. Der Zufall der Meeresströmungen hat die Zusammensetzung der Tier- und Pflanzenwelt bestimmt. Pinguine und Pelzrobben kamen etwa mit dem Humboldtstrom aus der Antarktis in die Tropen; kleine Landbewohner wurden mit dem Treibholz angeschwemmt. Große Landsäugetiere fehlen völlig. Insekten, deren Larven zur Entwicklung Süßwasser brauchen, sind selten, Farne, deren Sporen leicht mit dem Wind verwehen, dagegen zahlreich vertreten.

Die gegenwärtige Bedrohung des Paradieses geht weniger von den rund 4000 Einwohnern aus oder von den Touristen, die täglich anreisen, als vielmehr von den absichtlich oder unabsichtlich dorthin verschleppten Tieren: Hunde, Katzen, Schweine und Ratten bedrohen vor allem den Nachwuchs der zahlreichen Reptilienarten. Ein einziges Ziegenpaar, 1958 auf der Insel Pinta ausgesetzt, hinterließ bis 1971 etwa 30 000 Nachkommen, die den Pflanzenwuchs auf der Insel nachhaltig störten.

Trotzdem gleichen die Inseln immer noch einem Paradies. Die einheimischen Tiere fliehen nicht vor den Menschen, denn sie haben in den Jahrzehntausenden ohne natürliche Feinde ihren Fluchtreflex verloren. 300 Jahre menschliche Anwesenheit haben bislang nicht ausgereicht, ihn wieder zu entwickeln.

3 *Den ökologischen Raum, den normalerweise Landsäugetiere einnehmen, besetzen auf den Galápagos-Inseln Reptilien wie Riesenschildkröten und Leguane. Die Tiere nähern sich – wie dieser Landleguan – den Menschen völlig arglos, weil sie keinen Fluchtreflex erworben haben. Als im März 1985 wochenlang anhaltende Flächenbrände große Teile der Inseln San Cristobal und Isabela verwüsteten, evakuierten Hilfsmannschaften Riesenschildkröten, Leguane und andere seltene Tiere auf benachbarte Inseln.*

4 *Begünstigt durch das Zusammentreffen kalter und warmer Meeresströmungen ist die Tierwelt in den Gewässern um die Galápagos-Inseln besonders artenreich. Seelöwen und Robben aus den kälteren Regionen der Weltmeere teilen ihren Lebensraum mit Meerestieren aus tropischen Zonen.*

1 *Über dem Kreuzpunkt der beiden Passagenarme der Galleria Vittorio Emanuele II. erhebt sich eine gewaltige Glaskuppel.*
2 *Blick durch den 196,6 m langen Längsarm der Passage.*
3 *Das Wappen des italienischen Königreichs – gleichzeitig das des Hauses Savoyen – ist im Kreuzpunkt der Passagengänge als kunstvolles Mosaik in den Fußboden eingelassen.*
4 *Mit ihren geschichtlichen Anspielungen verleihen die Plastiken, Fresken und Mosaiken der Galleria Vittorio Emanuele II. den Charakter eines Nationaldenkmals.*

Galleria Vittorio Emanuele II.

„Man sagt, daß es keine Wunder mehr gibt, dies ist eins." Dieser Ausspruch der Bewunderung und Anerkennung kursierte unter der Bevölkerung Mailands nach der Eröffnung der Galleria Vittorio Emanuele II. am 15. September 1867. Stolz flanierten die Mailänder durch ihre neue Passage, deren Raum abends von 600 Gasflammen, bei festlichen Anlässen von nahezu 2000 Lampen erleuchtet wurde und die einen Höhepunkt in der Passagen-Architektur des 19. Jahrhunderts darstellt.

Nicht mehr die Bestimmung, einem bürgerlichen Publikum als Ort der Luxuswaren, der Moden und der Selbstdarstellung zu dienen, stand im Vordergrund der Mailänder Passage, sondern ihre Funktion als politisch-nationales Monument. Ursprünglich wurde die Idee zum Bau einer Passage im Rahmen der Neugestaltung des Platzes vor dem Mailänder Dom (→ S. 234/235) entwickelt; als weltliches Gegenstück zur Kathedrale sollte ein repräsentativer, öffentlicher Raum geschaffen werden. Doch erst nach der Befreiung Mailands von der österreichischen Herrschaft durch den italienischen Unabhängigkeitskrieg im Jahr 1859 wurden die Planungen zum Bau der Passage vorangetrieben.

Nach Plänen des Architekten Giuseppe Mengoni entstand ein monumentaler Passagenbau, der als Denkmal der politischen Einigung Italiens unter König Viktor Emanuel II. dessen Namen trägt.

Die nationale Bedeutung der Galleria Vittorio Emanuele II. zeigt sich in ihrem Grundriß, der ein lateinisches Kreuz darstellt, wie es sich im Wappen des Könighauses Savoyen befindet. Die Passage verbindet zwei Plätze und zwei kleine Straßen miteinander. An der Piazza della Scala und – am eindrucksvollsten – an der Piazza del Duomo bestehen die Eingänge zur Passage aus hochgezogenen Triumphbögen, deren Stil sich an römisch-antiken Vorbildern orientiert. Der Längsarm der Passage ist knapp 200 m, der Querarm über 100 m lang; der Kreuzpunkt beider Gänge besteht aus einem erweiterten Achteck (Oktogon). Die vier Passagen-Arme werden von einer Dachkonstruktion aus Glas und Eisenträgern überwölbt. Über dem Oktogon erhebt sich eine gewaltige Glaskuppel, deren Scheitelpunkt 40 m über dem Boden liegt.

In der mehrgeschossigen Passage sind über 1200 Räume untergebracht; im Erdgeschoß befinden sich Läden, Ausstellungsräume, Cafés und Restaurants, darüber vorwiegend Büro- und Klubräume und in den oberen Etagen Wohnungen.

An der inneren, mit zahlreichen Ornamenten reich geschmückten Fassade verläuft in Höhe der dritten Etage ein Balkon, darüber befinden sich zahlreiche Statuen, die italienische Künstler, Wissenschaftler und Politiker darstellen. Vier große Bogenfelder unter dem Glaskuppelaufbau sind mit Allegorien auf die vier Erdteile Europa, Afrika, Amerika und Asien verziert. Die strenge Geometrie in der Gestaltung des Passagenraumes setzt sich in der Gliederung des Fußbodens fort, in den zwischen Mamorplatten verschiedene Mosaikmuster eingelassen sind.

Mit ihren prächtigen Verzierungen und ihrer großzügigen architektonischen Gestaltung gehört die Mailänder Passage in die Reihe der großen repräsentativen Bauten des 19. Jahrhunderts. Die abseits von der Hektik des Stadtverkehrs, aber dennoch im Zentrum der Stadt gelegene Passage strahlt eine Atmosphäre der Eleganz und des Müßiggangs aus und lädt den Passanten zum Verweilen und Flanieren ein.

Ganges

Jede Nacht glitzerte Ganga, der heilige Fluß, am Himmel, während die Erde verdorrte. Brahma, Schöpfer und Lenker der Welt, hatte schließlich Mitleid und versprach dem frommen König Bhagirath, daß der Fluß auf die Erde kommen würde, um sie zu tränken. Aus Furcht, die herabstürzenden Wassermassen könnten die Erde verwüsten, bat der König den Gott Schiwa um Hilfe bei der Bändigung der Fluten. Daraufhin zwang der Gott den Fluß, durch seinen Haarknoten zu fließen. Auf sieben Ströme verteilt, lief das Wasser von nun an von den Hängen des Himalaya herab. So erklärt eine indische Legende die Entstehung des Ganges.

Der Fluß beginnt seinen 2700 km langen Weg bei Gaumukh im indischen Bundesstaat Uttar Pradesh, nahe der indisch-tibetischen Grenze im Himalaya, in 4200 m Höhe. Nach der Vereinigung der Quellflüsse Bhagirathi und Alaknanda tritt er als Ganges bei Hardwar aus dem Gebirge in die Ebene ein, die seinen Namen trägt. Er hat sie zusammen mit seinen Nebenflüssen geschaffen, indem er eine Senke vor dem Gebirge mit Geröllmassen aus dem Himalaya auffüllte. In der Gangesebene gibt es keine großen Höhenunterschiede. Der Flußlauf ist entsprechend behäbig, zahlreiche Nebenarme, Flußschleifen und Inseln haben sich gebildet. Die Wasserführung des Flusses unterliegt starken Schwankungen. Die fruchtbaren Felder der Ebene werden von einem ausgeklügelten Bewässerungssystem durchzogen.

Die Gangesebene und das anschließende Delta gehören zu den am dichtesten besiedelten Zonen der Erde. So liegen im Delta die Millionenstädte Kalkutta im Bundesstaat Westbengalen und Dacca, die Hauptstadt von Bangladesch. Das riesige Delta, das Ganges und Brahmaputra gemeinsam aufgebaut haben, wird intensiv landwirtschaftlich genutzt. Wenn die Monsumwinde im Sommer ihre Regenfracht vor dem Himalaya und seinen Ausläufern abladen, werden große Teile des 52 000 km^2 großen Gebietes überflutet. Gefährlich wird es, wenn ein Taifun vom Meer her zusätzlich Wassermassen in das Delta drückt. Im November 1970 starben bei einer solchen Katastrophe rund 200 000 Menschen.

Der Ganges ist der heilige Fluß der Hindus. An seinen Ufern liegen zahlreiche Wallfahrtsorte, denn dem Wasser des Flusses wird die Kraft zugeschrieben, den Menschen von seinen Sünden zu reinigen. Bereits die Quelle, nach Ansicht der Gläubigen im Gangotri-Gletscher gelegen, gilt als segenspendend. Bei Hardwar soll sich der Fluß bei seinem Abstieg aus dem Himmel durch die Zehen des Gottes Hari, einer Verkörperung des welterhaltenden Gottes Wischnu, gezwängt haben. In Allahabad an der Mündung des Yamuna kommen alle zwölf Jahre Hunderttausende von Pilgern zusammen, um in einem rituellen Badefest ihre Sünden abzuwaschen.

Die heiligste Stätte des Hinduismus aber ist Benares (Varanasi) in der mittleren Gangesebene. Alle Gläubigen hegen den Wunsch, hier zu sterben. Nach hinduistischer Überzeugung wird so die Zahl der Wiedergeburten verringert, die der Mensch durchläuft, bis seine Seele nach Erreichen der Vollkommenheit im Absoluten aufgeht. Auf den Verbrennungsplätzen am Ufer des Ganges, den Ghats, werden die Toten eingeäschert, ihre Asche wird dem Fluß anvertraut. So werden die Toten ein Teil des ewigen Kreislaufes der Gewässer.

Ein Bad im Ganges reinigt den Menschen von allen Unreinheiten und Sünden. Von dieser Überzeugung geprägt, pilgern die gläubigen Hindus zu Tausenden in die heilige Stadt Benares, die heute Varanasi heißt. 47 hundertstufige Steintreppen führen zum Fluß hinab. Dort werden von den Pilgern die Waschungen nach vorgeschriebenem Ritus vollzogen.

1 *Die Geburtsgrotte mit dem Geburtsaltar unter dem Hauptaltar der Geburtskirche wird von 53 Hängelampen erleuchtet. Ihre Wände sind mit Marmorplatten ausgekleidet.*

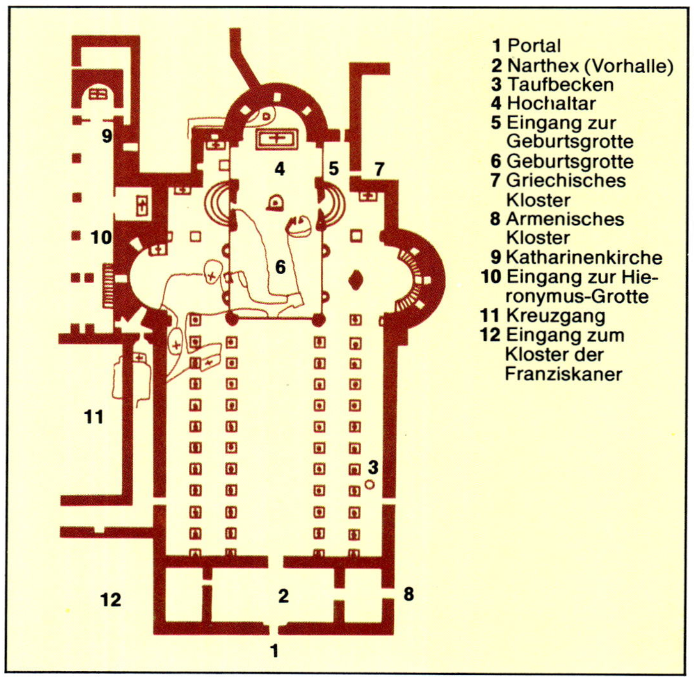

Geburtskirche in Bethlehem

»Da machte sich auf auch Joseph aus Galiläa, aus der Stadt Nazareth, in das jüdische Land zur Stadt Davids, die da heißt Bethlehem, darum daß er von dem Hause und Geschlechte Davids war, auf daß er sich schätzen ließe mit Maria, seinem vertrauten Weibe, die war schwanger. Und als sie daselbst waren, kam die Zeit, daß sie gebären sollte. Und sie gebar ihren ersten Sohn und wickelte ihn in Windeln und legte ihn in eine Krippe; denn sie hatten sonst keinen Raum in der Herberge" (Lukas 2,4–7). Die Stelle in der Geburtskirche von Bethlehem, wo der Überlieferung nach der Gottessohn Jesus Christus geboren wurde, wird heute durch einen silbernen Stern bezeichnet, der die Inschrift trägt: „Hic de Virgine Maria Jesus Christus natus est" – „Hier wurde von der Jungfrau Maria Jesus Christus geboren."

Auf Drängen seiner Mutter Helena ließ Kaiser Konstantin der Große im Jahr 326 über dem vermutlichen Geburtsort Christi eine der Maria geweihte Kirche errichten. Die Einwohner Bethlehems hatten den Hinweis gegeben, daß der Messias in einer Grotte am Rande des Dorfes geboren worden sei. Kaiser Justinian I. befahl im Jahr 529 den Abriß der Konstantinsbasilika und ließ die bis heute in wesentlichen Teilen erhaltene Geburtskirche errichten: Ihr Grundriß ist kreuzförmig gestaltet. Das fünfschiffige Langhaus mündet im Osten in eine Dreikonchenanlage (Chor und Querhaus mit halbrunden Abschlüssen). Von der großartigen justinianischen Fassade sind allerdings nur noch die Umrisse des einst 5,50 m hohen und 3 m breiten Hauptportals zu erkennen. Die Kreuzfahrer verkleinerten das Portal auf eine Höhe von 1,20 m und eine Breite von 0,79 m, weil sie meinten, den festungsartigen Bau so besser verteidigen zu können. Weil der Besucher sich beim Eintritt bücken muß, erhielt das Portal den Namen „Tor der Demut". Zu beiden Seiten des Chores führen Treppen in die unterhalb der Kirche gelegenen Krypten hinab zur 12,30 m langen und 3 bis 4 m breiten Geburtsgrotte (seit 1757 dem griechisch-orthodoxen Ritus vorbehalten). Die beiden Treppen treffen vor dem Geburtsaltar zusammen. Die Wand über dem Altar zeigt Reste eines Mosaiks aus dem 12. Jahrhundert, das die Geburt Christi darstellte. Die Geburtskirche ist einer der wenigen fast vollkommen erhaltenen Bauten der frühchristlichen Epoche. In ihrer langen Geschichte war sie nur einmal ernsthaft von Zerstörung bedroht: Als im Jahr 614 die Perser in Judäa eingefallen waren, verschonten sie die Kirche nur deshalb, weil sie in den auf dem Giebelmosaik dargestellten Drei Weisen aus dem Morgenland ihre eigenen Vorfahren zu erkennen glaubten.

2 Über der Geburtsgrotte im Zentrum der Geburtskirche steht eine mit Ikonen geschmückte Holzwand aus dem Jahre 1574. Hinter ihr befindet sich der Hauptaltar. Nur an Festtagen gibt die Königstür in der Wandmitte den Blick zum Hauptaltar frei.

3 Das bunte Treiben vor der Geburtskirche bestimmen Pilger, Touristen und Souvenirhändler.
4 Unter dem Altar der Geburtsgrotte bezeichnet ein in den Marmorboden eingelassener Stern den Ort, wo der Überlieferung nach Jesus Christus geboren wurde.

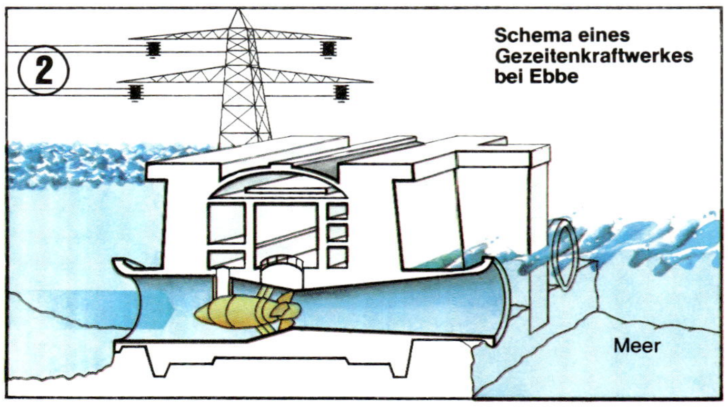

1 *Bei Flut fließen die Wassermassen vom Meer aus unter gewaltigem Druck durch sechs riesige Schleusentore in das künstlich aufgestaute Mündungsbecken der Rance. In der Mitte der unter dem Wasserspiegel gelegenen Schleusentunnel befinden sich insgesamt 24 Turbinen, die jeweils einen Durchmesser von 5,35 m haben und bei mehr als 90 Umdrehungen pro Minute 1650 m^3 Wasser passieren lassen.*

2 *Das während der Flut im Mündungsbecken der Rance angestaute Wasser fließt, wenn das Meer seinen niedrigsten Wasserstand erreicht hat, unter dem Sog der Ebbe durch die Schleusen zurück ins Meer und treibt erneut die Turbinen an, die in beiden Richtungen arbeiten können.*

Gezeitenkraftwerk an der Rance

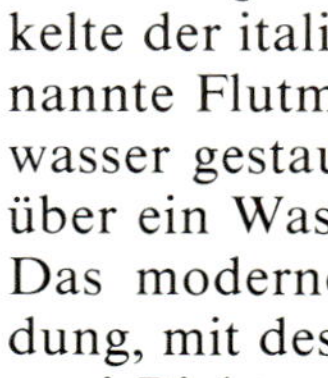

Seit 1966 ist die stolze Stadtbefestigung auf der Granitinsel von Saint-Malo nicht mehr die einzige Attraktion für Besucher der alten bretonischen Hafenstadt. Einige Kilometer landeinwärts an der Mündung der Rance schirmt eine Staumauer den Mündungstrichter des Flusses gegen das Meer ab: Das Gezeitenkraftwerk bei Saint-Malo an der Nordwestküste Frankreichs ist die einzige Anlage der Welt, die aus dem Energiepotential von Ebbe und Flut Elektrizität gewinnt.

Die Idee, die Kräfte des Tidenwechsels zu nutzen, ist keineswegs neu; bereits im späten Mittelalter entwikkelte der italienische Ingenieur Daniello Mariano sogenannte Flutmühlen, bei denen das ankommende Hochwasser gestaut und nach Absinken des Meeresspiegels über ein Wasserrad wieder abgelassen wurde.

Das moderne Gezeitenkraftwerk an der Rance-Mündung, mit dessen Bau 1960 begonnen wurde, arbeitet in zwei Richtungen. Bei Flut fließt das Wasser vom Meer

durch sechs riesige Tore (10 × 15 m) in die Anlage und treibt die 24 Turbinen an, die unter der Staumauer installiert sind. Sie haben jeweils einen Durchmesser von 5,35 m und können bei mehr als 90 Umdrehungen pro Minute 1650 m³ Wasser bewältigen. Diese Wassermassen werden im Speicherbecken hinter der Staumauer gesammelt, fließen bei Ebbe unter der Sogwirkung ins Meer zurück und treiben erneut die Turbinen an. Bei einer Gesamtleistung von 240 Megawatt erzeugt das bretonische Gezeitenkraftwerk jährlich rund 600 Millionen Kilowattstunden; das entspricht etwa 0,2 % des gesamten französischen Strombedarfs.
Für die großtechnische Elektrizitätsgewinnung kommen Ebbe und Flut als Energielieferanten nur an wenigen Orten der Erde in Frage. Neben starken Meeresspiegelschwankungen von mindestens 5 bis 8 m müssen enge Flußmündungen oder Buchten mit schmalen Einfahrten vorhanden sein, in denen sich die Wassermassen aufstauen lassen. An der Ärmelkanalküste bei Saint-Malo sind beide Bedingungen erfüllt. Die Unterschiede in der Wasserhöhe, Tidenhub genannt, betragen durchschnittlich 8 m, bei Springflut – wenn Sonne und Mond in einer Linie stehen und sich ihre Anziehungskräfte addieren – werden Gezeitenunterschiede bis zu 13,5 m gemessen.
Als problematisch erweist sich in Saint-Malo die Abhängigkeit der Stromerzeugung vom Wechsel der Gezeiten, der sich nicht immer mit dem Rhythmus des Strombedarfs deckt. Bei etwa gleichem Wasserstand auf beiden Seiten der Staumauer kann keine Energie erzeugt werden. Als weiteres Problem kommen die ständigen Verschiebungen von Ebbe und Flut hinzu. Weil der Abstand zwischen zwei Tiden zwölf Stunden und 25 Minuten beträgt, verschieben sich die Phasen der Elektrizitätsgewinnung um täglich 50 Minuten. Diese Schwankungen machen eine kontinuierliche Bereitstellung einer ausreichenden Energiemenge vor allem während der Höchstlastzeiten schwierig und einen Verbund mit Überlandnetzen erforderlich.
Eine größere Bedeutung zur Deckung des Welt-Energiebedarfs werden Gezeitenkraftwerke voraussichtlich auch in Zukunft nicht erlangen. Nach Ansicht von Experten sind nur etwa 50 Orte auf der Erde für den Bau solcher Anlagen geeignet. Die größte Energiemenge werden Ebbe und Flut künftig in Kanada liefern. In der Fundy Bay an der Ostküste des Landes, wo mit 17 m bis 21 m der größte Tidenhub der Welt gemessen wird, ist ein System von mehreren Gezeitenkraftwerken geplant (und z. T. in Bau), das eines Tages eine Leistung von 3800 Megawatt haben soll – etwa 16mal soviel wie das Kraftwerk an der Rance.

3 *Wie eine Brücke zwischen den beiden Ufern der Rance wirkt die Staumauer des bisher einzigen Gezeitenkraftwerks der Welt in der Nähe der französischen Hafenstadt Saint-Malo. Am Ende (rechts im Bild) des 750 m langen Dammes befinden sich die Schleusentore mit den Turbinen, die aus der Kraft von Ebbe und Flut Elektrizität erzeugen. Durch die gewaltige Staumauer wurde das stark ausgebuchtete Mündungsbecken der Rance in einen natürlichen, 22 km² großen Speichersee verwandelt – ein beliebtes Ziel auch für Wassersportler.*

1

Golden Gate Bridge bei San Francisco

Wenn die Sonne über dem Pazifischen Ozean untergeht, werden die Felsenwände an der schmalen Öffnung der Bucht von San Francisco von dem Licht der letzten Sonnenstrahlen in eine warme, goldene Farbe getaucht. Das „Goldene Tor" zwischen dem Pazifik und der Bucht von San Francisco wird von der schlanken, im Kontrast zur Weite des Pazifiks fast zierlich erscheinenden Stahlkonstruktion der Golden Gate Bridge überspannt.

Abgesehen von ihrer einzigartigen Lage in einer weiträumigen Landschaft verbirgt sich hinter der eleganten Silhouette des Bauwerks eine technische Meisterleistung aus der Geschichte des Brückenbaus: Die Gesamtlänge der rot angestrichenen Hängebrücke beträgt 2,7 km, die Breite mit einer sechsspurigen Fahrbahn 27,5 m und die Höhe über dem mittleren Wasserstand 67 m. Die beiden Brückenpfeiler erreichen eine Höhe von 227 m, zwischen ihnen spannt sich ein 90 cm starkes Hängekabel, an dem die Brücke hängt.

Die Golden Gate Bridge wurde nach vierjähriger Bauzeit unter der Leitung des Brückenarchitekten Joseph Baermann Strauss am 28. Mai 1937 eingeweiht. Der Bau der Verkehrsverbindung war mit fast unüberwindlichen technischen Schwierigkeiten verbunden. Während der nördliche Brückenpfeiler auf massivem Felsgestein, das auf dieser Seite bis an den Rand des Meeres reicht, errichtet werden konnte, mußte der südliche Pfeiler ein Stück von der Küste entfernt auf den Meeresboden gesetzt und dort verankert werden. Angesichts der mächtigen Wasserströmung, die beim Gezeitenwechsel zwischen dem Pazifik und der Meeresbucht auftritt, war der Bau dieses Brückenpfeilers ein äußerst riskantes Unternehmen, das Skeptiker für nicht realisierbar hielten. Die Arbeiten zur Errichtung des Brückenpfeilers konnten nur in den strömungsschwächsten Phasen von Ebbe und Flut vorgenommen werden.

Schließlich ließ der Brückenarchitekt Strauss die Baustelle mit einer meterdicken und fünf Stockwerke hohen Betonmauer ummanteln und das Wasser aus dem abgeschlossenen Innenraum abpumpen, so daß eine Arbeitsfläche von der Größe eines Fußballfeldes entstand. Nun konnte der Bau des südlichen Brückenpfeilers ungehindert vom Sturm und von der Gezeitenströmung vorangetrieben werden.

Als Wahrzeichen San Franciscos und als Symbol des technischen Fortschritts gehört die Golden Gate Bridge heute zwar nicht zu den längsten und größten, aber zu den berühmtesten Brücken der Welt.

1 *Oft ist die Golden Gate Bridge in dichten Nebel getaucht.*
2 *Die Golden Gate Bridge wird täglich von mehr als 100 000 Kraftfahrzeugen überquert; seit ihrer Fertigstellung im Jahr 1937 haben über 900 Millionen Fahrzeuge diese Brücke befahren.*

1 *Die ausgehöhlten Felsgebilde im Tal von Göreme wirken wie riesige Termitenhügel. Die seltsame Landschaftsformation der Tuffsteinkegel, die sich aufgrund ihrer weichen Konsistenz hervorragend für den Höhlenbau eigneten, entstand nach dem Erlöschen einer Vulkankette. Das vulkanische Gestein wurde im Laufe von Jahrtausenden durch Witterungseinflüsse geformt.*

2 *Die in den Fels gehauenen Kirchen in Göreme zeigen einen reichen Freskenschmuck. Die Malereien beschränkten sich zunächst auf geometrische Linien, Rauten sowie Kranz- und Blattmotive. Mit roter Farbe wurden die Ornamente direkt auf das Tuffgestein aufgetragen. In einer späteren Periode, von der Mitte des 9. Jahrhunderts bis Ende des 12. Jahrhunderts, entstanden reichere, kunstvollere Ausmalungen mit figürlichen Darstellungen.*

Tal von Göreme

Als im 6. und 7. Jahrhundert die kleinasiatischen Provinzen des byzantinischen Reiches im Hochland der heutigen Türkei von kriegerischen Streifzügen der Perser und Araber heimgesucht wurden, zog sich die verfolgte christliche Bevölkerung aus den Städten zurück und verschwand buchstäblich unter der Erde: Im abgelegenen Tal von Göreme fand sie in riesigen Höhlenstädten, die jeweils zwischen 15 000 und 60 000 Menschen aufnehmen konnten, eine sichere Zuflucht vor den Feinden.

Die in vulkanisches Gestein gehauenen unterirdischen Stadtlabyrinthe waren praktisch uneinnehmbar. Eigene Trinkwasserbrunnen und viele komplizierte Lüftungsschächte erlaubten den Bewohnern, bei einer Belagerung des Tals ein von aller oberirdischen Zivilisation abgeschnittenes Leben zu führen. In ruhigeren Zeiten, wenn sich in den zerklüfteten Schluchten des Tals keine feindlichen Truppen aufhielten, bestellten die Bewohner der Höhlenstädte Obst- und Gemüsefelder und lebten auch in leicht zugänglichen oberirdischen Wohnhöhlen, die sie in Felsabhänge oder kegelförmige bizarre Tuffsteingebilde eingegraben hatten.

Im Lauf von Jahrhunderten erblühte im Tal von Göreme eine eigene christliche Kultur. Auch als die Christen unter der Herrschaft der Seldschuken, die im 11. Jahrhundert in das Land einfielen, keine Verfolgungen mehr zu befürchten brauchten, bewohnten sie weiterhin das Tal von Göreme, das vor allem Eremiten und Mönchen ein andachtsvolles, ruhiges Leben in weltlicher Abgeschiedenheit ermöglichte. Bis ins 20. Jahrhundert hinein war das Tal noch besiedelt. Erst 1923 verließen die letzten Bewohner ihre Höhlen.

Der Name des Tals von Göreme steht für eine ganze Reihe von Tälern und Schluchten, die während Jahrtausenden nach dem Erlöschen einer ganzen Kette von Vulkanen durch Witterungseinflüsse geformt wurden. Je nach Art des vulkanischen Gesteins schimmern Täler und Schluchten in den unterschiedlichsten Farbtönen, vom grellen Weiß des Tuffgesteins über das Violett des Andesits bis zum tiefen Schwarz des Basalts. Unter den bizarren steinernen Gebilden in den Talsohlen herrscht die Form des Pyramidenkegels aus Tuffstein vor.

Göreme war vermutlich schon in frühgeschichtlicher Zeit besiedelt. Stellten die ersten Höhlen noch primitive Behausungen dar, so entfaltete sich im 6./7. Jahrhundert mit der Besiedelung durch Christen eine kunstvolle sakrale Architektur und Wandmalerei. Alle bekannten Kirchenformen in den unterschiedlichsten architektonischen Stilrichtungen wurden aus dem Stein geschnitten und meist vollständig ausgemalt. Weil beim Aushöhlen des Gesteins statische Gesetze außer acht gelassen werden können, wirken Bögen, Kuppeln und Gewölbe, die scheinbar unzureichend abgestützt sind, oft unwirklich und unterstreichen den sakralen Charakter der Räume auf eine fast überirdische Weise. Die ersten Höhlenkirchen in Göreme hatten eine einfache Architektur: Als rechteckige Räume mit flacher Decke waren sie aus dem Fels gehöhlt. In späterer Zeit entstanden Kreuzkuppelkirchen. Die älteste mit Malereien geschmückte Kirche ist St. Theodor bei Ürgüp. Sie wurde im 8. Jahrhundert aus dem Gestein geschnitten und zunächst mit linearen Mustern ausgemalt. Im 9. Jahrhundert wurden figürliche Darstellungen hinzugefügt. Auf Medaillonbändern sind die 40 Märtyrer von Sebaste zu sehen sowie Szenen von der Kindheit Jesu bis zu seiner Auferstehung dargestellt. Auf dreifarbigem Hintergrund, der die Erde (grün), den Horizont (weiß) und den Himmel (blau) symbolisiert, ist die Figurenfolge abgebildet.

Die Zahl der Menschen, die im 7./8. Jahrhundert in Göreme wohnten, wird auf mehrere Hunderttausend geschätzt. Allein im eigentlichen Tal von Göreme sind 360 Wohn-, Kloster- und Kirchenanlagen bekannt. Viele der bereits bekannten unterirdischen Stadtanlagen sind noch nicht genau erforscht.

3 *Die weiß schimmernden Tuffsteinkegel in Göreme sind häufig vom Fuß bis zur Spitze vollständig für Höhlenwohnungen genutzt worden. Dies führte dazu, daß die verbliebenen bloßen Steingerüste sehr instabil wurden und dem Besucherandrang des modernen Tourismus nicht mehr standzuhalten vermochten. Viele Bauten stürzten ein, andere sind vom Einsturz weiterhin bedroht. Nur mit besonderer Genehmigung ist das Tal heute noch zu besichtigen.*

4 *Diese aus dem Fels gehauene Kirche in Göreme ist mit prächtigen, farbenfrohen Fresken geschmückt.*

Querschnitt durch den Gotthard-Straßentunnel (Gesamtlänge des Tunnels: 16,9 km): **1–6** Lüftungsschächte Göschenen, Bäzberg, Hospental, Guspisbach, Motto di Dentro, Airolo; **7** Monte Prosa

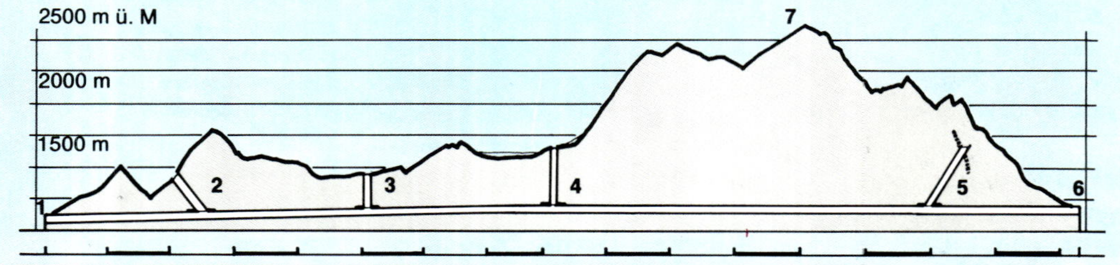

Gotthard-Straßentunnel

Die Staubwolken nach der letzten Sprengstoffdetonation im Sicherheitsstollen des Gotthard-Straßentunnels hatten sich kaum gelegt, da fielen sich die von zwei Seiten über die Gesteinsbrocken stolpernden Tunnelarbeiter jubelnd in die Arme: Am 26. März 1976 war nach Jahren der Schwerstarbeit der Durchbruch im längsten Straßentunnel der Welt gelungen. In den Orten Göschenen und Airolo, wo sich die beiden Tunnelportale befinden, wurde das Ereignis mit Festen gefeiert, und der schweizerische Bundesrat Hans Hürlimann schrieb in das Goldene Buch der Gemeinde Airolo: „Ein unvergeßlicher Tag, ein Ehrentag für alle Beteiligten! Die kleine Schweiz schafft den größten Autotunnel der Welt."

2

Der Gotthard, ein reichgegliedertes Gebirgsmassiv im Zentrum der schweizerischen Südalpen, liegt genau auf der Linie, welche die großen Kultur- und Wirtschaftszentren Nordeuropas und Italiens auf dem kürzesten Wege miteinander verbindet. Im Jahre 1970 wurde mit dem Bau eines Straßentunnels durch das Gotthard-Massiv begonnen. Von beiden Tunnelportalen aus wurden gleichzeitig der Haupttunnel und parallel dazu in einem Abstand von 30 m ein Sicherheitsstollen in den Berg getrieben. Zwei jeweils 52 t schwere Bohr-Jumbos stemmten mit ihren Bohrhämmern Sprenglöcher in das Felsmassiv, durch das schließlich mit insgesamt 2800 t Dynamit die Tunnelröhren gesprengt wurden. Laserstrahlen legten die genaue Richtung des Vortriebs fest, und in der Mitte des Bergmassivs trafen beide Tunnelstollen zentimetergenau aufeinander.

Die größte technische Schwierigkeit ergab sich aus dem unterschiedlichen geologischen Profil des Berges, der nicht nur aus kompaktem Granit, sondern aus einer bunten Folge verschieden dichter Gesteinszonen mit gefährlichen Klüften und lockerem Gestein besteht. Mit seinem künstlichen Vortunnel weist der Straßentunnel eine Gesamtlänge von 16,9 km auf. Alle 250 m befinden sich Schutzräume als Verbindungen zwischen dem Haupttunnel und dem Sicherheitsstollen, der bei Gefahr als Fluchtweg genutzt werden kann. Über dem Fahrraum des Tunnels liegen, durch eine Zwischendecke getrennt, Frischluft- und Abluftkanäle. Insgesamt mußten vier Belüftungsstollen mit einer Länge zwischen 300 und 900 m in den Berg gebohrt werden. Nicht erkennbar für den Benutzer des Straßentunnels ist die technisch aufwendige computergesteuerte Betriebsüberwachung und Sicherheitsausstattung des Tunnels. Etwa 15 Minuten dauert die Fahrt mit dem Auto durch den längsten Straßentunnel der Welt – dank der modernen Technik ein unbeschwerlicher Weg zur „Überwindung“ der Alpen.

1 *Das Tunnelportal des Gotthard-Straßentunnels in Airolo.*
2 *Die Paßstraße über den Gotthard nimmt eine jahrhundertealte Führungsstellung unter den europäischen Nord-Süd-Verbindungen ein und verfügt über eine lange Tradition als Handels-, Pilger- und Heeresweg. Zwischen 1805 und 1830 wurde die Gotthardroute erstmals befahrbar gemacht. Mit der Entwicklung des Straßenverkehrs im 20. Jahrhundert mußte die Gotthardstraße mehrmals ausgebaut werden. Heute durchquert der längste Straßentunnel der Welt das Gotthard-Massiv.*

Das Grab des ersten Kaisers von China bei Xian

1974 wurden sie bei Brunnenbohrungen in der Nähe von Xian gefunden: Über 7000 lebensgroße Tonfiguren, Soldaten, Pferde und Streitwagen, die das Grab des Kaisers von China, Shih Huang Ti, der 210 v. Chr. starb, seit über zwei Jahrtausenden bewachen. In 200 m langen unterirdischen Korridoren ist in Vierer-Reihen ein Infanterieregiment in Schlachtordnung aufgestellt, eine weitere Anlage enthält Streitwagen und Kavallerie, in einer dritten Kammer ist der Hauptbefehlsstand der Armee untergebracht. Alle Figuren sind nach Osten ausgerichtet, ihre Größe schwankt zwischen 1,80 m und 1,96 m – je nach ihrem Rang innerhalb der Streitmacht. Die Soldaten haben individuelle Gesichter; nur die Körper wurden vermutlich serienmäßig hergestellt. Durch Bemalung wurde die Illusion von Lebendigkeit verstärkt.

Westlich der kaiserlichen Krieger erhebt sich der 50 m hohe Grabhügel des ersten Herrschers über ein geeintes China. Der Geschichtsschreiber Ssu-ma Ch'ien berichtete in den historischen Aufzeichnungen „Shih Chi" über die Grabkammer, die durch selbsttätige Armbrüste vor Räubern geschützt sein soll. Modelle von Palästen und öffentlichen Gebäuden, Nachbildungen der großen Flüsse aus Edelmetallen und anderer Kostbarkeiten sollen sich in dem Mausoleum befinden, das bis heute noch verschlossen ist. Ursprünglich war der Grabhügel von zwei Mauerringen umgeben; der innere Wall umschloß ein Fläche von 685 × 578 m, der äußere ein Areal von 2173 × 974 m. Außerdem wurden die Grabanlagen von Wächtern geschützt. In der Nähe des Grabhügels standen vermutlich Tempel für Totenopfer.

Mit dem Bau des Komplexes wurde 246 v. Chr. begonnen, als Shih Huang Ti als König Cheng die Regierung im chinesischen Teilreich Ch'in antrat. Innerhalb von 25 Jahren gelang es dem König, die anderen chinesischen Teilreiche zu besiegen und China zu einen. 221 v. Chr. nahm er den Titel Shih Huang Ti an, das bedeutet „Erhabener Kaiser des Anfangs".

Shih Huang Ti baute eine zentralistische, von Beamten getragene Verwaltung auf und brach die Macht des Feudaladels. Schrift, Maße und Gewichte wurden vereinheitlicht, das Straßensystem verbessert. Sein brutales Regime rief jedoch bald den Widerstand der entmachteten gebildeten Oberschicht hervor, die sich auf alte Schriften berief. Shih Huang Ti ordnete 213 v. Chr. eine Bücherverbrennung an und verurteilte rebellierende Intellektuelle zur Zwangsarbeit an der chinesischen Mauer (→ S. 92/93). Auch die riesige Grabanlage des Kaisers bei Xian, der Hauptstadt des Reiches, wurde von rund 700 000 Zwangsarbeitern errichtet.

Eine einzigartige Ruhestätte hat sich Shih Huang Ti jedoch nicht schaffen können: 1985 wurde bei Xuzhou in der Provinz Jiangsu eine Grabanlage mit rund 3000 Tonsoldaten und -pferden freigelegt, die vermutlich für einen Herrscher der Han-Dynastie (206 v. Chr. – 220 n. Chr.) angelegt wurde.

In 200 m langen Reihen stehen die lebensgroßen Kriegerfiguren aus Ton, die den Grabhügel des ersten Kaisers eines geeinten China, Shih Huang Ti, bewachen sollten. Ursprünglich waren die Tonfiguren bemalt und mit Bronzewaffen ausgerüstet, die jedoch zum großen Teil geraubt worden sind. Bisher ist nur ein kleiner Bereich der großartigen Anlage bei Xian ausgegraben worden, man vermutet, daß in der Umgegend des Grabhügels noch weitere unterirdische Kammern mit Tonfiguren auf ihre Entdeckung warten.

Grand Canyon

Wie in einem Bilderbuch liegen zwei Milliarden Jahre Erdgeschichte vor den Blicken des Betrachters. Den über zwei Millionen Touristen, die jedes Jahr in die wüstenähnlichen Gebiete des nordwestlichen Arizona kommen, bietet sich ein faszinierendes Naturschauspiel. Die von Felsterrassen, -bastionen, -pfeilern, -zinnen und Schutthalden gegliederten steilen Wände der Schlucht zeigen im Wechsel der fast ebenen Gesteinslagen phantastische Farbspiele, die vorherrschenden Rottöne sind mit elfenbeinfarbenen Bändern durchsetzt, blaue, braune und schwarze Farben gliedern die steilen Hänge.
Auf einer Länge von 350 km durchbricht die vom Colorado durchflossene, an ihrer Oberkante zwischen 6 km und 30 km breite und bis zu 1800 m tiefe Schlucht die trockene Ebene des Coloradoplateaus. Seine Entstehung verdankt der Grand Canyon einer Hebungsphase des Plateaus vor etwa neun Millionen Jahren. Der bereits existierende Fluß versuchte die Hebung auszugleichen. Die steile Schlucht, die er in den Boden schnitt, wird von dem herrschenden trockenen Klima vor starker Abtragung und Verschüttung geschützt.
Die widerstandsfähigen Gneis, Granit- und Glimmerschieferschichten des heutigen engen Flußbettes stammen aus der Erdfrühzeit (Präkambrium) und sind rund zwei Milliarden Jahre alt. Über ihnen weitet sich das Tal mit den jüngeren, meist aus Sandstein bestehenden Ablagerungen. Felsterrassen und -bänder lassen erkennen, wo härteres Gestein (Kalk- und Sandstein) der Arbeit des Wassers Widerstand geleistet haben. An der Oberfläche der Schlucht sind Gesteinsschichten angeschnitten, deren Alter bei rund 240 Millionen Jahren liegt.
Der Colorado überwindet auf seinem Weg durch die Schlucht 150 Stromschnellen. Ebenso wie seine Breite (15–270 m) wechselt dabei auch sein Gefälle.
Der Transport von Sand, Lehm und Geröll, der ihm den Namen Colorado gab („Der Gefärbte“), hat seit dem Bau des Glen Canyon-Staudammes am oberen Eingang der Hauptschlucht stark abgenommen. Der untere Abschluß der Schlucht wird vom Lake Mead gebildet, der durch den Bau des Hoover Dam 1936 aufgestaut wurde.
Die ersten Europäer erreichten den Grand Canyon vermutlich 1540. 1851 wurde in seiner Umgebung Gold gefunden. 1869 fuhr John Wesley Powell als erster den Colorado mit einem Boot hinab – auf dem ungezähmten Fluß ein lebensgefährliches Abenteuer. Seitdem nahm die Region durch staatliche Bemühungen, den Colorado zur Stromgewinnung und Bewässerung nutzbar zu machen, einen wirtschaftlichen Aufschwung.
Der Schönheit des Gebietes wurde Rechnung getragen, als 1908 ein Teil unter Naturschutz gestellt wurde. Heute sind die Schlucht und ihre 19 Nebencanyons in verschiedene Nationalparks integriert. Siedlungsreste (→ Cliff Dwellings, S. 94/95) zeugen von der Kultur der Indianerstämme, deren Nachfahren in den Reservationen entlang des Flusses leben. Touristisch ist die Region gut erschlossen, sogar die Fahrt Powells den Fluß hinab kann der Besucher nachvollziehen. Sie ist allerdings durch die Regulierung der Wassermassen bei weitem nicht mehr lebensgefährlich.

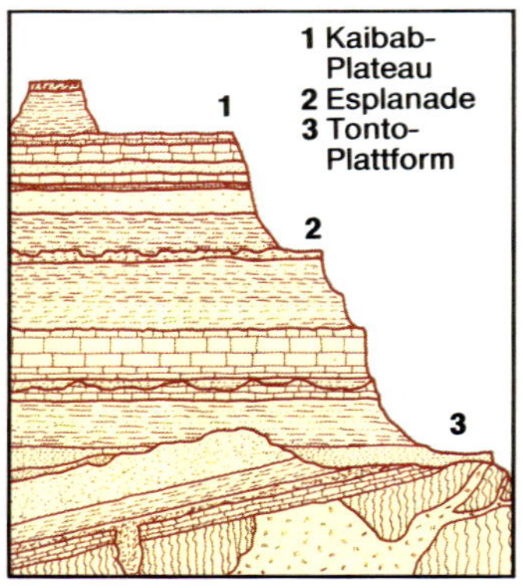

Phantastische Farbspiele und bizarre Formen bieten dem Besucher des Grand Canyon einen überwältigenden Anblick. Die Felsterrassen, -zinnen und -bastionen haben die Phantasie der weißen Entdekker zu merkwürdigen Landschaftsnamen angeregt. So finden sich Wischnu- oder Isis-Tempel in der Nachbarschaft von Walhalla und Gral. In die Tiefe der Schlucht des Colorado, der den Grand Canyon durchfließt, führen nur an einigen wenigen Stellen steile, schmale Maultier- oder Fußpfade.

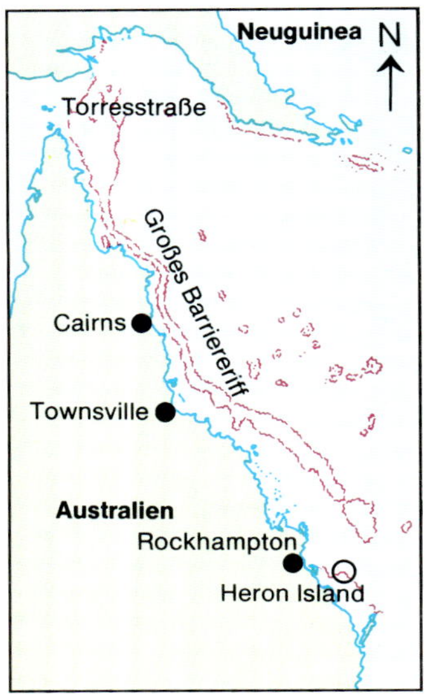

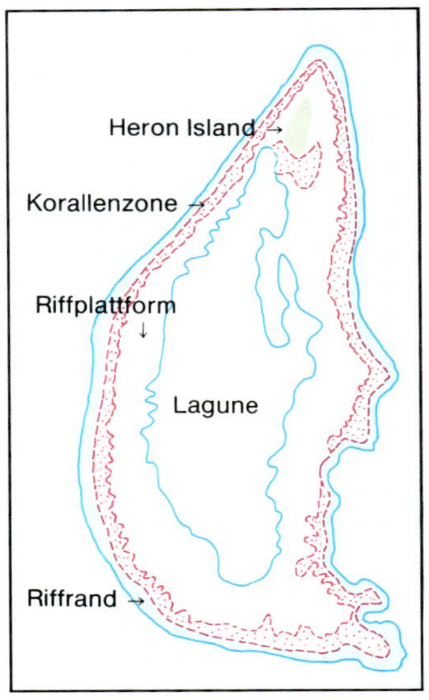

Die wechselnden blauen Farbtöne, die unterschiedliche Wassertiefen anzeigen, begleiten das große Barriere-Riff bis zur Brandungszone am Abbruch in die Tiefsee. Der größte Teil des Riffinnenraumes liegt etwa 0,5 m bis 3 m unterhalb der Hochwassermarke, wird aber auch von tieferen Kanälen durchzogen. Die rund 700 Inseln des Riffs bestehen z. T. nur aus angewehtem Kalksand und liegen nur wenig über dem Meeresspiegel. Umgeben sind die Inseln von einer Riffplattform, die bei Ebbe freiliegt.

Großes Barriere-Riff

Der Weltumsegler James Cook wäre am Großen Barriere-Riff beinahe gescheitert. Sein Versuch, einen Weg durch die Untiefen der Korallenbänke zu finden, endete mit einem mehrwöchigen Zwangsaufenthalt, um sein Schiff „Endeavour" wieder seetüchtig zu bekommen. Das Hindernis, das er durchfahren wollte, ist ein von kleinen Lebewesen erbauter, 2000 km langer Wall aus Atollen, Wall- und Saumriffen, der sich von der Südküste Neuguineas entlang der Ostküste Australiens fast bis zum südlichen Wendekreis am 25. Breitengrad erstreckt.
„The world greatest living thing" – „das größte lebende Ding der Welt", wie die Australier den faszinierenden Unterwassergarten nennen, erstreckt sich über eine Fläche von annähernd 378 000 km² (Bundesrepublik: 245 274 km²). Der Abstand des äußeren Wallriffes zur Küste schwankt zwischen 30 km und 300 km. Seit etwa 15 000 Jahren bauen die kolonienbildenden Polypen ihre becherförmigen Kalkgehäuse auf die Hüllen ihrer Vorgänger, um der Oberfläche des Meeres nahe zu bleiben. Korallen können nur bis etwa 45 m Meerestiefe existieren, denn die mit ihnen zusammen lebenden, vermutlich für die Sauerstoffzufuhr der Korallen wichtigen Algen brauchen Licht. Die Basis der Korallenbauten im Barriere-Riff liegt jedoch heute z. T. in 150 m Tiefe. Eine endgültige Erklärung hierfür steht noch aus. Der Evolutionstheoretiker Charles Darwin ging von einem langsamen Absinken des Meeresbodens aus, andere Deutungsversuche nehmen eine eiszeitlich bedingte Schwankung des Meeresspiegels an.
Außer einer hinreichenden Lichtzufuhr setzt die Entstehung eines Korallenriffs Wassertemperaturen von über 20° C, ferner salz-, kalk- und sauerstoffreiches Wasser voraus. Vor der Ostküste Australiens sorgt eine warme Meeresströmung für konstante Temperaturen. Der Salzgehalt des Wassers bleibt hoch, weil an der relativ trokkenen Küste kaum Süßwasserflüsse münden. In der Brandungszone vor allem des äußeren Riffs, das auf der Abbruchkante des australischen Kontinentalsockels zur Tiefsee wächst, führt die Sauerstoffzufuhr zu beschleunigtem Korallenwachstum.
Am meisten werden die Betrachter von der vielfältigen Tierwelt des Riffs fasziniert. 14 000 Arten von Meerestieren, darunter allein 340 Korallenarten, bieten bizarre Formen und bunte Farben. Die Korallenstöcke strecken geweihartige Äste aus, sind pilz-, schirm- und schüsselförmig. Die größte Muschelart der Erde, die bis zu 1,2 m breite Giant Clam, soll so manchem Taucher mit ihren zusammenklappenden Schalen zum Verhängnis geworden sein. Seegurken, -anemonen und -sterne leben hier, merkwürdig aussehende Fische wie Koffer- und Igelfische teilen ihren Lebensraum mit bunten Bajazzo-, Papageien- und Schmetterlingsfischen. Millionen Vögel leben und brüten auf den Inseln, Seeschildkröten kommen hierher zur Eiablage. Zur Bewahrung dieses Paradieses wurde 1983 ein Nationalpark von 345 000 km² Größe geschaffen. Gefahr droht dem Riff von zunehmendem Schiffsverkehr, geplanten Ölbohrungen und damit verbundener Wasserverschmutzung, nicht zuletzt auch von Tauchern und Muschelsammlern, die das labile ökologische Gleichgewicht des Riffs stören. Die Bedrohung durch die polypenfressende Dornenkrone, einer Seesternart, der vereinzelt bis zu 80% der nördlichen Riffbauten zum Opfer fielen, wird von Wissenschaftlern als ein regelmäßig wiederkehrendes, natürliches Ereignis ohne bleibenden Schaden angesehen.
Das Riff, das dem Entdecker Cook die Durchfahrt verweigerte, hat sich heute den Touristen geöffnet. Wer nicht fischen oder tauchen will, kann die Korallen ungefährdet durch Observatorien und durch Boote mit Glasboden betrachten. Die 200 Jahre alten Kanonen des Kapitän Cook sind bereits mit einer 18 cm dicken, pinkrosa Korallenschicht überzogen.

Guernica

Guernica – dies ist der Name einer baskischen Stadt und zugleich eines der berühmtesten und eindringlichsten Bilder von Pablo Picasso. Das Gemälde ist ein symbolischer Protest gegen den faschistischen Terror und ein Aufschrei gegen die Unmenschlichkeit des Krieges. Während des Spanischen Bürgerkriegs bombardierten am 26. April 1937 Flugzeuge der deutschen Legion Condor stundenlang die spanische Stadt Guernica, die wegen der „Heiligen Eiche", dem alten Versammlungsort der baskischen Landtage, als Nationalheiligtum der Basken gilt.
Der erste Angriff Guernicas durch die Legion Condor am späten Nachmittag dauerte über eine Stunde, gegen Abend kehrten die Flugzeuge nochmals zurück und warfen Brandbomben ab. Der Angriff forderte mindestens 1645 Todesopfer und 889 Verletzte unter der Zivilbevölkerung, die Stadt wurde nahezu völlig zerstört.
Im Juli 1936 war nach einem rechtsgerichteten Militärputsch ein Bürgerkrieg in Spanien ausgebrochen. Die Aufständischen unter Führung des Generals Francisco Franco gewannen gegenüber den amtierenden Linksrepublikanern rasch an Boden. An den mit großer Härte geführten Kämpfen nahmen auch ausländische Hilfstruppen auf beiden Seiten teil. Das nationalsozialistische Deutschland entsandte die sog. Legion Condor zur Unterstützung Francos nach Spanien.
Der in Paris lebende spanische Maler Pablo Picasso hatte im Januar 1937 von der republikanischen spanischen Regierung den Auftrag erhalten, für den Spanischen Pavillon auf der Pariser Weltausstellung im Juni 1937 ein Gemälde zu schaffen. Die Berichte über die Zerstörung Guernicas bewogen Picasso dazu, in dem Auftragsbild das Grauen der Bombardements festzuhalten. „Guernica" ist Picassos erstes politisches Bild – so wie ihn auch der Spanische Bürgerkrieg zum ersten Mal zu einer politischen Stellungnahme veranlaßte, zu einem Bekenntnis für die Republik und die Freiheit. Auch in seinen Radierungen „Traum und Lüge Francos" (1937) griff er Franco direkt an; den Erlös aus dem Verkauf der 18 Radierungen stiftete Picasso einem Hilfsfonds für das republikanische Spanien. Er erklärte mehrfach, er werde niemals in das Spanien Francos zurückkehren, und er

widmete „Guernica" der Spanischen Republik. Erst seit 1981, sechs Jahre nach dem Tod Francos und der Rückkehr Spaniens zur Demokratie, hängt das Gemälde „Guernica" im Prado in Madrid.
Das Bild bedeutet einen Aufschrei gegen die Aggression der Faschisten, gegen die Brutalität und Unmenschlichkeit des Krieges, gegen den technisierten, anonymen Massenmord. Es versinnbildlicht Zerstörung und Hoffnung und ruft zum Widerstand auf. Das Gemälde ist in kargen, dunklen Farben gehalten – Schwarz, Weiß und Grau –, nur von einer Glühbirne und durch eine Tür fällt grelles Licht in den Raum. Die untere Bildhälfte zeigt das Leiden der Menschen und das Entsetzen, das sie angesichts des Schreckens befällt. Die Gewalt der Zerstörung deformiert und verunstaltet ihre Körper. Am Boden liegt ein sterbender Mann, eine Mutter klagt über ihr totes Kind. Die Augen einiger Figuren sind verschoben, verrückt: Was sie erleben, ist eine verrückte, wahnsinnige Welt, sie können die Ereignisse nicht fassen. Die obere Bildhälfte – die Darstellung des Stieres, des Pferdes und der Frau mit der Lampe – weist eine allegorische Gestaltungsweise auf, wobei die Allegorien mehrere Deutungen erfahren haben. Nach Picassos eigenen Aussagen stellt der Stier die Brutalität dar und das Pferd das Volk. Andere Interpreten, die sich auf die Symbolik in anderen Werken Picassos berufen, sehen in dem Stier eine Allegorie des spanischen Volkes, seiner Leiden, seiner Hilflosigkeit, aber auch seiner Unzerstörbarkeit und Überlebensfähigkeit. Symbole der Hoffnung verkörpern in „Guernica" das Bild der Blume und des Vogels, der Seele des sterbenden Pferdes, die dem entsetzlichen Geschehen entflieht.
Picasso verwandte in seiner Darstellung die Stilmittel des Kubismus und des Surrealismus. Den Kubismus hatte er 1907/08 zusammen mit Georges Braque entwickelt. Der Kubismus zerstört die Regeln – plastische Körperdarstellung, symmetrischer Bildaufbau, Perspektive –, nach denen jahrhundertelang jedes Bild gemalt wurde. Der Surrealismus nutzt die kubistische Formverwandlung, die anatomischen Verzerrungen, die gesteigerten Körperproportionen zur Darstellung auch symbolischer Bezüge.
Picassos Bild machte den Namen Guernica zum Synonym für die Leiden der von Krieg und Faschismus gequälten Menschen. Der große Maler entwickelte mit diesem Werk eine Kunstsprache des Antifaschismus.

Pablo Picasso malte „Guernica" als Protest gegen die Gewalt und den Schrecken des Faschismus. Anfang Mai 1937 fertigte Picasso in seinem Pariser Atelier die ersten Skizzen zu dem Gemälde an. Insgesamt entstanden über 50 Studien, in denen Picasso Motive aus seinen früheren Werken verarbeitete. Die Figuren und Tiere wurden noch während der Arbeit auf der Leinwand verändert. Im Juni 1937 war das 3,51 × 7,82 m große Ölgemälde fertig. Das Bild, das der Spanischen Republik gewidmet ist, befindet sich erst seit 1981 im Prado in Madrid.

Guggenheim-Museum

Mindestens ebenso berühmt wie seine Sammlungen ist die Architektur des Solomon R. Guggenheim Museums in New York, das am 21. Oktober 1959 eröffnet wurde. Sein Architekt, der Amerikaner Frank Lloyd Wright, erlebte die Vollendung dieses Gebäudes, für das er über 15 Jahre gekämpft hatte, nicht mehr. Er war am 9. April 1959 gestorben. Mit dem Guggenheim-Museum, bei dem fast nur runde Formen verwandt wurden, verwirklichte Wright den Traum von einer organischen Architektur.
Gegenüber dem New Yorker Central Park an der Fifth Avenue erhebt sich auf einem rechteckigen Sockel ein nach oben breiter werdender Rundbau, der durch eine flache Glaskuppel abgeschlossen ist. In diesem Bau befinden sich die Ausstellungsräume des Museums. Der Besucher fährt mit einem Fahrstuhl in das oberste Stockwerk und wandelt dann über eine spiralförmige, abfallende Rampe an den Kunstwerken vorbei, bis er wieder in das Erdgeschoß gelangt. Wright verwirklichte damit sein Konzept von einem Museum als einem einzigen Raum auf nur einem fortlaufenden Stockwerk. Künstliches Licht erhellt die Ausstellungsflächen. In den vom Erdgeschoß bis oben hin freien Mittelraum des Gebäudes strömt Licht durch die Glaskuppel. Bei der Innenarchitektur vermied Wright gebrochene Linien und versuchte, alle Elemente des Gebäudes organisch miteinander zu verbinden. Neben dem Ausstellungsbau erhebt sich auf einem rechteckigen Sockel ein kleinerer Bau, der u. a. Räume für Tagungen, Vorlesungen sowie eine Bibliothek enthält. Durch die Schmucklosigkeit des gesamten Baus wird die Wirkung seiner Form noch erhöht. Kritiker des Gebäudes bestreiten allerdings seine Eignung als Museum. Da die Gemälde durch die Neigung der Außenwände schräg aufgehängt sind und die Betrachter außerdem auf einer abfallenden Rampe stehen, würde die Wirkung der Kunstwerke verzerrt. Ein weiteres Problem für Ausstellungen liegt darin, daß größere Bildformate nicht präsentiert werden können. Dennoch gehört das Guggenheim-Museum zu den ungewöhnlichsten und faszinierendsten Bauwerken New Yorks.
Rund 600 000 Menschen jährlich besuchen das Museum mit seiner umfassenden Sammlung moderner Kunst. Bei durchschnittlich fünf großen Sonderausstellungen im Jahr, die zumeist den gesamten Ausstellungsraum beanspruchen, werden Werke von Wassily Kandinsky, Paul Klee, Marc Chagall, Roy Lichtenstein u. a. gezeigt. Eine der erfolgreichsten Ausstellungen beschäftigte sich mit den Mobiles von Alexander Calder. Der feste Bestand des Museums umfaßt über 4000 Werke, zu denen auch Skulpturen von Alexander Archipenko und Constantin Brancusi gehören. Begründet wurden die Sammlungen von Solomon R. Guggenheim, dessen Familie im 19. Jahrhundert in den Vereinigten Staaten ein Finanz- und Industrie-Imperium aufgebaut hatte. Guggenheim hatte zunächst Gemälde alter Meister gesammelt, bis er sich in den 20er Jahren – beraten von der österreichischen Expertin Baronin Hella Rebay von Ehrenwiesen – der zeitgenössischen Kunst zuwandte. Die Sammlung wurde in eine Stiftung umgewandelt und seit dem 1. Juni 1939 der Öffentlichkeit zugänglich gemacht.
Guggenheim war es auch, der 1943 den Architekten Frank Lloyd Wright mit dem Bau des heutigen Museums beauftragte. Der ungewöhnliche Entwurf führte jedoch zu jahrelangen Kontroversen mit den Baubehörden von New York, und erst 1956 konnte mit der Errichtung des Museums begonnen werden, das sich jedoch nur wenig von den ersten Entwürfen Wrights aus dem Jahre 1943 unterscheidet.
Durch einige Anbauten gewann das Museum 1980 weitere Ausstellungsräume, so daß z. B. die Sammlung des früherenMünchner Kunsthändlers Justin K. Thannhäuser, die vor allem Werke der französischen modernen Malerei umfaßt, ständig gezeigt werden kann.

1

2

1 *Auf einer 800 m langen, spiralförmigen Rampe geht der Besucher des Guggenheim-Museums an den ausgestellten Kunstwerken vorbei vom obersten Stockwerk zum Erdgeschoß. Die umfassenden Sammlungen des Museums für moderne Kunst enthalten allein 210 Gemälde von Wassily Kandinsky. Die Museumsleitung ist bemüht, die Lücken des Bestandes moderner Kunst zu schließen und die Sammlungen um beispielhafte Werke der Gegenwartskunst zu ergänzen. Ein Schwerpunkt liegt dabei auf den Werken junger Künstler aus den USA, aus Europa und Lateinamerika.*
2 *Mit seinen runden Formen bildet das Guggenheim-Museum einen starken Gegensatz zu seiner Umgebung an New Yorks Fifth Avenue, die von kastenförmigen Wolkenkratzern geprägt ist.*

1 *Reger Betrieb herrscht vor den Eingängen zum Moskauer Kaufhaus GUM, dem größten Warenhaus der Sowjetunion. Die Fassaden des riesigen 250 × 90 m großen Passagenkomplexes sind durch Rundbögen, Gesimse und Turmaufbauten gegliedert (im Bild die Seitenfront an der Kujbyševa/Ecke Roter Platz). Zum Roten Platz hin ist die Außenfront des Kaufhauses besonders repräsentativ gestaltet: Als einzige Fassade ist sie mit Marmor, Granit und Sandstein verblendet. Alle anderen Fassaden sind verputzt und weiß gestrichen. Im Baustil des GUM sind Renaissanceelemente mit der typischen russischen Architektur des Mittelalters vermischt.*

1

2 *Auch im Inneren der Passagen sind die Wände durch Bögen, Arkaden und Gesimse gegliedert. Die seitlichen Gänge und die Brükken führen zu den einzelnen Verkaufsabteilungen. Jeder Laden ist von mehreren Punkten aus zu erreichen. Schilder mit schwarzer Schrift geben die verschiedenen Warengattungen an. Netze aus kaum sichtbaren, fächerförmig verspannten Seilen sorgen für die Stabilität der gewölbten Glasdächer der Passagenräume.*

GUM in Moskau

Etwa 400 000 Menschen aus allen Teilen der Sowjetunion durchstreifen täglich das Staatliche Universalkaufhaus GUM, das Gossudarstwenny universaly magasin, am Roten Platz in Moskau. In dem größten Kaufhaus der UdSSR befinden sich auf einer Verkaufsfläche von 47 000 m² über 1000 Räume mit 150 Abteilungen, die ein reichhaltiges Warenangebot bereithalten. Von Lebensmitteln über Textilien bis zu Elektrogeräten finden die Käufer hier alles, was sie für den täglichen Bedarf benötigen.

Der weiträumige Baukomplex besteht aus drei parallel liegenden, fast 250 m langen, dreigeschossigen Passageräumen, die von drei zweigeschossigen Quergängen gekreuzt werden. Die einzelnen Etagen und Verkaufsflächen werden durch Galerien, leicht geschwungene Brükken und große Treppenhäuser verbunden. Rundbögen, Arkaden und Gesimse gliedern die Wände der Innenräume. Das Dach der Passagen bilden Halbtonnen aus Glas, über der Mitte des mittleren Glasdachs erhebt sich eine Kuppel. An allen vier Seiten führen jeweils drei Eingänge in das Kaufhaus. Der alte Haupteingang am Roten Platz liegt gegenüber dem Lenin-Mausoleum. Die

Außenfassade zum Roten Platz hin wirkt durch ihre Marmorverblendung repräsentativ, die anderen Außenwände sind verputzt und weiß gestrichen.
Das Kaufhaus steht auf einem Gelände, das seit Jahrhunderten dem Handel dient. Der Rote Platz und das dem Kreml (→S. 208/209) gegenüberliegende Viertel bildeten seit dem 15. Jahrhundert den Markt- und zentralen Handelsplatz Moskaus. Hier standen Verkaufsbuden, Speicher und Höfe. Seit 1786 entstanden die ersten Ladenzeilen längs der Kremlmauer und ihr gegenüber. Nach dem Brand von Moskau 1812 wurden anstelle der Ladenzeilen die Neuen Oberen Ladenreihen erbaut, die bereits über die Länge des heutigen GUM verfügten. Weil die Ladenreihen verfielen, entstand in den 60er Jahren des 19. Jahrhunderts der Plan, das Marktviertel völlig neu zu gestalten und gleichzeitig einen architektonischen Abschluß für den Roten Platz zu finden, den Kreml, Basilius-Kathedrale (→S. 44/45) und Historisches Museum begrenzen.
Den 1888 ausgeschriebenen Wettbewerb zum Neubau der Oberen Handelsreihen gewann Alexander Nikanorowitsch Pomeranzew. Er ersetzte ein regellos überbautes Ladenviertel durch ein einziges Gebäude, eine Art riesigen Basar, eine Stadt in der Stadt, in der das alte Gassensystem die Vorlage für den Passagenkomplex mit seinen Längs- und Querstraßen, Galerien und Brücken lieferte. Pomeranzew schuf mit den Neuen Handelsreihen den größten Passagenkomplex, der im 19. Jahrhundert erbaut wurde. Die Passage, einst überdachte Verbindung zwischen zwei Straßen, diente hier als architektonisches Erschließungselement für ein geschlossenes Bauwerk, mit dem sich das Handelsbürgertum ein Denkmal setzte.
Seit der Mitte des 19. Jahrhunderts entstanden in vielen Großstädten Europas die ersten Warenhäuser. Sie erhielten eine luxuriöse Ausstattung – z. B. geschwungene Freitreppen, Ornamentschmuck –, um auch reiche Kunden anzulocken. Sie glichen Palästen und dokumentierten die Herrschaft der Waren und des Geldes.
1893 wurde das neue Kaufhaus in Moskau feierlich eröffnet. Die Ladenmieten in dem Warenhaus, das fünf Millionen Rubel gekostet hatte, waren jedoch so hoch, daß viele frühere Budenbesitzer das neue Kaufhaus nicht beziehen konnten. 200 private Firmen verfügten bis zur Russischen Revolution 1917 über Verkaufsstände in den Oberen Handelsreihen.
1921 erhielt das Kaufhaus den heutigen Namen GUM. Nach der Schließung in den 30er Jahren und der Nutzung als Lazarett während des Zweiten Weltkrieges wurde es nach dem Tod von Iossif Stalin 1953 gründlich renoviert und wieder seiner ursprünglichen Bestimmung als Warenhaus übergeben.

3 *Der Blick vom Obergeschoß in einen der 250 m langen Passageräume läßt die Weiträumigkeit und Großzügigkeit der von einem Glasdach überwölbten Anlage erkennen. Im Erdgeschoß befinden sich größere Warenabteilungen, in denen Lebensmittel und Elektrogeräte verkauft werden. Die Geschäfte in den beiden oberen Etagen sind kleiner. Der Käufer einer Ware muß zunächst den Preis bezahlen und erhält dafür einen Bon, mit dem er dann den gekauften Gegenstand abholt.*

Hagia Sophia

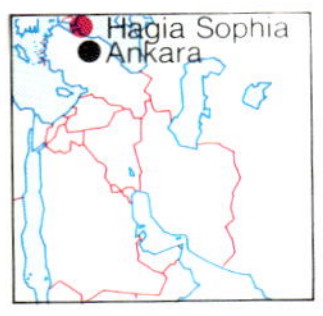

Die Hagia Sophia, die Kirche der Heiligen Weisheit, einst heiligstes Bauwerk der Hauptstadt des byzantinischen Reiches, Konstantinopel, besticht vor allem durch ihren hohen, weiten Innenraum mit seinen Lichteffekten, die den Eindruck vermitteln, als schwebe die Kuppel in der Luft. „Sie scheint nicht auf Erden verankert zu sein, sondern an goldenen Ketten vom Himmel zu hängen", urteilte ein zeitgenössischer Chronist bei der Weihe der Hagia Sophia im Jahre 537.

Aus den Fenstern an den Seitenwänden und an der Basis der Kuppel fällt das Licht ein und leuchtet alle Flächen des Innenraums in den verschiedensten Schattierungen aus. Es entstehen keine Kontraste von Hell und Dunkel, vielmehr herrschen Abstufungen von Zwielicht vor, die eine feierliche Stimmung hervorrufen. Die Kuppel der Hagia Sophia hat einen Durchmesser von 31 m. Sie gehört zwar nicht zu den größten des Altertums, ist aber wohl die am kühnsten konstruierte Kuppel.

Die byzantinische Kuppelbauweise entstand aus dem Bestreben, die Blicke der Gläubigen nach oben zu lenken, sie dem Himmel und Gott zu nähern. In der Hagia Sophia wurden alle technischen und künstlerischen Erfahrungen des Kirchenbaus im west- und oströmischen Reich zusammengefaßt und eine Verschmelzung von Basiliken (Langbauten) und Zentralbau erreicht. Eine Vielzahl von Halbkuppeln und Nebenkuppeln steigert sich räumlich bis zur Hauptkuppel. Der Innenraum erhielt in byzantinischer Zeit einen reichen Mosaikschmuck, von dem nur Reste erhalten sind. Die Figuren auf den Mosaiken standen vor einem einheitlichen goldenen Hintergrund. Sie zeigten eine frontal ausgerichtete Haltung und wirkten unbewegt. Die Themen der Mosaikbilder waren die christliche Botschaft.

Der oströmische Kaiser Justinian I. erteilte 532 den Auftrag zum Bau der prachtvollen Kirche – „einer Kirche, wie es sie noch nicht gegeben hat und nie wieder geben wird" –, nachdem die alte Sophien-Kirche, die unter Kaiser Konstantin dem Großen 326 bis 360 errichtet worden war, während des Nika-Aufstandes im Januar 532 der Zerstörung anheimgefallen war. Justinian strebte danach, seine politische Machtstellung im oströmischen Reich durch Kunstwerke zu dokumentieren. Der Bau der Kirche sollte die Macht des Kaisers und des Römischen Reiches ebenso dokumentieren wie seine sakrale Stellung innerhalb der Kirche Christi.

Justinian beauftragte den Mathematiker Anthemios von Tralles und den Baumeister Isodor von Milet mit dem Entwurf und dem Bau der Hagia Sophia.

1453 eroberten die Türken Konstantinopel und erklärten es zur Hauptstadt des Osmanischen Reiches. Für die Hagia Sophia bedeutete der Untergang des byzantinischen Reiches die Umwandlung in eine Moschee. Die Osmanen restaurierten das mehrmals vor allem durch Erdbeben stark beschädigte Bauwerk und nahmen in seinem Inneren nur wenige Veränderungen vor: Sie brachten Wandbehänge mit dem Namen des Propheten sowie mit Suren des Koran an und verkleideten die Mosaike mit Gips. Erst im 19. Jahrhundert wurden die alten byzantinischen Mosaike wiederentdeckt. Wegen des Bilderverbots des Islam mußten die figürlichen Mosaiken jedoch wieder übertüncht werden. In den 30er Jahren des 20. Jahrhunderts wurden die großartigen Mosaike endgültig freigelegt. Im Jahr 1934 – inzwischen war die Stadt Konstantinopel in Istanbul umbenannt worden – bestimmte Kemal Atatürk, der Staatspräsident der Türkei, die Hagia Sophia zu einem Museum.

Der Kunst- und Baustil der Hagia Sophia übte seit ihrer Entstehung einen nachhaltigen Einfluß aus: Die Kunst der justinianischen Epoche prägte die Kunst des Mittelalters in Ost- und Westeuropa. Im 14. Jahrhundert nahmen die osmanischen Baumeister den byzantinischen Kuppelbau auf und entwickelten ihn weiter.

1 *Beim Betreten der Hagia Sophia beeindrucken sofort die helle Lichtflut aus einer Vielzahl von Fenstern und die schier schwerelos erscheinende Dachkonstruktion eines mehrstufigen Kuppelsystems. Ein umlaufender Kranz von 40 Fenstern läßt die gewaltige Kuppel fast schwebend erscheinen. Das Kuppelgewölbe besteht aus leichten Ziegelsteinen und wird von 40 kräftigen Backsteinrippen gegliedert. Die Kuppel ruht auf vier mächtigen Pfeilern, die von außen als Strebepfeiler zu erkennen sind. An das Hauptschiff schließen sich im Osten und Westen halbkreisförmige, mit Halbkuppeln überwölbte Raumteile an. Die mächtigen Pfeiler der Kuppel sind seitlich durch zweigeschossige Säulenreihen verbunden. Die Seitenschiffe sind von Tonnen- und Kreuzgewölben bedeckt und bilden zusammen mit der Vorhalle (Narthex) einen Umgang. Die Vorhalle ist 60 m lang und 10 m breit und besitzt ein mit Goldmosaiken ausgelegtes Gewölbe. Der Eingang zur Hagia Sophia liegt heute an der Südseite des Narthex. Der Innenraum der Kirche, die über 80 m lang und einschließlich der Seitenschiffe ca. 75 m breit ist, wird von Einlegearbeiten, Mosaiken und Plastiken geschmückt.*

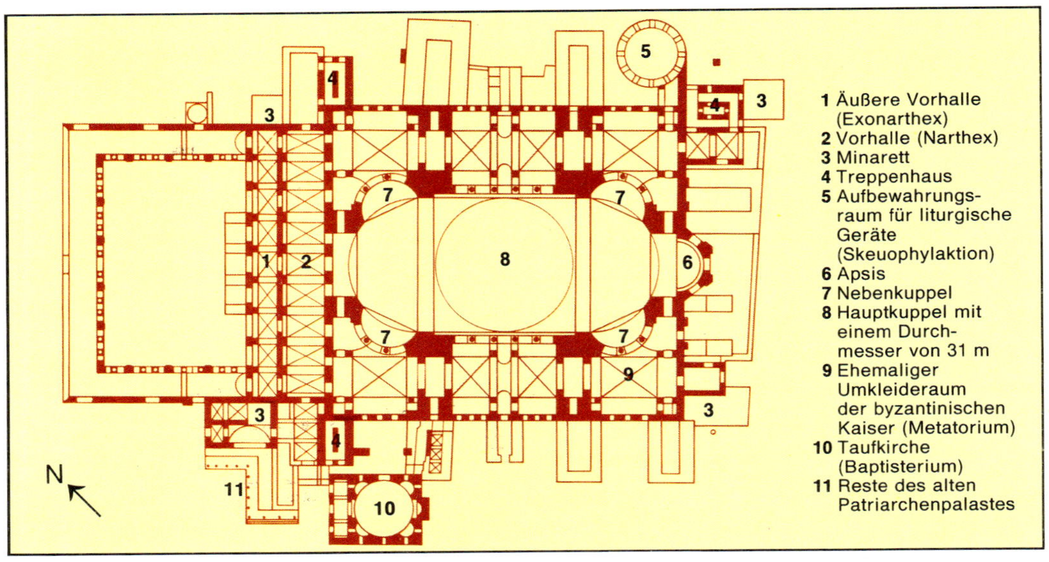

2

2 *Der wuchtige Bau der Hagia Sophia liegt im Osten der Altstadt Konstantinopels (Istanbuls) nahe dem Bosporus (→ S. 52/53). Etwa 20 Jahre nach der ersten Einweihung der Kirche (537 n. Chr.) stürzte die Kuppel bei einem Erdbeben ein; beim Wiederaufbau wurde der Scheitel um etwa sieben Meter erhöht. Die breiten Mauervorsprünge rechts und links vom Kuppelbau wurden im Lauf der Zeit errichtet, um den gewaltigen Druck der Kuppelkonstruktion auf das Mauerwerk aufzufangen. Die vier Minarette entstanden im 15. und 16. Jahrhundert nach der Umwandlung der byzantinischen Kirche in eine Moschee.*

Heratempel von Paestum

Nicht Poseidon, dem göttlichen Beherrscher der Meere, sondern Hera, der Schwester und Gemahlin des griechischen Göttervaters Zeus, ist dieser Tempel geweiht. Ein Irrtum begeisterter Archäologen führte dazu, daß der große Heratempel in Paestum auch heute noch eher als Poseidontempel bekannt ist. Durch Zufall war die alte Stadt Paestum bei Straßenbauarbeiten im 18. Jahrhundert entdeckt worden. In dem größten Sakralbau der Stadtanlage glaubten die wenig kenntnisreichen Forscher ein Heiligtum des Gottes Poseidon gefunden zu haben – für den Laien durchaus verständlich. War doch die Stadt im 7. vorchristlichen Jahrhundert von den Griechen als Poseidonia gegründet worden und waren doch die Küstengewässer vor dem süditalischen Ort von dem Meeresgott mit großem Fischreichtum versehen worden. Daß die Namensgebung ein Fehler war, stellte sich erst heraus, als man den Votivschrein des Tempels freilegte. Er enthielt zahlreiche Opfergaben für die Gottheit, zu deren Verehrung er errichtet worden war. Die Ton- und Metallskulpturen bewiesen durch Gestalt und Inschriften, daß sie der Hera geweiht waren.

Ebenso wie mit dem Heratempel erging es den Entdekkern Paestums mit den beiden anderen relativ gut erhaltenen Tempeln der alten, rund 35 km südöstlich von Salerno gelegenen Stadt. Sie hielten den zweiten, älteren Heratempel für ein öffentliches Gebäude aus römischer Zeit, eine Basilika. Dieser im Süden der Anlage gelegene Tempel ist das älteste Bauwerk der antiken Ruinenstätte; er wurde im 6. Jahrhundert v. Chr. erbaut, lange vor der Eroberung der Stadt durch die Römer. Der Name Basilika hat sich jedoch ebenso erhalten wie die Bezeichnung Demeter-Cerestempel für den kleineren Sakralbau im Norden des Sakralbereichs, der – wie sich herausstellte – Athene geweiht war, der Göttin der Künste, des Handwerks und der Kriege.

Hat sich so auch die Bezeichnung für den Poseidontempel verändert, die Bewunderung für dieses prächtige Bauwerk ist die gleiche geblieben. Vielen Wissenschaftlern gilt es heute als hervorragendstes Beispiel dorischer Baukunst, das zudem noch so gut erhalten ist wie kaum ein anderer griechischer Tempel. Das aus gelbem Muschelkalkstein errichtete Heiligtum stammt aus der Zeit um 450 v. Chr. und ist dem berühmten Parthenon auf der Akropolis von Athen (→S. 22/23) ebenbürtig, zumindest was die architektonische Meisterschaft und Ästhetik der Anlage betrifft. Die Strenge und Klarheit dorischer Baukunst verbunden mit der Raffinesse der Gestaltung machten den Heratempel trotz oder wegen seines sehr sparsamen Schmucks im heutigen Zustand zu einem Bauwerk von großer Ausgewogenheit und Harmonie. Auch wenn der Tempel mit seinen starken Säulen und einem Grundriß von 24 × 60 m sehr mächtig wirkt, erweckt er doch den Eindruck der Leichtigkeit. Dieses wird mit architektonischen Feinheiten und einem ausgeklügelten System von Proportionen erreicht. Beispielsweise sind die sechs Frontsäulen des Tempels um 5 cm breiter als die jeweils 14 Seitensäulen. Damit sich nun die Ecksäulen von vorn und von der Seite betrachtet in die Reihen der anderen Säulen eingliedern, haben sie einen leicht elliptischen Querschnitt erhalten. Um die optische Täuschung zu verhindern, daß die in einer Reihe stehenden Säulen nach innen gelehnt scheinen, sind die Treppenlinien und die Horizontalen im Gebälk um gerade 2 cm gewölbt.

Man könnte die Aufzählung architektonischer Kunstgriffe beliebig fortsetzen, die dazu führen, daß uns der Anblick des Heratempels ein Gefühl ehrfürchtiger Ruhe und heiteren Gleichklangs vermittelt. Kaum vorstellbar aber erscheint dem heutigen Betrachter, daß der Tempel ursprünglich farbig bemalt war. Während die Säulen weiß verputzt waren, bedeckten den Oberbau schwarze, blaue und rote Malereien.

1

2

3

1 *Vielleicht das Idealbild dorischer Architektur stellt der Heratempel (sog. Poseidontempel) dar. Zusammen mit dem kleineren Tempel der Hera (Abb. 2) bildet er eine gesonderte Kultstätte für die griechische Göttin.*
2 *Der älteste der drei erhaltenen Tempel Paestums ist der Mitte des 6. Jahrhunderts v. Chr. erbaute Heratempel (sog. Basilika).*
3 *Der sogenannte Athene- oder Demeter-Cerestempel unterscheidet sich von den anderen Sakralbauten durch seine langgestreckte Anlage und die Verwendung ionischer Stilelemente.*

1 Der Prunksaal der Hofbibliothek (Österreichische Nationalbibliothek) gilt als der schönste Bibliotheksraum der Welt. An den Kuppelraum schließen sich mit Säulen unterteilte Längsräume an.

2 Das große Denkmal von Kaiser Franz I., der 1804 das österreichische Kaiserreich begründete, steht auf dem Platz In der Burg. Die Statue zeigt den Kaiser als römischen Imperator. An den vier Ecken des Unterbaus symbolisieren allegorische Gestalten die Stärke, den Frieden, den Glauben und die Gerechtigkeit. Das Denkmal wurde 1842 bis 1846 von Pompeo Marchesi geschaffen. Dahinter liegt die Amalienburg, rechts daneben der Reichskanzleitrakt.

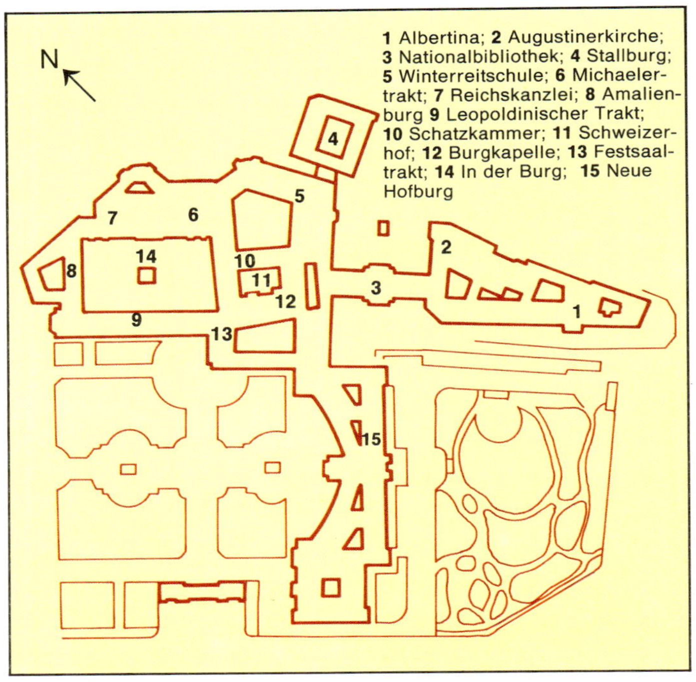

Hofburg in Wien

„Der Kongreß macht keine Fortschritte, er tanzt." Dieses Bonmot des österreichischen Feldmarschalls, Fürst de Ligne, kennzeichnete eine der glanzvollsten Veranstaltungen, die je in der Hofburg im Herzen Wiens stattfanden: Der Wiener Kongreß (1814/15), auf dem nach dem Sieg über Napoleon I. die Zukunft Europas beraten wurde.
Zwar war die Hofburg schon seit dem Ende des 13. Jahrhunderts Residenz der österreichischen Herrscher, die über 400 Jahre lang auch Kaiser des Heiligen Römischen Reiches Deutscher Nation waren, doch einen solchen Ansturm von Königen, Fürsten und Diplomaten wie im Herbst 1814 hatte Wien noch nicht erlebt.
Die Hofburg präsentiert sich heute als ein Komplex von zehn Gebäuden aus unterschiedlichen Stil- und Bauepoche mit 54 Stiegen, 19 Höfen und 2600 Räumen. Den ältesten Teil der Hofburg und zugleich Kern der Anlage umschließt der Schweizerhof, der 1279 erstmals urkundlich belegt wurde. In seinen Mauern beherbergt er die 1447–1449 erbaute gotische Burgkapelle sowie die geistliche und weltliche Schatzkammer der habsburgischen Kaiser. Durch das Westportal über den alten Burggraben gelangt man auf den Inneren Burgplatz, an dem im Südwesten der Leopoldinische Trakt liegt. Hier wohnte Maria Theresia und ihr Gemahl Kaiser Franz I. Seit 1947 befindet sich hier der Amtssitz des österreichischen Bundespräsidenten. Gegenüber dem Leopoldinischen Trakt wurde der Reichskanzleitrakt für die Reichsbehörden des römisch-deutschen Reiches erbaut. Hier residierte auch Kaiser Franz Joseph I.
Die nordwestliche Schmalseite des Inneren Burgplatzes schließt die Amalienburg, ein vierflügeliger Bau um einen kleinen Hof. Nordwestlich des Reichskanzleitraktes und ihm vorgelagert, folgt der Michaelertrakt, der an die Spanische Winterreitschule anstößt, ein Gebäude mit einem 57 m langen und 19 m breiten weißen Saal, in dem die Hofreitschule ihre Pferdedressuren vorführt. Die Stallungen der Lipizzaner befinden sich im Erdgeschoß der angrenzenden Stallburg. Die Gebäude des Schweizerhofs werden im Südosten von dem mit der Winterreitschule verbundenen Großen und Kleinen Redoutensaal (1744–1748) und der Hofbibliothek, heute Österreichische Nationalbibliothek, begrenzt.

Im Südwesten des Hofburgkomplexes liegt der Äußere Burgplatz, der weitläufige Heldenplatz, den die geschwungene Fassade der Neuen Hofburg begrenzt. Ihn schmücken zwei Reiterdenkmäler für Erzherzog Karl und Prinz Eugen von Savoyen.
Die Hofburg blickt auf eine über 700jährige Bau- und Stilgeschichte zurück. Von gotischen Bauelementen geprägt ist die Burgkapelle, in der die Sonntagsmessen von den Wiener Sängerknaben begleitet werden. Die 1577 fertiggestellte Amalienburg zeigt im Detail noch Renaissance-Stil, während der zwischen 1660 und 1681 erbaute Leopoldinische Trakt ebenso barocke Züge aufweist wie die einige Jahrzehnte später erfolgte Erweiterung der Hofburg durch den Reichskanzleitrakt (1723–1730), die Spanische Winterreitschule (1735 vollendet) und die von Bernhard Johann und Joseph Emanuel Fischer von Erlach erbaute Hofbibliothek mit dem von korinthischen Säulen geschmückten Prunksaal (1723–1735), die mit einem Bestand von über 1,7 Millionen Büchern zu den großen Bibliotheken der Welt zählt.
Im 19 Jahrhundert wurden das heutige Kongreßzentrum und der Michaeler-Trakt (1893 vollendet) mit der viergeschossigen Fassade und der Kuppel über der Eingangshalle hinzugefügt. Hier stand früher das Burgtheater. 1888 zog die Bühne in ein neues Haus an der Ringstraße um, das neben der Staatsoper, dem Naturhistorischen und dem Kunsthistorischen Museum zu den prägenden Monumentalbauten aus der „Ringstraßen-Ära", der Bauepoche des Historismus im Wien des späten 19. Jahrhunderts zählt.
Die Neue Hofburg sollte nach den Plänen des Architekten Gottfried Semper noch ein am westlichen Ende des Heldenplatzes gelegenes Gegenüber erhalten und so zum „Kaiserforum" werden, doch der sparsame Kaiser Franz Joseph I., der in seinem Schlafzimmer im Reichskanzleitrakt auf einem Feldbett zu nächtigen pflegte, genehmigte nur den Bau eines Flügels, der zwischen 1881 und 1913 fertiggestellt wurde.
Auch im 20. Jahrhundert dient die Wiener Hofburg noch als Bühne für die Diplomatie der Großmächte: Im ehemaligen Redoutensaal unterzeichneten 1979 der amerikanische Präsident Jimmy Carter und der sowjetische Staats- und Parteichef Leonid Breschnew das zweite Abkommen zur Begrenzung der strategischen Rüstung (SALT II). An dem Tisch, an dem sie ihre Unterschrift leisteten, führte einst Kaiser Franz Joseph I. den Vorsitz im Staatsrat.

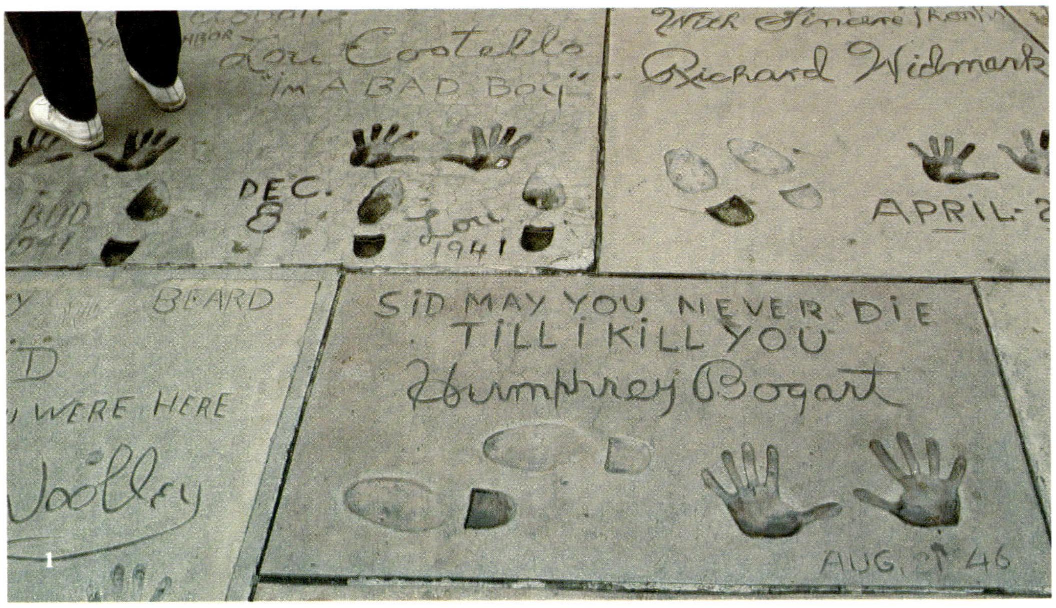

1 *Im Vorhof des Chinese Theatre, dem wohl bekanntesten Kino Hollywoods, erinnern Unterschriften, Hand- und Fußabdrücke, die in feuchte Zementplatten eingedrückt wurden, an Filmgrößen aus Vergangenheit und Gegenwart. Einige Westerndarsteller brachten auch ihre Pferde zum Hufabdruck mit. Mehr als 150 Stars haben hier ihre Spuren hinterlassen; jährlich kommen die Abdrücke von drei berühmt gewordenen Größen der Filmbranche neu hinzu. Der vorhandene Raum reicht vermutlich noch aus, um alle großen, künftigen Filmstars bis zum Jahr 2020 zu verewigen.*

2 *In einer Querstraße des Hollywood Boulevard, der belebten Hauptstraße Hollywoods, befindet sich das berühmte Chinese Theatre. Die Eingangsfassade des Filmtheaters ist von chinesischen Stilelementen beeinflußt. Der Kinopalast, einer der prunkvollsten Hollywoods, 1927 von Sid Grauman mit DeMilles „King of Kings" eröffnet und später von Ted Mann übernommen, ist noch heute eine der größten Attraktionen der kalifornischen Filmstadt. Auch die Innenräume des Filmtheaters sind mit Teppichen, Vasen, Figuren und Lampen im chinesischen Stil eingerichtet. Im Chinese Theatre finden noch heute wichtige Filmpremieren statt.*

3 *In riesigen, bei Dunkelheit hell beleuchteten Lettern prangt der Name „Hollywood" an einem Felsen in der Umgebung der Filmmetropole. Das berühmte Namensschild diente ursprünglich (1923) als Reklame für die Neubausiedlung Hollywood. Das Gebäude und der Fernmeldeturm auf der Felsenkuppe veranschaulichen die Größe der Buchstaben.*

Hollywood

Hollywood, die Traumfabrik, bis in die 40er Jahre unbestrittene Filmhauptstadt der Welt und noch heute Zentrum der amerikanischen Film- und Fernsehindustrie, liegt in einer hügeligen Landschaft etwa zwölf Kilometer nordwestlich des Stadtkerns von Los Angeles in Kalifornien. 1907 wurde hier der erste Film fertiggestellt. Das erste Filmstudio entstand 1911. Innerhalb weniger Monate kamen 15 weitere Ateliers hinzu. Schon 1919 stammten 90% aller in Europa aufgeführten Filme aus der kalifornischen Filmmetropole. Produzenten wie Samuel Goldwyn, William Fox, Carl Laemmle, Adolph Zukor oder Louis B. Mayer gelten als Begründer des Star-Systems, das dem Hollywood-Film zu weltweitem Ruhm verhalf. Seine Kennzeichen sind Professionalität, Dramatik und eine einfache, auf Stars zugeschnittene Erzähltechnik. Besonders erfolgreich war dieser Stil in Genres wie Filmkomödien, Western und Abenteuerfilmen.

Glanz und Glimmer der Star-Welt Hollywoods zeigen sich im westlich der Filmstadt gelegenen Beverly Hills, das in den 20er Jahren zum mondänen Wohnort für die Großen der Filmbranche wurde, nachdem zunächst die Stummfilm-Stars Mary Pickford und Douglas Fairbanks hier ihre prunkvolle Villa Pickfair errichtet hatten.

In den 50er Jahren ging die Filmproduktion in Hollywood vor allem durch die Konkurrenz des Fernsehens stark zurück. Zahlreiche Filme wurden wegen der niedrigeren Kosten im Ausland gedreht. Das Hollywood-Kino der 60er Jahre war von einer wirtschaftlichen und künstlerischen Krise gekennzeichnet. 1960 wurden in der kalifornischen Filmstadt nur 151 Filme gedreht, rund 300 weniger als ein Jahrzehnt zuvor. Durch Regisseure wie Hal Ashby, Francis Ford Coppola, Martin Scorsese u. a. erhielt der Hollywood-Film Ende der 60er Jahre neue Impulse. Sie übernahmen das einst bewährte System, füllten die überlieferten Genres jedoch mit neuer inhaltlicher und ästhetischer Substanz.

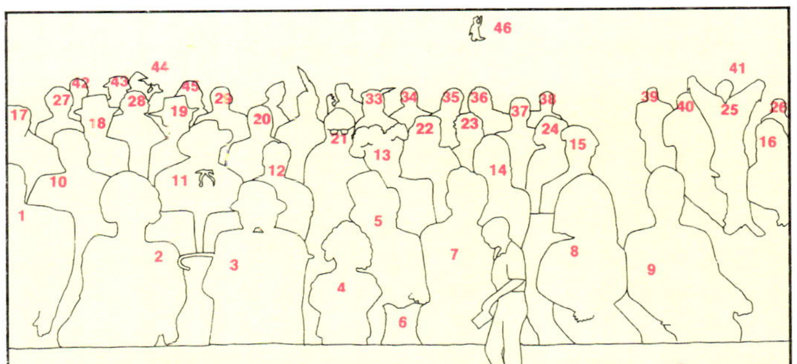

1 Humphrey Bogart; 2 Marilyn Monroe; 3 Charlie Chaplin; 4 Shirley Temple; 5 W. C. Fields; 6 Lassie; 7 James Dean; 8 Liz Taylor; 9 Richard Burton; 10 Katherine Hepburn; 11 Clark Gable; 12 Olivia De Haviland; 13 Mae West; 14 Sophia Loren; 15 Henry Fonda; 16 Jane Fonda; 17 Spencer Tracy; 18 Paul Newman; 19 Robert Redford; 20 Sydney Poitiers; 21 Woody Allen; 22 Judy Garland; 23 Mickey Rooney; 24 Carole Lombard; 25 Theda Bara; 26 Groucho Marx; 27 Joan Crawford; 28 Bette Davis; 29 Gregory Peck; 30 Greta Garbo; 31 Stan Laurel; 32 Anthony Quinn; 33 Oliver Hardy; 34 Cantinflas; 35 Richard Pryor; 36 Jane Russell; 37 Al Jolson; 38 Bruce Lee; 39 Jack Lemmon; 40 Chico Marx; 41 Harpo Marx; 42 Kirk Douglas; 43 Dean Martin; 44 Woody Woodpecker; 45 Chief Dan George; 46 E. T.

4 *Ein neues Gesicht für eine ehemals graue Hauswand an der Ecke Wilcox Boulevard und Hollywood Boulevard: Der Maler Thomas Suriya hat alte und neue Filmstars in ein imaginäres Kino gesetzt. Das Gemälde entstand im Rahmen eines Programms zur Stadtverschönerung anläßlich der Olympischen Spiele 1984 in Los Angeles.*

Victoria-Harbour Hongkong

„Es stimmt, daß Hongkong von der Hongkong & Shanghai-Bank, Jardine-Matheson, dem Jockey-Club und seiner Exzellenz, dem Gouverneur regiert wird“, schreibt John Gordon Davis in seinem Hongkong-Buch unter dem Titel „Typhoon“. Andere Kenner setzen den Jockey-Club, der die gewinnbringenden Pferderennen veranstaltet, an die Spitze der Entscheidungsträger in der britischen Kronkolonie am Südchinesischen Meer.
Einigkeit besteht jedoch darüber, daß Hongkong, dessen 5,15 Millionen Einwohner sich auf nur 1045 km² zusammendrängen, mit den dort vertretenen 115 internationalen Banken der drittgrößte Finanzplatz der Welt ist, daß die große Spielwarenindustrie ebenso wie die Textil-, Elektronik- und Kunststoffindustrie seit Jahren führende Plätze in der Weltrangliste einnehmen und daß Hongkong für den Außenhandel der Volksrepublik China von größter Bedeutung ist.
Hongkongs Tor zu Welt ist der Victoria Harbour, der mit seinem jährlichen Güterumschlag zu den 20 bedeutendsten Häfen der Erde gezählt wird. Der neuerbaute Kwai-Chung-Containerhafen gehört zu den vier größten der Welt. Ein großer Teil des Personenverkehrs in der Kronkolonie – die neben der Insel Hongkong mit der alten Hauptstadt Victoria die gegenüberliegende Halbinsel Kowloon sowie die an Kowloon angrenzenden New Territories und insgesamt 235 Inseln umfaßt – wird auf dem Wasser abgewickelt. Täglich überqueren fast 200 000 Menschen auf 16 verschiedenen Fährverbindungen den Hafen. Tausende werden täglich zur benachbarten portugiesischen Kolonie Macao befördert.
Das bunte Gewimmel von Schiffen verschiedenster Größe und Bauart verleiht Victoria Harbour sein unverwechselbares Fluidum: Chinesische Dschunken, seit Jahrhunderten im gleichen Stil erbaut, und mächtige Ozeanriesen, schnelle Luftkissenboote und vorsichtig rangierende Containerschiffe, klobige Autofähren und zerbrechlich wirkende Wohnboote, auf denen ein Teil der Bevölkerung Hongkongs seit Generationen sein einfaches Leben fristet. Eng aneinandergereiht bilden die Boote eine eigene Stadt auf dem Wasser. Kleine Motorboote übernehmen den Verkehr; auch die Versorgung erfolgt durch schwimmende Läden.
Doch am 8. Juni 1997 könnten die goldenen Zeiten Hongkongs vorbei sein. Dann nämlich läuft der 1898 zwischen Großbritannien und dem Chinesischen Reich geschlossene Pachtvertrag für die New-Territories aus. Ohne sein Hinterland wäre Hongkong, das 1842 und 1860 für immer an Großbritannien abgetreten wurde, nicht lebensfähig. Wie ein Symbol des Niedergangs wirkte im April 1984 die Ankündigung des Handelshauses Jardine-Matheson, den Firmensitz auf die Bermudas zu verlegen. Als einer der ersten war Jardine Matheson 1832 nach Hongkong gekommen, als einer der ersten wird er die Kronkolonie verlassen.

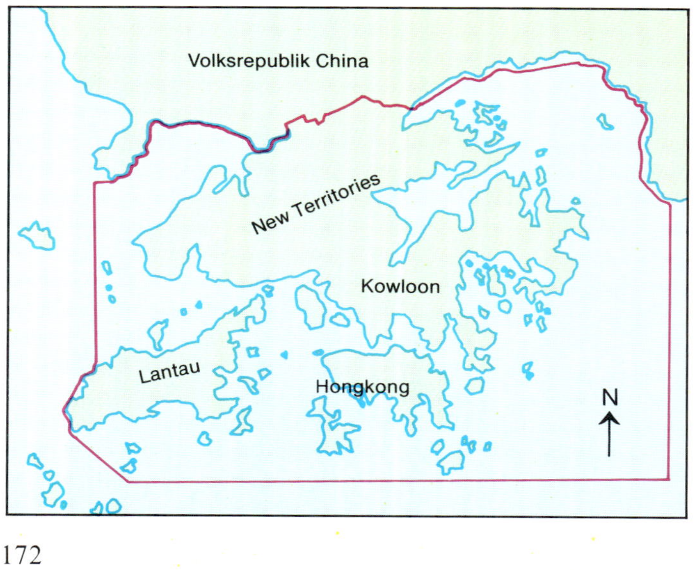

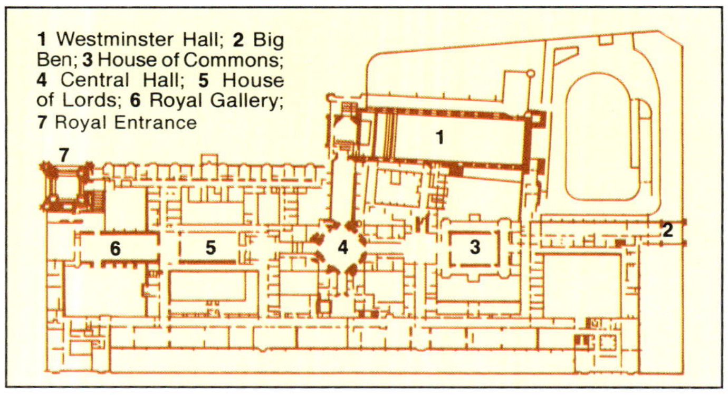

1 *Luftaufnahme der Houses of Parliament mit Westminster Abbey im Vordergrund.*
2 *Elisabeth II., Königin von Großbritannien und Haupt des Commonwealth, beim Verlesen ihrer Thronrede, in der die Politik der Regierung erläutert wird. Zuvor wurde der Königin in einem eigens dafür vorgesehenen Raum eine Festrobe angelegt und die Königskrone aufgesetzt. Gefolgt von ihrem Hofstaat betritt die Königin unter Salutschüssen den Sitzungssaal des Oberhauses, in dem die beiden Kammern des Parlaments, das Unter- und das Oberhaus, versammelt sind.*

Houses of Parliament

Alljährlich findet in London eine prächtige und traditionell streng reglementierte Zeremonie statt, die von der Öffentlichkeit mit regem Interesse verfolgt wird: Zur Eröffnung der neuen Sitzungsperiode des Parlaments oder zum Antritt einer neuen Regierung verläßt die britische Königin ihre Residenz, den Buckingham Palace, und fährt in der Irischen Staatskarosse, begleitet von einem farbenprächtigen Umzug in historischen Gewändern, zu den Houses of Parliament. In das Parlamentsgebäude gelangt die Königin durch die 16 m hohe Königspforte (Royal Entrance). Vor den beiden im Sitzungssaal des Oberhauses versammelten Kammern des Parlaments, dem Ober- und dem Unterhaus, verliest die Königin eine Thronrede, in der die Politik der Regierung in ihren Grundzügen dargestellt ist.

Der Gebäudekomplex der Houses of Parliament befindet sich an der Stelle des mittelalterlichen Königspalastes (bis zu Heinrich VIII.) und wird daher auch The Palace of Westminster genannt. Der alte Palast wurde um 1050 von Eduard dem Bekenner errichtet und später von Wilhelm dem Eroberer und seinem Sohn Wilhelm II. Rufus vergrößert. Letzterer ließ auch die zum heutigen Gebäudekomplex gehörende Westminster Hall erbauen (1097–1099), die eng mit der Geschichte Englands verbunden und seit 1224 Schauplatz großer politischer Ereignisse war. Hier tagte der englische oberste Gerichtshof. Nach verheerenden Brandkatastrophen erhielt Westminster Hall Ende des 14. Jahrhunderts ihre heutige Gestalt mit der eindrucksvollen Deckenkonstruktion aus geschnitztem Eichenholz.

Der mit der Halle verbundene Parlamentskomplex wurde zwischen 1840 und 1850 nach Plänen des Architekten Charles Barry erbaut: Als Reverenz gegenüber der nahe gelegenen Westminster Abbey (→ S. 428/429) entstand ein Gebäude im Stil der Neugotik, das mit seiner majestätisch gezackten Silhouette zu den repräsentativsten Bauwerken Londons gehört.

Neben den Sitzungssälen des House of Commons (Unterhaus) und des House of Lords (Oberhaus) befindet sich in dem direkt an der Themse gelegenen Gebäudekomplex, der insgesamt etwa 1100 Räume und elf Höfe umfaßt, die Royal Gallery (Königliche Galerie); ihre Längsseiten schmücken zwei große Fresken von Daniel Maclise: „Der Tod Nelsons" und „Die Begegnung von Wellington und Blücher nach der Schlacht bei Waterloo". Ein originelles Bauwerk stellt der 1858 errichtete Victoria Tower (Victoria Turm) mit seinem quadratischen Grundriß und einer Höhe von 102 m dar; während der Parlamentssitzungen weht auf dem Victoria Tower die englische Flagge, der Union Jack. Der Clock-Tower (Uhrturm) des Westminster-Palastes – „Big Ben" – ist neben Trafalgar Square und der Tower Bridge (→ S. 404/405) das wohl berühmteste Wahrzeichen Londons.

3 *Die Houses of Parliament liegen direkt an der Themse. An den Seiten des Gebäudes befinden sich der Victoria Tower und der Clock-Tower. Der berühmte Uhrturm Big Ben ist knapp 100 m hoch. Die angebrachten Zifferblätter der Uhr haben jeweils einen Durchmesser von über 8 m. Im Turm, dem Symbol Londons, hängt eine riesige Glocke, die 13 t wiegt und deren Geläute als Pausenzeichen des britischen Rundfunks weltbekannt wurde.*

1 *Am Ufer der Moldau, die von der Karlsbrücke (→ S. 190/191) aus dem 14. Jahrhundert überspannt wird, erhebt sich der Hradschin mit den drei charakteristischen Türmen des Veitsdoms.*

2 *Der Veitsdom ist der prachtvollste Bau auf dem Hradschin. Der Chor des Doms ist von gotischen Strebepfeilern umgeben und mißt 74 m in der Länge und 39 m in der Höhe.*

Hradschin in Prag

1000 Jahre europäischer Geschichte prägen das Gesicht des Hradschin, der Prager Burg. Auf den Resten einer Festung der böhmischen Przemysliden-Herrscher aus dem 9. Jahrhundert errichteten Könige und Kaiser eine Burg, die 1346 und erneut 1576 auch zur Residenz der römisch-deutschen Kaiser wurde. Mit dem Prager Fenstersturz 1618 begann der Dreißigjährige Krieg, 1918 wurde der Hradschin Sitz des Präsidenten der Tschechoslowakei.

Drei Burghöfe unterteilen die sich über eine Länge von fast 600 m erstreckende Anlage. Der erste Hof gegenüber dem Hradschiner Platz entstand 1756 bis 1774 auf Wunsch der österreichischen Erzherzogin und Königin von Böhmen, Maria Theresia, deren Hofbaumeister Nikolaus Pacassi die aus verschiedenen Stilepochen von der Romanik bis zum Barock stammenden Bauten des Hradschin zu einem äußerlich weitgehend einheitlichen Gesamtgefüge verband und auf diese Weise vieles von dem verdeckte, was in den Jahrhunderten zuvor entstanden war. Durch das von Kaiser Matthias 1614 als erstem profanen Barockbau in Prag errichtete Matthias-Tor führt der Weg in den zweiten Hof mit der Burggalerie und der Heilig-Kreuz-Kapelle. Der dritte Hof, der Kern des Hradschin, wird im Norden durch den St. Veits-Dom, im Süden durch den Königlichen Palast begrenzt.

585 Jahre dauerten die Arbeiten an dieser größten Kirche Prags, deren drei Türme das Bild des Hradschin beherrschen. Kleiner zwar als der Dom zu Köln (→ S. 202/203), doch ähnlich wie dieser ein Symbol der nationalen Einheit: Tschechische Patrioten gründeten im 19. Jahrhundert eine Dombaugesellschaft, die 1873 den Grundstein zu dem im neugotischen Stil gehaltenen Westteil des Kirchenbaus mit den beiden mächtigen, 82 m hohen Türmen legte.

1929, zum tausendsten Todestag des Schutzpatrons von Böhmen, des heiligen Wenzel, erfolgte die feierliche Einweihung des Doms.

Zu den Baumeistern, die das Gesicht des Doms entscheidend prägten, gehörte der Deutsche Peter Parler. Zwischen 1353 und 1399 wirkte er in Prag und schuf während dieser Zeit die „Goldene Pforte", das reichverzierte Südportal mit einer dreiteiligen Vorhalle, und den Kranz von Kapellen im Ostchor des Doms, darunter die Wenzelskapelle, deren Wände im unteren Teil mit 1300 Halbedelsteinen geschmückt sind und die den Reliquienschrein des heiligen Wenzel enthält. Parler legte auch den Grundstein für den 109 m hohen Hauptturm am Südportal, der 1554 fertiggestellt wurde und 1770 ein barockes Zwiebeldach erhielt.

Südlich vom Veitsdom steht der Königliche Palast, der den böhmischen Königen bis zum Ende des 16. Jahrhunderts, als sich die seit 1527 regierenden Habsburger im Westteil des Hradschin eine neue Residenz errichteten, als Herrschaftssitz diente. Im Innern des Palastes errichtete König Wladislaw Jagello zwischen 1486 und 1502 einen 62 m langen Saal mit einem aufgelockerten spätgotischen Rippengewölbe, der außer zu Repräsentationszwecken auch zu Reitturnieren genutzt wurde. Über eine breite Eingangstreppe konnten die Teilnehmer eines solchen Wettkampfs hoch zu Roß den Saal erreichen. Seit 1934 werden hier die Präsidenten der Tschechoslowakischen Republik gewählt.

Der danebenliegende Ludwigspalast beherbergte einst die Räume der Böhmischen Kanzlei, aus deren Fenster am 23. Mai 1618 zwei habsburgisch-kaiserliche Statthalter von protestantischen böhmischen Adligen 15 m tief in den Burggraben gestürzt wurden. Zwar verlief der Sturz glimpflich, dennoch lieferte er das Signal für den böhmischen Aufstand und den Dreißigjährigen Krieg, der Böhmen und Deutschland zum Schlachtfeld der europäischen Großmächte werden ließ.

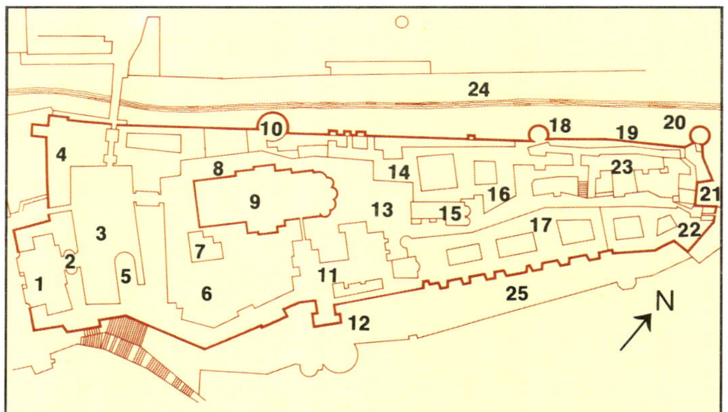

1 Erster Burghof, Westeingang des Hradschin zum Hradschiner Platz; **2** Matthias-Tor (auch Eingang zum ehemaligen Thronsaal und zur Wohnung des Präsidenten der ČSSR); **3** Zweiter Burghof; **4** Burggalerie (europäische Maler des 16. und 17. Jahrhunderts); **5** Schatzkammer; **6** Dritter Burghof; **7** Alte Probstei; **8** Vikargasse; **9** Veitsdom; **10** Mihulka-Turm; **11** Palast der Könige von Böhmen; **12** ehemalige Böhmische Kanzlei (Ort des »Prager Fenstersturzes«); **13** Georgsplatz; **14** Neue Probstei; **15** Basilika St. Georg (heute Konzertsaal); **16** ehemaliges Benediktinerinnenkloster zum hl. Georg (heute Sammlung alter Kunst Böhmens der Nationalgalerie); **17** ehemaliges adliges Damenstift; **18** Weißer Turm; **19** »Goldenes Gäßchen«; **20** Daliborka-Turm; **21** Schwarzer Turm; **22** Palais Lobkowitz; **23** altes Burggrafenamt (heute Haus der Tschechoslowakischen Kinder; **24** Hirschgraben; **25** Wallgarten

Wasserfälle des Iguazú

Eingerahmt vom üppig wuchernden Pflanzenmeer des südamerikanischen Regenwaldes fließen die lehmgelben Wassermassen des Rio Iguazú gemächlich dahin – scheinbar ein Fluß wie hundert andere auf dem lateinamerikanischen Kontinent. Kaum erwähnenswert scheint die Bedeutung des Stromes als Grenzfluß: Er markiert in seinem mittleren Verlauf für rund 100 km die Grenze zwischen Argentinien im Süden und Brasilien im Norden. Bevor er im Dreiländereck Brasilien, Argentinien und Paraguay schließlich in den Paraná mündet, wird die Idylle des Flusses durch einen Bruch in der Landschaft abrupt gestört. An einer kilometerlangen Felskante aus Basaltgestein stürzen die Fluten des Rio Iguazú über zwei mächtige Felsstufen von insgesamt 70 m Höhe unter gewaltigem Dröhnen in den Abgrund: Las Cataratas del Iguazú, die Wasserfälle des Iguazú.

Mit 275 Einzelfällen sind sie neben den berühmten nordamerikanischen Niagarafällen (→S. 276/277) und den Victoriafällen des Sambesi in Afrika das beeindruckendste Naturschauspiel dieser Art. Auf einer Breite von 4 km donnern die Wassermassen in die sichelförmige über 1 km lange Hauptschlucht, die am Südende Garganta del Diablo, Teufelsschlucht, heißt und sich flußabwärts in einem Canyon fortsetzt.

Die Fluten jagen gischtsprühend über die mächtigen Felstreppen und erfüllen die Schlucht mit einem endlosen Brüllen. Tonnenschwere Wassermassen donnern scheinbar träge über die Kanten in den Abgrund und hüllen sich in glitzernde Dunstschleier. Dazwischen plätschern schmale Rinnsale von Stufe zu Stufe. Einzelne Fälle haben Rinnen in den Felsen eingegraben und rasen senkrecht in die Tiefe des Iguazúgrabens. Weit entfernt hört man noch das ständige Dröhnen dieser grandiosen Wasserspiele, die in jeder Sekunde 1750 m^3 Wasser transportieren, genug, um ein mittelgroßes Schwimmbecken randvoll zu füllen. Die Felsstufen und der Canyon, in den sich der Iguazú ergießt, sind durch Zerklüftung der 1600 m dicken Decke aus vulkanischem Gestein entstanden, die als Paraná-Basalte eine Fläche von über 1 Million km^2 bedeckt und eine der größten Lavamassen der Erde bildet.

Obwohl die Cataratas del Iguazú, die zum Teil zu Brasilien und zum Teil zu Argentinien gehören, nicht so berühmt sind wie die Niagarafälle oder die Victoriafälle, sind sie touristisch erschlossen. Über kleine Brücken oberhalb der Schlucht kann der Besucher die Wasserfälle auf der ganzen Front abgehen oder sich mit einem der leichten Motorboote bis nahe an den Abgrund heranfahren lassen. Hubschrauberflüge bieten die Chance, das phantastische Schauspiel aus der Luft zu beobachten, und zwei Hotels in der Nähe der Wasserfälle ermöglichen einen längeren Aufenthalt in dem unter Naturschutz stehenden Gebiet.

Doch das Naturwunder Iguazú bekommt Konkurrenz aus dem Norden durch ein „Wunder der Technik". An der Grenze zwischen Paraguay und Brasilien – nur 40 km von den Wasserfällen des Iguazú entfernt – errichten beide Staaten gemeinsam das bislang größte Wasserkraftwerk der Welt. Ein annähernd 8 km langer Betondamm soll das Wasser des Paraná in einem 200 km langen See aufstauen. Das Kraftwerk von Itaipu, das mindestens 40 Milliarden Mark kosten wird, soll mit Abstand der größte Stromerzeuger der Welt werden und jährlich dreimal soviel Strom produzieren, wie in Brasilien verbraucht wird. Doch führte der Kraftwerksbau vorerst nur zur Zwangsumsiedlung von 40000 Bewohnern der Gegend und droht außerdem – aufgrund des gesunkenen Strombedarfs – zum wirtschaftlichen Fehlschlag für die beteiligten Länder zu werden. Demgegenüber bleiben die Cataratas del Iguazú mit ihren zwar kleineren, aber dafür natürlichen Ausmaßen sicherlich eine attraktive Sehenswürdigkeit Südamerikas.

1

2

1 *Überragt wird das Gelände des Observatoriums von Jaipur vom großen Samrat Jantra, der großen Sonnenuhr, die 27 m hoch ist und zu deren Spitze 100 Stufen hinaufführen. Im Vordergrund hängt eines der Cakra Jantra oder Ringinstrumente, dahinter ist eine der in den Boden eingelassenen Halbkugeln zu sehen.*

Observatorium von Jaipur

Eine bizarre Szenerie erwartet den Besucher im Hof des prunkvollen Maharadscha-Palastes in Jaipur, der Hauptstadt des nordindischen Bundesstaates Rajasthan: Große und kleine Baukörper in unterschiedlicher Form und Größe, schlicht und schnörkellos aus weißem Sandstein erbaut, eine Kombination aus geraden Linien und weit geschwungenen Kurven, surrealistisch anmutend und doch für wissenschaftliche Zwecke erdacht – das von 1718 bis 1734 errichtete Observatorium Jantar Mantar. Wie Abschußrampen für Raketen wirken die zwölf in unterschiedlichen Winkeln ansteigenden Treppentürme, die je nach Stand der Sonne unterschiedlich lange Schatten auf die seitlich angebrachten halbkreisförmigen Gradskalen werfen und über die Projektionswinkel astronomische Berechnungen über die Tierkreiszeichen ermöglichen sollen. An klassische Rundtempel erinnern die zwei Säulenkreise, mit denen der Sonnenstand durch den Schatten gemessen wird, den das einfallende Licht auf die Pfeiler wirft. Wie ein gewaltiger Zylinder wirkt die exakt auf der Nord-Süd-Achse erbaute Sonnenuhr, die mit ihren beiden riesigen Zifferblättern auf der einen Seite die Zeit vom 21. März bis zum 23. September, auf der anderen Seite vom 23. September bis zum 21. März anzeigt. Mit riesigen Gongs vergleichbar sind die großen Astrolabien – senkrecht aufgehängte Scheiben mit einer eingravierten Abbildung des Sternenhimmels und der Grundkreise des astronomischen Koordinatensystems –

die durch drehbare Einlegescheiben die genaue Bestimmung der Sterne ermöglichen. Ähnlichen Zwecken, nur in größerem Maßstab, dienen auch die beiden riesigen, in die Erde eingelassenen Halbkugeln.
Der Wunsch, etwas Neues zu schaffen, bewegte den Gründer von Jaipur, Radscha Jai Singh II., nicht nur bei der Errichtung seiner 1727 erbauten, einer schachbrettartigen Anlage folgenden Stadt, sondern auch beim Bau seines Observatoriums. Die großen, steinernen Instrumente sollten die Nachteile der bis dahin üblichen Meßeinrichtungen aus Kupfer ausgleichen, die wegen ihrer Temperaturanfälligkeit und mangelnden Stabilität oft ungenaue Ergebnisse lieferten. Noch einen weiteren Grund gab es für Jai Singh, der mit Hilfe seiner astronomischen Berechnungen einen exakteren Kalender als die bisher gebräuchlichen aufstellen wollte, die Meßeinrichtungen so groß und umfangreich zu bauen: Nach seinen Vorstellungen sollten sie in einem angemessenen Verhältnis zur Weite des Kosmos stehen.
Jedoch waren die Anlagen von Jaipur schon zum Zeitpunkt ihres Entstehens überholt. Zwar ermöglichten sie eine genaue Berechnung des Verlaufs der Himmelskörper, aber eben nur auf der Grundlage der mit dem bloßen Auge gemachten Beobachtungen.
Mehr als 100 Jahre zuvor hatte der deutsche Astronom Johannes Kepler ein Fernrohr konstruiert, das 1611 erstmals gebaut wurde. 50 Jahre später wurde in Paris durch die Erfindung von Mikrometerschraube und Fadenkreuz die Kombination aus Fernrohr und Meßkreis erfolgreich erprobt. Dennoch bleibt das Observatorium von Jaipur ein eindrucksvolles Beispiel für den Wunsch, über die Grenzen der eigenen Welt hinauszublicken.

2 *Im Observatorium Jantar Mantar wurden mit Hilfe von Treppentürmen mit Gradskalen, Säulenkreisen, Halbkugeln und der großen Sonnenuhr die Himmelsabläufe erforscht. Die vom Gründer des Observatoriums, Radscha Jai Singh II., zum Teil selbst konstruierten Geräte waren unbeweglich, sie konnten nicht in Richtung der zu beobachtenden Gestirne gedreht werden. Daher baute Jai Singh noch vier weitere Observatorien, von denen aber keines so gut erhalten ist wie das in Jaipur.*

2

Kloster Jasna Góra zu Tschenstochau

Tausende von gläubigen Polen pilgern jährlich zur Schwarzen Madonna im Kloster Jasna Góra, dem wundertätigen Bild der Mutter Gottes und Nationalheiligtum Polens. Ihre Bedeutung als „Königin der polnischen Krone" erhielt die Jungfrau Maria 1655/56, als sich Polen nach dem Einfall der Schweden in einer nahezu aussichtlosen Lage befand und sich allein das Kloster Jasna Góra bei Tschenstochau (Zestochowa) unter dem Prior Augustin Kordecki zu verteidigen wußte. Als die Schweden nach über einem Monat die Belagerung einen Tag vor Weihnachten 1655 aufhoben, erschien den Polen dieser Sieg als Wundertat der Schwarzen Madonna.
Der strategisch bedeutungslose Rückzug der Schweden stärkte den polnischen Widerstand gegen die Fremdherrschaft. Die Polen eroberten die von den Schweden besetzten Gebiete zurück und gewannen ihre Eigenstaatlichkeit wieder. König Johann Kasimir, der bereits aus dem Land geflohen war, legte nach seiner Rückkehr seine Krone auf den Altar von Jasna Góra. Das bereits seit Jahrhunderten verehrte Marienbild wurde zu einem Symbol polnischer Identität.
In der wechselvollen polnischen Geschichte, in den jahrhundertelangen Kämpfen um Bewahrung oder Wiedererlangung der Eigenstaatlichkeit, bildete der christliche Glaube stets einen Halt gegen Unterdrückung. Die enge Verflechtung von Nationalgefühl und Religiosität, die sich vor allem in der Marienverehrung äußert, wurzelt in der polnischen Geschichte. Gleichzeitig mit dem Übertritt des polnischen Fürsten Mieszko I. zum Christentum (966) entstand das mittelalterliche polnische Reich, das 1025 zum Königtum erhoben wurde.
Im 18. Jahrhundert, als Polen mehrmals unter seine Nachbarstaaten aufgeteilt wurde, lebten in der katholischen Kirche die bedrohten Werte Vaterland, Patriotismus und Freiheit fort. Die verbindende Kraft des Glaubens gewährleistete nationale Kontinuität. Während der Besetzung durch das nationalsozialistische Deutsche Reich im Zweiten Weltkrieg stand die Kirche auf seiten der Widerstandskämpfer. Auch heute spielt die polnische Kirche eine bedeutende Rolle im politischen Leben. Ebenso behielt Jasna Góra seine Funktion als Wallfahrtsstätte der Nation. Der aus Polen stammende Papst Johannes Paul II. versäumte es auf keiner seiner Polenreisen, in Tschenstochau zu predigen.
Das Marien-Kloster des Pauliner-Ordens an der oberen Warthe wurde 1382 gegründet. 1384 erhielten die Mönche die Schwarze Madonna, eine byzantinische Ikone aus Rußland. Sie steht heute hinter einem Barockaltar in der Marienkapelle der Klosterkirche. Die ursprünglich gotische Klosterkirche entstand 1460. 1690 wurde sie zu einer Basilika im Barockstil mit gold- und silberbesetzten Altären erweitert. Das auf einem Hügel, dem Klaren Berg, gelegene Jasna Góra besteht aus der Klosterkirche, dem eigentlichen Klostergebäude sowie einer weiträumigen Pilgerwiese, die gesamte Anlage umgeben Bastionen. Im reichhaltigen Arsenal des Klosters werden u. a. Beutestücke des polnischen Königs Johann III. Sobieski gezeigt, der als Oberbefehlshaber der alliierten Truppen Wien 1683 von der Belagerung durch die Osmanen befreite. Die Alte Schatzkammer des Klosters enthält wertvolle Reichtümer. Jahrhundertelang spendeten Könige und Fürsten dem Kloster kostbare Votivgaben, um die Hilfe der Schwarzen Madonna zu erflehen oder für ihre Wundertätigkeit zu danken.

1 Von Tschenstochau aus führt eine breite Straße, die Allee der Heiligen Jungfrau Maria, zum Eingang von Jasna Góra (im Bild oben links). Das Kloster wurde durch die als wundertätig angesehene Ikone der Schwarzen Madonna zum bedeutendsten Wallfahrtsort Polens.

2 Pilger beten im Innenhof des 1383 gegründeten Klosters.

3 Das Bild der verehrten Schwarzen Madonna steht auf dem Altar in der Marienkapelle der Klosterkirche. Ständig schmücken frische Schnittblumen und brennende Kerzen den Altarraum vor der aus Rußland stammenden Ikone, die sich seit 1384 im Kloster der Pauliner-Mönche befindet.

4 Das Refektorium (Speisesaal) wurde im Jahr 1670 im Zuge der barocken Umgestaltung des in der Nähe von Tschenstochau gelegenen Klosters Jasna Góra gebaut. Die prunkvollen Deckengemälde in dem großzügig wirkenden Raum zeigen Motive aus der Leidensgeschichte Jesu.

1 *Gläubige Juden beten an der Klagemauer in Jerusalem. Ursprünglich hieß die 18 m hohe Wand an der Westseite des Tempelberges im Hebräischen „Westmauer". Die Bezeichnung Klagemauer bürgerte sich ein, weil die Juden hier die Zerstörung ihres Tempels beklagen – vielleicht aber auch, weil ihre oft leise murmelnd vorgetragenen Gebete wie beständiges Klagen klingen. In die Ritzen zwischen die alten Mauersteine stecken viele Gläubige kleine Zettel mit ihren drängendsten Bitten an Gott.*

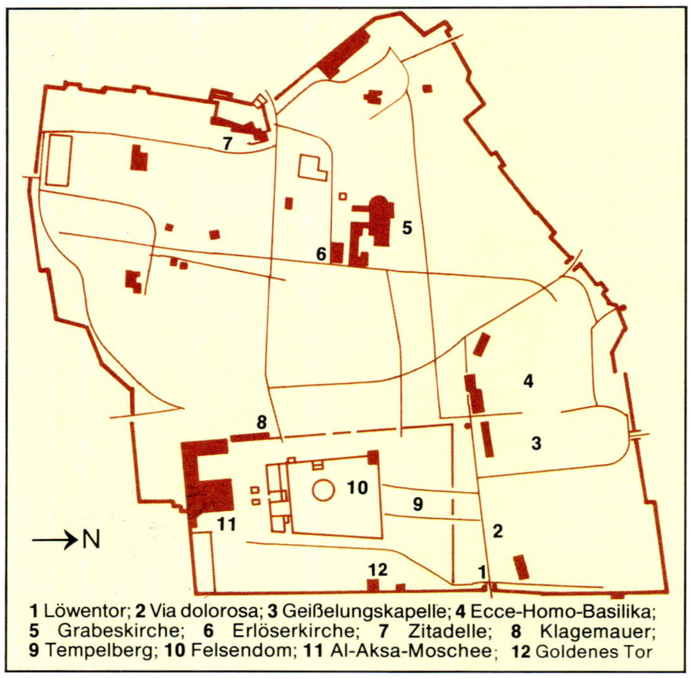

Altstadt von Jerusalem

Im Bergland von Judäa liegt eine der ältesten Städte der Erde – Jerusalem, heiliger Ort dreier Religionen. Hinter der gewaltigen, die Altstadt umschließenden Mauer liegen die Heiligtümer von Juden, Christen und Moslems. Pilger prägen das Leben dieser Stadt. Den Juden ist sie Synonym ihrer gesamten religiösen und nationalen Tradition, den Christen Wiege ihres Glaubens, den Moslems die nach Mekka (→ S. 186/187) und Medina wichtigste Stätte der Gottesverehrung. Acht Tore führen in die Altstadt Jerusalems, die nach ihren Bewohnern in vier Quartiere gegliedert ist: das Juden- und das Christenviertel, das moslemische und das armenische Viertel.

Den meisten Spuren christlichen Glaubens begegnet, wer den alten Stadtkern durch das von zwei steinernen Löwen flankierte Stephanstor (Lion's Gate) betritt. Die Straße, die von hier in die Altstadt führt, wird an der Stelle, wo der Überlieferung nach Christus zum Tode verurteilt wurde, zur Via dolorosa („Schmerzensweg"), jenem Weg, auf dem Jesus das Kreuz bis Golgatha („Schädelstätte") getragen hat. Gedenktafeln, Säulen und Kapellen – wie die Verurteilungs- und die Geiße-

lungskapelle – erinnern auf dem Weg zur Grabeskirche im Christenviertel an die Leiden Jesu. Die vier letzten Kreuzwegstationen befinden sich bereits innerhalb der Grabeskirche, dem durch zahlreiche Um- und Anbauten immer wieder veränderten großen Heiligtum der Christenheit auf dem Hügel Golgatha.
Schon kurze Zeit nach der Kreuzigung Jesu soll der Ort eine Stätte christlicher Verehrung gewesen sein. Konstantin I., der Große, der dem Christentum erstmals staatliche Anerkennung zuteil werden ließ, veranlaßte im Jahr 326 zur Erinnerung an Tod und Auferstehung Christi die Errichtung eines prächtigen Kuppelbaus über dem Grab Jesu. Mehrmals mußte die Kirche im Lauf der Jahrhunderte nach Zerstörungen neu erbaut werden. Im Innern des Gotteshauses empfängt den Besucher ein Labyrinth von über- und aneinandergebauten Kapellen, Nischen und Altären.
Wichtigstes Ziel jüdischer und islamischer Pilger in Jerusalem ist der Tempelberg (Berg Zion) im Osten der Altstadt. Hier wollte Abraham nach alttestamentlicher Überlieferung seinen Sohn Isaak opfern und von hier trat nach moslemischem Glauben der Prophet Mohammed seine legendäre Himmelsreise an.
Der jüdische König Herodes der Große errichtete um 20 v. Chr. auf dem heiligen Platz, wo zuvor bereits der im Jahr 587 v. Chr. zerstörte Tempel Salomons gestanden hatte, ein neues Gotteshaus; der gesamte Bezirk wurde mit einer hohen Mauer umgeben. Beim Sturm der Römer im Jahre 70 n. Chr. ging der Tempel in Flammen auf. An der Klagemauer, einem Stück der teilweise aus salomonischer Zeit stammenden Stützmauer des Tempelplatzes, trauern die Juden heute noch um die Zerstörung des Tempels. Hier tragen sie noch heute – häufig leise murmelnd – ihre Gebete vor.
Mittelpunkt des Tempelberges ist heute der Felsendom (→ S. 122/123) mit seiner goldenen Kuppel, eines der schönsten Wahrzeichen der Stadt. Im Süden des Bezirks glänzt silbern die Kuppel der von Kaiser Justinian I. als christliche Kirche errichteten und später mehrfach umgebauten Al-Aksa-Moschee.
Jerusalem ist als Heilige Stadt dreier Religionen immer wieder Gegenstand politischer und militärischer Auseinandersetzungen gewesen. In ihrer langen Geschichte stand die Stadt unter wechselnder Herrschaft. Auch im 20. Jahrhundert wurde Jerusalem umkämpft: Nach dem Palästinakrieg 1948/49 verblieb der östliche Teil mit der Altstadt bei Jordanien. Das verlassene jüdische Viertel verfiel, bis Israel 1967 im Sechstagekrieg die Altstadt eroberte. Die Juden renovierten ihr Stadtviertel, und die Stadt wurde wieder für Pilger aller drei Religionen geöffnet: Juden, Christen und Moslems können an den heiligen Stätten ihres Glaubens beten.

2 *Golden glänzt die Kuppel des Felsendoms, silbern strahlt die der Al-Aksa-Moschee in der Sonne. Vom Ölberg aus bietet sich ein hervorragender Blick über den alten Stadtkern von Jerusalem. Die mächtige, etwa 12 m hohe Umfassungsmauer der Altstadt wurde 1532 bis 1539 von Sultan Sulaiman II. erbaut, ruht jedoch zum Teil auf älteren Fundamenten. In der Mitte der Ostmauer, dem Felsendom gegenüber, liegt ein vermauertes Doppeltor: Durch dieses Tor wird nach jüdischem Glauben der Messias Einzug in die Stadt halten. Die Christen nennen es das Goldene Tor. Zugemauert wurde es im Jahre 1530 von den Moslems. Links hinter dem goldglänzenden Felsendom sind die beiden Kuppeln der Grabeskirche zu erkennen, links daneben leuchtet der weiße Turm der Erlöserkirche. Am Horizont, jenseits der Altstadtmauern, erheben sich die Hochhäuser des modernen Jerusalem.*

Kaaba in Mekka

Im Hof der großen Moschee in der arabischen Stadt Mekka liegt die Kaaba, das theologische und historische Zentrum des Islam. Das Heiligtum ist ein 15 m hohes, 12 m langes und 10 m breites würfelförmiges Bauwerk (Kaaba heißt auf arabisch Würfel), an dessen Südostecke ein schwarzer Meteorit eingemauert ist. Die Kultstätte wird von einem schwarzen Brokattuch bedeckt, in das Koranverse eingestickt sind sowie der grundlegende Glaubenssatz des Islam: „Es gibt keinen anderen Gott außer Gott, und Mohammed ist sein Prophet".

Der Gang zur Kaaba bildet den Höhepunkt der Pilgerreise, zu der sich jeder Mohammedaner einmal in seinem Leben verpflichtet sieht. Die Pilger, die ein Gewand aus zwei weißen Stoffbahnen tragen, versammeln sich in dem Säulenhof der Moschee und verrichten ihre Gebete. Sie umkreisen das Heiligtum siebenmal und küssen den schwarzen Stein, so wie es ihr Prophet Mohammed vorgeschrieben hat. Die gläubigen Mohammedaner in aller Welt wenden sich in ihren Gebeten täglich fünfmal gen Mekka und die Gebetsnischen aller Moscheen weisen in Richtung Mekka. Noch heute ist die Stadt nur für Moslems zugänglich.

Mekka im Westen der Arabischen Halbinsel – heute Saudi Arabien – war seit alters her eine bedeutende Handelsstadt an der Karawanenstraße längs des Roten Meeres. Bereits vor der Stiftung des Islam durch Mohammed bildete die Kaaba ein Heiligtum arabischer Stämme. Die Überlieferung schreibt den als Haus Gottes bezeichneten Bau dem biblischen Erzvater Abraham zu, der auch den schwarzen Meteoriten als Geschenk des Erzengels Gabriel erhalten haben soll. In dieser frühen Zeit stellte jeder Stamm im Hof um die Kaaba ein Bild seines Stammesgottes auf. Erst Mohammed, der zwar die alte Kultstätte übernahm, sie aber dem Glauben an einen einzigen Gott zuführte, erneuerte nach seinem Verständnis die Lehre Abrahams und verlieh der Kaaba ihre einzigartige Bedeutung, durch die sie zum Symbol einer Weltreligion wurde.

Mohammed – um 570 in Mekka geboren – wuchs in armen Verhältnissen auf. Seit etwa seinem 40. Lebensjahr gelangte er durch Meditationen zu visionären Offenbarungserlebnissen. Er fühlte sich von Gott berufen, die Araber, die einem Vielgötterkult anhingen, zum Glauben an einen einzigen allmächtigen Gott, Allah, zu bekehren. Er verkündete, daß vor Allah alle Menschen gleich sind, daß die Menschen sich beim Jüngsten Gericht für ihre Taten verantworten müssen und die Existenz nicht mit dem Tod aufhört. Vor allem die Armen nahmen Mohammeds Botschaft in der Hoffnung auf ein besseres diesseitiges und jenseitiges Leben auf. Mohammeds religiöses Sendungsbewußtsein trug ihm zunächst die Feindschaft der herrschenden Familien Mekkas ein, die ihre Stellung bedroht sahen. Darum mußte er im Jahr 622 nach Medina fliehen. Hier vermochte er es, die zerstrittenen Stämme zu einigen und aus seinen Anhängern eine kämpferisch-theokratische Gemeinschaft zu formen, die entschlossen daranging, den Islam in Arabien durchzusetzen. Das führte auch zu einem „Heiligen Krieg" gegen Mekka, den Mohammed im Jahre 630 siegreich beendete.

Mohammed nahm die Stellung eines geistlichen und politischen Herrschers ein, dem absolute Autorität zukam. Er sah sich selbst als den letzten einer Reihe von Propheten, die mit Adam begann. Seine Offenbarungen und religiösen Vorschriften wurden erstmals 653 im Koran verbindlich zusammengestellt. Mohammed selbst hat seine Lehre nicht schriftlich festgelegt. Seine Glaubenssätze wurden mündlich überliefert und während der Gottesdienste rezitiert. Der Name der neuen Religion, Islam, bedeutet Ergebung in den Willen Gottes.

Nach seinem Tod, 632, hinterließ Mohammed ein auf der Grundlage des Islam gefestigtes Reich.

1 Die Große Moschee mit den sieben Minaretten, der heilige Bezirk, bildet den Mittelpunkt von Mekka.
2 Die Große Moschee ist das Ziel der Wallfahrt, die jeder gläubige Mohammedaner einmal in seinem Leben durchführen soll, wenn es seine Gesundheit und seine finanziellen Mittel erlauben. Nicht-Mohammedaner werden an einem Kontrollpunkt 15 km vor der Stadt zurückgewiesen, Flugzeuge dürfen Mekka nicht überfliegen.
3 Sogleich nach ihrer Ankunft in Mekka und nochmals vor ihrer Rückkehr versammeln sich die Pilger im Innenhof der Moschee vor der Kaaba, dem heiligen würfelförmigen Bauwerk, das mit einem Brokattuch bedeckt ist. In der Zwischenzeit besuchen die Wallfahrer verschiedene Stätten, an denen nach der Überlieferung Abraham und Mohammed gewirkt haben, u. a. den Gnadenberg, auf dem Mohammed vor seinem Tod seine letzte Ansprache hielt. Nach Abschluß einer Wallfahrt, der Hadsch, erhalten die Pilger den Beinamen Hadschi.

Kandarija-Mahadeo-Tempel

Besucher des Kandarija-Mahadeo-Tempels der Stadt Khajuraho im mittelindischen Bundesstaat Madhya Pradesh, die nicht mit den Grundsätzen der hinduistischen Religion vertraut sind, stehen staunend und befremdet vor dem Sakralbau, der im unteren Teil seiner Fassade Zentimeter für Zentimeter mit erotischen Skulpturen bedeckt ist.

Die indische Philosophie lehrt, daß alle Lebewesen aus der Verbindung von Materie und Natur mit der Seele entstehen. In der hinduistischen Religon wird die Materie in ihrer abstraktesten Form mit der Mahadevi, der Großen Göttin, gleichgesetzt; die abstrakteste Form der Seele wird mit Schiwa, dem Gott, der zugleich als Zerstörer und Erschöpfer der Welt gilt, identifiziert. In der Vereinigung der beiden Gottheiten hebt sich der Gegensatz zwischen Materie und Seele auf. Die zeugende Vereinigung wird somit als welterhaltende und verehrungswürdige Kraft der Natur betrachtet. Darstellungen von Paaren in allen Stadien des Liebesspiels, wie sie in vielen hinduistischen Tempeln zu finden sind, versinnbildlichen die Vereinigung der Gottheiten und haben daher eine ausschließlich religiöse Bedeutung.

An den Fassaden des Kandarija-Mahadeo-Tempels, der in der Blütezeit der hinduistischen religiösen Kunst um 950 errichtet wurde, befinden sich drei, den Tempel horizontal umlaufende Bänder, die erotische Skulpturen aufweisen. Darüber erheben sich die Tempeltürme, deren Mauern mit filigranen Ornamenten bedeckt sind.

Im Gegensatz zu der üppigen Dekoration der Außenseite des Tempels ist sein architektonischer Aufbau und sein Inneres schlicht. Die Tempelanlage hat einen rechteckigen Grundriß und liegt leicht erhöht auf einer Terrasse. Eine ausladende Treppe führt zum Portal des Tempels, das den Eingang zu einer offenen Säulenhalle bildet. Daran schließt sich ein quadratischer Raum an, wo sich die einfachen Gläubigen zur Anbetung versammelten. Er ist nur der Vorraum zu dem eigentlichen Heiligtum, einer dunklen würfelförmigen Zelle, in der wie in vielen hinduistischen Tempeln ein großes Phallussymbol, das „Linga" des Gottes Schiwa, angebetet wird. In der Zelle befindet sich außerdem ein großes steinernes Kultbild des Gottes. In die Wand der Zelle wurde beim Bau des Tempels im Rahmen eines geheimnisvollen heiligen Ritus eine goldene Schachtel eingemauert, das „Mandala", das Edelsteine und die Attribute des Gottes Schiwa, Lotusblumen, Weizen, Farbstoffe und Metalle enthält. Sie bilden das symbolische Spermium des Gottes, den Keim aller Fruchtbarkeit. Zu dem heiligen Raum, der selbst wiederum einen Schoß symbolisiert, hatten nur Priester und Herrscher Zutritt. Der kleine Raum ist in die mächtigen Mauern des Hauptturmes des Tempels eingebettet, der von kleineren Türmen gleicher Bauweise umgeben wird.

Der Kandarija-Mahadeo-Tempel gehört zu einer Gruppe von 30 nahe beieinander stehenden Tempeln, die ursprünglich in die Stadtanlage von Khajuraho integriert waren. Die Stadt erlebte ihre Blütezeit im 10. und 11. Jahrhundert. Die Bauform des Kandarija-Mahadeo-Tempels kann als beispielhaft für die Architektur aller Tempel in Khajuraho angesehen werden. Die pyramidenförmigen Tempel verkörpern der religiösen Überlieferung des Hinduismus zufolge den heiligen Berg und werden als Nachbildungen des Universums verstanden.

Der um 950 errichtete Kandarija-Mahadeo-Tempel (links im Bild) gehörte ursprünglich zu der Stadtanlage Khajuraho. Die hinduistischen Kultbauten sind an den Außenfronten üppig mit Ornamenten und erotischen Skulpturen geschmückt. Im Gegensatz dazu sind die Innenräume oft betont schlicht gehalten.

Karlsbrücke in Prag

Das Stadtbild von Prag wird von der im 14. Jahrhundert erbauten und in ihrer mittelalterlichen Form erhalten gebliebenen Karlsbrücke entscheidend mitgeprägt. Die Brücke verbindet die Altstadt mit der am anderen Ufer der Moldau liegenden sog. Kleinseite, über der sich die Prager Burg, der Hradschin (→ S. 176/177), erhebt, und ermöglicht einen einzigartigen Blick auf das Moldautal und das Panorama der Stadt. Die Karlsbrücke zieren prachtvolle barocke Skulpturen, die in Verbindung mit der streng gotischen Brückenarchitektur den besonderen Reiz des Bauwerkes ausmachen.

Zwischen 1706 und 1714 wurden nach italienischem Vorbild 26 Skulpturen von berühmten Künstlern und Bildhauern auf der Karlsbrücke errichtet. Im Verlauf der folgenden Jahrhunderte kamen weitere Statuen hinzu, heute verleihen insgesamt 30 Skulpturen bzw. Statuengruppen der Brücke ihr unverwechselbares Aussehen. Die einzige in Bronze gegossene Statue zeigt den heiligen Johannes von Nepomuk. Der Priester hatte das Mißfallen König Wenzels IV. von Böhmen erregt und wurde 1393 auf dessen Befehl von der Karlsbrücke in die Moldau gestürzt; seit seiner Heiligsprechung im Jahr 1729 wird er in der katholischen Kirche als Brückenheiliger verehrt.

Mit dem Bau der rund 520 m langen und 10 m breiten Brücke, die auf 16 Bögen ruht, wurde 1357 unter dem Kaiser und König Karl IV. nach einem Entwurf des Baumeisters Peter Parler begonnen. Anfang des 15. Jahrhunderts wurde das Bauwerk unter König Wenzel IV. vollendet. Die neue Brücke stellte eines der Zentren des städtischen Lebens von Prag dar, das damals als kultureller Mittelpunkt Europas galt. In der Geschichte Prags spielte die Karlsbrücke zeitweilig eine militärisch entscheidende Rolle: Während des Dreißigjährigen Krieges, im Jahr 1648, wurde auf der gut zu verteidigenden Brücke ein Angriff der Schweden abgewehrt, und im Siebenjährigen Krieg (1756–1763) konnte dort ein Angriff der Preußen auf die Altstadt zurückgeschlagen werden.

Auf der einen Seite wird die Karlsbrücke vom Altstädter Brückenturm begrenzt, mit dessen Bau nach einem Entwurf Peter Parlers 1391 begonnen und der Anfang des 15. Jahrhunderts fertiggestellt wurde. Der Altstädter Brückenturm bildet nicht nur den schmückenden Abschluß der Karlsbrücke; er war zugleich ein strategisch wichtiger Bestandteil der Stadtbefestigung: Ursprünglich konnte das Tor des Brückenturms durch ein Fallgitter gesperrt werden. Der Altstädter Brückenturm gehört aufgrund seiner strengen architektonischen Gliederung zu den Vorbildern gotischer Turmbaukunst in Mitteleuropa; sein reicher Figurenschmuck bezeugt die künstlerischen Leistungen der gotischen Bildhauerkunst des 14. Jahrhunderts in Böhmen. Der Torbogen ist mit dem Wappen der zum Reich Karl IV. gehörenden Territorien geschmückt; darüber befinden sich Statuen der Könige Karl IV. und seines Sohnes Wenzel IV.; den oberen Abschluß bilden die böhmischen Schutzheiligen Adalbert und Sigismund. Nicht weniger prächtig ist der Skulpturenschmuck auf der anderen Seite des Turms. Im Jahr 1648 wurde der Brückenturm durch den Beschuß während der schwedischen Belagerung der Stadt schwer beschädigt; eine im Jahr 1650 eingemauerte Gedenktafel erinnert an dieses Ereignis. Zwischen 1874 und 1878 wurde der Altstädter Brückenturm renoviert und erhielt sein heutiges Dach.

Auf dem entgegengesetzten Moldauufer wird die Karlsbrücke von den beiden Kleinseitner Brückentürmen begrenzt, die durch einen Turmbogen miteinander verbunden sind. Der noch im romanischen Stil erbaute niedrigere Turm gehörte zur Judithbrücke aus dem 12. Jahrhundert, an deren Stelle die Karlsbrücke gebaut wurde; der höhere Turm wurde 1464 im gotischen Stil in Anlehnung an den Altstädter Brückenturm errichtet.

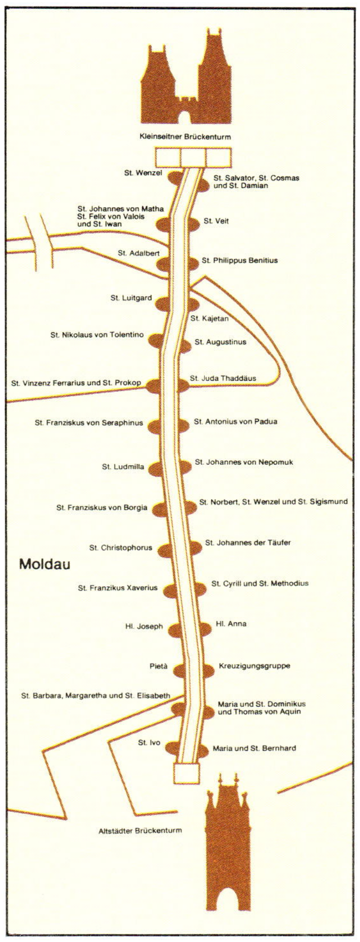

Schon immer war die Karlsbrücke in Prag ein Ziel für Spaziergänger, und seit jeher eröffnet sich von hier aus ein faszinierender Blick auf die Moldau. Von der Brücke fällt der Blick auf die Prager Kleinseite mit der Burg, dem Hradschin. Begrenzt wird die Brücke auf dieser Seite von den beiden Kleinseitner Brückentürmen. Durch den Turmbogen hindurch führt ein Weg über die Brückengasse zum Kleinseitner Ring, an dem sich die Nikolauskirche, die bedeutendste Prager Barockkirche (1756 vollendet), befindet.

Katharinenkloster

„Moses aber hütete die Schafe ... und kam an den Berg Gottes, den Horeb. Und der Engel des Herrn erschien ihm in einer feurigen Flamme aus dem Dornbusch. Und er sah, daß der Dornbusch im Feuer brannte und doch nicht verzehrt wurde. ... rief Gott ihn aus dem Busch: Mose, Mose! ... Ich bin der Gott deines Vaters, der Gott Abrahams ...“ (2. Buch Moses 3, 1–6). Und Gott verhieß ihm, er werde sein Volk Israel aus Ägypten führen.
Dieser und andere Berichte der Bibel über den Berg Horeb auf der Sinaihalbinsel veranlaßten Kaiser Justinian I. an der Stätte jüdischer und christlicher Überlieferung ein befestigtes Kloster zu errichten (zwischen 548 und 565), das noch heute innerhalb seiner ursprünglichen Mauern besteht.
Der Dornbusch stand zunächst in einem kleinen Hof vor der Apsis der Klosterkirche, die innerhalb des Klosterbezirks auffallend tief liegt, etwa 4 m unterhalb des alten Eingangsportals, weil ihr Fußbodenniveau dem Platz des Dornbusches angeglichen werden mußte. Heute steht an seiner Stelle eine im Mittelalter angebaute Kapelle, deren Altar sich über dem ehemaligen Dornbusch erhebt. An der Apsis blüht heute, laut Aussagen der Mönche, ein Ableger von ihm, der einzige auf der Welt.
Das griechisch-orthodoxe Katharinenkloster, in das nur Griechen eintreten dürfen, umgibt eine 12 bis 15 m hohe Wehrmauer aus Granit. Es liegt in einem Tal in der Wüstenregion der Sinaihalbinsel, wo seit Ende des 2. Jahrhunderts christliche Einsiedler Schutz vor der Christenverfolgung suchten. Die sich allmählich entwickelnde klosterähnliche Gemeinschaft bat den oströmischen Kaiser Justinian I. um den Bau eines Klosters und um militärischen Schutz gegen die Überfälle von Sarazenen und Beduinen. Der Name des Klosters geht auf eine christliche Märtyrerin aus Ägypten zurück, die seit ihrer Bekehrung zum Christentum Katharina hieß. Während der Christenverfolgung wurde sie 307 in Alexandria gerädert und enthauptet. Der Legende nach trugen Engel ihren Leichnam auf den Katharinenberg, an dessen Fuß das Sinaikloster liegt. 300 Jahre später fanden die Mönche, von einem Traum geleitet, ihre Gebeine, brachten sie ins Kloster und bestatteten sie in zwei Heiligenschreinen in der Kirche.
Das Verklärungsmosaik in der Apsis der Klosterkirche (um 565/66), eine der künstlerisch wertvollsten und besterhaltenen Arbeiten frühchristlicher Kunstfertigkeit, stellt die Verklärung Christi auf dem Berg Tabor dar: Christus schwebt in einem strahlenden Dual; links und rechts weisen Moses und der Prophet Elias auf ihn hin; unten knien die Apostel Johannes, Petrus und Jakobus. Andere Mosaike zeigen Moses am Brennenden Dornbusch und beim Empfang der Gesetzestafeln.
Den Innenraum der Kirche schmücken Schnitzarbeiten in Zedernholz, die christliche Glaubensvorstellungen symbolisieren, sowie zahlreiche Ikonen aus dem Zeitraum vom 6. Jahrhundert bis zur Gegenwart. Von der Vorhalle der Kirche führen fast 4 m hohe Doppeltüren in das Kirchenschiff. Sie stammen aus der Zeit Justinians und die Rahmenbalken zeigen Schnitzarbeiten in Zedernholz, die christliche Symbole und Pflanzen darstellen. Einfache Pilger durften die Kirche nicht durch diese Portale betreten, sondern durch Seiteneingänge.
Zu den kostbarsten Schätzen des Katharinenklosters zählt die Bibliothek, die an Wert und Anzahl der Manuskripte nur von der des Vatikans (→ S. 418/419) übertroffen wird. Sie enthält über 2500 alte Handschriften, u. a. in griechischer, syrischer, georgischer, slawischer und armenischer Sprache. Zu den wertvollsten Ausgaben gehörte der „Codex Sinaiticus“ aus dem 4. Jahrhundert. Die Pergamenthandschrift enthält fast vollständig das griechische Alte und Neue Testament. Heute befindet sich die Handschrift im Besitz des Britischen Museums in London (→ S. 60/61).

1

1 *Das Katharinenkloster auf dem Sinai umgibt eine starke, hohe Wehrmauer, hinter der der Kirchturm fast verschwindet. Die Befestigung war erforderlich, weil das abgelegene Kloster häufig Überfällen ausgesetzt war. Die etwa 1,65 m dicke Mauer besteht aus Granitquadern und ist mit Schießscharten, Zinnen und einer Brustwehr versehen. Das Kloster wurde in diesem Tal erbaut, weil sich hier der heilige Dornbusch und eine Wasserquelle befanden. Kaiser Justinian I. hielt die Lage des Baues für strategisch so ungünstig, daß er den Baumeister kurzerhand köpfen ließ. Seiner Auffassung nach hätte das Kloster auf einer unzugänglichen Bergfeste liegen sollen.*

2 *Das große Gebäude mit den offenen Arkaden beherbergt das Museum, die Bibliothek und die Wohnungen der Mönche. Bei dem Kloster erhebt sich 750 m hoch der Mosesberg, auf dem Moses von Gott die Zehn Gebote empfangen haben soll.*

3 *Nur kleine Fenster durchbrechen die wehrhaft angelegte, mächtige Außenmauer der abgelegenen Klosteranlage.*

2

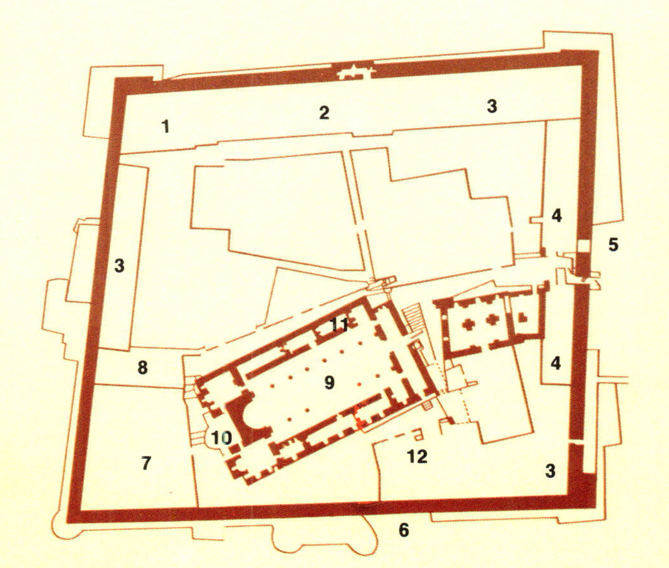

1 Museum; **2** Bibliothek; **3** Wohnungen; **4** Gästeräume; **5** Alter Eingang; **6** Heutiger Eingang; **7** Küche; **8** Refektorium; **9** Kirche; **10** Kapelle des Brennenden Dornbuschs; **11** Schatzkammer; **12** Mosesbrunnen

1 *Die Vielzahl und Anordnung der Tempelbauten – hier Patan – ist verwirrend. Vor dem großen Degutale-Tempel (im Hintergrund links) steht die Yoganarendramalla-Säule. Der König von Patan, Yoganarendramalla, errichtete diese Ehrensäule nach dem Vorbild der Pratapamalla-Säule in Katmandu.*
2 *Im Rücken der Yoganarendramalla-Säule befindet sich der Harishankar-Tempel (1706), ein großer Gedächtnistempel für Yoganarendramalla; im Hintergrund ein Krishna geweihter Tempel.*

Paläste und Tempel im Katmandu-Tal

Touristen und Weltenbummler zeigen sich begeistert von der landschaftlichen Schönheit und kulturellen Unverfälschtheit Nepals, des kleinen Landes zwischen Indien und China. Durch seine Unwegsamkeit, die geographische Binnenlage und das Bemühen der Könige, ausländische Einflüsse abzuhalten, wurde das Land kaum durch die moderne Zivilisation verändert.
Die einzige Hindu-Monarchie der Welt wird auch heute noch von dem alleinherrschenden König regiert. Das hinduistische Kastenwesen gestaltet wie seit Hunderten von Jahren den Lebensweg der Nepalesen.

So hat sich in dem Himalajastaat eine mittelalterlich-feudalistische Ordnung bewahrt, deren legendenumrankter Ausgangspunkt das Katmandu-Tal ist. Hier entwickelte sich zwischen den großen Kulturen Indiens und Chinas eine eigenständige nepalesische Kultur.
Zentren der nepalesischen Identität sind die alten Königsstädte Bhadgaon, Patan und Katmandu. Die Könige der Malla-Dynastie herrschten hier vom 13. bis ins 18. Jahrhundert, und sie waren nicht nur dafür verantwortlich, daß die Palastbereiche der Städte immer weiter ausgebaut wurden, sondern auch für die verblüffende Parallelität dieser Entwicklung. Im Jahr 1482 zerfiel das bis dahin geeinte Nepal in die drei selbständigen Königreiche

Bhadgaon, Patan und Katmandu. Der Machtkampf und die Konkurrenz der Fürsten untereinander und kriegerische Auseinandersetzungen mit von Süden eindringenden hinduistischen Indern prägten Nepals Geschichte der nächsten Jahrhunderte. Die Fürsten bemühten sich um die architektonische Vollendung einer ihren Vorstellungen entsprechenden Stadtanlage. Weil sie sich dabei voneinander beeinflussen ließen, sind wesentliche Elemente der Tempel- und Palastbereiche in ähnlicher Form in allen drei Städten entstanden. Erst 1768 wurde diese Parallelentwicklung beendet, als die Macht im Katmandu-Tal von den aus Nordindien stammenden Gurkha übernommen wurde. Nepal wurde wieder ein Reich mit Katmandu als Hauptstadt.
Heute ist es kaum möglich, das Gewirr von Tempeln, Wohngebäuden, Plätzen, Höfen und Gartenanlagen zu überschauen. Überall erheben sich in den drei Städten kleine und große, verschieden geformte Pagodendächer, die den Eindruck einer rein zufälligen Anordnung vermitteln. Manchmal unerwartet, manchmal im harmonischen Übergang öffnen sich weite Plätze oder stille Höfe mit heiligen Statuen und Herrscherskulpturen. Eine Vorrangstellung unter den Hunderten von Heiligtümern nehmen die Degutale- und Taleju-Tempel ein. Zu allen Zeiten galten diese beiden Götter als Schutzgötter der Herrscherfamilien. Zugleich ist Taleju die Beschützerin des Tales, in dem sich – umgeben von den Bergriesen des Himalajagebirges – eine Kultur aufbaute und bewahrte, die Hinduismus und Buddhismus, indische und chinesische Einflüsse sowie die Lebensweisen der unterschiedlichsten Volksstämme mit- und nebeneinander bestehen läßt.

3 *Ebenso wie in Katmandu ist der Degutale-Tempel (um 1600) auch in Patan in den Palastkomplex integriert. Im Hintergrund (Bildmitte) ist ein Teil des Palastes, der Manikeshar Chowk, erkennbar. Er dient heute als Museum. Typisch für die Palastbauten des Katmandu-Tals sind die reich verzierten Erker. Das Gegenstück zum Harishankar-Tempel ist der Vishveshvara-Tempel (links im Bild), der 1627 entstanden ist. Auf der Säule vorne kniet der Sonnenvogel des Gottes Wischnu (halb Vogel, halb Mensch).*

Kilimandscharo

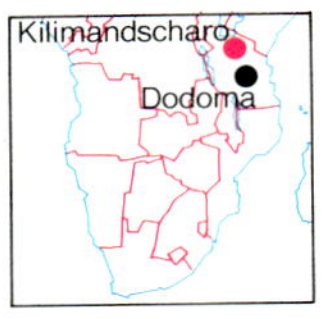

Ewiger Schnee am Äquator – für die europäischen Gelehrten waren Berichte des deutschen Missionars Johannes Rebmann, der 1848 als erster Weißer den Kilimandscharo erblickt hatte, das Ergebnis einer Sinnestäuschung. Die Eingeborenen fürchten den eisbedeckten Riesen noch heute als Berg des bösen Geistes; kaum einer von ihnen hat je seinen Gipfel bestiegen. Ernest Hemingway fand hier Idee und Rahmen für seine Kurzgeschichte „Schnee auf dem Kilimandscharo"; der Schnee wird bei ihm zum Symbol sowohl des Todes wie der Unsterblichkeit.
Der „Weiße Berg", der sich im Nordosten Tansanias, nahe der Grenze zum Nachbarland Kenia, massig über der ostafrikanischen Hochebene erhebt, löst immer wieder Faszination und Erstaunen aus. Allein zwischen 1870 und 1890 machten 49 Europäer den Versuch, den Kilimandscharo zu bezwingen. Sie scheiterten nicht zuletzt an den extremen klimatischen Bedingungen von tropischer Hitze am Fuß des Berges und klirrender Kälte in den Hochlagen. Erst 1889 gelang dem deutschen Forscher Hans Meyer gemeinsam mit dem österreichischen Bergsteiger Ludwig Purtscheller die Erstbesteigung des Kibo, dem mit 5895 m höchsten Kilimandscharo-Gipfel. Heute können Touristen den Aufstieg unter sachkundiger Führung in fünf Tagen bewältigen. Von Marangu aus, einem kleinen, in 1500 m Höhe gelegenen Ort an der Südostseite des Berges, sind noch 55 km Wegstrecke und rund 4400 m Höhenunterschied bis zum Gipfel zu überwinden.
Der größte Einzelberg der Erde bedeckt mit einer Länge von 80 km und einer Breite von 60 km eine Fläche, die annähernd doppelt so groß wie Luxemburg ist. Von Westen nach Osten reihen sich seine drei Gipfel aneinander – der Shira mit einer Höhe von 4000 m, der Kibo, „der Helle" mit seiner Krone aus ewigem Eis und der Mawensi, „der Dunkle", ein zerklüfteter, 5270 m hoher Gipfel mit bizarren Felsspitzen. Der Bergriese, der so unvermittelt aus der flachen, 900 bis 1000 m über dem Meeresspiegel gelegenen Hochebene Tansanias erwächst, ist ein Schichtvulkan, entstanden vor rund 25 Millionen Jahren im Erdzeitalter des Tertiär. Der älteste seiner drei Vulkankegel, der ursprünglich rund 5000 m hohe Shira, stürzte nach einem heftigen Ausbruch ein; auf dem Gipfel entstand ein Einsturzkrater mit einem Durchmesser von 3 km. Der Krater des Kibo, 2 km breit und 200 m tief, wird von einem Wall von etwa 300 m hohen Randbergen umsäumt; seine Gletscher reichen bis auf eine Höhe von 4300 m hinunter.
Die Einmaligkeit des Kilimandscharo wird durch seine abwechslungsreiche Flora und Fauna noch betont. Der Höhenunterschied vom Fuß bis zum Gipfel birgt verschiedene Vegetationsstufen. Der kargen Grassavanne bis in etwa 1000 m Höhe folgt eine fruchtbare Ackerbauzone. Hier werden Mais, Weizen, Gemüse, Kaffee, Baumwolle und Zuckerrohr angebaut. Mit Holzrohren wird Wasser aus den höheren Regionen des Kilimandscharo in die trockeneren Zonen geleitet. Der Ackerbauzone folgt ein Bergwald mit reichen Niederschlägen. 1973 wurde die Region vom Bergwald aufwärts zum Nationalpark erklärt. In etwa 3000 m Höhe beginnt ein Heide- und Grasgürtel, der von einer Felsschuttzone abgelöst wird. In etwa 5000 m Höhe schließt sich die Region des ewigen Eises an, die den Bergriesen am Äquator als ein Wunder der Natur erscheinen läßt.
Ob der Kilimandscharo seine charakteristische Schneekappe jedoch immer behalten wird, scheint fraglich: Seit der Erstbesteigung beobachten Forscher ein ständiges Abschmelzen des Gipfeleises auf dem Kibo. Während dafür zunächst allgemeine Klimaveränderungen verantwortlich gemacht wurden, wird das Abschmelzen der Gletscher heute auf die Zunahme sog. Fumarolen zurückgeführt, heißer Gase aus dem Erdinnern, die zur Erwärmung der Umgebung führen.

1 Die Häuser auf dem Schwemmland an den Klongs in Bangkok stehen auf Pfählen, um die Räume während der Regenzeit vor dem Hochwasser zu schützen. Als Baumaterial für die Häuser wurde traditionell Teakholz verwendet, das von besonderer Dauerhaftigkeit ist. Da die Preise für das begehrte tropische Edelholz stark angestiegen sind, werden heute viele Häuser aus billigeren Holzarten errichtet, die jedoch in dem feuchtheißen Klima Thailands kaum 20 Jahre lang halten.

2 Die Klongs sind noch heute wichtige Verkehrsadern in Bangkok. Dichtes Treiben herrscht auf den Kanälen, wenn die Händler und Händlerinnen den Käufern ihre Waren anbieten.

3 Die typische Kleidung der Händlerinnen besteht aus gelben Reisstrohhüten und blauen Blusen. Auf ihren schmalen Booten, den Sampans, verkaufen sie eine Fülle exotischer Früchte und Gemüse sowie allerlei Lebensmittel und Gegenstände für den täglichen Bedarf.

Klongs in Bangkok

Auf dem weitverzweigten Netz der Klongs, den Wasserstraßen von Thailands Hauptstadt Bangkok, spielt sich das Leben der Bevölkerung ab. Von den frühen Morgenstunden an herrscht ein reges Treiben auf den Kanälen, die Wohnbereich und Handelszentrum miteinander verbinden. An den Ufern vieler Klongs stehen dicht aneinandergereiht Häuser und Hütten auf Pfählen, um vor Überschwemmungen während der Regenzeit geschützt zu sein. Vor einigen Jahren noch wohnten viele Menschen sogar auf Hausbooten.

Das Wasser der Klongs wird vielfach für das tägliche Leben genutzt. Mit ihm wäscht man sich, kocht, spült und säubert seine Wäsche. Die Klongs dienen als wichtige Verkehrsadern innerhalb Bangkoks. Schulkinder in ihren weißen Uniformen rudern zur Schule, Mönche fahren in ihren kleinen Booten von Haussteg zu Haussteg, um Almosen zu sammeln. Briefträger benutzen die Klongs, um die Post auszutragen. Dichtes Gedränge herrscht, wenn die zahlreichen Handelsboote unterwegs sind. Dann wird getauscht, gefeilscht und verkauft. Diese schwimmenden Märkte, früher bedeutende Handelsumschlagplätze, zählen heute zu den beliebtesten Touristenattraktionen. Es gibt kaum einen Bedarfsgegenstand für das tägliche Leben, der auf den Handelsbooten nicht angeboten wird. Die Marktfrauen verkaufen tropische Früchte und Gemüse, Bananen, Papayas, Melonen, sie bieten Fische, Fleisch, Backwaren, Reis, Sojabohnen, Gewürze und Nüsse an. Gehandelt wird mit Holzkohle, Küchengerät und nicht zuletzt mit Souvenirs. Andere Boote dienen als schwimmende Garküchen, in wenigen Minuten bereiten die Köchinnen Suppen und Reisgerichte zu. Die Händlerinnen, die blaue Blusen und gelbe Reisstrohhüte tragen, preisen ihre Waren mit lauter Stimme an.

Als Bangkok als neue Königliche Residenz im Jahre 1782 am Ostufer des Menam-Stroms auf flachem Schwemmland gegründet wurde, legte man vom Königspalast aus ein Netz zahlreicher Kanäle an, die in den weichen Boden gegraben wurden. Der malerische Anblick der Klongs verlieh Bangkok den Namen „Venedig des Ostens". In den ersten Jahrzehnten spielte sich der gesamte Verkehr auf Klongs ab. Erst 1864 wurde die erste Straße gebaut. Nach und nach wurden in vielen Stadtvierteln die alten Kanäle zugeschüttet und durch Straßen ersetzt. Heute ist das Zentrum der thailändischen Hauptstadt ebenso vom dichten Autoverkehr und Lärm geprägt wie die Zentren fast aller modernen Großstädte der Welt.

Die Klongs erhielten sich vor allem in den Außenbezirken. Die kleineren von ihnen vermitteln immer noch den Eindruck tropischer Wasserwege. Ein Dach von Palmenzweigen und farbenfrohen Blüten, die am sumpfigen Ufer wachsen, überspannt die Kanäle.

Das Wasser gehört zu den Elementen, die das Lebensgefühl der thailändischen Bevölkerung stark geprägt haben. Einen Ausdruck findet dieser Einfluß heute noch in den Festen, die auf dem Wasser gefeiert werden. Nach dem Ende des Monsun-Regens wird ein Fest zur Verehrung der „Mutter des Wassers" begangen: In einer Vollmondnacht werden auf das Wasser der Klongs und auf Flüsse und Seen überall in Thailand kleine, aus Bambus- oder Bananenblättern gefertigte Boote gesetzt, die mit brennenden Kerzen, Räucherstäbchen und Geldmünzen bestückt sind und sich malerisch im dunklen Wasser spiegeln. Anfang November findet eine Feier zum Abschluß der buddhistischen Fastenzeit statt, bei der die Bevölkerung den Mönchen Geschenke überreicht. Den Höhepunkt dieses Festes stellt die Bootsparade der blattgoldgeschmückten, rund 50 m langen königlichen Barken dar: Mit einer von ihnen bringt der König selbst seine Geschenke zum Wat Arun, dem Tempel der Morgenröte.

1 *Das Mégaron (Saal) der Königin im Ostflügel des Palastes von Knossos mit kunstvollen Wandfresken, auf denen u. a. Delphine dargestellt sind, gehörte zum privaten Bereich der Königin. Der Raum vermittelt noch heute einen Eindruck von der farbenprächtigen Ausgestaltung der Königsgemächer. Er wird durch zwei kleine Lichthöfe erhellt. Die den Saal umgebende Raumgruppe hat den Charakter einer Privatwohnung. Hier befinden sich u. a. ein Schlafzimmer und ein kleines Badezimmer mit einer kunstvoll verzierten Badewanne sowie weitere Wohnräume im darüber liegenden ersten Geschoß. In den Gemächern fand man wahllos verstreute, verbrannte Kleidungsstücke, die von einem plötzlichen Aufbruch der Palastbewohner – vermutlich wegen einer Katastrophe – zeugen.*

Palast von Knossos

Um das Jahr 1700 v. Chr. wurden die Bewohner der Mittelmeerinsel Kreta bei ihren Alltagsgeschäften von einem plötzlich einsetzenden Erdbeben überrascht. Sie flohen aus den Städten auf das Land, wo sie durch Gebet und Opferung ihr vermeintlich von den zornigen Göttern bestimmtes Schicksal abwenden wollten.

Doch die Katastrophe schritt unaufhaltsam fort. Inmitten ihrer heiligsten Handlung, der Opferung eines Menschenlebens, wurden Priester in einem Tempel in der Nähe der Stadt Iraklion von der Feuersbrunst überrascht, die dem Beben folgte. Ein Priester, der gerade dabei war, den Körper eines auf einem Altar aufgebahrten Mannes zu öffnen, um das Blut in einem Krug aufzufangen, wurde zu Boden geworfen und verbrannte.

Die sensationelle Rekonstruktion dieser Kulthandlung nahmen Archäologen vor, die den Tempel 1979 bei Grabungen entdeckt hatten und die Skelette der an der Zeremonie beteiligten Personen fanden, die in der zuletzt eingenommenen Körperhaltung erstarrt zu sein schienen. Der Fund gab nicht nur wertvolle Aufschlüsse über das religiöse Brauchtum der Minoer, der Ureinwohner Kretas, sondern ermöglichte auch eine Datierung der ersten großen durch ein Erdbeben verursachten Zerstörung des minoischen Palastes von Knossos bei Iraklion.

Der Palast von Knossos gilt als Zentrum der ältesten europäischen Hochkultur, deren Blütezeit zwischen 2000 und 1100 v. Chr. lag. Die minoische Hochkultur war durch stark matriarchalische Züge und eine tiefe Religiosität gekennzeichnet, die sich in der Anlage des Palastes von Knossos widerspiegelt, der zahlreiche Kulträume aufweist und Sitz eines Priesterkönigs war.

Die heute zu besichtigenden Ruinen des Palastes stammen im wesentlichen von dem Neubau, der nach der Zerstörung des um 2000 v. Chr. errichteten älteren Palastes – durch jenes Erdbeben um 1700 v. Chr. – aufgebaut wurde. Untersuchungen belegen, daß dieser neue Palast um 1450 v. Chr. entweder wieder durch eine Naturkatastrophe oder von Menschenhand zerstört wurde.

Die Palastanlage hat eine Grundfläche von 22 000 m². Um einen 50 m × 28 m großen zentralen Innenhof gruppieren sich Gebäudekomplexe, die ehemals vermutlich viergeschossig waren. Sie beherbergten ein labyrinthartiges Gewirr von Räumen, Sälen und Lichthöfen, die durch schmale Korridore und prunkvolle Treppen miteinander verbunden waren. Etwa 800 von ursprünglich

1300 Räumen sind heute noch zu erkennen. Die von dem Archäologen Arthur Evans, der die Ausgrabung von 1900 bis 1924 leitete, vorgenommene Teilrekonstruktion einiger Räume ist in der Fachwelt umstritten.

Der Palast hatte einen für seine Zeit erstaunlichen Wohnkomfort. Er besaß eine Warmwasserheizung, Badezimmer mit Sitzbadewannen und Wassertoiletten. Im Erdgeschoß des Palastes befand sich ein Trakt von Vorratskammern, der ursprünglich 21 Räume umfaßte. In einigen Räumen stehen heute noch mannshohe Tonkrüge, in denen einst Wein, Öl und Getreide aufbewahrt wurden. Das Fassungsvermögen des Vorratstraktes betrug etwa 78 000 l.

Die direkte Verbindung von den Vorratskammern zu einem Gebäudetrakt mit Kulträumen sowie heilige Steinmetzzeichen an den Wänden der Kammern deuten darauf hin, daß die Lebensmittel nicht für die Palastbewohner bestimmt waren, sondern als Opfergaben oder als Grabbeigaben gedacht waren. Letztere Annahme geht auf eine in den 70er Jahren unseres Jahrhunderts entstandene, neue Sichtweise der minoischen Kultur zurück, nach der diese eine Totenkultur war und die Paläste der Minoer – so auch Knossos – als Totenpaläste dienten, in denen vornehme Tote bestattet wurden und in denen sie ihr überirdisches Leben einrichten sollten.

2

3

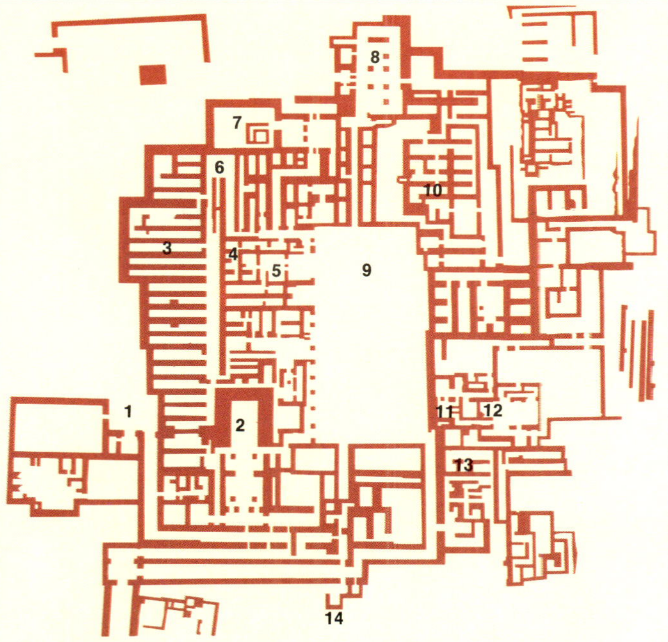

1 Heutiger Haupteingang; **2** Treppenhaus; **3** Magazinräume; **4** Altarraum; **5** Thronsaal; **6** Archiv; **7** Hof mit Kultbassin **8** Nordeingang; **9** Mittelhof; **10** Magazine; **11** Boudoir der Königin; **12** Mégaron (Saal) der Königin; **13** Badezimmer; **14** Südeingang

2 *und* **3** *Ursprünglich war der Nordeingang des Palastes von Knossos (im Bild oben rekonstruierte Teile) eine imposante Säulenhalle. Die mehrgeschossigen weitläufigen Gebäudekomplexe hatten große lichtdurchflutete Treppenhäuser und kleine Lichthöfe, um die unteren Räume zu erhellen. Schmale, winklige Korridore verwirrten den unkundigen Besucher. Diese für minoische Paläste charakteristische Architektur trug dazu bei, daß man den Palast von Knossos mit dem aus der griechischen Mythologie bekannten Labyrinth des Minotauros in Verbindung brachte.*

1 *Der Dreikönigsschrein, der in der Schatzkammer des Kölner Doms aufbewahrt wird, ist ein Meisterwerk mittelalterlicher Goldschmiedekunst. Er wurde um 1230 nach einem Plan des Nikolaus von Verdun fertiggestellt. Der Schrein hat die Form einer dreischiffigen Basilika (2,10 m lang; 1,10 m breit; 1,70 m hoch). In seinem unteren Teil ruhen die Gebeine der Heiligen Drei Könige; der schmale obere Teil umschließt die Reliquien der Heiligen Felix, Nabor und Gregor von Spoleto. Die Frontseite, als einzige aus purem Gold gebildet, zeigt unten die Anbetung der Könige, Maria mit dem Christuskind und die Taufe Christi; im oberen Feld ist der thronende Christus dargestellt. Früher stand der Schrein auf dem Hochaltar des Chors.*
2 *In der ersten Bauphase des Doms zu Köln (1248–1322) wurde die Choranlage errichtet, in die bei der Weihe der Dreikönigsschrein überführt wurde. Das Mittelschiff wurde 1842 bis 1863 fertiggestellt.*
3 *Der Kölner Dom in seiner heutigen Gestalt geht in den Grundzügen auf den Entwurf des ersten Baumeisters Gerhard zurück. Die Kathedralen von Paris, Troyes, Beauvais und Bourges dienten ihm als Vorbilder.*

1

2

3

Kölner Dom

Durch seine lange Bauzeit von mehr als 600 Jahren ist der Kölner Dom, die einzige klassische Kathedrale auf deutschem Boden, nicht nur ein Monument des Mittelalters, sondern zugleich ein Baukunstwerk des 19. Jahrhunderts. Die Kölner Dombausage erklärt die zahlreichen Bauverzögerungen und zeitweilige Einstellung der Bauarbeiten so: Als der Bau des Kölner Doms schon so weit fortgeschritten war, daß seine mächtigen Umrisse sichtbar wurden, drohte der Teufel dem ersten Dombaumeister Gerhard, den Baugrund zu überschwemmen, um die Vollendung des Kirchenbaus zu verhindern. Meister Gerhard setzte seine Seele auf die Behauptung, daß der Dom schneller fertig sein werde als der Teufel das Wasser zur Kirche leiten könne. Als wenige Tage später die Baustelle unter Wasser stand, stürzte sich Meister Gerhard vom Gerüst. Danach fand sich kein Meister mehr, dem die Vollendung des Doms gelungen wäre. Erst nachdem der auf der Baustelle herumirrende Geist des ersten Dombaumeisters gebannt worden war, konnten die Arbeiten erfolgreich abgeschlossen werden.

Die herausragende politische und religiöse Bedeutung des Kölner Erzbistums, das seit 1164 die kostbaren Gebeine der Heiligen Drei Könige besaß, machte das Vorhaben verständlich, den als veraltet angesehenen karolingischen Dom durch eine der Stellung des Erzbistums und dem Reliquienschatz angemessene Kathedrale zu ersetzen. Der Grundstein für den Dom Sankt Peter und Maria wurde 1248 gelegt.

Als 1560 die Bauarbeiten aus Geldmangel eingestellt wurden, waren die Fundamente des Gesamtbaues gelegt. Die Pfeiler von Quer- und Langhaus standen unter Notdächern, die Westfassade mit den beiden Türmen war unvollendet. Erst das 19. Jahrhundert mit seinem in den Befreiungskriegen erwachten Nationalgefühl schuf mit der Rückbesinnung auf die (vermeintlich) nationale Stilepoche der mittelalterlichen Gotik die Voraussetzung für die Fertigstellung der Kathedrale, die als Symbol eines geeinten Vaterlandes und als eine Art Nationalheiligtum angesehen wurde.

Der Grundriß des Kölner Doms (Länge: 144,58 m) folgt dem Vorbild der nordfranzösischen Kathedralen. Es handelt sich um eine kreuzförmige Anlage mit fünfschiffigem Langhaus, dreischiffigem Querhaus, Ostchor mit Umgang und sieben gleichgestalteten Chorkapellen sowie einer Zweiturmfront im Westen.

Am 15. Oktober 1880 erfolgte begleitet von nationalen Feierlichkeiten die Schlußweihe des Doms, dessen Bauarbeiten auch heute noch nicht abgeschlossen sind.

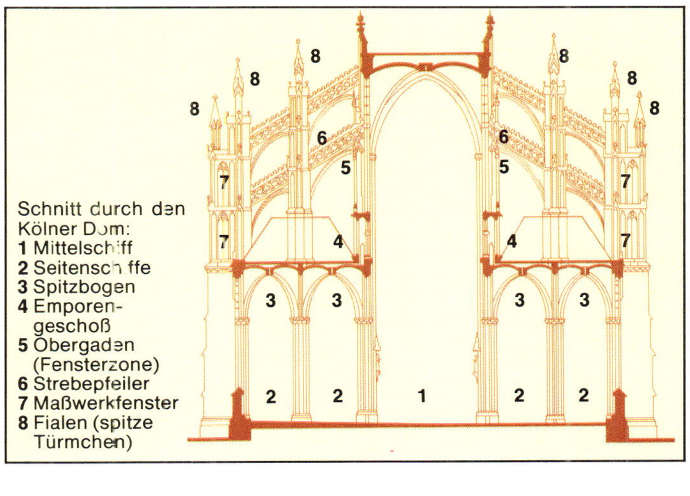

4 *Die beiden 157 m hohen Türme der Westfassade des Kölner Doms sind ein Werk aus dem 19. Jahrhundert. Die Erträge der 1864 erstmals ausgespielten Dombaulotterie waren so hoch, daß die Türme in nur 16 Jahren errichtet werden konnten.*

Kolosseum

Im Jahre 80 n. Chr. wohnten die Bürger Roms so prachtvollen und zugleich blutigen Schauspielen bei, wie sie die Stadt noch nicht erlebt hatte. Anläßlich der Einweihung des neuen Amphitheaters hatte Kaiser Titus das Volk zu 100 Tage dauernden Feierlichkeiten geladen, bei denen in der Kampfarena des Theaters über 5000 wilde Tiere getötet werden sollten. Es wurden Hetzjagden veranstaltet, bei denen ausgehungerte und aufgereizte Wildtiere aufeinander losgelassen und Kämpfe zwischen Menschen und Tieren oder ungleich bewaffneten Kämpfern, den Gladiatoren, ausgetragen wurden.

Spiele dienten im antiken Rom den Kaisern als Mittel, sich der Gunst des Volkes zu versichern. Die Gladiatorenkämpfe hatten ursprünglich eine religiöse Bedeutung. Seit 264 v. Chr. waren sie ein Bestandteil von Leichenfeiern; das in den Boden sickernde Blut der Kämpfer sollte den Toten neue Lebenskraft spenden. Die Römer fanden an den Kämpfen jedoch so viel Gefallen, daß solche Spiele seit Beginn des 1. Jahrhunderts v. Chr. auch unabhängig von Leichenfeiern abgehalten wurden. Die Gladiatoren hatten oft Kriegsgefangene, Sklaven oder zum Tode verurteilte Verbrecher zu Gegnern. Aber auch freiwillig ließen sich Männer in den Gladiatorenschulen zu Berufskämpfern ausbilden.

Um die wachsende Sensationslust der Zuschauer zu befriedigen, die auf die grausamen Schauspiele immer abgestumpfter reagierten, wurden die Kämpfe stets durch neue Attraktionen bereichert. Aus den entlegensten Provinzen des Reiches ließen die Kaiser Raubkatzen, Elefanten, Büffel, Giraffen und andere Tiere herbeischaffen, mit denen nur spärlich oder überhaupt nicht bewaffnete Männer und Frauen – Sklaven oder Verbrecher – um ihr Leben kämpfen mußten, oder Gladiatoren hetzten die Tiere zu Tode. Bei den Spielen kamen viele der angetretenen Kämpfer ums Leben.

Mit dem Bau des Kolosseums, das im Auftrag von Kaiser Vespasian im Jahr 72 zunächst als dreigeschossige Anlage errichtet wurde und das sein Sohn Titus durch ein viertes Geschoß erhöhte, wurde den Schaukämpfen, die bis dahin vor provisorischen Brettergerüsten stattfanden, ein neuer Rahmen gegeben. Der ovale, 188 m lange und 156 m breite Bau bot auf den gestaffelten Innenrängen 50000 Besuchern Platz.

Die drei unteren Stockwerke der 50,75 m hohen Außenfront des Theaters bestanden aus je 80 Rundbogen. Das oberste Geschoß hatte eine geschlossene Außenwand, die von kleinen Fenstern durchbrochen war. Darüber folgt eine dichte Reihe von Konsolen. Diese Mauervorsprünge stützten früher hölzerne Mastbäume, an denen ein Sonnensegel zum Schutz gegen die Hitze über die Zuschauerränge gespannt werden konnte. Das Innere des Amphitheaters, dessen Ränge nur noch bruchstückhaft erhalten sind, war mit Marmor verkleidet. Die 86 m lange und 54 m breite Arena hatte eine hölzerne Plattform. Darunter befanden sich die heute freigelegten labyrinthartig angelegten Gänge und Räume, in denen die für die Kämpfe bestimmten Tiere in Käfigen gefangengehalten wurden.

Die blutigen Spiele wurden Ende des 4. Jahrhunderts, als das Christentum zur Staatsreligion aufstieg, verboten. Bis ins 6. Jahrhundert aber fanden noch Tierhetzen statt. Karl der Große soll das Kolosseum noch weitgehend unzerstört gesehen haben. Danach wurde das Kolosseum zu verschiedenen Zwecken genutzt, hauptsächlich als Festung römischer Adelsfamilien. Seit dem 15. Jahrhundert etwa diente das entstellte, zerfallene Bauwerk als Steinbruch, um Material für römische Kirchen und Paläste zu gewinnen. Papst Benedikt XIV. endlich schützte 1741 das Kolosseum im Andenken an die christlichen Märtyrer. Ein am Rand der Arena errichtetes eisernes Kreuz soll den heutigen Besucher an die Menschenopfer, die hier gebracht wurden, erinnern.

1

1 *Noch als Ruine beeindruckt das gewaltige Kolosseum in Rom mit seiner ursprünglich 50,75 m hohen Außenfront.*
2 *Trotz der Zerstörungen erkennt man im Innern des Amphitheaters die Zuschauerränge und die Kellergewölbe, die ursprünglich mit einer hölzernen Plattform abgedeckt waren. In den Gängen unter der Arena wurden die Tiere für die Gladiatorenkämpfe gehalten.*

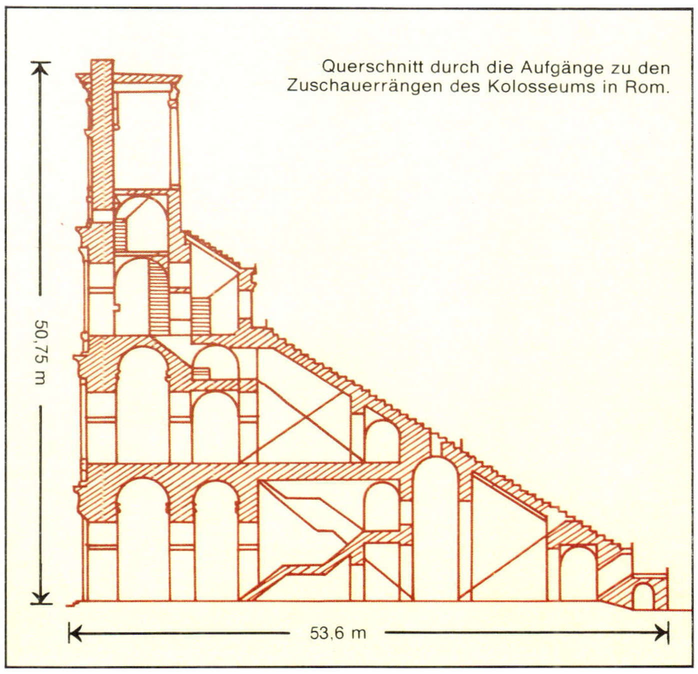

Querschnitt durch die Aufgänge zu den Zuschauerrängen des Kolosseums in Rom.

Krak des Chevaliers in Syrien

Die auf einem steil aufragenden Bergrücken gelegene Kreuzfahrerburg Krak des Chevaliers, deren gewaltige Mauern jedem Angriff zu trotzen scheinen, gilt als eine der stärksten Festungen, die sich die christlichen Pilgerkrieger im 12. Jahrhundert in Palästina erbaut haben. 1142 erhielt der Johanniterorden die alte arabische Festungsanlage Kal'at el-Hosn in Westsyrien, die 1102 von den Kreuzfahrern erobert worden war, und baute sie zu einer der größten Festungsanlagen im Mittleren Osten aus. Der Krak des Chevalier widerstand zahllosen Belagerungsversuchen, auch als Sultan Saladin von Ägypten Ende des 12. Jahrhunderts Jerusalem und weite Teile der von den Kreuzfahrern besetzten Gebiete eroberte, hielt er stand. Erst 1271 mußten die Ordensritter kapitulieren.
Bestimmend für die Architektur der Kreuzfahrerburgen ist ihre Verteidigungsfunktion, ihre Aufgabe, die von abendländischen Christen nur dünn besiedelten Kreuzfahrerstaaten zu schützen und die umwohnende Bevölkerung in Gefahrenzeiten aufnehmen zu können. Den Krak des Chevaliers umgibt eine zweifache wuchtige Wehrmauer. Die Hauptburg schützen ein Wurfgraben im Süden sowie abgeschrägte, mit einer Böschung versehene Steinhänge, an denen feindliche Wurfgeschosse abprallen mußten. Aus schmalen Schießscharten in dem von halbrunden Türmen durchbrochenen Mauerwerk, zu denen Wehrgänge führen, wehrten sich die Ordensritter gegen Angreifer. Selbst wenn Feinde die äußere Befestigung überwunden hatten, blieb die Burg noch verteidigungsfähig. Die Versorgung der Burgbewohner sicherten, auch bei längeren Belagerungen, der als Zisterne dienende Wassergraben, Magazine an der Unterburg und Depots im Hof der Oberburg.
Neben ihren Verteidigungs- und Versorgungsanlagen besaß die Burg auch Repräsentationsräume, die allerdings nur eine geringe Ausschmückung aufweisen. Der Große Saal und der 120 m lange Westsaal in der Oberburg dienten als Empfangs- und Versammlungsorte.
Die Kreuzfahrerburgen Palästinas und Syriens bildeten ein Netz fester Plätze, von denen die Sicherheit der von den Kreuzfahrern gegründeten Reiche abhing. Entsprechend dem christlich-europäischen Feudalsystem entstanden dort das Königreich Jerusalem (1099) und Lehnstaaten wie das Fürstentum Antiochia, die Grafschaften Edessa und Tripolis.
Die Kreuzzüge entstanden aus einer Vielzahl von Motiven. Neben dem Ziel, die christlichen Stätten der Bibel aus den Händen der Ungläubigen zu befreien und wiederzugewinnen, standen Expansionsdrang und Handelsinteressen im Orient. Für die innenpolitische Situation der europäischen Länder bedeuteten die Kreuzzüge ein Ablenken von sozialen Konflikten und Interessengegensätzen zwischen Adel, Krone und Kirche. Die verarmten Schichten sahen in der Teilnahme an den Kreuzzügen die Chance für ein neues, besseres Leben. Im Zusammenhang mit den Kreuzzügen entstand der Johanniterorden, der Barmherzigkeit und ritterlichen Schutz der Christen mit mönchischer Lebensweise verband. Das kämpferische Element gewann bald die Oberhand, und der Johanniterorden entwickelte sich zu einem der bedeutendsten Träger der Kreuzzugsbewegung.

1

2

1 *Die Kreuzfahrerburg Krak des Chevaliers lag an einem strategisch bedeutsamen Punkt: Es bestanden Sichtverbindungen zu der Burg Safita im Westen, die das Gebiet zum Mittelmeer bewachte, und zu der feindlichen Stadt Homs im Osten. Lichtsignale übermittelten Erkenntnisse über feindliche Truppenbewegungen oder Hilferufe.*
2 *Die Mauerreste der Oberburg verdeutlichen noch heute die Wehrhaftigkeit der Burganlage.*

1

Kreml

„Über dem Kreml thront nur noch Gott“, sagt ein altes Sprichwort aus dem Rußland der Zarenzeit. Die am linken Ufer der Moskwa auf einer 40 m hohen Hügelkette liegende Festung ist nicht nur das Herz Moskaus, auf das alle Hauptstraßen sternförmig zulaufen, sondern auch das Zentrum der Macht in der Sowjetunion.
Die auf einer Grundfläche von 28 ha im Lauf von Jahrhunderten errichteten prunkvollen Paläste, die mit vergoldeten Kuppeln geschmückten Kirchen und die großzügigen Verwaltungsbauten mit zumeist leicht abgeflachten, pyramidenförmigen Dächern sind umgeben von einem bis zu 19 m hohen und 6,5 m dicken Mauerring mit einer Länge von 2235 m. 20 Wehrtürme unterbrechen die Wehranlage, von denen fünf die Tore des Kremls schützen.
Drei große Kathedralen beherbergt der Kreml in seinen Mauern: Die mit neun vergoldeten Kuppeln geschmückte Mariä-Verkündigungs-Kathedrale (1484 bis 1489 erbaut), an deren Ikonostas, der reichgeschmückten Bilderwand zwischen Gemeinde- und Altarraum, der berühmte russische Kirchenmaler Andrei Rubljow mitgewirkt haben soll, die 1505 bis 1508 erbaute Erzengel-Kathedrale und die Mariä-Himmelfahrts-Kathedrale, in der die Zaren vom Oberhaupt der russisch-orthodoxen Kirche gekrönt wurden.

1 Die Südfront des Kreml liegt an der Moskwa: Zwischen dem Borovickij-Torturm (links im Bild) und dem runden Wasser-Eckturm, an deren Spitze seit 1937 der Sowjet-Stern prangt, liegt die Staatliche Rüstkammer, heute ein Museum. Der Kreml-Palast, die frühere Zarenresidenz, beherbergt seit 1934 im umgebauten Obergeschoß den 3000 Plätze fassenden Sitzungssaal des Obersten Sowjet. Rechts daneben der 81 m hohe Glockenturm „Iwan der Große" und die Erzengel-Kathedrale.
2 Das Arbeitszimmer Wladimir I. Lenins im heutigen Haus des Ministerrats der UdSSR. Hier wirkte er von 1918 bis 1922, zwei Jahre vor seinem Tod.

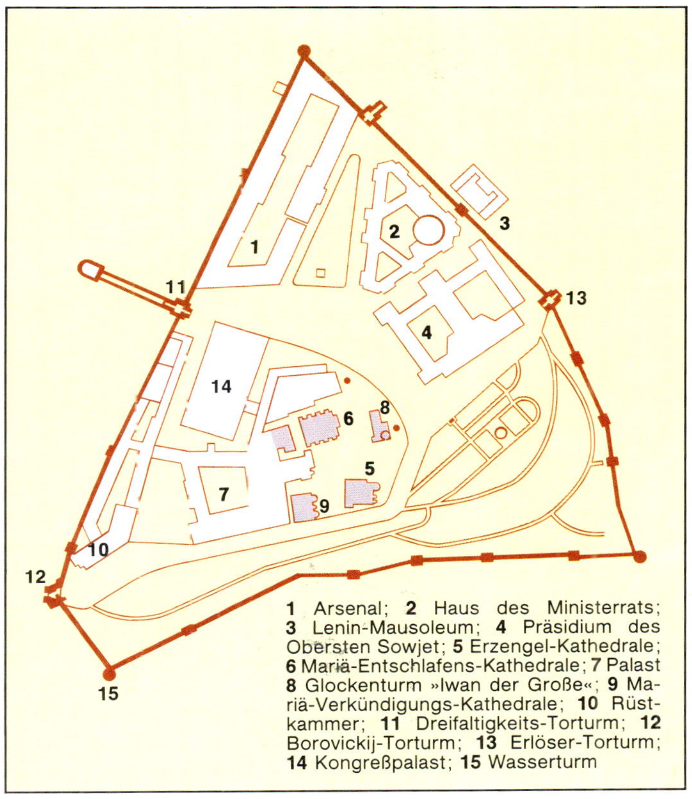

2

Erbaut 1475 bis 1479 vom Italiener Aristotele Fieravanti, beeinflußte der Stil dieser größten Kathedrale des Kreml durch die Lichte und Weite des 20 m langen Gemeinderaumes, dessen Kreuzgewölbe von vier mit Heiligenbildern bemalten Rundpfeilern gehalten werden, maßgeblich den russischen Kirchenbau.
An der Kremlmauer zum 400 m langen und 150 m breiten Roten Platz, gegenüber dem dreistöckigen Kaufhaus GUM (→S. 162/163) liegt das 1930 eingeweihte Lenin-Mausoleum, in dem der 1924 verstorbene Begründer der Sowjetunion beigesetzt ist. Hinter dem Lenin-Mausoleum entlang der Kremlmauer fanden zahlreiche sowjetische Politiker ihre letzte Ruhestätte, darunter die sterblichen Überreste Jossif W. Stalins, dessen Sarg 1961 aus dem Lenin-Mausoleum entfernt wurde.

Der Kreml erhielt seine heutige Gestalt vor allem in den Jahren 1474 bis 1530 unter den Großfürsten Iwan III. und Wassili III., die nicht nur russische, sondern auch italienische Architekten nach Moskau beriefen. Seit dieser Zeit ist das Innere des Kremls mehrfach umgestaltet worden, insbesondere nach dem Brand von 1547 und den Zerstörungen durch Tartaren (1571), Polen (1610) und die Truppen Kaiser Napoleons I. (1812).
Nach der Oktoberrevolution 1917 wurden die Bauten größtenteils renoviert und die Kirchen bis auf zwei, die abgerissen wurden, in Museen verwandelt. Die Regierungsbauten, darunter das Haus des Ministerrats der UdSSR mit der grünen, von der Staatsflagge geschmückten Riesenkuppel, sind nur mit Sondergenehmigung zu besichtigen.

1

Krüger-Nationalpark

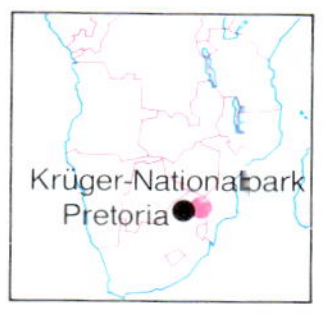

Von den zahlreichen Natur- und Wildschutzgebieten Afrikas gehört der Krüger-Nationalpark in Südafrika, neben dem Serengeti-Nationalpark (→S. 354/355) in Tansania, zu den größten und bekanntesten. Eine Vielfalt wilder Tiere und eine üppige Vegetation begeistern besonders die Besucher aus den hochzivilisierten westlichen Ländern und üben auf sie eine große Faszination aus.

Der 1898 zum Natur- und Wildschutzgebiet und 1926 zum Nationalpark erklärte Krüger-Park liegt 400 km nordöstlich von Johannisburg. Im Osten erstreckt er sich etwa 320 km an der Grenze zu Mosambik entlang den Lebombo Mountains, seine westliche Grenze verläuft in etwa 60 km Entfernung parallel zu dieser Gebirgskette. Auf einer Fläche von 20000 km^2 – das entspricht etwa der Hälfte des Territoriums der Niederlande – wechseln die Höhenlagen des Nationalparks zwischen 200 m im Osten und 900 m im Südwesten. Der Artenreichtum ist überwältigend groß. 122 verschiedenen Spezies von Säugetieren, 55 Fischarten, 109 Reptilienarten und 422 Vogelarten leben in diesem Gebiet.

Unter den Herdentieren, die im jahreszeitlichen Rhythmus auf der Suche nach Nahrung das Gebiet durchstreifen, befinden sich 120000 Schwarzfersenantilopen, 27000 Büffel, 22000 Zebras und 7500 Elefanten. Giraffen, weitere Antilopenarten und Wildkatzen wie Löwen, Leoparden und Geparden sowie Schakale und Hyänen als Aasfresser ergänzen den Bestand an Säugetieren. Zu den gefiederten Bewohnern des Parks gehören außer Geiern und Marabus auch die Hornraben. Die großen Flußläufe, die den Krüger-Nationalpark durchqueren, bieten außerdem dem Fischadler eine reichhaltige Nahrungsquelle.

Die Schutzgebiete müssen sorgfältig gehegt und gepflegt werden, damit Tieren wie Pflanzen eine natürliche Umwelt erhalten bleibt. Der moderne Tourismus, der zur Finanzierung der Naturparks notwendig ist, bringt es leider mit sich, daß immer mehr Straßen und Unterkünfte in den Reservaten gebaut werden. Doch der Mensch und die Wildnis brauchen sich nicht gegenseitig auszuschließen: In einer begrenzten Welt ist jeder auf den anderen angewiesen – die Tiere brauchen den Menschen, um zu überleben, und die Menschen die Tiere, ohne die ihre Erlebniswelt unendlich verarmen würde.

1 *Eine Herde Steppenzebras im südafrikanischen Krüger-Nationalpark, der zu den faszinierendsten Wildreservaten auf der Erde gehört.*
2 *An einer Wasserstelle des Reservats erfrischen sich Netzgiraffen und Antilopen. Vor allem die Vielfalt wilder Tiere und eine abwechslungsreiche Vegetation haben den Nationalpark weltberühmt gemacht.*

1 Der goldene Pavillon Kinkakuji (Kin: Gold) entstand 1394. Der Schogun Aschikaga Joschimitsu, der den Bau in Auftrag gab, zog sich in seinen letzten Lebensjahren in den Pavillon zurück. Sein Sohn wandelte das Gebäude in eine buddhistische Tempelanlage um. Der goldene Pavillon brannte 1950 vollständig nieder, 1955 wurde er originalgetreu wieder aufgebaut. Der Pavillon verbindet drei Baustile harmonisch miteinander. Bei den beiden Obergeschossen wurde die Lackschicht mit Gold bemalt. Die Dachspitze bildet ein Phönix. Der goldene Tempel steht an einem künstlich angelegten Teich, das Zusammenspiel von Wasser und Gebäuden stellt ein charakteristisches Merkmal der japanischen Architektur dar.

Kyoto

In Kyoto, der alten japanischen Kaiserstadt, eröffnet sich dem Besucher die geheimnisvolle, stille, zur Meditation anregende Welt der japanischen Gartenbaukunst. Die Gärten bilden einen unverzichtbaren Bestandteil der Tempel, Schreine, Pavillons, Häuser und Paläste. Die Gebäude öffnen sich zur Landschaft hin und sind in sie hinein komponiert. Die Gartenanlagen verkörpern Werden und Vergehen, Auflösung und Erneuerung, sie symbolisieren den Kreislauf des Lebens.
Der Garten des 1629 erbauten und 1854 abgebrannten Sento-Gosho-Kaiserpalastes lebt vom Kontrast zweier Teiche inmitten eines Hains von hohen Bäumen. Wasser bildet ein wichtiges Element der Architektur, weil es zu Ruhe und Stille anregt. Der südliche Teich läßt die Künstlichkeit seiner Anlage deutlich erkennen; durch Menschenhand wurde eine Vielzahl von Steinen weit ins Wasser hinein angeordnet. Steine gelten als ein Symbol für Beständigkeit und langes Leben. Es gibt Berichte darüber, daß der Kaiser selbst die Steine für die Anlage aussuchte und eine strenge Auswahl traf. Der nördliche Teich ist einer natürlichen Wasseranlage nachgebildet. Im Wasser spiegeln sich die Bäume mit ihren künstlich gekrümmten Ästen. Der Garten der im 17. Jahrhundert erbauten Kaiservilla Schugakuin bezieht die umliegende Landschaft mit in seine Komposition ein. Der künstliche See dort bildet mit dem Bergrücken im Hintergrund eine Einheit. Der See entstand durch Aufschüttung eines Erdwalls an der Mündung von Bergbächen; der in den See geleitete Otowa-Fluß bildet einen Wasserfall. Die Gärten spiegeln in verkleinertem Maßstab die Wasserlandschaft Japans; sie ahmen alle die Natur nach. Der Steingarten des 1473 gegründeten Ryoanji-Tempels ruft den Eindruck von Berggipfeln im Nebel oder Inseln im Ozean hervor. Er verkörpert die Stille und Verinnerlichung, zu der die Gartenanlagen die Betrachter hinlenken wollen. In Gruppen angeordnete Felssteine inmitten einer weißen Kiesfläche laden zur Meditation ein.

3

Die Gartenanlagen Japans entstanden vor dem Hintergrund der Philosophie des Zen-Buddhismus. Der Buddhist sucht in der meditativen Versenkung den Weg zur Erkenntnis und zum Heil. Die in mühevoller jahrelanger Arbeit entwickelten Gartenanlagen strahlen Ruhe und Leidenschaftslosigkeit aus. Das Plätschern des Wassers und der Farbwechsel der Bäume erinnern an die Vergänglichkeit des Daseins und die ständige Erneuerung des Lebens.
Die Anlehnung an natürliche Materialien bestimmte auch die Wahl von Holz als Baumaterial für die Paläste. Der 960 vollendete Kaiserpalast, von dem allerdings nur noch Teile erhalten sind, besteht aus drei Pavillongruppen: Gebäude für Staatsangelegenheiten, für Festlichkeiten und für die kaiserlichen Privatgemächer. Im Shishinden, der Halle für höchste Staatsakte, fand die Krönung der Kaiser statt.
1603 entstand der Nidscho-Palast, die Residenz der Schogune, der Heerführer, die in Japan jahrhundertelang die Herrschaft ausübten. Er besteht aus fünf Gebäuden, die stufenartig aneinander gebaut und durch Korridore verbunden sind. Das Parkett der Gänge knarrt beim Betreten, um zu verhindern, daß jemand unbemerkt in den Palast eindringt. In den Räumen des Schlosses stehen lebensgroße Puppen mit den Kostümen der Schogune und ihres Gefolges. Die Gemälde auf den Schiebetüren zeigen typisch japanische Motive: Kiefern, Kirschblüten und Vögel.
Kyoto, im Westen auf der japanischen Zentralinsel Hondo gelegen, löste 794 Nara als Hauptstadt Japans und Residenz der Kaiser ab. 818 sollen bereits 500000 Menschen in der neuen, rechteckig angelegten Hauptstadt gelebt haben. Seine politische Bedeutung verlor Kyoto während der Herrschaft der Schogune, die den kaiserlichen Machtbereich einschränkten. Kyoto blieb jedoch bis 1869, der Ernennung Tokios zur Hauptstadt, Sitz des Kaisers und kulturelles Zentrum des Landes.
In Kyoto entstand die klassische Zen-Architektur Japans, in der Tempel, Pavillons und Gärten eine Einheit bilden. Trotz mehrfacher Zerstörungen vermittelt Kyoto ein Bild von der auf Schlichtheit und Verinnerlichung ausgerichteten Architektur des alten Japan.

2 *Die Sandhügel im Garten des Silberpavillons von Kyoto liegen vor der Mondbetrachtungsterrasse (der Pavillon wurde 1482 erbaut, der Garten 1485 angelegt). Einer der Sandhügel heißt Meer aus Silbersand. Die Furchen auf dem Sand verkörpern Wellen, die nachts das Mondlicht reflektieren sollen.*
3 *Im Vordergrund dieser Gartenanlage von Kyoto steht eine Steinlaterne, in der früher ein Öllicht brannte. Steinlaternen befanden sich zunächst nur vor Tempeln, später verwandten die Gartenbauarchitekten die Laternen auch als Schmuckelemente.*

1 *Drei Kuppeln aus weißem Marmor krönen die Badschah-Moschee in Lahore. Die Gebetshallen bestehen aus rotem Sandstein und sind mit Marmorinkrustationen geschmückt. Die Minarette verwachsen mit dem rechteckigen Gebäude. Im Gegensatz zu anderen Mogul-Bauten wirkt die Moschee nüchtern. In der Mitte des weiten Moscheenhofs befindet sich ein rechteckiges Wasserbecken. Es dient den vom islamischen Glauben vorgeschriebenen rituellen Waschungen vor dem Gebet.*

2

Rotes Fort in Lahore

Paläste und Moscheen aus rotem Sandstein und weißem Marmor sowie harmonische Gartenanlagen machen den Reiz von Lahore aus, dem neben Delhi und Agra dritten prunkvollen Zentrum der Mogulherrscher auf dem indischen Kontinent. Während der Regierungszeit der Großmogule (1526–1858) fanden die Religion und Kunst des Islam in Indien und dem heutigen Pakistan eine weite Verbreitung. Bis zum Jahr 1008 war Lahore Residenz alteingesessener Hindu-Radschas. Dann machten islamische Eroberer die Stadt zum Zentrum ihrer nordindischen Eroberungen. Die klassische Epoche der Mogul-Baukunst setzte während der Herrschaft von Akbar dem Großen ein, der den Grundstock zur Erneuerung und Erweiterung des großen Forts in Lahore legte.

Das Fort umfaßt ein Areal von 430 × 360 m und besteht aus 21 Gebäudekomplexen, die sich um Innenhöfe und einen Garten gruppieren. In die Festung führt im Südosten das Masti-Tor, von Akbar als Haupteingang angelegt. An beiden Seiten flankieren das Tor halbrunde Bastionen mit Schießscharten. Während der Regierungszeit von Akbar entstanden u. a. die Halle der Vierzig Säulen und der Raum für private Audienzen. An der Rückwand der Halle der Vierzig Säulen befindet sich ein Balkon aus weißem Marmor, der Staats-Balkon, von dem aus Akbar die Huldigung des Volkes entgegennahm. In dem Raum für private Audienzen, dessen Wände mit Marmor verkleidet sind und den früher gold-

überzogene Dekorationen schmückten, empfing Akbar die Fürsten des Reiches und ausländische Gesandtschaften. Akbars Thron stand auf einem Podest. Die Besucher mußten sich dreimal niederwerfen, während sie sich ihm näherten.
Die größte Blüte erlebte Lahore im 17. und 18. Jahrhundert. Schah Dschahan, der 1666 starb, ließ u. a. die Perl-Moschee erbauen. Ihr Name rührt von den drei flachen Zwiebel-Kuppeln aus Marmor her, die wie Perlen schimmern. Die Moschee vermittelt den Eindruck von Schwerelosigkeit und Harmonie – ein charakteristisches Merkmal der Mogul-Architektur. Zu den Gebäuden mit der verschwenderischen Dekoration zählt der Spiegel-Palast Schah Dschahans. Alle Innenwände des Palastes sind mit konvexen Spiegeln bedeckt, die sich zu verwirrenden Mosaikmustern zusammenfügen und verschiedenartige Lichteffekte hervorrufen. Die Fassadenbögen und Säulen aus weißem Marmor weisen Einlegearbeiten aus Halbedelsteinen auf.
Gegenüber dem Masti-Tor liegt der heutige Haupteingang der Festung, das dreistöckige wuchtige Alamgiri-Tor. Es entstand in der zweiten Hälfte des 17. Jahrhunderts unter der Herrschaft von Aurangsib.
Dem Tor frontal gegenüber befindet sich die von Aurangsib erbaute Badschah-Moschee. Über den Gebetshallen erheben sich drei Kuppeln aus weißem Marmor; die mittlere ist höher und stellt ein Abbild der Kuppel des Tadsch Mahal (→ S. 378/379) dar. Acht Minarette säumen die Moschee. Der enge bauliche Zusammenhang von Hauptmoschee und Festungsanlage, die nur durch einen Garten getrennt sind, symbolisiert das islamische Konzept der Einheit von Religion und Staat.

2 *Die weiße Marmorfassade des Naulakha-Pavillons ist mit Einlegearbeiten aus geometrisch angeordneten Halbedelsteinen geschmückt. Das tief nach unten gezogene Dach des Pavillons erinnert an einen Schlapphut. Das Gebäude befindet sich seitlich vor dem Spiegel-Palast.*

3 *Die mächtigen Tore im Lahore-Fort, wie das Tor zum Hof der Badschah-Moschee, dokumentieren die Macht der Mogul-Herrscher.*

Höhle von Lascaux

Im Jahr 1940 folgten ein paar Jungen bei Montignac im französischen Departement Dordogne ihrem in einer engen Erdspalte verschwundenen Hund – und fanden die Eiszeitkunst der Höhle von Lascaux. Mit ihren über 600 Malereien und 1500 Ritzzeichnungen war sie der bis dahin berühmtesten Fundstätte eiszeitlicher Kunst, der 1879 entdeckten Höhle von Altamira bei Santillana in der spanischen Provinz Santander, ebenbürtig, an Übersichtlichkeit und Vollständigkeit der Ausschmückung sogar überlegen.
Der schmale Eingangsspalt führte die Entdecker in einen 30 × 10 m messenden Saal; berühmt wurden die vier bis zu 5 m breiten Stiere und vor allem die Darstellung einer Pferdeherde. Eine meist als Jagdszene gedeutete Darstellung eines Menschen in stark stilisierter Form und eines verwundeten Wisents befindet sich in einem Stollen seitlich eines der beiden Hauptgänge. Andere Malereien zeigen Urrinder, Steinböcke, Hirsche und immer wieder Pferde, oft trächtige Stuten.
Kunstwerke, Bilder, Halbreliefs, kleine Elfenbein- und Knochenschnitzereien tauchten mit Beginn der jüngeren Altsteinzeit (Jungpaläolithikum) vor etwa 30 000 Jahren auf. Sie begleiteten eine Phase sich andeutenden Wandels in der Menschheitsgeschichte. Die Kulturentwicklung differenzierte sich; eine bildende Kunst entstand; die Jagdtechnik erreichte mit der Spezialisierung auf einzelne Tierarten einen Höhepunkt; Steine wurden zu Geräten bearbeitet. Im Lauf der Zeit wurden die bild-

lichen Darstellungen, die einen regionalen Schwerpunkt in Nordspanien und Südfrankreich aufweisen, immer tiefer in unzugänglichen Höhlenteilen angebracht. Die Bilder wurden bewegter, naturalistischer und farbiger, bis sie schließlich in Altamira und Lascaux einen Höhepunkt an Ausdrucksfähigkeit erreichten.
In Lascaux wirkten während einer Wärmeperiode der auslaufenden Eiszeit, vor etwa 12000 bis 15000 Jahren, Generationen von Künstlern. Da von den Eiszeitmenschen im täglichen Leben verwendete Gebrauchsgegenstände fehlen, kann man sich kein Bild von ihrem sozialen Leben machen. Bei der Deutung der Höhlendarstellungen ist man auf Vermutungen angewiesen und versucht, sie mit der Ausübung von Kult und Magie in Zusammenhang zu bringen. Gezeichnete Pfeile und Speere sowie offensichtlich durch Wurfgeschosse verursachte Bildbeschädigungen weisen vielleicht auf einen Jagdzauber hin, der hier ausgeübt wurde. An der Wende zur Jungsteinzeit etwa 9000 v.Chr. verschwanden die Höhlenmaler.
Die Bilder von Lascaux, die die Zeit seit ihrer Entstehung in voller Leuchtkraft überstanden hatten, erlitten erst in den 20 Jahren der Öffnung der Höhle durch Licht und klimatische Einflüsse so erheblichen Schaden, daß die Höhle Anfang der 60er Jahre geschlossen werden mußte. Verblassen der Farben und Algenwachstum werden heute durch Klimaanlagen verhindert. Während die Originalhöhle nur noch von 475 Besuchern pro Jahr betreten werden darf, bietet Lascaux II, mit ihren detailgetreuen Nachbildungen der steinzeitlichen Malereien, seit 1983 die Möglichkeit, sich vom künstlerischen Geschick unserer Vorfahren zu überzeugen.

Die Stiere, Pferde und Rentiere an der Wand der Höhle von Lascaux überlagern einander. Die Farbpigmente stammen aus dem Erdboden, wurden mit Wasser angerührt und mit Fingern oder zerfaserten Ästchen aufgetragen. Mit Farbe getränktes Moos diente zur Ausmalung größerer Flächen.

Observatorium von La Silla

Das Licht einer Kerze – auf dem Mond entzündet – könnte von La Silla aus entdeckt werden. Ja selbst bei der dreifachen Entfernung – eine Million km – wäre die Flamme noch nachweisbar. Was die Augen des Superobservatoriums in Chile leisten, ist für den menschlichen Verstand kaum noch vorstellbar. So sind hauptsächlich große Zahlen das tägliche Brot der Wissenschaftler, die sich an das Ende der Welt zurückgezogen haben, um das Universum zu enträtseln.
2400 m über dem Meeresspiegel, in der trostlosen karstigen Landschaft der chilenischen Anden, verteilen sich auf benachbarten Hochplateaus die weißen Kuppelbauten des Europäischen-Süd-Observatoriums.
Vor 20 Jahren hat die astronomische Forschungsgemeinschaft, an der die Bundesrepublik Deutschland, Frankreich, Schweden, Belgien, Dänemark und die Niederlande beteiligt sind, den Standort für eine der modernsten Sternwarten der Welt ausgewählt. Hier können unter idealen Bedingungen Daten über den südlichen Sternenhimmel gesammelt werden. 200 Tage im Jahr ist La Silla wolkenfrei. Die staublose, trockene Luft gewährleistet hervorragende Sichtverhältnisse, und die Abgeschiedenheit des Observatoriums – die Küstenstadt La Serena liegt zwei Autostunden entfernt – sorgt dafür, daß kein Streulicht durch Stadtbeleuchtungen oder Autoscheinwerfer die Arbeit mit den hochempfindlichen Teleskopen behindert.
Ein Team von 110 hochqualifizierten Wissenschaftlern und Technikern aus aller Herren Länder lebt und arbeitet in diesem Kloster der Astronomie, das jedem Außenstehenden ungewöhnlich und fremdartig erscheinen mag. Ohne Rücksicht auf einen Tag-Nacht-Rhythmus sind die Männer bis zu 16 Stunden täglich an den komplizierten Anlagen der zwölf Teleskope beschäftigt. Die Arbeitsatmosphäre ist von Konzentration und wissenschaftlichem Enthusiasmus geprägt. Platz für private Hobbys – es sei denn Astronomie – oder die Familie bleibt kaum. Bei Nacht herrscht hier angespannte Geschäftigkeit, öffnen sich die Kuppeln der weißen Riesenpilze, werden die computergesteuerten Teleskope in Betrieb gesetzt. Sie sammeln in wenigen Stunden Bilder und Daten für oft monatelange wissenschaftliche Arbeit am Schreibtisch. Tagsüber ist das La Silla-Team damit beschäftigt, Teleskope und elektronische Apparaturen zu warten, zu ergänzen und für die europäischen Gastastronomen herzurichten, die das Glück haben, hier ihre Forschungsvorhaben durchführen zu können. Die Warteliste mit Wissenschaftlern, die wenigstens für ein paar Nächte die Möglichkeiten des Observatoriums nutzen wollen, ist lang.
Die idealen Standortbedingungen und vor allem der „große Spiegel" machen die weite Reise nach Südamerika für Astronomen aus ganz Europa zur wissenschaftlichen Pilgerfahrt. Das große Spiegelteleskop ist mit seinem 3,6-m-Spiegel eines der größten auf der Welt. Es hat ein Gesamtgewicht von 500 t und erreicht die Höhe eines sechsstöckigen Hauses. 120 Motoren sorgen dafür, daß der Koloß auf wenige Tausendstel Millimeter genau bewegt werden kann. So gewaltig wie die Daten des großen Spiegelteleskops sind auch die Aufgaben, die mit seiner Hilfe gelöst werden sollen. Aufbau und Geschichte der Galaxien, ganzer Sternwelten mit Millionen von Sonnen, sollen geklärt werden und über die Struktur des Weltalls Auskunft geben. Als Forschungsobjekte dienen den Astronomen in den Anden die unserer Milchstraße am nächsten benachbarten Galaxien: Die Magellanschen Wolken sind „nur" rund 150 000 Lichtjahre (die Lichtgeschwindigkeit beträgt 300 000 km/sec) von der Erde entfernt, und die Struktur der Galaxis wird – so hoffen die Wissenschaftler – mit den Riesenteleskopen und der raffinierten Elektronik von La Silla eines Tages zu entschlüsseln sein.

Potala in Lhasa

Voller Ehrfurcht werfen sich die Pilger auf den Boden, wenn sie den Potala zum ersten Mal aus der Ferne erblicken, wie es die Gläubigen seit Jahrhunderten getan haben. Der Burgpalast der Gottkönige Tibets beherrscht durch seine erhöhte Lage das Tal des Kyichu-Flusses in den kargen Bergen des inneren Himalaya. Zu seinen Füßen liegt in 3650 m Höhe Lhasa, die lange Zeit für Europäer verbotene, geheimnisumwitterte Stadt auf dem Dach der Welt. Die Wände des Potala leuchten weiß, nur die eigentliche Residenz des Dalai Lama, des weltlichen und geistlichen Oberhauptes Tibets, hebt sich in dunklem Rot davon ab. In 170 m Höhe, über dem letzten der 13 Stockwerke, glänzen geschwungene goldene Dächer und die vergoldeten runden Tschorten, die Grabmäler der verstorbenen Dalai Lamas. Den Potala zu erreichen, ist für den tibetischen Pilger ebenso wichtig, wie für den Mohammedaner der Besuch Mekkas.

Der Dalai Lama ist nach dem Glauben des tibetischen Buddhismus die Wiedergeburt des Gottes Awalokiteschwara. Der Buddhismus hielt im 7. Jahrhundert unter dem 30. tibetischen König Songzen Gampo seinen Einzug in das Land. Während der Einfluß dieser Religion in Indien zusehends abnahm, entwickelte sie sich in Tibet zur beherrschenden Religionsform eigener Ausprägung. Im 14. Jahrhundert löste sich das Land unter seinen religiösen Führern aus dem Griff einer zeitweiligen mongolischen Herrschaft. Der Fünfte in der Reihe der Dalai Lamas gründete 1642 den theokratischen, die religiöse und staatliche Ordnung zusammenfassenden Staat, der bis zur Machtübernahme der Chinesen 1959 in Tibet Bestand hatte. Er befahl auch die Errichtung des Potala an einer Stelle, an der bereits seit dem 7. Jahrhundert die Festung der Könige Tibets gestanden hatte (sie war von Mongolen zerstört worden). Tausende von Männern und Frauen leisteten in Verehrung für den lebenden

Gott harte Fronarbeit. Die Steine für den Riesenbau mußten kilometerweit herangeschleppt werden. 1682 starb der fünfte Dalai Lama plötzlich. Um die Fertigstellung des Baues zu sichern, wurde sein Tod zehn Jahre lang verheimlicht.

Seine sterblichen Überreste werden ebenso wie die seiner Nachfolger in den goldenen Grabmälern aufbewahrt, die bis zu mehreren Stockwerken tief in das ebene Dach der Residenz des Dalai Lamas eingelassen sind. Im Inneren der Residenz, in der Mitte des Potala, liegen die Wohn- und Studienräume des Gottkönigs, außerdem Klosterhallen, Betsäle und Tempel. Die weißen Gebäudeabschnitte beherbergten früher Wirtschaftsräume und eine Klosterschule sowie die Amtsstuben, Audienzräume und Wohnungen der hohen Mönchsbeamten des Staates. Nur über schmale und steile Treppen sind die engen Gänge und 1000 Räume des Potala zu erreichen. Sie enthalten unzählige Schreine, goldene Buddhas und andere Kostbarkeiten, die von der Spendenfreudigkeit der Pilger zeugen.

Seit der Machtübernahme durch die Chinesen hat der Potala seine Funktion als Zentrum eines streng traditionalistischen Staates verloren. Der gegenwärtige 14. Dalai Lama ist vor den Chinesen nach Indien geflohen. Seine Räume werden im Potala so erhalten, wie er sie verlassen hat.

Der weitreichenden Zerstörung während der chinesischen Kulturrevolution von 1966 bis 1976 entgingen in Tibet nur 13 der 3800 Klöster und größeren Tempel. Auch der Potala und der aus dem 7. Jahrhundert stammende, mit goldenen Kacheln verzierte Jokhang-Tempel in Lhasa blieben unbeschädigt, weil der chinesische Ministerpräsident Chou En-lai die Gebäude zum historischen Kulturgut erklärt hatte.

Nach der allmählichen Lockerung der strengen wirtschaftlichen und religiösen Beschränkungen seit 1979 trat die tiefe Religiosität des tibetischen Volkes für die Chinesen überraschend schnell wieder zutage.

Nun hoffen die Tibeter auf die Rückkehr ihres lebendigen Gottes aus dem Exil.

Der Potala, Burgpalast der Dalai Lamas und Ziel aller tibetischen Pilger, beherrscht von einer Anhöhe aus die in einem Gebirgsbekken gelegene Stadt Lhasa. Das Betreten der Hauptstadt Tibets war den Europäern lange Zeit streng verboten, auch dem schwedischen Asienforscher Sven Hedin gelang der Zutritt nicht. 1904 durchbrach ein britisches Expeditionsheer die Isolation, indem es den Zugang zur Stadt erzwang. Das Land schloß sich dennoch weiter von der Außenwelt ab.

Liegender Buddha von Gal Vihara

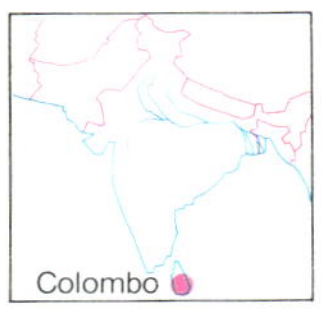

Wer die Lebensgier als die Ursache seines Leidens erkennt und durch geistiges Training überwindet, kommt zu innerem Seelenfrieden und erreicht schließlich das Nirwana, das restlose Verlöschen von Gier, Haß und Verblendung, das Eingehen in das kosmische Ganze. Dies ist – knapp wiedergegeben – der Kernsatz der Lehre Buddhas.

Die Felsenstatue des liegenden Buddha von Gal Vihara auf Ceylon stellt den Religionsstifter beim Übergang in das Nirwana dar. Sie läßt gerade den fremden Besucher, der nicht mit dem Buddhismus vertraut ist, etwas von dem Heilsziel dieser Lehre ahnen. Die 13 m lange Kolossal-Statue strahlt ein so vollkommenes Maß an Harmonie, Ruhe und Heiterkeit aus, wie es bei keiner der vielen hervorragenden Buddhafiguren auf Ceylon gefunden werden kann. Der wohlgeformte Kopf ruht in selbstvergessener Gelassenheit auf einem so natürlich nachgebildeten Felskissen, daß er darin tatsächlich ein wenig einzusinken scheint. Die ebenmäßig herausgearbeiteten Gesichtszüge geben dem Buddha eine unwiderstehliche Ausdruckskraft. Die sanfte Linienführung von Augenbrauen und Nase setzt sich in den Körperkonturen fort. Trotz der unnatürlichen Lagerung des linken Arms, der sich in weichen Kurven dem Rumpf anpaßt, verstärkt sich damit doch die Harmonie des Gesamteindrucks. Sie wird vollendet durch die fein ziselierten Wellenlinien seines Gewandes, das nur schwach angedeutet ist.

Täglich wird das Heiligtum, das in der Nähe der alten Königstadt Polonnaruwa liegt, von vielen gläubigen Singhalesen besucht. Seit dem 3. Jahrhundert, als die Lehre Buddhas sich auf Ceylon verbreitete, verehrt die Urbevölkerung der Insel vor der Südküste Indiens den Stifter des Buddhismus. Nicht einmal die brutalen Missionierungsversuche der Portugiesen, die 1505 auf der Insel landeten und über ein Jahrhundert die Bevölkerung unterdrückten, konnten den Buddhismus von Ceylon verdrängen. Und obwohl fanatische und ebenso geschäftstüchtige Europäer bemüht waren, viele buddhistische Kultstätten zu zerstören und möglichst viele religiöse Kunstschätze aus Ceylon zu verschleppen, blieb neben vielen anderen Heiligtümern auch der liegende Buddha von dem Haß und der Verblendung der so wenig christlichen Christen verschont.

1

2

1 *Gegen den ruhenden Buddha treten die anderen Statuen des Heiligtums sowohl an Größe als auch an Ausdruckskraft zurück. Am Kopf des Buddha steht eine 7 m hohe Figur, deren Bedeutung noch unklar ist.*

2 *Mit meisterlicher Liebe zum Detail wurde das Kunstwerk aus dem schwarzen Naturfelsen herausgeschlagen. Vermutlich ist der liegende Buddha von Gal Vihara zwischen dem 11. und 13. Jahrhundert entstanden.*

1 *Chambord, das Schloß Franz I., liegt 15 km östlich von Blois in einem riesigen Waldgebiet*

2 *Das Schloß von Chinon, erbaut im 12. und 13. Jahrhundert, liegt auf ein*

5 *Zahllose Türme prägen die Dachterrasse von Schloß Chambord*

6 *Schloß Langeais, um 1460 erbaut und außen eine nüchterne Festung, ist im Innern ein Renaissancepalast*

7 *Das Schloß Azay-le-Rideau wurde zwischen 1518 und 1526 auf Pfahlrosten in den Fluß Indre hineingebaut*

Schlösser an der Loire

Nirgendwo in Frankreich stehen so viele Schlösser wie im Tal der Loire zwischen Angers und Orléans. Mehr als 300 säumen die Ufer des längsten Flusses Frankreichs, erheben sich in großen Parks oder überspannen Nebenflüsse.

Das Loire-Schloß des Mittelalters ist ein mit Türmen bewehrter Gebäudekomplex mit Mauern und Wassergräben, Wehrgängen und Pechnasen, ganz auf die Zwecke der Verteidigung gerichtet. In der Zeit der Renaissance, zu Beginn des 16. Jahrhunderts, wandelten sich die Trutzburgen in Orte eines luxuriösen Lebenswandels. Neue Paläste entstanden, sie übertrafen die alten an architektonischer Vielfalt, an Reichtum und Glanz.

Mit König Franz I. kamen die Einflüsse der italienischen Renaissancearchitektur nach Frankreich, zunächst zögernd aufgenommen, dann mit den heimischen Traditionen zu einem die Loire-Schlösser prägenden Stil verknüpft: Regelmäßigkeit im Grundriß, klare Gliederung der Fassaden durch hervorspringende Pfeiler und Gesimse, lange Galerien als Orte der Festlichkeiten und kunstvoll gestaltete Gärten.

Die Erweiterung des königlichen Schlosses von Blois durch Franz I. dokumentiert diesen Wandel. Neben die spätgotischen Bauten seines Vorgängers Ludwig XII. setzte Franz I. zwischen 1515 und 1524 einen dreigeschossigen Flügel mit einem hervorspringenden, reich

orsprung oberhalb der Stadt

3 *Die Stadtseite von Schloß Blois mit dem Flügel König Franz I.*

4 *Das Wasserschloß Chenonceaux befindet sich noch in Privatbesitz*

8 *Sully-sur-Loire östlich von Orléans entstand im 17. Jahrhundert*

9 *Schloß Villandry ist umgeben von kunstvollen Terrassengärten*

10 *Schloß Amboise an der Loire, erbaut um 1500, war der Alterssitz von Leonardo da Vinci*

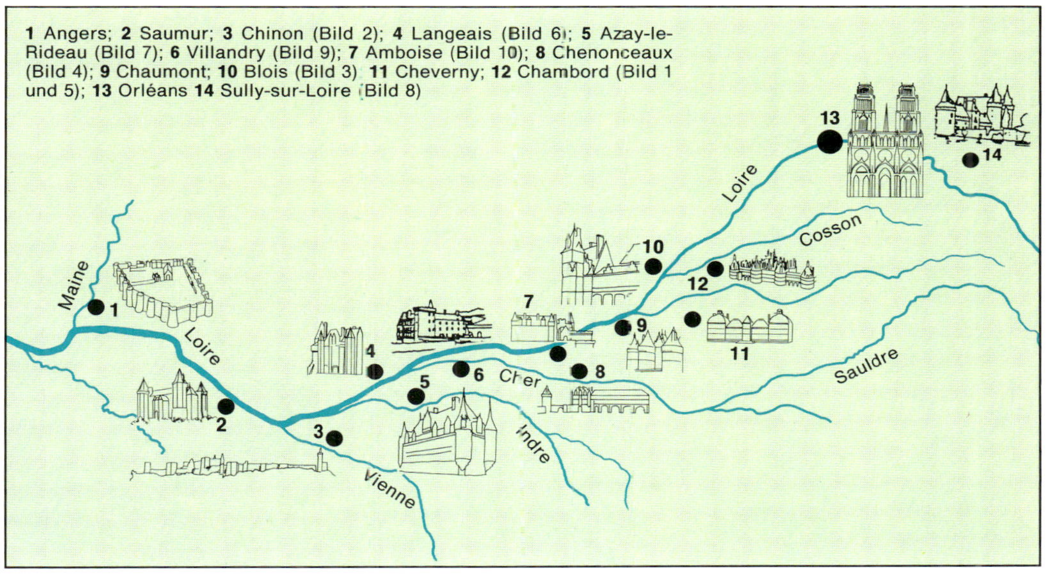

ornamentierten Wendeltreppenhaus, das vom Erdgeschoß spiralförmig nach oben führt.

Mit einer Grundfläche von 157 × 117 m, den 440 Zimmern und Sälen, 800 Türmen, 400 Kaminen und der großzügig ausgestatteten Dachterrasse ist Chambord das weitaus größte Schloß im Loire-Tal. Der rechteckige Bau mit den vier großen Türmen an der Vorderfront wurde 1519 von Franz I. in Auftrag gegeben und erst nach über 150 Jahren, unter Ludwig XIV., vollendet.

Mit dem Bau von Schloß Chenonceaux, das mit einer 60 m langen Galerie auf fünf Brückenbögen den Fluß Cher überspannt, wurde 1515 vom königlichen Steuereinnehmer Thomas Bohier begonnen. Dessen Sohn trat es aus Geldmangel 1524 an Franz I. ab. Zwei Frauen liebten dieses Schloß und prägten es nachhaltig: Katharina de' Medici, die Gemahlin von König Heinrich II., und Diane von Poitiers, die Mätresse des Königs, die das Feld räumen mußte, als Heinrich II. bei einem Turnierunfall 1559 in Paris starb.

Auch das Wasserschloß Azay-le-Rideau am Loire-Nebenfluß Indre war das Werk eines königlichen Finanzmannes. Es wurde 1527 durch Franz I. konfisziert, nachdem der Besitzer in königliche Ungnade gefallen war.

Mit dem Ausgang des 16. Jahrhunderts endete die glanzvolle Epoche der Loire-Schlösser. Sie wechselten oft mehrfach den Besitzer, wurden umgebaut und erweitert. Etwa 100 von ihnen sind heute für Besucher geöffnet und dokumentieren die Vielfalt französischer Adelskultur im Tal der Loire, dem „Garten Frankreichs", aber auch ihre wechselvolle Geschichte.

Lourdes

Am 11. Februar 1858 befand sich die 14jährige Müllerstochter Bernadette Soubirous aus dem französischen Pyrenäenort Lourdes wie häufig beim Holzsammeln. Vor einer Grotte nahe dem Ufer des Gave de Pau hielt das kränkliche Mädchen plötzlich inne: Sie sah eine Dame mit weißem Gewand, blauem Gürtel und gelben Rosen zu den Füßen. Insgesamt 18mal erschien ihr die geheimnisvolle Gestalt. Beim drittenmal bat sie das Kind, 15 Tage lang wiederzukommen. Beim neuntenmal kratzte das Mädchen in der Erde und es entsprang eine Quelle, an der sich kurze Zeit später die erste Wunderheilung ereignete. Schließlich gab sich die geheimnisvolle Dame mit den Worten „Ich bin die Unbefleckte Empfängnis" als Muttergottes zu erkennen.
Die Berichte der 1933 heiliggesprochenen Bernadette lösten heftige Diskussionen nicht nur unter den Einwohnern von Lourdes, sondern auch in der katholischen Kirche aus. Täglich bedrängten Gläubige das asthmakranke Mädchen, erwarteten Wunder und Segnungen von ihr. Bernadette wurde in ein Kloster nach Nevers nahe Orléans gebracht, wo sie 1879 im Alter von 35 Jahren starb. 1862 erkannte die Kirche die Marienerscheinungen an. In der Grotte erinnert eine Muttergottes-Figur aus weißem Carrara-Marmor an die Erscheinungen des Mädchens Bernadette.
Im Winter ist Lourdes ein verschlafenes Städtchen mit rund 18 000 Einwohnern. Im Sommer aber drängen täg-

lich Zehntausende von Pilgern zum Gelände an der Grotte. Alte, Kranke und Behinderte prägen das Bild. Drei Spitäler stehen ihnen zur Verfügung. Die meisten der Helfer, die sich um sie kümmern, sind Freiwillige. Die Kranken werden in blauen Dreiradkarren zu den Messen, Prozessionen oder ins Badehaus geschoben. Viele von ihnen versprechen sich Genesung von einem Bad im kalten Wasser der heiligen Quelle. In der Grotte aufgehängte Krücken erinnern an medizinisch nicht erklärbare Heilungen. 64 Wunderheilungen hat die Kirche nach strenger medizinischer Prüfung bis 1982 anerkannt. Die meisten Wallfahrer nehmen Quellwasser mit nach Hause, füllen es in Plastikflaschen in Madonnenform, die sie auf dem Weg zu den Pilgerstätten in einem der 450 Souvenirläden erstanden haben. Der Geruch von heißem Wachs erfüllt den Platz vor der Grotte; mehrere Männer sind damit beschäftigt, die von den Gläubigen geopferten Kerzen auf die Ständer zu stecken.
Lourdes ist nicht nur Ort der Frömmigkeit und des Glaubens. Hier werden auch Geschäfte gemacht. Neben den zahlreichen Souvenirläden gibt es rund 500 Hotels, Pensionen, Restaurants und Cafés; etwa 5000 Saisonarbeiter sind während der Sommermonate in dem Pilgerort beschäftigt. Und dennoch siegt der Eindruck der Frömmigkeit über den Kommerz.
Der französische Schriftsteller und Journalist Alain-Fournier beschrieb seine Empfindungen beim Anblick der ins Gebet versunkenen Pilger so: „Ich kann nicht sagen, warum ich ein solches Bedürfnis hatte, zu weinen. Vielleicht wegen dieses verzweifelten Vertrauens, das diese Menschen haben. SIE hat gesagt: ‚Hier werde ich Wunder vollbringen.'"

Ein breites Lichterband unzähliger Kerzen bewegt sich an Sommerabenden auf die Stätten der Marienverehrung in Lourdes zu. Mehr als vier Millionen Menschen pilgern jährlich in den französischen Pyrenäenort, wo 1858 der Müllerstochter Bernadette Soubirous die Gottesmutter erschienen sein soll. Drei Kirchen wurden erbaut, um den Pilgern Raum für ihre Gebete zu geben: 1864 wurde ein neugotisches Gotteshaus errichtet, 1889 wurde die Rosenkranzkirche und 1958 die unterirdische Pius-Basilika eingeweiht.

Louvre

Die Revolution machte ihn zum Museum. Der Louvre, der in seiner Geschichte als Festung und Königspalast gedient hatte, wurde 1793 – im Jahr der Hinrichtung König Ludwig XVI. – ein „Museum für das Volk". Heute werden auf den Gängen und in den 225 Sälen rund 30 000 der insgesamt 400 000 Kunstgegenstände ausgestellt.

Die Sammlungen des Louvre reichen von ägyptischen Altertümern bis zu Skulpturen und Gemälden des 19. Jahrhunderts. Daneben werden Möbel und Kunsthandwerk vor allem aus dem 17. bis 19. Jahrhundert gezeigt. Zu den berühmtesten Ausstellungsstücken der Altertumssammlung gehören die Venus von Milo (um 130/120 v. Chr.) und die Nike von Samothrake (3./2. Jh. v. Chr.). Die ägyptische Sammlung, die von Jean François Champollion, dem Entzifferer der Hieroglyphen, im 19. Jahrhundert begründet wurde, enthält zahlreiche Beispiele ägyptischer Kleinkunst. In der Gemäldesammlung, deren größter Teil wirkungsvoll in der Grande Galerie, einer durch Oberlicht erhellten Passage untergebracht ist, bildet die Mona Lisa von Leonardo da Vinci mit ihrem rätselhaften Lächeln den größten Anziehungspunkt für das Publikum.

Der Gebäudekomplex des Louvre entstand auf dem Gebiet des Wolfsreviers „Lupara" (lupus heißt auf lateinisch Wolf). 1190 legte der französische König Philipp II. August dort den Grundstein für eine quadratisch angelegte Festung, deren Grundmauern z. T. noch erhalten sind. Zur Residenz der französischen Herrscher stieg der Louvre erst auf, als der Renaissance-König Franz I. 1527 mit der Umgestaltung des Gebäudes begann und den Alten Louvre um die Cour Carrée errichten ließ. Ende des 16. und im 17. Jahrhundert wurde der Alte Louvre durch einen parallel zur Seine verlaufenden Südflügel ergänzt. Ludwig XIII. und Ludwig XIV. erweiterten die Cour Carrée und ließen den Mittelpavillon sowie die Kolonnaden der Ostfassade errichten. Nachdem Ludwig XIV. seine Residenz nach Versailles (1689 vollendet, → S. 424/425) verlegt hatte, verfiel der Louvre. Während der Französischen Revolution wurde der Gedanke, den Louvre zum öffentlichen Museum zu machen, verwirklicht. Kaiser Napoleon I. ließ seit 1805 den Louvre restaurieren und den Bau des Nordflügels beginnen. Seine endgültige Gestalt gewann das Gebäude durch die Umbauten und Erweiterungen, die von Georges Eugène Baron Haussmann während des Zweiten Kaiserreichs (1852–1870) vorgenommen wurden.

3

1 *Die Venus oder Aphrodite von Milo gilt als das Schönheitsideal des späthellenistischen Griechenland. Der Kontrast zwischen der Lebendigkeit der Falten des um die Beine geschlungenen Tuchs und dem glatten Oberkörper, die anmutige Drehung der Figur und die einfache Natürlichkeit des Ausdrucks rufen auch heute noch die Bewunderung des Betrachters hervor. Die Statue, eine der wenigen erhalten gebliebenen griechischen Originalplastiken, wurde im 2. Jahrhundert v. Chr. geschaffen. Die getrennt gearbeiteten Arme sind verlorengegangen. Der Körper besteht nicht aus einem Stück, sondern ist aus dem Torso mit dem Kopf und den drapierten Beinen zusammengesetzt. 1820 wurde die Plastik auf der griechischen Insel Melos gefunden und später für den französischen König Louis Philippe, der von 1830 bis 1848 regierte, gekauft.*

2 *Von der Avenue du Général Lemonnier fällt der Blick auf den Pavillon de Marsan, der den Nordflügel des Louvre abschließt. 1805 wurde mit dem Bau dieses Teils des alten Königspalastes begonnen. Das heutige Aussehen gewann der parallel zur Seine verlaufende Gebäudeteil durch Umbauten, die zwischen 1852 und 1870 von dem berühmten Pariser Architekten und Stadtplaner Georges Eugène Baron Haussmann durchgeführt wurden. Der Pavillon de Marsan beherbergt heute das Kunstgewerbemuseum. Im Vordergrund rechts ist ein Teil des Jardin du Carrousel zu sehen, der Gartenanlage, die sich zwischen Nord- und Südflügel des Louvre erstreckt.*

3 *Mit dem um 1503 vollendeten Gemälde „Mona Lisa" schuf der italienische Renaissancekünstler Leonardo da Vinci den Idealtyp eines Porträts; er verband die naturgetreue Abbildung der Florentinerin mit der symbolhaften Darstellung der Frau schlechthin. Die Mona Lisa mit ihrem rätselhaften Lächeln wirkt sowohl verführerisch, als auch distanziert – schön, aber kalt und zurückweisend. Der Hintergrund, der nicht durch feste Linien begrenzt sondern durch sanfte Farbübergänge gestaltet ist, vermittelt die Vision einer unberührten Natur. Das Porträt gehört zu den Gemälden Leonardos, die am besten erhalten geblieben sind. Gleichwohl veränderte sich das Bild im Lauf der Zeit: Die Farben sind nachgedunkelt, außerdem wurde das Bild an den Seiten beschnitten, so daß zwei Säulen wegfielen, die verdeutlichen sollten, daß die Dargestellte auf einem Balkon sitzt.*
Leonardo da Vinci arbeitete drei Jahre lang an dem Porträt. Mona Lisa war die dritte Frau des florentinischen Patriziers Francesco Bartolomeo del Giocondo, weshalb das Gemälde auch als „La Gioconda" bezeichnet wird.

Machu Picchu in Peru

Nichts verehrten die Inka mehr als die Sonne. Sie hielten sich für Kinder des leuchtenden Himmelskörpers, der Sohn und Tochter ausgesandt hatte, um ihren ärmlich hausenden Vorfahren zu zeigen, wie Äcker zu bestellen und Städte zu bauen sind. Und sie verehrten das Gold, das sie für den Schweiß der Sonne hielten, der sie alles verdankten: Den Aufstieg zu einem mächtigen Reich mit hochentwickelter Kultur und straffem politischen Aufbau in einem Zeitraum von knapp 100 Jahren.

Als die Spanier 1532 in Peru eindrangen und jenes legendäre Volk unterwarfen, das nach dem Titel ihrer Könige als Inka bezeichnet wird, setzten sie Angehörige des alten Herrscherhauses als von ihnen kontrollierte Könige ein. Einer von ihnen, Manco Cápac II., unternahm 1536/37 einen Aufstand gegen die Eroberer, doch durchbrachen die in der alten Hauptstadt Cuzco eingeschlossenen Europäer den Belagerungsring der Inka. Manco Cápac konnte fliehen und es trat wieder Ruhe ein. Nur die zahlreichen, überraschenden Überfälle zeugten von der weiteren Gegenwart des Inka.

Im unzugänglichen Bergland um Cuzco soll der König eine neue Stadt gegründet haben; Vilcapampa wurde sie in den Überlieferungen genannt. Vergeblich suchten die Spanier nach dem König und den Goldschätzen der Inka. Erst 1911, auf der Suche nach dem legendären Ort, stieß der amerikanische Archäologe Hiram Bingham in den von tropischer Vegetation überwucherten Bergen etwa 110 km nordwestlich von Cuzco auf eine im Urwald versunkene Stadt. Machu Picchu, „alte Bergspitze“, nannte er den Ort, weil er nicht sicher wußte, ob es die nie entdeckte Stadt Vilcapampa war.

Der Anblick von Machu Picchu ist überwältigend. Auf einem steilen, 2300 m hohen Gebirgsstock, 500 m über dem Tal des Rio Urubamba haben die Inka eine Stadt angelegt, in der wahrscheinlich nahezu 4000 Menschen gelebt haben. Von keinem Punkt des Tales aus ist sie zu sehen. Nur ein schmaler Pfad, der wahrscheinlich schon zu spanischer Zeit durch einen Bergrutsch blockiert war, führt hinauf. Zu Füßen einer schroffen Felsnadel, dem Huayna Picchu, erstreckt sich die in drei Bereiche gegliederte Anlage. Der Tempelbezirk im Süden der Stadt beherbergt das Sonnenheiligtum Intihuatana. Dem Sakralbereich gegenüber, durch den großen Hauptplatz getrennt, liegt das Königsviertel mit dem Torreón, einem auf einem heiligen Felsen errichteten halbrunden Turm. Im östlichen Teil der Stadt befinden sich die Wohngebäude, die wie alle Bauten von Machu Picchu früher Holzbalken und Strohdächer trugen. Alle Gebäude sind aus harten Granitblöcken errichtet, die ohne Mörtel exakt zusammengefügt wurden. Terrassierte Felder an den Rändern der Stadt lieferten die Nahrungsmittel.

Auf ihrer gierigen Jagd nach dem Gold der Inka ließen die Spanier nichts unversucht, in den Besitz der Schätze zu gelangen. Sie drangen zu den entlegensten Stätten der Inka vor, plünderten und zerstörten viele ihrer Städte. Machu Picchu entdeckten sie nicht.

1 *Auf einem unzugänglichen Bergplateau in den peruanischen Anden, hoch über dem Tal des Rio Urubamba, liegen die Ruinen der erst 1911 entdeckten rätselhaften Inka-Stadt Machu Picchu.*
2 *Ein einziger Zugang führt in die Stadt der Inka, die nur über einen schmalen, durch Bergrutsche teilweise blockierten Pfad zu erreichen und von keinem Punkt des Tales aus zu erblicken ist.*
3 *Der Intihuatana, ein aus dem harten Fels gehauener Sporn, war das Sonnenheiligtum von Machu Picchu. Der Name bedeutet so viel wie „Ort, der die Sonne festhält“.*

4 Die Mauern der Bauwerke von Machu Picchu sind in der typischen Bauweise der Inka ohne Mörtel aus harten, exakt behauenen Granitblöcken zusammengefügt worden. Die Steine wurden so bearbeitet, daß sie eine kissenartige Wölbung der Außenflächen aufweisen, ein charakteristisches Merkmal der Inka-Architektur.
5 und 6 Wohlgeformte, mit reichen Verzierungen versehene Gefäße aus Ton zeugen von den handwerklichen und künstlerischen Fähigkeiten der Inka. Häufig wiederkehrende Motive auf Schalen und Krügen sind Krieger, die mit Schildern, Speeren und Äxten bewaffnet sind.

Mahabalipuram-Tempel

Die ersten Strahlen der aufgehenden Sonne treffen in dem Küstentempel von Mahabalipuram auf ein Kultbild, das sich in einem nach Osten geöffneten Schrein befindet: Einer der Hauptgötter des Hinduismus, Schiwa, der das Prinzip der Zerstörung verkörpert, blickt auf das Meer und seine Gefahren. Im Gegensatz zu dem furchtbaren und unheimlichen Gott Schiwa vertritt der hinduistische Gott Wischnu das Prinzip der Güte. Auch von ihm befindet sich in einem Nebenschrein des Tempels ein Kultbild. Wischnu aber, der Gütige und der Erhalter, blickt auf das Land und die Stadt.

Über den Schreinen des Kulttempels von Mahabalipuram, das unmittelbar an der Ostküste Indiens, südlich von Madras liegt, erheben sich pyramidenförmige, in Terrassen gegliederte Türme. Neben seiner Kultfunktion diente der Tempel gleichzeitig der Küstenschiffahrt als Navigationshilfe. Große Teile des um 700 erbauten Tempels sind inzwischen zerfallen; aber die Reste der mächtigen Umfassungsmauern, auf denen sich Figuren, liegende Stiere, befinden, zeigen noch die ursprüngliche Begrenzung des Tempelbezirks.
In einem Dünental, in der Nähe des Küstentempels, stehen fünf aus riesigen Granitblöcken gehauene monolithische Tempel, sog. Rathas, die verschiedenen Stilformen angehören. Die Monolithschreine gelten als experimentelle Vorformen des Küstentempels, der jedoch schließlich als freistehender Bau aus Quadersteinen er-

richtet wurde. Die Rathas gleichen großen, aus Stein geschnitzten Skulpturen und zeigen in ihrer Gestaltung die ganze Vielfalt der architektonischen und künstlerischen Formgebung, die den südindischen Baumeistern zur Verfügung stand. Bei ihrem Bau war offenbar allein die äußere Gestalt und deren reiche Verzierung wichtig, dagegen wurde der Ausbau der Innenräume vernachlässigt. Als der gelungenste Monolithschrein gilt der Dharmaraja-Ratha, der aus einem Sockel mit quadratischem Umriß besteht, über dem sich ein dreistufiges Pyramidendach erhebt. Auf jedem Geschoß des Aufbaus befinden sich zahlreiche Miniaturbauten, deren Größe sich von Stufe zu Stufe verringert: Die gesamte Konstruktion zeichnet sich bis in die kleinsten Teile durch eine vollendete Symmetrie aus. Die monolithischen Bauwerke an der südindischen Ostküste hatten wahrscheinlich eine religiös-rituelle Funktion im Sinn einer symbolischen Darstellung des gesamten Kosmos.
Neben dem Küstentempel und den Rathas von Mahabalipuram befindet sich dort auf einem Felsenvorsprung ein Flachrelief, das als das größte der Welt und als eine meisterhafte Darstellung der Schöpfung gilt. Das Relief zeigt die Erdenfahrt des Ganges, der im Hinduismus als heiliger Strom verehrt wird. Alle Bauwerke in Mahabalipuram entstanden zur Zeit der Pallava-Dynastie, die vom 6. bis 9. Jahrhundert die beherrschende Macht im Südosten Indiens war. Mit ihren Höhlen-, Monolith- und Freibautempeln begründeten die Pallavas eine eigenständige südindische Kunstrichtung. Die Herrscher waren bemüht, ihre Verdienste und Taten in bedeutenden Bauten zu verewigen; heute zählt Mahabalipuram zu den schönsten archäologischen Stätten Südindiens.

Die ursprünglich hohe Einfriedung des Küstentempels von Mahabalipuram ist nur noch in den Grundmauern erhalten. Der Strandtempel wurde im Gegensatz zu anderen Tempelbauten in Mahabalipuram, die monolithisch aus mächtigen Granitblöcken herausgearbeitet wurden, aus Werkstein errichtet.

Mailänder Dom

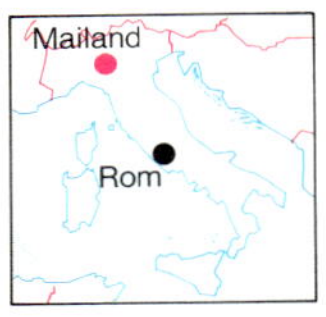

Der Herrscher von Mailand, Giangaleazzo Visconti, faßte im Jahr 1386 den Entschluß, eine Kirche errichten zu lassen, die an Pracht und Größe die Kathedralen nicht nur der lombardischen, sondern aller italienischen Städte übertreffen sollte: So wurde der außen weiß schimmernde, mit Skulpturen überreich geschmückte Mailänder Dom zum größten gotischen Kirchenbau; mit einer Fläche von 11700 m² war er bis zur Fertigstellung des neuen Petersdoms (→ S. 302/303) in Rom die größte Kirche der Christenheit. Die Vollendung des Mailänder Doms zog sich bis zum Beginn des 19. Jahrhunderts hin, als Kaiser Napoleon I. den Befehl gab, die Arbeiten an der Kirche, in der er zum König von Italien gekrönt wurde, „in größter Eile“ zu Ende zu führen.
Der Dom wurde 1386 begonnen und 1572 geweiht. Die Arbeiten an der Fassade, die 1516 aufgenommen wurden, konnten erst 1813 beendet werden. Die Ursachen für die ständigen Bauverzögerungen und -unterbrechungen waren Meinungsverschiedenheiten und Rivalitäten zwischen den verschiedenen Baumeistern. Insbesondere die Konstruktion der 68 m hohen Kuppel war zwischen den italienischen, französischen und deutschen Künstlern umstritten. Der Außenbau des Doms ist von einer Überfülle von filigranen dekorativen Formen und Skulpturen geschmückt. Fast alle bedeutenden Bildhauer Norditaliens vom 15. Jahrhundert bis in die Gegenwart haben ihren künstlerischen Beitrag geleistet. 2245 Statuen zieren Dach und Außenwände; insgesamt werden 3159 Statuen gezählt. Die populärste Skulptur, ein Wahrzeichen der Stadt, ist die „Madonnina“, eine 4,16 m hohe Statue der Jungfrau Maria, die auf dem 108 m hohen Mittelturm des Domes steht; sie wurde 1774 in vergoldeter Bronze ausgeführt.
Der Innenraum überzeugt durch seine Schlichtheit, die im Gegensatz zum aufwendigen Äußeren steht. Im linken Querschiff hängt ein kostbarer Bronzeleuchter, dessen Entstehungszeit umstritten ist (Anfang 13. oder Anfang 14. Jh.) Das fünfschiffige hallenartige Langhaus wird von einem dreischiffigen Querhaus gekreuzt, an das sich im Osten ein Chor anschließt. Der 157 m lange, 55 m breite und 46 m hohe Bau kann im Westen durch fünf Portale mit Bronzetüren betreten werden.
Um die Bedeutung der monumentalen Kathedrale als das Herz der Stadt zu unterstreichen, ließen die Regenten der Stadt die Piazza del Duomo mehrmals baulich verändern. Ihre heutige Form hat sie ab 1865 erhalten. Die Bürger Mailands und die zahlreichen Touristen haben nun von jeder Ecke des weiträumigen, rechteckigen Platzes einen freien Blick auf die Domfassade, höchstens ein wenig beeinträchtigt durch das auf der Platzmitte aufgestellte Reiterstandbild des italienischen Königs Viktor Emanuel II.

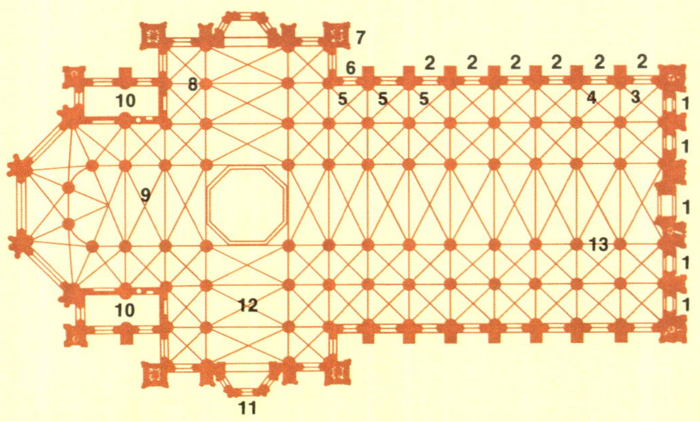

1 Bronzeportale des 19. Jahrhunderts; **2** Fenster aus dem 15./16. Jahrhundert; **3** Grab des Erzbischofs Aribert; **4** Grab des Erzbischofs Ottone Visconti aus dem 13. Jahrhundert; **5** Altäre von Pellegrini; **6** Grabmal Gian Giacomo de'Medici von Leoni, 1560; **7** Madonna, 14. Jahrhundert; **8** Heiliger Bartholomäus, 1562; **9** Presbyterium mit Hochaltar und Chor; **10** Sakristei **11** Altar der Madonna dell'Albero; **12** Trivulzio-Leuchter, 13. Jahrhundert; **13** Baptisterium

MARIAE
NASCENTI

Malawiya-Minarett in Samarra

Das riesige arabische Reich war schon zersplittert, die Macht der Abbasidenfürsten im Verfall begriffen, als Al Mutawakkil, zehnter Kalif der Abbasidendynastie, 848 bis 852 die Moschee mit dem Spiralturm in Samarra (seit 836 Residenz) bauen ließ. Ihm zum Ruhm und Allah zu Ehren sollte sie groß und prächtig werden. Sicherlich ahnte er aber nicht, daß in der Hauptstadt an den Ufern des Tigris die größte Moschee, die jemals in der islamischen Welt gebaut worden ist, entstand.

Die Grundfläche des Heiligtums betrug 162 × 245 m und wurde durch die Nebengebäude, die sich auf drei Seiten anschlossen, nahezu verdoppelt. Die Umfassungsmauern der Moschee, die auch heute noch erhalten sind, weisen eine sehr regelmäßige Gliederung auf. Runde Türme markieren die Ecken und an den Seiten treten halbrunde Turmanbauten hervor. Die Mauerabschnitte zwischen den Türmen – an der Nord- und Südseite befinden sich je acht, im Westen und Osten jeweils sechs – sind an der oberen Kante mit einem Fries geschmückt. Das Bemerkenswerteste an der aus gebrannten Ziegeln errichteten Moschee ist aber wohl das ungewöhnliche Minarett, das an der Nordseite des Hauptgebäudes steht. Im Unterschied zu den meist schlanken islamischen Moscheetürmen, die zylinder- oder quaderförmig sind, erinnert der wuchtige Turm der Moschee von Samarra eher an einen altbabylonischen Tempelturm, einen Zikkurat. In der Tat ist die Form des Spiralminaretts, kurz Malawiya (d. h. Spirale) genannt, auf die stufenförmigen Gebetstürme des längst untergegangenen Babylon zurückzuführen. Die Malawiya steht auf einem 3 m hohen, quadratischen Sockel, der mit blinden Torbögen umkränzt ist. Die Basis des Turms hat einen Durchmesser von annähernd 30 m, während die ebenfalls mit Torbögen geschmückte Spitze kaum 5 m im Durchmesser mißt. Umgeben ist das sich nach oben hin gleichmäßig verjüngende Minarett von einer breiten, begehbaren Rampe, die sich in fünf vollständigen Windungen spiralförmig bis zur stumpfen Spitze des Turms in knapp 60 m Höhe emporschraubt.

So wie die babylonischen Zikkurats Vorbild der Malawiya waren, diente sie selbst als Vorbild für das Minarett der zweiten großen Moschee, die der Kalif Al Mutawakkil knapp ein Jahrzehnt später erbauen ließ. Um sich selbst ein Denkmal zu setzen, wollte der Abbasidenherrscher nördlich des alten Samarra eine neue Stadt gründen, die seinen Namen tragen sollte. In nur einjähriger Bauzeit wurden eine Moschee, die fast die Ausmaße des alten Heiligtums hatte (139 × 216 m), und eine große Anzahl weiterer Gebäude 861 fertiggestellt. Aber schon neun Monate nach dem Umzug der Bewohner Samarras in die neue Stadt zeigte sich, daß der Kalif umsonst mit grandiosen Bauvorhaben die Tatsache zu verschleiern suchte, daß er kaum noch Macht besaß. Er wurde im Dezember 861 auf Betreiben der eigentlich herrschenden Militärmachthaber in seinem Palast ermordet. Auf Veranlassung seines Sohnes und Nachfolgers Al Mustansir verließen die Bewohner die Neubauten und kehrten nach Samarra zurück. Die nun unbewohnte Hauptstadt verfiel in kurzer Zeit.

Aber auch Samarra sollte bald ein ähnliches Schicksal erleiden. Schon 892 mußte der zum damaligen Zeitpunkt herrschende Kalif Al Mutamid unter dem Druck der Militärs seinen Regierungssitz nach Bagdad verlegen. Gebäude, Paläste und Kasernen und die Große Moschee wurden allmählich zu Ruinen. Heute stehen von dem Heiligtum nur noch die hohen Außenmauern und die Malawiya. Gleichsam als Symbol für die Vergänglichkeit menschlicher Macht erhebt sie sich – eine Autostunde von der irakischen Hauptstadt Bagdad entfernt – über dem Ruinenfeld von Samarra.

Mammoth Cave in Kentucky

Seit 1972 halten sie den Weltrekord: Die Mammuthöhlen im US-amerikanischen Bundesstaat Kentucky bilden seit der Entdeckung einer Verbindung zwischen der Mammoth Cave und den unterirdischen Hallen und Gängen des Flint-Ridge-Komplexes das größte Höhlensystem der Welt. Ein Irrgarten von Schächten, Gängen und unterirdischen Flüssen erstreckt sich unter dem waldreichen Karstgebiet am Green River, etwa 35 km nordöstlich der Kleinstadt Bowling Green. Die genauen Ausmaße des Flint-Mammoth-Komplexes sind noch immer nicht bekannt; bisher wurden 320 km dieses Labyrinths unter der Erdoberfläche vermessen.

Ihren Namen erhielt die Höhle von weißen Siedlern, die 1798 den Eingang zwischen Bäumen am Ufer des Green River entdeckten und in die riesigen Hallen und scheinbar endlosen Gänge im Erdinnern gelangten. Sie waren jedoch nicht die ersten Menschen, die Mammoth Cave betraten: Archäologische Funde in der Höhle weisen darauf hin, daß dort bereits vor rund 2500 Jahren Indianer aus- und eingegangen sind. Heutige Besucher können zwischen mehreren Zugängen wählen, weil inzwischen drei künstliche Eingänge zur Mammoth Cave geschaffen wurden.

Entstanden ist das gewaltige Höhlensystem im Verlauf von Jahrmillionen. Im Erdzeitalter des Karbons (bis vor etwa 340 Millionen Jahren), als im Ruhrgebiet die Kohle entstand, setzten sich auf dem Boden der damals an dieser Stelle existierenden Meere tierische und pflanzliche Sinkstoffe als Kalkablagerungen ab. Diese wurden im weiteren Verlauf der Erdentwicklung von anderen Materialien überdeckt. Im Karstgebiet von Kentucky überlagert eine wasserdurchlässige Sandsteinschicht das etwa 100 m dicke Kalksediment, in dem seit rund 50 Millionen Jahren vom durchsickernden Regenwasser Hohlräume ausgewaschen wurden. Das Sickerwasser löste nach und nach kleine Mengen von Calciumsalzen aus der Kalkschicht. Aus der herabtropfenden Lösung bildeten sich im Lauf der Zeit steinerne Eiszapfen, die von der Höhlendecke herabhängen (Stalaktiten) oder – als Gegenstück – vom Boden aufragen (Stalagmiten). Diese bizarren Zacken haben zu imposanten Tropfsteinformationen wie dem „Gefrorenen Niagara-Fall" geführt, einer Ansammlung von Stalaktiten, die an den berühmten Wasserfall (→ S. 276/277) erinnern und eine der Hauptattraktionen für Touristen sind. Weitere Höhepunkte der konstant 12°C kühlen unterirdischen Welt von Mammoth Cave sind der „Moonlight Dome" (Mondlicht-Dom) und der grünleuchtende „Crystal Lake" (Kristallsee).

Als Bestandteil des 1941 eingerichteten Mammoth-Cave-Nationalparks, ein tier- und pflanzenreiches, etwa 200 km^2 großes Gebiet zu beiden Seiten des Green River, ist Mammoth Cave, das jährlich rund eine Million Besucher anzieht, zu einem erheblichen Wirtschaftsfaktor der Region geworden. An eine andere Bedeutung der Mammuthöhlen erinnern alte Förderanlagen, die während des zweiten amerikanischen Unabhängigkeitskrieges (1812–1814) zum Abbau der Salpetervorkommen in der Höhle eingesetzt wurden.

1

1 *Der Höhlenschacht von Vaughn's Dome überbrückt einen Höhenunterschied von 45 m der insgesamt 110 m, die von den fünf Stockwerken der Mammoth Cave erreicht werden.*

2 *Die Crystal Cave ist eine der riesigen Kuppeln, die zusammen mit schmalen Gängen und klaren Seen große Anziehungskraft auf Höhlenforscher ausübt. Hier befindet sich auch das Grab des tödlich verunglückten Entdeckers der Höhle Floyd Collins.*

2

Skyline von Manhattan

Rund eineinhalb Meter schwanken sie an der Spitze, die Wolkenkratzer von Manhattan, Symbole für das kapitalkräftige, aufstrebende Amerika. Mit bis zu 110 Stockwerken und Höhen von bis zu 411 m (World Trade Center) erheben sich die gigantischen Bürotürme, in denen Tausende von Menschen arbeiten. Manhattan, mit 57 km^2 der kleinste der fünf New Yorker Bezirke, ist nicht nur das wirtschaftliche, sondern auch das kulturelle Zentrum der Vereinigten Staaten. Hier stehen die größten Museen und Bibliotheken, die bedeutendsten Theater und das renommierteste Opernhaus der USA. Die Fifth Avenue mit ihren großen, luxuriösen Geschäften bildet das Zentrum der Insel zwischen Hudson River und East River, die geprägt ist von den zahlreichen Einwanderern, die sich nach Nationalitäten in eigenen Vierteln niederließen. Chinatown im Süden Manhattans z. B. gilt als die größte Chinesenstadt außerhalb Chinas.

Die Grundstückspreise Manhattans sind hoch, doch nicht nur wirtschaftliche Erwägungen führen seit Ende des 19. Jahrhunderts zu dem Wunsch nach immer höheren und größeren Gebäuden. Die Büro- und Verwaltungsbauten der einzelnen Firmen dienen auch der Repräsentation, als Symbole der Macht und des Erfolgs. Während die ersten Architekten der Wolkenkratzer in Chicago wie Louis Sullivan einen schlichten Baustil bevorzugten, wurden in Manhattan „Kathedralen des Kommerzes" erbaut. Nicht mehr die Kirchtürme beherrschen die Skyline, sondern riesige Verwaltungsgebäude, bei deren Baustil Elemente der abendländischen Archi-

tektur imitiert wurden. Das 1913 errichtete Woolworth Building erinnert an eine gigantische gotische Kirche; der Metropolitan Life Tower, der um die Jahrhundertwende erbaut wurde, ist eine Nachbildung des Campanile auf dem Markusplatz in Venedig (→S. 242/243). Verbesserungen in der Bautechnik und in der Konstruktion von Fahrstühlen bildeten die Grundlagen für immer höhere Wolkenkratzer wie das 1930 errichtete Chrysler Building (319 m) mit seiner charakteristischen Turmspitze aus Chromstahlbögen mit dreieckigen Fenstern oder das ein Jahr später fertiggestellte Empire State Building (→S. 112/113), mit 381 m bis 1977 das höchste Gebäude von New York.
Nach dem Zweiten Weltkrieg wurden die Hochhäuser schlichter und nach Ansicht vieler auch langweiliger. Der sachliche, nüchterne Stil, der wesentlich vom Dessauer Bauhaus geprägt wurde, bedeutete eine grundlegende architektonische Neuerung, vor allem ermöglichte er ein wirtschaftliches und zügiges Bauen mit Fertigteilen. Bei den meisten der in den 50er und 70er Jahren errichteten Gebäude erheben sich verglaste Fassaden ohne Vorsprünge glatt in die Höhe, und die Flachdächer vervollständigen den Eindruck von riesigen Glaskästen. Einer der ersten dieser Wolkenkratzer ist das 1950 errichtete Sekretariatsgebäude der Vereinten Nationen. Auch das höchste Gebäude New Yorks, das 1970 bis 1977 erbaute World Trade Center (→S. 432/433), ist in diesem nüchternen, sachlichen Stil erbaut.
Gegenwärtig ist jedoch ein Umdenken der Hochhausarchitekten festzustellen. Historisierende Elemente werden wieder aufgegriffen. Die Untergeschosse werden verstärkt dazu genutzt, durch den Bau von Innenhöfen, Passagen oder Grünanlagen das Leben in Manhattan menschlicher zu machen.

Die aufgehende Sonne taucht die Skyline von Manhattan in ein rötliches Licht und läßt das Citicorp Building (Bildmitte) erstrahlen. Am linken Bildrand ist das Empire State Building zu erkennen, weiter rechts die Spitze des Chrysler Buildings, daneben das UN Plaza Hotel. Davor steht am East River, mit der breiten Front dem Betrachter zugewendet, das Sekretariatsgebäude der Vereinten Nationen.

Markusplatz in Venedig

„Ich habe keine glücklicheren Stunden erlebt als die, welche ich täglich vor dem Café Florian verbrachte, von wo aus ich die Kirche über den großen Platz hinweg betrachten konnte. Auf ihre lange Reihe niedriger dickbeiniger Säulen gepflanzt, den Rücken mit Kuppeln bepflastert, sah sie aus wie eine riesige schwarze Wanze, die nachdenklich spazierengeht." So betrachtete der amerikanische Schriftsteller Mark Twain während seiner Italienreise die Kirche San Marco am Markusplatz in Venedig. Der ironische Ausspruch umschreibt den eigenartigen Charakter des Bauwerks, den es durch die Verbindung unterschiedlicher Baustile erhält und der das Bild der „Piazza", wie die Venezianer den Platz nennen, entscheidend prägt.

Der Kern von San Marco, ein fünfkuppeliger Bau über einem kreuzförmigen Grundriß, entstand in der zweiten Hälfte des 11. Jahrhunderts. Bis 1400 wurden der Kirche unter anderem die mächtigen Außenkuppeln, die Säulenfassade und eine seitliche Vorhalle angefügt sowie mit der Ausschmückung des Innenraumes und der Fassade mit reichen Mosaiken begonnen, die insgesamt eine Fläche von 4240 m^2 einnehmen. Ihr goldener Grund trug der Markuskirche den Namen Goldene Basilika ein. Neben einer verschwenderischen Fülle an Bronze und Gold zur Innenausstattung der Kirche wurden für die 500 Säulen, die den Bau tragen, kostbare Gesteine wie Marmor und Alabaster verwendet. Die in zwei Stockwerke unterteilte Hauptfassade wird von fünf großen Portalen mit reichgegliederten Bögen und byzantinischen Torflügeln aus Bronze bestimmt.

Der in seiner heutigen Gestalt in der Mitte des 14. Jahrhunderts erbaute Dogenpalast, an der dem Markusplatz benachbarten Piazzetta gelegen, war der Amts- und Wohnsitz der Dogen, die Venedig von 697 bis 1797 regierten. Vom äußeren Eindruck her, den der Palast erweckt, wurde er oft als Symbol der „Stadt auf Pfählen" bezeichnet. Auf den kurzen Säulenbogen des Erdgeschosses steht eine zweite Arkadenreihe mit 71 schlanken Säulen und filigraner Bogenverzierung. Darauf ruht ein von großen Fenstern und gotischen Balkons aufgelockerter Gebäudeblock, der mit Marmorplatten in weiß-rosa Musterung verkleidet ist. Schließlich bekränzen den Dogenpalast Zinnen und spitze Türmchen.

Gegenüber dem Palast erhebt sich der 95 m hohe Campanile, ein Glockenturm, der eine getreue Nachbildung des von Bartolomeo Bon 1512 vollendeten Turmes ist, der 1902 in sich zusammenstürzte.

Am Glockenturm entlang der Front von San Marco erreicht der trapezförmige 175 m lange Markusplatz eine Breite von 82 m, an seinem schmalen Ende mißt er 56 m. Große weiße, in die Fläche des mit Marmor gepflasterten Platzes eingelegte Quadrate bezeichnen die Stellen, an denen früher die einzelnen Handwerkerzünfte ihre Marktbuden aufbauten. Das einst geschäftige Markttreiben ist heute einer heiteren Stimmung des Müßiggangs gewichen. Rings um den Platz bevölkern Touristen die Cafés unter den Arkadengängen, und das fremdländische Stimmengewirr wird nur von den Klängen der Stehgeiger und dem Gurren der Tauben übertönt.

1

2

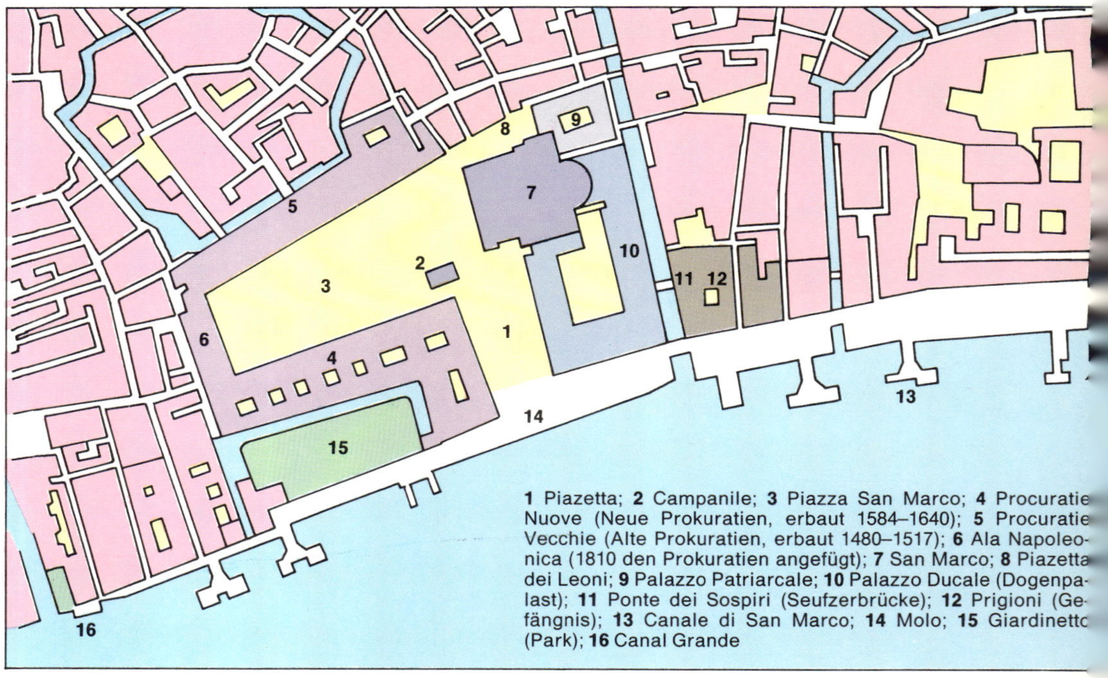

1 Piazzetta; 2 Campanile; 3 Piazza San Marco; 4 Procuratie Nuove (Neue Prokuratien, erbaut 1584–1640); 5 Procuratie Vecchie (Alte Prokuratien, erbaut 1480–1517); 6 Ala Napoleonica (1810 den Prokuratien angefügt); 7 San Marco; 8 Piazzetta dei Leoni; 9 Palazzo Patriarcale; 10 Palazzo Ducale (Dogenpalast); 11 Ponte dei Sospiri (Seufzerbrücke); 12 Prigioni (Gefängnis); 13 Canale di San Marco; 14 Molo; 15 Giardinetto (Park); 16 Canal Grande

1 *An den Längsseiten des Markusplatzes liegen die im 16. Jahrhundert erbauten Prokuratien, die ehemaligen Amtswohnungen der Prokuratoren, der höchsten Beamten der Republik Venedig.*
2 *Blick von der Markuskirche auf die an den Markusplatz angrenzende Piazzetta mit dem Dogenpalast.*
3 *Die Fassade von San Marco mutet fast orientalisch an. Die im 15. Jahrhundert hinzugefügten gotischen Elemente verstärken den Gesamteindruck. Rechts erhebt sich der Campanile.*

1

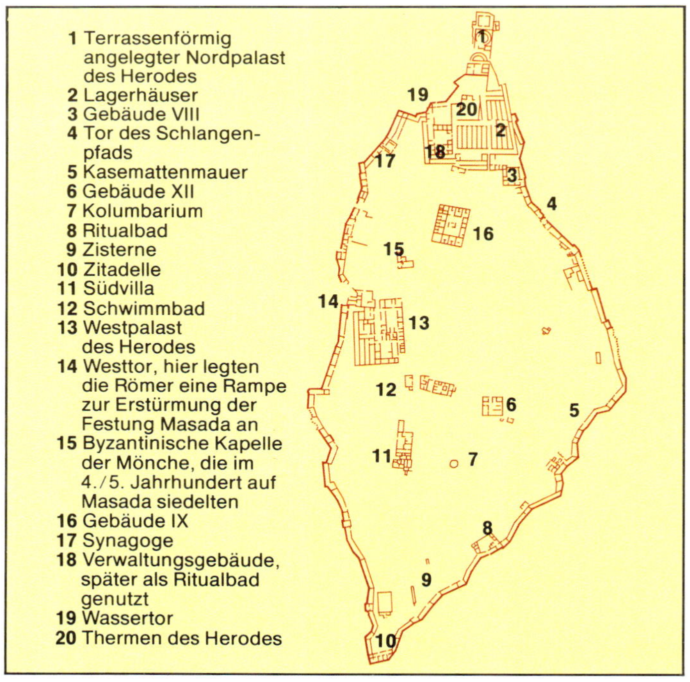

Masada am Toten Meer

73 Jahre nach der Zeitenwende wählten 960 Menschen auf diesem Felsplateau den Freitod, um nicht in die Hände der römischen Belagerer zu fallen und versklavt zu werden. 66 hatte ein jüdischer Freiheitskrieg gegen die Römer begonnen, die Palästina 63 v. Chr. erobert hatten. Vier Jahre nach Beginn des Aufstandes bezwangen die Römer Jerusalem. Der Widerstand im Land war gebrochen. Nur auf der Festung Masada, 440 m über dem Westufer des Toten Meeres, hielten sich die Letzten der jüdischen Freiheitskämpfer. Im Jahr 72 begann der römische Provinzstatthalter von Judäa die Belagerung des Stützpunktes. Im Westen wurde eine Rampe für Belagerungsmaschinen aufgeschüttet. 73 gelang es den Römern, eine Bresche in die Umfassungsmauer von Masada zu schlagen, doch als die Legionäre eindrangen, fanden sie nur die Leichen der Aufständischen. Palästina war wieder fest in der Hand der Römer.

Das Felsplateau von Masada, das schroff zum Toten Meer hin abfällt, war schon in der Jungsteinzeit besiedelt. Auf dem 600 m langen und bis zu 230 m breiten Platz errichtete der Makkabäer Jonathan (er regierte 160–143 v. Chr.) eine Burg, die von Hyrkanos I. (er regierte 135–104 v. Chr.) verstärkt wurde.
Die Ruinen, die von 1963 bis 1965 ausgegraben wurden, stammen allerdings aus der Zeit Herodes I., des Großen, der Masada zu einer Festung für sich und seine Familie ausbauen ließ. Herodes mußte als römischer Vasallenkönig sowohl die Juden fürchten als auch den Einfluß der ägyptischen Königin Kleopatra, die in Rom immer wieder seine Absetzung forderte. Mit Hilfe Tausender von Sklaven wurde das Felsplateau zwischen 36 und 30 v. Chr. mit Kasematten befestigt. An der schmaleren Nordspitze ließ sich Herodes einen kleinen Palast errichten, dem auf zwei jeweils tiefer gelegenen Felsvorsprüngen Terrassen vorgelagert waren. Vor dem Palast erstreckten sich große Vorratsgebäude, mit denen die Nahrungsmittelversorgung im Fall einer Belagerung über lange Zeit hin gesichert werden konnte. Im Westen stand der weitläufige, offizielle Königspalast. Für Verwandte des Königs und andere hochgestellte Persönlichkeiten wurden Villen errichtet.
Die Bewässerung Masadas wurde durch Zisternen ermöglicht, die insgesamt ein Fassungsvermögen von 40 Millionen Litern hatten. Dort wurde Regenwasser und das Wasser kanalisierter Flüsse, die in Regenzeiten Wasser führten, gesammelt.
Nach dem Tod Herodes I. wurde Masada bis zum jüdischen Aufstand römischer Militärstützpunkt. 66 eroberten Juden die Festung und nutzten die Gebäude als Wohnungen. Vor allem die Kasematten bauten sie für ihre Zwecke um. Nach dem Fall der Festung nahmen die Römer sie wieder für etwa 40 Jahre in Besitz. Danach wurde das Felsmassiv erst wieder nach einem Erdbeben, das zum Einsturz fast aller Gebäude führte, im 4. und 5. Jahrhundert von byzantinischen Mönchen besiedelt, die hier eine Kapelle errichteten. Nach der persischen Eroberung im 7. Jahrhundert wurde Masada endgültig verlassen.
Heute ist Masada ein Symbol für die jüdische Selbstbehauptung: „Masada darf nie wieder fallen“, so lautet der Leitspruch der israelischen Armee.

1 *Der Blick von der Nordspitze des Felsmassivs von Masada fällt links unten auf die Umrisse eines Lagers der Römer, von denen die Festung 73 n. Chr. bezwungen wurde, und auf Bauten aus der heutigen Zeit. Im Hintergrund schimmert das Tote Meer.*
2 *Von 1963 bis 1965 legte der israelische Archäologe Yigael Yadin mit Tausenden von freiwilligen Helfern aus aller Welt in mühevoller Arbeit die Ruinen des antiken Masada frei. Nur an wenigen Stellen sind noch so viele Reste erhalten wie bei diesem Treppengang.*

Die Fließstrukturen der erkalteten Lava zeichnen sich deutlich auf dem flachen Hang des Mauna Loa ab. Bei einem der gut vorhersagbaren Ausbrüche quillt die glühende Lava ruhig, aber mit einer Geschwindigkeit von bis zu 10 km in der Stunde aus den aufbrechenden Spalten des Berges. Die dünne, schnell fließende Lava ist der Grund dafür, daß die Berghänge nur eine Neigung von 6° aufweisen, der Vulkankörper aber so mächtig ist, daß sein Gipfel (4169 m hoch) im Winter eine Schneehaube trägt.

Vulkan Mauna Loa

„Zur Eruption" leiten den Besucher Hinweisschilder. Die Vulkane der Pazifik-Insel Hawaii im gleichnamigen Bundesstaat der Vereinigten Staaten sind zwar außerordentlich aktiv, aber nicht gefährlich. Ihr Ausbruch ruft hier keine panisch flüchtenden Menschenmassen hervor: Im Gegenteil, wenn der aktivste Vulkan der Welt, der Kilauea an der Ostflanke des Mauna Loa, glühende Lavaströme auf den Weg ins Tal schickt, herrscht nicht nur bei den Vulkanologen im Observatorium am Kraterrand hektische Betriebsamkeit. Auch das Hotel Vulcano House mit Blick in den Halemaumau-Krater, den Wohnsitz der Feuergöttin Pele, hat Hochkonjunktur.

Der Mauna Loa entspricht sicherlich nicht der landläufigen Vorstellung von einem Vulkan. Seine flachen Hänge lassen kaum deutlich werden, daß er mit 4169 m über dem Meeresspiegel die Höhe des Matterhorns erreicht. Unter dem Wasserspiegel verbergen sich bis zum Meeresboden noch einmal 6000 m des Vulkankörpers, seine Grundfläche besitzt einen Durchmesser von 400 km. Diese enormen Maße verdankt der Mauna Loa der Dünnflüssigkeit seiner Lava, die zusammen mit den ausfließenden Lavaströmen der erloschenen Vulkane Mauna Kea (4205 m), Hualalei (2522 m) und Kohala (1679 m) seit etwa 70000 Jahren die Insel Hawaii formten. Die dünne, gasarme Lava des Mauna Loa ist der Grund dafür, daß selten eine Lavafontäne höher als ein paar Meter aufsteigt. Die Friedlichkeit der Vulkane, die nur sehr selten Menschenleben fordern, hat 1912 zur Einrichtung eines heute weltberühmten Observatoriums geführt. Die Überwachung des Mauna Loa und des von ihm unabhängig agierenden, 1246 m hohen Kilauea hat den Geologen neue Erkenntnisse über die Entstehung von Vulkanismus geliefert.

An der Stelle, an der heute die Vulkane Hawaiis liegen, treibt seit etwa 70 Jahrmillionen ein sog. Heißer Fleck glutflüssiges Gestein durch den Boden des Pazifik. Der im Rahmen der Kontinentaldrift nach Nordwesten wandernde Meeresboden nahm die aufsteigenden Vulkane mit, sie erloschen und wurden von der Brandung wieder

unter das Niveau des Meeresspiegels abgetragen. So entstanden die hawaiische Inselkette und ihre nordwestliche, unter dem Meeresspiegel verschwundene Fortsetzung, die Emperor Seamounts.

Weil die Insel Hawaii geologisch jung ist und noch wächst, kann sie selbst nicht mit den Sandstränden aufwarten, für die der Bundesstaat berühmt ist. Dafür bietet der Hawaii Volcanic National Park andere Attraktionen. Dampfende Erdlöcher, Schwefelquellen, ganze Kraterketten auf einer aufgerissenen Erdspalte, mannshohe Lavatunnel und von Lava umflossene Baumstämme oder auch aus vulkanischem Glas feingesponnene Fäden, Peles Haar genannt, vermögen den Betrachter zu fesseln. Der Besuch des Parks ist für Touristen ungefährlich, es wird jedoch davor gewarnt, Lava-Bröckchen als Souvenir mitzunehmen. Die Göttin Pele soll solche Sammelleidenschaft nicht gerne sehen und dem Dieb Unglück ins Haus senden.

Die Angestellten des Parks bekommen denn auch jährlich zahlreiche Päckchen zugeschickt mit der Bitte, die schwarzen Gesteinsbrocken doch lieber wieder zum Berg zurückzubringen.

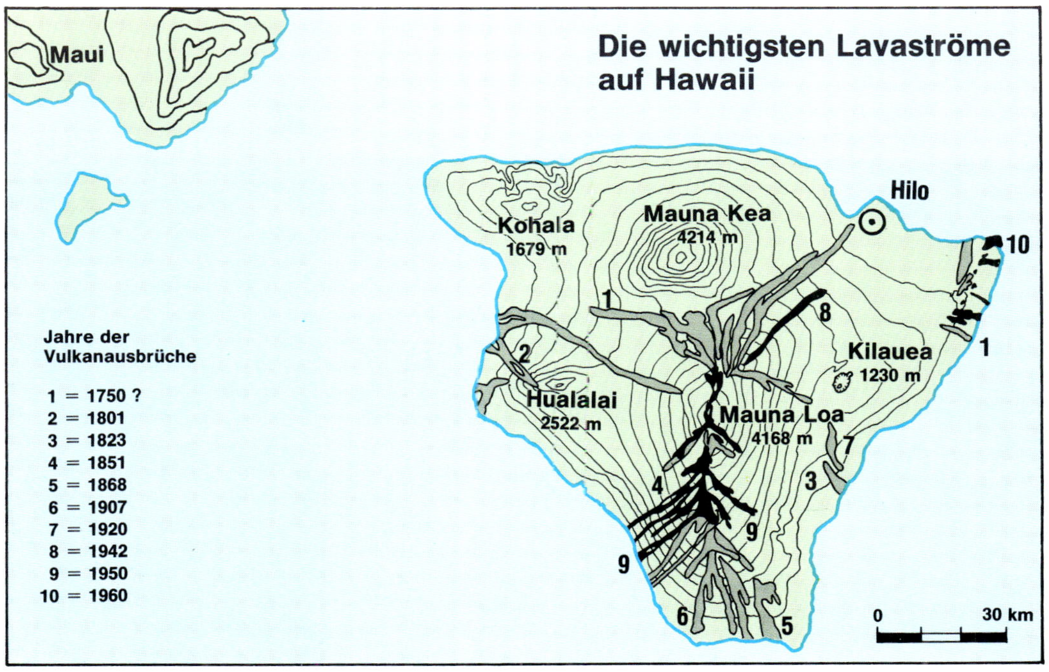

Stift Melk

Die Kirchenfassade des Stifts Melk mit ihren beiden Barocktürmen, die sich auf einem 57 m hohen, steil abfallenden Granitfelsen erhebt, bildet vom Donauufer aus gesehen einen unverwechselbaren Anblick. Die Klosteranlage, deren Südseite 320 m mißt, beherrscht die umliegende Landschaft Niederösterreichs. Die Geschichte der Benediktinerabtei ist eng mit der historischen Entwicklung des Landes verbunden. Der Babenberger Markgraf Leopold II. übergab 1089 die 985 gestiftete Kirche in Melk den Benediktinern. Die Babenberger hatten um 984 in Melk eine Burg als Residenz eingerichtet, von der aus sie ihre Herrschaft über die bayerische Ostmark, die Keimzelle des späteren Österreich, begründeten. 976 hatte der Babenberger Leopold I. dieses Gebiet von Kaiser Otto II. als Lehen erhalten. Im Mittelalter stellte Melk – wie auch andere Klöster – ein wichtiges Kulturzentrum dar, die Mönche legten eine Bibliothek von Handschriften an, schrieben die Geschichte des Landes auf und betrieben eine Schule. Anfang des 15. Jahrhunderts bildete Melk einen Mittelpunkt der Klosterreformbewegung. Während des Einfalls der osmanischen Türken in Österreich, der Belagerung von Wien 1683, wurde das Kloster teilweise zerstört und litt in der Folgezeit unter drückenden Steuerlasten.

Sein heutiges Aussehen erhielt das Stift im 18. Jahrhundert. Als Berthold Dietmayr 1700 zum Abt von Melk gewählt wurde, ging er daran, das Kloster zu erneuern, eine großräumige, barocke Anlage zu erbauen. Zum Baumeister ernannte er Jakob Prandtauer, einen bislang kaum hervorgetretenen Baumeister, der Erfahrungen auf weiten Reisen und bei kleineren Aufträgen gesammelt hatte. Aus der Zusammenarbeit von Abt und Künstler entstand die komplexe, einheitlich wirkende, auf Repräsentation abzielende Anlage des Klosters, die auch heute noch so beeindruckt. Das 18. Jahrhundert, das Zeitalter des Barock, zeichnet sich durch eine rege Bautätigkeit aus, die sowohl von weltlichen Fürsten als auch von der Kirche getragen wurde. Die Kunst jener Jahre steht im Spannungsfeld von geistiger Einkehr und heiterer Lebenslust. Die Prachtentfaltung mit allegorischer Ausgestaltung im Äußeren und Inneren des Klosters – Kirche, Bibliothek, Marmorsaal, Prälatenhof – weist auf dieses Lebensgefühl hin.

Die Lichteffekte und die Farbabstimmungen der vorherrschenden Farben Gold, Rosa und Grün im Innenraum der Stiftskirche erzielen eine theaterähnliche Wirkung. Die Blicke werden auf die 64 m hohe Kuppel und den Hochaltar gelenkt.

Die kostbarste Reliquie der Schatzkammer stellt das Melker Kreuz dar, eine Goldschmiedearbeit aus dem 14. Jahrhundert, die einmal jährlich in der Kirche ausgestellt wird.

Die Bibliothek des Stifts enthält über 80 000 Bände und Handschriften, die ältesten stammen aus dem Jahr 1230. Die Bücher stehen in kunstvoll geschnitzten Regalen mit vergoldeten Schmuckelementen.

Die Kaisergalerie, in der Bildnisse der Herrscher Österreichs von Leopold I. bis zu Kaiser Karl I. zu sehen sind, führt zum Marmorsaal, dem Bankettsaal, in dem heute Musikveranstaltungen stattfinden.

Der Prälatenhof im Innern entspricht in Pracht und Größe dem Hof einer Fürstenresidenz. Bibliothek und Prunkräume des Stifts bezeugen das neben der seelsorgerischen Fürsorge auf die irdische Realität ausgerichtete Denken der Mönche sowie das Bemühen um Wissenschaft und Kunst des Abtes Berthold Dietmayr, der auch Rektor der Universität Wien war.

1

1 *Die nächtlich angestrahlte Westfassade und der Südflügel des Stifts Melk spiegeln sich malerisch in den Fluten der Donau.*
2 *Die beiden Barocktürme und die Tambourkuppel der Stiftskirche bestimmen das Bild der Abtei. Die beiden Flügelbauten neben den Türmen enthalten den Marmorsaal (rechts) und die Bibliothek (links). Den Abschluß der Anlage zur Donau hin bildet ein halbrunder, balkonartiger Vorbau (Altan).*

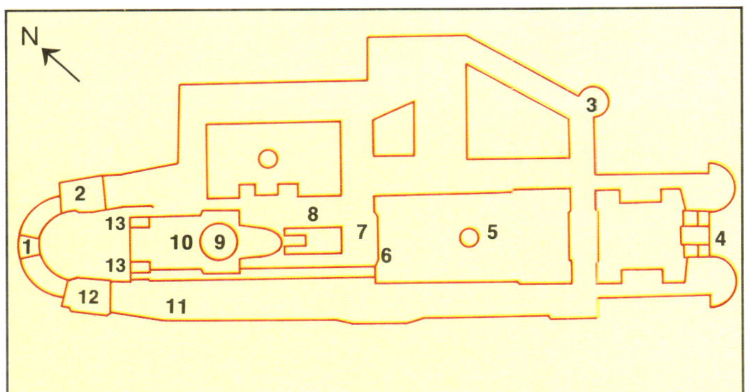

1 Altan (Söller); **2** Bibliothek; **3** Wehrturm; **4** Torbau an den Bastionen; **5** Prälatenhof mit Brunnen; **6** Stiegenhaus; **7** Prälatur; **8** Sakristei; **9** Kuppel der Stiftskirche; **10** Stiftskirche; **11** Kaiserzimmer; **12** Marmorsaal; **13** Barocktürme

3 *In der Bibliothek herrschen warme Farbtöne, Braun und Gold, die vom Holz, den Verzierungen und den einheitlich gebundenen Büchern herrühren. Die Deckengemälde führte Paul Troger aus.*

Metro in Moskau

London hat das älteste, New York das größte und Paris das berühmteste U-Bahn-Netz der Welt. Die Moskauer Metro beansprucht ein anderes Superlativ: Sie besitzt die prunkvollste Untergrundbahn. In keiner anderen Stadt wurden die unterirdischen Bahnhöfe mit soviel architektonischem und künstlerischem Aufwand gestaltet wie in der Hauptstadt der Sowjetunion.

70 000 m² Marmorplatten wurden für die ersten 13 Stationen, die bis zur Eröffnung der Metro im Jahr 1935 fertiggestellt waren, verwendet – genug, um damit acht Fußballfelder zu belegen. Edelstahl, Gold, Bronze und farbiges Glas prägen das Bild der palastartigen Bahnhöfe, von denen jeder mit Kunstwerken zu einem bestimmten Thema geschmückt ist – ein unterirdisches Museum für die Metrobenutzer. Der erste, 1935 eingeweihte Streckenabschnitt der von Partei- und Staatschef Jossif Stalin als Prunk und Schauobjekt geplanten U-Bahn hatte eine Länge von 11,2 km; heute durchzieht ein Netz mit 123 Stationen und einer Gesamtlänge von rund 200 km die Erde unter dem Stadtgebiet. Die Verbindungen sollen noch enger geknüpft werden: In den 90er Jahren wird für das wichtigste Verkehrsmittel Moskaus eine Strecke von 320 km zur Verfügung stehen.

Fünf Kopeken (etwa 34 Pfennig) kostet eine Fahrt durch die unterirdischen Kunsthallen, gleichgültig, wie viele Stationen sich der Besucher ansehen will. Ein Ausstieg aus der Bahn lohnt sich vor allem an den Stationen

Komsomolskaja, Nowoslobodskaja, Majakowskaja, Ploschtschad Swerdlowa und am Ploschtschad Revoljuzii. 80 Bronzefiguren schmücken diese 1938 fertiggestellte Station am Roten Platz. Die Skulpturen repräsentieren die Träger der Revolution und des sozialistischen Aufbaus: Grenzsoldaten, die Besatzung des Panzerkreuzers Aurora, eine Mutter mit Kind, Arbeiter und Sportler sind paarweise zwischen den Säulen unter den 40 Bögen dieses Bahnhofs plaziert. Eine der prunkvollsten Stationen ist die Komsomolskaja. 72 achteckige Säulen aus hellem Marmor tragen kleine Rundbögen. Riesige Kronleuchter hängen an der stuckverzierten, gewölbten Decke. Thema der indirekt beleuchteten 35 Deckenmosaiken im Bahnhof Majakowskaja, in denen fluoreszierende Materialen verarbeitet sind, ist die Entwicklung der sowjetischen Weltraumforschung. Für die Säulen dieser nach dem Dichter Wladimir Majakowski benannten Station wurde rostfreier Edelstahl verwendet, der sich harmonisch mit der himbeerfarbenen Wandverkleidung aus Rhodonitplatten ergänzt. Die U-Bahn-Station Ploschtschad Swerdlowa im Zentrum der Stadt zeigt die Kunst der Sowjetvölker. Im Bahnhof Nowoslobodskaja werden auf bunten Glasscheiben die klassischen Motive der russischen Gobelinkunst dargestellt.

Täglich benutzen rund 6,6 Millionen Fahrgäste die Moskauer Metro. Alle 90 Sekunden fahren in den Spitzenzeiten die Züge, nehmen die Menschen auf, die eben in die luxuriös ausgestatteten Bahnhöfe gehastet sind. Die meisten Fahrgäste sind in Eile, befinden sich auf dem Weg zur Arbeit oder nach Hause und sehen die Pracht vielleicht gar nicht mehr, die unter dem Motto „Kunst für die Massen" eigens für sie geschaffen wurde.

Ein U-Bahnhof wie ein Palast: Die Station Komsomolskaja ist eine der prächtigsten der Moskauer Metro. Böden, Säulen und Wände sind mit hellem Marmor verkleidet. Nicht grelles Neonlicht, sondern prunkvolle Kronleuchter erhellen den unterirdischen Bahnhof. Die Mosaiken an der stuckverzierten, gewölbten Decke zeigen Szenen aus der jüngeren russischen Geschichte.

1

2

3

1 Der Isistempel von Dendur kam 1965 als Geschenk Ägyptens zum Dank für die amerikanische Hilfe beim Bau des Assuan-Staudammes nach New York. Um den Tempel in voller Größe aufbauen zu können, wurde ein eigener Ausstellungsraum, der Sackler-Flügel, errichtet. Neben dem Tempel wurde ein Wasserbecken mit Papyrusstauden angelegt, und die Grünanlagen des Central Park bilden einen wirkungsvollen Hintergrund für das ägyptische Heiligtum.

2 Die Eingangshalle des Museums ist in antikisierendem Stil mit ionischen Säulen gehalten.

Metropolitan Museum of Art

Ein Supermarkt der Kunst wird es von seinen Kritikern und Bewunderern genannt, das Metropolitan Museum of Art in New York, das größte Museum der USA und viertgrößte der Welt.

Auf einer Ausstellungsfläche von 200 000 m^2 wird ein Streifzug durch die Kunstgeschichte vom Ägypten der Pharaonen bis zu zeitgenössischen Werken angeboten. Schwellenängste gibt es in diesem Museum nicht, das seine Sammlung weniger nach kunstgeschichtlichen Aspekten präsentiert, sondern den Besucher umwirbt und auf seine Überraschung, Neugier und sein Staunen zielt. Zwischen den Superlativen bleibt dem Besucher kaum Zeit zur eingehenden Beschäftigung mit einzelnen Objekten. Trotz ständiger Erweiterungsbauten kann das „Met" nur ein Viertel seines Bestandes in einer ständigen Ausstellung zeigen. Durch Sonderausstellungen sollen allerdings auch die übrigen Objekte der Öffentlichkeit zugänglich gemacht und weitere Besucher angezogen werden.

Neben Kunstwerken aus allen fünf Kontinenten beherbergt das Museum eine umfangreiche Waffensammlung, eine Kollektion von über 4000 Musikinstrumenten – drei Stradivari-Geigen finden die meiste Bewunderung –, ein Trachten- und Kostümmuseum sowie ein Jugendmuseum. Außerdem ist im „Met" die größte Kunstbibliothek der Vereinigten Staaten untergebracht.

Eigene Ausstellungsräume wurden 1975 für die Robert Lehman Collection, die wertvolle Privatsammlung eines

Bankiers, errichtet. Die Publikumsattraktion der ägyptischen Sammlung, die als eine der bedeutendsten der Welt gilt, ist der Tempel von Dendur. In der 1980 eröffneten amerikanischen Abteilung ist eine ganz anders geartete Kultstätte zu besichtigen: Hier wurde die klassizistische Originalfassade der 1822 bis 1824 an der New Yorker Wallstreet erbauten United States Branch Bank wiedererrichtet.

Das Kernstück des Museums bildet eine Sammlung europäischer Gemälde des 14. bis 18. Jahrhunderts, die durch die Schenkungen des New Yorker Warenhausbesitzers Benjamin Altman wesentlich bereichert wurde.

Überhaupt ist die enge Verbindung zwischen den Finanzgrößen New Yorks und dem „Met" kennzeichnend für die Entwicklung des Museums. Seine Sammlungen beruhen wesentlich auf Schenkungen amerikanischer Industrieller und Bankiers wie den Rockefellers, Vanderbilts, Morgans usw. Wohlhabende New Yorker Bürger sind auch für die Gründung des Museums verantwortlich. 1870 schlossen sich Privatbürger zusammen, um durch ein Museum das kulturelle Leben der Stadt New York zu bereichern. Vorbild für das geplante Museum sollte der Louvre (→S. 228/229) in Paris sein. Bereits zehn Jahre später errichtete Calvert Vaux am Ostrand des Central Park einen roten Backsteinbau für das „Met". Finanziert wurde das Gebäude mit den Geldern aus einem Bestechungsskandal, in den ein großer Teil der damaligen New Yorker Finanzwelt verwickelt war. Nach 30 Jahren war das Gebäude zu klein geworden, und die ersten Erweiterungen wurden vorgenommen. Vor allem aber in den 70er Jahren wurden die Ausstellungsflächen wesentlich vergrößert.

3 *Der Hauptbau des Metropolitan Museum of Art mit der Eingangsfront an der Fifth Avenue wurde zu Beginn unseres Jahrhunderts eröffnet. Die Architekten Richard Morris Hunt und Richard Howland Hunt (Vater und Sohn) gliederten die Fassade mit Säulen in korinthischem Stil.*

1 *Auf dem künstlich abgeflachten Rücken des Monte Albán in Mexiko liegen die praekolumbianischen Ruinen der Zapoteken. Der Blick fällt von Norden auf die Gebäudegruppe an der Ostseite der Gran Plaza. In der Mitte die Reste der Tempelpyramide mit den Steinplatten der „Danzantes" im Vordergrund. Das Zentrum der Kultstätte in 2000 m Höhe, 400 m über dem Tal von Oaxaca, bedeckt eine Fläche von 700× 250 m.*
2 *Einer der größten Schätze aus dem „Grab Nr. 7" auf dem Monte Albán ist die goldene Maske des „Jaguar-Ritters", ein Zeugnis aus der mixtekischen Kultur.*
3 *Mit großer Präzision wurde diese Figur mit reichem Federschmuck aus Stein gehauen.*

Monte Albán in Mexiko

Am 9. Januar 1932 machte der mexikanische Archäologe Alfonso Caso den Fund seines Lebens: Er entdeckte das berühmte „Grab Nr. 7" auf dem Monte Albán, der bedeutendsten Kultstätte des alt-mexikanischen Indianervolkes der Zapoteken. Mit insgesamt mehr als 500 Grabbeigaben, Schmuckstücken aus Gold, Jade, Türkis und Achat, Schalen und Gebrauchsgegenständen aus Bergkristall, Silber, Onyx und Alabaster, einer Maske aus Gold, reich verzierten Tonurnen und Schnitzereien aus Jaguarknochen, hatte Caso den größten Schatz gefunden, den je ein Archäologe in Amerika entdeckte.

Monte Albán ist die Stadt der Gräber; rund 180 Grufte konnten im Zentrum und an den Hängen unterhalb der Kultstätte freigelegt werden. Sie alle geben Auskunft über die Geschichte und die verschiedenen Entwicklungsphasen der Anlage, deren Anfänge bis weit in die vorchristliche Zeit zurückreichen. Die ältesten Gräber waren rechteckige, mit Steinplatten ausgekleidete und abgedeckte Gruben, während die jüngeren Grabstätten zum Teil gewölbte Deckenkonstruktionen aufweisen. Die Türstürze vieler Grabeingänge waren mit Reliefs verziert. Innen waren viele der Totenstätten mit Wandmalereien geschmückt, auf denen Götter und kosmische Symbole dargestellt wurden. Für diese Wandgemälde wurden Mineralfarben benutzt, denen als haftende Substanz möglicherweise Kaktussaft beigegeben wurde.

Die imposanten Ruinen von Monte Albán, wie sie sich heute dem Besucher zeigen, sind das Ergebnis von 15 Jahrhunderten ständiger Überbauung und Erweiterung. Über die frühen Phasen und das Gründervolk des heiligen Ortes nahe der heutigen Stadt Oaxaca ist wenig bekannt. Wahrscheinlich wurde die auf einem abgeflachten Bergrücken in etwa 2000 m Höhe gelegene Stätte schon zwischen 600 und 300 v. Chr. für Kultzwecke genutzt. Ton- und Räuchergefäße mit Jaguarmasken weisen auf Verbindungen der Gründer Monte Albáns zu den Olmeken der Golfküste hin, der ersten Hochkultur Alt-Mexikos (1200–400 v. Chr.). Mit Steinplatten verkleidete künstliche Erdaufschüttungen markierten die damalige Kultstätte; „Danzantes", „Tänzer", werden wegen ihrer merkwürdigen Körperhaltung die in die Platten eingeritzten Figuren genannt.

Seine größte Blüte als städtisches und religiöses Zentrum erlebte Monte Albán unter den Zapoteken zwischen 300 und 500 n. Chr. Bestehende Bauwerke des al-

ten Kultplatzes wurden in den Ausbau miteinbezogen. Das Zentrum der Anlage bildete der Große Platz (200 × 330 m), der im Norden und Süden von zwei erhöhten Plattformen begrenzt und im Osten und Westen von Gebäudereihen abgeschlossen wurde. Eine zentrale Gebäudegruppe nahm die Mitte des Platzes ein. Zum Tempel auf der Nordplattform, von dem heute nur noch die Säulenstümpfe erhalten sind, führt die mit 40 m Breite und 14 m Höhe mächtigste Treppe Alt-Amerikas. Während der Blüte der zapotekischen Kultur lebten in den Wohnvierteln außerhalb des Stadtkerns rund 50000 Menschen.
Um 1000 verlor Monte Albán seine Bedeutung als religiöses Zentrum; warum, ist bis heute ungeklärt. Vielleicht zogen sich die Zapoteken vor den Mixteken zurück, die seit dem 10. Jahrhundert große Teile der Hochebene von Oaxaca eroberten und auch die Kultstätte auf dem Monte Albán besetzten. Dieses Volk benutzte sogar die Totenstätten seiner Vorgänger. An über- und unterirdischen Bauten und an den Gräbern zeigen sich neue Formen, die aus der mixtekischen Kultur stammen. Viele Fundorte in Monte Albán zeigen zwei Gesichter, wie das von den Zapoteken angelegte „Grab Nr. 7", in dem Alfonso Caso einen Schatz fand, der von mixtekischen Künstlern gefertigt wurde.

2

3

Mont-Saint-Michel

Die Harmonie von Natur und Baukunst hat der Klosterburg auf dem 78 m hohen Granitfelsen vor der Normandieküste im Golf von Saint-Malo die Bezeichnung „Wunder des Abendlandes“ eingebracht. Victor Hugo nannte den Mont-Saint-Michel „eine wunderbare Pyramide, die bald eine Sandwüste beherrscht wie die des Cheops, bald ein Meer wie der Felsen von Teneriffa.“ Diese Wandlung sehen jedoch nur wenige der jährlich rund 1,6 Millionen Besucher: Seit Menschengedenken erreicht das Meerwasser den Fuß des Felsens nur jeweils an sechs bis acht Tagen im Jahr, bei Vollmond oder Neumond.

Bis zum Beginn des 8. Jahrhunderts lag der Mont-Saint-Michel in einem Waldgebiet, erst eine Sturmflut, die weite Landesteile überschwemmte und verschlang, machte den Berg zu einer Insel. Im Jahr 709 ließ der Bischof Aubert von Avranches, der Legende nach auf Geheiß des Erzengels Michael, auf dem Felsen eine Kapelle errichten, und Aubert ließ dort seine kostbaren Reliquien von Mönchen behüten. Der Mont-Saint-Michel entwickelte sich daraufhin zu einem der meistbesuchten Wallfahrtsorte Frankreichs. Die Mönche versammelten sich zunächst in der Kirche Notre-Dame-sur-Terre, die heute das Untergeschoß der auf drei Ebenen errichteten Anlage (seit 966 Kloster) bildet. Die Arbeiten an der romanisch-gotischen Abteikirche zogen sich vom 11. bis zum 16. Jahrhundert hin. An die nördlichen Bauteile der Abteikirche schließen sich zwei doppelgeschossige Bauten, La Merveille genannt, aus dem 13. Jahrhundert an, der Rittersaal und darüber der Kreuzgang sowie der Gästesaal mit darüberliegendem Speisesaal.

Die Befestigungsanlagen um Kloster und Vorstadt (Gesamtfläche nur 3 ha) wurden vom 13. bis zum 15. Jahrhundert erbaut; sie bewährten sich im Hundertjährigen Krieg (1339–1453), als die Engländer die Festung mehrfach vergeblich belagerten. Der Mont-Saint-Michel wurde zum Symbol des französischen Widerstands gegen die englische Fremdherrschaft in der Normandie.

Heute droht der Berg des Erzengels Michael zu versanden, zu einer Seefestung ohne See zu werden, wie Aigues Mortes in Frankreichs Süden. Die wichtigste Ursache dafür ist ein 1879 angelegter 2 km langer Verbindungsdamm mit dem Festland. Damit das Wasser wie früher den Felsen umfließen kann, soll der Damm in seinem letzten Stück durch Brückenbögen ersetzt werden. Als erste Maßnahme wurde 1983 mit der Schleifung eines östlich des Mont-Saint-Michel gelegenen Deichs begonnen, der das Wasser zweier in die Bucht mündender Flüsse von der Stadtanlage wegleitete. Durch den Bau von neuen Stauanlagen soll Flutwasser gespeichert werden, das bei Ebbe entlang des Burgfelsens zum Wattenmeer zurückfließen wird. Die verschiedenen Rettungsmaßnahmen werden den französischen Staat mindestens 120 Millionen Franc kosten.

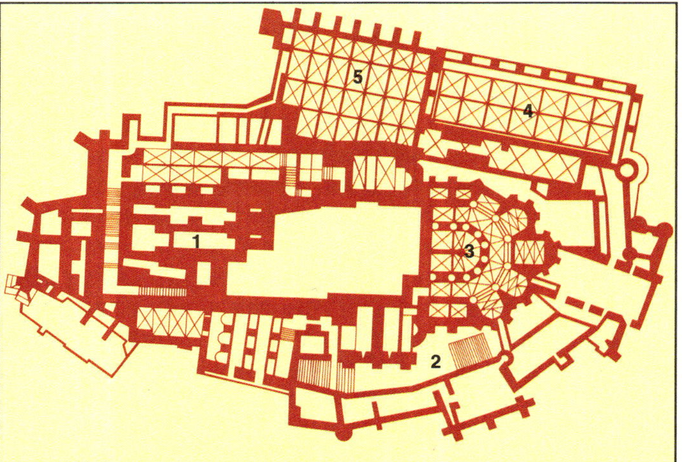

Grundriß in Höhe der Krypta der Abteikirche: **1** Notre-Dame-sous-Terre; **2** Grand Degré (Große Treppe); **3** Krypta der dicken Pfeiler; **4** Salle des Hôtes (Gästesaal); **5** Salle des Chevaliers (Rittersaal)

1 Aus ganz Europa pilgern fromme Katholiken zur schwarzen Madonna von Montserrat nach Nordspanien. La Moreneta, die kleine Braune, wie sie die Katalanen zärtlich nennen, thront über dem Hochaltar der Kirche. Angeblich soll sie von dem Apostel Lukas geschnitzt worden sein und viele Wunder gewirkt haben.
2 Knapp 40 km von der heimlichen Hauptstadt Kataloniens, Barcelona, entfernt, erheben sich – von weitem schon sichtbar – die knorrigen Gipfel des zerklüfteten Bergmassivs Montserrat in der Landschaft. Wie eine Ansammlung gigantischer Termitenhügel ragen die nackten Felsen bis auf 1236 m über dem Meeresspiegel empor. In einer riesigen Felsspalte des Berges liegt das Benediktinerkloster Montserrat, umgeben von steilen Sandsteinwänden. Einen zentralen Platz in seinem religiösen Leben nimmt die Marienverehrung ein. Durch ihr Bemühen um die geistliche Musik hat sich die seit dem 13. Jahrhundert bestehende Musikschule des Klosters einen guten Ruf erworben.

Kloster Montserrat

Der „zersägte Berg" ist für die Katalanen mehr als eine Laune der Natur. Die Bewohner der nordspanischen Region zwischen Pyrenäengebirge und Ebro sehen in dem markanten Gebirgsstock schon seit langen Zeiten eine heilige Stätte und ein Symbol ihrer Volksidentität, was besonders auf die berühmte Benediktinerabtei am Fuß des Montserrat zurückzuführen ist.

Früh schon hatten sich fromme Einsiedler in den zerklüfteten Felsen des Berges ihre einsamen Klausen eingerichtet. Im Jahr 1023 wurde an der Stelle einer seit dem 9. Jahrhundert bestehenden Marienkapelle von dem Abt von Ripoll ein Kloster gegründet. Künstlerisch ist die Benediktinerabtei mit ihren heutigen Gebäuden unbedeutend, wurden doch die gotischen Bauten, die im 16. Jahrhundert die ursprünglich romanische Klosteranlage ersetzt hatten, in den Wirren der Napoleonischen Kriege dem Erdboden gleichgemacht und später durch schmucklose, rein funktionale Gebäude ersetzt. Um so mehr Beachtung hat eines der wenigen Überbleibsel aus der romanischen Zeit des Klosters gefunden: Die schwarze Madonna von Montserrat.

Die Statue der Mutter Gottes aus dem 12. Jahrhundert wurde, schon lange bevor Papst Leo XIII. ihr um 1900 offiziell den Status der Patronin Kataloniens gab, von der Bevölkerung als Schutzheilige verehrt. Heute ist das Kloster mit der Madonna ein berühmter Wallfahrtsort, der jährlich mehr als 700 000 Pilger anzieht.

Im Lauf der Jahrhunderte hat sich die Abtei auch auf wissenschaftlich-kulturellem Gebiet einen Namen gemacht. Sie beherbergt neben einer umfangreichen Bibliothek, einem wissenschaftlichen Archiv und einer wertvollen Sammlung mit vorgeschichtlichen Funden die wohl älteste noch bestehende Musikschule. Für die Bevölkerung des einst selbständigen Katalonien ist die Benediktinerabtei am Montserrat aber vor allem zum Inbegriff der katalanischen Autonomiebestrebungen geworden. Kaum war diese Region nach dem Spanischen Bürgerkrieg (1936–1939) der Madrider Zentralgewalt unterworfen worden, entwickelte sich das Kloster zur Bastion des geistigen und politischen Widerstands gegen das Regime General Francisco Francos. Als der Gebrauch der katalanischen Sprache überall unterdrückt wurde, las man hier die Messe noch auf katalanisch. Hier wurden auch die Zusammenkünfte der illegalen Opposition abgehalten. Selbst als der damalige Abt ins Exil gehen mußte, gab die Benediktinergemeinschaft vom Montserrat den Widerstand gegen die Vereinheitlichungsbestrebungen Francos nicht auf und eroberte sich damit die Herzen der Katalanen.

Monument Valley

Für viele Wildwestfilme war das „Tal der Monumente“ auf der Grenze zwischen den US-amerikanischen Bundesstaaten Arizona und Utah eine imposante Kulisse. Hier hat Billy the Kid in dem gleichnamigen Film regiert und hier hat John Wayne in der Titelrolle des Wildwestklassikers „Ringo“ gegen aufständische Indianer um sein Leben gekämpft.

Wie trutzige Festungen ragen die uralten Sandsteinfelsen aus der einsamen Wüstenebene des Coloradoplateaus steil empor. Die baumlose Kargheit und die scheinbar endlose Weite des Tales bilden einen überwältigenden Kontrast zu den rostroten Steinriesen, die mindestens 300 m, teilweise bis zu 600 m hoch sind. Die mächtigen Sandsteinburgen, Tafelberge und Felsnadeln verteilen sich über ein Gebiet, das so groß ist wie die Insel Mallorca. Viele der Felsen haben durch Verwitterung und Erosion im Lauf der Jahrmillionen eine so bizarre und charakteristische Form bekommen, daß sie von den Navajo-Indianern, zu deren Reservatsgebiet das Monument Valley gehört, eigene Namen erhalten haben und zu Kultstätten geworden sind. Bezeichnungen wie „Der große Indianer“, „Das Ohr des Windes“ oder „Das Nordfenster“ belegen die mystische Bedeutung dieser

Felsgiganten. Besondere Faszination löst der „Totempfahl“ aus: Wie ein Wolkenkratzer aufragend, scheint die schief stehende Felsnadel jeden Augenblick umzustürzen; und doch trotzt sie beharrlich seit Millionen von Jahren den Gesetzen der Schwerkraft.
Die Sandsteinschichten des Monument Valley stammen aus einer Epoche der Erdgeschichte, die vor ungefähr 230 Millionen Jahren endete, dem späten Paläozoikum. In der darauf folgenden Erdzeit, dem Mesozoikum, wurde der Sandstein mit dicken Schichten aus Geröll und Sand – vor allem aus den Rocky Mountains – bedeckt, die sich bei sintflutartigen Überschwemmungen Nordamerikas hier abgelagert haben. Vor etwa 60 Millionen Jahren hob sich das Gebiet des heutigen Coloradoplateaus an. Die Oberfläche der Hochebene zerbrach über dem starken Druck aus dem Erdinnern und ließ Risse zurück, die durch Verwitterung und Erosion immer mehr erweitert und vertieft wurden – bis sich innerhalb von Jahrmillionen die heutigen Täler herausgebildet hatten. Ein ständig wehender Wind hat die weicheren Gesteinsschichten inzwischen abgetragen, während ihm die harten, widerstandsfähigen Sandsteinfelsen des Paläozoikums bislang erfolgreich trotzen konnten. Aber auch diese Denkmäler der frühen Erdgeschichte werden irgendwann weichen müssen: Große Schuttkegel am Fuß der rostroten Giganten zeugen von dem ständigen, wenn auch langsamen Einfluß der Verwitterung durch Hitze und Kälte, Wind und Wetter.

So hoch wie der Eiffelturm (→ S. 108/109) sind die kleinsten Felstürme im Monument Valley. Das Tal, das erst 1960 zum Naturschutzgebiet erklärt wurde und von den Navajo-Indianern verwaltet wird, liegt 2000 m über dem Meeresspiegel. Neben dem Grand Canyon (→ S. 154/155) gehört es zu den bedeutendsten Naturwundern der USA.

Mount Everest

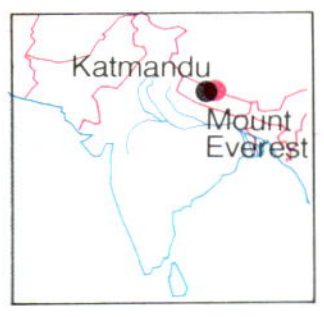

Der Mount Everest, mit einer Höhe von 8848 m die höchste Erhebung der Erde, wird seinem indischen Namen „Himmelskönig“ (Sagarmatha) gerecht. Eingebettet in einer Reihe anderer herrlicher Gipfel zwischen 6000 m und 8000 m krönt er im Grenzgebiet zwischen Nepal und Tibet das höchste Gebirge der Erde, den 2500 km langen Himalaya, die „Heimat des Schnees“.

Zehn der insgesamt 14 Gipfel der Erde über 8000 m liegen hier, die restlichen vier Achttausender befinden sich im benachbarten Karakorum. Die Höhe verdankt der Gebirgsbogen einem Zusammenstoß indischer und nordasiatischer Landmassen. Der Hebungsimpuls erfolgte vor erdgeschichtlich kurzer Zeit und wirkt noch nach. Der Mount Everest wächst also noch. Die Faltungen und Überschiebungen der Gebirgsbildung haben dazu geführt, daß der Mount Everest über einer massiven Basis aus kristallinem Gestein eine weichere Spitze aus Sand- und Kalkstein trägt, deren Fossilien (die höchst gelegenen Versteinerungen der Welt) auf den Ursprung in einer Meeresablagerung hinweisen.

Die Massierung von hohen Gipfeln in der Umgebung des Mount Everest hat lange Zeit verhindert, daß der höchste Berg der Erde als solcher erkannt wurde. Erst 1852 stellte die Indische Landesvermessung seine tatsächliche Höhe fest. Bis 1856 wurde er in Unkenntnis des einheimischen Namens als Gipfel XV in den Karten geführt und dann nach dem britischen Offizier George Everest benannt, von 1823 bis 1843 Leiter des Geländevermessungsamtes Survey of India.

Die Bewohner des Himalaya betrachten die hohen Gipfel als Sitz der Götter und begegnen den Bergen mit Ehrfurcht. Die Tibeter und Nepalesen nennen den Mount Everest Chomolungma, „Göttin-Mutter des Landes“. An seinem Fuß wurden Klöster errichtet, und die Bewohner der umliegenden Täler, die als Expeditionsträger berühmten Sherpas, beobachteten die ersten europäischen Bergsteiger in dem Gebiet aus Furcht vor den Göttern mit Mißtrauen.

Die Geschichte der Bezwingungsversuche, zu denen der höchste Berg der Welt naturgemäß reizte, begann 1920 mit der Öffnung einer tibetischen Route für Bergsteiger. Britische Expeditionen versuchten von 1921 bis 1938 siebenmal vergeblich, über den nordöstlichen der drei Kämme des Berges zum Ziel zu kommen. Zwei Mitglieder der Expedition von 1924 wurden in einer Höhe von 8572 m zum letzten Mal lebend gesehen. Nach dem Zweiten Weltkrieg scheiterten drei Versuche, den Gipfel über einen südöstlichen Weg zu erreichen. Der Berg widersetzte sich den Angriffen der Bergsteiger durch Eisbrüche in der Einstiegzone, steile Wände, trockene Kälte und in der Höhe ständig wehende starke Winde; besonders aber behinderte die dünne Luft jeden Aufstieg. Der Gipfel des Mount Everest liegt im äußersten Drittel der Erdatmosphäre.

1953 glückte endlich zwei Mitgliedern einer britischen Expedition unter Leitung von John Hunt, dem Neuseeländer Edmund Hillary und dem Sherpa Tenzing Norgay, die Erstbesteigung. Seitdem sind Expeditionen aus verschiedenen Nationen zum steilen Gipfel des Mount Everest vorgedrungen: Bergsteiger aus der Schweiz (1956), aus den USA (1963), aus Indien (1965), China (1975), Jugoslawien (1979) sowie eine deutsch-französische Expedition (1978), an der auch eine Polin als erste Europäerin teilnahm. Die erste Frau auf dem Gipfel war sie allerdings nicht: Bereits 1975 hatte die Japanerin Junko Tabei den Achttausender bezwungen. Der wohl spektakulärste Aufstieg gelang zwei Tirolern: Erstmals ohne Sauerstoffgeräte erklommen Reinhold Messner und Peter Habeler 1978 den höchsten Berg der Erde. Messner, der bei seinen Bergtouren weitgehend auf Hilfsmittel verzichtet, bezwang den Mount Everest 1980 erneut – diesmal im Alleingang.

Mount Rushmore

Hier endet das atemberaubende Abenteuer des Werbefachmanns Roger Thornhill alias Cary Grant in Alfred Hitchcocks „Der unsichtbare Dritte“. Nach einer aufregenden Flucht vor ausländischen Agenten und amerikanischen Polizisten kommt es zum packenden Finale auf den steinernen Präsidentenköpfen an der Nordostseite des Mount Rushmore. In schwindelerregender Höhe (1830 m) rettet Grant seine Partnerin Eva Marie Saint vor dem Absturz; seine Verfolger werden gestellt.

Der Ort, den Alfred Hitchcock auswählte, um mit filmischen Tricks den Nervenkitzel auf die Spitze zu treiben, liegt etwa 30 km südwestlich von Rapid City im amerikanischen Bundesstaat South Dakota. Die aus dem harten Fels gesprengten, vom Kinn bis zum Scheitel etwa 20 m messenden Köpfe der vier Präsidenten Abraham Lincoln, Theodore Roosevelt, Thomas Jefferson und George Washington ziehen jährlich etwa eine Million Touristen an.

Mit der Arbeit an der riesigen Felsskulptur wurde 1927 begonnen. 14 Jahre lang war der Bildhauer Gutzon Borglum mit dem steinernen Projekt beschäftigt. Borglum benutzte Modelle von etwa 1,5 m Höhe, deren Maße er im Verhältnis 1:12 auf den Felsen übertrug.

Nach Abschluß der Sprengungen trug der Bildhauer weitere 10 bis 15 cm des Granitgesteins mit dem Preßlufthammer ab und schälte die endgültigen Formen der Gesichter heraus. Die Feinarbeiten wurden mit Hammer und Meißel ausgeführt. Die Fertigstellung seiner Riesenskulpturen erlebte Gutzon Borglum nicht mehr. Er starb, 74jährig, kurz vor Vollendung der Gedenkstätte im Jahr 1941; sein Sohn Lincoln beendete das Werk.
Die gigantischen Steinköpfe der vier Präsidenten repräsentieren mit George Washington, dem ersten Präsidenten der USA, die Gründung der Vereinigten Staaten, mit Thomas Jefferson die Forderung nach politischer Unabhängigkeit, mit Abraham Lincoln die nationale Versöhnung und mit Theodore Roosevelt die amerikanische Expansionspolitik. Die Felsporträts schauen in das weite Land vor den Black Hills, den „Schwarzen Bergen", die im Hintergrund des Mount Rushmore liegen und den Sioux-Indianern als heilige Berge galten. Der Stamm wurde aus dieser Gegend vertrieben, als hier in den 70er Jahren des 19. Jahrhunderts Gold gefunden wurde. Ein Denkmal für den Widerstand der Sioux-Indianer gegen die weißen Eindringlinge entsteht einige Kilometer südwestlich des Mount Rushmore. Dort arbeitet der Bildhauer Korczak Ziolkowski mit seinen fünf Söhnen seit 1955 an einer 180 m hohen und 230 m langen Felsplastik, die nach ihrer Fertigstellung voraussichtlich in der nächsten Generation den Anführer der Sioux, Crazy Horse, hoch zu Pferde zeigen wird.

Die gigantischen Felsporträts der vier Präsidenten der USA, George Washington, Thomas Jefferson, Theodore Roosevelt und Abraham Lincoln (von links), sind ein amerikanisches Nationaldenkmal. Etwa 450 000 t Granitfels mußten vom Mount Rushmore abgetragen werden, um die Konturen der rund 20 m hohen Köpfe zu gewinnen. Der Bildhauer Gutzon Borglum, der die riesigen Porträts schuf, hatte zunächst 150 m hohe Skulpturen der Präsidenten in voller Gestalt geplant.

2

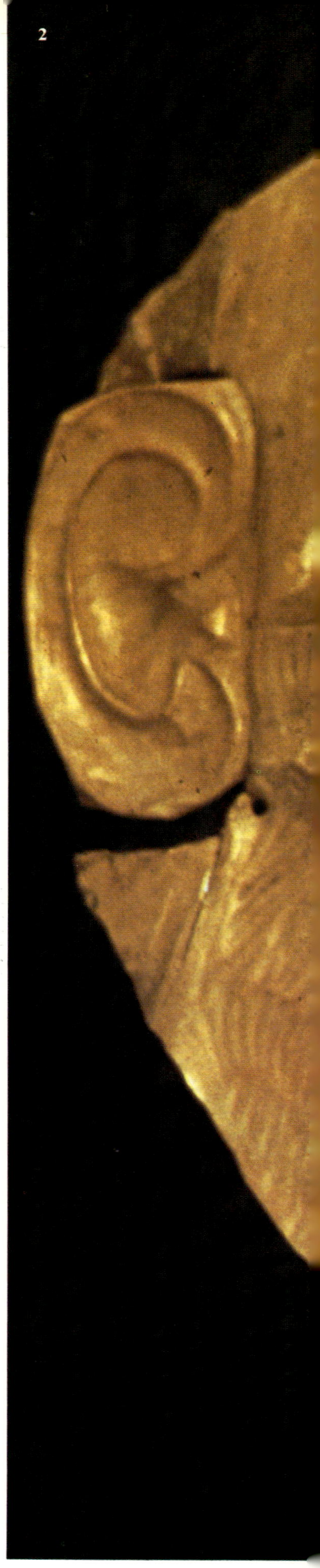

1 *Einen Ausblick auf die karge Landschaft vor der Burganlage von Mykene gewährt das Löwentor. Es bildet den Haupteingang zu der bronzezeitlichen Stadt, die durch eine mächtige Mauer zum Schutz vor feindlichen Angriffen von der Umgebung abgeschirmt war. Drei riesige Steinquader bilden das Löwentor, das mit einem Reliefstein geschmückt ist, der zwei Raubtiere zeigt. Das Tor stammt aus dem 13. Jahrhundert v. Chr.; die Löwen über dem Eingang sollten vermutlich die Stadt bewachen.*

Querschnitt und Grundriß des größten Königsgrabes bei Mykene: Der unterirdische 13 m hohe Kuppelbau aus dem 14. Jahrhundert v. Chr. wird als Schatzhaus des Atreus bezeichnet.

1

Mykene

Nach der Überlieferung des griechischen Dichters Homer, der in der 2. Hälfte des 8. Jahrhunderts v. Chr. lebte, war Mykene die Heimatstadt des sagenhaften Königs Agamemnon, der von seiner Frau Klythämnestra ermordet und von seinem Sohn Orest gerächt wurde. Der Amateurarchäologe Heinrich Schliemann, der ab 1874 das Grab des Agamemnon suchte, verließ sich auf die Angaben des griechischen Schriftstellers Pausanias aus dem 2. Jahrhundert n. Chr. und behauptete, die Fachgelehrten seiner Zeit hätten den Dichter falsch verstanden und nur darum das Grab des Königs noch nicht gefunden.

Bis zu Schliemanns Zeiten war auf der Anhöhe von Mykene, südlich von Korinth auf der nördlichen Peloponnes, nur das Wahrzeichen der einstigen Stadt, das berühmte Löwentor zu sehen. Schliemanns Ausgrabungen waren erfolgreich. Er stieß auf unversehrte Gräber. Ihre Öffnung wurde zu einer Sensation: Die mumifizierten Leichen waren mit Gold überladen. Einer der größten Schätze der Antike war gehoben, doch die Toten waren nicht Agamemnon und sein Gefolge, sondern seine Vorfahren. Schliemann hatte mehrere übereinandergebaute Städte auf einmal ausgegraben und dabei viel tiefere Schichten freigelegt, als es seinem eigentlichen Ziel entsprach. Er erwies seiner Nachwelt damit jedoch einen unschätzbaren Dienst, da er die ersten Zeugnisse einer alten bronzezeitlichen Kultur, der mykenisch-kretischen, entdeckt hatte, die mit der viel späteren Ausgra-

bung von Knossos (→ S. 200/201) auf Kreta erst genauer erforscht werden konnte.
Mykene war vom 16. bis zum 12. Jahrhundert v. Chr. das Zentrum einer hochentwickelten Kultur der nordöstlichen Peloponnes. Sie ging unter, als im 12. Jahrhundert v. Chr. die Dorer die Mykener unterwarfen und ihre Burgen zerstörten.
Die meisten der heute freigelegten Ruinen in Mykene stammen aus dem 13. Jahrhundert v. Chr. Das 30 000 m^2 umfassende Areal des Burgberges ist von einem 6 m dikken Mauerring umgeben, durch den ein über 3 m hohes, aus drei riesigen Steinblöcken gebildetes Tor führt. Der Deckstein des Tores trägt einen Reliefstein mit zwei Löwen, die sich an einer Säule hochrecken. Die Raubtiere sind ein Symbol der mykenischen Kultur und sollten den Eingang der Burg bewachen. Im Mittelpunkt des Burgbezirks liegt auf einer Anhöhe der wiederum von einem Mauerring umgebene Königspalast, der nur noch in Grundrissen zu erkennen ist. Über eine Freitreppe gelangte man in einen Palasthof, an den sich eine Vorhalle und ein Vorraum anschlossen. Hinter letzterem lag der Hauptsaal mit einem Altar.
Neben den sechs von Schliemann 1876 innerhalb des Mauerbezirks der Burganlage entdeckten Königsgräbern aus dem 16. Jahrhundert v. Chr. fanden Archäologen 1951 weitere Gräber aus dem 17. Jahrhundert v. Chr. außerhalb des Burgbezirks.
Die wertvollen Goldschätze, die Schliemann als Grabbeigaben fand, kostbare Goldmasken, die das Gesicht des Toten bedeckten, Schmuckstücke aller Art und Waffen, sind heute im Archäologischen Nationalmuseum von Athen zu besichtigen.

2 *Eine der fünf kunstvollsten Totenmasken, die wohl für einen der mykenischen Fürsten bestimmt waren und in einem der Schachtgräber gefunden wurden. Die Maske besteht aus einer natürlichen Gold-Silber-Legierung und stammt aus dem 16. Jahrhundert v. Chr.*

National-Galerie und Trafalgar Square in London

Hinter der klassizistischen Fassade von William Wilkins am Trafalgar Square verbirgt sich die britische National-Galerie, deren Bestände zu den umfangreichsten und wertvollsten Kunstsammlungen der Welt gehören. Etwa 2000 Gemälde von 1300 bis 1900 sind in dem 1838 eröffneten, mehrfach erweiterten Gebäude zu bewundern.
Der wertvollste Teil der Sammlungen sind die niederländischen Meister, unter ihnen Rembrandt und Peter Paul Rubens, sowie Gemälde der italienischen Schulen des 15. und 16. Jahrhunderts mit Werken von Leonardo da Vinci, Sandro Botticelli, Giotto u. a. Auch das berühmte Gemälde Jan van Eycks, die „Hochzeit des Giovanni Arnolfini" (1434), ist in der National-Galerie ausgestellt.
Bis 1955 gehörte auch die Tate-Galerie, in der britische Maler und moderne Kunst des Auslands ausgestellt sind, zur National-Galerie. Die Tate-Galerie, nach Sir Henry Tate benannt, der die Sammlung zeitgenössischer britischer Künstler begründete, wurde 1897 eröffnet.
Nach jahrelangen vergeblichen Bemühungen von Privatleuten begann die eigentliche Geschichte der National-Galerie 1824. Ein Jahr zuvor war der berühmte Kunstsammler John Julius Angerstein gestorben, und seine Sammlung stand zum Verkauf. Die Regierung stellte schließlich 60000 Pfund für den Ankauf von 38 Gemälden aus der Angerstein-Sammlung zur Verfügung. Diese Gemälde, deren Glanzstücke fünf Werke von Claude Lorrain sind, bildeten den Grundstock für die National-Galerie, die am 10. Mai 1824 in einem Haus an der Pall Mall eröffnet wurde. Neuerwerbungen und Stiftungen führten jedoch bald dazu, daß nicht mehr alle Gemälde ausgestellt werden konnten. Darum wurde im Sommer 1833 mit dem Bau des heutigen Gebäudes am Trafalgar Square begonnen.
Am 8. April 1838 konnte die neue National-Galerie der Öffentlichkeit übergeben werden. Hinter der langgestreckten Fassade verbarg sich eine Flucht von fünf Räumen, die eine Tiefe von 15 m hatten. In der einen Hälfte des Baus war die Galerie, in der anderen die Königliche Akademie untergebracht. Erst seit 1869 stand der National-Galerie der gesamte Bau zur Verfügung; 1876 erfolgte die erste Erweiterung des Gebäudes durch Anbauten hinter der Ostseite der Fassade. 1887, 1927 und 1929 wurde die Ausstellungsfläche erneut vergrößert.
Während des Zweiten Weltkriegs und der Bombardierung von London erlitten auch Teile der National-Galerie Schäden, die beim Wiederaufbau zu einer umfassenden Umgestaltung der Präsentationsräume führten.
In einem Gebäude an der Nordostseite der National-Galerie ist die Nationale Porträt-Galerie untergebracht. Hier sind in 23 Sälen die Bildnisse und Zeichnungen von 700 Persönlichkeiten ausgestellt, die britisches Leben und die Kultur des Landes prägten. In diesem Museum kann man sich in kurzer Zeit einen Überblick über die Herrscher und Staatsmänner Englands und Großbritanniens seit dem 15. Jahrhundert verschaffen.

Auf der Terrasse an der Nordseite des Trafalgar Square steht die National-Galerie (links im Bild). Rechts davon erhebt sich die Kirche St. Martin's in the Fields (1721–1726). Der Platz wurde 1829 bis 1851 nach einem Entwurf von Charles Barry angelegt und erinnert an den Sieg von Admiral Horatio Nelson über die spanische Flotte vor Kap Trafalgar im Jahre 1805. Den Platz beherrscht eine 56,34 m hohe Säule von William Railton mit dem 5 m hohen Standbild Nelsons.

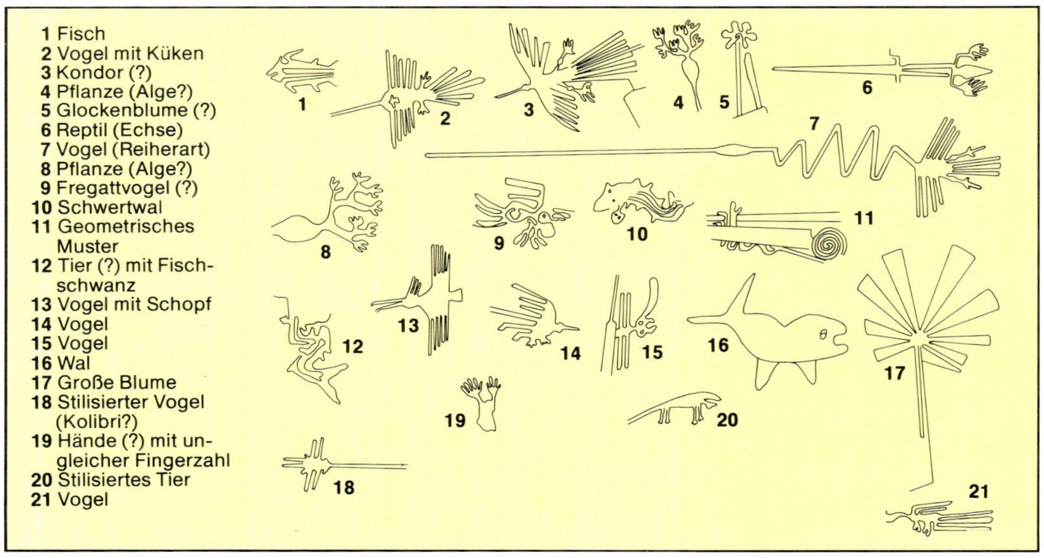

Landschaftsgrafiken von Nazca

Sportplätze? Kultstätten? Astronomische Anlagen? Start- und Landebahnen vorgeschichtlicher Heißluftballons oder außerirdischer Raumfahrzeuge? – Theorien und Spekulationen über die Scharrbilder in der Wüste von Nazca sind immer wieder seit ihrer zufälligen Entdeckung im Jahr 1939 aufgestellt worden. Zu welchem Zweck die Linien und überdimensionalen Figuren in die triste Landschaft Perus südlich des Rio Grande eingraviert wurden, blieb bis heute ungewiß.

Erst vom Flugzeug aus betrachtet, erschließt sich das riesige Ausmaß der Anlage. Auf einer Fläche von 500 km² konzentrieren sich die meisten Zeichnungen. Kaum weniger als 200 schnurgerade Linien verlaufen in alle mög-

lichen Richtungen, überschneiden sich, bilden mehrere sternförmige Zentren. Scheinbar ohne System gezogen, ergeben sie ein Gewirr von geometrischen Spuren mit bis zu 8 km Länge. Dazwischen liegen drei- oder viereckige Plätze, die durch ihre langgestreckte Form an Flugplatz-Rollfelder erinnern. Die in die Landschaft gegrabenen Tier- und Pflanzendarstellungen erscheinen demgegenüber geradezu klein; und doch erreichen auch sie eine Länge von 300 m und eine Breite von 100 m. Eingewoben in das Netz der Linien und Plätze, meist in einer durchgehenden Linie gezogen, sind stilisierte Blumen, Vögel, Echsen und Fische erkennbar.

Welche versunkene Kultur ist für die Scharrbilder verantwortlich? Was waren das für Menschen, die sich die Mühe machten, auf Kilometerlänge die dunkelbraune Erdkruste von dem hellen sandigen Untergrund in meterbreiten Spuren abzutragen, um die größten Zeichnungen der Welt entstehen zu lassen? Durch Funde von Tonscherben mit ähnlichen Tier- und Pflanzenmotiven kamen Archäologen zu der Vermutung, daß die sog. Nazca-Kultur, die in den Flußoasen der südperuanischen Küstenlandschaft etwa 100 v. Chr. bis 700 n. Chr. ihre Blüte hatte, Urheber der weitläufigen Zeichnungen sein mußte. Aber das einzige, was von dieser Kultur geblieben ist, sind ausgedehnte Grabfelder mit Unmengen an kunstvoll bemalten Tongefäßen als Beigaben. Sie vermitteln kaum geschichtliche Erkenntnisse über die ehemaligen Oasenbewohner und ihre faszinierenden Werke.

So geht das Rätseln über die Landschaftsgrafiken von Nazca weiter. Immerhin legt die Tatsache, daß die riesigen Wüstenzeichen erst vom Himmel aus richtig wahrgenommen werden können, die Vermutung nahe, daß zumindest die Figuren für einen himmlischen Betrachter angefertigt worden sind. Für Götter? Wozu dann aber die kilometerlangen Geraden und die großen Plätze?

Bei der Erkundung alter Bewässerungsanlagen der Inka beobachtete der amerikanische Archäologe Paul Kosok vom Flugzeug aus ein Gewirr von langen Linien und riesigen Figuren. Die Wüstenzeichnungen von Nazca waren entdeckt. Die deutsche Archäologin Maria Reiche war von Kosoks Berichten so fasziniert, daß sie ihr Leben fortan der Erhaltung und Erforschung der Scharrbilder widmete. Der Kolibri in der Bildmitte ist etwa 90 m lang und 80 m breit.

Nemrut daği

Im 1. Jahrhundert v. Chr., als die Römer ihre Herrschaft über Kleinasien errichteten, behauptete sich zwischen dem von ihnen besetzten Gebiet und dem Reich der Parther das unabhängige kleine Königreich Kommagene zwischen den Südhängen des Taurus-Gebirges und dem Euphrat im heutigen türkischen Vilayet Adiyaman. Über 2000 Jahre lang war die Kultur von Kommagene fast vergessen, bis Mitte des letzten Jahrhunderts ein europäischer Reisender auf dem 2150 m hohen Berg Nemrut daği im ehemaligen Königreich Kommagene einen überwältigenden Fund machte: Auf der Spitze des Berges im Taurus fand er auf einer terrassierten Fläche aus Fels gehauene riesige Skulpturen majestätisch thronender Götter. Er hatte die Grabstätte des Königs Antiochus I. entdeckt, der seit 69 v. Chr. über Kommagene herrschte und sich selbst auf dem Gipfel des Nemrut daği ein kolossales Denkmal setzen ließ.

Seit Mitte des 20. Jahrhunderts wurden die Götterbilder näher erforscht. Auf den Rückseiten der steinernen Throne, auf denen die Götterstatuen sitzen, fanden sich griechische Inschriften, die von der Herkunft, der Regierung und den Zielen des Herrschers Antiochos I. berichten und bezeugen, daß sich an diesem Ort seine letzte Ruhestätte befindet. Nach der Entzifferung der Schriften begann die Suche nach der Grabkammer des Königs, die bis heute nicht entdeckt werden konnte. Nach der Grablegung des Herrschers müssen alle Spuren, die zu der Totenstätte führen konnten, verwischt worden sein, um eine Ausplünderung des vermutlich reichen Grabschatzes zu verhindern. Wahrscheinlich befindet sich die Grabstätte unter einem 50 m hohen aufgeschütteten Hügel auf dem Gipfel eines Gebirgskammes. Der Hügel wird an drei Seiten von in den Fels gehauenen Terrassen begrenzt. Auf den dem Osten und Westen zugewandten Terrassen stehen je fünf – vier männliche und eine weibliche – Statuen. Während von den Skulpturen der Westterrasse nur noch Bruchstücke vorhanden sind, vermitteln die besser erhaltenen Götterbilder auf der Ostterrasse noch einen anschaulichen Eindruck von dem ursprünglichen Aussehen der Kultstätte. Auf der Ostterrasse des Heiligtums stand früher ein Stufenaltar. Rechts und links von dem Altar schloß sich je eine Sockelreihe mit steinernen Reliefplatten an, auf denen die Vorfahren des Königs abgebildet wurden.

Über Sinn und Bedeutung der monumentalen Grabstätte (Hierothesion) geben des Königs Antiochos I. eigene, in Stein gemeißelte Worte Auskunft: „Als ich die Anlage dieses Hierothesion ... in nächster Nähe der himmlischen Throne zu errichten beschloß, in welchem die bis ins Greisenalter wohlerhaltene Hülle meiner Gestalt ... durch die unermeßliche Zeit ruhen soll, da nahm ich mir vor, auch diesen heiligen Ort zur gemeinsamen Thronstätte aller Götter zu machen, damit nicht nur die heroische Schar meiner Ahnen, die du vor dir siehst, durch meine Fürsorge hier aufgerichtet sei, sondern auch die ... göttlichen Gestalten der großen waltenden Götter für meine Frömmigkeit auch an dieser Stelle als Zeugnis dienen."

Obwohl die riesigen Köpfe auf dem Nemrut daği nur noch als Bruchstücke der einst bis zu 9 m hohen Götterstatuen aus einem Geröllfeld ragen, vermitteln sie dem Betrachter einen Eindruck von der majestätischen Würde der ehemaligen Kultstätte. Die einst auf Thronen sitzenden Götterstatuen stellten Zeus, Herkules, Apollon, die Schutzgöttin von Kommagene und Antiochos I., den Herrscher von Kommagene dar. Vermutlich befindet sich dessen Grab unter der Kultstätte.

Neuschwanstein

Kaum ein anderes Schloß erregt so sehr die Phantasie seiner Besucher wie Neuschwanstein, die auf schroffem Felsgestein thronende Gralsburg des bayerischen „Märchenkönigs" Ludwig II. Erbaut im „echten Styl der alten deutschen Ritterburgen", wie es der König in einem Brief an den Komponisten Richard Wagner ausdrückte, symbolisiert Neuschwanstein die Hinwendung des Monarchen zum Mittelalter, zu einer Welt edler Ritter, kühner Sagengestalten und abenteuerlicher Kreuzfahrten.
Überragt vom 76 m hohen Achteckturm an der Nordseite des königlichen Palastes, erhebt sich Neuschwanstein 1008 m über dem Meeresspiegel inmitten der oberbayerischen Bergwelt unweit von Füssen. Im Stil der Neuromanik mit Rundbögen über Fenstern und Wandelgängen, zahlreichen Türmchen, Erkern und vorspringenden Galerien, verkörpert es den Geist einer Bauepoche, deren ästhetischer Anspruch vor allem durch eine Fülle dekorativer Details befriedigt wird.
Der fünfgeschossige Palas im Westteil der Burg, vom Torbau durch zwei mit einer Treppe verbundene Höfe zu erreichen, beherbergt in 81 Räumen die Privatgemächer des Königs und verschiedene Prunksäle. Die Ausgestaltung übertrug man Künstlern, die bereits Erfahrung in der vom König gewünschten farbenprächtigen, idealisierend-romantischen Historienmalerei hatten. Dargestellt werden vor allem Gestalten aus der frühmittelalterlichen Sagenwelt und Literatur: Tristan und Isolde, der Schwanenritter Lohengrin, der Tannhäuser, Parsival und die Ritter des Heiligen Gral, Sigurd und Gudrun, das Sängerleben auf der Wartburg – Motive, die Wagner zu seinen Bühnenwerken inspiriert haben.
Der zweigeschossige Thronsaal im 3. Stock des Palas, reichverziert mit vergoldetem Stuck und weißem Marmor, wird von einem 18 Zentner schweren Lüster aus vergoldetem Messing beherrscht, der zum Anzünden der 96 Kerzen von einer Spezialwinde herabgelassen wird. Das Kuppelgewölbe über dem Platz für den Thron stellt einen mit goldenen Sternen übersäten Himmel dar.
Im Ostteil des 3. Stocks liegen die Privaträume des Königs, in denen die unteren Teile der Wände mit Holzvertäfelungen umzogen sind, während der obere Teil von großen Wandgemälden eingenommen wird. Die Verbindung zwischen Arbeits- und Wohnzimmer schafft eine künstliche Tropfsteinhöhle, angeregt durch die Venus-Grotte aus der Tannhäuser-Sage. Gegenüber dieser Grotte liegt ein Wintergarten mit einem Springbrunnen. Der Sängersaal, mit der geschnitzten Holzdecke, erbaut nach dem Vorbild des Festsaales auf der 1867 restaurierten Wartburg bei Eisenach, nimmt das 4. Geschoß ein.
Am 5. September 1869 wurde der Grundstein zu Neuschwanstein gelegt, bis zur Entmündigung des Königs und seinem geheimnisumwitterten Tod durch Ertrinken im Starnberger See am 13. Juni 1886 war das Schloß noch nicht vollendet, Bergfried und Kapelle fehlen. Heute gilt Neuschwanstein als der steingewordene Traum eines Königs und ist ein Museum, das jährlich Hunderttausende von Besuchern anzieht.

In der Bergwelt Oberbayerns wirkt die Burg Neuschwanstein wie die phantasievolle Kulisse für einen Märchenfilm. Unweit des Schlosses Hohenschwangau (im Hintergrund) und mit Blick auf den stillen Alpensee wollte König Ludwig II. unbelastet vom politischen Alltagsgeschäft seiner Vorliebe für die deutsche Sagenwelt frönen. Der Blick fällt auf den trutzigen Torbau und – jenseits des Burghofes – auf den Palas, in dessen drittem und viertem Stockwerk die prunkvollen Gemächer des Königs liegen.

Niagara-Fälle

Er ist nicht der höchste Wasserfall der Welt – dieser Ruhm gebührt mit einer Fallhöhe von 978 m dem Salto Angel in Venezuela –, er ist auch nicht der breiteste Fall – die Viktoria-Fälle zwischen Sambia und Zimbabwe stürzen über eine 1700 m breite Kante –, an Berühmtheit jedoch übertrifft das „Donnernde Gewässer" ohne Zweifel alle anderen Wasserfälle auf der Erde. Die Niagara-Fälle sind fester Bestandteil jeder Rundreise durch die Vereinigten Staaten und Kanada, Traumziel amerikanischer Flitterwöchner, Aktionsort für wagemutige und artistische Leistungen. Jedes Jahr bestaunen rund fünf Millionen Touristen die weißen, tosenden Wasserwände.

Der Niagara-Fluß verbindet Erie- und Ontariosee, zwei der fünf Großen Seen Nordamerikas. 11 km vor der Mündung in den Ontariosee stürzen die Wassermassen des Flusses über die vom Kalk gebildete Kante; 80% des Wassers fließen über den auch als Kanadischen bezeichneten Horseshoe-Fall (Hufeisenfall, 44 m hoch, 930 m breit). Etwa in seiner Mitte verläuft die amerikanisch-kanadische Staatsgrenze. Die Ziegen-Insel, Goat Island, trennt den Horseshoe-Fall vom 47 m hohen und 330 m breiten Amerikanischen Fall.

Die Niagara-Fälle gelten als Paradebeispiel für rückschreitende Erosion. Unter der durchschnittlich 25 m dicken Deckschicht aus Niagarakalken werden weichere Sandstein- und Schieferschichten durch die Turbulenzen des herabfallenden Wassers ausgeräumt. Wird die entstehende Höhlung zu groß, stürzt die Deckschicht ein und die Fallkante wandert flußaufwärts. Man hat früher versucht, ausgehend von der in historischer Zeit beobachteten Rückverlegung der Fallkante auf die Entstehungsdauer der Niagara-Schlucht zu schließen. Der Horseshoe-Fall ist z. B. im Mittelteil von 1842 bis 1905 etwa 80 m zurückgewandert. 1678 war seine ausgeprägte Hufeisenform noch gar nicht verhanden; sie entwickelte sich, weil der Fall gezwungen ist, hier einem Flußknick zu folgen. Während die älteren Berechnungen auf ein Alter des Canyon von 30 000 Jahren kamen, gehen neue Datierungen von etwa 12 000 Jahren aus.

Die Wassermassen, die der Niagara führt, die Überwindung des Höhenunterschiedes von 100 m und die Nähe der dichtbesiedelten nordamerikanischen Industriereviere hat die Nutzung des Flusses zur Elektrizitätserzeugung gefördert. Um das Naturmonument Niagara-Fälle und seine touristische Bedeutung nicht zu gefährden, schlossen die USA und Kanada 1950 einen Vertrag zur Begrenzung der Wasserentnahme. Mit verschiedenen baulichen Maßnahmen soll der natürliche Bestand der Niagara-Fälle gesichert werden.

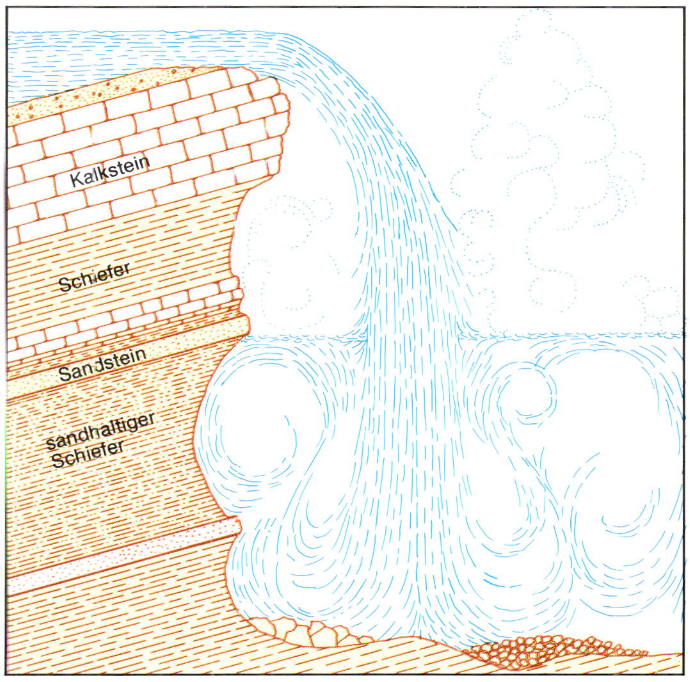

Nil

Ägypten ist ein „Geschenk des Flusses". Dieser Ausspruch des griechischen Geschichtsschreibers Herodot aus dem 5. Jahrhundert v. Chr. gilt immer noch. Die Ägypter nannten den Nil Ar oder Aur, Schwarz, weil seine jährlich wiederkehrenden Überschwemmungen schwarze, fruchtbare Ablagerungen auf den Feldern hinterließen. Die schmale Flußoase des Nils zwischen den lebensfeindlichen Wüsten hat Ägypten über 3000 Jahre lang zum reichsten Staat der vorderasiatischen Hochkulturen gemacht.
Die Überschwemmungen begünstigten die Gründung eines streng zentralistisch regierten Staates, dessen Beamten den Bau von Dämmen und Bewässerungsanlagen überwachten. Vorausschauende Vorratshaltung war notwendig, um Hungersnöte in den Jahren zu vermeiden, in denen der Wasserstand zu hoch oder zu niedrig war. Der jahreszeitliche Wechsel der Wasserstände führte zur Beobachtung der Gestirne und zur Entwicklung eines Kalenders. Die Lehre von der Geometrie und die Vermessungstechnik entstanden aus der Notwendigkeit, überflutete Eigentumsgrenzen neu zu ordnen.
Der Nil-Quellfluß Kagera entspringt in Burundi südlich des Äquators. Er durchfließt unter wechselnden Namen Victoria-, Kyoga- und Albertsee und bildet im Sudan das riesige Sumpfgebiet des Sudd, in dem ein großer Teil seiner Wassermenge verdunstet; auch seine Sedimentfracht lagert der Nil hier ab. Im weiteren Verlauf wird der Fluß Weißer Nil genannt. Bei Khartum vereinigt er sich mit einem Zufluß aus dem äthiopischen Hochland, der wegen seiner schlammigen Wassermassen Blauer Nil heißt. Die letzte Wasserzufuhr erhält der Nil vom Atbara, der zwischen dem fünften und sechsten der im Altertum als Staatsgrenzen dienenden Katarakte (Stromschnellen) mündet. Auf den verbleibenden 2700 km bis zum Mittelmeer hat der Nil keine weiteren Zuflüsse; 150 km vor der Mündung verzweigt er sich in das regelmäßige Dreieck eines Deltas.
Die Überschwemmungen entstehen durch zwei Hochwasserwellen, die sich überlagern. Der Überschwemmungszeit von November bis März folgte im alten Ägypten die Anbauperiode von April bis Juli. Während der Brachzeit wurden die Bauern für die großen Bauvorhaben der Pharaonen zwangsverpflichtet.
Das natürliche Gleichgewicht des Flusses wurde durch den Bau des 1971 vollendeten Sadd el-Ali Staudamms bei Assuan gestört. Der Nil ist mit 6671 km der längste Fluß der Erde.

1

2

3

1 *Die Schiffe mit dem typischen Dreiecksegel gehören seit undenklichen Zeiten zum Bild des Nils. Das kastenförmige Tal des Flusses, bis zu 350 m tief und 20 km breit eingeschnitten in das Tafelland der Nubischen und Arabischen Wüste im Osten sowie der Libyschen im Westen, wurde zur Lebens- und Verkehrsader des ägyptischen Reiches.*
2 *Moderne Techniken der Landbewirtschaftung haben an den Ufern des Nils noch kaum ihren Platz gefunden. Erst gegen Ende des 19. Jahrhunderts machten Wehre und Staudämme die Einbringung mehrerer Ernten im Jahre möglich. Die Feldbearbeitung und Bewässerung wird immer noch mit der Kraft von Mensch und Tier bewältigt.*
3 *Nach alter Tradition erbaute Lehm- und Steinbauten dienen den Fellachen als Unterkünfte. Das Leben der ackerbautreibenden Landbevölkerung hat sich seit Jahrhunderten kaum verändert.*

1 *Die Fassaden der Querschiffarme von Notre-Dame in Paris werden durch lichtdurchflutete Fensterzonen aufgelöst (18 m hoch, 13 m breit). Die Rosen (hier die seit dem 13. Jahrhundert unverändert erhaltene Nordrose) haben einen Durchmesser von 13 m. Wie die Streben eines Rades gehen Säulen vom Mittelpunkt der Rose aus.*
2 *Vom Südosten fällt der Blick auf den Chor mit den für den gotischen Kirchenbau charakteristischen Strebepfeilern.*

Aufriß der Mittelschiffwand: **1** Arkadenzone; **2** Emporenzone; **3** Obergaden (Fensterzone)

1

3

2

Notre-Dame in Paris

Notre-Dame in Paris ist nicht nur ein Markstein der Kunstgeschichte, sie ist weit darüberhinaus *die* französische Kathedrale schlechthin. Von ihr wird gesagt: „Ganz Frankreich hat Notre-Dame zur Pfarrkirche." Mit der auf der Pariser Ile de la Cité erbauten Bischofskirche hat sich die Frühgotik erstmals von den romanischen Einflüssen befreit: Aus dem eher massiven, burgartigen romanischen Kirchengebäude entwickelte sich die emporstrebende und lichtdurchflutete gotische Kirche.

Maurice de Sully, Bischof von Paris, faßte 1160 den Entschluß, eine weiträumige, der Königsstadt und dem Bistum würdige Kathedrale zu errichten. Der Grundriß der Kathedrale zeigt eine fünfschiffige Anlage mit kaum über die äußeren Seitenschiffe vorspringendem Querschiff sowie einem Chor mit doppeltem Umgang und Kapellenkranz (Gesamtfläche: 550 m^2, Länge: 127,5 m, Breite: 48 m). In der ersten Bauphase von 1163 bis 1182 wurde der Chor errichtet. Das Langhaus (Gewölbehöhe: 32,5 m) entstand zwischen 1180 und 1200. Von 1250 bis 1267 wurden die beiden Querschiffarme erbaut, nach Hinzufügung des Kapellenkranzes (1296–1330) war die Kathedrale schließlich vollendet.

Bis ins 18. Jahrhundert blieb die Kathedrale ohne nennenswerte Veränderungen erhalten. Mit der Französischen Revolution begann der rasche Verfall der Kirche. 1793 wurde sie zum „Tempel der Vernunft" erklärt. Die Umwandlung wurde mit einer eigenartigen Zeremonie begangen: An der Stelle des Hochaltars stand ein Tempel, aus dem die Göttin der Freiheit hervortrat, dargestellt von einer Schauspielerin der Pariser Oper in weißem Gewand mit blauem Mantel und einer roten Mütze. Ende 1793 sollte die Kathedrale zum Abbruch verkauft werden, was nur dadurch verhindert wurde, daß Maximilien de Robespierre die ehemalige Kirche 1794 zum „Tempel des höchsten Wesens" erhob. Schließlich diente der Chor als Weinlager. 1795 kehrte der Klerus in die Kathedrale zurück, in der sich Napoleon Bonaparte 1804 zum Kaiser der Franzosen krönte.

Mit dem Erscheinen von Victor Hugos historischem Roman „Notre-Dame de Paris" (1831) – „Der Glöckner von Notre-Dame" – wurde die Öffentlichkeit auf das von Alter und Revolution stark in Mitleidenschaft gezogene Bauwerk aufmerksam. 1840 verfügte ein Gesetz die Restaurierung. Die Arbeiten, die von 1844 bis 1864 dauerten, wurden zum größten Teil von dem Architekten Eugène Viollet-le-Duc (1814–1879) ausgeführt. Er beschränkte sich dabei jedoch nicht nur auf die Wiederinstandsetzung des Bauwerks und die Restaurierung des Erhaltenen, er ersetzte auch zerstörte Kunstwerke (z. B. die 28 Königsstatuen der Westfassade) und fügte Figuren nach eigenen Entwürfen hinzu (z. B. Ungeheuer und Schimären). Trotz der erbitterten Kritik, die ihm dieses Vorgehen einbrachte, kommt Viollet-le-Duc das Verdienst zu, die Kathedrale vor dem Verfall gerettet zu haben. Die Wiederherstellung von Notre-Dame in Paris, vergleichbar mit der Vollendung des Kölner Doms (→ S. 202/203), stellt eine der großen Leistungen der französischen Romantik dar.

3 *Die fast quadratische Westfassade von Notre-Dame in Paris wurde mit ihrer ausgewogenen Gliederung für die gesamte Kathedralgotik vorbildlich. Das Portal wurde mit Figuren reich geschmückt (das Westportal zeigt das Jüngste Gericht), die Fassadenwand durch Rosettenfenster aufgelöst. Die Westfassade wurde 1245 zusammen mit den jeweils 69 m hohen Türmen fertiggestellt. Die Rose der Westfassade, zwischen 1220 und 1225 entstanden, hat einen Durchmesser von 9,6 m.*

Sonnenofen von Odeillo

Die Energie der Sonne zu nutzen, ist ein alter Traum der Menschheit. Bereits von dem griechischen Schriftsteller Xenophon wird berichtet, er habe seinen Landsleuten geraten, die Südseite ihrer Häuser höher zu bauen, um im Winter die Kraft der Sonne zum Heizen zu nutzen. Und Archimedes, dem griechischen Mathematiker und Physiker, wird die Entdeckung eines Prinzips zugeschrieben, das mehr als 2000 Jahre später im großtechnischen Maßstab wieder aufgegriffen wurde: Während des zweiten Punischen Krieges (218–201 v. Chr.) soll er in seiner Heimatstadt Syrakus die Sonnenstrahlen mit Spiegeln aufgefangen und die angreifende römische Flotte nach dem Prinzip des Brennglases mit der gebündelten Sonnenenergie in Brand gesetzt haben.

Reiche Kohle-, Erdöl- und Erdgasvorkommen ließen die Sonne als Energielieferanten im Industriezeitalter in Vergessenheit geraten. Erst die drohende Verknappung dieser Naturprodukte machte den seit Jahrmilliarden strahlenden Stern zur alternativen Energiequelle. In zahlreichen Projekten werden Sonnenstrahlen zum Heizen, zur Elektrizitätserzeugung und – wie im französischen Pyrenäenort Odeillo – zur Erzeugung extrem hoher Temperaturen in einem Schmelzofen genutzt. Der

1958 fertiggestellte Sonnenofen in den Pyrenäen wird für Hochtemperatur-Experimente sowie zur Herstellung chemisch reiner und extrem feuerfester Werkstoffe eingesetzt. Ein weiterer Sonnenofen ist in Albuquerque im amerikanischen Bundesstaat New Mexico in Betrieb.
Alle die Kraft der Sonne konzentrierenden Anlagen können auch zur Erzeugung von Strom eingesetzt werden. Ein solches Solarkraftwerk, bei dem das gebündelte Sonnenlicht Flüssigkeiten erhitzt, deren Dampf Turbinen antreibt, wurde Ende 1980 in der Nähe des sizilianischen Städtchens Adrano in Betrieb genommen. Sonnenöfen, Solarkraftwerke und verschiedene Formen der Wärmegewinnung durch Solarzellen verdeutlichen, daß sich die Sonnenenergie auf der Schwelle zur kommerziellen Nutzung befindet. Angesichts schwindender Reserven bei den traditionellen Brennstoffen und wachsender Belastung der Umwelt durch die Verbrennung fossiler Energieträger erscheint die Nutzung der unerschöpflichen Kraft aus dem All – vor allem in sonnenintensiven Gebieten – ökologisch wie ökonomisch sinnvoll. Allein die Lichtmenge, die innerhalb von zwei Wochen auf die Erde niederstrahlt, entspricht ihrem Energiegehalt nach dem gesamten vorhandenen Vorrat an Kohle, Erdöl und Erdgas. Selbst in der Bundesrepublik Deutschland übersteigt die Kraft der Sonnenstrahlung den Energieverbrauch um das 85fache. Doch verhindern hier schlechtes Wetter und wechselnde Jahreszeiten eine kontinuierliche Nutzung der Sonne.

Der Sonnenofen von Odeillo liegt an der Südseite eines Berghangs der Pyrenäen. 64 bewegliche, auf den jeweiligen Sonnenstand ausgerichtete Spiegel (Gesamtfläche 2835 m²) sammeln das einfallende Sonnenlicht und werfen es auf einen Hohlspiegel aus 9500 Spiegelelementen, der die Strahlungsenergie auf einen Kreis von 45 cm Durchmesser konzentriert. Im Brennpunkt dieses 2000 m² großen Parabolspiegels steht ein Ofen, in dem alle bekannten Metalle geschmolzen werden können. Es entstehen Temperaturen bis zu 3900° C.

1

2

3

1 *Der dorische Tempel der Hera, der Frau des obersten olympischen Gottes Zeus, wurde im 6. Jahrhundert v. Chr. im Norden der Altis von Olympia errichtet.*
2 *Die sog. Krypta, der Zugang zum Stadion, liegt an dessen Nordostecke. Er verlief tunnelartig durch die Erdwälle, die den Zuschauern der Wettkämpfe als Tribüne dienten.*
3 *Nur Reste von Grundmauern und Säulen sind von den Gebäuden Olympias erhalten geblieben. Im Vordergrund stehen Bruchstücke einer ionischen Säule. Im Hintergrund liegen die Trümmer des Zeus-Tempels.*

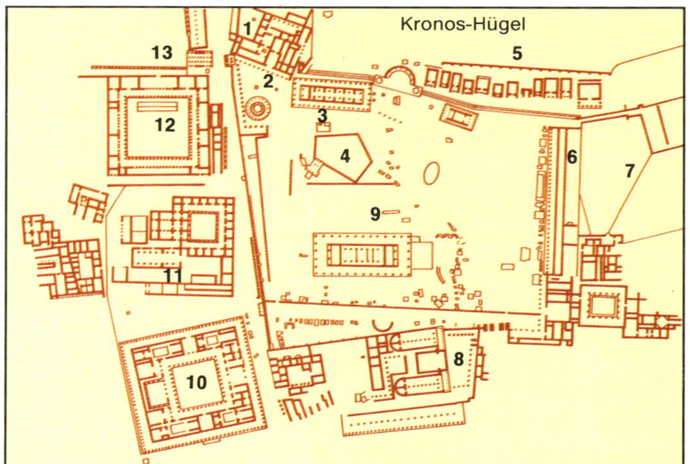

1 Prytaneion; **2** Philippeion; **3** Hera-Tempel; **4** Pelopeion; **5** Schatzhäuser; **6** Echohalle; **7** Stadion; **8** Bouleuterion; **9** Zeus-Tempel; **10** Leonidaion; **11** Werkstatt des Phidias; **12** Palästra; **13** Gymnasion

Olympia

Wer bei den Spielen zu Ehren des Zeus in Olympia Sieger wurde, gewann einen Ölzweig. Er durfte eine Statue im Heiligtum von Olympia aufstellen lassen und wurde in seiner Heimatstadt hoch geehrt. Seit 776 v. Chr. wurden die Olympischen Spiele mit einigen Unterbrechungen alle vier Jahre ausgetragen, bis zum Verbot des heidnischen Kultes durch Kaiser Theodosius I. im Jahre 394 n. Chr.
Jeder freie unbescholtene Grieche durfte an den kultisch geprägten sportlichen Wettkämpfen teilnehmen, die in einer Vollmondperiode zwischen Ende Juni und Anfang September stattfanden. Während der Spiele, die von zahlreichen Pilgern besucht wurden, herrschte im ganzen Land ein „Gottesfriede". Die Athleten mußten sich neun Monate in ihrer Heimat und 30 Tage in Olympia auf die Wettkämpfe vorbereiten. Ursprünglich war der Stadienlauf über eine Distanz von 192,27 m der einzige Wettbewerb. Später kamen der Doppellauf (Dialos) über zwei Stadien und der Langlauf (Dolichos) über eine Entfernung von bis zu 4600 m hinzu. Seit 720 v. Chr. kämpften die Athleten unbekleidet.
Um 644 v. Chr. hatte sich das künftig übliche Standardprogramm der Spiele herausgebildet. Neben den Laufdisziplinen wurden Wettkämpfe im Fünfkampf (Pentathlon: Wettlauf, Weitsprung, Diskuswurf, Speerwurf, Ringkampf), Ringkampf, Faustkampf, Wagenrennen mit Vierergespann, Wettreiten und Allkampf (Pankration, eine Verbindung von Ring- und Faustkampf mit z. T. tödlichem Ausgang) ausgetragen.
Vermutlich seit dem 11. oder 10. Jahrhundert v. Chr. war Olympia im Westen der peloponnesischen Halbinsel Kultstätte. Jahrhundertelang wurde der Heros Pelops, ein Enkel des Zeus, später der Gott Zeus selbst und andere Götter in einem heiligen Hain (Altis) unter freiem Himmel verehrt. Mitte des 7. Jahrhunderts wurde der erste Hera-Tempel (Heraion) gebaut, der im 6. Jahrhundert durch einen dorischen Tempel ersetzt wurde. Um 550 v. Chr. wurden am Fuß des Kronos-Hügels, der den Norden der Altis begrenzt, Schatzhäuser für die wertvollen Weihegaben griechischer Städte gebaut. Weiter östlich liegt der Platz (Stadion), auf dem die Wettkämpfe ausgetragen wurden. Im 6. Jahrhundert wurde erstmals ein Stadion mit erhöhten Zuschauerplätzen errichtet. Das heutige Stadion aus dem 3. Jahrhundert ist von der Altis, dem heiligen Bezirk, durch die Echohalle getrennt und von Erdwällen für die Zuschauer umgeben.
Im 5. Jahrhundert setzte in Olympia eine rege Bautätigkeit ein: In der Nordwestecke wurde das Prytaneion errichtet, in dem die olympischen Sieger auf Kosten der Gemeinde gespeist wurden, an der Südostecke wurden das Heiligtum der Göttin Hestia und das Ratsgebäude (Bouleuterion) gebaut. Den Mittelpunkt der Altis bildet der Zeus-Tempel, der 457 nach Plänen des Libon aus Elis vollendet wurde. Der Tempel enthielt die etwa 12 m hohe Zeus-Statue des Phidias. Diese um 430 geschaffene Skulptur aus Gold und Elfenbein gehörte zu den Sieben Weltwundern.
Außerhalb der Altis im Westen befinden sich die Trainingsstätten der Athleten, Gymnasion und Palästra, aus dem 3. Jahrhundert. Zu Ehren der makedonischen Königsfamilie ließ Alexander der Große nach 338 das Philippeion, einen Rundbau mit Statuen, vollenden. Im Süden wurde noch im 4. Jahrhundert das Leonidaion, ein luxuriöses Gästehaus errichtet.
In römischer Zeit, seit dem 1. Jahrhundert n. Chr. wurde die Anlage um weitere Bauten ergänzt, die Altis blieb allerdings unverändert. Nach dem Verbot der kultischen Spiele verfiel die Anlage, und 200 Jahre später zerstörte ein gewaltiges Erdbeben, was noch übriggeblieben war. Erst mit den 1875 begonnenen Ausgrabungen und der Wiedererweckung der Olympischen Spiele 1896 gewann Griechenlands alte Kultstätte Olympia wieder an Bedeutung und weltweitem Interesse.

Olympiastadion in München

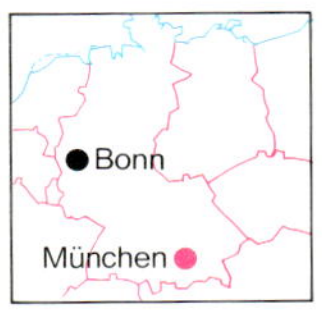

Unbeschwerte Architektur für heitere Spiele hatten sich die Planer, die auf dem Oberwiesenfeld in München, nur 4 km vom Stadtzentrum entfernt, die Sportstätten für die Olympischen Spiele 1972 entwarfen, zum Ziel gesetzt. Die Anlagen für die Wettkämpfe sollten zwanglos mit der Landschaft verschmelzen, ein Olympia der kurzen Wege ermöglichen und gleichzeitig so improvisiert wirken, als seien sie gerade erst für das Treffen der Sportler aus aller Welt erbaut worden.

Für die Überdachung des 70 000 Zuschauer fassenden Olympiastadions, einer Mehrzweckhalle, des Schwimmstadions sowie der Zugangswege im engeren Bereich der Sportstätten wurde von den Architekten Günter Behnisch und Frei Otto eine gemeinsame Zeltdachkonstruktion entwickelt. Otto hatte die Idee eines Zeltdaches bereits bei der Gestaltung des deutschen Pavillons für die Weltausstellung 1978 in Montreal erprobt.

Die Verwirklichung des Projekts, bei der die ursprünglich vorgesehenen Baukosten von 15 Millionen Mark um das 13fache überschritten wurden, erforderte schließlich eine aufwendigere Konstruktion, als zunächst gedacht. Stahlseile mit einer Gesamtlänge von 410 km bilden das tragende Element der kühnen Dachkonstruktion. 7 cm dicke Plexiglasplatten schützen vor Regen und Wind und lassen zugleich das Spektrum des einfallenden Sonnenlichts unverändert. Damit wurde auch einer Forderung des Fernsehens entsprochen, das für die Farbübertragung ein ausgewogenes Verhältnis von Licht und Schatten benötigte.

Die Dachkonstruktion von München, die eine Ähnlichkeit mit Zirkuszelten nicht verleugnen kann, war von Beginn der Planungen 1968 bis zu ihrer Fertigstellung umstritten und führte auch in technischer Hinsicht zu einigen Problemen. Weil das Glasdach nicht ausreichend vor Kälte schützt, erwiesen sich die Olympiahalle und das Schwimmstadion als nicht beheizbar. Außerdem beschlugen die Rauchplexiglasscheiben derartig mit Feuchtigkeit, daß unter dem Dach des Schwimmstadions ein zweites Dach eingezogen werden mußte.

Allen Widrigkeiten zum Trotz lieferte die Zeltdachkonstruktion in ihrer visuellen Wirkung einen angemessenen Rahmen für die heiteren, unbeschwerten Spiele, die jedoch am 5. September 1972 jäh unterbrochen wurden, als ein Palästinenserkommando das Quartier der israelischen Mannschaft besetzte. Das darauf folgende Geiseldrama von München forderte 17 Menschenleben. Eine Gedenktafel im Olympischen Dorf – heute Wohnanlage und Studentenheim – erinnert an den Tod der israelischen Olympiakämpfer.

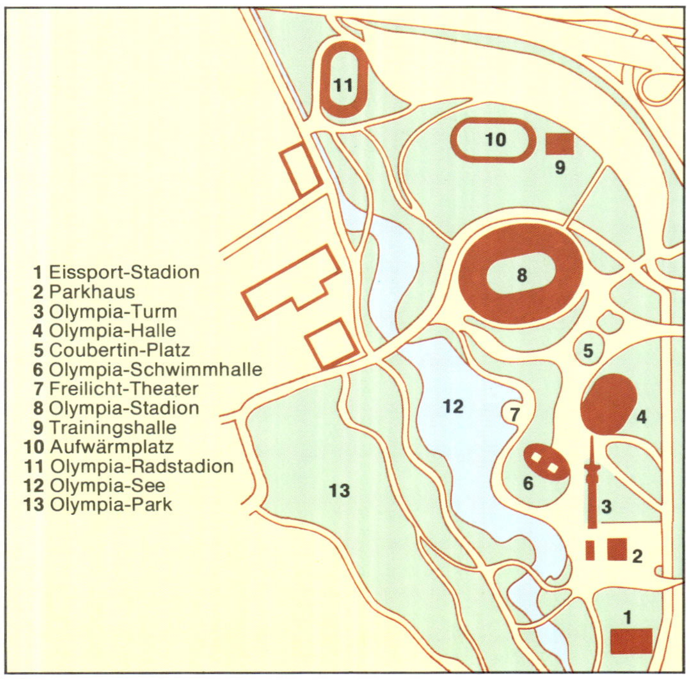

1 *Die Zeltdachkonstruktion ist das prägende Element der Münchener Olympiabauten. Auf dem Oberwiesenfeld, dem Trümmerberg aus dem Bombenschutt des Zweiten Weltkrieges im Norden der bayerischen Landeshauptstadt, entstand eine technische Landschaft, die nach den Vorstellungen ihrer Planer zusammen mit dem künstlichen See und den Grünanlagen des Olympiaparks ein harmonisches Ganzes bildet.*
2 *Bis zu 80 m hohe Stahlmasten halten das 3400 t schwere Zeltdach, das eine Fläche von fast 75 000 m² überdeckt.*

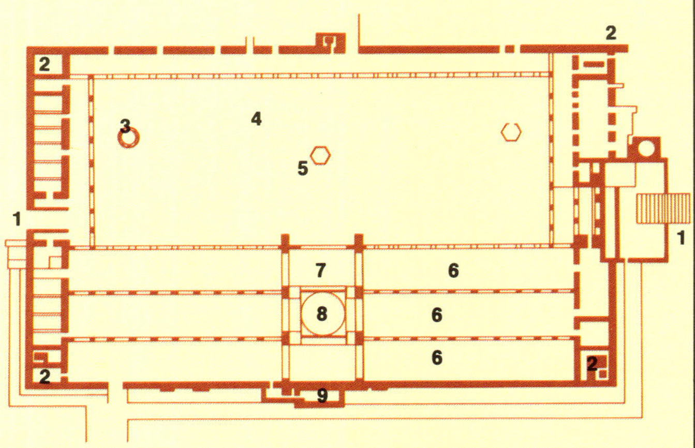

1 Einganssportal
2 Zu Minaretten umgebaute Ecktürme des alten Tempelbezirks
3 Ehemaliges Schatzhaus
4 Innenhof
5 Brunnen für die rituellen Waschungen
6 Längsschiff
7 Mittelschiff, es weist eine größere Höhe auf als die Längsschiffe
8 Mittelkuppel
9 Nach Mekka ausgerichtete Gebetsnische

Omaijaden-Moschee

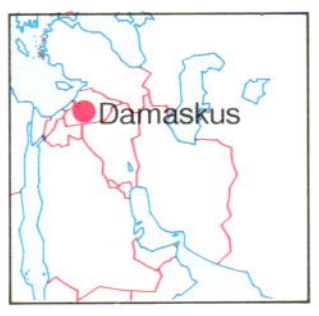

Die Moschee, das sakrale Kultgebäude der Mohammedaner, der Ort, an dem der Gläubige sich niederwirft, um zu beten, entstand in ihren wesentlichen architektonischen Stilelementen während der Herrschaft der Kalifendynastie der Omaijaden in Damaskus (661–750). Zur Zeit als der arabische Staat um Mekka sich durch Eroberungen zu einem theokratischen Weltreich wandelte und eine einheitlich arabische Kultur durch die islamische Religion und arabische Sprache herrschend wurde, kam der Moschee eine Vielzahl von Funktionen zu: Sie diente als religiöser Gebetsraum, politischer Versammlungsort, Gerichts- und Lehrstätte sowie als Symbol der Macht der Kalifen, vor allem in den unterworfenen Gebieten.
Die Bedeutung der Omaijaden-Moschee in Damaskus liegt neben ihrer architektonischen Vollkommenheit vor allem darin, daß es sich um die älteste in wesentlichen Teilen noch erhaltene Moschee handelt.

Im Jahr 661 übernahmen die Omaijaden die Herrschaft über das arabische Reich. Sie residierten als Kalifen in Damaskus, das 636 von den Arabern im Kampf gegen die Byzantiner erobert worden war. Die Mohammedaner nutzten einen Teil des alten römischen Tempelbezirks, wo bereits die Christen eine Basilika errichtet hatten, als Moschee. 705 bis 715 ließ Kalif Walid I. hier eine neue große Moschee als Sinnbild für den Sieg des Islam errichten. Er zog Künstler und Handwerker aus verschiedenen Ländern, vor allem aus Byzanz, für den Bau heran. Die Architektur des Islam beruht zu einem großen Teil auf der Aneignung und Umwandlung stilistischer Merkmale der Kulturen eroberter Länder.
Die Ecktürme des alten Tempels wurden zu Minaretten umgebaut. An der Südmauer des alten Bezirks entstand der Gebetssaal. Er besteht aus drei von Säulen unterteilten langen Querschiffen, in denen sich die Gläubigen zum Gebet versammelten. Ein kurzes von einer Kuppel gekröntes Mittelschiff kreuzt die drei Schiffe rechtwinklig, zu dem von Säulenarkaden umgebenen Hof hin blieb der Gebetssaal offen. Das Mittelschiff führt auf die Gebetsnische (Mihrab) hin, die nach Mekka (→ S. 186/187) hin ausgerichtet ist. Neben ihr steht die Kanzel (Minbar), der sowohl eine religiöse als auch eine politische Funktion zukommt: Von hier aus wird die Freitagspredigt gehalten und hier fand die Proklamation des Kalifen statt. Den Boden der Moschee und den unteren Teil der Wände schmückten weiße Marmorornamente. Als kostbarstes Kunstwerk der Moschee gilt der ursprünglich um den gesamten Hof umlaufende Mosaikfries, der eine Architekturlandschaft an einem Fluß darstellt. Die Landschaft, in tiefblauen und grünen Farben mit mannigfachen Schattierungen gestaltet, hebt sich von einem goldenen Grund ab. Das Mosaik erfuhr eine Vielzahl von Deutungen. Man sieht in dem Strom den Fluß Barada bei Damaskus und damit eine Abbildung der Stadt und ihrer Umgebung. Andere Interpreten meinen, der Fries zeige alle Städte der Welt und veranschauliche sowohl die Macht des Islam als auch seine friedenstiftenden Ziele, weil die Städte keine Befestigungsanlagen aufweisen. Eine dritte Deutung sieht dort das Paradies dargestellt, eine Ansicht, die dadurch gestützt wird, daß der Gebetssaal ursprünglich mit Koransprüchen über Paradiesverheißungen geschmückt war.

Gläubige Mohammedaner verneigen sich in der Omaijaden-Moschee oder Großen Moschee in Damaskus im Gebet gen Mekka. Fünfmal an jedem Tag findet in einer Moschee ein Gebetsgottesdienst statt. An der Wand des Querschiffes befinden sich die Gebetsnische und die Kanzel, von der aus der Muezzin den Gottesdienst einleitet. Koranständer, Leuchter und Teppiche schmücken den weiten Innenraum, dessen Wände mit Einlegearbeiten aus weißem Marmor verziert sind.

Flutwehranlage Oosterschelde

„Was wir hier machen, gehört baugeschichtlich in eine Reihe mit dem Koloß von Rhodos und den Pyramiden von Gise." Mit diesen Worten kommentierte der verantwortliche Chef-Konstrukteur Tjebbe Visser im Jahr 1983 den Montagebeginn der größten Flutwehranlage der Welt. Eine schreckliche Sturmflut hatte drei Jahrzehnte zuvor die niederländische Küste überrollt: Von der Nordsee her fegte ein heftiger Orkan über das Rhein-Maas-Schelde-Delta im Südwesten der Niederlande und am 1. Februar 1953 brachen in der Provinz Seeland die Deiche. In den Wassermassen ertranken über 1800 Menschen. Um die Bewohner von Seeland in Zukunft vor solchen Katastrophen zu schützen, wurde das Mündungsgebiet von Rhein, Maas und Schelde mit erhöhten Seedeichen versehen und mit dem Bau von Dämmen begonnen, um die Meeresarme gegen die Nordsee abzuschließen.

Dieses größte Wasserbau-Unternehmen aller Zeiten findet im Mündungsgebiet der Oosterschelde seinen Abschluß: Hier wird anstelle eines zunächst geplanten Damms eine technisch einzigartige Flutwehranlage errichtet, die für den normalen Gezeitenstrom durchlässig ist, die aber bei einer Sturmflut durch gewaltige Stahltore geschlossen werden kann.

Das Rückgrat des Sturmflutwehrs besteht aus 66 gigantischen Betonfundamenten. Zwischen diesen Betonpfeilern, deren Sockel durch mächtige Betonschwellen verbunden sind, hängen über 5 m starke Stahlwehre, die jeweils 42 m breit, 6 bis 12 m hoch und bis zu 500 Tonnen schwer sind; bei Sturmflutgefahr können diese Stahltore innerhalb einer Stunde mit hydraulischem Druck geschlossen werden.

Damit die schweren Betonpfeiler nicht in den Meeresboden einsinken oder durch die Kraft der Meereswellen verschoben werden können, mußte der unter ihnen liegende Meeresboden weitflächig befestigt werden. Der Boden wurde von Schlick gesäubert, mit einem Spezialverfahren in seiner Struktur verdichtet und mit fußballfeldgroßen, mit Sand und Steinen gefüllten Matten aus Kunststoff und Beton ausgelegt. Etwa 5 Millionen m^2 des Scheldebodens im Bereich der Flutwehranlage wurden mit diesen Betonblockmatten überzogen.

In der Geschichte des Wasserbaus ist die Flutwehranlage Oosterschelde das größte und technisch aufwendigste Bauwerk; es wird 1986/87 fertiggestellt sein. Bisher konnte der Mensch die unvorstellbare Gewalt der Elemente nicht bändigen. Ob die neue Flutwehranlage dem beständigen Angriff des Salzwassers und bei Sturmfluten den meterhohen Wellen widerstehen kann, wird erst die Zukunft zeigen.

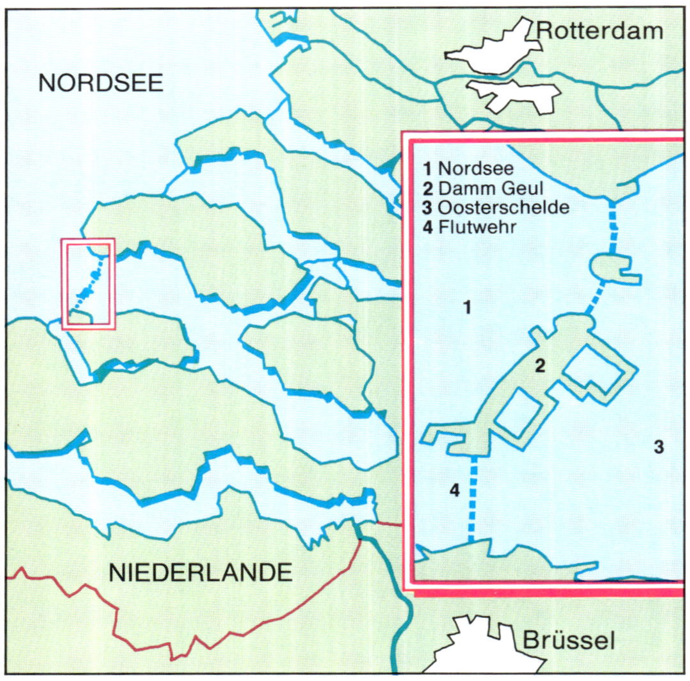

1

1 *In drei Abschnitten wird die Oosterschelde durch das insgesamt 3 km lange Sturmflutwehr, das den normalen Gezeitenstrom nicht behindert, gegen die Nordsee abgeriegelt.*
2 *Die fest auf dem Meeresboden verankerten Betonpfeiler werden durch einen Oberbau, auf dem eine Straße über das Wehr führt, miteinander verbunden.*
3 *Mit einem speziell für diesen Zweck gebauten Hubschiff wurden die schweren Betonfundamente zentimetergenau in ihre endgültige Position gebracht.*

4 *Die gigantischen Betonpfeiler wurden auf einer künstlich angelegten Arbeitsinsel in der Scheldemündung hergestellt. Die insgesamt 66 Pfeiler erreichen jeweils eine Höhe von 35 bis 45 m und sind bis zu 18 000 t schwer. Der Bau eines Pfeilers dauerte anderthalb Jahre; zeitweise wurde an 30 Pfeilern zugleich gearbeitet. Insgesamt wurden hierfür 450 000 m³ Beton verbraucht.*

Moais der Osterinsel

Mitten im südlichen Pazifik liegt – 3700 km vor dem chilenischen Festland – die wohl einsamste Insel der Welt. Das nächste größere Eiland, Tahiti, ist mehrere tausend Kilometer entfernt. Und doch erreichten irgendwann zwischen dem 4. und 12. Jahrhundert Boote die Osterinsel. Die Besucher waren, so vermuten Wissenschaftler, Polynesier von den Marquesas-Inseln. Sie müssen hervorragende Seeleute gewesen sein, legten sie doch mit ihren einfachen Booten eine Entfernung auf hoher See zurück, die der Strecke Los Angeles–New York entspricht.

Der Name Osterinsel erinnert an den Tag ihrer Entdekkung durch Niederländer im Jahr 1722.

Warum die Polynesier kamen und auf der entlegenen Insel blieben, die etwa 180 km² mißt, weiß niemand. Vielleicht hielt sie das milde Klima, vielleicht wollten sie sich aus anderen Gründen weitab von ihrer Heimat niederlassen. Jedenfalls haben sie wahrscheinlich das begründet, was wir die Osterinsel-Kultur nennen.

Auffälligste Überbleibsel dieser Kultur sind die langohrigen Steinfiguren, Moais genannt. Überall auf der Insel findet man die riesigen Büsten aus vulkanischem Tuffgestein. Manche stehen auf Mauersockeln, andere ragen – scheinbar aus dem Boden gewachsen – steil empor. Viele der Figuren sind irgendwann umgefallen oder umgestürzt worden und liegen wie niedergerissene Denk-

mäler in der baumlosen Landschaft. Rund 800 Moais gibt es auf der Osterinsel. Die kleinsten sind 1 m groß und haben ein Gewicht von 2 t. Die Riesen unter ihnen erreichen die Höhe eines zehnstöckigen Hauses und wiegen soviel wie drei moderne Lokomotiven.
Hergestellt wurden die Moais am Rano Raraku, einem der Inselvulkane. In mühseliger Arbeit haben die Insulaner die klotzigen Figuren nur mit Basaltmeißeln aus dem relativ weichen Tuffgestein des Berges herausgeschnitten. Auf welche Weise die fertigen Moais dann zu ihren endgültigen Standorten transportiert worden sind, ist noch völlig unklar. Manche der tonnenschweren Skulpturen wurden bis zu 20 km von ihrem Entstehungsort am Rano Raraku entfernt aufgestellt. Hinweise auf die Bedeutung und die Geschichte der Büsten könnten vielleicht die Schrifttafeln aus Holz geben, die auf der Osterinsel gefunden wurden. Aber bislang ist es den Wissenschaftlern nicht gelungen, die aus 600 Einzelzeichen bestehende Schrift zu entziffern oder wenigstens ihren Ursprung aufzuklären.
Immerhin gibt es mündliche Überlieferungen über die Geschichte der Osterinsel-Kultur. Danach hat der König Hotu Matua, von einer unbekannten Insel kommend, im 16. Jahrhundert von dem Eiland Besitz ergriffen. Wenige Jahrzehnte später griffen als Langohren bezeichnete Eindringlinge die Insel an, unterwarfen deren Bewohner und zwangen sie, die Moais herzustellen. Aber nur kurze Zeit dauerte das Sklavendasein der Bevölkerung an. Die Langohren wurden vertrieben und die Relikte ihrer Macht, die Steinbüsten, umgestürzt.

Durch ihre langen, kantigen Köpfe mit dem breiten, scharfgeschnittenen Kinn, der vorgewölbten Stirn und den fest zusammengepreßten Lippen machen die Moais der Osterinsel den Eindruck strenger, fast grimmiger Wächter. Diese Gruppe der Steinfiguren ist, nachdem sie irgendwann aus unbekannten Gründen umgestürzt worden war, wieder aufgerichtet worden. Kaum jemand würde sich über diese Vorgänge Gedanken machen, wären die Moais nicht so geheimnisumwittert.

Kalkterrassen von Pamukkale

Von der türkischen Handelsstadt Denizli kommend, sieht man schon von weitem das weiße Glitzern über der Cürüksu-Ebene, Tonnen von Kalk an den Hängen eines Hochplateaus. Der Steilhang des etwa 3 km langen und 160 m hoch über der Ebene aufragenden westanatolischen Tafelberges ist über und über mit bizarren Kalkablagerungen bedeckt. Die Türken haben dem reizvollen Bauwerk der Natur den treffenden Namen Pamukkale, d.h. Baumwollschloß, gegeben.

Aus der Anhöhe treten warme Quellen hervor. Das Quellwasser ist reich an Mineralien, die es im Erdinneren gelöst hat: Neben Eisen, Magnesium und Salz enthält es vor allem Kalk. Sobald das Wasser an die Erdoberfläche gelangt, kühlt es ab, der Kalk verfestigt sich und setzt sich auf dem Grund des Fließbettes ab. Hat sich der Grund gefüllt, verzweigt sich das Rinnsal und lagert fächerförmig weitere Kalkabsonderungen ab. So sind im Verlauf von Jahrtausenden die großen weißen Gebilde entstanden, die sich in einer vielbestaunten, harmonischen Anordnung von Terrassen an die Steilhänge des Hochplateaus angeschmiegt haben.

Viele Vergleiche wurden angestellt, um die wunderlich geformten Ablagerungen zu beschreiben. Erscheinen sie aus einiger Entfernung wie eine hochaufragende weiße Festung mit barock verschachtelten Mauern und Balkonen, so ändert sich der Eindruck beim Näherkommen vollkommen. Die Kalksintergebilde erinnern dann vielmehr an nebeneinander- und übereinandergehäufte Quellwolken, an erstarrte Wasserfälle, an riesige Tropfkerzen. Die Anordnung der Kalkstalaktiten an einigen Terrassen läßt an Orgelpfeifen denken.

Zu allen Zeiten haben die Thermalquellen, die für die Entstehung der bizarren Terrassen verantwortlich sind, Menschen angelockt. Die heilsame Wirkung der Quellen und die militärisch günstige Lage des Hochplateaus führten zur Gründung von Siedlungen und später – im 2. Jahrhundert v. Chr. – zur Errichtung einer Festung. König Eumenes II., der 197 bis 159 v. Chr. Herrscher von Pergamon war, ließ dort die Stadtanlage Hierapolis vor allem als militärischen Stützpunkt errichten. Die kleine Stadt, die im 2. und 3. Jahrhundert n. Chr. eine kurze Blütezeit unter römischer Herrschaft erlebte, wurde immer wieder von Erdbeben heimgesucht und verödete schließlich, nachdem die Seldschuken im 12. Jahrhundert in dieses Gebiet eingedrungen waren.

Heute existieren von der alten Stadt nur noch einzelne Ruinen. Dafür wurde auf dem Hochplateau eine neue Stadt gebaut – aus Hotels und Kuranlagen. Pamukkale hat sich zu einem erstrangigen touristischen Reiseziel in der Türkei entwickelt, was für das „Baumwollschloß" selber weniger erfreuliche Auswirkungen haben kann. Teilweise mitten in den Kalkterrassen erheben sich die modernen Hotels.

Besonders die mit den Touristenströmen verbundene Verschmutzung der Umwelt bedroht das jahrtausendealte Naturschauspiel. Aber auch der hohe Wasserverbrauch der Kur- und Wohnanlagen gefährdet die Kalkoberflächen. Denn ständig muß warmes Wasser über die Terrassen laufen, um das strahlende Weiß zu erhalten. Und schon werden die Rinnsale dünner. Wenn sie ganz versiegen, wird innerhalb kürzester Zeit aus den weiß glitzernden Kalkterrassen von Pamukkale eine unansehnliche graue Masse werden.

Sobald die Sonne untergeht, verfärben sich die schneeweißen Kalkkaskaden von Pamukkale. Glitzernd fließt das Wasser der etwa 35° C warmen Thermalquellen über die nunmehr beige und rosa erscheinenden, natürlichen Kalkwannen. Stromleitungen stören ein wenig den idyllischen Anblick des Naturbauwerks.

Panamakanal

Menschliche Tragödien, politische Intrigen und technische Fehlplanungen begleiten die Entstehungsgeschichte des 1914 fertiggestellten, 81,6 km langen Panamakanals, der die engste Stelle des mittelamerikanischen Landrückens durchschneidet. Die Vorstellung, auf dem Weg vom Atlantik zum Pazifik Tausende von Seemeilen einzusparen oder den beschwerlichen Landweg durch versumpfte Gebiete abzukürzen, hatte bereits im 16. Jahrhundert Überlegungen ausgelöst, einen Schiffahrtskanal durch die Landenge zu bauen. Technisch möglich wurde das Projekt jedoch erst im 19. Jahrhundert.
Der erste moderne Verkehrsweg zwischen den Ozeanen war eine 1949 bis 1955 mit amerikanischen Geldern gebaute Bahnlinie, deren Streckenverlauf ausschlaggebend für den späteren Kanalbau wurde, da sie für den Transport von Arbeitern und Material genutzt werden konnte. 1879 begann man unter der Leitung des französischen Ingenieurs Ferdinand de Lesseps, dem Erbauer des Sueskanals (→ S. 370/371), mit den Arbeiten für einen schleusenlosen Wasserweg. Technische Fehleinschätzungen, Korruption und tropische Krankheiten ließen das Unternehmen 1888 in einem Finanzskandal enden. Bis dahin hatten 20000 Arbeiter ihr Leben gelassen. 1902 erwarb die amerikanische Regierung die französischen Rechte am Kanalbau vor allem im Hinblick auf die strategische Bedeutung des Kanals, der den Seeweg von der Ost- zur Westküste der USA um 8000 Seemeilen verkürzen sollte. Der Staat Kolumbien, zu dem die Provinz Panama gehörte, weigerte sich, der amerikanischen Forderung nach einer Neutralitätsgarantie bzw. nach Übereignung der Kanalzone als Gegen-

leistung für den Bau des Kanals nachzukommen. Eine durch amerikanische Kriegsschiffe unterstützte Revolte führte 1903 zur Unabhängigkeit Panamas. Im selben Jahr erlangten die USA die Hoheitsrechte in einer 16 km breiten Zone beiderseits des Kanals. Panama erhielt eine einmalige Zahlung von zehn Millionen Dollar und seit 1914 eine jährliche Pauschale von (zunächst) 250 000 Dollar. 1904 nahm man den Bau wieder auf. Die Kanalhöhe von 28 m über dem Meeresspiegel im Inland wird durch drei Schleusen erreicht. Die kontinentale Wasserscheide wird im 13 km langen, erdrutschgefährdeten Gaillard Cut überwunden, an dem Lesseps gescheitert war. Am 15. August 1914 trat das erste Schiff die acht Stunden lange Fahrt durch den Kanal an.
Aufgrund von 1977 und 1979 abgeschlossenen Verträgen mit den Vereinigten Staaten wird Panama ab 1999 die alleinige Kanalzonenverwaltung und damit auch die Neutralitätsgarantie übernehmen.

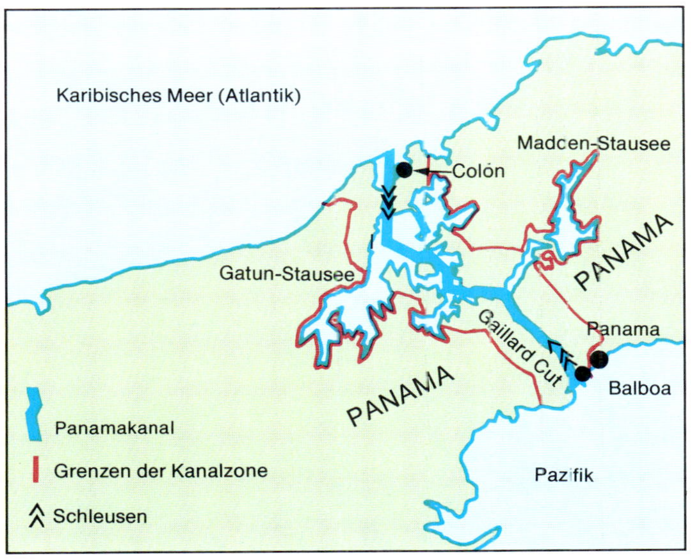

Die Schleusen von Pedro Miguel sind nach der Durchquerung des Gaillard Cut die erste Stufe des Abstiegs zum Pazifik für Schiffe, die vom Atlantik kommend den Panamakanal durchfahren haben. Für die modernen Frachter und Kriegsschiffe sind die Schleusen mittlerweile zu klein geworden. Dennoch befahren pro Tag etwa 40 seegängige Schiffe den Wasserweg. Es werden Pläne diskutiert, ihn durch den Binnensee von Nicaragua zu verlegen oder seine Schleusen an die modernen Bedürfnisse anzupassen.

1 Die 9 m weite, kreisrunde Öffnung im Scheitel der Kuppel des Pantheons ist die einzige lichtspendende Öffnung des Bauwerks. Je nach dem Stand der Sonne wird der Raum durch den wechselnden Lichteinfall anders beleuchtet und belebt. Die sich nach oben verjüngenden Kassetten waren früher mit Sternen auf blauem Grund geschmückt.

Pantheon in Rom

Als Michelangelo die Pläne für die wohl berühmteste christliche Kirche der Welt, den Petersdom (→ S. 302/303) in Rom, entwarf, ließ er sich bei der Konstruktion der Kuppel von der Architektur eines antiken Bauwerks inspirieren, dessen Innenraum zu den harmonisch vollkommensten Schöpfungen der Weltarchitektur gehört, dem um 120 erbauten römischen Pantheon.

Der Tempelbau, dessen Name sich nicht genau deuten läßt – entweder war er allen Göttern geweiht oder galt als besonders heilige Stätte – ist das am besten erhaltene Gebäude des antiken Roms. Nach der Inschrift über dem Eingang errichtete Marcus Agrippa, vertrauter Freund und Schwiegersohn des Kaiser Augustus, den Tempel im Jahr 27 v. Chr. Der eigentliche Erbauer des kuppelförmigen Heiligtums jedoch war Kaiser Hadrian, der das Pantheon auf den Trümmern des 80 n. Chr. durch Brand zerstörten Vorgängerbaus errichten ließ und in pietätvoller Erinnerung an Marcus Agrippa die Inschrift über dem Eingang anbringen ließ.

Der ursprüngliche, von Agrippa erbaute Tempel hatte die zu dieser Zeit übliche rechteckige Form; ungewöhnlich war allerdings die Idee, eine Kultstätte zu schaffen, in der mehrere oder alle Götter gleichzeitig verehrt wurden. Diesen Gedanken aufgreifend, versinnbildlichte Hadrian mit dem Kuppelbau das Himmelsgewölbe als Wohnort aller Götter und revolutionierte außerdem die römische Religionsausübung: Er legte den Tempel so

an, daß das Volk, das gewöhnlich das Allerheiligste nicht betreten durfte und sich nur in einem Vorraum versammelte, nun den ganzen Tempel offen fand.
Das Pantheon wird durch eine Vorhalle betreten, deren Dach von 16 Säulen aus rotem Granit getragen wird. In sieben regelmäßig angeordneten Nischen des Raumes, wo sich heute Grabmäler berühmter Persönlichkeiten – darunter die Grabstätte Raffaels – befinden, standen früher Götterbilder. Über den marmorverkleideten Wänden erhebt sich die mit Kassetten geschmückte mächtige Kuppel. Durch eine etwa 9 m weite Öffnung in der Mitte der Kuppel wird der Raum erhellt.
Die vollkommene Harmonie des Innenraumes beruht auf einer exakten Entsprechung des Durchmessers und der Höhe des Raumes von 42,2 m, wobei der zylindrische Unterbau ebenso hoch ist wie die Kuppel. Würde die genau einer Halbkugel entsprechende Kuppel nach unten zu einer Kugel vervollständigt, stieße ihr Scheitelpunkt auf den Fußboden.
Der Überlieferung nach war das Gewölbe des Pantheons mit Sternen auf blauem Grund geschmückt und symbolisierte den Himmel. Unverkennbar verbarg sich dahinter die Idee, den Kosmos darzustellen, ein Gedanke der zur Kaiserzeit einflußreichen stoischen Philosophie. Nach Auffassung der Stoiker war das gesamte Weltall von Logoi spermatikoi, von Samenteilchen der göttlichen Vernunft, erfüllt. Dieser Vorstellung entsprechend, war das Pantheon als Symbol des Weltalls vom Geist Gottes durchdrungen, und die im Pantheon verehrten Gottheiten waren nach stoischer Auffassung die personifizierten Kräfte des alldurchwaltenden göttlichen Geistes.

2 *Das eher unscheinbare Äußere des Pantheons entspricht bei weitem nicht der Harmonie und Schönheit seines Inneren. Früher waren die Außenwände zwar mit Stuck überzogen, das Dach war mit vergoldeten Bronzeziegeln gedeckt, doch das künstlerische Schwergewicht lag auch damals schon auf dem Innenraum. Der Tempel liegt heute tiefer als die Bauten der Umgebung. Ursprünglich lag er erhöht, doch die Bautrümmer der vergangenen Jahrhunderte haben das Bodenniveau in Rom um rund 6 m angehoben.*

1

1 Große Treppe; 2 Tor aller Völker (Tor des Xerxes); 3 Apadana (Audienzhalle); 4 Tor der Armee; 5 Hundertsäulensaal (Thronhalle); 6 Schatzhäuser; 7 Palast des

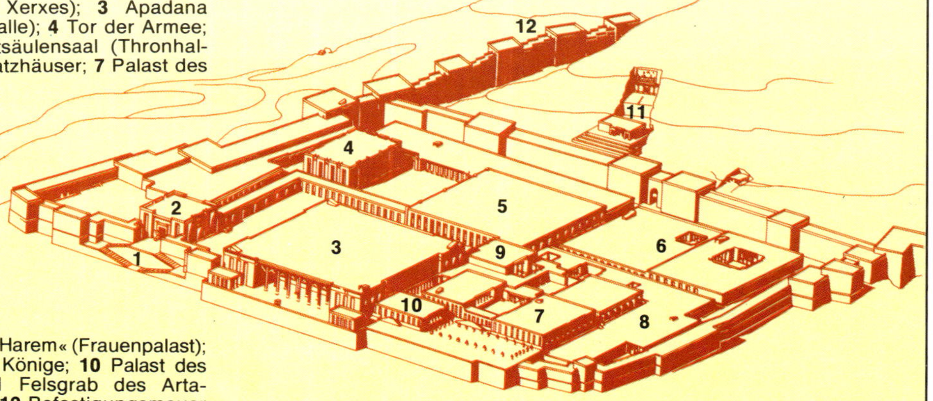

Xerxes; 8 »Harem« (Frauenpalast); 9 Tor der Könige; 10 Palast des Darius; 11 Felsgrab des Artaxerxes II.; 12 Befestigungsmauer

2

Persepolis

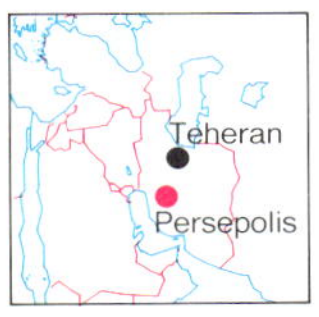

Der Zug der Abgesandten aller 23 Völkerschaften des persischen Großreiches der Achämeniden sammelt sich zur jährlichen Audienz beim König der Könige. Die Abgeordneten aus Elam haben Mühe, die Jungen einer Löwin zu bändigen. Acht Ionier fallen durch ihre feine Kleidung und die gepflegten Frisuren auf. Vier der fünf von weither angereisten Inder dagegen tragen nicht einmal Schuhe und sind nur mit einem Lendenschurz bekleidet. Ägypter, Babylonier, Armenier und Äthiopier nehmen ihren Platz in der Reihenfolge des Zuges ein. Die mitgeführten Tiere, edle Hengste, Zuchtrinder, Schafe und seltene Wildtiere, sind unruhig. Gold- und Silbergefäße, Edelsteine und Schmuck leuchten. Das ganze Treiben wird von den berühmten „Unsterblichen Garden" des Königs streng bewacht. Der König genießt die Huldigungen.

So oder ähnlich muß man sich nach den unzähligen Reliefs an den Aufgängen, Türnischen und Gebäudesokkeln die jährlichen Audienzen bei den Herrschern des achämenidischen Weltreiches vorstellen. Persepolis im Iran wurde von Darius I., dem Großen, der von 522 bis 486 v. Chr. regierte, weitab der bisherigen Regierungszentren gegründet. Nach einer umstrittenen Theorie diente die Anlage nur den Feiern des persischen Neujahr am 21. März. Inschriften bezeugen die Bautätigkeit von drei Herrschern: Darius I., von dem offenbar die Planung stammt, seines Sohnes Xerxes I. und seines Enkels Artaxerxes I. Neben den Reliefdarstellungen mit den Abgesandten und der Garde tauchen Darstellungen auf, die den Kampf des Königs gegen Fabelwesen zeigen; außerdem sind Tierprozessionen zu sehen, geflügelte Stiere und die geflügelte Sonnenscheibe, das Symbol Ahura Masdas, des von Zarathustra im 600 v. Chr. verkündeten einzigen Gottes. Er wird in Inschriften um seinen Schutz für Stadt und Land gebeten.

58 Jahre lang wurde in Persepolis gebaut. 200 Jahre lang war der Ort Inbegriff achämenidischer Weltmacht, bis Alexander der Große ihn niederbrennen ließ. So sollte die Brandschatzung Athens durch Xerxes I. im Jahr 480 v. Chr. gerächt werden.

1 *In der Thronhalle, dem Hundertsäulensaal, der hinter der Türfassung links im Vordergrund lag, empfingen die achämenidischen Könige ihre Untertanen. Dahinter sind die teilweise restaurierten Reliefs des Ostaufgangs der Apadana, der Audienzhalle, zu sehen. Die Säulen der Halle reichten einst 20 m hoch. Links im Hintergrund stehen Reste des aus schwarzem poliertem Stein errichteten Dariuspalastes, der zusammen mit der Apadana die großartige Westfront der auf einer Terrasse liegenden Anlage bildete.*

2 *Das Relief am Aufgang zur Audienzhalle zeigt Angehörige des medischen Volkes mit ihrer typischen Kopfbedeckung und reichen Haartracht.*

3 *Das Tor aller Völker auf der Palastterrasse wird von zwei mächtigen geflügelten Stieren mit menschlichen Köpfen bewacht. Die Säule dahinter zeigt griechische und ägyptische Einflüsse.*

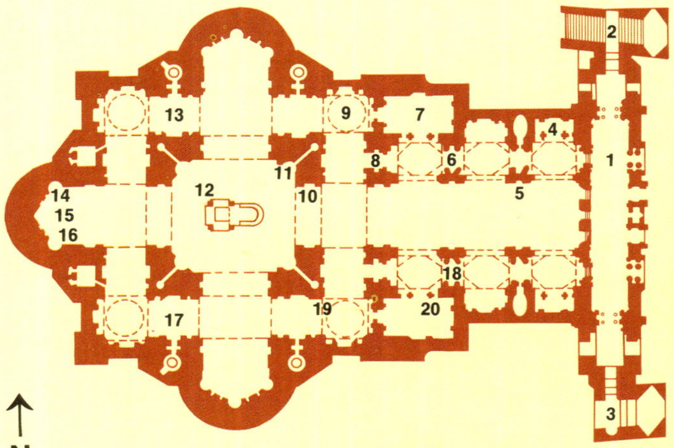

1 Heilige Pforte; 2 Reiterstatue Konstantin des Großen; 3 Reiterstatue Karl des Großen; 4 Pietà von Michelangelo; 5 Weihwasserbecken; 6 Grabmal für Innozenz XII.; 7 Sakramentskapelle; 8 Grabmal für Gregor XIII.; 9 Madonna del Soccorso; 10 Heiliger Petrus von Arnolfo di Cambio; 11 Heiliger Longinus von Gian Lorenzo Bernini; 12 Papstaltar mit Baldachin von Bernini; 13 Grabmal für Klemens XIII. von Antonio Canova; 14 Grabmal für Urban VIII. von Bernini; 15 Cathedra (Thron) Petri von Bernini; 16 Grabmal für Paul III. von Guglielmo Della Porta; 17 Grabmal für Alexander VII. von Bernini; 18 Grabmal für Innozenz VIII. von Antonio Pollaiuolo; 19 Grabmal für Pius VII. von Bertel Thorvaldsen; 20 Chorkapelle

Petersdom in Rom

„Das Haupt und die Krone aller Kirchen ist ohne Zweifel St. Peter, und wenn die Alten es für ein Unglück hielten, den Tempel des olympischen Jupiters nicht gesehen zu haben, so könnte dieses noch eher von St. Peter gesagt werden. Denn dieses Gebäude ist größer als alle Tempel der Griechen und Römer und wird auch an Baukunst und an Pracht jene alle übertreffen. Ich gehe niemals hin, ohne Gott zu preisen, daß er mich so glücklich gemacht hat, dieses Wunderwerk zu sehen und viel Jahre zu sehen und kennen zu lernen.“ Mit diesen Worten beschrieb Johann Joachim Winckelmann, der Verehrer der antiken Kunst, seine Empfindungen beim Anblick der berühmtesten Kirche der Christenheit.

Der Petersdom im Vatikan (→ S. 418/419) trägt seinen Namen nach dem Apostel Petrus, der im Jahr 64 oder 67 unter Kaiser Nero im Zirkus des Kaisers Caligula den Märtyrertod erlitt. Später wurde – wohl über dem Grab von Petrus – an den Hängen des Vatikanischen Hügels in unmittelbarer Nähe des Zirkus eine christliche Gedächtnisstätte errichtet. Über ihr ließ Konstantin der Große eine fünfschiffige, 120 m lange Basilika setzen. Als im 15. Jahrhundert die Konstantin-Basilika immer baufälliger wurde, entschloß man sich um 1505, einen völlig neuen Bau zu errichten. 1506 übernahm Donato Bramante die Bauleitung. Er legte den Grundriß der neuen Kirche in Form eines griechischen Kreuzes an (mit vier gleich langen Kreuzarmen), dessen Mitte über dem Grab des Apostels von einer großen Kuppel überhöht werden sollte. Nach dem Tod Bramantes (1514) machte der Bau nur unwesentliche Fortschritte, bis 1546 Michelangelo die Leitung der Arbeiten übernahm. Die heutige Gestalt von St. Peter geht im wesentlichen auf seine Pläne zurück. 1605 erhielt der Architekt Carlo Maderna, der auch die Fassade gestaltete, den Auftrag, den östlichen Kreuzarm zu verlängern; er unterteilte ihn in ein Mittelschiff und zwei Seitenschiffe, an die sich je drei Kapellen anschließen. Am 18. November 1626 wurde die Kirche von Papst Urban VIII. geweiht.
Zahlreiche Grabmäler machen St. Peter zu einem einzigartigen Skulpturen-Museum. In der ersten Kapelle des rechten Seitenschiffs steht die berühmte Pietà des Michelangelo, ein Frühwerk des Meisters.
Der Kirchenraum des Doms überwältigt den Besucher schon allein durch die Ausmaße: Mit einer Länge von 186 m ist St. Peter die größte Kirche der Welt, etwa 60 000 Menschen können hier Platz finden. „In St. Peter habe ich begreifen lernen, wie die Kunst sowohl als die Natur alle Maßvergleichungen aufheben kann", bemerkte Johann Wolfgang von Goethe.

1 *Der Machtanspruch, den die Päpste mit dem Bau des Petersdoms dokumentieren wollten, kam auch in der Gestaltung des Petersplatzes zum Ausdruck: Gian Lorenzo Berninis Kolonnaden, die den 340 m langen und 240 m breiten Platz einschließen, umfassen gleichnishaft den Erdkreis.*
2 *Für die Innenausstattung des Peterdoms setzte Bernini, der bedeutendste italienische Barockkünstler, die Akzente. Unter Michelangelos 120 m hoher Kuppel (42,6 m Durchmesser) errichtete Bernini einen 29 m hohen Baldachin über Petrus' Grab, der auf vier gedrehten Bronzesäulen ruht (1624–1633). Im chorartigen westlichen Abschluß der Kirche steht der von Bernini geschaffene bronzene Thron Petri.*

Schloß Petrodworez

Schloß Petrodworez (Peterhof), 30 km westlich von Leningrad, symbolisiert die im 18. Jahrhundert vollzogene Öffnung Rußlands nach Europa. Sein Erbauer, Zar Peter I., der Große, schuf einen Palast, der in seiner Konzeption an westeuropäische Residenzen wie Versailles erinnert und in seinen Parkanlagen die kunstvollen Wasserspiele französischer Gartenarchitektur mit der großzügigen Landschaftsgestaltung nach englischem Muster verbindet.

Vom Hauptschloß, dem Großen Palais mit der 286 m langen Nordfassade, führen zwei Seitenterrassen – vorbei an stufenförmig angeordneten, mit zahlreichen Skulpturen geschmückten Becken mit Wasserfontänen – hinunter zu einem Kanal, der die Anlage mit der rund 100 m entfernten Ostsee verbindet. Aus dem Wasser des Kanals wird die Große Kaskade gespeist: Eine bronzene Figurengruppe stellt den Kampf Samsons mit dem Löwen dar, aus dessen aufgerissenem Maul ein Wasserstrahl 20 m hoch in die Luft schießt. Diese allegorische Darstellung glorifiziert den Sieg Peters des Großen bei Poltawa 1709 über die Schweden und wurde 1734 vom Italiener Carlo Rastrelli geschaffen.

Neben der Großen Kaskade sorgen 2000 Fontänen verschiedener Form und Größe und 64 Brunnen für phantasievolle Wasserspiele. Sie werden durch ein umfangreiches unterirdisches Röhrensystem gespeist, durch das rund 30000 l/sec Wasser fließen. Oberhalb und unterhalb des auf einer Anhöhe liegenden Großen Palais wurden umfangreiche Gartenanlagen im Stil der englischen Landschaftsgärtnerei des 18. Jahrhunderts angelegt. Im oberen Garten am Südflügel des Schlosses finden sich neben 15 ha Blumenbeeten auch einige Nutzgärten und Fischteiche, die vom praktischen Sinn Peters des Großen zeugen, der in Petrodworez auch eine Gärtnerschule anlegen ließ.

Zar Peter, der das in seinen Augen rückständige Rußland durch umfassende Reformen in Staat und Armee modernisieren wollte, beteiligte sich ausgiebig an den Planungen für seine Sommerresidenz. Für das Große Palais, erbaut zwischen 1715 und 1728, lieferte er eine Fülle von architektonischen Anregungen. Unter Zarin Elisabeth I. wurde der Italiener Bartholomeo Rastrelli mit dem Umbau des Schlosses beauftragt. Rastrelli, der mit seinen Bauten maßgeblich den Stil des russischen Rokoko prägte, erweiterte zwischen 1746 und 1752 den Haupttrakt des Schlosses durch Seitenflügel und Galerien. Das Innere des Schlosses wurde vollständig renoviert, nur das Arbeitszimmer Peters des Großen blieb in seiner ursprünglichen Gestalt erhalten. Petrodworez wurde zum Ort zahlreicher Feste und Empfänge. Auch Katharina II., die Große, nutzte ihre Sommerresidenz für glanzvolle Bankette und Festlichkeiten. Während ihrer 34jährigen Regentschaft (1762–1796) wurden zahlreiche Innenräume erneut umgestaltet. Der von einem großen Reiterbildnis Peters des Großen beherrschte Thronsaal und die Weiße Halle spiegeln den nüchternen Geist der Aufklärung wider.

Neben dem Großen Palais wurden auf dem rund 800 ha großen Parkgelände 19 weitere Bauten errichtet, von denen einige den Zaren als Privatresidenzen dienten. Peter der Große ließ 1714 bis 1723 das Schloß Monplaisir als niedrigen Ziegelbau im Stil eines holländischen Landhauses mit einem gekachelten Fußboden nach Art der Delfter Fliesen errichten. Die zwischen 1717 und 1721 erbaute Eremitage, ein zweistöckiger Pavillon, wurde zum Vorbild für Bauten ähnlicher Art in Leningrad und in der Sommerresidenz Zarskoje Selo (heute Puschkin).

Während der 900 Tage dauernden Belagerung Leningrads durch deutsche Truppen im Zweiten Weltkrieg diente Petrodworez den Deutschen als frontnahes Hauptquartier und wurde während dieser Zeit erheblich zerstört, nach dem Ende des Krieges jedoch wieder weitgehend restauriert.

Piazza dei Miracoli in Pisa

Die Legende erzählt, daß der 1564 in Pisa geborene Physiker und Mathematiker Galileo Galilei das Gesetz des freien Falls entdeckte, als er von der Spitze des weltberühmten schiefen Turmes, dem Wahrzeichen der Stadt, Kieselsteine hinunterwarf und den Fall der Steinchen durch die Neigung des Turmes genau studieren konnte. In der Erzählung verbindet sich der Stolz der Pisaner auf den berühmtesten Sohn der Stadt mit dem Stolz auf den weltbekannten Glockenturm. Nicht zuletzt durch das seltsame Aussehen des Turmes erhielt der Platz, auf dem der Campanile steht, den Namen Piazza dei Miracoli, „Platz der Wunder". In erster Linie jedoch bezieht sich diese Benennung auf die ungewöhnliche Anordnung der Gebäude und ihre außerordentliche Schönheit.
Als Pisa im 11. Jahrhundert ein reicher Stadtstaat war, zeitweise über die größte und stärkste Flotte im Mittelmeerraum verfügte, kam bei den Bürgern der Stadt der Wunsch auf, den Glanz und die Größe Pisas durch repräsentative Bauten auch nach außen zu demonstrieren. Auf einem Gelände außerhalb der Befestigungsmauern wurde zunächst der Dom und im Anschluß daran die Taufkapelle, der Glockenturm und der Friedhof errichtet. Im Gegensatz zu der üblichen mittelalterlichen Platzarchitektur in Italien, bei der die Bauten dicht nebeneinander stehend eine Fläche begrenzen, sind die Bauwerke auf der Piazza dei Miracoli in lockerer Beziehung zueinander über den Platz verteilt.

Die Taufkirche, ein Rundbau mit prachtvoller Bauornamentik, wurde, 1153 begonnen, im unteren Teil im romanischen Stil und ab dem zweiten Stockwerk im gotischen Stil weitergebaut und vollendet; die Bauzeit betrug etwa 200 Jahre. Das Kuppeldach der Kirche wird von einer 3,3 m hohen Statue Johannes des Täufers bekrönt.
Der 1278 errichtete Friedhof Camposanto, „heiliges Feld", ist eine rechteckige, von marmornen Säulenkorridoren mit zwei eingefügten Kapellen umgebene Anlage. Die Innenwände der Hallen und der Kapellen sind mit prächtigen Fresken geschmückt.
Das Wahrzeichen der Stadt, der schiefe Campanile, wurde seit dem Jahr 1173 vermutlich unter dem Baumeister Bonanus da Pisa errichtet. Beim Bau des dritten Stockwerks mehrten sich die Anzeichen dafür, daß der ehemals sumpfige Boden unter dem Bauwerk nachgab. Die Bauarbeiten wurden abgebrochen, später jedoch wieder aufgenommen, wobei man versuchte, den runden Turm nachträglich optisch zu korrigieren, indem man die oberen Stockwerke leicht versetzte. Dies hatte zur Folge, daß der 55 m hohe Turm schließlich nicht nur schief steht, sondern auch eine Krümmung aufweist.
Der Campanile gliedert sich in sechs Stockwerke mit umlaufenden Säulengalerien. Im Innern führt eine Wendeltreppe zu der Glockenkammer. Die Abweichung des Turmes von der Geraden beträgt 4,26 m; Berechnungen zufolge verstärkt sich die Neigung des Turmes jährlich nur um durchschnittlich 0,7 mm. Der schiefe Turm von Pisa wird demnach noch mehrere hundert Jahre vor dem Einsturz sicher sein und als eines der markantesten Bauwerke auch weiterhin Anziehungspunkt für Touristen aus aller Welt bleiben.

Der im romanischen Stil 1063 unter dem Baumeister Buscheto errichtete Dom, dessen Grundriß die Form eines lateinischen Kreuzes aufweist, läßt in der Gestaltung seines Äußeren den Einfluß der islamischen Sakralarchitektur erkennen; Mosaiken zieren seine streng gegliederte Fassade.
Neben dem Dom erhebt sich das eindrucksvolle Wahrzeichen der Stadt Pisa, der schiefe Turm: Er neigte sich bisher jährlich um rund 0,7 mm. Im Jahr 1984 wies der Turm die seit Jahren geringste Neigung auf (0,48 mm).

1 Der Meeresgott Neptun auf dem von Bartolomeo Ammanati 1575/76 errichteten Brunnen.
2 Kopie des David (Original: 1501–1504) von Michelangelo vor dem Palazzo Vecchio.
3 Skulpturenschmuck auf dem Brunnen von Ammanati.
4 Den „Raub der Sabinerin" in der Loggia della Signoria schuf 1583 Giovanni da Bologna.

5 Der „Saal der Fünfhundert", der 1495 von Antonio Sangallo und Cronaca für den Großen Rat des Volkes eingerichtet wurde, ist mit einer holzgeschnitzten Kassettendecke und Wandfresken von Giorgio Vasari und seinen Gehilfen geschmückt. In den Saalnischen stehen Skulpturen von Michelangelo und Vicenzo de' Rossi.
6 Die Loggia della Signoria wurde um 1376 bis 1381 von Benci di Cione und Simone Talenti erbaut. In republikanischer Zeit diente sie der Regierung für öffentliche Zeremonien. Cosimo I. stellte die Halle seiner Leibgarde zur Verfügung, die aus Landsknechten bestand, weswegen die Loggia auch Loggia dei Lanzi genannt wird.
7 Die strenge Schönheit des Palazzo Vecchio bestimmt das Bild der Piazza della Signoria. Der Renaissancebau entstand zwischen 1299 und 1314.

Piazza della Signoria

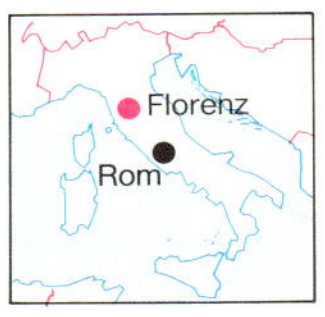

Als im September des Jahres 1250 die adeligen Familien der Guelfen und Ghibellinen sich außerhalb von Florenz bewaffnet gegenüberstanden, um über die Vorherrschaft der Stadt zu kämpfen, ergriff das Volk, über dessen Schicksal entschieden werden sollte, die Gelegenheit zu einem Aufstand. Mit dem Ruf „Viva il popolo" – „Es lebe das Volk" – errichtete es die erste Volksherrschaft in der Florentiner Geschichte.

Die vorläufige Überwindung der Adelsherrschaft führte innerhalb des nächsten Jahrhunderts zu einer Stadterneuerung. Es entstanden bedeutende Monumente profaner mittelalterlicher Architektur, die das Stadtbild von Florenz noch heute prägen.

Die Piazza della Signoria wurde zum politischen Zentrum der Stadt. Hier entstand von 1299 bis 1314 (vermutlich nach Plänen Arnolfo di Cambios) der Palazzo Vecchio als erster ständiger Sitz des weltlichen Stadtregiments der Zünfte. Seine machtvolle Strenge beherrscht das Bild der Piazza. Zur Sicherheit der Regierenden wurde er wehrhaft angelegt: Der mit Buckelquadern errichtete Bau hat im Erdgeschoß nur wenige kleine Fenster und wird von einem verdeckten Wehrgang mit Zinnen bekrönt. Der Palast hat einen 94 m hohen Turm, der in seinem vorderen Teil auf einem vorspringenden Balkon des Bauwerks ruht und sich ebenso wie dieses im oberen Teil durch einen zinnengeschmückten Balkon erweitert. Der Turm wurde erst später, 1310, von Arnolfo die Cambio dem Palast angefügt, die Turmuhr stammt aus dem Jahr 1353. Sowohl das Portal des Palazzo als auch die Turmspitze sind mit den Symbolen von Florenz, Lilien und Löwen, geschmückt.

Im Palazzo Vecchio wohnten und schliefen die Zunftmeister, die von einer Hundertschaft von Soldaten bewacht wurden. Im Erdgeschoß des Palastes tagten regelmäßig die Mitglieder des Bürgerrates, und im ersten Geschoß versammelte sich der Rat der Hundert. Im zweiten Stockwerk befanden sich die Wohnräume der Regierenden. Mit dem Wechsel der Regierungen wurde der ursprüngliche Kern des Palastes durch Anbauten erweitert, zuletzt am Ende des 16. Jahrhunderts. Zwischen 1865 und 1871 tagte im Palazzo Vecchio die Abgeordnetenkammer des Königreichs Italien. Seit 1872 dient der Palast als Rathaus der Stadt. Einige Räume, darunter der berühmte Saal der Fünfhundert, der 1495 für den Allgemeinen Rat des Volkes eingerichtet wurde und mit prächtigen Fresken von Giorgio Vasari geschmückt ist, können heute besichtigt werden.

An den Palazzo Vecchio, der die östliche Platzhälfte der Piazza della Signoria bestimmt, schließt im Süden des Platzes die Loggia della Signoria an, die 1376 erbaut wurde. Als erste Stadtloggia ihrer Art in Italien diente sie in der republikanischen Zeit der Regierung für öffentliche Zeremonien. Die in streng klassischer Form mit hohen Halbkreisbögen erbaute Halle ist mit einer Reihe von Plastiken unter anderem von Benvenuto Cellini und Giovanni da Bologna geschmückt.

In der Mitte des Platzes steht ein Brunnen von Bartolomeo Ammanati, an der nordwestlichen Platzseite ein Reiterstandbild, Großherzog Cosimo I., das Giovanni da Bologna von 1587 bis 1595 schuf.

Die Piazza della Signoria bildet heute einen der bedeutendsten touristischen Anziehungspunkte der Stadt Florenz. Die strenge Schönheit ihrer Renaissancebauten gibt Zeugnis davon, daß die auserwählten Baumeister dem Anspruch „Piu bello che si può" – „so schön wie eben möglich", den die Florentiner stets an ihre Künstler stellten, gerecht geworden sind.

1 Das Atrium, der Innenhof, war Zentrum der zumeist im römischen Stil gebauten Patrizierhäuser und Villen Pompejis. Die großzügige Anlage der Villen ergab sich aus den Anforderungen, die sie als Sitz eines landwirtschaftlichen Betriebs und als standesgemäße, repräsentative Unterkunft für den reichen Großgrundbesitzer zu erfüllen hatten.

Pompeji

Fast 1800 Jahre blieben die antiken Städte Pompeji und Herculaneum unter den Lavamassen und der Bimssteinasche des Vesuv begraben – unberührt von den Veränderungen der Geschichte.

Am 24. August 79 n. Chr. führte ein Vulkanausbruch für die italischen Kleinstädte zur Katastrophe. Innerhalb weniger Stunden wurde alles Leben in Pompeji durch einen Asche- und Gesteinsregen erstickt, wurde Herculaneum von den schlammigen Lavamassen des Vesuv verschüttet. Obwohl das Schicksal und die Lage der beiden Nachbarstädte – am Fuß des Vesuv bei Neapel – über die Jahrhunderte durch Darstellungen römischer Geschichtsschreibung bekannt geblieben sind, wurde erst im 18. Jahrhundert mit Ausgrabungen begonnen. Bis heute sind etwa drei Fünftel der 65 ha großen Fläche Pompejis freigelegt. Die Arbeiten in Herculaneum werden durch eine verhärtete Lavaschicht und neuzeitliche Überbauungen behindert.

Die Stadtbilder Pompejis und Herculaneums entwickelten sich in einer wechselhaften Geschichte. Die frühen Einflüsse der Osker, Etrusker, Samniten und Griechen etwa seit dem 7. Jahrhundert v. Chr. wurden seit dem 2. Jahrhundert v. Chr. durch die römische Vormachtstellung auf der italischen Halbinsel überlagert. Davon zeugen nicht nur die einzelnen Bauten, sondern im besonderen Maß die gitternetzartige Anlage der Stadt Pompeji

mit ihren rechteckigen Häuserblocks und größtenteils schnurgeraden, steingepflasterten Straßen. Öffentliche Gebäude und Einrichtungen verfestigen das Bild einer beispielhaften römischen Stadtplanung.
Zahlreiche Funde gewähren einen Einblick in alle Bereiche des römischen Kleinstadtlebens im 1. Jahrhundert n. Chr. Die Ruinen – teilweise auch hervorragend erhaltene Bauwerke – beherbergen eine Vielzahl von Gebrauchs- und Einrichtungsgegenständen. Handwerkzeuge und reichhaltiger Hausrat lassen den Besucher ahnen, wie mannigfaltig und geschäftig es in den Läden, Werkstätten und Privathaushalten zuging, welcher Wohlstand in Bürgerhäusern und Vorstadtvillen herrschte, aber auch in welcher Armut manche Menschen lebten. Zahlreiche Wandmalereien und Mosaiken in den Gebäuden erzählen von den Lebensgewohnheiten der Pompejaner.
Nicht zuletzt sind Herculaneum und Pompeji aber auch erschütternde Dokumente des qualvollen Todes zweier blühender Städte und ihrer Bevölkerung. Wohl an die 20 000 Menschen sind in den Giftgasschwaden und dem heißen Asche- und Gesteinsregen des Vesuv umgekommen. In Verwirrung und Panik hatten die Menschen in Kellergewölben und Kammern Schutz gesucht und waren erstickt. Andere, die noch kostbare Besitztümer zusammengerafft hatten, ereilte der Tod auf der Flucht. Vielfach blieb der Augenblick ihres Todeskampfes der Nachwelt erhalten. Die Ascheschicht auf den Toten verhärtete sich und bildete Negativformen der Körper, die von den Archäologen mit Gips ausgegossen wurden.

2 *Diese Wandmalerei aus einer pompejanischen Villa, die sich heute – wie viele andere Kunstwerke der antiken Stadt – im Archäologischen Nationalmuseum Neapel befindet, stellt die Entführung der Königstochter Europa durch den Gott Zeus in Stiergestalt dar. Die Malerei wurde mit Farben aus Pigmenten, Kalk, Seife und Wachs auf den sorgfältig vorbehandelten Untergrund aufgetragen.*

Prado in Madrid

In den Gemäldesammlungen des berühmten Madrider Museums, das aus den Kunstschätzen der Herrscherhäuser Habsburg und Bourbon hervorging, spiegeln sich die politischen und künstlerischen Vorlieben der spanischen Könige wider. Die niederländische und englische Malerei sind so gut wie nicht vertreten – sicher auch ein Ergebnis der politischen und religiösen Konflikte, die mit dem Sieg der englischen Flotte über die spanische Armada (1588) und dem Unabhängigkeitskampf der Niederländer (1566–1581) Höhepunkte erreichten. Dagegen findet sich im Prado eine Vielzahl von Werken der Künstler des katholischen Flandern und Italiens. Auch erwiesen sich die Könige als bedeutende Förderer zeitgenössischer spanischer Malerei.

Der 1454 gestorbene König Johann II. von Kastilien begründete die Gemäldesammlungen; beträchtlich erweitert wurden sie unter den Habsburgern Karl I. (Kaiser Karl V.), Philipp II. und Philipp IV. Auch unter der nachfolgenden Dynastie der Bourbonen traten drei Könige als besondere Förderer der Künste hervor: Philipp V., Karl III. und Karl IV.

Obschon bereits unter Karl III. Pläne für die Schaffung eines Museums bestanden, dauerte es bis 1819, ehe der Prado als „Museum der königlichen Gemäldesammlung“ eröffnet wurde. Ursprünglich war das Gebäude, mit dessen Errichtung 1785 nach Entwürfen von Juan de Villanueva begonnen worden war, als naturwissen-

schaftliches Museum geplant. Während der Besetzung Spaniens durch die Franzosen (1808–1813) kamen die Bauarbeiten zum Erliegen, das Gebäude verfiel. Erst unter König Ferdinand VII., der seit 1813 in Spanien regierte, wurden die Pläne für ein Kunstmuseum im Prado verwirklicht. Antonio López Aguado führte die Bauarbeiten fort und beseitigte die Kriegsschäden.

Nach der Eröffnung 1819 weitete sich der Bestand des Museums kontinuierlich aus, Vergrößerungen der Ausstellungsfläche wurden notwendig. Im Dezember 1869 wurde der Prado verstaatlicht.

Heute werden in dem langgestreckten klassizistischen Gebäude des Prado nahezu 3000 Gemälde und 300 antike Skulpturen gezeigt. Die bedeutendsten Werke sind in einer 110 m langen Zentralgalerie und den anschließenden Sälen ausgestellt.

1 *Die Bildnisse der nackten und der bekleideten Maja, die um 1797 entstanden sind, gehören zu den Hauptwerken des spanischen Malers Francisco de Goya, der im Prado mit über 100 Gemälden und 400 Zeichnungen vertreten ist. Von seinen Grafiken sind „Los Desastres de la Guerra" (1810–1813) und „La Tauromaquia" (1815) hervorzuheben.*

2 *Das klassizistische Portal des Prado ist mit Säulen im dorischen Stil geschmückt. Das Denkmal zeigt Diego Velázquez.*

1

1 *Seit über 4500 Jahren trotzen die Pyramiden von Gise dem Wüstensand. Die Grabstätten der Könige Mykerinos, Chephren und Cheops sind das Wahrzeichen Ägyptens und bevorzugtes Ziel der Touristen. Nur scheinbar ist die mittlere der drei, die Chephren-Pyramide, höher als die Cheops-Pyramide zur Rechten: Die Pyramide des Chephren steht auf einem höheren Plateau. Als einzige besitzt sie an ihrer Spitze noch Reste der Ummantelung mit weißem Kalkstein.*

Pyramiden von Gise

„Franzosen, 40 Jahrhunderte blicken auf Euch herab", diktierte Napoleon Bonaparte als Tagesbefehl an seine Soldaten, als er 1798 auf seinem Ägypten-Feldzug die Pyramiden erreichte. Damals wie heute beeindrucken die monumentalen Steinbauwerke am westlichen Nilufer unweit von Kairo ihre Besucher.
Die Pyramiden von Gise entstanden zwischen 2540 und 2450 v. Chr., und die Alte Welt rechnete sie zu den sieben Weltwundern. Als Grabanlage der Könige aus der 4. Dynastie des Alten Reiches sind sie nicht nur Meisterleistungen der religiösen und Grabarchitektur des alten Ägypten, sondern auch sichtbarer Anspruch der Könige, kraft ihres Amtes als Gott auch über den Tod hinaus in alle Ewigkeit weiterzuwirken.
Die älteste der drei Pyramiden und zugleich die größte wurde von König Cheops erbaut, unter dessen Regierungszeit die Stellung des Gottkönigtums ihren Höhepunkt erreichte. Mit einer Höhe von 137 m (ursprünglich 146,6 m), einer Seitenlänge von 230 m und einem Mauerwerk von 2,34 Millionen m^3 gehört die Cheops-Pyramide zu den größten Steinbauten, die jemals errichtet wurden. Cheops' Sohn Chephren, der sich erstmals als Sohn des Sonnengottes Rê bezeichnete und damit die Vorstellung vom Welt-Gott-Königtum aufgab, ließ eine Pyramide mit einer Höhe von 136,5 m (ursprünglich 143,5 m) und einer Seitenlänge von 210 m errichten. Wesentlich kleiner ist die Pyramide des Sohnes von Chephren, Mykerinos, die 62,18 m hoch ist (ursprünglich 66,45 m) und eine Seitenlänge von 108 m aufweist.
Die Pyramide galt als Abbild des Himmels, ihr Bau erfolgte nach strengen geometrischen Regeln. Das Innere der Cheops-Pyramide enthält neben zwei unvollendet gebliebenen Grabkammern und toten Gängen die 5,80 m hohe Grabkammer mit dem namenlosen Granitsarg des Königs, fünf Entlastungskammern und das als „Große Galerie" bezeichnete 47 m lange und 8,50 m hohe Gewölbe, das vom Eingangsschacht steil abzweigt und durch Granitblöcke verschlossen werden konnte.
Die Arbeit beim Pyramidenbau galt als religiöses Werk.

Die Arbeiter – neben einigen hundert Fachkräften überwiegend Bauern, die während der Überschwemmungsperioden des Nil und der Trockenzeit zur Arbeit verpflichtet wurden – beteiligten sich am Bau in dem Bewußtsein, dem unumschränkten Herrscher eine angemessene Ruhestätte zu errichten, damit dieser auch im Jenseits einen segensreichen Einfluß auf das Land ausüben konnte. Die durchschnittlich rund 50 Zentner schweren Steinquader wurden auf dem Nil von Steinbrüchen zur Baustelle geschafft und die letzten Meter auf großen Holzschlitten transportiert. Auf einer um den Kern der Pyramide herumlaufenden, langsam ansteigenden Rampe wurden die Quader bis zur erforderlichen Höhe hochgezogen und dort lagenweise aufgeschichtet, wobei die Steinblöcke so bearbeitet wurden, daß die Fugen nicht breiter als 0,5 mm auseinanderklaffen. Nach der Errichtung des Pyramidenkerns erfolgte die Außenverkleidung mit feinem Kalkstein, um eine möglichst glatte Oberfläche zu erzielen. 20 Jahre bauten rund 20000 Menschen an den Pyramiden. Sie schufen Monumentalbauwerke, die als einzige der klassischen Sieben Weltwunder die Jahrtausende überdauert haben.

2 *Neben den Pyramiden erregte vor allem die Sphinx von Gise (um 2500 v. Chr.) die Neugier der Forscher. Die 74 m lange und 20 m hohe Steinfigur, ein Löwe mit einem Menschenkopf, deren Gesicht nicht nur durch den Wind, sondern auch durch eine verirrte Kanonenkugel verunstaltet wurde, galt im alten Ägypten zunächst als Sinnbild des Pharao, später als das des Sonnengottes Harmachis. Mit ihrer Größe symbolisiert sie die Macht des Herrschers und des Gottes, die nur mit der Kraft des Löwen vergleichbar sein sollte.*

Redwood-Nationalpark in Kalifornien

Wald der Giganten – dies ist die Bezeichnung für einen mit Mammutbäumen bewachsenen schmalen Küstenstreifen Nordkaliforniens. Hier befinden sich die größten und ältesten Bäume der Erde, die Reste der Spezies der Mammutbäume, die einst – vor etwa 30 Millionen Jahren – in allen Regionen der Erde verbreitet waren.
Im Jahr 1769 wurden die Mammutbäume an der Pazifik-Küste Kaliforniens von spanischen Eroberern mit Staunen entdeckt. Mitte des 19. Jahrhunderts setzte ein Raubbau ein: Holzfirmen fällten systematisch die Baumriesen, nachdem die hervorragenden Eigenschaften des Holzes erkannt worden waren. Etwa 100 Jahre später, im Jahr 1965, waren 85% der Fläche von 8000 km^2, die ursprünglich von den Mammutbaum-Wäldern bedeckt worden war, abgeholzt. Noch rechtzeitig vor dem endgültigen Kahlschlag der unersetzlichen und einzigartigen Bäume wurde das Waldgebiet mit seinem restlichen Baumbestand im Jahr 1968 zum Nationalpark erklärt; wegen des rotgefärbten Holzes der Mammutbäume erhielt der Park den Namen Redwood (Rotholz).
Die Mammutbäume heißen Küstensequoien (Sequoia sempervirens); umgangssprachlich werden sie auch Redwoods genannt und gehören zur Familie der Sumpfzypressen. Die hohe Luftfeuchtigkeit und die milden Winter, bedingt durch die Nähe des Pazifiks, aber auch die ideale Bodenbeschaffenheit in dieser Region fördern das außerordentliche Wachstum der Pflanzen. Die Redwoods erreichen eine Höhe von mehr als 100 m, haben einen Durchmesser von etwa 6 m und können bis zu 2000 Jahre alt werden. Die Langlebigkeit der Redwoods wird auf eine in ihrem Holz enthaltene Substanz zurückgeführt, die ihre dicken Borken vor Ungeziefer- und Pilzbefall schützt. Das Holz der Redwoods ist wegen seiner Härte und Rotfärbung sowie seiner weitgehenden Fäulnis- und Termitenresistenz sehr gefragt.
Die niederschlagsreichen Talsohlen des sich bis 500 m über den Meeresspiegel erhebenden Nationalparks sind fast ausschließlich von den Redwoods bedeckt. Diese Monokultur wird auf Jahrhunderte zurückliegende Waldbrände zurückgeführt, denen allein die Redwoods aufgrund ihres harten Holzes widerstanden. Auf dem feuchten Waldboden vermodern alte Baumstämme und wachsen dicke Mooskissen, riesige Farne sowie üppige Rhododendron- und Azaleensträucher. In den dicht bewachsenen Regionen des Redwood-Waldes sind nur wenige Tiere zu finden, weil die Baumriesen weitgehend insektenfrei sind und ihre kleinen Zapfen als Nahrungsquelle für Vögel und andere Tiere kaum ausreichen.
Erst in den höheren Lagen des Parks werden die Redwoods von anderen Nadelbäumen abgelöst, die ebenfalls eine überdurchschnittliche Größe erreichen. In diesen Regionen mit gemischter Vegetation leben zahlreiche Tierarten, zu den Säugetieren gehören beispielsweise die großen Roosevelt- und Schwarzwedelhirsche.
Der regenwaldähnliche Nadelwald mit seinen beeindruckenden gigantischen Bäumen gehört wegen seiner Einzigartigkeit zu den außergewöhnlichen Nationalparks der USA. Eine dem Redwood nahestehende Mammutbaumart, die Giant Sequoia, ist im Sequoia Nationalpark, der im mittleren Osten des Bundesstaates Kalifornien liegt, zu bewundern. Der Umfang des mächtigsten Baumriesen beträgt an der Basis 31 m.

Erst vor wenigen Jahren wurde im Redwood-Nationalpark an der kalifornischen Pazifikküste der größte Baum der Erde entdeckt. Er hat eine Höhe von 112 m, und da sein Alter lediglich auf 400 bis 800 Jahre geschätzt wird, befindet sich der Baumriese noch in seiner Wachstumsphase.

Reichsmuseum Amsterdam

Die Tat eines Geisteskranken hätte das Reichsmuseum in Amsterdam beinahe seines berühmten Schatzes beraubt: Am 14. September 1975 wurde Rembrandts „Nachtwache“ durch Messerstiche schwer beschädigt. Heute jedoch können die jährlich eineinhalb Millionen Besucher das Gemälde wieder in seiner vollen Größe und Schönheit bewundern. Es ist seit 1815 im Besitz des Reichsmuseums, das weitere 15 Meisterwerke Rembrandts beherbergt, u. a. „Die Staalmeesters“ und die „Judenbraut“.
Mit seinen über 2000 ausgestellten Gemälden gibt das Reichsmuseum einen umfassenden Überblick über die niederländische und flämische Malerei, wobei ein Schwerpunkt bei Werken des 17. und 18. Jahrhunderts liegt. Künstler wie Frans Hals, Jan Vermeer, Peter Paul Rubens, Anthonis van Dyck, Pieter de Hooch oder Jacob van Ruisdael sind mit zahlreichen Gemälden vertreten. In der Sammlung der nach Ländern geordneten nichtniederländischen Werke sind u. a. Gemälde von Fra Angelico, Francisco de Goya und Bartolomé Esteban Murillo zu finden.
Neben der bedeutenden Gemäldesammlung beherbergt das Museum einen Bestand von Skulpturen und Kunstgewerbe des 13. bis 19. Jahrhunderts. Weitere Abteilungen sind der niederländischen Geschichte und der asiatischen Kunst gewidmet.
Die Grundlage der Sammlungen des Reichsmuseums bilden die Kunstschätze des Hauses Oranien, die seit 1800 in Den Haag aufbewahrt wurden. Die Überführung nach Amsterdam erfolgte 1808 auf Weisung König Ludwigs von Holland. Ludwig, der von seinem Bruder Napoleon zum König des von Frankreich besetzten Hollands gemacht worden war, wollte Amsterdam zu einer prachtvollen Residenzstadt ausbauen. Dazu gehörte nach Ansicht des kunstliebenden Herrschers auch die Gründung eines Museums. Zunächst wurden die Sammlungen im königlichen Palast am Dam im Zentrum Amsterdams untergebracht. Nach Vertreibung der Franzosen und dem Amtsantritt Wilhelms I. von Oranien-Nassau siedelte das Museum 1815 in das Trippenhuis über. Das heutige Museumsgebäude an der Stadhouderskade, das von einem Garten im Stil des 17. Jahrhunderts umgeben ist, wurde zwischen 1876 und 1885 von Petrus Josephus Hubertus Cuypers im Renaissancestil errichtet. Die Fassaden sind mit Bildhauerarbeiten, Kachelbildern und Reliefs reich verziert. Eine Besonderheit bildet das Glockenspiel mit seinen 24 Glocken, von denen einige noch aus dem 16. Jahrhundert stammen.

2

1 *In den Jahren 1876 bis 1885 ist das Museumsgebäude an der Stadhouderskade entstanden – mit 250 Sälen, in denen 2000 der insgesamt 5000 Gemälde ausgestellt sind.*
2 *Rembrandt vollendete die „Nachtwache“ 1642. Das 3,69 m hohe und 4,38 m breite Werk zeigt die Schützenkompanie des Hauptmanns Frans Banningh Cocq in Lebensgröße. Rembrandt zeigt die 16 Mitglieder der Kompanie nicht in statuarischer Ruhe, sondern im Moment des Aufbruchs. Die Lichteffekte erhöhen die Dramatik.*

Kathedrale von Reims

„Wenn diese Bauherren glaubten, daß die Welt ein Ende haben wird, würden sie nicht solche Bauten in den Himmel aufragen lassen und nicht Fundamente bis in die tiefsten Abgründe der Erde legen." So sprach ein zeitgenössischer Beobachter beim Anblick der Bauarbeiten an der Kathedrale Notre-Dame zu Reims, die als Werk klassischer Vollkommenheit der gotischen Baukunst gilt. In Reims wurden seit 1179 die französischen Könige von den dortigen Erzbischöfen gesalbt und gekrönt.

Am 12. Mai 1211 wurde der Grundstein für die Kathedrale gesetzt, erst Ende des 15. Jahrhunderts waren die Bauarbeiten abgeschlossen. Schon zehn Jahre nach Baubeginn machten sich erste finanzielle Schwierigkeiten bemerkbar. Der Papst erlaubte den Verkauf von Ablässen, den Erlaß von Sündenstrafen gegen Bezahlung. Bruderschaften, den späteren Dombauvereinen vergleichbar, wurden gegründet, um Spenden zum Bau der neuen Kathedrale zu sammeln.

Der reiche plastische Schmuck der Kathedrale von Reims aus dem 13. und 14. Jahrhundert wurde in ganz Europa bewundert und nachgeahmt. Vor dem Ersten Weltkrieg wurden 2303

schen Könige und der königlichen Ahnen Christi zu sehen. Im Mittelpunkt dieser Königsgalerie aus dem späten 14. Jahrhundert steht die Taufe des Frankenkönigs Chlodwig.

Der Grundriß der Reimser Kathedrale (Länge: 149 m) zeigt ein dreischiffiges Langhaus, das von einem dreischiffigen Querhaus gekreuzt wird. Der Chor ist von einem Umgang mit Kapellenkranz umgeben. Das Mittelschiff ist 14,65 m breit, seine Höhe beträgt 38 m.

Im Ersten Weltkrieg war Notre-Dame unter deutschen Beschuß geraten und wurde erheblich beschädigt. Noch immer werden an der Kirche Sicherungsmaßnahmen und Restaurierungsarbeiten vorgenommen.

Mit dem reichen Skulpturenschmuck und in der vollkommenen Harmonie des Baukörpers ist die Kathedrale von Reims ein Meisterwerk gotischer Baukunst und dem Willen ihrer Schöpfer gemäß ein Abbild des Himmlischen Jerusalem.

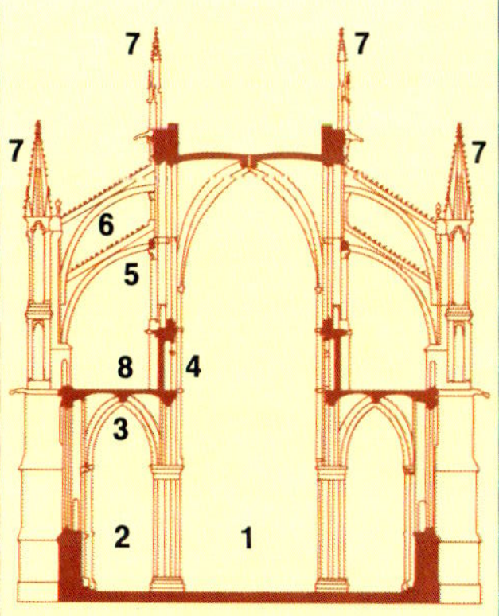

Querschnitt: **1** Mittelschiff; **2** Seitenschiffe; **3** Spitzbogen; **4** Emporengeschoß; **5** Obergaden (Fensterzone); **6** Streben; **7** Fialen (spitze Türmchen); **8** Dach des Seitenschiffs

Reisterrassen in Banaue

Touristen, die den ostasiatischen Inselstaat der Philippinen besuchen, müssen sich, wenn sie die größte Sehenswürdigkeit des Landes kennenlernen wollen, den Strapazen einer abenteuerlichen, mehrere Tage in Anspruch nehmenden Fahrt durch das unwegsame Gelände des bis zu 2900 m hohen Gebirges der Insel Luzon unterziehen. In den Hochtälern der Berge liegen die als achtes Weltwunder bezeichneten, im Lauf von zwei Jahrtausenden terrassierten Anbaufelder der Reispflanze, die als Hauptnahrungsmittel des gesamten asiatischen Raumes dient.

Zu den Feldern führen schmale, meist ungepflasterte Wege mit unzähligen Kurven an schwindelerregend steilen Berghängen hinauf. Ein Teil der Strecke, an der es keine Ausweichstellen für entgegenkommende Fahrzeuge gibt, ist durch Schlagbalken gesperrt. Hier muß ein Telefonat zur nächsten Sperre erst klären, ob ein anderer Wagen die Strecke befährt. Die Schönheit der üppig bewachsenen tropischen Berglandschaft lohnt jedoch die mühsame Fahrt und stimmt den Besucher auf den überwältigenden Anblick ein, der sich ihm bei der Einfahrt in das Hochtal von Banaue eröffnet. Von der Talsohle bis hinauf zu den Gipfeln erstrecken sich wassergefüllte, in den Fels gearbeitete und zum Hang mit Mauern abgestützte Terrassen, die den Bergen das Aussehen gigantischer Treppen verleihen. Je nach Tageszeit

und Sonneneinstrahlung schillern die spiegelnden Wasserflächen in allen Braun- und Grüntönen. Die geometrische Ordnung der Pflanzreihen kontrastiert mit den geschwungenen Linien der Terrassenkanten.
Heute wie vor 2000 Jahren werden die Reisfelder in mühevoller Arbeit gepflegt und bebaut. Von Hand müssen jährlich die vorgezogenen Sämlinge der empfindlichen Reispflanze Stück für Stück in die Schwemmfelder gepflanzt werden. In dem relativ kühlen Hochgebirgsklima erbringen die Bauern meist nur eine Ernte im Jahr. In der Hauptwachstumszeit benötigt die Reispflanze eine Mindesttemperatur von 20°C. Mit zunehmender Wuchshöhe der bis zu 1,3 m hohen grasähnlichen Pflanze muß der Wasserspiegel des Reisfeldes allmählich erhöht werden. Die Anbaufläche in Banaue reicht heute, bei gestiegenem Lebensstandard, nicht mehr aus, um dem Volksstamm der hier lebenden 20000 Ifugao eine Existenzgrundlage zu geben. Das mit den Malaien entfernt verwandte Volk wanderte vermutlich vor 2000 Jahren aus Südwest-China in das Land ein und brachte die Technik des Reisanbaus mit.
Heute ist Reis die Hauptnahrung für mehr als die Hälfte der Menschheit. 90% der Welternte werden in Asien erbracht. Neuzüchtungen der Reispflanze, von der 25 Arten mit jeweils mehreren Varianten unterschieden werden, sowie moderne Schädlingsbekämpfungsmittel haben in den letzten beiden Jahrzehnten die Ernteerträge gesteigert. So gelingt es, auf den Philippinen seit den 70er Jahren den Eigenbedarf am Hauptnahrungsmittel Reis selbst zu decken.

Die Reisterrassen in den Hochtälern der Berge von Luzon sind von überwältigender Schönheit. Die eindrucksvollen, an einigen Stellen bis zu 80fach übereinandergetürmten Wasserbecken stellen eines der imposantesten architektonischen Meisterwerke der Erde dar, das im Lauf von zwei Jahrtausenden von dem Volksstamm der Ifugao mit primitivsten technischen Mitteln vollbracht wurde. Aneinandergereiht würden die turmhohen Steinwälle der Terrassenkanten um die halbe Erde reichen.

1

Notre-Dame-du-Haut in Ronchamp

Die Wallfahrtskirche Notre-Dame-du-Haut in Ronchamp, mit ihren geschwungenen Linien harmonisch in die Hügellandschaft der auslaufenden Vogesen eingepaßt, gleicht einem schönen, in Grau und Weiß gehaltenen Luftschiff, das auf drei runden Türmen am Boden ruht. Sie ist ein Spätwerk Le Corbusiers, einem der bedeutendsten Architekten des 20. Jahrhunderts. Gemäß ihrer Funktion als Wallfahrtskirche ist sie als kombinierte Innen- und Außenkirche konzipiert. Einzelne Pilger und kleinere Gruppen nimmt der Innenraum auf. Größere Massen von Wallfahrern versammeln sich auf einem Naturplateau vor der Ostwand der Kirche.

Das Gebäude trug Le Corbusier, einem Propheten der funktionalen Bauweise, der z. B. verkündet hat, daß ein Haus eine Wohnmaschine sei, den Vorwurf ein, ein barocker Baumeister zu sein. Mit diesem Kirchenbau wandte sich Le Corbusier gegen eine Architektur des vollkommen Berechenbaren und technisch Perfekten. Le Corbusier konnte in Ronchamp den Nachweis erbringen, daß mit dem Material Beton – rauh und ohne Anstrich – nicht nur ebene Platten und steil aufragende Wände formbar sind, sondern daß er vielfältige Möglichkeiten eigenwilligen Formens zuläßt.

Beim Aufbruch der modernen Architektur spielte der Kirchenbau keine bedeutende Rolle. Erst in der Nachkriegszeit versuchten Geistliche beider Konfessionen,

das traditionelle Bild der Kirche durch moderne Architekten verändern zu lassen. Obwohl nach neuen Ausdrucksformen für das Göttliche oder Transzendente gesucht wurde, ist bei den meisten Kirchenbauten der Nachkriegszeit durch das Zurücktreten der religiösen Ikonographie eine gewisse Profanisierung festzustellen. Allein Lichtführung und die Besonderheit der Form sollten auf das Jenseitige hinweisen.

Mit der Wallfahrtskirche in Ronchamp, die von 1950 bis 1954 an der Stelle einer im Krieg zerstörten Kapelle entstanden ist, hat Le Corbusier sein Interesse an plastischen Formen ohne rechte Winkel am entschiedensten zum Ausdruck gebracht. Er setzte ein raffiniertes Spiel mit dem Licht in Szene und schuf einen Innenraum mit einer gewölbten (konvexen) Chorwand, deren außen konkave Krümmung der Außenkirche dient. Von außen wirkt die Kirche wie eine kompakte Masse, die nur von unregelmäßig verteilten Fensteröffnungen mit weit ausgeschrägten Laibungen durchbrochen wird.

Einen anderen Eindruck vermittelt der Innenraum, der durch die bemalten Fenster in ein geheimnisvolles Halbdunkel getaucht ist. Die Wände haben keine tragende Funktion; das Gewölbe ruht auf einzelnen in die Mauer eingelassenen Betonpfeilern. Zwischen dem Dach und den Seitenwänden bleibt ein schmaler Streifen frei. Das hier einfallende Licht beleuchtet das Dach von unten; da die Träger kaum zu sehen sind, scheint das Gewölbe der Kirche zu schweben.

Trotz der heftigen Kritik der Kollegen an seinem Spätwerk blieb Le Corbusier zumindest einer Definition von Architektur treu, die er schon zu Beginn seiner Laufbahn gegeben hatte: „Architektur ist das gelungene, genaue und großartige Wechselspiel von Räumen, die sich im Licht zusammenfügen."

In ihrer äußeren Erscheinungsweise und ihrer Grundrißgestaltung erinnert die Kirche Notre-Dame-du-Haut in Ronchamp weit eher an steinzeitliche mediterrane Tempelbauten (z. B. auf der Insel Malta) als an ein Gotteshaus des 20. Jahrhunderts. Bis in die Gestaltung der Wasserspeier reicht die archaisch schwere und skulpturale Eigentümlichkeit der Formgebung.

KUHNE & NAGEL

Europoort Rotterdam

Größter Hafen der Welt, größter Umschlagplatz für Erdöl, größtes europäisches Binnenschiffahrtszentrum, Metropole des internationalen Handels, Sitz zahlreicher Großbanken, Kredit- und Versicherungsunternehmen – das ist Rotterdam. Die Stadt an der Mündung der Nieuwe Maas in die Nordsee ist Europas Tor zur Welt. Jährlich laufen über 30000 Schiffe den Hafen an, der jährliche Güterumschlag – 1982 rund 237 Millionen t – entspricht dem Gesamtumschlag der Häfen Hamburg, Bremen, London, Marseille und Bordeaux. Die Hafenanlagen erstrecken sich auf einer Fläche von über 10000 ha, allein der ständig erweiterte Europoort, den Schiffe mit einem Fassungsvermögen von 280000 t anlaufen können, überdeckt eine Fläche von rund 4000 ha.

Auf einer Länge von 13 km entlang des Nieuwe Waterweg, der Rotterdam mit der Nordsee verbindet, stehen zwei der fünf Raffinerien im Rotterdamer Hafen sowie zahlreiche Anlagen der petrochemischen Industrie. Weitere Raffinerien folgen landeinwärts im Hafen Botlek und in den zwei Petroleumhäfen. Rotterdam ist eines der größten Erdölverarbeitungszentren der Erde und zugleich wichtigster Ausgangspunkt des nordwesteuropäischen Rohrleitungssystems für Erdöl und raffinierte Fertigprodukte. Für die nicht an Konzerne gebundenen freien Tankstellen in Westeuropa ist Rotterdam Haupteinkaufsmöglichkeit für Kraftstoffe. Die jeweiligen Tagespreise beeinflußten in der Vergangenheit nicht selten auch die Preispolitik der großen Mineralölkonzerne. Das Fassungsvermögen der Öltanks im Hafen beträgt rund 32 Millionen m^3, genug, um die 14tägige Fördermenge aller OPEC-Staaten (Organization of Petroleum Exporting Countries) dort zu lagern.

Rotterdam ist auch ein Zentrum der chemischen Industrie, der Werften und des Stahl- und Maschinenbaus. Für die landwirtschaftlichen Produkte aus den EG-Staaten ist Rotterdam der wichtigste Exporthafen. Auf den Großmärkten für Getreide, Südfrüchte, Kaffee und Rohtabak wird ein großer Teil des internationalen Nahrungs- und Genußmittelhandels in Westeuropa abgewickelt. Die Wirtschaft gibt der Stadt ihr Gesicht, hier dominieren Internationalität und Erfolgsdenken.

Zwar kann Rotterdam auf eine über 800jährige Stadtgeschichte zurückblicken, der Aufschwung begann jedoch 1872, als der Nieuwe Waterweg dem Hafen direkten Zugang zur Nordsee ermöglichte und die Stadt, durch die Maas mit den großen europäischen Binnenwasserstraßen verbunden, zum Hauptexportplatz für das aufstrebende Ruhrgebiet wurde. Mit 576000 Einwohnern ist Rotterdam heute die zweitgrößte Stadt der Niederlande, zugleich aber auch eine der Städte, die ihr historisches Gesicht fast völlig verloren haben: Am 15. Mai 1940 wurde die Innenstadt von deutschen Bombern in Schutt und Asche gelegt. Rotterdam wurde Opfer des ersten Flächenbombardements auf eine Großstadt. 900 Menschen verloren ihr Leben. Nach dem Wiederaufbau wurden die Stadt und ihr Hafen wieder das, was sie schon vor dem Krieg waren: Ein Ort immerwährender Geschäftigkeit, Anziehungspunkt für Tausende, die dort Arbeit suchen, Zentrum des internationalen Warenaustauschs und ein expandierendes Industriegebiet.

Neben dem Europoort auf der Insel Rozenburg sind die an das Rotterdamer Stadtgebiet angrenzenden Häfen, vor allem der Eemhaven und der Waalhaven, Zentren des Stückgut- und Containerverkehrs. Über eine Million Container werden hier jährlich ein- oder ausgeladen. Rotterdam lebt vom Hafen und der dort ansässigen Industrie und ist wegen der Abhängigkeit vom Welthandel von jeder Rezession betroffen.

Sagrada Familia in Barcelona

Wenn der Architekt Antoni Gaudi seine Kirche, die Sagrada Familia, so wie er ihre endgültige Gestalt vor sich sah, beschrieb, pflegten seine Augen zu leuchten; der ganze Mensch war wie verwandelt. Seine Zuhörer waren tief beeindruckt und vollkommen davon überzeugt, daß er sein Lebenswerk vollenden werde.

Über 43 Jahre, von seinem 31. Lebensjahr bis zu seinem Tod im Jahre 1926, widmete Gaudi seine gesamte Schaffenskraft diesem bizarren Sakralbau. Als Gaudi gefragt wurde, wer die Arbeit an der Kirche nach seinem Tod fortsetzen solle, gab er die lapidare Antwort: „Der Heilige Joseph wird sie vollenden."

1882 faßte die Geistliche Gesellschaft der Verehrer des Heiligen Joseph den Beschluß, einen Tempel der Heiligen Familie im Norden der katalanischen Hauptstadt Barcelona errichten zu lassen. Der Kirchenbau sollte ausschließlich durch private Spenden finanziert werden. Der Architekt Francesco de Paula Villar, der Vorgänger Gaudis, hatte eine Kirche im damals üblichen neogotischen Stil konzipiert. Antoni Gaudi, der 1883 die Bauleitung übernahm, veränderte diesen Ansatz grundlegend. Er wollte an einem gewaltigen Tempel die Möglichkeiten einer nicht-historisierenden Monumental-Architektur erproben.

Die Kirche mit ihren dazugehörigen Gebäuden (z. B. Schulen, Kindergärten, Gemeindehäusern) sollte nach Gaudis Plänen Mittelpunkt eines ganz auf das Gotteshaus ausgerichteten neuen Stadtteils werden. Als plastisches Programm waren Szenen aus dem Neuen Testament vorgesehen. Gaudi wollte eine „Predigt aus Stein" verwirklichen. Der Beliebigkeit, mit der vor allem Vertreter des Neoklassizismus und der Neogotik Ende des 19. Jahrhunderts das Formengut der Vergangenheit übernahmen, setzte Gaudi die Suche nach einer neuen, nicht aus dem vorhandenen Fundus der Formen schöpfenden Sprache der Architektur und Ornamentik entgegen. Dies führte ihn einerseits zum Rückgriff auf die organischen Formen der Natur, andererseits zur Verwendung neuer technisch-konstruktiver Möglichkeiten.

Das Vorhaben Gaudis war wohl zu ehrgeizig angelegt, die Kirche ist bisher Fragment geblieben. Gaudi selbst konnte, nach Krypta und Apsis, nur die gewaltige, von Figuren barock überquellende Fassade des östlichen Querhauses und die vier 110 m hohen Türme darüber vollenden. Die Fassade mit drei offenen Portalen steht thematisch ganz im Zeichen von Christi Geburt. Die Fassade des westlichen Querhauses, an der Schüler und Nachfolger Gaudis seit 1926 arbeiten, ohne daß sich schon ein Ende absehen läßt, ist ausschließlich der Passion Christi gewidmet. Die Kirche soll nach Fertigstellung eine Gesamtlänge von 110 m, eine Breite von 60 m und eine Höhe von 45 m haben; eine gigantische, 160 m hohe Hauptkuppel und vier 127 m hohe Nebenkuppeln sollen von zwölf 100 m bis 115 m hohen Türmen eingerahmt werden.

Mag die Kirche der Heiligen Familie, die „Ruine der Zukunft", den heutigen Betrachter auch fremd und bizarr anmuten, mögen ihm manche Teile des allzu üppigen plastischen Schmuckes sogar als kitschig erscheinen, so ist die Sagrada Familia doch mehr als eine zum Wahrzeichen Barcelonas erhobene Kuriosität: Sie zeugt vom Willen ihres Schöpfers, der wegen seiner künstlerischen Ausdrucksmittel häufig den Vertretern der Jugendstil-Architektur zugerechnet wird, seine leidenschaftlichen religiösen Empfindungen durch ein Bauwerk mitzuteilen. 1926 wurde Gaudi in der Krypta seiner unvollendeten Kirche beigesetzt.

1

1 *Die Ostfassade der Sagrada Familia in Barcelona, ein Hauptwerk des Architekten Antoni Gaudí, wird wegen ihrer thematischen Ausrichtung (Christi Geburt) auch als Weihnachtsfassade bezeichnet. Die vier Türme, deren Baumassen ineinanderfließen, stehen auf einem quadratischen Grundriß diagonal zueinander. Zwischen ihnen befinden sich drei Portale. Oben gehen die Türme in einen kreisförmigen Querschnitt über und werden von bizarren Spitzen bekrönt. An der Ostfassade läßt sich ein Kontrast zwischen den Portalen, an denen komplizierte plastische Elemente die Struktur verdecken, und den Türmen darüber ablesen, die unverkleidet geblieben sind. Dieser Gegensatz spiegelt die Stilentwicklung des Architekten wider. Seine anfängliche Begeisterung für dekorative Formen in Überfülle wandelte sich allmählich zu einem neuen Verständnis für Bauformen, die ihrerseits zu monumentalen Skulpturen wurden.*

2 *Wie Stalaktiten überschwemmen die vielfältigen Formen aus der Tier- und Pflanzenwelt die Portale der Ostfassade. Die Hinwendung zur Natur und die dadurch erst mögliche Loslösung von historisierenden Stilformen verdankte der Architekt Antoni Gaudí dem Jugendstil.*

1 *Riesige Sand- und Dünenfelder erstrecken sich heute in der Nähe von Tarhit (Algerien), wo allem Anschein nach vor 10 000 Jahren die Urbevölkerung eine grasbewachsene Steppe als Viehweide nutzte. Nach dem Rückzug der Gletscher der letzten Eiszeit im Norden verschoben sich die Klimagürtel, und die grüne Sahara verödete. 4000 bis 3000 v. Chr. griff die Wüste endgültig auch auf die Hochflächen innerhalb der Sahara über.*

2 *Die Sahara besteht nicht ausschließlich aus Sand, wie diese Sinterterrassen bei Hamman Meskoutine (Grand Erg Occidental) zeigen.*

Sahara

In der Sahara sind mehr Menschen ertrunken als verdurstet. Diese auf den ersten Blick widersinnige Behauptung bezieht sich auf die wolkenbruchartigen Regenfälle, die nach oft jahrelanger Trockenheit in den Gebirgsregionen niedergehen. Dann schießen in den Trockentälern, die als Zeugen vergangener feuchter Zeiten aus den Gebirgen herabführen, die Wassermassen talwärts. Sie reißen alles fort, was sich ihnen in den Weg stellt. Aus den Tälern gibt es kein Entrinnen, wenn die Flut plötzlich heranstürzt. Steile Wände vereiteln jeden Fluchtversuch.

Die Sahara ist mit neun Millionen km^2 die größte tropische Wüste der Erde. Die riesige Fläche, die vom Mittelmeer und vom Atlasgebirge bis etwa zum 16. Breitengrad und vom Atlantik bis zum Roten Meer reicht, ist den trockenen Winden der Passatzone ausgesetzt. Nur selten und meist unregelmäßig fällt Regen, bevorzugt in Gebirgsregionen. Die Oasen im Binnenbecken der libysch-ägyptischen Wüste bekommen oft über Jahrzehnte keinen meßbaren Niederschlag. Die Oase El Aziza in Libyen gehört mit gemessenen 58°C zu den heißesten Orten der Erde. Sandebenen und Dünenfelder, Inbegriff der Sahara, bedecken nur 20% der Wüstenoberfläche. Der Sand wird vom ewig wehenden Wind in die großen Becken getragen, die durch Schwellen voneinander getrennt werden. Auf Hochflächen und weiten Ebenen liegen Schutt- und Felswüsten, Hamada genannt, und Kieselflächen, als Reg oder Serir bezeichnet. Ausscheidungen aus Mangan- und Eisenoxid überziehen das Gestein und lassen es dunkel glänzen. In der Stufenlandschaft des Tassili-Gebirges um die kristalline und von vulkanischen Spitzen gekrönte Erhebung des Ahaggar in der Zentralsahara hat der Wind wie ein Sandstrahlgebläse bizarre Formen herausmodelliert. Zu dem Formenschatz der Sahara gehören genauso die Schotts, weißglitzernde Salzseen, und graue Gips- und Feinstaubebenen, genannt Fesch-Fesch.

Die Bewohner der Sahara haben sich der unwirtlichen Umgebung angepaßt. Ihre nomadische und halbnomadische Lebensweise nutzt die Überlebensmöglichkeiten der Wüste, ohne das ökologische Gleichgewicht zu stören. Etwa 60% der rund zwei Millionen Menschen leben

als Bauern in den Oasen. Diese Lebensinseln in der Wüste liegen in den Trockentälern, die dem Grundwasserspiegel näher sind, oder dort, wo eine Senke bis in eine grundwasserführende Schicht reicht. Bewundernswert ist die Kunst des Bewässerns durch Foggaras, unterirdische Kanäle, die bis zu einer Entfernung von 50 km wasserführende Schichten anzapfen.

Die malerischen Kamelkarawanen, die einst die Wüste durchquerten, sind weitgehend der motorisierten Lastenbeförderung gewichen. Traditionelle Handelswege und Stammeszusammenhänge wurden durch die willkürlichen, auf die Kolonialzeit zurückgehenden Staatsgrenzen zerschnitten. Versuche, künstliche Bewässerungsoasen durch die Nutzung tiefgelegener Grundwasserhorizonte zu schaffen, bedrohen durch zu schnelles Absenken des Wasserspiegels die Existenz der klassischen Oasen.

Die Wüste breitet sich aus. Nicht nur der unvernünftige Umgang des Menschen mit den natürlichen Reserven der südlich angrenzenden Sahelzone, auch die natürlich abnehmenden Niederschläge in den Randzonen der Sahara lassen die Wüste trotz aller Gegenmaßnahmen täglich um 50 km^2 wachsen.

2

Stufenpyramide von Sakkara

Vor über 4500 Jahren begann eine neue Epoche in der Architektur: Für das Grabmal seines Königs Djoser verwendete der Arzt, Baumeister, Ratgeber und Hohepriester Imhotep erstmals Steine als tragendes Element und errichtete damit den ersten Monumentalbau in der Geschichte Ägyptens, die Stufenpyramide von Sakkara.
Bis dahin wurde Stein lediglich als Hilfsmittel für das Einfassen von Türen oder zur Auskleidung von Grabkammern benutzt und verdrängte nun rasch die luftgetrockneten Ziegel aus Nilschlamm. 60 m hoch ragt der sechsstufige Pyramidenbau in den Himmel, sein Grundriß bildet ein Rechteck von 109 × 121 m. In seinen Ausmaßen ist dieses Grabmal zwar kleiner als die etwa ein Jahrhundert später entstandenen Pyramiden im 18 km entfernten Gise (→ S. 314/315), doch ebenso wie die Grabstätten der Könige Cheops, Chephren und Mykerinos nicht nur eine Meisterleistung der Architektur, sondern auch Demonstration eines ewig fortwirkenden Gottkönigtums, das über den Tod des Herrschers hinaus noch Segen für das Land spendet und deshalb – abgeschlossen von der Außenwelt – eine sichere und angemessene Residenz erhalten muß.
Auch andere ägyptische Könige haben sich im Totenbezirk von Sakkara unweit ihrer Residenzstadt Memphis Grabstätten errichten lassen, keine aus dieser frühen Epoche ist jedoch so gut erhalten bzw. restauriert worden wie der große Grabbezirk des Djoser.
28 m tief in der Erde liegt die mit blauen Kacheln eingefaßte Granitkammer für die sterblichen Überreste des Königs. Die Grabstätte darüber war ursprünglich als Mastaba angelegt, die im Ägypten des 3. Jahrtausends v. Chr. übliche Form des Grabbaus für die Oberschicht der Bevölkerung. Der quadratische Bau mit einer Seitenlänge von 63 m und einer Höhe von 8 m beherbergte die Kult- und Vorratsräume, die Grabkammer ist durch einen Schacht zu erreichen. In einer zweiten Bauphase wurde die Mastaba mit Kalkstein verkleidet, später vergrößert und durch übereinandergelegte Steinquader so erweitert, daß eine Stufenpyramide entstand, eine gigantische Treppe, die vielleicht dem verstorbenen König den Weg in den Himmel ermöglichen sollte.
Das Grabmal des Djoser begründete eine jahrhundertelange Tradition des Pyramidenbaus in Ägypten, die erst um 1500 v. Chr. ihr Ende fand, als die Pharaonen dazu übergingen, sich Felsgräber als letzte Ruhestätten zu errichten.

Ost-West-Querschnitt durch die Stufenpyramide des Königs Djoser: **1** Mastaba des Djoser (1.–3. Bauabschnitt); **2** erste Pyramide; **3** zweite Pyramide; **4** Zugangsschacht; **5** unterirdische Anlage mit Königsgrab

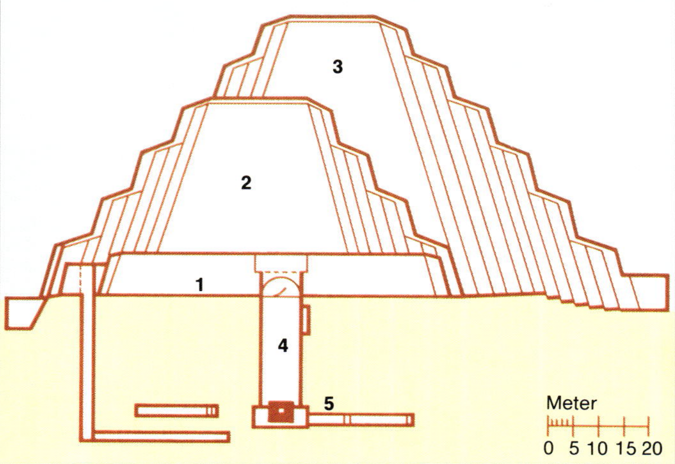

Rund 40 Jahre dauerte der Bau der Stufenpyramide für König Djoser in Sakkara. Der riesige Grabbezirk (544 × 277 m) des um 2600 v. Chr. verstorbenen Königs war einst von einer hohen Mauer umgeben.

1 Die Gemälde in der lichtdurchströmten, reich geschmückten Kuppel des Salzburger Domes zeigen Ereignisse aus dem Alten Testament. Nach der Zerstörung des Kuppelbaus durch einen Bombenangriff im Jahr 1944 wurden die Kunstwerke anhand von farbigen Fotografien rekonstruiert.
2 Skulpturen prägen die Fassade des Domes. Rupert und Virgil, die Heiligen Salzburgs, und die Apostel Petrus und Paulus flankieren die drei Portale. Auf der Balustrade darüber stehen Figuren der vier Evangelisten Matthäus, Markus, Lukas und Johannes.

Salzburg

Jedes Jahr im Juli und August werden die Stufen des Salzburger Domes zur Bühne, die drei Eingangsbögen der Vorhalle bilden die Kulisse, die Heiligen Salzburgs, Rupert und Virgil, sowie die Apostel Petrus und Paulus, deren Standbilder die drei Portale flankieren, sind stumme Beobachter der Szenerie: Aufgeführt wird „Jedermann", Hugo von Hofmannsthals Schauspiel um das Sterben eines reichen Mannes, das seit 1926 das Kernstück der Salzburger Festspiele bildet.
Doch nicht nur der Domplatz wird im Sommer zur Spielstätte. Wichtige Aufführungsorte für Ballett und Schauspiel, Konzerte und Opern sind der ehemalige Hofmarstall mit dem Großen und Kleinen Festspielhaus und die umgebaute einstige Felsenreitschule. Salzburg ist aber nicht nur zur Festspielzeit Zentrum des Fremdenverkehrs; die Geburtsstadt Mozarts zieht zu allen Jahreszeiten Besucher an. Die vom Barock geprägte Altstadt auf dem linken Ufer der Salzach wird vom Mönchs- und Festungsberg begrenzt, auf dem die Hohensalzburg thront; rechts des Flusses lehnt sich die Stadt an den Kapuzinerberg an. Dieser Lage verdankt Salzburg das geschlossene Erscheinungsbild; der Blick auf neuere Stadtviertel, Hochhäuser und große Straßen wird durch die drei Hausberge verstellt.
Mittelpunkt der Altstadt ist der von Santino Solari im Barockstil erbaute Dom. Schon 774 war an dieser Stelle eine Kirche geweiht worden, die mehrfach erneuert

wurde. Nach einem verheerenden Stadtbrand wurde in den letzten Jahrzehnten des 12. Jahrhunderts eine riesige romanische Basilika errichtet. 1598 zerstörte ein Brand auch diesen Dom. Ein Neubau wurde beschlossen. Mit einem großen Volksfest wurde 1628, nach 14jähriger Bauzeit, mitten in den Wirren des Dreißigjährigen Krieges, die Vollendung des 99 × 45 m großen Bauwerks gefeiert, das den Salzburger Heiligen Rupert und Virgil geweiht ist. Die beiden 79 m hohen Türme mit den achteckigen, helmförmigen Spitzen wurden erst zwischen 1652 und 1655 fertiggestellt. Im Inneren des Domes fasziniert vor allem die 71 m hohe lichtdurchflutete Kuppel, deren Gemälde Ereignisse aus dem Alten Testament darstellen.

Vom Kapitelplatz südlich des Domes gelangt der Besucher, der nicht die Seilbahn benutzt, über die Festungsgasse zur Hohensalzburg, einer der mächtigsten und besterhaltenen Burganlagen Europas. Sie wurde 1077 gegründet und bis zum 17. Jahrhundert ausgebaut. Die großen Rundtürme wurden 1465 erstellt, verschiedene Befestigungen und Bastionen kamen während des 16. und 17. Jahrhunderts hinzu.

In ihrem Innern, das im 19. Jahrhundert zunächst als Gefängnis, dann als Kaserne gedient hat, beeindrucken die spätgotischen Fürstenzimmer sowie der Goldene Saal und die Goldene Stube mit einem prunkvollen Kachelofen. Von der Aussichtsplattform des gewaltigen Burgkomplexes bietet sich ein einmaliger Blick auf den gegenüberliegenden Kapuzinerberg mit einem Kloster. Dazwischen breitet sich das alte Salzburg aus, dem die farbig verputzten Häuser, die Plätze, Paläste, Kirchen und Brunnen ein fast italienisches Gepräge geben.

3 *Grün schimmern Türme und Kuppel des Salzburger Domes in der Nachmittagssonne, düster erhebt sich der Festungsberg mit der Hohensalzburg 119 m über der Altstadt. Beim Blick vom Mönchsberg prägen Kirchen das Bild des alten Stadtkerns am linken Ufer der Salzach. Die dunkle Kuppel der Kollegienkirche (1694–1704) versperrt die Sicht auf die Domfassade. Daneben ragt spitz der Turm der Franziskanerkirche (1223) in den Himmel. Rechts heben sich die grünen Türme der St.-Peter-Kirche (1130–1143) gegen den dunklen Festungsberg ab.*

Samarkand

Der Mongolenherrscher Timur-Leng, der das Reich von Dschingis-Khan zu erneuern trachtete, verschleppte auf seinen Eroberungszügen Künstler und Handwerker aus allen Ländern – aus Indien, Persien, Mesopotamien, Rußland – nach Samarkand, das er 1369 zur Hauptstadt des Reiches erhob und zu einer der schönsten Metropolen seiner Zeit ausbauen ließ. Timur-Leng verkörperte in seiner Person die Verknüpfung von despotischer Herrschaftsausübung mit dem Anspruch, die Künste zu fördern, seine Macht durch Aufsehen erweckende Kunstwerke zu dokumentieren.
Er beaufsichtigte persönlich den Bau der Moschee Bibi Chanym, die in ihrer eigenwilligen Verschmelzung verschiedenartigster orientalischer Stile als Glanzleistung timuridischer Baukunst gilt. Allerdings trieb Timur den 1404 vollendeten Bau derartig schnell voran, daß der gewaltige Gebäudekomplex, der eine Fläche von 109 × 167 m einnimmt, nach und nach verfiel. Die Außenfassade der Moschee mit ihren leuchtend blauen Inschriften und den in allen Farben erstrahlenden Fayencemosaiken vermittelt ein Bild von der Farbenpracht islamischer Architektur. Als seine Grabstätte bestimmte Timur das 1404 oder 1405 fertiggestellte Mausoleum Gur-i-Mir, das eine 34 m hohe Melonenkuppel krönt. Die aus Rippen bestehende Kuppel schmücken kobalt- und türkisfarbene, geometrische Formen bildende Mosaiksteinchen; da die Rippen eng aneinanderstoßen, ergeben sich immer neue Licht- und Schattenwirkungen und Farbperspektiven. In weiß-blauer Schrift steht unter der Kuppel, daß allein „Allah ewig ist". Im Innenraum des Mausoleums kündet ein Schriftenband von den Taten Timurs. So grausam Timur gegen die von ihm unterdrückten Völker vorging, so despotisch behandelte er auch die Einwohner Samarkands. Rücksichtslos enteignete er Grund und Boden, um im Mittelpunkt der Stadt, die einen Verkehrsknotenpunkt zwischen Orient und Okzident bildete, ein Handelszentrum, einen Kuppelbasar, zu errichten. Sein Nachfolger, Ulugh Beg, ließ daneben den Registan, einen 60 × 70 m großen Platz, anlegen, auf dem sich das städtische Leben abspielte. Hier fanden die Märchenerzähler ihre Zuhörer, hier wurden Gesetze verkündet, Paraden abgehalten und Hinrichtungen vollstreckt.
Im Norden von Samarkand liegt die Grabmalstraße Schah-i-Sinde (der lebende Schah). Diese „Stadt der Toten" verdankt ihren Namen dem sog. Grabmal für Kussam Ibn Abbas, der ein Vetter des Propheten Mohammed gewesen und der Legende nach 676 nach Samarkand gekommen sein soll. Auf der Flucht vor seinen Feinden rettete er sich in eine Höhle, in der er sich noch heute betend und fastend aufhalten soll. Timur legte an diesem heiligen Ort, einer Wallfahrtstätte der Mohammedaner, Mausoleen für seine Angehörigen und hochgestellte Persönlichkeiten an. Die Kuppeln und Fassaden der 16 Grabstätten erstrahlen in Türkis, Hellblau, einem ins Violette spielenden Dunkelblau, Gold und Weiß. Die Mosaike stellen Koranverse, Sternenmuster, Ranken, Blüten und Arabesken dar. Die verschwenderische Gestaltung der Mausoleen verleiht der Erwartung Ausdruck, nach dem Tod an den Freuden des Paradieses teilzuhaben. Ist es doch das Ziel islamischer Kunst, eine Ahnung des Paradieses aufscheinen zu lassen.

Den Portalbogen der Medrese Schir-Dor (1636) in Samarkand verziert ein ungewöhnlich naturalistisches Dekor: Zwei Tiger stürzen sich auf zwei Hirschkühe, im Hintergrund befindet sich jeweils eine Sonnendarstellung. Die beiden Kuppeln krönen die Beträume. Die Medresen Schir-Dor, Ulugh-Beg (1420) und Tillia-Kar (1660) begrenzen den Registan.

Sanchi

Vor noch nicht langer Zeit deuteten Wissenschaftler eines der wichtigsten architektonischen Kultobjekte der buddhistischen Religion, den Stupa, ein halbkugelförmiges Bauwerk aus Stein, als Grabhügel, der über den Reliquien eines buddhistischen Heiligen errichtet wurde. In jüngster Zeit jedoch sieht man aufgrund neuer Funde und literarischer Belege den Stupa als ein monumentales Abbild des Universums an und insofern nicht als ein Symbol des Todes, sondern des Lebens.
Als bestes Beispiel und als exemplarische Form kann der große Stupa im mittelindischen Sanchi (nördlich der Stadt Bhopal) betrachtet werden. Er ist der größte einer Reihe von Stupen, die zwischen dem 2. Jahrhundert v. Chr. und dem 3. Jahrhundert n. Chr. errichtet wurden und die als erste bedeutende Bauten des Buddhismus in Indien anzusehen sind. Der typische halbkugelige Baukörper des großen Stupas in der ehemaligen buddhistischen Mönchssiedlung Sanchi steht auf einem zylindrischen Sockel und wird von einem steinernen Aufsatz gekrönt, aus dessen Mitte ein Pfosten mit einem sog. Ehrenschirm herausragt. Der Pfosten symbolisiert die Weltachse und der Schirm den Baum, der in ständiger Verjüngung begriffen ist und selbst wiederum als Symbol des Lebens den Kosmos repräsentiert. Der Stupa hat einen erhöhten und einen ebenerdigen Umgang, auf dem die Gläubigen den Kultbau rituell, in einer Versinnbildlichung des Laufs der Sonne, umschreiten.

Der große Stupa in Sanchi wurde vermutlich im Jahr 250 v. Chr. von Aschoka, der als Kaiser aus der Maurya-Dynastie über das erste Großreich auf indischem Boden gebot, errichtet. Etwa 100 Jahre nach der Fertigstellung wurde das Bauwerk mit Quadersteinen ummantelt.
Den unteren Umgang der Stupa umgibt ein durchbrochener Zaun aus 120 steinernen Elementen. An vier Stellen bildet der Zaun versetzte Zugänge zum Stupa, die in Form eines linksgeflügelten Hakenkreuzes, das im indischen Buddhismus Aufstieg, Geburt und Glück bedeutet, ausgebildet sind. An den Zugängen befinden sich große Tore, die einen reichen Reliefschmuck tragen. Die plastischen Bilder setzen sich aus dekorativen Ornamenten mit floralen und geometrischen Mustern, aus Darstellungen von schönen Frauen und Tieren und aus szenischen, lebhaften Bildfolgen zusammen, die Begebenheiten aus dem Leben und den früheren Existenzen Buddhas darstellen. Die Reliefs sollten von den Gläubigen, wenn sie die Kultstätte besuchten, „gelesen" werden, um Buddha Ehre zu erweisen.
Der große Stupa in Sanchi bildet den Mittelpunkt einer buddhistischen Mönchssiedlung mit Klöstern, Tempeln und mehreren Stupen aus dem 3. Jahrhundert v. Chr. bis zum 13. Jahrhundert n. Chr. Der ummauerte Siedlungsbezirk mit Klöstern und Tempeln befindet sich auf einem 100 m hohen Hügel oberhalb des Dorfes Sanchi. Die teilweise rekonstruierten und restaurierten Bauten der Anlage vermitteln, wie kaum eine andere derartige erhaltene Siedlung in Indien, ein anschauliches Bild von der Lebensweise, den Sitten und Gebräuchen der Mönche zur Blütezeit des Buddhismus in Indien während des 1. nachchristlichen Jahrtausends.

Der halbkugelige Stupa von Sanchi, ein buddhistischer Kultbau aus dem Jahr 250 v. Chr., gilt als bedeutendstes Beispiel dieses Bautyps in Indien. Der Stupa hat einen Durchmesser von 35 m, ist 16 m hoch und mit einer 3 m hohen Balustrade umzäunt. Er kann über vier verschiedene Eingänge im Osten, Westen, Süden und Norden betreten werden. Diese sind über den rund um den Stupa führenden Prozessionsweg zu erreichen, der von einem aus 120 Elementen zusammengesetzten Steinzaun umgeben wird.

1

1 *Das Schloß Sanssouci bei Potsdam ist ein eingeschossiger langgestreckter Bau mit einem inmitten der Gartenfront hervortretenden ovalen Kuppelbau. Der heitere Ausdruck der Gartenfront wird von den wie Arkaden wirkenden großen Fenstern unterstützt, die die Offenheit der Räume zum Park hin unterstreichen. Das Schloß steht auf der Höhe eines im Jahr 1744 terrassenförmig angelegten Weinbergs, an dessen Fuß sich, umgeben von marmornen Rundbänken, ein großes Wasserbecken mit einer Fontäne befindet.*

Sanssouci

In großen Lettern ließ Friedrich der Große – seit 1740 König von Preußen – an der Fassade seines neuen Sommerschlosses in Potsdam die französischen Worte „Sans souci“ anbringen; einen Ort „Ohne Sorgen“ wollte sich der König schaffen, um in der Stille fast ländlicher Zurückgezogenheit – abseits von seinen Pflichten als Herrscher – seinen privaten Neigungen nachzugehen. Hier konnte er musizieren, seine geliebte Flöte spielen und sich der Philosophie widmen. Er versammelte einen erlesenen Freundeskreis um sich; auf Einladung des Königs hielt sich von 1750 bis 1753 Voltaire, der führende Vertreter der europäischen Aufklärung, im Potsdamer Schloß auf. Schloß Sanssouci wurde von 1745 bis 1747 nach eigenen, sehr klaren Vorstellungen Friedrichs des Großen von Georg Wenzeslaus von Knobelsdorff erbaut. Trotz Meinungsverschiedenheiten zwischen dem König und seinem Baumeister – Friedrich ging es um angenehmes Wohnen, Knobelsdorff um vollkommene künstlerische Form – entstand ein vielbewundertes Kunstwerk.

Der Platz auf der Eingangsseite zum Schloß wird von im Halbkreis angeordneten korinthischen Kolonnaden eingerahmt. Die Gestaltung der Innenräume wird von dem verschwenderischen Stil des Rokoko geprägt; die Räume sind mit Ornamenten und Gemälden geschmückt, die Wände mit Spiegeln verziert und mit edlen Hölzern verkleidet. Ein Kreis hervorragender Künstler und Dekorateure, unter ihnen die Gebrüder Johann Michael und Johann Christian Hoppenhaupt sowie Antoine Pesne, haben dieses Werk vollbracht.

Das Schloß wird an seinen Seiten von zwei, etwas zurückgesetzten, Nebengebäuden flankiert, links von einer

Orangerie, die nach ihrer Umwandlung in ein Gästehaus den Namen „Neue Kammern“ erhielt, und rechts von einer Bildergalerie mit Werken vorwiegend italienischer und niederländischer Meister; an beiden Gebäuden wiederholen sich die charakteristischen Gliederungselemente des Schlosses. Zu der Gesamtanlage von Sanssouci gehört auch das Neue Palais. Dieser Prunkbau sollte die ungebrochene Macht Preußens nach dem Siebenjährigen Krieg demonstrieren und wurde zwischen 1763 und 1769 errichtet; die Festsäle dieses mächtigen Bauwerks sind im prunkvollstem Rokokostil verziert. Die Schlösser und Paläste, die Statuen und Skulpturen von Sanssouci sind eingebettet in eine Park- und Gartenarchitektur, die dem Vorbild der französischen Gartenbaukunst folgt. Im Laufe der Zeit entwickelte sich Sanssouci, in Konkurrenz zu dem Versailler Hof des französischen Sonnenkönigs (→ S. 424/425), zu einem einzigartigen Ensemble repräsentativer Bauten.

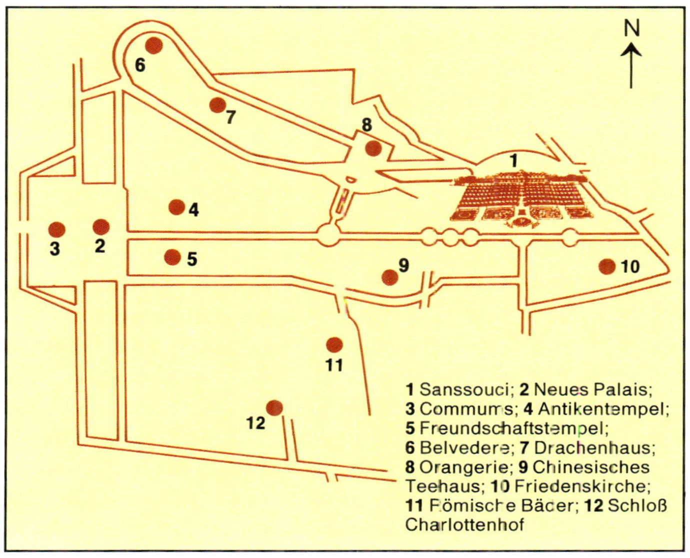

2 Eine flächengliedernde Pilasterordnung und große Gemälde an den Wänden und der Decke schmücken den Marmorsaal (1765–1769) im Neuen Palais bei Potsdam.

3 Im prachtvollen Raffaelsaal in der Neuen Orangerie (1851–1860) westlich von Schloß Sanssouci befinden sich Kopien nach Gemälden von Raffael.

4 Im Park von Schloß Sanssouci liegt ein Chinesisches Teehaus, das zwischen 1754 und 1756 von dem Architekten Johann Gottfried Büring errichtet wurde. Zu Füßen der Säulen der umlaufenden Säulenhalle lagern Chinesen (vergoldeter Sandstein). Der reizvolle Bau ist ein typisches Beispiel der damaligen Vorliebe für das Ostasiatische.

1

2

Das „Abendmahl" in Santa Maria delle Grazie

Sein bedeutendstes Kunstwerk malte der Renaissancekünstler Leonardo da Vinci zwischen 1495 und 1497 auf die Wand des Speisesaals im Mailänder Kloster Santa Maria delle Grazie. Leonardo da Vinci hält in seinem „Abendmahl" den Moment im Bild fest, als Christus sagt: „Einer unter Euch wird mich verraten."

Der Gegensatz zwischen der Aufregung der Jünger und der Ruhe und Gelassenheit Jesu verleiht dem Bild Spannung. Durch den Ausblick in eine helle Landschaft im Hintergrund wird die Erhabenheit Jesu unterstrichen.

Leonardo verwandte für das Gemälde eine völlig neue Technik, um langsam und sorgfältig malen zu können. Da die Fresko-Malerei, eine für Wandbilder übliche Technik, ein schnelles Arbeiten erforderlich macht, benutzte Leonardo Temperafarben. Für das berühmte Gemälde wirkte sich dieses Experiment jedoch verhängnisvoll aus: Bereits 20 Jahre nach der Vollendung zeigten sich die ersten Schäden. 1652 wurde außerdem ein Teil des Wandbildes durch den Einbau einer Tür zerstört.

Die erste Restaurierung, durch die das 9,10 × 4,20 m große Kunstwerk erhalten werden sollte, wurde 1726 vorgenommen. Seitdem bemühen sich immer wieder Experten, das bedeutende Werk vor dem endgültigen Verfall zu retten. Heute sind jedoch nur wenig mehr als zehn Prozent der ursprünglichen Farbenpracht zu bewundern. Nur aus einiger Entfernung kann man einen Eindruck von der früheren Schönheit des Bildes gewinnen. Von nahem sieht man die abblätternden Farbschichten, die durch die Luftverschmutzung in der Industriestadt Mailand nachgedunkelt werden.

1 *Immer wieder macht der katastrophale Zustand des Meisterwerks umfangreiche Restaurierungsarbeiten notwendig. Überall bröckeln die Farbpartikel von der feuchten Wand des ehemaligen Refektoriums des Klosters Santa Maria delle Grazie in Mailand.*
2 *An der Tafel sitzen (von links nach rechts): Bartholomäus, Jakobus der Jüngere, Andreas, Judas, Petrus, Johannes, Jesus Christus, Thomas, Jakobus der Ältere, Philippus, Matthäus, Judas Thaddäus und Simon.*

2

1

Kathedrale von Santiago de Compostela

Santiago de Compostela verdankt seinen Ruhm als – neben Jerusalem und Rom – bedeutendster Wallfahrtsort des Mittelalters der Legende von der wunderbaren Entdeckung der Gebeine des Apostels Jakobus (Santiago) im 9. Jahrhundert. Der Legende nach soll Jakobus der Ältere, der Jünger Jesu, auf der iberischen Halbinsel das Christentum gepredigt haben und nach seinem Märtyrertod in Jerusalem auf wunderbare Weise sein Grab in Spanien erhalten haben.

Die heiligen Reliquien des Apostels lockten bald Gläubige aus allen Teilen Europas an. Seit dem 11. Jahrhundert entwickelte sich der Weg von den Pyrenäen nach dem heiligen Ort in Spaniens Nordwesten zu einer wohlorganisierten Pilgerstraße, vorbei an Klöstern, Hospitälern, Kirchen und Gasthöfen, wo Mönche, Priester und auch Laien für das Wohl der frommen Wanderer sorgten. Als die Engländer Ende des 16. Jahrhunderts Santiago de Compostela bedrohten, wurde der Sarkophag des Heiligen so gut versteckt, daß er später nicht wieder aufgefunden werden konnte. Der Pilgerstrom verebbte. Erst 1879 wurde die Reliquie in der Krypta der Kathedrale unter dem Hauptaltar erneut entdeckt, wo sie noch heute aufbewahrt wird. Seitdem ist Santiago wieder ein Pilgerziel, im Vergleich zu den Tagen des Mittelalters allerdings in bescheidenem Rahmen.

Die Kathedrale von Santiago ist im wesentlichen ein frühromanischer Bau (1060–1211), der im 16. bzw. 18. Jahrhundert äußerlich barock umgestaltet wurde. Die beiden 76 m hohen Westtürme wurden 1680 vollendet, die von ihnen flankierte Fassade entstand von 1738 bis 1747. Mit einer Länge von 94 m ist die Kathedrale eine der größten romanischen Kirchen der Christenheit; der Grundriß zeigt eine dreischiffige Anlage mit dreischiffigem Querhaus sowie einem Chor mit Umgang.

Die Pilgerscharen des Mittelalters, eine frühe Form des Massentourismus, haben Santiago de Compostela zu einer reichen Stadt gemacht. Noch heute zeugt der Name des Südportals, Puerta de los Platerios, Pforte der Silberschmiede, für die Geschäftstüchtigkeit der Galizier. Die Pilger konnten hier ein silbernes Jakobszeichen kaufen, das sie ebenso wie eine Muschel an ihrem Hut befestigten. Muschel und Wanderstab kennzeichneten den Santiago-Pilger. Sie boten zugleich einen gewissen Schutz, denn es galt als Todsünde, einem Pilger zu schaden.

1 Im Mittelschiff der Kathedrale von Santiago de Compostela fällt der Blick des Besuchers auf den kostbaren Hauptaltar (Capilla Mayor) mit der Statue des heiligen Jakobus. Die bemalte Skulptur aus dem 13. Jahrhundert, die von einem mit Juwelen besetzten Metallmantel eingehüllt ist, wurde einst von den Pilgern umarmt und geküßt; zu diesem Zweck führt hinter dem Altar eine Treppe empor. Der Hauptaltar selbst besteht aus einem formenreichen Aufbau aus Jaspis, Silber und Alabaster (1665–1669 errichtet) und dem 1715 fertiggestellten eigentlichen Altar mit der Statue des Apostels und reichem Gold-, Silber- und Edelsteinschmuck. Unter diesem Teil der Kirche befindet sich die Krypta mit den Gräbern des Jakobus und seiner beiden Schüler.

2 Die reich verzierte Doppeltreppe aus dem 17. Jahrhundert führt den Besucher zur Pórtico de la Gloria, dem Tor der Herrlichkeit, und in die Vorhalle der Kathedrale, deren Skulpturenschmuck aus dem 12. Jahrhundert zu den schönsten Werken romanischer Bildhauerkunst zählt. Zum Kircheninnern öffnen sich drei weitere Portale im Norden, Osten und Süden mit jeweils einem Bogenfeld als oberem Abschluß. Im mittleren Bogenfeld zeigt der thronende Christus seine Wunden, er ist umgeben von den vier Evangelisten und von Engeln, die das Kreuz und die Marterwerkzeuge tragen. Auf einer Säule, die den Baum Jesse darstellt, sitzt der Apostel Jakobus; die Buchrolle in seiner Hand weist auf sein Wirken als Evangelist hin, der Pilgerstab hebt ihn aus der Reihe der auf den Gewändesäulen der drei Portale stehenden Apostel, Heiligen und Propheten hervor. Die Kleinskulpturen in den Rundbogen der Portale stellen Engel und Evangelisten dar. Die Westfassade wurde von dem Architekten Fernando de las Casas y Novoa in verschwenderischem Barockstil ausgeführt. Im Giebel zwischen den beiden Türmen steht eine Statue des Apostels Jakobus, zu seinen Füßen knien zwei Könige. In den Nischen darunter befinden sich die Statuen der Jünger des heiligen Jakobus. Die beiden reich gegliederten Türme sind 76 m hoch.

1 *Szenenbild aus der Oper „Turandot" von Giacomo Puccini, die in der Spielzeit 1983/84 an der Mailänder Scala gezeigt wurde. Am 25. 4. 1926 fand an der Scala die Uraufführung dieser Oper, damals unter Leitung von Arturo Toscanini, statt.*
2 *Szenenbild der Oper „Carmen" von Georges Bizet aus der Spielzeit 1984/85 (unter Leitung von Claudio Abbado, der mit Beginn dieser Spielzeit als musikalischer Leiter nach Mailand verpflichtet worden war).*

La Scala in Mailand

La Scala – dieser Name gilt in aller Welt als Inbegriff der Opernkunst schlechthin. Viele international bekannte Dirigenten, Sängerinnen und Sänger, Regisseure und Bühnenbildner haben an dem berühmten Mailänder Opernhaus, das über eine jahrhundertealte Opern- und Musiktradition verfügt, ihr Können unter Beweis gestellt und das kritische Publikum begeistert.
Die Geschichte der Scala begann mit dem Brand des Teatro Ducale, das im Jahr 1776 völlig vom Feuer zerstört wurde; in diesem Theater waren unter anderem die ersten Opern von Wolfgang Amadeus Mozart uraufgeführt worden. Nach dem Entwurf des Architekten Giuseppe Piermarini, dem Hofarchitekten der Kaiserin Maria Theresia, wurde ein neues Opernhaus auf dem Boden der einstigen Kirche Santa Maria alla Scala errichtet. Am 3. August 1778 konnte das Teatro alla Scala feierlich eingeweiht werden.
Am 15. April 1943 wurde das Opernhaus durch Bomben schwer verwüstet; aber bereits ein Jahr nach dem Ende des Zweiten Weltkrieges, am 11. Mai 1946, wurde die im wesentlichen in ihrer alten Form wiederaufgebaute Scala neu eröffnet; Arturo Toscanini, der von 1898 bis 1907 Kapellmeister und von 1921 bis 1931 Direktor der Scala gewesen war, dirigierte ein Konzert mit ausschließlich italienischer Musik. Obwohl beim Wiederaufbau auch die Innenausstattung der Scala Veränderungen unterlag, blieb die aristokratische Ausstrahlung

des aus 147 Logen in sechs Rängen bestehenden Theatersaals mit insgesamt 3600 Sitzplätzen erhalten.
Nicht immer ist das Foyer während der Vorstellungen menschenleer gewesen; früher befanden sich hier Spieltische, und in den Logen wurden die Herrschaften zwischen den Arien einer Oper von ihren Dienern mit üppigen Speisen und Getränken versorgt.
Neben den Opernaufführungen gehören zum Spielplan der Scala auch Konzerte, Ballettaufführungen und Liederabende. Bis kurz vor dem Zweiten Weltkrieg wurde die Spielzeit alljährlich stets am 26. Dezember, dem Sankt Stephanus-Tag, eröffnet, seitdem am 7. Dezember, dem Tag des heiligen Ambrosius, der als Schutzheiliger von Mailand gilt. Im Mai und Juni sowie Oktober und November findet die Konzertsaison statt; der September ist dem Ballett vorbehalten.
Zu dem umfangreichen Opernrepertoire der Scala gehören vor allem die großen Werke der italienischen Komponisten Giuseppe Verdi, Gioacchino Rossini und Giacomo Puccini. In den letzten Jahren wurden Opern auch von den international bekannten Regisseuren Giorgio Strehler, Jean-Pierre Ponelle und Franco Zeffirelli inszeniert. Nach der Einsetzung eines Führungsteams (mit Claudio Abbado als musikalischem Leiter) im Jahr 1972 öffnete sich die Scala auch der musikalischen Avantgarde; von den Komponisten Luigi Nono und Krzysztof Penderecki wurden Auftragswerke uraufgeführt.
Überblickt man die lange Geschichte und die großen Erfolge der weltberühmten Mailänder Scala, so hat sich eine Prophezeihung der Kaiserin Maria Theresia bewahrheitet, daß dieses Haus „den Ruhm der berühmtesten in den Schatten stellen" werde.

3 *Einen faszinierenden Eindruck vermittelt die Innenausstattung der Scala. Die Logen in sechs Rängen sind mit rotem Damast verkleidet, die Holzverschalung der Ränge ist im Ton alten Elfenbeins gehalten. Das festliche Foyer des Opernhauses ist mit Marmorsäulen und Kristall-Lüstern geschmückt.*

1

1 *Die farbenprächtige, mit Keramiken geschmückte Kuppel erhebt sich über der Hauptgebetshalle der Medrese Madar-e Schah in Isfahan. Vor allem die Keramikarbeiten haben den Ruhm der Moschee begründet. Den Gebetssaal flankieren zwei schlanke Minarette, die mit glasierten Fliesen verziert sind. Die Medrese ist eine größere und prächtigere Nachbildung der Königsmoschee von Isfahan.*

Schah-Moscheen in Isfahan

Isfahan, die persische Stadt mit den blühenden Gärten und schimmernden Moscheenkuppeln, wurde im 17. Jahrhundert mit dem Garten Eden verglichen. Schah Abbas I. verlegte 1598 die Hauptstadt des von ihm zu neuer Blüte gebrachten persischen Reiches von Ghaswin nach Isfahan, 350 km südlich von Teheran, und ließ die neue Residenz prächtig ausbauen.

Schah Abbas I. sicherte seine Herrschaft durch eine straffe Zentralverwaltung. Er entmachtete rivalisierende Vasallenfürsten, ließ seine Brüder ermorden, baute das Heer aus, führte mehrere siegreiche Feldzüge und knüpfte Handelsverbindungen nach Europa.

Im Zentrum von Isfahan liegt der 500 × 150 m große Schahplatz, um den sich die Schah-(Königs-)Moschee, die Frauenmoschee (Lotfollah-Moschee), die Palastanlagen und der Basar gruppieren.

Die private Königsmoschee des Schahs an der Südseite des Schahplatzes, von 1612 bis 1630 erbaut, symbolisiert in ihrer architektonischen Anlage grundlegende Vorstellungen des islamischen Glaubens. Das Zentrum einer persischen Moschee bildet der große rechteckige Innenhof mit einem Wasserbecken in der Mitte. Das Wasser dient rituellen Waschungen; darüber hinaus reflektiert es den Himmel, bildet einen zweiten Himmel und verkörpert darum den Schnittpunkt, an dem irdische und himmlische Realität ineinander übergehen.

Den Innenhof begrenzen vier mit blaugrünen Kacheln verkleidete Fassaden, in deren Mitte sich jeweils eine Art Portal erhebt, hinter dem grottenförmige Nischen und mit Kuppeln überwölbte Bethallen liegen. Der Zahl Vier kommt im Islam eine symbolische Bedeutung zu: Sie erinnert an die vier Gärten und vier Quellen des Paradieses, durch das vier Flüsse strömen – ein Bedeutungsgehalt, den das Wasserbecken im Hof noch verstärkt, weil sich für die in wasserarmen Gegenden lebenden moslemischen Völker paradiesische Vorstellungen mit rieselndem Wasser verknüpfen. Die geometrische

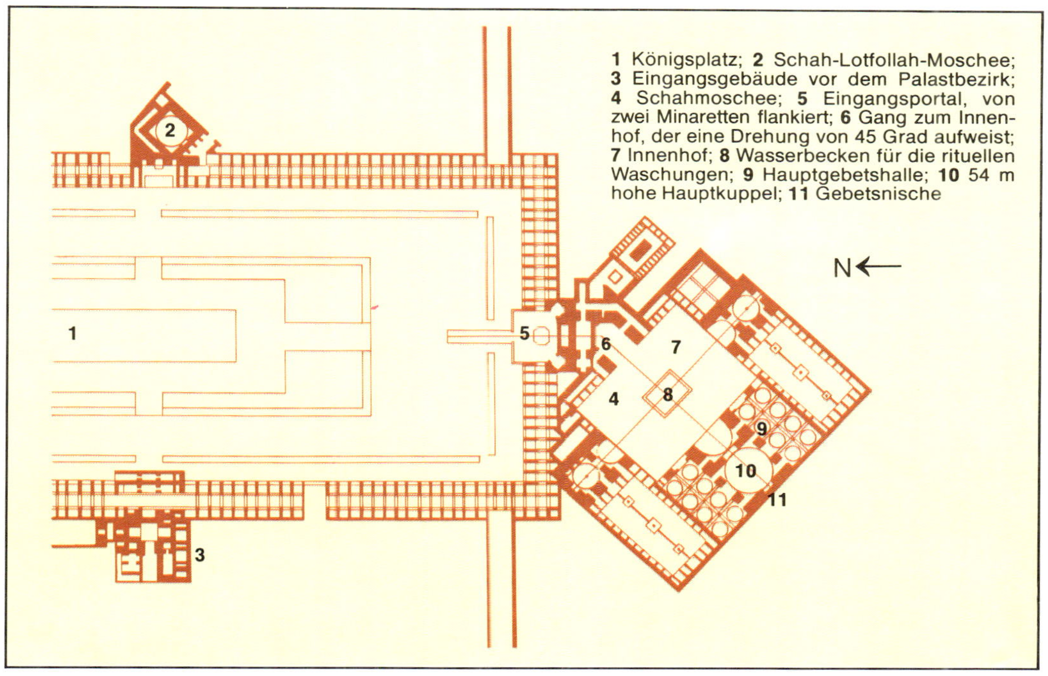

Anlage mit ihren kreuzförmig einander gegenüberliegenden Portalen, die sich ebenfalls im Wasser spiegeln, verkörpert die Mitte des Universums.

Über der Hauptgebetshalle erhebt sich die große, 54 m hohe Hauptkuppel. Sie ist mit grünlich-blauen Keramikarbeiten geschmückt, die vor allem Ranken, Blätter und Zweige darstellen und das Bild eines Baumes mit grüner Krone vermitteln: Die Kuppel symbolisiert den Baum des Lebens. Für die farbigen Fayencefliesen, mit denen die ganze Moschee verkleidet ist, wählten die Künstler religiöse Sprüche, Blumen, stilisierte Tiere und geometrische Muster als Schmuckmotive.

Die Lage der Moschee am Königsplatz weist eine eigentümliche Besonderheit auf: Sie liegt nicht parallel zum Platz, sondern diagonal, um einen Winkel von 45° zur Eingangshalle gedreht. Die Achsenverschiebung war notwendig, weil einerseits die Eingangsportale in der Front zum Schahplatz liegen sollten, andererseits jedoch die Gebetsnische, gemäß dem religiösen Gebot der Mohammedaner, nach Mekka (→ Kaaba, S. 186/187) ausgerichtet werden muß.

Ebenfalls im Zentrum der Stadt befindet sich eine weitere Schah-Moschee, die berühmte Medrese, die auch als Madrase Sultani und als Madar-e Schah bekannt ist. Das Bauwerk, das als Kopie der Königs-Moschee gebaut wurde, gilt als letztes großes Monument persischer Baukunst und gleichzeitig als deren Höhepunkt. Es entstand in der Zeit zwischen 1706 und 1714.

Unter dem Schah Hasian I., der zwischen 1694 und 1722 regierte, wurde die eigentliche Moschee errichtet. Daneben ließ die Mutter des persischen Herrschers eine Karawanserei bauen, deren Einnahmen die Medrese-Moschee unterhalten sollten. Die Anlage gruppiert sich um einen rechteckigen Hof, in dem sich ein großes Wasserbecken sowie Gärten und kleine Innenhöfe befinden. Bedeutendste Bestandteile des Bauwerks sind jedoch die Kuppel der Gebetshalle und die beiden Minaretts. Die zwiebelförmige Kuppel ist zwar eine Nachbildung der Königsmoschee, doch ihr größerer Umfang und vor allem die detaillierte ornamentale Ausgestaltung der Fassade mit grünlich-blauen Fliesen übertreffen die Wirkung des Originals.

2 *In dem Teich in der Mitte des Innenhofes der Schah-Moschee von Isfahan spiegeln sich die Eingangsportale zu den Bethallen. In der persischen Architektur stellt der Innenhof einen vom Himmel überdachten Saal dar, in dem die Gläubigen sich Gott nähern.*

3 *Den gesamten Innenraum der Moschee schmücken vielfarbige Fayencekacheln.*

Schauspielhaus in Berlin-Ost

In der Geschichte der deutschen Kunst hat kein Architekt ein so umfassendes Lebenswerk aufzuweisen, das mit dem Karl Friedrich Schinkels vergleichbar wäre. Als sich am Anfang des 19. Jahrhunderts Berlin zu einem Zentrum des geistigen Lebens, des emanzipierten Bürgertums und des zunächst reformwilligen preußischen Staates entwickelte, übte Schinkel mit seiner am Schönheitsideal der klassischen Antike orientierten Baukunst einen entscheidenden Einfluß auf die architektonische Gestaltung der Stadt aus.

Jüngstes Beispiel der heute im Osten wie im Westen des geteilten Berlins gleichermaßen anerkannten und bewunderten klassizistischen Baukunst Schinkels ist die in seinem Geist und Stil vorgenommene Rekonstruktion des Schauspielhauses im Ostteil der Stadt, das im Oktober 1984 als Konzerthaus eröffnet wurde.

Den vorspringenden Mittelbau des Gebäudes beherrscht eine monumentale Freitreppe mit einer darüber liegenden ionischen Säulenhalle; daran schließt sich der eigentliche Theatersaal an, neben dem ein Konzertsaal, ein Festlokal, die Garderoben, Probensäle und andere Nutzräume liegen. Schon von den Zeitgenossen Schinkels wurde die Verbindung von Zweckmäßigkeit und unaufdringlicher klassizistischer Gestaltung gerühmt und der Zusammenklang des an allen Seiten mit Giebelausbauten verzierten Bauwerkes mit den beiden hohen

Kuppeltürmen der benachbarten Kirchen bewundert. Die Rekonstruktion des im Zweiten Weltkrieg zerstörten Schauspielhauses ist bis in die Details der Ausstattung und des reichen Figurenschmucks ein Beispiel meisterhafter Einfühlung in den Stil Schinkels.
Seine Bautätigkeit in Berlin begann Schinkel 1817 mit der Errichtung der Neuen Wache (Unter den Linden), die zwischen dem Gebäude der 1810 gegründeten Universität und dem Zeughaus liegt. Aufgrund seiner vollendeten Proportionen kann sich der schlichte, viereckige Kastenbau gegen die benachbarten größeren Bauten verschiedener Epochen behaupten; das Portikus, eine dorische Säulenhalle, korrespondiert mit der Architektur des Brandenburger Tores (→ S. 54/55). Heute ist die Neue Wache ein den Opfern des Faschismus und Militarismus gewidmetes Mahnmal der DDR.

Mit einem anderem hochbedeutenden Bau, dem Alten Museum am Lustgarten, drückt Schinkel die geistige Bedeutung aus, die seine Zeit dem Museum zumaß. Zwischen 1824 und 1828 errichtete er ein rechteckiges Gebäude mit zwei Innenhöfen, die durch einen 23 m hohen Kuppelbau getrennt werden. Der Kuppelsaal gleicht einem römischen Pantheon: Ein Ring von 20 Säulen im Untergeschoß trägt den Umgang des oberen Stockwerkes. Die Vorderfront des trotz seiner Monumentalität übersichtlichen und zweckmäßigen Gebäudes besteht aus 18 Ionischen Säulen.
Mit seiner vielfältigen und phantasievollen Bautätigkeit wurde Schinkel, der auch als Maler, Graphiker und Bühnenbildner tätig war, über die Grenzen Berlins und Preußens berühmt: Seine Werke stellen einen Höhepunkt der klassizistischen Baukunst in Europa dar.

Das Schauspielhaus im Ostteil der Stadt Berlin wurde in den Jahren zwischen 1819 und 1821, nachdem der Vorgängerbau 1817 durch ein Feuer zerstört worden war, von Karl Friedrich Schinkel erbaut. Es befindet sich am ehemaligen Gendarmenmarkt – seit 1950 Platz der Akademie – und liegt zwischen dem Deutschen und dem Französischen Dom (rechts im Bild; beide errichtet 1701–1705 bzw. 1708). Heute wird das Schauspielhaus als Konzerthaus genutzt; neben dem Hauptsaal wurde noch ein Kammermusiksaal eingerichtet.

1 Von den warmen Tönungen des Goldes der Schwe-Dagon-Pagode in der birmesischen Hauptstadt Rangun geht eine feierlich-würdige Stimmung aus, die in schroffem Gegensatz zu dem Gefühl der Unruhe steht, die der Besucher beim Betrachten der in allen Regenbogenfarben schillernden Gebäude und Figurengruppen der weiten Plattform und der zahllosen Verkaufsbuden entlang den Aufgängen zur Pagode empfindet.
2 Zu Füßen der Pagode stehen 72 gleichartige Kapellen, vor denen stets Kerzen und Räucherstäbchen brennen.
3 Zur Verschönerung der Pagode wurden dem Heiligtum großzügige Stiftungen gemacht. König Mindon von Awa (Oberbirma) z. B. spendete 1871 für die Turmspitze eine neue Bekrönung, deren Sockel aus Silber und Gold gearbeitet und mit 5440 Diamanten sowie 1317 anderen Edelsteinen geschmückt ist.

Schwe-Dagon-Pagode in Rangun

Zwei Kaufleute aus Okkala (dem heutigen Rangun) brachten 588 v. Chr. von einer Reise nach Indien acht Haupthaare Gautama Buddhas mit. Heimgekehrt öffneten sie das Kästchen, in dem die kostbaren Reliquien aufbewahrt waren. Ein Wind fuhr hinein und wehte die Haare davon bis zu einem kleinen Berg. Sie strahlten einen leuchtenden Glanz von solcher Kraft aus, daß plötzlich Lahme gehen, Taube hören und Stumme sprechen konnten. Vom Himmel regnete es Juwelen, die den Berg knietief bedeckten. Dieses Wunder bewog die Kaufleute, auf dem Berg eine goldene Plattform zu legen und darauf eine goldene Pagode als Schrein für die Reliquie zu errichten. So erzählt die Legende von der Gründung der Schwe-Dagon-Pagode, die seit Jahrhunderten den religiösen Mittelpunkt Birmas darstellt.
Die erste Pagode soll nur 12 m hoch gewesen sein. Durch wiederholte Überbauungen mit Backsteinschichten, die sich wie Zwiebelschalen um den ursprünglichen Kern mit der Reliquienkammer legten, erlangte das Monument seine heutige Größe. Die meisten Herrscher in Birma trugen zur Vergrößerung, Ausschmückung und Instandhaltung der Pagode bei. 1564 erhielt sie ihre gegenwärtige Gestalt.
Die Pagode ist 116 m hoch, ihr Umfang an der achteckigen Basis beträgt 450 m. Sitzende, bunt bemalte Löwen bewachen die Tore zu den vier breiten Treppen, die auf die obere Plattform führen und von reich verzierten Staffeldächern überdeckt werden. Die obere Plattform, die 275 m lang und 208 m breit ist, trägt im Zentrum die große goldene Pagode und darf nur barfuß betreten werden. Sie bietet Raum für zahlreiche Gebäude, u. a. Gebetshallen, Bibliothek und Brunnenhalle. An langen Balken hängen Hunderte von Glocken aller Größen, die von den Gläubigen mit bereitliegenden Stöcken angeschlagen werden, um die Aufmerksamkeit der Geister und Dämonen auf eine verdienstvolle Opfertat zu lenken.
Die Schwe-Dagon-Pagode wurde mehrmals durch Erdbeben oder Feuer beschädigt. 1942 trafen japanische Bomben das buddhistische Heiligtum. Seitdem wird es mit großem Opferwillen der Bevölkerung wiederhergestellt. Die Goldauflage für die unteren Partien der Pagode fehlt noch.
Für die gläubigen Birmesen ist die Schwe-Dagon-Pagode kein Denkmal, sondern lebendiger Mittelpunkt des religiösen Alltags. Das Nebeneinander von religiöser Andacht und unbekümmertem Vergnügen macht für den abendländischen Besucher einen wesentlichen Teil der Faszination aus.

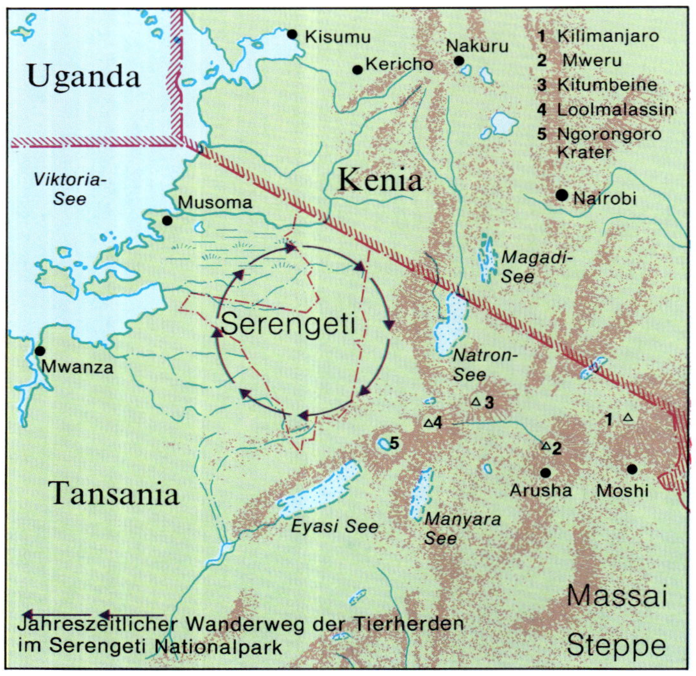

Serengeti-Nationalpark

„Serengeti darf nicht sterben!" Mit diesem Aufruf zur Erhaltung des Naturschutzparkes Serengeti, um den Tieren und Pflanzen in der Urlandschaft Ostafrikas ihren natürlichen Lebensraum zu bewahren, wandte sich der Zoologe Bernhard Grzimek 1959 an die Weltöffentlichkeit. Der Appell verhallte nicht ungehört; doch die Gefahr, daß das einmalige Naturwunder Serengeti mit seinen größten Wildtierherden der Welt durch Eingriffe des Menschen zerstört wird, ist noch immer nicht gebannt.

Der Serengeti-Nationalpark in Tansania ist das Kernstück des ostafrikanischen Wildtier-Reviers. In der Nähe des Äquators, unmittelbar südlich der Grenze zwischen Tansania und Kenia auf dem Hochland des Victoria-Sees gelegen, umfaßt der Nationalpark eine Fläche von 13 000 km^2 und ist damit fast so groß wie Schleswig-Holstein. Der Reiz der Serengeti liegt nicht so sehr in der Schönheit der Landschaft, einer eher kargen, baumar-

men und grasbewachsenen Savanne, als vielmehr in ihrem einmaligen Wildtierreichtum. Nirgendwo anders auf der Welt gibt es derartige Ansammlungen von Wildtieren. Nur die längst ausgerotteten Büffelherden, die früher über die Prärien Nordamerikas zogen, sind mit den Huftierherden in der Serengeti vergleichbar.
Die riesigen Huftierherden durchwandern die Serengeti in einem jahreszeitlichen Rhythmus. Von etwa Mitte März bis Mitte Mai dauert die große Regenzeit, die die Hochebene der Serengeti in einen Garten Eden verwandelt. In der nachfolgenden Trockenzeit bis Oktober gleicht das Hochland einer ausgedörrten Halbwüste, die von den Tieren auf der Suche nach Nahrung verlassen wird. Dann überschreiten unüberschaubare Tierherden zeitweilig die Grenzen des Naturschutzgebietes. Die kleine Regenzeit im November und Dezember läßt das Gras und die Sträucher auf der Hochebene wieder wachsen, so daß die zurückkehrenden Tiere wieder ausreichende Nahrung vorfinden.
Auf ihren Wanderungen verlassen die Tiere die Grenzen des Naturschutzparks und kommen in die Nähe menschlicher Siedlungsgebiete, die am Rand des Nationalparks den lebenswichtigen Naturraum der riesigen Tierherden bedrohlich einschränken. Die Vegetation dieser Region reicht nicht aus, um die Wildtierherden und eine explosionsartig anwachsende Bevölkerung, die ihren Siedlungsraum ständig ausweitet, zu ernähren. Wenn der Lebensraum zwischen Mensch und Tier nicht aufgeteilt werden kann, dann gibt es nur geringe Überlebenschancen für die Tierwelt in der Serengeti.
Weitere Bedrohungen der Tierwelt ergeben sich aus dem zunehmenden Tourismus und durch Steppenbrände, die oft durch Brandstiftung entstehen und die eine verstärkte Bodenerosion zur Folge haben. Die karge Vegetation der Serengeti wird außerdem durch die rund 2500 Elefanten bedroht, die ständig kleine Teile des Waldbestandes vernichten. Die Elefanten flüchteten in die Serengeti, als die Gebiete rund um den Nationalpark stärker besiedelt und die Wälder gerodet wurden.
Der Aufruf „Serengeti darf nicht sterben" hat seine Aktualität und Notwendigkeit nicht verloren: Es geht um den Schutz einer einzigartigen Wildtieransammlung, ohne deren Überleben in der freien Wildbahn auch das menschliche Leben und Erleben ärmer würden.

In dem Serengeti-Nationalpark leben mehrere Hunderttausend Gnus, Gazellen und Zebras sowie Tausende Kaffernbüffel, Giraffen, Elefanten, Hyänen und Löwen. Auch Leoparden und Geparden, Flußpferde und Nashörner sind hier in einer zahlenmäßig einzigartigen Ansammlung vertreten. Über keinen anderen Nationalpark der Welt wurden soviel Bücher geschrieben und Filme gedreht wie über den Serengeti-Nationalpark in Tansania, der die größten Wildtierherden Afrikas beherbergt.

Shinkansen-Expreß

Für die 515 km lange Strecke von Tokio nach Osaka braucht der 400 m lange Expreß Shinkansen (japanisch: Geschoß) nur drei Stunden und zehn Minuten. Seit 1964 verbindet er die wichtigsten Wirtschaftszentren Japans mit zusammen 36 Millionen Einwohnern. Das Streckennetz soll bis Ende der 80er Jahre auf rund 3000 km ausgedehnt werden. Dann wird auch die nördlichste Insel Japans, Hokkaido, an das Schnellbahnnetz angeschlossen sein und sich die Fahrzeit zwischen Tokio und der Inselmetropole Sapporo durch die Fertigstellung des 53,9 km langen Saikan-Unterwassertunnels von bisher 17 auf sechs Stunden reduzieren.

Zwei Typen von Super-Expreßzügen verkehren während der Hauptgeschäftszeit zwischen 6 und 20 Uhr mehrmals stündlich zwischen dem Hauptbahnhof Tokio, dem Knotenpunkt der Strecke, und den Industriezentren in Japans Süden: Der Hikari (japanisch: Blitz) und der Kodama (japanisch: Echo). Beide verfügen über 14 Personenwagen, davon zwei erster Klasse, und zwei Speisewagen. Die Züge unterscheiden sich nur in der Zahl der von ihnen angefahrenen Bahnhöfe: Während der Hikari auf der Strecke Tokio–Hakata – dies entspricht der Entfernung Berlin–Rom – nur sechsmal Station macht, hält der Kodama häufiger und braucht entsprechend länger als der Hikari, der die 1177 km in

nur sechs Stunden und 56 Minuten zurücklegt und dabei eine Durchschnittsgeschwindigkeit von 166,6 km/h erreicht. Auf deutsche Verhältnisse übertragen hieße das für die Strecke Hamburg–München, daß die mehrmals pro Stunde abfahrenden Züge bei Zwischenhalten in Hannover und Würzburg den Reisenden in rund viereinhalb statt in acht Stunden von der Elbe an die Isar bringen würden. Um die Shinkansen möglichst oft voll ausfahren zu können, wurden zwischen Tokio und Hakata rund 350 km zumeist gerade Tunnelstrecken gelegt. Die Geschwindigkeit der Züge, abgestimmt auf Strecke und Zugfolge, wird von der Zentrale in Tokio errechnet und dem Zugführer im Cockpit angezeigt.

Die erste Shinkansen-Strecke zwischen Tokio und Osaka wurde 1964 in Betrieb genommen und bis 1975 nach Hakata auf der Insel Kyushu verlängert. Weitere Linien bestehen nach Niigata und Marioka.

Bis 1981 konnten sich die Japaner rühmen, die schnellsten Züge der Welt zu betreiben. Dann wurden sie von den Franzosen übertrumpft, deren 380 km/h schneller TGV (Train à Grande Vitesse) nach seiner Fertigstellung im September 1983 die 427 km zwischen Paris und Lyon in zwei Stunden zurücklegt.

Auch die Deutsche Bundesbahn baut auf den Linien Hannover–Würzburg und Mannheim–Stuttgart Hochgeschwindigkeitsstrecken für ihre neuentwickelten IC-E-Züge, die eine Spitzengeschwindigkeit von 350 km/h erreichen. Das auf einer Teststrecke im Emsland erprobte Magnetbahnsystem Transrapid erreicht sogar Spitzengeschwindigkeiten von 400 km/h.

Vorbei an der schneebedeckten Spitze des Fudschijama, des heiligen Berges der Japaner, rast ein blau-weiß lackierter, stromlinienförmiger Zug mit einer Spitzengeschwindigkeit von 210 km/h von Osaka nach Tokio: Der Shinkansen-Expreß. Anders als in den USA und Westeuropa steht in Japan die Eisenbahn im Zentrum der Verkehrsplanung; die Shinkansen-Züge, die der Bahn alljährlich einen erheblichen Gewinn sichern, sind für die innerjapanischen Fluglinien eine ernsthafte Konkurrenz.

Silicon Valley

Erfolgsgeschichten beginnen im Silicon Valley wie alte Märchen: Es waren einmal ein paar junge Männer, die sich eine Garage mieteten, um dort einen neuen Computer zu entwerfen. Einige Jahre später gehörte ihnen ein weltweites Unternehmen, so daß sie sich als Jung-Millionäre zur Ruhe setzen konnten. Im kalifornischen Silicon Valley, dem Zentrum der amerikanischen Computer-Industrie, ist dieser Traum schon so oft in Erfüllung gegangen, daß er sich mit dem Namen des Tals verknüpft hat. Der märchenhafte Aufstieg kleiner Firmen zu international erfolgreichen Computer-Unternehmen ist jedoch die Ausnahme von der Regel: Von zehn neugegründeten Firmen kann sich höchstens eine auch international behaupten. Seit Anfang 1985 ist außerdem auf dem Weltmarkt für Computer ein erheblicher Absatzrückgang zu beobachten; viele Unternehmen im Silicon Valley konnten den unbarmherzigen Kampf um Marktanteile nicht überleben und mußten ihre Tore schließen.
Der Name Silicon Valley wurde erst 1971 von einem Wochenmagazin geprägt. Tausende von Tonnen hochreinen Siliciums (englisch: Silicon) werden hier jährlich zu mikroelektronischen Bauelementen verarbeitet. Eigentlich heißt das Tal zwischen Palo Alto und San José, etwa 70 km südöstlich von San Francisco, Santa Clara County. Noch bis zum Beginn der 70er Jahre herrschte hier der Obstanbau vor. Anfang 1984 waren in einem Rechteck von 15 × 30 km 3000 Unternehmen der Elektronikbranche niedergelassen. Weitere 3000 Zulieferund Dienstleistungsunternehmen haben sich ihnen angeschlossen. Eine derartige Konzentration von Firmen der sog. High Technology existiert auf der Welt kein zweites Mal, auch wenn das Konzept und der Name Silicon Valley weltweit exportiert wurden.
Keimzelle für die unternehmerischen Erfolge im Silicon Valley ist die Stanford Universität in Palo Alto. Ihre Absolventen wurden ermutigt, in der Nähe der Universität Firmen zu gründen und den Kontakt zur wissenschaftlichen Forschung aufrechtzuerhalten. Spätestens seit 1955 begann das Wachstum des Tales eine eigene Dynamik zu entwickeln: Hatte ein Angestellter eine Idee, die ihm tragfähig für den Aufbau eines eigenen Unternehmens erschien, suchte er sich einen Geldgeber und machte sich selbständig. Die Ansammlung von Wissen, der Austausch von Informationen und risikobereite Investoren bildeten den idealen Nährboden für Ideen und neue Firmen. Zu einem wahren Gründungsrausch kam es 1971 nach der Entwicklung des Mikroprozessors, des Computers auf einem Chip. Der räumlichen Ausbreitung der Industrieparks, in denen in den 80er Jahren jährlich rund 40 000 Arbeitsplätze geschaffen wurden, haben erst die Proteste der angrenzenden Farmer Einhalt geboten.
Die fast 30jährige ungebremste Entwicklung des Silicon Valley begann Mitte der 80er Jahre zu stagnieren. Viele der schnell gewachsenen Firmen konnten die weltweit sinkende Nachfrage nach Computern und den damit einhergehenden Preisverfall nicht überleben. Neben wirtschaftlichen Krisenerscheinungen entzauberten Berichte über Umweltskandale den Mythos des Silicon Valley; mit der Verringerung der Lebensqualität setzten die ersten Abwanderungstendenzen ein.
Trotzdem sind in den letzten Jahren überall auf der Welt kleine Silicon Valleys entstanden: Die Idee, Wissenschaft und Wirtschaft gewinnbringend miteinander zu verknüpfen, hat Schule gemacht.

Bestimmend für die Zukunft der Menschheit und Mittelpunkt des Erfolges im Silicon Valley: Ein integrierter Schaltkreis ohne seine schützende Hülle. Die Leiterbahnen des Chips in der Mitte sind nur unter dem Vergrößerungsglas zu erkennen.

1 *Solar One in der kalifornischen Mojave-Wüste, ein Solarkraftwerk nach dem Turmprinzip, nutzt Spiegel, um Sonnenlicht zur Erzeugung von Wasserdampf einzusetzen. 1818 silbern schimmernde Heliostaten, jeder 40 m² groß und schwenkbar gelagert, stehen in einer elliptischen Anordnung auf dem 2 900 000 m² großen Gelände des Kraftwerks. Die Spiegelflächen folgen dem Lauf der Sonne, um ihr Licht auf den Boilerturm in der Mitte zu konzentrieren. Defekte Spiegel sind in die waagerechte Grundstellung zurückversetzt worden. Der neben dem Turm stehende Tank ist mit wärmespeicherndem Öl und Bruchgranit gefüllt und ermöglicht die Lieferung von sieben Megawatt elektrischer Energie auch nach Sonnenuntergang und bei bedecktem Himmel über eine Dauer von vier Stunden. Die volle Leistung von zehn Megawatt erreicht Solar One im Sommer über acht Stunden am Tag, im Winter vier Stunden lang.*

2 *Die präzise Steuerung der Heliostaten nach dem Lauf der Sonne obliegt dem Computer. Auf dem Bildschirm werden auch defekte oder nicht genau ausgerichtete Spiegelflächen angezeigt. Die elliptische Anordnung der Heliostaten, 578 in den beiden südlichen und 1240 in den beiden nördlichen Quadranten, ist speziell für Daggett errechnet worden. Läge der Ort auf dem Äquator, wären die Spiegel kreisrund angeordnet.*

3 *Moderne Techniken machen es möglich, daß das gesamte Kraftwerk nur von einem einzigen Mann überwacht wird, der auf dem Kontrollstand sämtliche Vorgänge beobachten kann.*

Solarkraftwerk Solar One

Im Tal des Todes im amerikanischen Südwesten wurde mit 56,7° C die zweithöchste jemals auf der Erde gemessene Temperatur festgestellt. Ganz so heiß ist es 100 km weiter südlich in der kalifornischen Mojave-Wüste bei Barstow nicht. Aber auch hier stiegen die Temperaturen auf 35° C, ist der jährliche Niederschlag minimal. Die Sonne brennt durchschnittlich 4000 Stunden im Jahr vom Himmel. Die Silbersucher, die 1880 Barstow gründeten, haben im Traum nicht daran gedacht, daß sich gerade dieses heiße, trockene Klima einmal den Menschen als nützlich erweisen könnte. Barstow und Umgebung haben sich inzwischen zu einem Experimentierfeld der amerikanischen Solarenergie-Nutzung entwickelt.
Solar One, ein Sonnenkraftwerk nach dem Turmprinzip, wurde 1982 in Daggett bei Barstow in Betrieb genommen. Es ist eine Option auf die Zukunft. 1984 noch das größte Solarkraftwerk der Welt, wird es schon bald von größeren Spiegelfeldern in seiner Nachbarschaft übertroffen werden. Solar One kann nur 1200 Haushalte mit teurem Strom versorgen. Dennoch scheinen sich die Baukosten von 141 Millionen Dollar, gedacht als Antrieb für den Einstieg ins Solarzeitalter, für die amerikanische Bundesenergiebehörde zu rentieren. Weitere, zum Teil nach anderen Prinzipien arbeitende Kraftwerke sind rund um Barstow im Bau oder in Planung. Die Betreibergesellschaft von Solar One will bis 1988 ein 100-Megawatt-Kraftwerk errichten.
Die Kraftwerke nach dem Turmprinzip nutzen Spiegel, um Sonnenlicht auf einen Boilerturm in ihrer Mitte zu konzentrieren. Dort entstehen ungeheure Temperaturen, die zur Erzeugung von Wasserdampf eingesetzt werden. Dieser wird wie bei herkömmlichen Turbinenkraftwerken zur Stromerzeugung genutzt. Größere Zukunftschancen vor allem für mittlere Breitengrade werden photovoltaischen Kraftwerken eingeräumt. Eines davon steht in Hesparia, 50 km südlich von Barstow. 100 blauschimmernde, mit Solarzellen bestückte Heliostaten wandeln dort das Sonnenlicht direkt in 1 Megawatt elektrische Leistung um.
Sonnenschein ist nach den Worten des amerikanischen Solar-Experten Peter Glaser mit einem mineralischen Rohstoff vergleichbar, der zwar häufig vorkommt, aber nur schwach erzhaltig ist und deshalb nur mit anspruchsvoller Technik wirtschaftlich ausgebeutet werden kann. Solange eine solche Technik noch nicht voll entwickelt ist, bleibt die Erzeugung von Strom mit Hilfe des Sonnenscheins teuer.

Statfjord A, B und C

Mit der Entdeckung der größten Erdöl- und Erdgasvorkommen Europas in der norwegischen Nordsee begann eine der risikoreichsten Unternehmungen in der Geschichte der Erdölförderung. Die Dimensionen des Projekts lassen sich nur in technischen und ökonomischen Superlativen ausdrücken. In dem sog. Statfjord-Feld wurden drei Bohr- und Förderplattformen, Statfjord A, B und C, installiert, die mit dem Erreichen ihrer maximalen Förderkapazität gegen Ende der 80er Jahre jährlich insgesamt 30 Millionen t Erdöl aus dem Boden der Nordsee fördern werden; das entspricht fast einem Drittel des Mineralölverbrauchs in der Bundesrepublik Deutschland.

Die geographische Lage des Statfjord-Feldes in der rauhen Nordsee und die dadurch auftretenden technischen Probleme stellen in der Geschichte der Erdölförderung alles bisher Dagewesene in den Schatten: Die Bohrinsel Statfjord C ist mit einer Höhe von 271 m fast doppelt so hoch wie der Kölner Dom und mit einem Gewicht von 835 000 t das schwerste Objekt, das je von Menschen bewegt wurde. Die Beton- und Stahlkonstruktion der Bohrinsel enthält 130 000 m^3 Beton, genug, um Wohnungen für über 5000 Familien zu errichten, und 31 500 t Stahl, aus denen drei neue Eiffeltürme gebaut werden könnten. Der riesige Beton- und Stahlklotz wird durch sein eigenes Gewicht auf dem Meeresgrund festgehalten – selbst schwerste Stürme und bis zu 30 m hohe Wellen, die sich in dieser Gegend der Nordsee aufbauen können, verändern nicht seinen Standort.

Das Fundament der Bohrinsel besteht aus 24 großen, wabenförmig angeordneten Betonzellen. In einem tiefen Fjord der norwegischen Küste wurden auf vier dieser Zellen riesige Betonschäfte errichtet, auf die später der Deckaufbau aufgesetzt wurde. In dem Maß, wie der Bau der Schäfte voranschritt, wurde der Betonsockel durch stückweises Fluten der Betonzellen ins Wasser abgesenkt. Eine unglaubliche Präzision war erforderlich, um die 41 000 t schwere Deckkonstruktion schwimmend über den fertigen Betonschäften in Position zu bringen und mit diesen zu verschweißen. Durch teilweises Leerpumpen des Betonsockels konnte die aufgrund ihres eigenen Auftriebs nun schwimmende Bohrinsel mit kräftigen Hochseeschleppern ins Statfjord-Feld bugsiert werden; die Befestigung auf dem Meeresboden erfolgte durch Fluten der Ballasttanks der Bohrinsel, von der außer der Deckplattform nur wenige Meter der Betonschäfte aus dem Meer herausragen.

Die Stahlkonstruktion des dreistöckigen Deckaufbaus trägt den Bohrturm mit den dazugehörigen Bohr- und Fördereinrichtungen, einen Landeplatz für Hubschrauber und ein Kraftwerk zur Energieversorgung. Zu dem Deck gehört außerdem ein achtstöckiges Hotel mit 278 Unterkünften und verschiedenen Nutzräumen. Über 160 km von der norwegischen Küste entfernt, bildet die Bohrinsel eine kleine Stadt für sich – mitten in der vom Sturm gepeitschten Nordsee mit ihren haushohen Wellenbergen. Die förderbaren Reserven des Statfjord-Feldes werden auf 440 Millionen t Erdöl und 100 Milliarden m^3 Erdgas geschätzt. Von jeder Plattform der Bohrinseln Statfjord A, B und C werden ca. 20 Bohrungen in eine Tiefe von rund 2500 m niedergebracht. Durch zehn weitere Bohrungen wird das anfallende Erdgas in die Lagerstätte zurückgepumpt, um den Förderdruck des Feldes aufrechtzuerhalten. Mit den Statfjord-Bohrinseln wird bis ins nächste Jahrtausend hinein ein bedeutender Beitrag zur Energieversorgung Westeuropas geleistet.

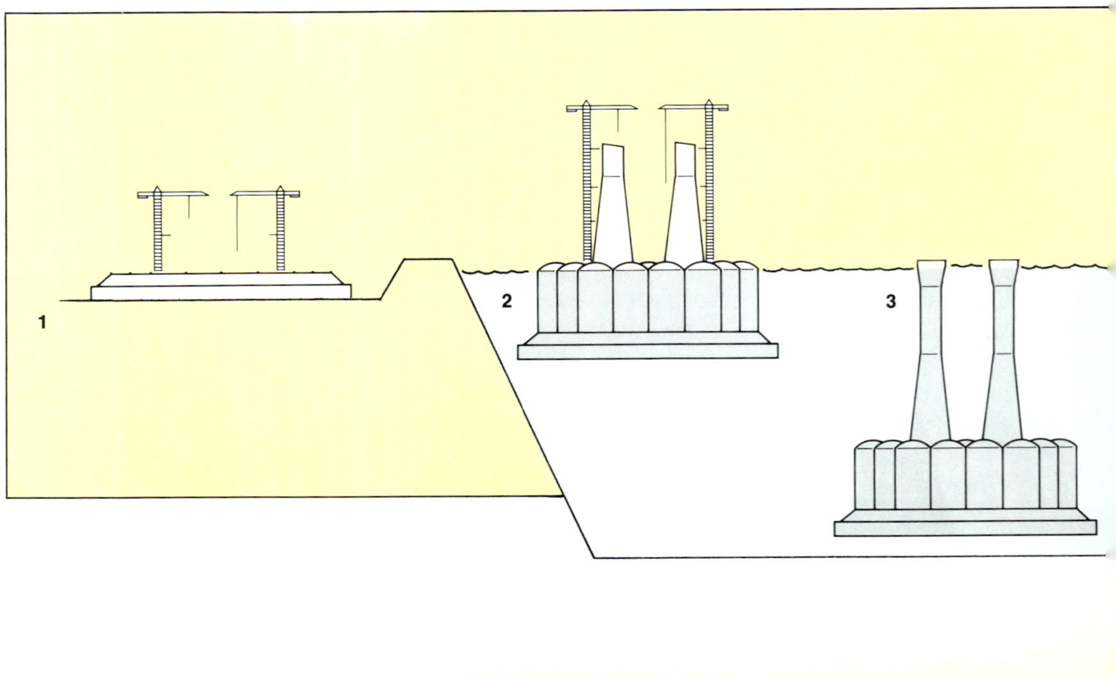

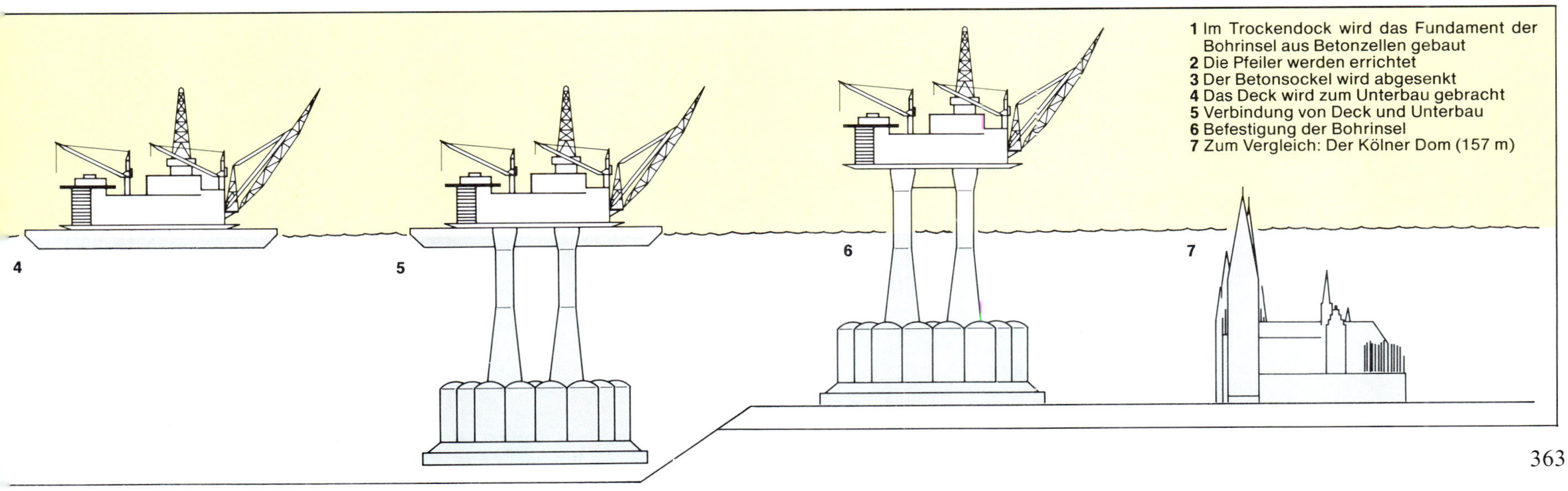

1 Im Trockendock wird das Fundament der Bohrinsel aus Betonzellen gebaut
2 Die Pfeiler werden errichtet
3 Der Betonsockel wird abgesenkt
4 Das Deck wird zum Unterbau gebracht
5 Verbindung von Deck und Unterbau
6 Befestigung der Bohrinsel
7 Zum Vergleich: Der Kölner Dom (157 m)

1

2

Stephansdom in Wien

Am 26. April 1952 wurde die Pummerin, die große Glocke des Stephansdomes, in einem wahren Triumphzug von einer oberösterreichischen Glockengießerei in St. Florian nach Wien transportiert. Sie war 1711 aus 180 erbeuteten Türkenkanonen gegossen worden und hing bis zum April 1945 im Südturm des Domes. Als St. Stephan in den letzten Kriegstagen in Brand geschossen wurde, stürzte die Pummerin in die Tiefe und zerbrach. Nach Kriegsende wurden die Bruchstücke eingesammelt und die Pummerin neu gegossen. Mit einem Gewicht von 21 t, einer Höhe von 3 m und einem Umfang von 10 m ist sie eine der größten Glocken der Welt.

Der Stephansdom hat das Schicksal der Stadt Wien durch mehr als acht Jahrhunderte geteilt. Seine Baugeschichte reicht von der ersten Hälfte des 12. Jahrhunderts bis zur Gegenwart. Ein spätromanischer Bau wurde von 1304 bis 1511 durch einen gotischen Neubau ersetzt, nur die Westanlage mit dem Riesentor und den 65 m hohen Heidentürmen wurde übernommen.

Die Zerstörung des Domes 1945 stellte die traditionsreiche Bauhütte von St. Stephan vor eine äußerst schwie-

rige Aufgabe. Noch im gleichen Jahr wurde mit dem Wiederaufbau begonnen, seit 1952 ist der gesamte Dom wieder zugänglich. Die Restaurierungsarbeiten sind aber auch heute noch nicht abgeschlossen. Das bedeutendste Kunstwerk des Langhauses ist die Kanzel von Anselm Pilgram aus dem Jahr 1514. Neben der Kanzel steht die „Dienstbotenmadonna". An diese gotische Steinplastik aus der Zeit zwischen 1320 und 1330 knüpft sich eine alte Sage: Die Skulptur befand sich früher in der Hauskapelle einer reichen Gräfin. Als diese ihre Dienstmagd des Diebstahls einer sehr kostbaren Perlenkette anklagte, flehte die Arme das Madonnenbild um Hilfe an. Nachdem sich die Unschuld der Dienstmagd erwiesen hatte, schenkte die beschämte Adlige die Marienstatue der Stephanskirche.

Der Grundriß von St. Stephan (Länge: 107,20 m) zeigt eine dreischiffige Anlage mit einem von zwei Türmen eingefaßten Querhaus sowie einem dreischiffigen gestaffelten Chor. Der Dom ist nicht nur das bedeutendste Bauwerk der Hoch- und Spätgotik in Österreich, er ist auch der religiöse Mittelpunkt des ganzen Landes. Wie sehr die Kirche auch schon früher mit dem Leben der Wiener verbunden war, zeigen zwei Eisenstäbe links vom Eingang, die Kleine oder Wiener Elle (77 cm) und die Große Elle (90 cm), an denen die Bürger die von ihnen gekauften Tuchwaren nachmessen konnten.

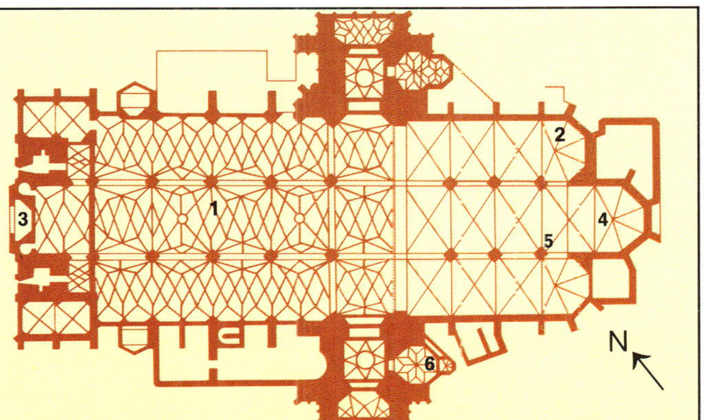

1 Pilgram-Kanzel und Dienstbotenmadonna; **2** Grab Rudolf IV. **3** Spätromanisches Portal; **4** Hochaltar; **5** Hochgrab Kaiser Friedrichs III; **6** Katharinenkapelle

1 *Der Hochaltar des Stephansdoms in Wien ist ein Werk der Brüder Tobias und Johann Jakob Pock. Er wurde zwischen 1641 und 1660 aus schwarzem Marmor errichtet. Die Statuen neben dem Altarbild stellen die Landespatrone Leopold III. und Florian sowie die Pestheiligen Rochus und Sebastian dar. Hinter dem Altar sind gotische Glasmalereien erhalten geblieben.*

2 *Der 136,5 m hohe Südturm des Stephansdoms, der von den Wienern nur „Steffl" genannt wird, ist das Wahrzeichen der Stadt (links im Bild die Kuppel der Peterskirche). Mit seinem bunt gemusterten Dach und dem „Steffl" beherrscht der Dom die Silhouette der Wiener Innenstadt; seit den 30er Jahren ist die Höhe von Neubauten hier mit Rücksicht auf den Dom auf 25 m begrenzt.*

1

1 *Die Steinkreisanlage wurde in drei Bauphasen errichtet. Nach zwei flachen Erdwallkreisen und einem ersten Ring aus Stein folgte die heute noch erhaltene Anlage aus aufrecht stehenden Monolithen. Geologen haben nachgewiesen, daß ein Teil der Steine aus einem 200 km entfernten Steinbruch stammt.*

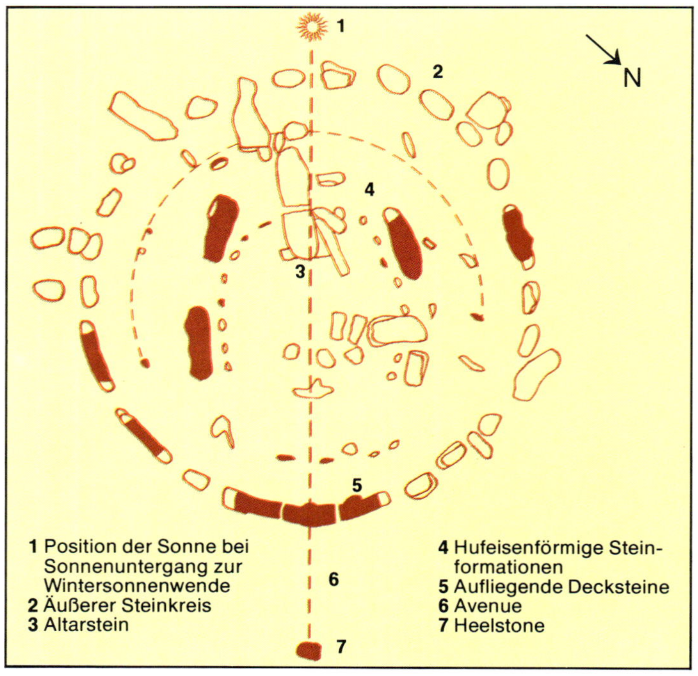

Stonehenge

Die prähistorische Steinkreisanlage Stonehenge, im Süden Englands in der Nähe der Stadt Salisbury gelegen, ist eines der am besten erhaltenen und faszinierendsten Zeugnisse aus der Zeit des Neolithikums. Das um 2000 v. Chr. erbaute Steindenkmal läßt sich keiner der uns bekannten vorgeschichtlichen Kulturen zuordnen und gilt noch immer als ein geheimnisvolles Monument, dessen Bedeutung bislang nicht eindeutig entschlüsselt werden konnte. Der Bau des aus tonnenschweren Findlingen und exakt bearbeiteten Steinblöcken bestehenden Steindenkmals muß als eine einzigartige technische Leistung des Steinzeitmenschen angesehen werden.

Der Kern der Anlage, die von einem breiten Graben umgeben wird, besteht aus zwei konzentrischen Steinkreisen, die ihrerseits zwei hufeisenförmige Steinformationen umschließen. Der äußere Steinkreis mit einem Durchmesser von 30 m umfaßte ursprünglich 30 Steine

(heute 17), die paarweise durch einen Querstein miteinander verbunden sind (sog. Trilithen). Der innere Ring besteht aus einer Vielzahl kleinerer Steine. Die erste hufeisenförmige Steinformation innerhalb der Steinkreise wurde einst aus fünf (heute drei) gewaltigen Trilithen gebildet. Einer der größten Steine erreicht eine Höhe von über 6 m mit einem Gewicht, das auf 45 t geschätzt wird. Innerhalb dieses Hufeisens befindet sich ein zweites aus zahlreichen aufrechtstehenden Steinblöcken.

In der Mitte des Monuments liegt ein fast 5 m langer Monolith, der als Altarstein bezeichnet wird, obwohl eine religiöse Bedeutung des Denkmals nicht eindeutig nachgewiesen werden konnte.

Die hufeisenförmigen Steinformationen öffnen sich zum Eingang der Gesamtanlage, zu der eine breite, von Gräbern gesäumte, „Avenue" führt. Außerhalb der Steinkreise steht auf diesem Zugangsweg ein einzelner Stein, der „Heel Stone", dem eine Schlüsselstellung beim Verständnis von Stonehenge zukommt. Denn von der Mitte des Monuments, dem Altarstein, aus gesehen, geht am Tag der Sonnenwende, am 21. Juni, genau über dem Heel Stone die Sonne auf.

2

2 *Von Südost fällt der Blick auf den Osteingang von Stonehenge, zu dem eine von einem Erdwall und einem Graben eingefaßte Kultstraße (Avenue) führt. Jährlich besuchen Hunderttausende Touristen das archäologische Nationalheiligtum des Inselreiches. Zahlreiche Archäologen fordern nach dem Vorbild der Höhle von Lascaux (→ S. 216/217) die Errichtung einer Kopie der prähistorischen Steinkreisanlage, um das Original vor weiteren Zerstörungen durch Touristen zu schützen.*

Strokkur auf Island

Wie ein Butterfaß wölbt sich die dampfende Wasseroberfläche. Blasen steigen auf. Unvermittelt explodiert der Geysir und schießt eine kochendheiße Fontäne in den Himmel. Wie eine weiße Säule steht sie sekundenlang in der grünbraunen Ebene und hinterläßt beim Zusammenfallen in der Luft kleine Dampfwolken, die rasch vom Wind aufgelöst werden. Etwa alle 20 Minuten wiederholt sich dieses Bild. Der Strokkur, zu deutsch das Butterfaß, ist der aktivste Geysir Islands. Regelmäßig bietet er den Besuchern im südisländischen Geysirgebiet um Haukadalur das Schauspiel einer bis zu 30 m hohen Fontäne.

Sicherlich gibt es in anderen Teilen der Welt Geysire, die den Strokkur an Fontänenhöhe und Wasserausstoß übertreffen. Aber als klassische Heimat der Springquellen gilt noch immer die Insel im Nordatlantik. Hier wurde den natürlichen Springbrunnen der Name Geysir, „das Hervorspringende“ gegeben. Auf Island sind sie zudem charakteristischer und weltbekannter Bestandteil der geologischen und landschaftlichen Prägung dieser erdgeschichtlich sehr jungen Insel. Zahlreiche Vulkane, vulkanische Schwefelquellen sowie gut 600 Heißwasserquellen und Geysire dokumentieren die

ist sehr dünn. In den Schächten der Geysire steigt die Gesteinstemperatur schon nach kaum 20 cm um ein Grad (normalerweise nimmt die Erdtemperatur erst nach jeweils 30 m Tiefe um ein Grad zu). Der deutsche Chemiker Robert Bunsen führte im Jahr 1846 die ersten exakten Messungen an isländischen Geysiren durch und registrierte bereits in 15 m Tiefe eine Temperatur von 123°C. Diese vulkanische Wärme sorgt für eine schnelle Erhitzung des Wassers in den Förderkanälen der Geysire. Wenn das Wasser in der Tiefe des Geysirschachtes 100°C erreicht hat, kann es trotzdem nicht kochen. Durch den hohen Druck der darüberstehenden Wassersäule liegt der Siedepunkt dort unten weit über hundert Grad. Sobald die Wassermassen diesen erhöhten Siedepunkt erreichen, überwinden sie schlagartig den Druck, beginnen zu kochen, und der freiwerdende Dampf schleudert das heiße Wasser aus dem tiefen Schlund heraus.

Wie lange dieser Prozeß beim Strokkur noch ablaufen wird, ist nicht voraussagbar. Durch geothermische Veränderungen, Erdbeben und Vulkanausbrüche verändern sich die Geysire relativ häufig. So ist der „Urvater" der isländischen Geysire, der Große Geysir, der 60 m hohe Fontänen aufsteigen ließ, heute nicht mehr tätig. An seiner Stelle hat der Strokkur die Rolle des Aushängeschilds für das isländische Naturwunder übernommen, und er spielt sie seit Jahren schon in sehenswerter Art und Weise.

1

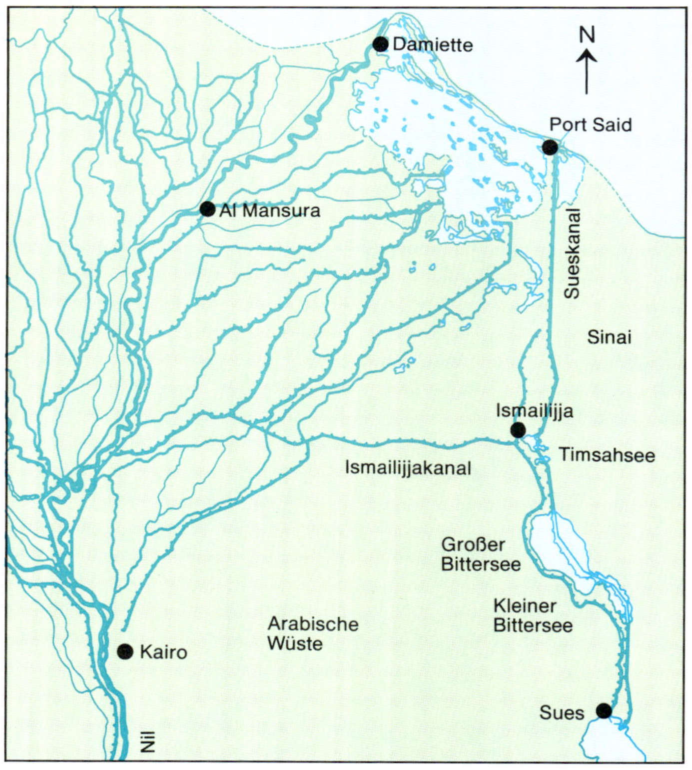

Sueskanal

Wenn die antiken Quellen Recht haben, ist der Sueskanal 4000 Jahre alt. Der ägyptische Pharao Sesostris I. soll gegen 1950 v. Chr. die erste Verbindung zwischen Mittelmeer und Rotem Meer geschaffen haben, das damals noch bis an die Bitterseen nördlich des heutigen Sues reichte. Dieser wie auch spätere Kanäle dienten in der Hauptsache der Bewässerung neuer Agrarflächen.

Der Bau des modernen Sueskanals ist der Hartnäckigkeit des Franzosen Ferdinand de Lesseps zu verdanken. Als französischer Konsul in Ägypten, das unter türkischer Oberhoheit stand, hatte er Pläne zum Durchstechen der Landenge von Sues kennengelernt und die Freundschaft des späteren Vizekönigs Said Pascha erworben. Als Said Pascha 1854 die Herrschaft antrat, setzte er sich gegen die britische Beeinflussung des osmanischen Sultans, des formalen Herrn Ägyptens, durch und erteilte die erste Konzession zur Gründung einer Kanalbaugesellschaft den Franzosen.

1859 begannen die Bauarbeiten nach Entwürfen de Lesseps', an denen auch der Österreicher Alois Negrelli

grundlegend mitgewirkt hatte. Erst 1869, drei Jahre später als geplant, wurde der Kanal fertiggestellt. Der Seeweg beispielsweise von Marseille nach Bombay verkürzte sich gegenüber dem um Afrikas Kap der Guten Hoffnung um 56%. 1875 erwarben die Briten überraschend den ägyptischen Anteil an den Aktien der Sueskanal-Gesellschaft. 1899 übernahm Großbritannien die Militärhoheit in Ägypten. Die letzten britischen Truppen zogen erst im Juni 1956 aus der Kanalzone ab. Einen Monat später verstaatlichte der ägyptische Präsident Gamal Abd-el-Nasser den Kanal und löste damit die Sueskrise aus, 1968 führte der dritte Israelisch-Arabische Krieg zur Schließung des Kanals. Seit 1975 steht der Wasserweg wieder allen Nationen offen.

Der Kanal stellt sich heute als ein 171 km langer, schleusenloser Wasserweg dar. Ausweichbuchten ermöglichen das Passieren der Schiffskonvois auf Gegenkurs. Die Durchfahrt dauert rund 15 Stunden. In den 80er Jahren pegelte sich die Zahl der Durchfahrten bei etwa 20 000 pro Jahr ein. Die Bedeutung des Sueskanals für den Öltransport nach Westeuropa und in die Vereinigten Staaten hat unter der Gigantomanie im Frachterbau gelitten. Deren Höhepunkt scheint überschritten. Der Sueskanal hat Chancen, wieder zur wichtigsten Transportroute der Ölfrachter zu werden.

2

1 *Ozeangängige Schiffe in einem See in der Wüste mögen manchem Betrachter wie eine Fata Morgana vorkommen. Der Sueskanal kann seit den Erweiterungen im Jahr 1980 bei einer Oberflächenbreite zwischen 160 und 170 m und einer Tiefe von 16,2 m Schiffe bis zu 150 000 Bruttoregistertonnen in beladenem Zustand aufnehmen. Der Kanal durchquert auf seinem Weg von Port Said im westlichen Nildelta bis zum Golf von Sues bei Port Sues drei Seen: Zunächst den Timsahsee, danach den Großen und den Kleinen Bittersee.*

2 *Die kriegerischen Auseinandersetzungen am und um den Sueskanal haben an den Ufern ihre Spuren hinterlassen. Seit der Antike sind Baupläne für den Kanal daran gescheitert, daß die jeweiligen Herrscher am Nil allzu große fremde Einflußnahme auf ihr Land befürchteten.*

1 *Die Sultan-Ahmad-Moschee liegt hoch über dem Marmara-Meer in Istanbul (Anblick von Norden). Kleinere Kuppeln, Halbkuppeln und Türme umrunden die große Hauptkuppel und formieren sich zu einem abgestuften Aufbau. Das blockhafte Äußere der Moschee wirkt dadurch harmonisch gestaltet, überall wiederholt sich das Rund der Hauptkuppel als bauliche Leitidee. Als einzige Moschee in Istanbul wird die Gebetsstätte von sechs schlanken Minaretts umrahmt. Im Gegensatz zur byzantinischen Architektur, die sich vor allem der Gestaltung des Innenraums widmete, schenkten die islamischen Baumeister einer eindrucksvollen Außenfassade große Beachtung.*

2 *Der Innenraum der Sultan-Ahmad-Moschee besticht vor allem durch seine Weiträumigkeit, den Lichteinfall aus den farbig verglasten Fenstern und den Schmuck aus blauen Keramikfliesen mit kunstvollen Ornamenten.*

1

Sultan-Ahmad-Moschee in Istanbul

Die Sultan-Ahmad-Moschee in Istanbul (Konstantinopel) verdankt ihren Beinamen Blaue Moschee ihrer ursprünglich in blauen Tönen gehaltenen verschwenderischen Innenausstattung. Bis zur Fensterhöhe schmückten blaue Keramikfliesen den nahezu quadratischen Innenraum, die Gewölbe waren mit blauen Ornamenten ausgemalt. 260 farbig verglaste Fenster erhellten einst den Innenraum. Die 43 m hohe Hauptkuppel erhebt sich über der Mitte des weiten, geräumigen Gebetsraums.

Die Blaue Moschee, eine Stiftung Sultan Ahmad I., entstand von 1609 bis 1617 unter der Leitung des Baumeisters Mehmet Aga. Sie bildet einen glanzvollen Abschluß des sog. Reichsstils in der osmanischen Sakral-Architektur in Istanbul, der 1453, mit der Eroberung der Stadt durch die Osmanen, begann. Mit dem im 17. Jahrhundert allmählich einsetzenden inneren und äußeren Machtzerfall des Osmanischen Reiches ging auch ein kultureller Verfall einher. Die Baukunst des Reichsstils war vom Sendungs- und Machtbewußtsein ihrer Herrscher geprägt. Es handelte sich um eine Hofarchitektur, bei der die Architekten der Sultane die Bauwerke entwarfen und das Palast-Bauamt ihre Durchführung finanzierte und beaufsichtigte. Die osmanischen Sultansmoscheen entstanden als Stiftungen der Herrscher. Zu einer Moschee gehörten noch andere Gebäude, die soziale Einrichtungen beherbergten, wie Schulen, Bibliotheken, Krankenhäuser, Armenküchen, Bäder und Sportstätten. Die despotisch regierenden Sultane strebten danach, mit solchen Bauten als fromme Herrscher und Wohltäter des Volkes in die Geschichte einzugehen. Die Stiftung Ahmads I. verfügt heute noch über eine Armenküche, eine Grundschule und eine islamische Hochschule. Im Friedhofsgarten, der an den Moscheebezirk angrenzt, ließen sich mehrere Sultane Grabstätten erbauen; so wurden dort außer Ahmad I., auch Osman II. und Murad IV. beigesetzt.

In der islamischen Religion sind Sakrales und Politisches miteinander verwoben; in der Moschee fanden sowohl Gottesdienste als auch politische Versammlungen statt. Hier wurden Gesetze verkündet, hier wurde Recht gesprochen. Einmal im Jahr versammelten sich hier die Pilger, um von der Sultan-Ahmad-Moschee aus die ihnen vorgeschriebene Wallfahrt nach Mekka (→ Kaaba, S. 186/187) anzutreten.

2

Sultan-Hassan-Moschee

Den Einsturz des Minaretts über dem Eingangsportal der Sultan-Hassan-Moschee in Kairo kurze Zeit nach ihrer Weihe 1361 sah die ägyptische Bevölkerung als ein der herrschenden Dynastie der Mamelucken Unheil kündendes Vorzeichen an – ein Glaube, der sich 33 Tage später mit der Ermordung des Sultans bewahrheitete. Der gewaltsame Tod des Sultans führte dazu, daß er nicht, wie von ihm bestimmt, in dem zur Moschee gehörenden Mausoleum seine letzte Ruhe erhielt, sondern an einem unbekannten Ort begraben wurde.

Damit war dem wechselvollen Geschick des Sultans der Schlußstein gesetzt. Er kam 1347 als Elfjähriger auf den Thron Ägyptens, wurde 1351 zugunsten seines Bruders abgesetzt und erlangte 1354 die Macht zurück. 1356 begann er mit dem Bau der Moschee, die seinen Namen trägt und in Kairo, dem Zentrum islamischer Kultur seit dem 13. Jahrhundert, zu den bedeutendsten islamischen Bauwerken zählt. Allerdings hatte die Moschee, die am Fuß der Zitadelle Kairos liegt, zunächst unter den politisch unruhigen Zeiten zu leiden. Sie verfiel nach Zerstörungen während einer Revolte 1391. Erst im 17. Jahrhundert wurde der Gebäudekomplex restauriert.
Im Mittelpunkt der Anlage liegt der 32 × 34,60 m große, ursprünglich vollständig mit Marmor (heute mit verschiedenfarbigen Steinen) ausgelegte Innenhof mit ei-

nem Becken für die rituellen Waschungen. Der Marmorbrunnen zeigt eine ungewöhnliche Gestalt: Ihn krönt ein von Fenstern durchbrochener Aufbau mit einer Zwiebelkuppel. Vier Portale führen vom Hof zu vier der Moschee angegliederten islamischen Hochschulen, für jede der vier orthodoxen Richtungen eine. An ihnen studierten jeweils 100 Studenten. Im Innern beschränken sich die Dekorationen auf den Raum hinter dem Haupteingang sowie auf das Mausoleum und seinen Zugang. Die Gebetsnische ist vollständig mit Marmor verkleidet. Diese architektonische Komposition war bis dahin nicht üblich. Rahmenleisten aus weißem Marmor fassen unterschiedlich große rechteckige Felder aus farbigem Marmor ein. Der Farbwechsel und das kostbare Material heben die Heiligkeit des Raumes hervor.

Kennzeichnend für die islamische Architektur des späten Mittelalters ist die Einbeziehung von Inschriften in die Ausschmückung. Koransuren zieren das Eingangsportal, die Portale zum Innenhof und die Gebetsnische der Sultan-Hassan-Moschee. Sie verweisen auf das Wort Allahs sowie auf die Brunnen und Gärten des Paradieses und wecken damit Paradiesvorstellungen – eine religiöse Funktion der Moschee, die z. B. auch der Architektur der Königsmoschee von Isfahan (→ S. 348/349) zugrunde liegt. Neben der Gebetsnische führen zwei Bronzeportale, die Schriftbänder und Ornamente in Gold und Silber schmücken, in das Mausoleum. Die Verzierung des quadratischen Raums, den eine Kuppel überwölbt, besteht aus zweifarbigem Marmor. Auch das Mausoleum gilt als geweihter Raum.

Die Sultan-Hassan-Moschee in Kairo (links) liegt gegenüber der Moschee er-Rifai. Das Mausoleum der Sultan-Hassan-Moschee krönt eine zwiebelförmige Kuppel. Das linke der beiden sechseckigen Minaretts ist mit 81,6 m Höhe das höchste von Kairo. Ursprünglich waren vier Minarette geplant, entsprechend der Zahl der vier islamischen Hochschulen, die der Moschee angegliedert sind.

Sydney Opera House

Muschelkolonie, Riesenmagnolienblüten, gestrandeter weißer Wal, Segelflottille, weiße Wolke – die Zahl der poetischen, zum Teil auch spöttisch gemeinten Charakterisierungen ließe sich beliebig fortsetzen: Sie gelten einem der umstrittensten, zugleich phantasievollsten Bauwerke der modernen Architektur, dem Opera House in Sydney, der ältesten und größten Stadt Australiens.

Auf einer kleinen felsigen Landzunge inmitten des Hafens von Sydney gelegen, scheint sich das Bauwerk unmittelbar aus dem Meer zu erheben. Aus jeder Perspektive, aus der Luft, vom Land und vom Meer aus, stellt sich die weiße Riesenskulptur dem Betrachter aufgrund ihrer außergewöhnlichen Gestalt als ein einzigartiger ästhetischer Blickfang dar. Die erbitterten Auseinandersetzungen darüber, ob es sich bei diesem Bauwerk um eine architektonische Meisterleistung oder um Scharlatanerie handelt, sind heute vergessen: Als weltbekanntes Wahrzeichen von Sydney ist das Opera House aus dem Stadtbild nicht mehr wegzudenken, und in der Geschichtsschreibung der modernen Architektur wird es als ein Triumph der Technik und der gestalterischen Phantasie gefeiert.

Im Jahr 1957 ging der dänische Architekt Jorn Utzon als Sieger aus einem internationalen Wettbewerb hervor, den die australische Regierung für den Bau des Opern-

hauses ausgeschrieben hatte. Während der Bauarbeiten, die 1959 begannen, kam es zu unzähligen Problemen finanzieller, technischer, architektonischer und politischer Art, so daß Utzon schließlich im Jahr 1966 resignierte und von seinem Amt als Bauleiter zurücktrat. Vier australische Architekten übernahmen daraufhin die Leitung und konnten im Jahr 1973 das Bauwerk vollenden, wobei die ursprünglichen Pläne weitgehend eingehalten wurden. In der Zwischenzeit waren die Baukosten von den zu Beginn veranschlagten 30 Millionen DM allerdings auf über 300 Millionen DM angestiegen.
Das Opernhaus von Sydney war von vornherein als ein Mehrzweckbau und Kulturzentrum geplant. Auf einer großen künstlichen Plattform, die das Dach für ein Untergeschoß mit Zufahrten, Verwaltungs- und Nebenräumen bildet, befinden sich neben den Foyers der Konzert-, Opern- und Theatersaal, die von gestaffelten und bis zu 60 m hohen, muschelförmigen Schalen umschlossen werden. Die Dachflügel sind mit über einer Million weißer Keramikziegel bedeckt. Der Konzertsaal bietet 2690 Personen, der Opernsaal 1530 Personen Platz. Daneben gibt es noch ein Theater mit 550 Sitzplätzen, einen Musiksaal für 420 Personen sowie kleinere Veranstaltungs- und Probensäle und ein großes Restaurant. Bei ausverkauften Vorstellungen befinden sich knapp 7000 Menschen in dem Gebäudekomplex. Am 20. Oktober 1973 wurde das Sydney Opera House in Anwesenheit der britischen Königin Elisabeth II. feierlich eröffnet. Als erstes musikalisches Werk erklang Ludwig van Beethovens 9. Symphonie.

Hinter dem Opernhaus von Sydney erhebt sich die markante Wolkenkratzer-Silhouette der Stadt. Das höchste Gebäude ist mit 325 m der Centrepoint-Tower. Vor dieser Kulisse mit ihren strengen und funktionellen Bauwerken entfaltet das Opernhaus mit seiner vollendeten Harmonie und spielerisch-phantasievollen Konstruktion einen eigenwilligen Charme. Ein zusätzlicher Reiz ergibt sich aus der einzigartigen Lage des Opernhauses inmitten des Hafens von Sydney.

Tadsch Mahal

Kein anderer Herrscher setzte seiner Frau ein gewaltigeres und schöneres Denkmal als der Großmogul Schah Dschahan I. Untröstlich über den Tod seiner Lieblingsfrau Mumtaz Mahal wollte er ihr mit der marmornen Grabstätte Tadsch Mahal Unsterblichkeit verleihen. Mumtaz Mahal, die „Auserwählte des Palastes", hatte 1631 ihren Mann bei einem Feldzug begleitet und war bei der Geburt ihres 14. Kindes gestorben.

Mit dem Bau des Grabmals am Ufer der Jumna bei Agra wurde 1632 begonnen; die Hauptgebäude waren vermutlich 1643 vollendet, die gesamte Anlage etwa fünf Jahre später. Der Baumeister des Grabmals blieb unbekannt, es gilt jedoch als gesichert, daß Künstler aus Persien, aus der Türkei, Samarkand und Indien an dem Bau beteiligt waren. So wurde der Tadsch Mahal, dessen architektonische Gestaltung persische, türkische und indische Stilelemente vereint, zu einem beeindruckenden Beispiel indo-islamischer Baukunst.

Die gesamte Anlage des Mausoleums umfaßte eine Fläche von 567 × 305 m. Von einem mit Arkaden und vier Torbauten eingefaßten Torhof gelangt man in einen geometrisch angelegten Garten, der durch Wasserläufe unterteilt ist. In der Mitte befindet sich eine Marmorterrasse mit einem Wasserbecken und Springbrunnen. Das eigentliche Grabmal erhebt sich auf einer Terrasse am Nordrand des Areals. Im Westen ist eine Moschee errichtet, im Osten – symmetrisch zu dem Gebetshaus – eine entsprechend gestaltete Versammlungshalle. Der rote Sandstein dieser Gebäude läßt den Marmor des Grabmals noch heller erstrahlen. Das Mausoleum ruht auf einem quadratischen Sockel, dessen Ecken mit vier schlichten Minaretts geschmückt sind. Das Hauptgebäude hat einen quadratischen Grundriß mit 56,7 m Seitenlänge und abgeschrägten Ecken. Es wird von der Hauptkuppel, die einen Durchmesser von 18 m hat und die von vier kleineren Kuppeln umgeben ist, bekrönt. Die Fassaden des Grabmals sind durch reich verzierte tiefe Portalnischen gegliedert und im persischen Stil gehalten. Der Kenotaph (leere Sarg) für Mumtaz Mahal befindet sich in der Mitte des Gebäudes unterhalb der Hauptkuppel, neben ihm steht der etwas größere Kenotaph für Schah Dschahan. Die Gräber selbst wurden unterirdisch angelegt.

Der islamischen Religion folgend, die eine Darstellung Allahs und Mohammeds verbietet, ist der gesamte Bau mit Ornamenten und Koranversen geschmückt, die in Marmor eingelegt sind. Das einzig asymmetrische Element des Mausoleums bildet das Grab des Schah Dschahan. Ursprünglich wollte der Großmogul sich ein eigenes Mausoleum errichten lassen. Es sollte als Gegenstück zum weißen Tadsch Mahal schwarz sein und auf der anderen Seite des Flusses liegen. Von seinem Sohn Aurangsib vom Thron vertrieben, konnte Dschahan seine Pläne jedoch nicht verwirklichen und wurde von seinem Sohn neben seiner Frau beigesetzt. Außerdem ließ Aurangsib, dessen Pläne, den indischen Subkontinent unter seine Herrschaft zu bringen, ungeheure Kosten verursachten, die goldene Balustrade im Innenraum des Tadsch Mahal einschmelzen und durch ein Marmorgitter ersetzen. Aufständische raubten später die silbernen Türen des Grabmals.

Die Symmetrie, mit der Gebäude, Garten und Kanäle angelegt sind, erhöht den Eindruck der Vollkommenheit des marmornen Tadsch Mahal am Ufer der Jumna. Experten befürchten allerdings, daß dem Mausoleum der Mumtaz Mahal durch die Luftverschmutzung der Industriestadt Agra, die in den letzten Jahren rapide zugenommen hat, bald irreparable Schäden zugefügt werden.

1 *In einem einzigartigen landschaftlichen Rahmen, entlang der Küste der Tafelbucht und hufeisenförmig von dem steil emporragenden Tafelberg umgrenzt, liegt Kapstadt – eine der am schönsten gelegenen Hafenstädte der Welt. Von Kapstadt aus führt eine Seilbahn zu der 1087 m über dem Meeresspiegel liegenden Gipfelebene des Tafelbergs.*

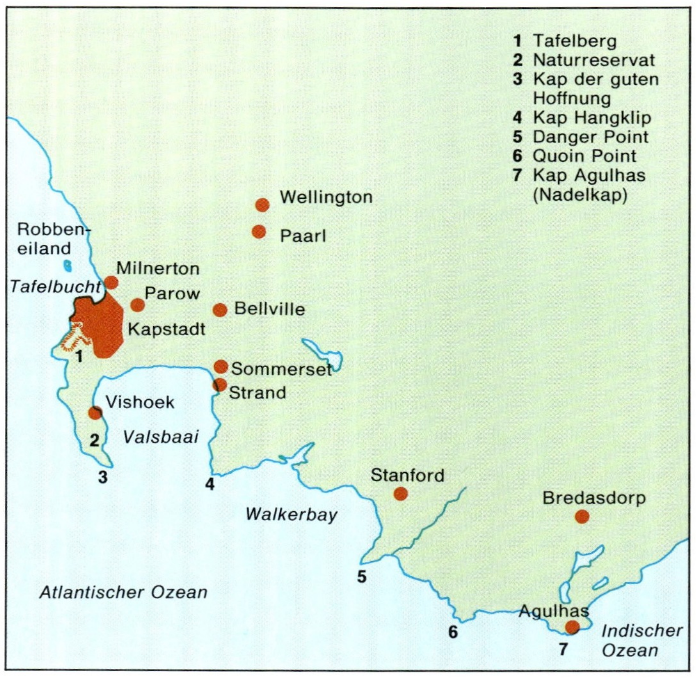

Tafelberg und Kap der Guten Hoffnung

„Das stattlichste Ding und das schönste Kap, das wir rund um die Erde sahen." Von dem englischen Freibeuter und Seehelden Sir Francis Drake ist dieser Ausspruch der Bewunderung überliefert, der sich auf die südliche Spitze Afrikas, das Kap der Guten Hoffnung, bezieht. Der portugiesische Seefahrer Bartolomeo Diaz hatte die Landzunge im Jahr 1488 auf der Suche nach einem Seeweg nach Indien erblickt und sie als Kap der Stürme bezeichnet, weil in diesem Seegebiet meist rauhe Winde vorherrschen. Dieser Name wurde später wegen der großen Hoffnungen, die man in Portugal auf die Entdeckung des Seewegs nach Indien setzte, in Kap der Guten Hoffnung geändert. Erst über 150 Jahre später siedelten sich die ersten Weißen an der Südspitze Afrikas an. Im Jahr 1652 war Jan van Riebeeck mit mehreren kleinen Schiffen in der Tafelbucht am Nordende der Kaphalbinsel gelandet und

hatte im Auftrag der holländischen Ostindien-Kompanie eine Versorgungsstation für die Schiffahrt nach Indien angelegt.

Mit dem charakteristischen Profil, den schroffen Felswänden und dem weiten Hochplateau gilt der Tafelberg heute als geographisches Wahrzeichen Südafrikas und als ein nationales Monument. Vom Plateau des Tafelbergs eröffnet sich dem Betrachter eine faszinierende Aussicht auf zwei Weltmeere: In nördlicher Richtung liegen die Tafelbucht und Kapstadt zu Füßen, in Richtung Süden überblickt man die Kaphalbinsel und sieht – zu ihren beiden Seiten – den Indischen und den Atlantischen Ozean. Oft ist der Tafelberg jedoch von dichten Wolken und grauen Nebelbänken verhangen. Die Kapstädter sprechen dann von dem „Tafeltuch", das den Berg bedeckt.

Südwärts des Tafelbergs erstreckt sich auf einer Länge von etwa 50 km die schmale, felsige Kaphalbinsel mit ihrer Spitze (Cape Point), dem berühmten Kap der Guten Hoffnung. Das Südende der Kapinsel ist ein Naturschutzgebiet. Allerdings ist das Kap der Guten Hoffnung nicht der südlichste Punkt Afrikas; dies ist vielmehr das 150 km südöstlich gelegene Kap Agulhas.

3

2 *Vom Südende der Kaphalbinsel mit dem Kap der Guten Hoffnung verliert sich der Blick in den Weiten des Indischen und des Atlantischen Ozeans.*

3 *Häufig wird der Tafelberg von Wolken- und Nebeldunst umhüllt; nur sein breiter Gipfelrücken zeichnet sich gegen den Horizont ab.*

1

Taivallahti-Kirche in Helsinki

Schroffe Felswände begrenzen den Innenraum der Kirche auf dem Taivallahti-Platz in Helsinki, der Besucher fühlt sich in eine steinzeitliche Höhle versetzt. Nur die lichte Kuppel erinnert ihn daran, daß er sich in einem der ungewöhnlichsten Kirchenbauten der modernen Architektur befindet. Die finnischen Architekten Timo und Tuomo Suomalainen hatten die Auflage erhalten, bei ihrer Bauplanung eine 8 bis 13 m hohe Felsplatte, die genau in der Mitte des Platzes liegt, mit einzubeziehen. Sie sollte nicht gesprengt werden, weil sie für die Bewohner des dicht besiedelten Stadtteils zu einem Symbol für das (ersehnte) Leben in der freien Natur geworden war. Die Architekten entschlossen sich daher zum Bau einer unterirdischen, überkuppelten Felsenkirche, deren Innenraum mit Hilfe von Preßlufthämmern aus der riesigen Felsmasse herausgearbeitet wurde.
Dem Entwurf der Brüder Suomalainen lagen folgende Überlegungen zugrunde: Der Felsen sollte so weit wie möglich unangetastet bleiben, die Kirche in seiner Mitte eingegraben, die Aushöhlung mit einer großen, oberirdischen Kuppel überwölbt werden. Am 14. Februar 1968 wurden die Arbeiten an der Kirche aufgenommen. Nach weniger als zwei Jahren Bauzeit konnte sie am 28. September 1969 geweiht werden. Die Wände der von außen unscheinbaren Kirche bestehen aus bloßem, unbearbeitetem Fels. Einzelne Mauern aus Beton wirken in ihrer Schlichtheit wie von Menschenhand geschaffene Fel-

sen. Auch für zahlreiche Teile der Innenausstattung (z. B. Altar und Taufbecken) wurden grob behauene Steine verwandt. Doch nicht der eigentliche Kirchenraum ist das beherrschende Element des gesamten Baus, sondern die äußerst flache Kuppel mit einem Durchmesser von rund 24 m.
Die Taivallahti-Kirche wird nicht nur zum Gottesdienst genutzt, sie dient auch als Konzertsaal. Bei der Bauplanung wurde daher besonderer Wert auf die Akustik gelegt. Die Orgel ist in die Felswand hineingebaut. Für die Zuhörer wurde eigens eine Galerie errichtet, eine für eine Kirche ungewöhnliche Lösung. Le Corbusier hatte seine Kirche in Ronchamp (→ S. 324/325) als eine „Erscheinung der visuellen Akustik" beschrieben, eine Bezeichnung, die sich auch auf die Taivallahti-Kirche in Helsinki übertragen läßt.

2

1 *Der Kontrast zwischen den rauhen Felswänden und der strahlenden Kuppel macht den besonderen Reiz des Innenraums der Taivallahti-Kirche in Helsinki aus.*
2 *Von außen ist nur der obere, kupferverkleidete Teil der Kuppel sichtbar. Die Kirche gleicht aus dieser Sicht einer riesigen „fliegenden Untertasse".*

1 *Drei Stockwerke tief liegen die Grabkammern des Grabes (Ende des 16. Jh.) von Shen Tsung, dem dreizehnten Kaiser der Ming-Dynastie. Allein der Bau dieses Grabes, das mit 26 Truhen voller Kleinodien ausgestattet war, soll acht Millionen Unzen Silber gekostet haben. Das Grab des Kaisers Hsüan Tsung, der von 1426 bis 1486 regierte, muß ähnlich wertvoll ausgestattet gewesen sein. Es wurde 1937 von Dieben aufgebrochen, und nur wenige der Kunstwerke tauchten später im Handel wieder auf.*

2 *Die Straßen zum Tal der Gräber wird von Wächterfiguren gesäumt. Jedes der Tiere ist in zwei Paaren vertreten: Stehende Elefanten, Kamele oder Fabeltiere als Wächter für den Tag werden von liegenden Tierpaaren als Wächter für die Nacht begleitet.*

1

2

3

Das Tal der 13 Gräber bei Peking

Shen Tsung, chinesischer Kaiser der Ming-Dynastie, entzog sich 30 Jahre lang seinen Regierungspflichten. Er war 1573 im Alter von etwa zehn Jahren auf den Thron gelangt. Der ständigen Auseinandersetzungen mit rund 2000 Pekinger Reichsbeamten und seinen Großsekretären müde, die für die Politik verantwortlich und untereinander zerstritten waren, zog er sich von allen Geschäften nach einer Regierungszeit von 18 Jahren zurück. Er hielt keine Audienzen mehr ab, beförderte keine Beamten und war stets krank, wenn es galt, wichtige Dokumente zu unterschreiben. Der Staat funktionierte auch ohne ihn, die bestens ausgebildete Beamtenschaft verwaltete das Reich. Ihre Machtkämpfe waren einer der Gründe für den Untergang der Ming-Dynastie 1644.

Der Kaiser starb 1620. Zu dieser Zeit war sein Grab bereits seit 30 Jahren fertig. Aber in vollendetem Zustand hat er es nie gesehen, denn nach seinem Rückzug von den Regierungsgeschäften hatte er die Verbotene Stadt in Peking nicht mehr verlassen. Heute steht die Grabanlage den Touristen als Museum zur Besichtigung offen, wenn sie auf ihrem Weg zur Großen Mauer (→ S. 92/93) dort vorbeikommen, wo sich das Tal der 13 Gräber in den Tianshoushan-Bergen, rund 40 km nordwestlich von Peking, über eine Fläche von etwa 40 km^2 erstreckt.

Die Kaiser der Ming-Dynastie beherrschten China von 1368 bis 1644. Der dritte Herrscher, Ch'eng Tsu, ließ als erster sein Grab in jenem Tal anlegen. Er war der Sohn des Begründers der Dynastie, T'ai Tsu. Die Stätte der Grabanlage wurde mit Hilfe eines Orakels ermittelt und in traditioneller Weise angelegt. Eine sog. Geisterstraße, bewacht von einander paarweise gegenüberstehenden Steinfiguren, führt zur Ruhestätte. 24 der teilweise überlebensgroßen Figuren stellen Tiere dar, ruhende Kamele, Elefanten, Löwen, Pferde und mythologische Fabelwesen; zwölf der steinernen Wächter sind Kaisern und Kriegern nachgebildet. Die Grabanlage selbst besteht aus der Opferhalle, die im Grundriß 28 × 64 m mißt, dem Turm für den Grabstein und einem künstlich aufgeschütteten Hügel über der eigentlichen Grabkammer. Die übrigen zwölf Ming-Gräber des Tales sind ähnlich angeordnet. Das Grab des Kaisers Shen Tsung wurde als bisher einziges 1956 von chinesischen Archäologen geöffnet. Neben drei Sarkophagen mit den Gebeinen des Kaisers, einer Haupt- und einer Nebenfrau fand man 26 Schatzkisten mit Kleinodien, die von der Prunksucht und dem hohen Standard des Kunsthandwerkes der Ming-Kultur zeugen.
Heute dauert eine Busfahrt zu den Grabanlagen der Ming-Dynastie, obligatorischer Bestandteil der organisierten Besichtigungstouren rund um Peking, nur eine Stunde. Wenn der Kaiser jedoch den Fortschritt der Bauarbeiten an seinem Grab beobachten wollte, bedeutete das damals eine von aufwendigen Zeremonien begleitete Reise von mehreren Tagen. Tausende von Beamten, Hofdamen und Wachsoldaten waren verpflichtet, den „Sohn des Himmels" zu begleiten.

3 *Der dritte Ming-Kaiser Ch'eng-Tsu hat als erster sein Grab im Tal errichten lassen. Die 1415 erbaute „Halle der Wohltaten" erhebt sich über den eigentlichen Grabkammern. Der Kaiser ließ auch die Chinesische Mauer von einem Erdwall in eine Steinmauer umwandeln, verlegte seine Hauptstadt von Nanking nach Peking (Verbotene Stadt,* *→ S. 420/421)* *und ließ die neue Residenz prachtvoll ausbauen.*

Tal der Könige

Tief in die Felsen am Nil in West-Theben eingelassene Gräber sollten die Mumien der ägyptischen Pharaonen mit ihren reichen Grabbeigaben für die Ewigkeit vor jedem Zugriff schützen. Rund 500 Jahre lang zwischen 1500 und 1000 v. Chr. wurden dort die Pharaonen des Neuen Reiches beigesetzt. Doch schon während der darauf folgenden Jahrhunderte wurden viele Gräber geplündert.
In der Zeit der 18. bis 20. Dynastie (1552–1070 v. Chr.) wurden 64 Grablegen, fast ausschließlich für Pharaonen, im Tal der Könige eingerichtet. Sie sind nach einem komplizierten Grundriß angelegt, der eventuelle Räuber in die Irre führen sollte. Meist wurden der eigentlichen Grabkammer tief im Felsen zwei oder drei Korridore vorgelagert, die häufig auf verschiedenen Ebenen angelegt und durch Treppen verbunden sind. Bis zu 10 m tiefe Schächte, die zur Aufnahme von eingedrungenem Regenwasser und als Sicherung gegen Räuber dienen, unterbrechen die Korridore. Nach der Bestattung der Mumien wurden die Eingänge zu den Kammern sorgfältig zugemauert und der Zugang zum Grab mit Sand und Geröll getarnt.
Die während eines rund 30 Tage dauernden Prozesses einbalsamierten Mumien lagen in mehreren reich verzierten Sarkophagen. Die Eingeweide wurden entfernt und in kostbaren Gefäßen (Kanopen) neben dem Sarkophag aufbewahrt. Als Grabbeigaben dienten prächtig geschmückte Gegenstände des alltäglichen Lebens, Schmuck, Möbel und Skulpturen. Die Grabkammer selbst und die vorgelagerten Korridore wurden mit Wandmalereien und Inschriften ausgeschmückt. Die Grabbeigaben und der Wandschmuck, der Hinweise für das Leben nach dem Tod enthält, sollten dem Pharao bei seiner Reise im Jenseits behilflich sein. In diesem Leben nach dem Tod muß sich der Mensch – nach altägyptischen Vorstellungen – vor einem Totengericht verantworten und hat in der Unterwelt Prüfungen zu bestehen, ehe er die Unsterblichkeit erreicht.
Von der Pracht der Grablegen der ägyptischen Pharaonen konnte man sich erst eine Vorstellung machen, als dem britischen Archäologen Howard Carter 1922 die Öffnung des Grabes von Tutanchamun gelang. Das Grab war nahezu unversehrt. Der politisch unbedeutende Pharao hatte etwa von 1347 bis 1338 v. Chr. regiert und war eines gewaltsamen Todes gestorben. Er war in aller Eile beigesetzt worden, in einem Grab, das vermutlich für jemand anders bestimmt gewesen war.
Heute können etwa 17 Gräber im Tal der Könige besichtigt werden. Viele der Mumien und Grabbeigaben sind im Ägyptischen Museum in Kairo aufbewahrt.

1 *Im Tal der Könige in West-Theben liegen die Eingänge zu den Gräbern der Pharaonen. Über einen Zeitraum von rund 500 Jahren wurden hier die verstorbenen Könige Ägyptens beigesetzt.*

3

4

2 *Die prachtvoll verzierte Maske des Tutanchamun aus Goldblech mit Zellemail bedeckte die Mumie des ägyptischen Königs, der im Tal der Könige beigesetzt worden ist. Die Maske wird heute in Kairo aufbewahrt.*
3 *Entlang den Felswänden, hinter denen sich das Tal der Könige befindet, ließen sich die Könige zu ihrem Gedenken Totentempel errichten. Der Terrassentempel der Königin Hatschepsut wurde um 1490 bis 1468 v. Chr. nach Plänen des Architekten Senenmut erbaut. Links neben dem Tempel der Königin Hatschepsut sind die Grundmauern der Kultstätte von König Mentuhotep I. (erbaut 2045–2020) zu erkennen.*
4 *Das Säulenkapitell vom Tempel der Hatschepsut zeigt den Kopf der Hathor, der Göttin des Himmels, der Liebe, des Weinrauschs und der Freude.*
5 *Die Memnonkolosse, einst etwa 21 m hoch, sollten den heute verschwundenen Totentempel von Amenophis III. (erbaut 1402–1364 v. Chr.) bewachen.*

5

Tassili der Adjer in der Sahara

Bis ins 19. Jahrhundert hinein herrschte die weitverbreitete Annahme vor, die Sahara (→ S. 330/331), die größte geschlossene Wüstenfläche der Erde, sei schon seit Urzeiten ein lebensfeindliches heißes und trockenes Gebiet gewesen. Doch die ersten Wüstenexpeditionen in der Mitte des 19. Jahrhunderts widerlegten dieses Bild: In den gebirgigen Teilen der Sahara entdeckte man Felswände mit geheimnisvollen Gravuren und Malereien, die figürliche und abstrakte Darstellungen von Menschen und Tieren zeigen. In der Nähe der Felsbilder wurden Steinwerkzeuge, Tonscherben und Reste organischen Materials gefunden, die darauf schließen lassen, daß die heutige Wüste vor Jahrtausenden bewohnt gewesen sein muß.
Der größte Fund von Zeugnissen einer frühgeschichtlichen Besiedelung der Wüste wurde erst in den 50er Jahren des 20. Jahrhunderts im Tassili der Adjer, einem Hochplateau im Süden Algeriens, gemacht. An mächtigen Sandsteinplatten, die sich dort über 2000 m hoch aufschichten, fand man mehr als 10 000 Felsbilder.
Die oft in mehreren Lagen übereinandergemalten Bilder lassen Rückschlüsse auf verschiedene Schaffensperioden zu: Als älteste Periode gilt die des Großen Büffels oder die Bubalus (Büffel)-Periode. Zu ihr gehören ausschließlich Gravuren. Es handelt sich um überdimensionierte Einzeldarstellungen von Wildtieren wie Büffeln, Nashörnern, Elefanten oder Giraffen. Die nachfolgende Rundkopf-Periode zeichnet sich durch Menschendarstellungen aus, die bis zu 5 m groß sind und bei denen ein fast kreisrunder Kopf unmittelbar auf dem Körper aufsitzt. Die nächste – die Rinder-Periode – zeigt lebendige, stilisierte Figuren, die zwischen 20 und 30 cm groß sind und vorwiegend Rinder darstellen. In der Periode des Pferdes nehmen sowohl die Malereien als auch die Gravuren schematische Formen an. Die abschließende Periode des Kamels zeigt auf abstrakte Symbole reduzierte Gemälde.
Nach Analysen der Farbpigmente und der Patina der sich teilweise überlagernden Gravuren und Malereien schätzt man die Entstehungszeit der ältesten Bilder auf 6000 v. Chr., der jüngsten auf 1000 v. Chr.
Die Besichtigung der Felsbilder im Tassili der Adjer ist immer noch mit einer abenteuerlichen Reise verbunden: Von dem kleinen Ort Djanet aus, der nur mit dem Flugzeug oder über unbefestigte Pisten zu erreichen ist, gelangt man, geleitet von kundigen Führern, in das unwegsame Felslabyrinth des Wüstengebirges.

1

2

1 *Mächtige Sandsteinplatten und bizarr geformte Felssäulen bestimmen das Bild der Wüstenlandschaft im Tassili der Adjer im südlichen Teil Algeriens.*
2 *Felsmalereien im Tassili der Adjer aus der Rinder-Periode.*

Teotihuacán

Nachdem die Sonne einer großen Feuersbrunst zum Opfer gefallen war, versammelten sich die Götter im Tal von Teotihuacán, um eine neue zu schaffen. Nanahuatzin, ein armer, kranker Gott, sprang in das Flammenmeer und wurde zur neuen Sonne, der reiche, prachtvoll gekleidete Gott Tecuciztecatl folgte seinem Beispiel und wurde zum Mond. Diese Sage erklärt die große religiöse Bedeutung der alt-mexikanischen Stadt Teotihuacán, deren Ruinen, rund 40 km nordöstlich der Hauptstadt Mexiko gelegen, heute zu den bedeutendsten Sehenswürdigkeiten des Landes zählen.

Die Geschichte des Volkes, das die mächtigsten Bauwerke des alten Mittelamerika schuf und eine Stadt anlegte, die während ihrer Glanzzeit (100–600 n. Chr.) eine Fläche von etwa 20 km^2 bedeckte, und zeitweise mehr als 150 000 Einwohner zählte, liegt bisher jedoch noch weitgehend im Dunkeln. Die Bezeichnung Teotihuacán bedeutet „Ort, wo man zum Gott wird" und stammt von den Azteken, die um 1300 die Anlage entdeckten und als Begräbnisstätte nutzten.

Teotihuacán muß eine lebendige Stadt mit schwunghaftem Handel gewesen sein. Das völlige Fehlen von Befestigungsanlagen läßt auf eine friedfertige Einstellung des Volkes schließen. Einflüsse seiner Kultur können anhand von Funden fast überall in Mittelamerika nachgewiesen werden. Aus heutiger Sicht erstaunlich ist nicht nur die planmäßige, schachbrettartige Anlage Teotihuacáns, sondern vor allem die Größe der Bauwerke im Zeremonialzentrum der Stadt, deren Bewohner weder Zugtiere noch das Rad als Hilfsmittel gekannt haben. Den Mittelpunkt des sakralen Bereichs, der seit Beginn des 20. Jahrhunderts freigelegt und zum großen Teil rekonstruiert worden ist, bildet die mächtige Sonnenpyramide, die früher von einem Tempel gekrönt war. Wann, wie und warum dieses blühende Zentrum Alt-Mexikos in eine Ruinenstätte verwandelt wurde, ist ungeklärt. Wahrscheinlich haben die Bewohner selbst um 670 einen Großteil der Stadt niedergebrannt. Als Ursache werden innere Streitigkeiten – möglicherweise ausgelöst durch zunehmenden Militarismus oder durch Nahrungsmittelknappheit – vermutet. Als die Azteken einige Jahrhunderte später die Bauwerke von Teotihuacán entdeckten, ordneten sie ihnen Bedeutungen aus ihrer eigenen Geisteswelt zu und gaben ihnen die Namen, unter denen die Zeugnisse des Volkes von Teotihuacán heute bekannt sind.

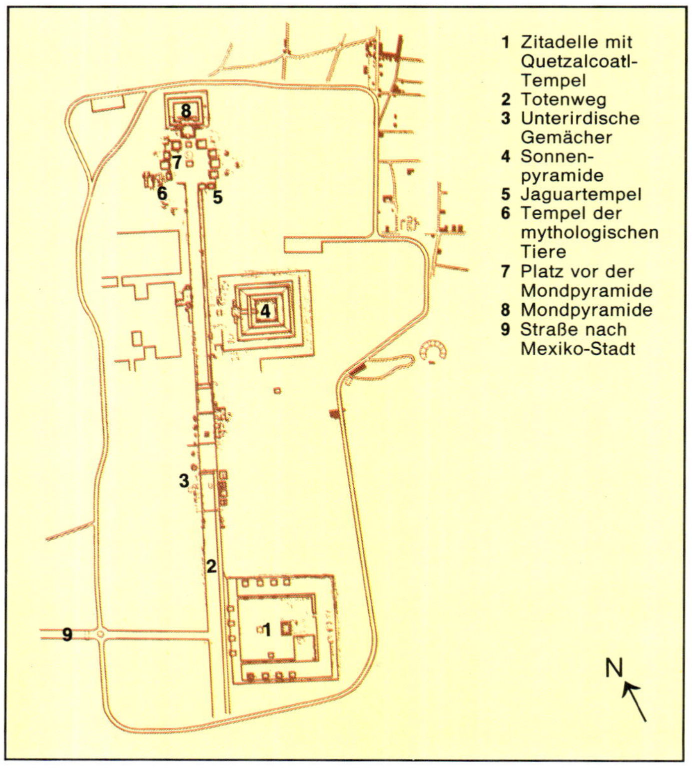

1 *Schnurgerade verläuft der Totenweg, der die Längsachse des Sakralbereichs von Teotihuacán bildet – von der 42 m hohen Mondpyramide über eine Strecke von 5 km zu den gegenüberliegenden Hügeln (siehe auch Lageplan). Seitlich des Totenweges wurden die 65 m hohe Sonnenpyramide (Seitenlänge 200 m) und der quadratische Festplatz mit dem Tempel des Quetzalcoatl angelegt.*
2 *Der Gott Quetzalcoatl, dargestellt als gefiederte Schlange, schmückt den Haupttempel.*
3 *Der Tempel des Quetzalcoatl besteht aus sechs nach oben immer niedriger werdenden Podesten, die mit Quadergesimsen und Reliefplatten geschmückt sind.*
4 *Die in einem Grab in der Umgebung von Teotihuacán gefundene Maske (entstanden zwischen 550 und 1050) ist mit einem Mosaik aus Korallen, Türkis, Muschelschalen und Obsidian geschmückt.*

1 *Das bekannteste Bauwerk von Tiahuanaco ist das Sonnentor, das aus einem 3× 3,75 m großen Andesitstein gemeißelt ist. Auf dem Fries über dem Tordurchlaß ist eine Figur zu sehen, die vermutlich einen Sonnengott darstellt; Strahlen umgeben sein Haupt.*
2 *In eine Mauer des als Kalasasaya bezeichneten Bereichs von Tiahuanaco wurde eine Steinmaske eingelassen.*

Tiahuanaco

Lange Zeit war Tiahuanaco nichts als ein Trümmerhaufen. Die Ruinenstätte, 60 km westlich der bolivianischen Stadt La Paz im Hochland der Anden gelegen, diente den Bolivianern noch in den 30er Jahren dieses Jahrhunderts als Steinbruch. Die steinernen Überreste ihrer Vorfahren, deren Kultur im 1. Jahrtausend n. Chr. die Völker des gesamten Andengebietes beeinflußte, finden sich noch heute in den Häusern der umliegenden Dörfer ebenso wie in den Kirchen von La Paz. Selbst als Straßenbelag und im Eisenbahnbau wurden die präzise behauenen Quader und Platten verwendet.

Viele Funde des riesigen, etwa 20 km² großen Ruinenfeldes nahe dem Titicaca-See sind heute nur deswegen bekannt, weil sich ein Mann unermüdlich der Erforschung dieser Kultstätte widmete: Der ehemalige Ingenieur Arthur Posnansky, der bis in die 30er Jahre des 20. Jahrhunderts in La Paz lebte, hielt vieles von dem mit der Kamera fest, was anschließend als Baumaterial abtransportiert wurde – Steinblöcke, Plastiken, Reliefs.
Der am besten wiederhergestellte Teil der in drei Bezirke untergliederten Stätte ist der Kalasasaya genannte Bereich der Anlage. Diese zentrale Ruinengruppe konnte anhand eines alten, in eine Platte eingemeißelten Grundrisses wiedererrichtet werden. Weitere Anhaltspunkte zur Rekonstruktion lieferten die Berichte des Spaniers Pedro Cieza de León, der 1540 in Tiahuanaco ein gewaltiges Gebäude mit einem in die Erde eingelas-

senen, etwa 15 × 15 m großen Innenhof erblickte, an den sich an einer Seite eine große Halle mit zahlreichen Portalen und Fenstern anschloß. Eine Treppe führte in den Hof, der von Mauern mit einer Höhe von mehr als zwei Manneslängen umgeben war.
Ob die weite Verbreitung der religiösen Motive, der farbenfrohen Keramik und der Webarbeiten des Volkes von Tiahuanaco auf eine politische und militärische Vormachtstellung zurückgeht, ist ungeklärt. Die Kultstätte in der fast 3900 m hoch gelegenen Ebene am Titicaca-See war jedenfalls ein zentraler Wallfahrtsort.
Auch die Reste der anderen Bereiche der Anlage deuten auf eine sakrale Funktion hin. Ein Steinwurf weiter südlich der Kalasasaya liegt der Acapana genannte Teil auf einem terrassierten, 15 m hohen künstlichen Hügel, dessen Steinblöcke auf der oberen Plattform Teile eines Tempels oder einer Opferstätte gewesen sein könnten. Auf einem weiteren künstlich aufgeschütteten Hügel, 1 km südwestlich der Kalasasaya, finden sich Reste einer nie fertiggestellten Anlage, die möglicherweise als Begräbnisstätte für Priester und Könige dienen sollte und heute als Puma Puncu bekannt ist. Diesem Ruinenkomplex vorgelagert sind Steinmauern, die ihrer Anordnung nach einst zwei Hafenbecken gebildet haben – eine Vermutung, die durch Fische, die in das Mauerwerk eingemeißelt wurden, erhärtet wird. Eine Erklärung liefern geologische Erkenntnisse, nach denen der Wasserspiegel des 20 km entfernten Titicaca-Sees früher um nahezu 35 m höher als heute lag. So könnten in Puma Puncu tatsächlich die Boote der Wallfahrer angelegt haben, die über den Titicaca-See gekommen waren, um in Tiahuanaco ihren Göttern zu huldigen.

3 *Die mächtigen, aus riesigen, präzise behauenen Steinquadern errichteten Mauern der Kultstätte in der Nähe des Titicaca-Sees im Hochland der Anden wurden zum Teil restauriert. Die Ruinen bestehen aus grauem Andesit und rotem Sandstein.*

1 Die Tempelhalle für den Großen Buddha im Todaidschi-Tempelbezirk in Nara stellt das größte Holzbauwerk der Welt dar. Die Halle stammt aus dem 8. Jahrhundert und wurde 1708 nach Zerstörungen durch einen Brand sorgfältig rekonstruiert. Sie ist 58 m lang, 51 m breit und 49 m hoch; der Vorgängerbau war noch um ein Drittel größer. Vor dem Eingang in das Heiligtum steht eine bronzene, mit Reliefs geschmückte achteckige Lampe, die aus dem 8. Jahrhundert stammt.

2 Die Tempelhalle beherbergt die Monumentalstatue des Großen Buddha. Allein ihr Gesicht mißt 5 m; den Kopf schmücken 966 Locken aus Bronze, deren Ausarbeitung drei Jahre beanspruchte. Die erhobene rechte Hand verheißt Frieden, die linke Erfüllung der Wünsche. Der Buddha sitzt auf einem Podest, das einer Lotosblüte nachgebildet ist, deren einzelne Blätter die verschiedenen Weltepochen verkörpern. Die Figur ist von einer vergoldeten hölzernen Aureole mit Abbildungen der 16 Buddha-Inkarnationen umgeben; sie stammt aus dem 17. Jahrhundert.

1

2

Todaidschi-Tempel in Nara

Die Anfertigung des Großen Buddha (Daibutsu) für den Todaidschi-Tempel in Nara, mit mehr als 16 m Höhe die größte Buddhastatue Japans, nahm fünf Jahre in Anspruch und erforderte nahezu den gesamten Bronzevorrat Japans. Die Vergoldung der riesigen Plastik wurde durch eine kurz zuvor entdeckte Goldmine gesichert.

Die Statue entstand zwischen 746 und 752 nach Entwürfen des Koreaners Kuninaka-no-Kimimaro; nach schweren Brandschäden wurde sie 1692 neu gegossen. Vor dem Buddha stehen zwei vergoldete Holzfiguren: Die Göttin der Barmherzigkeit sowie der Gott der Weisheit und Zufriedenheit. Hinter ihm befinden sich Standbilder von zwei der vier Himmelswächter. Sie zertreten Dämonen und symbolisieren damit die Verteidigung des Buddhismus. Der Große Buddha steht in der eigens für ihn errichteten Halle (Daibutsuden), dem größten Holzbauwerk der Welt.

In den Todaidschi-Tempelbezirk, von dem nur noch einige Gebäude erhalten sind, führt das große Südtor, ursprünglich im 8. Jahrhundert erbaut und 1199 nach der Zerstörung durch einen Taifun erneuert. In den beiden äußeren Nischen des Tores stehen zwei 8 m hohe Wächterfiguren aus Holz, die den Ein- und Ausgang bewachen sollten. Die linke Figur ist mit offenem Mund und offener Hand gestaltet, die rechte mit geschlossenem Mund und geschlossenen Fäusten.

Im Jahr 745 erteilte Kaiser Shomu, gemäß seinem während einer Seuche abgelegten Gelübde, den Auftrag zum Bau des Todaidschi-Tempels. Die Weihe wurde 752 mit einer feierlichen Zeremonie begangen, an der die kaiserliche Familie und etwa 10 000 Priester und Gläubige teilnahmen. Dem Bau dieses Tempels kam eine nationale Bedeutung zu. Er lieferte das architektonische Muster für zahlreiche andere buddhistische Tempel in Japan. Er entstand zu einer Zeit, in der die buddhistische Religion, vom Staat unterstützt, eine rasche Verbreitung erfuhr. Ein kaiserliches Edikt von 742 sah den Bau von Tempeln und Klöstern in jeder Provinz vor. Kaiser und Adlige stifteten Tempel, um sich dadurch Verdienste zu erwerben, die eine Wiedergeburt in einer höheren Existenzform sichern sollten. Der Todaidschi-Tempel ist das Haupttheiligtum der buddhistischen Kegon-Sekte, deren wesentliche religiöse Überzeugung darin besteht, daß jeder Mensch zur Erleuchtung fähig ist.

Die Ausbreitung des Buddhismus fiel in die Zeit, in der die japanischen Kaiser erstmals eine feste Hauptstadt wählten: Nara. Zuvor wechselte die Hauptstadt nach dem Tod eines jeden Kaisers. 710 wurde Nara auf der Hauptinsel Hondo gegründet und nach chinesischem Vorbild schachbrettartig angelegt. Die Stadt entwickelte sich rasch zu einem politischen und kulturellen Zentrum, wobei die Kunst der Nara-Epoche auf chinesischen Vorbildern basierte. 784 verlegte Kaiser Kammu die Hauptstadt nach Nagaoka, um die Staatsgeschäfte dem Einfluß der Priesterschaft zu entziehen. Nara wahrte jedoch seine Tradition als eine der bedeutendsten religiösen Kultstätten Japans.

1 *Der Hauptchor der Kathedrale von Toledo wird von einem spätgotischen Altaraufsatz mit Szenen aus dem Neuen Testament (vollendet 1504) geschmückt.*
2 *In der Sakristei hängen Gemälde von El Greco. Auf dem Dekkengemälde sind die Wunder des heiligen Ildefons dargestellt.*

Kathedrale von Toledo

Die gotische Kathedrale von Toledo, das Wahrzeichen einer Stadt, von der gesagt wird, daß sie die „Summe von sechs Zivilisationen, Kreuzungspunkt der Kulturen, Brücke zwischen Orient und Okzident, Herberge der Religionen" sei, ist ein riesiges und schönes Paradoxon in Stein: Sie entstand in einer Umgebung, in der sie selbst das fremdeste Element war, in der orientalischen Welt Toledos mit seinem regellosen Gewirr enger Straßen und Gassen. Toledo, kultureller und politischer Mittelpunkt des maurischen Spaniens, wurde 1085 durch den christlichen König Alfons VI. von León und Kastilien erobert und zur Hauptstadt seines Reiches gemacht; gleichzeitig stieg die Stadt zum vornehmsten Bischofssitz Spaniens auf. Bis zum Beginn des 13. Jahrhunderts diente die Hauptmoschee der Stadt als christliche Kathedrale, wie es in zahlreichen den Arabern entrissenen spanischen Städten der Fall war. 1227 wurde der Grundstein für eine neue Kathedrale gelegt, die sich an französischen Vorbildern orientierte. 1493 waren die Bauarbeiten abgeschlossen. Trotz der Expansionskraft der französischen Gotik hielt sich in Spanien auch die muselmanische Bautradition mit großer Beharrlichkeit und verlieh den Kirchen ein besonderes Aussehen: Die hohen Glockentürme gleichen Minaretts (der Nordturm der Kathedrale von Toledo ist 90 m hoch), die Wände wurden mit Deko-

rationen aus Stuck, gemalten Fayencen, emaillierten Plättchen und filigranartigen Zeichnungen geschmückt. Wenn die späteren Anbauten außer acht bleiben, die das ursprüngliche Aussehen der Kathedrale stark verändert haben, so zeigt der Grundriß eine fünfschiffige Anlage mit kaum über die Seitenschiffe hinausragendem Querschiff sowie einem Chor mit doppeltem Umgang und Kapellenkranz. Mit ihren Maßen – 112 m Länge, 56 m Breite und 44 m Höhe – ist sie zwar nicht die größte Kirche Spaniens, aber die am reichsten ausgestattete. Schon wenige Schritte von der Kathedrale entfernt kann ihr Aufbau nur noch erahnt werden, die engen Gassen umschließen sie wieder. Wie bei den arabischen Bauwerken läßt ihr unauffälliges Äußeres den blendenden Glanz ihres Innern kaum vermuten.

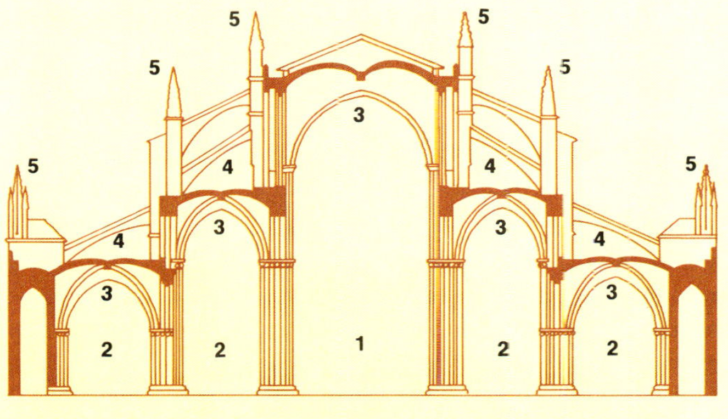

Querschnitt durch die Kathedrale von Toledo: **1** Mittelschiff; **2** Seitenschiffe; **3** Spitzbögen; **4** Strebepfeiler; **5** Fialen (spitze Türmchen)

3 *Die Silhouette der malerisch am Rio Tajo gelegenen, von einer mittelalterlichen Festungsmauer eingeschlossenen Altstadt von Toledo wird von der Kathedrale (links) und dem auf dem höchsten Punkt der Stadt errichteten Alcázar, der ehemaligen Zitadelle (rechts; 1772–1775, mehrfach verändert), beherrscht. Der Bau einer Kathedrale im maurischen Toledo ging auf die Initiative von Rodrigo Jimenez de Rada zurück.*

1 *Im Innern des Topkapi-Sarai in Istanbul offenbart sich dem Besucher ein verschwenderischer Glanz. Die im 18. und 19. Jahrhundert neugestalteten Repräsentationsräume, in denen die Sultane des Osmanischen Reiches ihre hohen Würdenträger und die ausländischen Gesandtschaften empfingen, zeigen Einflüsse der westeuropäischen Palastarchitektur und erinnern mit den Säulen im korinthischen Stil an europäische Barockschlösser.*
2 *Der vierte Hof des Topkapi-Sarai, dessen Gartenterrassen zum Marmara-Meer abfallen, ist zur Seeseite hin durch Mauern und Festungstürme geschützt.*
3 *Der Löffelmacher-Diamant ist mit seinen 86 Karat eines der wertvollsten Prunkstücke in der Schatzkammer des Topkapi-Sarai.*

4 *Das Tor der Begrüßung bildet den Zugang zum zweiten Hof des Topkapi-Sarai, um den herum sich die Regierungsgebäude befanden. In den beiden achteckigen Türmen waren die zum Tod Verurteilten inhaftiert. Die Hinrichtungsstätte befand sich rechts neben dem Eingang; der in die Palastmauer eingelassene Brunnen diente dem Scharfrichter zum Säubern des Schwertes. Die mächtige Anlage geht im Kern auf die zweite Hälfte des 15. Jahrhunderts zurück.*

Topkapi-Sarai in Istanbul

Gemessen am Glanz europäischer Fürstenresidenzen wirkt der Topkapi-Sarai-Palast in Istanbul (Konstantinopel) mit seinem fast undurchdringlichen Irrgarten von Mauern, Höfen, Arkadengängen und Gärten äußerlich fast bescheiden. Und doch schlug hier fast 400 Jahre lang das Herz des Osmanischen Reiches, das im 16. und 17. Jahrhundert ein Gebiet von Ungarn bis Kuwait, von Nordafrika bis zum Kaukasus umfaßte. Hier lebten Sultane, die Schätze von verschwenderischer Pracht anhäuften, inmitten eines hierarchisch gegliederten Hofstaats und umgeben von Hunderten von Sklaven, Eunuchen und Haremsfrauen. Muhammad II., der Eroberer der letzten Reste des byzantinischen Reichs (1453), legte den Grundstein für den Palast, der bis 1853 ständig erweitert oder umgebaut wurde. Das Haupttor des Topkapi-Sarai führt in den damals für jedermann zugänglichen ersten von vier Höfen, einen Wirtschaftshof mit Großküchen, Bäckereien und Vorratshäusern. Nur wenige Auserwählte durften hingegen das Tor der Begrüßung durchschreiten, das Zugang zum zweiten Hof gewährt. Im Diwan, einem von drei Kuppeln gekrönten Gebäude an der Nordwestecke des von Arkadengängen und Verwaltungsgebäuden flankierten Platzes, trat der Staatsrat zusammen. Hinter dem Tor der Glückseligkeit beginnen die Privatgemächer des Sultans und die verwinkelten, durch Gänge, Höfe, Treppen und kleine Gärten verbundenen mehr als 300 Kammern des Harems. Wer hier unbefugt eindrang, riskierte sein Leben.

Abgeschieden von der Welt, bewacht von schwarzen Eunuchen, lebten hier bis zum Jahr 1909 Frauen aus allen Teilen des Reiches. Die Aufsicht führte die Sultansmutter, erst an zweiter Stelle in der Hierarchie des Harems kamen die vier Sultansfrauen, die dem Herrscher des Reiches ein Kind geboren hatten. Ihnen folgten die Favoritinnen, die das Gefallen des Sultans gefunden hatten, darunter stand das namenlose Heer der übrigen Haremsfrauen.

Hinter dem Audienzsaal, der im dritten Hof an das Tor der Glückseligkeit anschließt, steht die Bibliothek von Sultan Ahmad III. mit 4000 kostbaren Handschriften; rechts davon, an der Außenfront des Hofes, liegt die Schatzkammer. Im ehemaligen Beschneidungsraum der Prinzen finden sich einige der kostbarsten Reliquien der islamischen Welt: Der Mantel, das Schwert und die Fahne des Propheten Mohammed, unter dessen grünem Banner die Heerscharen des Osmanischen Reiches einst ausgezogen waren, die Welt zu erobern.

Toshogu-Schrein in Nikko

Ein Drache, der schluchzt, wenn der Betrachter in die Hände klatscht; eine schlafende Katze, so realistisch geformt, daß sie die Mäuse fernhält; die berühmten drei kleinen Affen, die sich Mund, Augen und Ohren zuhalten, um nichts Böses zu sagen, zu hören und zu sehen – der japanische Toshogu-Schrein in Nikko hält eine Fülle solcher Überraschungen für den Besucher bereit.

Der Schrein wurde für Tokugawa Iejasu errichtet, den ersten der über 250 Jahre herrschenden Tokugawa-Schogune, die als Militärregenten die mächtigsten Männer Japans waren. Iejasus Enkel Iemitsu begann 1634 mit dem Bau, der zwei Jahre lang 15 000 Handwerker beschäftigte. Er ist Ausdruck der Blüte von Kunst und Kultur zu Beginn der Tokugawa-Zeit und Sinnbild für die Macht der herrschenden Familie. Seine überreiche Verzierung mit farbigem Lack, Malereien, Holzschnitzereien, Metallblenden und nicht zuletzt Gold, genug, um eine Fläche von 600 m^2 zu bedecken, ist unüblich in der sonst zurückhaltenden japanischen Architektur. Unterschiedliche religiöse Vorstellungen und Kunstrichtungen haben den Toshogu-Schrein geformt.

Dem inneren Heiligtum durfte sich das gemeine Volk früher nur bis zum Ishi-no-torii nähern, dem mit 8,4 m höchsten Steintor Japans. Durch das nächste Tor, Niomon, gelangte man zum Yomeimon, der Grenze für Feudalherren und Samurai. Das auf jedem Quadratzentimeter verzierte, relativ kleine Tor (6,80 m breit, 11 m hoch, 4,50 tief) wird durch seine hochgezogenen Dachkanten vor dem Eindruck der Überladenheit bewahrt. Kaum weniger berühmt ist das Karamon, das chinesische Tor. Es ist sparsamer geschmückt; Weiß und Gold herrschen vor. Dieses Tor durften nur noch die engsten Angehörigen der Schogunats-Familie durchschreiten. Von der dreigeteilten Gebetshalle, ebenso wertvoll verziert wie der anschließende Verbindungsgang, durfte selbst der Schogun nur den ersten betreten. Weiter werden auch heutige Besucher nicht vorgelassen. Im letzten Raum steht der kostbare Schrein, der nach schintoistischer Überzeugung die Seele des Iejasu enthält. Das eigentliche Mausoleum mit den sterblichen Überresten liegt jenseits einer 200 Stufen zählenden Treppe im Wald.

Die Verehrung, die der erste Tokugawa erfuhr, hat manche für westliche Betrachter erstaunliche Aspekte. Die berühmten drei Affen gehören als Schutzgeister zur Verzierung eines – wenn auch heiligen – Pferdestalles, der einst Iejasus Lieblingspferd beherbergt haben soll.

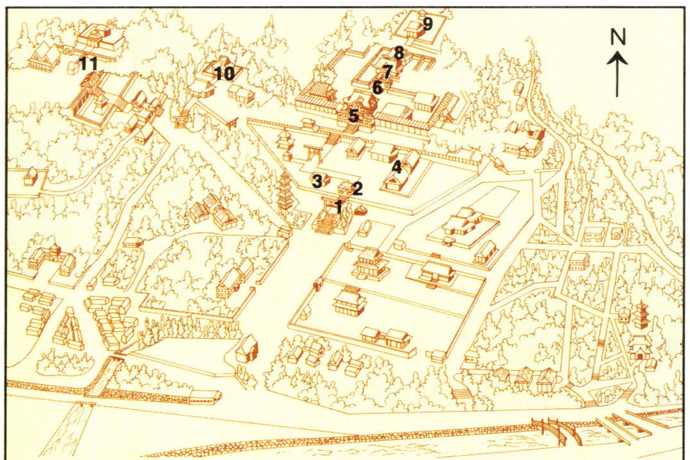

1 Ishi-no-Torii; **2** Niomon-Tor; **3** Stall der heiligen Pferde; **4** Heilige Speicher; **5** Yomeimon-Tor; **6** Karamon-Tor; **7** Haiden (Gebetshalle); **8** Honden (Haupthalle); **9** Grab des Iejasu; **10** Futaarasen-Schrein; **11** Grab des Iemitsu

Das Niomon, Tor des Sonnenlichts, Prunkstück des Toshogu-Schreins, wird auch Dämmerungs-Tor genannt: Bei der Betrachtung vergißt der Besucher die Zeit und wird oft unversehens vom Eintreten der Dämmerung überrascht.

1 Wie eine Mondlandschaft erscheinen die flachen Uferbereiche des Toten Meeres. Von der Halbinsel Lisan wird der Salzsee in zwei verschieden große Becken geteilt. Insbesondere im kleineren Südbecken sind weitflächig die merkwürdigsten Salzlandschaften entstanden, da hier die maximale Wassertiefe nur 10 m beträgt und große Teile des Beckens häufig ausgetrocknet sind. In den flachen Salzwassertrichtern haben sich kleine Salzsäulen gebildet.

Totes Meer

Ein Paradies für Nichtschwimmer! So könnte ein Werbeslogan für das Binnenmeer lauten, in dem – trotz einer Wassertiefe bis zu 400 m – wahrscheinlich noch nie ein Mensch ertrunken ist. Über dieses Phänomen wußte schon im 1. Jahrhundert der jüdische Geschichtsschreiber Josephus Flavius zu berichten: „Er [der See] enthält zwar bitteres Wasser . . ., aber, da es leicht tragend ist, läßt es auch die schwersten Dinge, die man hineinwirft, wieder nach oben gelangen; man kann selbst dann kaum untertauchen, wenn man sich alle Mühe gibt."

Das bittere Wasser, von dem Josephus spricht, verweist auf die Ursache dieser Erscheinung, den extremen Salzgehalt des Toten Meeres. Er ist zehnmal höher als der in der Nordsee. Die tiefblaue Wasserfläche des Salzsees täuscht darüber hinweg, daß hier kein pflanzliches und tierisches Leben existieren kann.

Und dennoch lebten und leben Menschen in diesem siedlungsfeindlichen Gebiet zwischen Israel und Jordanien. Jahr für Jahr werden Scharen von Touristen durch die Superlative des Toten Meeres angezogen: Eine der salzhaltigsten Flächen der Welt (75 km lang, bis zu 15 km breit), die sauerstoffreichste Gegend der Welt und die tiefste Senkung der Erdoberfläche – die Wasseroberfläche des Sees liegt 397 m unter dem Meeresspiegel. Aber auch wirtschaftlich ist das Tote Meer für die Region bedeutend. An seinen Ufern gewinnt ein chemisches Werk seit 1953 große Mengen verschiedener Salze aus dem mineralreichen See. In modernen Kurzentren wird das Salzwasser zu therapeutischen Zwecken genutzt, ebenso wie die zahlreichen schwefelhaltigen Thermalquellen, die in der Umgebung des Toten Meeres erschlossen wurden.

Aber auch vor über 2000 Jahren gab es am Toten Meer schon Siedlungen, von denen heute mehrere Ruinenstätten zeugen. Aufsehenerregende Funde wurden nahe der Oase Kumran gemacht, die nördlich des Salzsees liegt. Hier wurden die „Schriftrollen des Toten Meeres" gefunden, die ältesten bisher bekannten Bibelhandschriften in hebräischer und aramäischer Fassung. Sie sind im ersten vorchristlichen Jahrhundert niedergeschrieben worden. Einige dieser alttestamentlichen Texte waren bisher nur in Übersetzungen bekannt. Eine vorchristliche religiöse Gemeinschaft, die Essener, hatte die Schriften angefertigt und in mehreren Höhlen sorgfältig versteckt, sehr wahrscheinlich um sie vor den Römern in Sicherheit zu bringen, die 68 n. Chr. in das Gebiet westlich des Toten Meeres einfielen (→ Masada, S. 244/245).

3

2 Die braunen, bis zu 600 m aufragenden Steilhänge am Nordufer des Sees, die trostlose Steinwüste, die nur von ein paar vereinzelt gelegenen Oasen unterbrochen wird, und das tiefe Blau von Himmel und Wasserfläche gestalten eine Szene, die sonderbar kalt und unwirklich anmutet.

3 Das trockene und heiße Klima mit Sommertemperaturen von über 45° C führt dazu, daß mehr Wasser an der Oberfläche des Toten Meeres verdunstet, als durch den einzigen nennenswerten Zufluß, den Jordan, eingespeist wird. So sinkt der Wasserspiegel des Sees allmählich ab und die Salzkonzentration in ihm nimmt ständig zu. Dadurch sind an den seichteren Stellen des Sees anstelle einer üppigen Vegetation Wälder von bizarr geformten Salzsäulen herangewachsen.

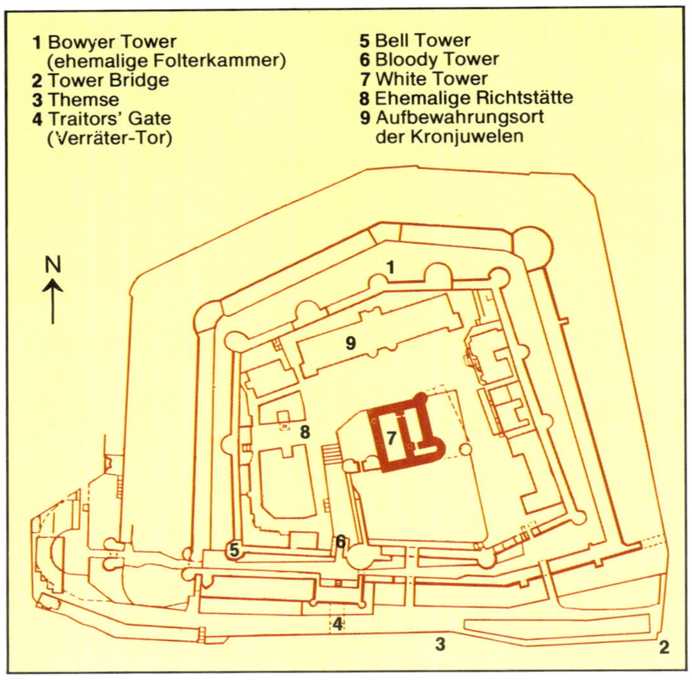

1 Die im Stil der Neugotik gehaltene Tower-Bridge über der Themse wurde zwischen 1886 und 1894 errichtet. Zwischen den beiden Brückentürmen, die jeweils eine Höhe von 65 m erreichen, befindet sich eine hydraulische Zugbrücke, die bei der Durchfahrt größerer Schiffe geöffnet wird.

2 In einem unterirdischen Tresorraum der Waterloo-Kasernen, die sich innerhalb des Tower befinden, werden die unschätzbar wertvollen britischen Kronjuwelen aufbewahrt.

Tower und Tower-Bridge

Der Tower in London ist nicht nur das älteste Bauwerk und eines der heutigen Wahrzeichen der Stadt, sondern einer der geschichtsträchtigsten Orte Englands. Ereignisse der englischen Geschichte, voll Glanz und Schrecken, sind mit dem Tower unauflöslich verbunden, der jahrhundertelang als eine der mächtigsten Festungen des Landes galt. Bis zum 17. Jahrhundert war der Tower zeitweise Residenz der englischen Könige, danach diente er als Staatsgefängnis. Könige ebenso wie Staatsmänner und Geistliche mußten hinter den trutzigen Mauern schmachten oder wurden hier, manche auch außerhalb auf dem Tower Hill, hingerichtet oder ermordet: König Johann II. von Frankreich (eingekerkert 1356), König Heinrich VI. (ermordet 1471), König Eduard V. und sein Bruder Richard (ermordet 1483), Kanzler Thomas Morus, Königin Anna Boleyn (beide enthauptet 1536), die Tochter von Anna Boleyn und spätere Königin Elisabeth I. (eingekerkert 1554), Sir Walter Raleigh (eingekerkert 1605–1617), Duke of Marlborough (eingekerkert 1692) und viele andere.

Zwischen 1078 und 1097 wurde auf Befehl Wilhelms des Eroberers das Zentrum der Festungsanlage, der White Tower mit seinen teilweise über 4 m starken Außenmauern, errichtet. Im Verlauf der folgenden Jahrhunderte wurde die Anlage umgestaltet und ständig erweitert. So

entstand rund um den Innenhof mit dem White Tower eine Befestigungsmauer mit insgesamt 13 hohen Türmen, die wiederum von einer zweiten Maueranlage mit sechs Türmen und zwei Eckbastionen eingeschlossen wird. Die auf der einen Seite von der Themse begrenzte Festungsanlage wurde schließlich noch von einem breiten Wassergraben, der heute trockengelegt ist, umgeben und konnte nur über eine Zugbrücke betreten werden. In einzelnen Türmen der Festung lagen früher Gefängniszellen, Folterkammern und Hinrichtungsstätten. Einer von ihnen, der Bloody Tower (Blutturm), erhielt daher sogar seinen Namen. Unter diesem Turm führte ein Tor direkt zur Themse, durch das manche Leiche geheimnisvoll verschwunden ist.
Als Hauptattraktion des Tower gelten die Kronjuwelen: Zu den kostbarsten Stücken des Schatzes gehören die Edward's Crown, mit der zuletzt Elisabeth II. gekrönt worden ist, die mit über 3000 Diamanten besetzte Imperial State Crown, die Imperial Crown of India mit über 6500 Diamanten und einem wertvollen Smaragden, die Queen Elisabeth Crown mit einem Diamanten von 108 Karat und das königliche Zepter mit dem größten geschliffenen Diamanten der Welt (530 Karat). In anderen Türmen des Tower und im White House befinden sich heute Museen, in denen Sammlungen von Waffen, Folterinstrumenten, Rüstungen und Regimentszeichen aus der langen Geschichte des Tower gezeigt werden. In südwestlicher Richtung und unmittelbarer Nähe vom Tower befindet sich die Tower-Bridge, die zu den bekanntesten Wahrzeichen Londons gehört.

3 *Im Zentrum des Tower befindet sich der White Tower (11. Jh.) mit seinen vier Ecktürmen. Im 17. Jahrhundert wurden die ursprünglichen Schießscharten durch Bogenfenster ersetzt, die zusammen mit den Metallkuppeln der Türme zu den charakteristischen Elementen der mächtigen Festungsanlage gehören. Eine zwei Stockwerke einnehmende Kirche wurde etwa 1080 gebaut; sie ist die älteste Kirche in London.*

Trevi-Brunnen

Wer die Ewige Stadt besucht hat und seine Wiederkehr beschwören will, wirft eine Handvoll Münzen mit der rechten Hand über die linke Schulter in das Bekken des Trevi-Brunnens. Die Mitte des 18. Jahrhunderts errichtete Fontana di Trevi gehört zu den populärsten Barockbauwerken Roms und gilt als der größte Brunnen der Stadt.
Mit 20 m Breite nimmt der Brunnen die als Triumphbogen gestaltete Südfront des Palazzo Poli (Conti) ein. Aus dem mittleren Bogen heraus schwimmt Okeanos auf einem Muschelwagen, getragen von stürmischen Wogen, gezogen von zwei geflügelten, fischleibigen Rossen. An den Seiten ist eine zerklüftete Klippenlandschaft nachgebildet. In Bogennischen zur Rechten und Linken stehen allegorische Figuren des Überflusses und der Gesundheit. Sie wurden von Filippo della Valle geschaffen. Unterhalb der Okeanosfigur stürzt das Wasser in Kaskaden über die Felslandschaft in das große Brunnenbekken. Auf den Reliefs oberhalb der Seitennischen ist die Entstehungsgeschichte der alten römischen Wasserleitung des Agrippa dargestellt. Zwei Engel mit dem Wappen des Auftraggebers des Brunnens, Papst Klemens XII., bekrönen die Anlage.
Der Trevi-Brunnen bildet den Endpunkt der Acqua Vergine, einer Wasserleitung, die 19 v. Chr. von Marcus Agrippa angelegt wurde. Große Teile der Leitung blieben bis heute erhalten. Noch täglich fließen 80 000 m^3 Wasser der Acqua Vergine in die Schalen des Trevi-Brunnens. Bis ins 18. Jahrhundert hinein blieb die Mündung der Acqua Vergine architektonisch ungestaltet: Aus drei Rohren floß das Wasser in ein schlichtes halbkreisförmiges Brunnenbecken.
Anfang des 17. Jahrhunderts entstanden die ersten Pläne für eine monumentale Anlage. So zeigt eine Skizze von Pietro da Cortona eine halbkreisförmige Fassade, in deren Zentrum der Brunnen stehen sollte.
Unterhalb eines Triumphbogens in der Mitte war eine Gruppe von vier Seegottheiten vorgesehen, die von Flußgöttern auf Travertinklippen umgeben sein sollte. Trotz der vielen Pläne wurde erst 1732 unter Papst Klemens XII. mit der Gestaltung des Brunnens begonnen. Zwischen 1728 und 1730 hatte der Duca di Poli zwei dreigeschossige Palazzo-Flügel errichten lassen, die nur durch eine Mauer verbunden waren, an deren Stelle die monumentale Brunnenanlage treten sollte. 1730 wurde ein Wettbewerb für die Gestaltung der Brunnenwand ausgeschrieben. Nach einigen Verzögerungen erhielt schließlich 1732 Niccolò Salvi den Auftrag. Bereits im selben Jahr wurde mit dem Bau der Anlage begonnen. 1735 waren die Statuen auf dem Dachgesims, die vier Jahreszeiten darstellend, vollendet.
Nach dem Tod Salvis übernahm 1752 Giuseppe Pannini die Bauleitung. Er ließ die drei – vorher nicht vorgesehenen – streng geometrisch geformten Becken zu Füßen des Okeanos anlegen. 1759 begann der Bildhauer Pietro Bracci mit der Ausführung der Figuren des Okeanos und seines Gefolges. Nach drei Jahren konnten die Skulpturen aufgestellt werden.
Der Brunnen in der Nähe des Quirinalspalastes wurde bald volkstümlich und gehört heute zu den bekanntesten Sehenswürdigkeiten der Stadt Rom.

Die Fontana di Trevi, der größte und volkstümlichste Brunnen der Ewigen Stadt, symbolisiert den Triumph des Gottes Okeanos. Die Verbindung der antikisierenden Schauwand der Anlage mit den Skulpturen und dem Wasser ist typisch für den barocken Brunnenbau in der Stadt am Tiber.

IL REGISTA

2

3

1 *Das im 1. Jahrhundert am Rand der römischen Stadt Trier entstandene Amphitheater, eine ovale Anlage, die 20 000 Zuschauern Platz bot, war einst der Schauplatz von Festen mit oft grausamen Tier- und Gladiatorenspielen.*
2 *Die Kaiserthermen, eine der größten Badeanlagen des Römischen Reiches, entstanden im 4. Jahrhundert. Sie wurden 1984 teilrestauriert.*

Römische Bauten in Trier

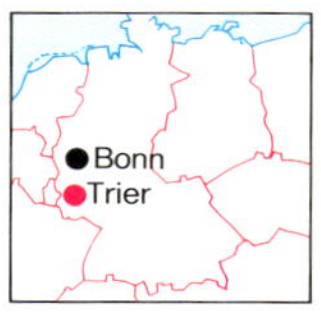

In den Jahren 58 bis 51 v. Chr. vergrößerte Gajus Julius Cäsar durch die Eroberung Galliens, des heutigen Frankreich, einschließlich der linksrheinischen Gebiete, das Römische Reich. Als Jahrzehnte später, 16 v. Chr., Kaiser Augustus die neuen Provinzen bereiste, gründete er auf einem von der Mosel in einem Bogen umflossenen Hang an einer Furt über dem Fluß eine römische Siedlung. Der Platz zeichnete sich einerseits als Kreuzungspunkt wichtiger Handelsstraßen und andererseits durch ein extrem mildes Klima und eine gute Wasserversorgung aus. Nach dem hier ansässigen Volksstamm der Treverer erhielt die Siedlung den Namen Augusta Treverorum (Trier). Aufgrund der hervorragenden Lage, dem allmählichen Ausbau des Fernstraßennetzes und durch den Gütertransport auf der Mosel wuchs die Siedlung rasch zu einer Stadt heran, die als römisches Verwaltungszentrum der Provinz Belgica Bedeutung erlangte. In der schachbrettartig angelegten Stadt entstanden großartige Bauten, wie die Thermenanlagen, das Amphitheater, der Kaiserpalast und die Stadtbefestigung. Etwa seit dem Jahr 286, mit der Reichsreform Kaiser Diokletians, wurde Augusta Treverorum eine der vier Hauptstädte des Römischen Reiches. In dieser Zeit erreichte die Stadt ihre größte wirtschaftliche Blüte, bis am Ende des 4. Jahrhunderts die Residenz nach Mailand verlegt wurde und die römischen Truppen allmählich vom Rhein abzogen.

Die meisten römischen Bauten der Stadt Trier sind nur noch zum Teil erhalten. Im 2. Jahrhundert wurden in Moselnähe die Barbarathermen auf einer Fläche von 172 × 240 m erbaut. Das Bade- und Sportzentrum war gesellschaftlicher Treffpunkt der Bürger der Stadt, die hier, nach Geschlechtern getrennt, ihre Nachmittage verbrachten. Von dem ehemals prachtvoll ausgestatteten Monumentalbau mit Warm- und Kaltbad, Warmluftbad und Gymnastikplatz sind heute nur noch Teile des unterirdischen Bedienungssystems und grasbewachsene Mauerreste zu besichtigen.
Das größte erhaltene römische Bauwerk, die Aula im Zentrum des Palastes Konstantins des Großen, wurde um 310 erbaut. Sie dient heute als evangelische Kirche und als Konzertsaal für die jährlich stattfindenden Orgelfestspiele. Das Bauwerk, auch Basilika genannt, gilt mit 67 m Länge, 27 m Breite und 30 m Höhe als größter römischer Hallenbau nördlich der Alpen. Von der einst prachtvollen Innenausstattung mit Wandmalereien, Marmoreinlegearbeiten, Goldmosaiken und Plastiken ist heute nichts mehr erhalten.
Die im 2. Jahrhundert erbaute Porta Nigra ist eines der besterhaltenen römischen Stadttore überhaupt. Das 30 m hohe, aus riesigen Steinquadern in mörtelloser Fugenbauweise errichtete Bauwerk gilt als eindrucksvolles Wahrzeichen der Stadt Trier.
Die Ausgrabungen in Trier sind noch längst nicht abgeschlossen. Beim Ausschachten von Kellern für Neubauten werden immer wieder überraschende archäologische Funde gemacht, die weitere Aufschlüsse über die Geschichte und hervorragende Stellung der Stadt Trier in römischer Zeit geben.

3 *Wie die meisten römischen Bauten wäre sicherlich auch die im 2. Jahrhundert erbaute Porta Nigra im Mittelalter als Steinbruch benutzt worden, wenn sich nicht ein frommer Grieche namens Simeon, ein Besucher der Stadt, im Ostturm der Torburg als Einsiedler hätte einmauern lassen. Als er 1043 starb, wurde das Stadttor ihm zu Gedenken in eine Kirche umgewandelt, wodurch die ursprüngliche Gestalt des Tores kaum noch zu erkennen war. Erst 1804 wurde der alte römische Kern freigelegt.*

Tula in Mexiko

Um kaum eine mittelamerikanische Ruinenstadt ranken sich so viele Legenden wie um Tula, der einstigen Hauptstadt der Tolteken, jenes Volkes, das im 9. Jahrhundert aus dem Norden in das Hochland von Mexiko eindrang. Gründer der Stadt soll Ce Acatl Tolpiltzin gewesen sein, ein Priesterfürst, der später den Namen des verehrten Schöpfer- und Friedensgottes Quetzalcoatl annahm und Tula zu kultureller Blüte verhalf. Quetzalcoatl verbot Menschenopfer und Kriege und förderte Wissenschaft und Kunst. Ein rivalisierender Fürst, Anhänger des Kriegsgottes Tezcatlipoca, berauschte ihn mit Pulque, dem vergorenen Saft der Agave, und ließ ihn von einer Tänzerin verführen. Quetzalcoatl glaubte, nicht länger würdiger Führer seines Volkes sein zu können und verließ Tula in Richtung Osten, nicht ohne zu versprechen, daß er eines Tages zurückkehren werde. Diese Legende um die Rivalität zweier unterschiedlicher Götter versinnbildlicht die kulturelle Wende, die sich bei den Völkern Mittelamerikas um die erste Jahrtausendwende vollzog: Der Wandel von der Kultur des Friedens, wie sie aus Teotihuacán (→ S. 390/391) bekannt ist, zur Kultur des Krieges und der Menschenopfer.

Die Ruinen der Toltekenstadt, 80 km nördlich der Stadt Mexiko unweit des Städtchens Tula gelegen, spiegeln kultisches Brauchtum und Glauben dieses Volkes wider. Motive der Tempelreliefs, der Keramiken und anderer Kunstwerke sind kriegerische Gestalten, Menschenherzen verschlingende Adler und Schlangen. Sie weisen auf Härte, Strenge und die große Bedeutung des Militärs in dieser Kultur hin. Das Zentrum des Heiligtums, militärisch günstig auf einem Gebirgsvorsprung gelegen, zeigt in architektonischer Hinsicht Neues: Den Säulenbau, der hier, zum erstenmal in Mittelamerika, für große Säulengänge und -säle eingesetzt wurde.

Der Untergang Tulas um 1170 änderte nichts an der Bedeutung der zahlreichen Legenden um ihren weisen Gott-Priester Quetzalcoatl.

Wohin der sagenumwobene Gott auch gegangen sein mag – der Glaube, er werde wiederkehren, übertrug sich auf andere Kulturen und wurde ein halbes Jahrtausend später den Azteken zum Verhängnis, die den Spanier Hernán Cortés für den zurückkehrenden Gott hielten.

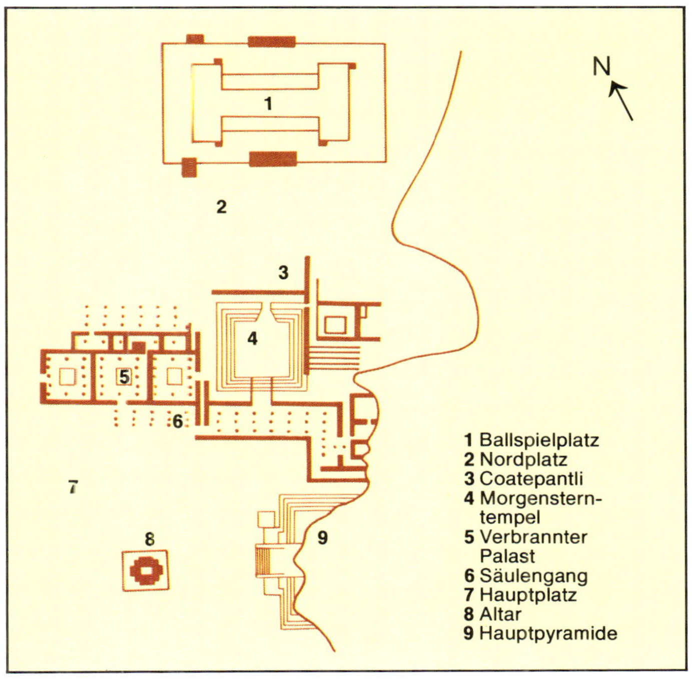

Die Anlage von Tula wurde von dem Morgensterntempel überragt, der dem Gott Quetzalcoatl geweiht war. Von dem Tempel sind heute noch die 4,60 m hohen, als Atlanten von Tula bekannten Säulen erhalten.

Palast von Udaipur

Das Gebiet um die Stadt Udaipur erscheint als der letzte Fleck grüner Erde vor der endlosen Weite der Wüste Thar, die den größten Teil des indischen Bundesstaates Rajasthan im Nordwesten des indischen Subkontinents bedeckt. Im Wasser dreier Seen spiegeln sich die Fassaden der Paläste aus weißem und rosa Marmor, denen Udaipur den Beinamen „Stadt des Sonnenaufgangs" verdankt.
Überragt wird die Stadt vom Palast der Radschas von Udaipur, einer wuchtigen, mehrgeschossigen Anlage mit von Kuppeln bekrönten achteckigen Türmen. Langgestreckte, von Arkaden getragene Galerien und Fensterreihen nehmen die ganze, zum See Pichola gerichtete Hauptfront ein. Eine Vielfalt von Formen und Schmuckmotiven bei der architektonischen Gestaltung kennzeichnet die oberen Stockwerke der Außenfassade und die Verkleidung der Terrasse, wobei die gegeneinander versetzten Balkone und Türmchen mit ihren vorspringenden Dächern der Silhouette des Palastes ihre charakteristische Form verleihen.
In strengem Gegensatz dazu stehen die Nordflügel des Palastes mit den nüchternen, steil aufragenden Festungsmauern, die daran erinnern, daß die Residenz der Radschas – Hindu-Herrscher in einem lange Zeit von einem moslemischen Großmogul regierten Land – auch für Verteidigungszwecke erbaut war. Die innere Fassade des Bauwerks besteht aus übereinanderliegenden, offenen Galerien, die nach oben hin immer kleiner werden und deren Arkadengänge und Balkone mit reichhaltigem Zierat geschmückt sind.
Den Wunsch nach herrschaftlicher Prachtentfaltung dokumentieren die an den Mauerflächen mit farbenprächtigen Fresken geschmückten Pavillons im Inneren der Residenz. Neben den Gottheiten der Hindu-Religion, den vierarmigen Göttern Schiwa und Wischnu, die Zerstörung und Erhaltung repräsentieren, sind es die Taten der Herrscher von Udaipur, die in Wandmalereien und Statuen verherrlicht werden.
Den Pavillon der Pfauen schmücken große, mit Perlen besetzte Glasmosaiken jener Vögel, die in Indien stets die Rolle von Wappentieren spielten. Der Palast der Rubine beherbergt eine große Sammlung an Glas- und Porzellanskulpturen. Der Palast der Perlen ist berühmt für seine Spiegel, in denen die farbenfrohe Innendekoration durch Spiegelflächen optisch erweitert wird.
Begründet wurde Udaipur von Radscha Udai Singh aus der Dynastie der Radschputen, der 1559 nach der Zerstörung seiner alten Residenz Tschitor durch den Mogul-Herrscher Akbar den Großen an den Ort der drei Seen kam und dort 1570 mit dem Bau des Palastes begann. In den folgenden Jahrhunderten wurde der Palast mehrfach erweitert, wobei sich die Nachfahren von Udai Singh stets am ursprünglichen Grundriß orientierten und auf diese Weise den geschlossenen Charakter der Residenz bewahrten.
Auf Dschag Mandir, einer der größten Inseln im Pichola-See, liegt das Gul Mahal, ein zwischen 1620 und 1630 erbauter Palast mit einer reichgeschmückten Kuppel. Hier fand zu Beginn des 17. Jahrhunderts der spätere Mogul-Herrscher Dschahan I., von seinem Vater Dschahangir nach einem mißglückten Putschversuch verfolgt, politisches Asyl. Beeindruckt vom Kuppelbau des Gul Mahal begann er 1632 nach dem Tod seiner Lieblingsfrau Mumtaz Mahal mit dem Bau des Mausoleums Tadsch Mahal (→S. 378/379).

3

1 Die Hauptfront des Palastes der Radschas von Udaipur liegt am Ostufer des Pichola-Sees. Udaipur war bis 1948 Hauptstadt des hinduistischen Fürstenstaates von Udaipur und ist seither Distriktshauptstadt im indischen Bundesstaat Rajasthan.
2 Im Innern des Palastbezirks, der eine Stadt für sich bildet, zeugen zahlreiche Pavillons und Tempel vom Reichtum der Radschas und ihrer tiefen Verbundenheit mit dem Hinduismus.
3 Am östlichen Ende des Pichola-Sees liegt die Insel Dschag Niwas. Hier entstand um 1740 eine Sommerresidenz der Herrscher von Udaipur. Die großzügige Anlage beherbergt heute das Lake-Palace Hotel, eines der luxuriösesten und teuersten von Indien.

1 *Sandro Botticelli schuf mit der um 1486 entstandenen „Geburt der Venus" eine Verkörperung der Schönheit. Venus, dem Meer entstiegen, wird von zwei Zephyrn dem Land zugetrieben, wo eine Magd mit einem Mantel herbeieilt. Der allegorische Hintergrund des Gemäldes ist umstritten: Manche Kunsthistoriker vermuten in dem Bild eine Huldigung an Simonetta Vespucci, die Geliebte von Giuliano de'Medici; andere interpretieren das Werk als die Geburt der Schönheit (Venus) aus der Vereinigung von Geist und Materie, Idee und Natur. Das Gemälde geht vermutlich auf eine Dichtung von Angelo Poliziano zurück und wurde wahrscheinlich als Gegenbild zur „Allegorie des Frühlings" für die Villa der Medici in Castello geschaffen. Sandro Botticelli, der Hauptvertreter der Frührenaissance in Florenz, wurde stark durch seine Kontakte zu den philosophischen Kreisen der Accademia Platonica geprägt.*

Uffizien in Florenz

„Noch nie habe ich etwas Schwierigeres und Gefährlicheres gebaut, denn die Fundamente stehen im Fluß, fast in der Luft", beklagte sich der florentinische Baumeister Giorgio Vasari, der 1560 mit dem Bau der Uffizien, der Büroräume für die herzogliche Verwaltung der Toskana, in Florenz am Ufer des Arno begonnen hatte.

Herzog Cosimo I. de'Medici war es gelungen, die Stadt Siena zu besiegen und seine Herrschaft über die gesamte Toskana auszudehnen. Neue Verwaltungsgebäude wurden notwendig, die mit dem Palazzo Vecchio und dem auf der anderen Seite des Arno gelegenen Palazzo Pitti, der seit 1549 im Besitz der Medici war, verbunden werden sollten. 1565 vollendete Vasari diesen Korridor, der mit dem Ponte Vecchio über den Fluß führt.

1580 vollendeten Bernardo Buontalenti und Alfonso di Parigi die Uffizien. Im Ostflügel des Gebäudes, das einen langen, schmalen Platz umschließt, dessen südliche Schmalseite an den Arno grenzt, befanden sich die Verwaltungsräume. Außerdem richtete Buontalenti dort die Tribuna ein, einen Saal, der die vier Elemente Feuer, Wasser, Erde, Luft und die Tugenden der Medici versinnbildlichen sollte. In diesem achteckigen Raum wurden die Prunkstücke der Mediceischen Kunstsammlungen, die vor allem unter Lorenzo de'Medici vergrößert wurden, ausgestellt. 1586 wurde im östlichen Trakt auch ein Theater eingerichtet. Der westliche Flügel beherbergte verschiedene Werkstätten für Kleinkunst, Parfümdestillationen, Apotheken und Läden. Den nördlichen Endpunkt des Westtrakts der Uffizien bildet die repräsentativen Zwecken dienende, offene Loggia dei Lanzi, auf deren Terrasse ein Dachgarten mit Springbrunnen angelegt wurde.

Durch Neuerwerbungen und Erbschaften wurden die Kunstsammlungen der Medici ständig erweitert und beanspruchten bald weitere Räume der Uffizien. Nach dem Aussterben der Medici fiel die Toskana 1737 an die österreichischen Habsburger. Durch einen Vertrag wurde jedoch festgelegt, daß die Sammlungen der Medici als Eigentum des Staates Toscana in Florenz bleiben sollten. Unter Peter Leopold, der von 1765 bis 1790 als Großherzog der Toskana regierte, wurden die Sammlungen der Öffentlichkeit zugänglich gemacht.

Heute besitzen die Uffizien etwa 4000 Gemälde, die zum großen Teil in den 45 Ausstellungsräumen des Obergeschosses zu bewundern sind. Im ersten Stock des Gebäudes befindet sich das umfangreiche Kupferstichkabinett. Die Tribuna von Buontalenti im Ostflügel wurde weitgehend in ihren ursprünglichen Zustand gebracht. Hier steht auch die Medici-Venus, eine der schönsten und berühmtesten Skulpturen der Antike, die Kopie einer Plastik des griechischen Bildhauers Praxiteles. Neben weiteren antiken Statuen beherbergt das Museum vor allem Werke der italienischen Meister des 13. bis 17. Jahrhunderts und bedeutender Künstler der Spätgotik und Renaissance aus Deutschland, Flandern und den Niederlanden.

Zu den Prunkstücken der Galerie gehören „Die Reiterschlacht von San Romano" von Paolo Uccello (um 1456), die „Allegorie des Frühlings" (1477/78) und „Geburt der Venus" (um 1486) von Sandro Botticelli, „Verkündigung", ein Frühwerk Leonardo da Vincis, Albrecht Dürers „Anbetung der Könige" (1504), Werke von Giotto, Fra Angelico, Filippo Lippi, Raffael, „Die Heilige Familie" von Michelangelo Buonarroti (um 1504), Gemälde von Correggio und Tizian, Bildnisse von Lucas Cranach und Hans Holbein, Werke von Peter Paul Rubens und Anthonis van Dyck.

Nirgendwo gewinnt man einen umfassenderen Überblick über die Kunst der italienischen Renaissance als im bedeutendsten Museum von Florenz, der Stadt, die unter dem Mäzenatentum der Familie der Medici im 15. und 16. Jahrhundert zur Wiege einer neuen Kunst wurde, die sich in der Rückbesinnung auf die Antike der realistischen Darstellung von Mensch und Natur zuwandte.

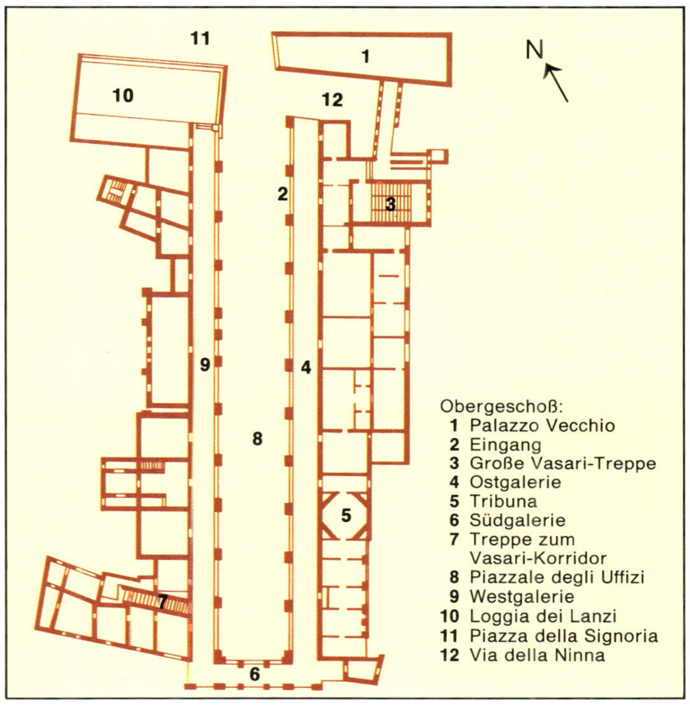

2 *Die in zarten Farben gemalte „Allegorie des Frühlings" von Sandro Botticelli zeigt eine Reihe von Gestalten, die um Venus im Mittelpunkt (über ihr Amor) gruppiert sind. Die Figuren gelten als Symbole für den Wechsel der Jahreszeiten vom Februar (rechts) bis zum September. Das Werk entstand vermutlich um 1478 für die Medici-Villa in Castello.*
3 *Das Selbstbildnis Raffaels (um 1506) befindet sich seit 1631 in den Uffizien.*

Uxmal in Mexiko

Die Maya sind als die „Griechen Amerikas“, aber auch als „Volk der Rätsel“ bezeichnet worden. Die Geschichte von Uxmal, der ältesten Maya-Kultstätte im Nordwesten der mexikanischen Halbinsel Yucatán nahe der heutigen Stadt Mérida, scheint beide Schlagworte zu rechtfertigen: Die imposanten Bauwerke des im 6. Jahrhundert gegründeten Kultzentrums Uxmal, die zahlreichen, in Stein geschlagenen und bis heute nicht vollständig entzifferten Schriftzeichen, die kunstvollen Wandverzierungen und die Zeugnisse der mathematischen und astronomischen Kenntnisse dieses Indianervolkes weisen auf eine Hochkultur hin. Rätselhaft bleibt das Ende der Kultstätte, die, wie zahlreiche andere Maya-Zentren, um das Jahr 1000 von ihren Bewohnern aus bisher unbekannten Gründen verlassen wurde. Später besiedelten von Norden eingewanderte Tolteken den Ort, der um 1450 endgültig aufgegeben wurde.

Die kultische Anlage von Uxmal wird von der 38 m hohen Wahrsager-Pyramide überragt. Der Legende nach ist dieses Bauwerk von einem zwergwüchsigen, buckligen Zauberer in nur drei Nächten errichtet worden. Tatsächlich entstand die Pyramide, die sich von den üblichen Pyramiden Alt-Mexikos durch ihren ovalen Grundriß unterscheidet, zwischen dem 6. und 10. Jahrhundert in fünf Bauphasen. Sie enthält fünf Tempel, die alle erhalten sind. Die sehr steile, in drei Abschnitte unterteilte Treppe führt zur Plattform mit dem fünften Tempel, unter dem die älteren Tempel ineinander verschachtelt liegen. Die zahlreichen Masken des Regengottes Chac, vor allem an den Wänden des vierten Tempels, deuten darauf hin, daß die Wahrsager-Pyramide ein Heiligtum dieses Gottes war.

Typische Merkmale der Maya-Architektur im Norden Yucatáns zeigt der Palast des Gouverneurs, der auf einem 15 m hohen Hügel errichtet wurde und als Meisterwerk alt-mexikanischer Baukunst gilt. Er ist 98 m lang, 12 m breit und 8 m hoch und wurde vermutlich als Wohnunterkunft und Vorratsspeicher der Aristokraten verwendet, möglicherweise auch für offizielle Audienzen. Die Fassade des aus weißem Kalkstein errichteten Gebäudes weist eine klare Gliederung auf. Der untere Teil der Mauer hat glatte Außenwände und breite Eingänge, der obere Teil ist reich mit Göttermasken und geometrischen Ornamenten geschmückt.

Im gleichen für die Maya Yucatáns charakteristischen Stil ist das von den Spaniern so bezeichnete Nonnenviereck errichtet, eine Anordnung von Gebäuden um einen geräumigen Innenhof, die an europäische Klosterbauten erinnert. Die einzelnen Bauwerke sind auf verschiedenen Ebenen errichtet worden, vielleicht, um damit eine Hierarchie auszudrücken. Wahrscheinlich wurde der Komplex als Regierungspalast oder Priesterschule benutzt.

Uxmal diente wie andere Maya-Städte auch vor allem dem religiösen Kult. Daneben war es Wohnstätte für Priester, Aristokraten und die künstlerische und geistige Elite des Volkes. Die Masse der Menschen lebte als Bauern oder Handwerker in primitiven Hütten außerhalb des Zentrums. Den beeindruckenden Leistungen der Maya in Baukunst, Mathematik und Astronomie, die sich z. B. in einem Kalendersystem niederschlugen, das an Genauigkeit den Gregorianischen Kalender übertraf, standen primitiven Methoden der Nahrungsmittelbeschaffung gegenüber. Der Pflug war unbekannt, Anbauflächen wurden durch Brandrodung gewonnen. Lebensmittelmangel durch Erschöpfung des Bodens gilt als eine mögliche Ursache für die mysteriöse plötzliche Aufgabe Uxmals und anderer blühender Maya-Städte.

1

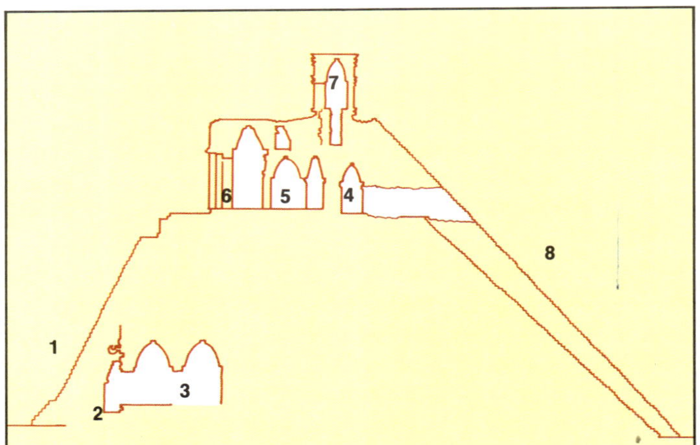

Schnitt durch die Wahrsager-Pyramide
in Uxmal, Mexiko
(6.–10. Jh.)
1 Südfassade
2 Durchgang unter der Treppe an der Südseite
3 Ältester Tempel
4 Zweiter Tempel
5 Dritter Tempel
6 Vorhalle zum vierten Tempel
7 Obere Plattform mit dem jüngsten Tempel
8 Nordseite mit hinterer Treppe

2

1 *Dominierendes Bauwerk der Maya-Kultstätte in Uxmal ist die steile, im Osten der Anlage gelegene Wahrsager-Pyramide. Sie überragt mit einer Höhe von 38 m die zahlreichen anderen Gebäudekomplexe des Kultzentrums, das insgesamt eine Fläche von etwa 1000 × 600 m bedeckt. Der Wahrsager-Pyramide gegenüber liegt das sog. Nonnenviereck, eine Gruppe von vier Gebäudetrakten, die um einen Innenhof angelegt sind. Von den Bauten des Nonnenvierecks ist der dem Eingang gegenüberliegende Nordbau besonders hervorgehoben. Er wurde auf einer erhöhten Plattform errichtet, zu der eine breite Treppe hinaufführt. Die Fassaden der Gebäude im Nonnenviereck sind klar gegliedert. Vom Ausgang des Nonnengevierts führt ein Weg zu den Ruinen des Ballspielplatzes.*
2 *Reiche Verzierungen weisen die Wandreliefs auf. Häufig sind sie in verschiedene Dekorfelder eingeteilt, die sich in einer bestimmten Reihenfolge wiederholen. Neben geometrischen Mustern tauchen oft kultische Symbole wie z. B. Schlangenköpfe auf.*
3 *Durch ihren ovalen Grundriß unterscheidet sich die Wahrsager-Pyramide, die zwischen 600 und 900 errichtet wurde, deutlich von den meisten anderen Pyramiden Mexikos.*

Vatikan

„Du bist Petrus, und auf diesen Felsen will ich bauen meine Gemeinde ... Ich will dir des Himmelreichs Schlüssel geben." Mit diesen Worten, so berichtet der Evangelist Matthäus (Matth. 16,18 u. 19), übertrug Jesu Christi seine Stellvertreterschaft auf Erden an Simon, der da heißt Petrus. Dort, wo der Jünger Petrus gekreuzigt wurde, an dem Platz des römischen Caligula-Zirkus und dem Vatikan-Hügel, residieren heute seine Nachfolger als Bischof der Stadt Rom und als Oberhaupt der römisch-katholischen Kirche.

Der Vatikan, mit 0,44 km² kleinster souveräner Staat der Erde, umfaßt neben dem Petersplatz und dem Petersdom (→ S. 302/303) einige Kirchen und Paläste in Rom, ferner den päpstlichen Sommersitz Castel Gandolfo. Im Vatikan selbst liegen umfangreiche Gärten sowie zahlreiche Verwaltungsbauten und Paläste, darunter der Vatikanpalast, der einst zum größten Palast der Welt hatte werden sollen und heute in seinen rund 1400 Räumen neben den päpstlichen Wohngemächern auch die Vatikanischen Museen beherbergt, die zu den bedeutendsten Kunstsammlungen der Erde zählen. Ausgestellt sind rund 50000 Exponate, der Weg durch alle Museen beträgt rund 7 km. Von den Räumen des Vatikanpalastes schlagen vor allem die von Raffael ausgemalten Stanzen und die Sixtinische Kapelle die Besucher aus aller Welt in ihren Bann.

Die Fresken, die Raffael zwischen 1508 und 1511 in der Stanza della Signatura, dem Päpstlichen Gerichtshof, schuf, gelten als ein Höhepunkt der Renaissance-Malerei. Das Fresko „La Disputa" an der Eingangswand stellt Leben und Werk der Kirche im Himmel und auf Erden dar. Mit sicherem Blick für klar gegliederte Räumlichkeiten sind die beiden Figurengruppen – Christus und verschiedene Heilige auf einer Wolke schwebend, darunter Päpste, Theologen und Bischöfe um einen Altar versammelt – auf der Wandfläche angeordnet. Ähnlich Raffael setzte auch Michelangelo mit seinen Fresken im Vatikan bleibende Maßstäbe für die italienische Wandmalerei. SeinWerk, das er zwischen 1508 und 1512 überwiegend eigenhändig ausführte, sind die Dekkengemälde in der 1473 bis 1484 erbauten Sixtinischen Kapelle, dem Ort des Konklave, der Papstwahl. Die Deckengemälde stellen in neun Bilderfolgen die Erschaffung der Welt nach den Zeugnissen der Bibel dar. 1534 begann Michelangelo mit der Gestaltung der Altarwand, die er 1541 vollendete.

Das „Jüngste Gericht" läßt Christus als Richter der Welt, begleitet von Aposteln und Heiligen, auf Wolken erscheinen. Während auf der linken Seite die Gerechten in den Himmel aufsteigen und rechts die Verdammten in den Abgrund stürzen, vollzieht sich unten die Auferstehung der Toten aus den Gräbern. Verdammung und Auferstehung, Himmelfahrt und Weltgericht bilden eine Bewegung hinauf und hinunter, die beim Betrachter nicht nur persönliche Erschütterung, sondern auch das Gefühl individueller Nichtigkeit hervorrufen soll.

Jahrhundertelang Zentrum des Kirchenstaates, verlor der Vatikan 1871 seine Unabhängigkeit, die er erst 1929 durch die Lateran-Verträge, einem Abkommen zwischen dem Papst und Italien, zurückerhielt. Als Nachfolger Petri gebietet er wie eh und je über dessen Kirche, der weltweit über 700 Millionen Gläubige angehören.

1

1 *Das „Jüngste Gericht" von Michelangelo an der Altarwand der Sixtinischen Kapelle.*

2 *Blick in die Gartenanlage der Vatikanstadt.*

3 *Die Kirche Santa Maria Maggiore, eine der vier Patriarchal-Basiliken in Rom.*

4 *Basilika San Giovanni in Laterano, die Kirche des Papstes als Bischof von Rom.*

1 Petersplatz; **2** Petersdom; **3** Gebäude der Schweizergarde; **4** Loggien; **5** Sixtinische Kapelle; **6** Stanzen Raffaels; **7** Gebäude »Osservatore Romano«; **8** Vatikanische Museen; **9** Bibliothek; **10** Pinakothek; **11** Akademie der Wissenschaften; **12** Grotte von Lourdes; **13** Kolleg; **14** Radio Vatikan **15** Governatorenpalast; **16** Santa Maria della Pieta

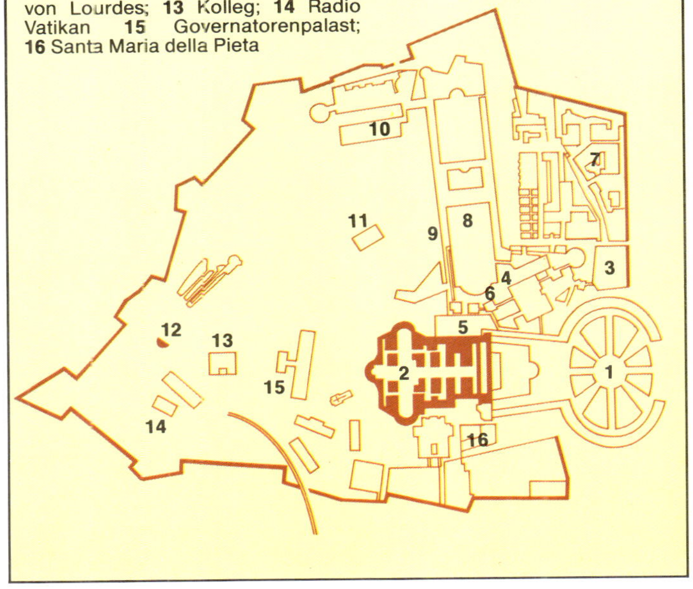

1 *Das Tor des Himmlischen Friedens (1651) bildet im Süden den Eingang in die Kaiserstadt von Peking. Auf dem großen Platz davor finden heute auch Massenkundgebungen statt.*
2 *Das Tor der Göttlichen Tapferkeit begrenzt im Norden den Bereich der Verbotenen Stadt.*
3 *Im Himmelstempel (1754), der in der Äußeren Stadt von Peking steht, betete der Kaiser für eine ertragreiche Ernte.*
4 *Der kleine Pavillon gehört zum Schmuck des Kaiserlichen Gartens im Norden der Verbotenen Stadt in Peking.*

Verbotene Stadt in Peking

Die geheimnisumwobene Verbotene Stadt in Peking, von der aus die Kaiser von China über 500 Jahre lang das Reich der Mitte beherrschten, galt als irdischer Gegenpol zum Himmel und als Mittelpunkt der Welt. Dem Herrscher kam eine mystifizierte, überhöhte Stellung zu, sie versinnbildlichte die chinesische Überzeugung, daß der Kaiser als Sohn des Himmels im Zentrum des Universums stünde und die Harmonie zwischen Himmel, Erde und Mensch gewährleistete.

Die Anlage der Verbotenen oder Purpurnen Stadt, deren Bau Kaiser Ch'eng Tsu aus der Ming-Dynastie 1406 anordnete, verleiht dieser kosmologischen Sichtweise Ausdruck. Die Thronhalle, die Halle der Höchsten Harmonie (1627), liegt im Zentrum der Verbotenen Stadt, die sich inmitten der Kaiserstadt befindet. Die ganze Kaiserstadt bildet den Kern von Peking. Die rund 10 m hohen Mauern der Palastanlagen der Verbotenen Stadt weisen eine purpurrote Farbe auf – daher der Name Purpurstadt –, eine Farbe, die an den rotscheinenden Polarstern erinnert. Die Dächer sind in einem leuchtenden Gelb gehalten, der neben Purpur zweiten kaiserlichen Farbe, einem Symbol für die Sonne. Alle wichtigen Gebäude, die an der zentralen Nordsüdachse liegen, richten sich nach Süden, auf die Sonne zu.

Im Süden führt das festungsartige, 38 m hohe Mittagstor in die Verbotene Stadt, die streng bewacht wurde und zu der kein Unbefugter Zutritt hatte. Im vorderen Bereich stehen die Palastbauten, die den politischen und religiösen Staatszeremonien dienten: Die Halle der Höchsten Harmonie, in der die Thronbesteigung des Kaisers stattfand, Krieg und Frieden erklärt sowie höchste Feierlichkeiten begangen wurden, außerdem die Halle der Vollkommenen Harmonie und die Halle zur Bewahrung der Harmonie. Sie stehen auf einer dreistufigen Marmorplattform und sind mit farbigen Ornamenten und Holzschnitzereien geschmückt. Die Dachfirste laufen in Drachenfiguren aus. Der Drache galt als Symbol für den Kaiser, ihm wurde eine schützende Wirkung zugesprochen. In den weiter im Norden liegenden Palastbauten ging der Kaiser den Staatsgeschäften nach und vollzog religiöse Riten. Dort wohnte auch der Herrscher mit seiner Familie und seinen Konkubinen.

Heute dienen die Anlagen als Museum, in dem die Schätze der Ming- und Ch'ing-Dynastie der Öffentlichkeit zugänglich sind. Jährlich besuchen rund 6,8 Millionen Menschen den Palast.

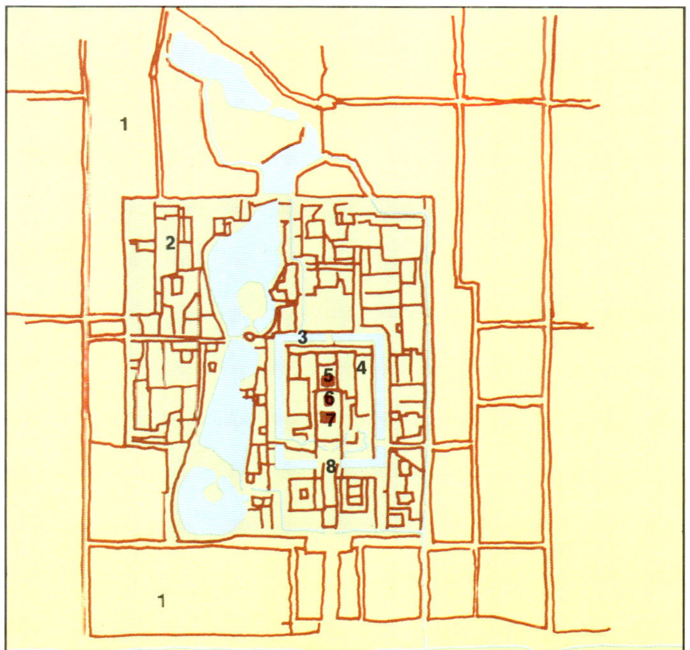

1 Innere Stadt; **2** Kaiserstadt; **3** Mauer und Wassergraben; **4** Verbotene oder Purpurne Stadt; **5** Halle zur Bewahrung der Harmonie; **6** Halle der Vollkommenen Harmonie; **7** Halle der Höchsten Harmonie, in der die Thronbesteigung der chinesischen Kaiser stattfand; **8** Mittagstor, das von der Kaiserstadt in die Verbotene Stadt führt

1 *Die Arena in Verona ist eines der größten und ältesten erhaltenen römischen Amphitheater in Italien. Die festlichen Opernaufführungen – im Bild die Kulisse zu „Tosca" von Giacomo Puccini – finden internationale Anerkennung und sind ein Anziehungspunkt für Touristen aus aller Welt.*

Arena di Verona

An warmen Sommerabenden im Juli und August erstrahlt das römische Amphitheater in der oberitalienischen Stadt Verona zu den hier seit 1913 alljährlich stattfindenden Opernfestspielen im Glanz märchenhafter Szenerien. Wenn die Klänge Giuseppe Verdis, Giacomo Puccinis oder anderer berühmter italienischer Opernkomponisten die Arena füllen, dann erinnert nichts mehr an die dunkle Vergangenheit dieses römischen Monumentalbaus.
In der Mitte des 1. Jahrhunderts erbaut, war das Amphitheater zunächst Schauplatz festlicher Spiele, blutiger Tierhetzen und Gladiatorenkämpfe, die zu dieser Zeit als größte öffentliche Unterhaltungsspektakel der Römer galten. Mindestens einmal jährlich fanden mehrtägige Spiele statt, bei denen Schaukämpfe zwischen ungleich bewaffneten Gladiatoren oder zwischen Mensch und Tier abgehalten wurden und ausgehungerte wilde Tiere zum gegenseitigen Kampf gereizt wurden. Außerdem wurden dort auf eine ungewöhnliche Weise Gerichtsprozesse entschieden: Reichen Bürgern von Verona, die einer kriminellen Handlung beschuldigt wurden oder gegeneinander prozessierten, wurde mitunter eine Art „göttlichen Urteils" gewährt. Die Beschuldigten konnten sich Gladiatoren mieten, die in der Arena des Theaters gegeneinander kämpften. Der Sieg eines Gladiators bedeutete den Prozeßgewinn seines Mietherrn. Auf den gestaffelten Rängen des ovalen Theaters fanden 25 000 Zuschauer Platz. 74 Zugänge in der dreigeschossigen äußeren Ringfront und zahlreiche Treppen und Korridore im Innern des Theaters sorgten für einen reibungslosen Besucherverkehr.
Nachdem die Gladiatorenspiele im 4. Jahrhundert und die Tierhetzen im 6. Jahrhundert verboten wurden, diente die Arena den Bischöfen der Stadt als Festung. Im Mittelalter fanden in der Arena auch Schauprozesse gegen Abtrünnige der Kirche statt. Im späten Mittelalter wurden dort Ritterturniere abgehalten und um 1700 Stierkämpfe veranstaltet. Seit dem 18. Jahrhundert bil-

det die Arena nur noch den Rahmen für friedliche Veranstaltungen: Hier entfaltete sich das italienische Komödientheater und später, im frühen 19. Jahrhundert, wurde sie zu einer riesigen Freiluft-Konzerthalle. Seit der Aufführung von Giuseppe Verdis „Aida" im Jahr 1913, finden dort jährlich Opernfestspiele internationalen Ranges mit weltbekannten Künstlern statt.
Das Theater faßt heute nur noch 22000 Zuschauer. Die Abmessungen der beiden Achsen des Ovalbaus betragen 138 m und 109 m (ursprünglich 152 m und 123 m). Von dem äußeren Mauerring, der bei einem Erdbeben 1183 einstürzte, sind nur noch vier dreigeschossige Arkaden erhalten. Die Mauer, die heute die äußere Front bildet, eine zweigeschossige Arkadenreihe, war ursprünglich der innere Stützring des Theaters. Nach dem Einsturz der Außenmauern bedienten sich die Veroneser Bürger der herabgefallenen Steinquader als billiges Baumaterial für Paläste und Kirchen. Um 1500 wurde eine umgreifende Restaurierung des antiken Amphitheaters vorgenommen, wobei die Arena eine neue Anordnung der Sitzreihen erhielt.

2 *Das Amphitheater in Verona wird heute als riesiges Freilichttheater für Opernaufführungen und Konzerte genutzt. Zu den regelmäßig aufgeführten Werken gehört die Oper „Aida" von Giuseppe Verdi (im Bild).*

Versailles

Zu seinem eigenen Ruhm und zur Ehre Frankreichs erbaute der „Sonnenkönig" Ludwig XIV. (1638–1715) das Schloß Versailles 20 km südwestlich von Paris, das zum Inbegriff herrschaftlicher Prachtentfaltung im Europa des ausgehenden 17. und des 18. Jahrhunderts wurde und vielen Fürsten für ihre Residenzen als Vorbild diente.
An die Stelle eines bescheidenen Jagdschlosses seines Vaters Ludwig XIII. setzte der König eine Schloßanlage, die 10000 Bewohner faßte und an der Gartenseite eine Länge von 590 m hat. Von den Eingangstoren führen drei Höfe in abnehmender Größe – die Cour des Ministres, flankiert durch langgestreckte Ministerialbauten, die Cour Royal und die Cour de Marbre – zum Kern des Schlosses, den königlichen Gemächern. Von hier aus erstrecken sich zwei mächtige Seitenflügel, dahinter beginnen die kunstvoll gestalteten Gartenanlagen, die auf einem Areal von fast 9 km² durch ihre symmetrische Anordnung, die sorgfältig arrangierten Brunnen und Wasserspiele und die strahlenförmig angeordneten Wege und Straßen die Landschaft zu einem harmonischen Ganzen zusammenfassen.
Die formale und inhaltliche Gestaltung des Parks ist stets auf die Architektur des Schlosses und damit auf die Gestalt des absoluten Herrschers bezogen. Das große Apollonbecken mit der Skulptur des mit seinem Streitwagen aus den Fluten auftauchenden griechischen Sonnengottes Apollon am östlichen Ende des 1500 m langen Grand Canal liegt geometrisch exakt auf der Zentralachse von Schloß und Park und damit auf einer Linie mit dem Schlafzimmer des Königs.
Mit den Bauarbeiten in Versailles wurde 1661 unter Leitung der königlichen Baumeister Louis Le Vau und Charles Le Brun und des Gartengestalters André le Nôtre begonnen. 1678 beschloß der König, seinen gesamten Hofstaat und sämtliche Ministerien nach Versailles zu verlegen, und beauftragte Jules Hardouin-Mansart mit der Gestaltung der weiteren Bauvorhaben. Bis zur weitgehenden Fertigstellung des Palastes 1689 waren täglich rund 36000 Menschen und 6000 Pferde auf der größten Baustelle des Landes tätig.
In der nördlichen Hälfte des Parks erbaute Hardouin-Mansart 1688 für seinen König, der als Mittelpunkt eines durch strenge Zeremonien geregelten Hoflebens ständig von Würdenträgern und Bediensteten umgeben war, das Schloß Trianon als Ort persönlicher Entspannung und intimer Festlichkeiten.
Unter Ludwig XV. entstand 1768 das Petit Trianon als Aufenthaltsort für seine Mätressen Madame Pompadour und Madame Dubarry. Die Gemahlin Ludwig XVI., Marie-Antoinette, ließ 1783 unweit des Petit Trianon die Nachbildung eines Dorfes, den Hameau, errichten, wo die Königin und ihr Hofstaat ländliches Leben nachspielten, bis die Idylle von Versailles durch die Revolution 1789 jäh unterbrochen wurde.
Nun verfiel das Schloß zusehends. Erst Mitte des 19. Jahrhunderts wurde mit Restaurierungsarbeiten begonnen und das Schloß in ein Museum umgestaltet, das heute jährlich Millionen Besucher anzieht.

1

2

1 *Der 73 m lange und 12,50 m hohe Spiegelsaal, in dem das von der Gartenfront durch 17 Fenster einfallende Licht von ebenso vielen Spiegeln reflektiert wird, gehört zu den prächtigsten Räumen im Schloß. Hier wurde 1871 der Deutsche Kaiser ausgerufen. 1919 erhielten hier die im Ersten Weltkrieg besiegten Deutschen die Friedensurkunden.*
2 *Nachbildungen antiker Statuen schmücken den Park.*
3 *Am prächtigsten wirkt die dem Garten zugewandte Front des Mittelbaus von Schloß Versailles.*

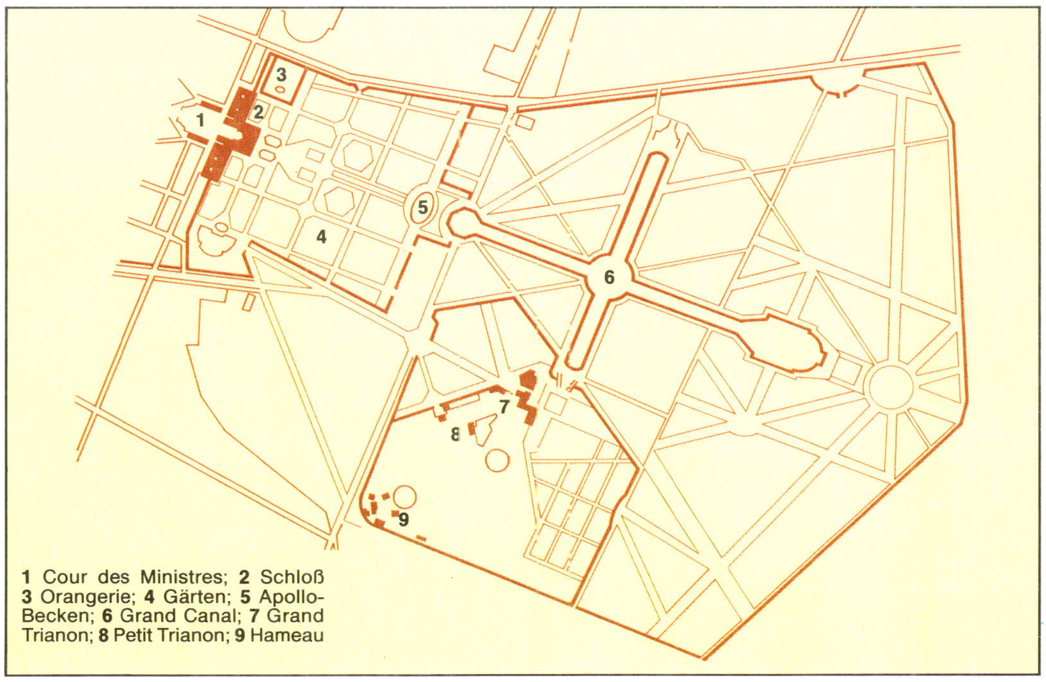

1 Cour des Ministres; **2** Schloß **3** Orangerie; **4** Gärten; **5** Apollo-Becken; **6** Grand Canal; **7** Grand Trianon; **8** Petit Trianon; **9** Hameau

Wall Street

Die Wall Street ist mehr als nur eine Straße in Manhattan. Sie ist Hauptachse des New Yorker Finanzviertels und Schlagader des internationalen Kapitals. Sie beherbergt die wichtigsten Banken der Vereinigten Staaten und die bedeutendste Börse der Welt. Unter dem Stichwort „Schwarzer Freitag" ist sie in die Geschichte eingegangen: Der Börsenkrach am 25. Oktober 1929 löste eine weltweite Wirtschaftskrise aus. Die Kurse fielen um bis zu 90%; mehr als 13 Millionen Aktien wurden verkauft. Heute werden an einem Tag mit normalem Börsenbetrieb 30 bis 40 Millionen Aktien umgesetzt. Rund 500000 Menschen verdienen ihr Geld im Viertel rund um die Wall Street.

In den 50er Jahren existierten Pläne, den Finanzdistrikt zu verlegen. Der Entschluß David Rockefellers, hier das neue Hauptquartier seiner Chase Manhattan Bank zu errichten, verhinderte die drohende Verödung des Quartiers. Ein Bauboom setzte ein; zwischen den zahlreichen alten Gebäuden entstanden neue Bankhochhäuser; Skulpturen, Brunnen und Plätze lockern das Viertel auf.

Auf dem 500 m langen Straßenstück zwischen Broadway und East River, wo heute an fast jedem Gebäude neben der amerikanischen Nationalflagge blaue Fahnen mit Bank-Emblemen wehen, verlief im 17. Jahrhundert ein Palisadenzaun. Dieser Wall sollte die ersten Siedler auf der felsigen Südspitze Manhattans gegen Angriffe aus dem Hinterland schützen. Anstelle der verfaulten Holzpfähle wurde um 1700 eine Straße angelegt – Wall Street. Ihre Geburtsstunde als Finanzzentrum erlebte die Straße 1792, als sich hier 24 Geschäftsleute unter einer Platane trafen, um Aktien zu verkaufen. Das Café gegenüber, in das sie kurze Zeit später umsiedelten, wurde zur ersten Börse der Vereinigten Staaten. 1903 wurde das heutige Börsengebäude, die weltbekannte New York Stock Exchange, errichtet. Mächtige Säulen tragen den Giebel des 1923 erweiterten Baus, die Skulpturen an der Giebelspitze zeigen Szenen aus der amerikanischen Handelsgeschichte.

Dem Finanztempel gegenüber liegt die Federal Hall, ein neoklassizistischer Bau mit einer Säulenvorhalle, der zunächst als Rathaus, 1789 bis 1790 als Tagungsstätte des Kongresses diente und heute nationale Gedenkstätte und Museum ist. Ein Standbild George Washingtons erinnert daran, daß hier der erste Präsident der USA 1789 seinen Amtseid ablegte. Auf der Freitreppe vor der Federal Hall verbringen zahlreiche Bank- und Börsenangestellte ihre Mittagspause, seriös gekleidete Männer und Frauen, die ihren Hamburger verzehren.

Gleich hinter der Federal Hall erhebt sich der 1961 fertiggestellte, 60 Stockwerke (248 m) hohe Wolkenkratzer der Chase Manhattan Bank. Am Ende der Wall Street, an der Westseite des Broadway, wird die Trinity Church sichtbar, eine 1846 erbaute neugotische Kirche aus dunklem Sandstein, deren 86 m hoher Turm sich in den Wolkenkratzerwäldern Manhattans verliert.

Wall Street ist nicht nur für Bank- und Börsenexperten interessant. Kaum ein Tourist verläßt New York, ohne einen Bummel durch die Straße gemacht zu haben, die zum Synonym für Geld und Kapital geworden ist. Auch die New Yorker haben die Wall Street und ihre Nachbarstraßen wiederentdeckt: Nach Feierabend und an Wochenenden sitzen überall auf den zahlreichen Bänken an den Straßenrändern Menschen, die Zeitung lesen oder die Passanten beobachten. Dann erinnert nur wenig an die große Hektik, die alltags in der Wall Street herrscht.

1 *Düster erscheint die Trinity Church am Ende der Wall Street. Die neugotische Kirche, am Broadway gegenüber der Einmündung der berühmten New Yorker Finanzstraße gelegen, wirkt nahezu verloren zwischen den Hochhausriesen Manhattans. Die Pfarrei gilt als reichste der Welt; ihr gehören mehrere Grundstücke im Finanzdistrikt. Viele New Yorker besuchen täglich die Kirche und genießen ein paar Minuten Ruhe und Erholung von der Hektik des Alltags im belebten Finanzviertel rings um die Wall Street.*

2 *Alltag an der New Yorker Börse: In Sekundenschnelle müssen die Angestellten und Makler auf Angebote und Kursänderungen reagieren. Erledigte Notizzettel werden achtlos auf den Boden geworfen. Bildschirmgeräte und moderne Kommunikationstechniken beschleunigen den Informationsaustausch zwischen den Finanzmärkten der Welt. Touristen können dem Börsentreiben von der Besuchergalerie aus zusehen und sich von sachkundigen Hostessen über das Funktionieren des internationalen Finanzsystems informieren lassen. Die New York Stock Exchange, die älteste Börse der Vereinigten Staaten, ist eines der meistbesuchten Gebäude im New Yorker Finanzdistrikt.*

1 *Westminster Abbey ist 170 m lang, 25 m breit und hat mit 34 m Scheitelhöhe das höchste gotische Kirchenschiff Englands (Blick nach Osten zum Chor). Eine der größten Sehenswürdigkeiten ist die an den Ostchor angebaute Grabkapelle Heinrichs VII., die aus dem 15. Jahrhundert stammt (im Hintergrund).*

1 Kapelle des Heiligen Georg; **2** Grabmal des Unbekannten Soldaten; **3** Hochaltar; **4** Grab Elisabeth I.; **5** Kapelle Heinrich VII.; **6** Grab Heinrich VII.; **7** Grab Maria Stuarts; **8** Poet's Corner; **9** Kapitelhaus

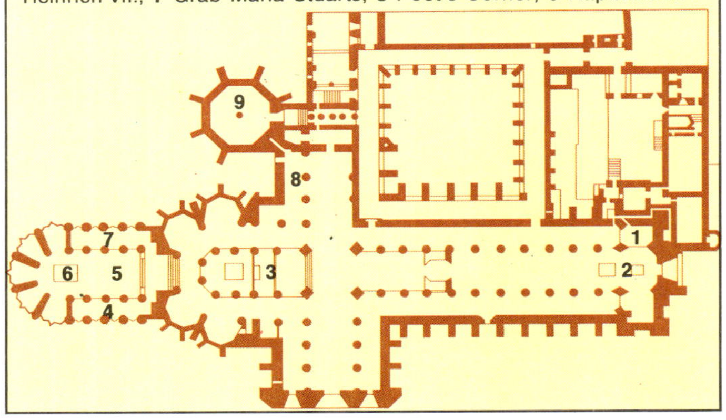

Westminster Abbey

Nachdem der Normannenherzog Wilhelm am 14. Oktober 1066 aus der Schlacht bei Hastings in Südengland siegreich hervorgegangen war, ließ er sich am Weihnachtstag in der Kirche der Westminster Abbey zum englischen König krönen. Damit begründete er eine Tradition, die bis heute geübt wird. Auch für königliche Hochzeiten und Trauerfeierlichkeiten bildet die Londoner Kirche einen würdigen Rahmen. Die englischen Könige von Eduard dem Bekenner († 1066) bis zu Georg II. († 1760) fanden in Westminster ihre letzte Ruhestätte.

2

Zwischen 730 und 740 wurde in den Niederungen am linken Themseufer ein Benediktinerkloster gegründet: Die Westminster Abbey. Den Kirchenbau König Eduards des Bekenners ließen die Könige Heinrich III. und Eduard I. seit 1245 durch einen gotischen Neubau ersetzen, wie er noch heute besteht. In Westminster sollten alle drei Funktionen, Krönungskirche, Grablege, Reliquienhort, vereinigt werden. Heinrich III. scheute für seine Kirche keine Kosten. Baurechnungen belegen, daß er zwei Jahreseinkommen allein für die Bauarbeiten ausgab. Die kriegerischen Auseinandersetzungen des 13. und 14. Jahrhunderts zögerten den Abschluß der Bauarbeiten immer wieder hinaus. Um 1500 wurden sie für mehr als zwei Jahrhunderte ganz eingestellt. Erst 1745 wurde Westminster Abbey vollendet.

Hinter dem Hochaltar in der Kapelle des heiligen Eduard des Bekenners steht der englische Krönungsstuhl, der um 1300 aus Eichenholz angefertigt wurde und den Stein von Scone beherbergt, einst schottischer Krönungssitz und Zeichen des schottischen Königtums. Er wurde 1297 von Eduard I. geraubt und gilt seither als Symbol englisch-schottischer Einheit.
Der Grundriß von Westminster Abbey zeigt eine dreischiffige Anlage mit Querschiff, einem Chor mit Umgang und der Kapelle Heinrich VII. Erst im Jahr 1820 wurde die Abteikirche, die nur 1540 bis 1550 Sitz eines Bischofs war, der Öffentlichkeit zugänglich gemacht. Heute ist Westminster Abbey, die nach dem Vorbild französischer Kathedralen erbaut wurde, eine der größten Touristenattraktionen Großbritanniens.

2 *Die Türme der Westfassade von Westminster Abbey wurden erst 1734 bis 1745 fertiggestellt. Die Entwürfe für die Vollendung werden teils dem Architekten Christopher Wren, teils seinem Schüler Nicholas Hawksmoor zugeschrieben, der die Bauarbeiten leitete. Die Türme wurden im gotischen Stil errichtet, in Anpassung an den mittelalterlichen Bau.*

Windsor Castle

„Honi soit qui mal y pense“ – „Ein Schuft, wer dabei an Schlechtes denkt“ – rief König Eduard III. bei einem Fest in Windsor Castle, hielt ein Strumpfband in die Höhe, das eine Hofdame während des Tanzes verloren hatte, und fügte hinzu, mancher noch werde sich glücklich preisen, es zu tragen. Auf diese Weise soll der Hosenbandorden entstanden sein. Heute wie vor fast 650 Jahren bewegt sich alljährlich im Juni die Prozession der Ritter vom Hosenbandorden in die St. George Chapel im unteren Schloßhof (Lower Ward) von Windsor Castle. Jeder trägt unter dem linken Knie das Ordenszeichen, ein blaues Strumpfband, auf dem die Devise des Ordens in über 400 Diamantsplittern aufgeführt ist.

Seit über 900 Jahren ist Windsor Castle Sitz der englischen Könige und Königinnen. Kern der wuchtigen Anlage ist der Round Tower, der große Festungsturm, der einst den Verteidigern der Burg als letzter Zufluchtsort diente. Wenn die Königin in Windsor Castle weilt, weht wie eh und je von der Spitze des Round Tower die königliche Fahne. Rechts und links vom großen Turm liegen die beiden Schloßhöfe, nach außen durch mächtige Mauern und Wehrtürme geschützt. Der obere Schloßhof (Upper Ward) ist mit den Staatsgemächern, den königlichen Privaträumen und dem Besucherflügel umbaut.
Einer der größten Säle in den Staatsgemächern (State Apartments) ist die St. George Hall, die seit 1348 dem Hosenbandorden als Festhalle dient. Hier hängen die Banner der ersten 26 Ritter des Ordens und Porträts von elf englischen Königen. Gegenüber dem Horseshoe-Kloster im unteren Schloßhof liegt St. George Chapel, die Kirche des heiligen Georg, 1525 im Perpendikular-

stil erbaut, einer Spätstufe der englischen Gotik mit kunstvollen Fächergewölben und hohen Fenstern mit stark abgeflachten Spitzbögen. Hier und im Grabgewölbe (Toyal Tomb House) unter der benachbarten Prince Albert Chapel sind zahlreiche englische Monarchen begraben.

Mehr als ein Dutzend Könige und Königinnen waren an Windsor Castle beteiligt. Wilhelm der Eroberer ließ 1078 die erste Burg auf dem Kalkhügel oberhalb der Themse errichten. In den folgenden Jahrhunderten wurden die Holzbauten durch Steingebäude und Mauern ersetzt. Der Round Tower und der Curfew Tower im Westteil der Burg sind die ersten Steinbauten von Windsor Castle. Jährlich besuchen heute Tausende von Touristen das Schloß 30 km westlich von London. Wenn die Königin anwesend ist, sind ihnen jedoch die Staatsgemächer verschlossen, denn Windsor Castle ist kein Museum, sondern die größte noch bewohnte Burg der Welt.

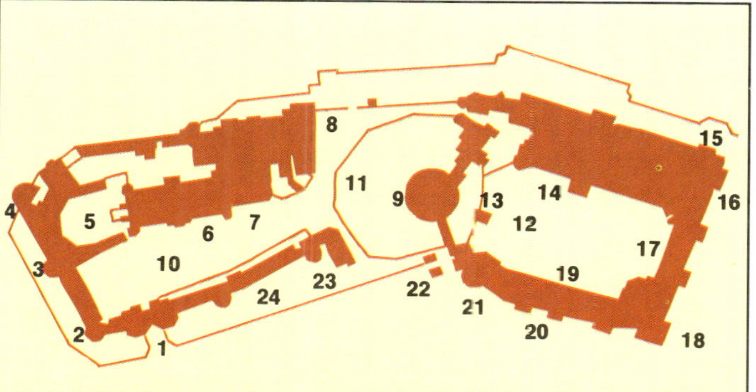

1 Henry VII. Gateway (Eingang zum Schloß); **2** Salisbury Tower; **3** Garter Tower; **4** Curfew Tower; **5** Horseshoe Kloster; **6** St. George's Chapel; **7** Albert Memorial Chapel; **8** Winchester Tower; **9** Round Tower; **10** Lower Ward (Unterer Hof); **11** Middle Ward (Mittlerer Hof); **12** Upper Ward (Oberer Hof); **13** Statue König Karl II.; **14** State Apartments (Staatsgemächer); **15** Brunswick Tower; **16** Prince of Wales Tower; **17** Private Apartments (Königliche Gemächer); **18** Queen's (Victoria) Tower; **19** Visitors' Apartments (Besucherflügel); **20** George IV. Gate; **21** Edward III. Tower; **22** St. George's Gateway; **23** Henry III. Tower; **24** Garter House

Der obere Schloßhof von Windsor Castle ist zu drei Seiten von Gebäuden umgeben, die wie ein Relikt aus dem Mittelalter wirken. Allerdings geht ihr heutiges Aussehen auf die Jahre 1820 bis 1830 zurück, als der Architekt Sir Jerry Wyattville die Burg im gotischen Stil restaurierte. Die Staatsgemächer auf der linken Hofseite beherbergen eine Fülle von Gemälden aus den königlichen Sammlungen, einzelnen Malern, wie Peter Paul Rubens und Anthonis van Dyck, sind ganze Säle gewidmet.

1 Die Zwillingstürme des World Trade Centers setzten in der Skyline von Manhattan (→ S. 240/241) neue Akzente. Das Gebäude ist in New York umstritten, denn wo der ehemalige Gouverneur Nelson Rockefeller eine grandiose Vermählung von Schönheit und Nützlichkeit sah, spricht der Architekt Percival Goodman vom „Letzten Dinosaurier". Einige zukunftsweisende Neuerungen besitzt das Gebäude. Dazu gehört ein System tragender Außenwände und die Reduzierung der Liftschächte durch Verteilerlifte. Die Umsteigestationen, Sky-Lobbies genannt, werden mit einer Geschwindigkeit von 500 m in der Minute erreicht. Mit diesem System gelangt man auch zu dem höchstgelegenen Restaurant New Yorks, „Windows on the World", Fenster auf die Welt, im 107. Stock.

2 Die Front des World Trade Centers wurde mit einer für den Architekten Minoru Yamasaki typischen Feingliederung versehen. Die Glasfront umfaßt eine Fläche von 55 000 m², bei deren Reinigung die Fensterputzer einem Temperaturgefälle von bis zu 10° C ausgesetzt sind.

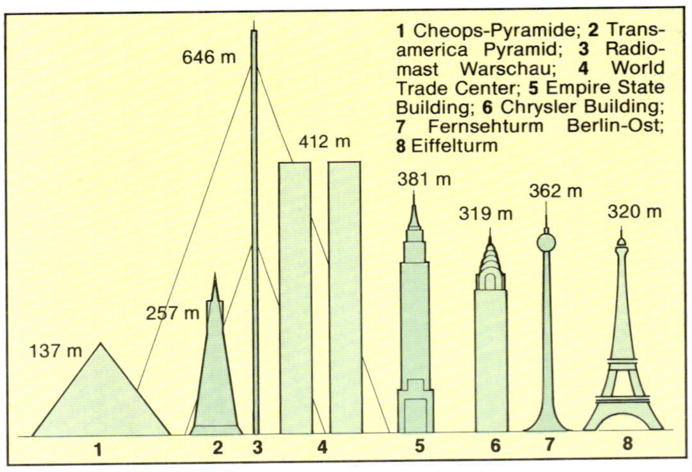

1

World Trade Center

Zweimal 110 Stockwerke je 411,43 m, 817 520 m² Bürofläche, 43 600 Fenster, 198 Fahrstühle, 3000 km verlegte Kabel: Das World Trade Center im Financial District von Manhattan in New York hat eine Reihe solcher Superlative aufzuweisen, so auch den, einschließlich seiner 110 m hohen Fernsehantenne das höchste Gebäude der Welt zu sein. An absoluter Bauhöhe wird es nur vom Sears Tower in Chikago (443 m) übertroffen.

Um zwei Millionen m² Büro-, Geschäfts- und Versorgungsfläche zu schaffen, standen dem Architekten Minoru Yamasaki 6,5 ha Grundfläche zur Verfügung, neun Fußballfeldern entsprechend; der Quadratmeterpreis betrug über 20 000 DM. Die Bauvorschriften hätten eine vollständige Überbauung mit 30 Stockwerken pro Gebäude zugelassen. Dem Architekten schwebte dagegen ein Freiraum im dichtbebauten Manhattan vor, eine Plaza, auf der Bewegung möglich sein sollte, Unterhaltung und Begegnung stattfinden konnten. Daher blieb nur der Weg in die Höhe.

1966 wurde der Grundstein für das Bauwerk gelegt. Jede Woche wuchs der Rohbau um drei Stockwerke. 1970 konnten die ersten Mieter einziehen, 1976 war der Bau vollendet. Im Gegensatz zur Architektur wird die Bautechnik als zukunftsweisend angesehen: Bemerkenswert ist die Wiederaufnahme des Konstruktionsprinzips der tragenden Wände, das zu Beginn der Wolkenkratzerperiode verworfen worden war. Mit seiner Weiterentwicklung wurde eine größere Anzahl tragender Säulen im Gebäudeinnern vermieden.

Seinem Namen entsprechend, hat sich das World Trade Center tatsächlich zu einem Handelszentrum entwickelt. Unternehmen aus allen Kontinenten haben es zu einem internationalen Umschlagplatz gemacht. Trotz aller Superlative platzt der Bau förmlich aus den Nähten. Der Traum des Architekten dagegen hat sich nicht erfüllt: Die Plaza ist funktionslos geblieben. Die 130 000 Beschäftigten, mehr Menschen, als Wolfsburg Einwohner hat, brauchen, um das Gebäude zu verlassen, nicht ins Freie zu treten: Zehn Rolltreppen verbinden das vollklimatisierte und mit Geschäften und Restaurants ausgestattete Gebäude direkt mit der U-Bahn.

Ob die kastenförmigen Zwillingstürme des Bauwerks zur Verschönerung der Skyline von Manhattan beigetragen haben, darüber sind sich die New Yorker uneinig: Während einige sogar dafür plädieren, das World Trade Center abreißen zu lassen, schwärmen andere von seiner modernen, funktionalen Ästhetik.

Yellowstone-Nationalpark

Als ein Paradies ursprünglicher Natur gilt der Yellowstone-Nationalpark inmitten der rauhen Gebirgswelt der Rocky Mountains im amerikanischen Bundesstaat Wyoming. Bei den Indianern war die Gegend des heutigen Naturschutzgebietes als Sitz der „bösen Geister" bekannt, ein Eindruck, der durch die zahlreichen vulkanischen Erscheinungen und die von heißem Wasser verursachten (hydrothermischen) Phänomene hervorgerufen wurde, die in einem geringeren Ausmaß nur noch auf Island und Neuseeland beobachtet werden können.

In der abwechslungsreichen Landschaft des Yellowstone-Nationalparks, der mit einer Fläche von rund 9000 km^2 etwas größer als die Insel Korsika ist, entstanden eine ungewöhnlich artenreiche Tier- und Pflanzenwelt; unter anderem gibt es hier noch die gefürchteten Grislybären. Durch einen tief zerklüfteten und bis zu 250 m tiefen Canyon strömt der Yellowstone-Fluß mit seinen mächtigen weißen Wasserfällen. Unterschiedliche geologische Formationen haben zu einer farbenprächtigen Gestaltung der Hänge des Canyon geführt. In einer Höhe von 2400 m liegt einer der größten Gebirgsseen der Welt, der Yellowstone-Lake, vom Gipfelpanorama der Rocky Mountains umgeben.

Ein eindrucksvolles Naturschauspiel bieten die zahlreichen Geysire (Springquellen); daneben gibt es heiße Quellen und grünblau, schwarz oder gelb gefärbte dampfende Quellseen, brodelnde, zischende und fauchende Becken, aus denen Schwefeldämpfe und andere Gase austreten, sowie blubbernde dickflüssige Schlammlöcher bzw. -vulkane mit in allen Farbtönen schillernden Dampfwolken. Der berühmteste Geysir ist der „Old Faithful", der zu den am häufigsten fotografierten Weltwundern zählt. Ungefähr einmal pro Stunde schleudert er sein heißes Wasser – bei der Eruption rund 50 000 l – in einer gewaltigen Fontäne hinaus, die eine Höhe von etwa 55 m erreichen kann.

Eine bizarre Landschaft aus zahlreichen Kalksinterterrassen haben die Mammoth Hot Springs (Heiße Mammut-Quellen) geschaffen. Das aus den Quellbecken heraustretende heiße Wasser scheidet Kalksinter ab, wodurch an den Austrittsstellen kegel- oder röhrenförmige Kalkhügel entstehen, die sich bis zu einer Höhe von 15 m aufbauen. Die Kalkablagerungen überziehen das umgebende Gelände mit einer dicken, marmorähnlichen Kruste, die sich in terrassenförmigen Abstufungen ausbreitet. Die eigentümliche Schönheit der Kalkterrassen wird noch von einem faszinierenden Farbspiel unterstrichen: Mit der marmorgleichen Farbe des Kalks kontrastiert das bläuliche dampfende Wasser, und durch Schwefel- und Eisenverbindungen entstehen gelbliche, rötliche, grüne oder schwarze Ablagerungen.

Die Ursachen der zahlreichen hydrothermischen Phänomene im Yellowstone-Nationalpark liegen in längst erloschenen vulkanischen Aktivitäten. Es wird vermutet, daß das flüssige Magma der Erde in diesem Gebiet nur wenige Kilometer unter der Erdkruste liegt. Die Hitze aller Quellen würde ausreichen, um Tag für Tag eine Million Tonnen Eis zu schmelzen.

1 *Aus den Springquellen im Yellowstone-Nationalpark schießen ständig kochendheiße Wassersäulen in die Luft.*

2 *Heiße Quellen mit Schwefel- und Eisenverbindungen führen zu einer Verfärbung des Bodens.*

3 *Etwa 60 heiße Quellen (Mammoth Hot Springs) lassen bizarre Kalksinterterrassen entstehen. Durch neue Ablagerungen schieben sich die Terrassen, deren Gestalt und Aussehen sich ständig verändern, immer weiter vor.*

4 *Neben Dampf- und Springquellen gib es auch Schlammvulkane.*

1

2

3

4

1

1 Etwa 1700 Jahre lang hatte die Zikkurat von Ur (erbaut etwa im 21. Jh. v. Chr.) die Stadt Ur in Mesopotamien nahe dem Euphrat beherrscht, ehe sie zu einem Schutthügel zerfiel.
2 Die wiedererrichteten Teile der Zikkurat lassen die terrassenförmige Konstruktion des Baus erkennen. Die Zikkurat könnte dazu gedient haben, den Hochtempel des Stadtgottes von Ur vor den Fluten des Euphrat zu schützen. Nach dem Zeugnis Herodots, der den Turm zu Babel besuchte, standen im Tempel nur ein Bett und ein gedeckter Tisch. Der Gott sollte hier ruhen, bis er in seine Stadt herabstieg.

2

Zikkurat von Ur

„Es hatte aber alle Welt einerlei Zunge und Sprache. Als sie nun nach Osten zogen, fanden sie eine Ebene im Lande Sinear und wohnten daselbst. Und sie sprachen untereinander: Wohlauf, laßt uns Ziegel streichen und brennen! – und nahmen Ziegel als Stein und Erdharz als Mörtel und sprachen: Wohlauf, laßt uns eine Stadt und einen Turm bauen, dessen Spitze bis an den Himmel reiche, damit wir uns einen Namen machen; denn wir werden sonst zerstreut in alle Länder." So steht es im ersten Buch Moses geschrieben (11,1–4). Erzählt wird vom Turmbau zu Babel, vom Bau der Zikkurat von Babylon. Die Worte passen genauso zur Zikkurat des ebenfalls in der Bibel als Heimatort Abrahams erwähnten Ur im südlichen

Irak, dem am besten erhaltenen Bauwerk der mesopotamischen Hochkultur der Sumerer.
Durch die Eroberungen Urnammus, des Gründers der dritten Dynastie von Ur, wurde die reiche Handelsstadt Ur zum Zentrum der südmesopotamischen Stadtstaaten. Entsprechend wuchs auch die religiöse Bedeutung der Stadtgottheit, des Mondgottes Nanna. Ihm zu Ehren errichtete Urnammu die Zikkurat. Nach der Rekonstruktion Sir Leonard Woolleys, der seit 1922 die Stadt Ur ausgrub, erhob sich das Bauwerk in drei Stufen über einer Grundfläche von 46 × 64 m. Das oberste Plateau in etwa 20 m Höhe wurde von einem Tempel gekrönt. Aus Mangel an Steinen im Zweistromland mußten als Baumaterial Ziegel benutzt werden. Das gewaltige Bauwerk bestand im Inneren aus ungebrannten, etwa 30 cm langen Ziegeln. Die Außenwände wurden aus gebrannten Ziegeln errichtet, die durch Erdpech (Bitumen) miteinander verbunden wurden.
Nach Ansicht des Archäologen Woolley waren zumindest in späterer Zeit die unteren Stockwerke schwarz gefärbt, das oberste Stockwerk rot, der Tempel selbst war mit blau glasierten Ziegeln verkleidet und sein Dach vergoldet. Drei Treppen an der Vorderfront führten auf das unterste Plateau, von dort leitete eine Treppe hinauf zum Tempel. Die Zikkurat wurde nach Zerstörungen immer wieder aufgebaut, zuletzt im 6. Jahrhundert v. Chr. vom babylonischen Herrscher Nabonid, der sie auf sieben Stockwerke erhöhte.
Mehr noch als durch die Zikkurat ist die Stadt Ur durch einen teils faszinierenden, teils grausigen Fund Woolleys bekannt geworden: Im Grab eines Königs aus der ersten Dynastie (um 2500 v. Chr.) lagen neben einem ungeheuren Schatz die Skelette von Hofdamen, Bediensteten und der Königin (oder Hohepriesterin?), die dem König ins Grab gefolgt und bei lebendigem Leib begraben worden waren.

Zuckerhut in Rio de Janeiro

Er ist das Wahrzeichen einer Stadt, die nicht durch historische Stätten, kulturgeschichtliche Monumente und berühmte Kunstwerke besticht. Es sind die Atmosphäre dieser Stadt und die unvergleichliche Lage an der Guanabara-Bucht, die den Reiz Rio de Janeiros ausmachen. Der Name des Zuckerhuts, des steil aus dem Wasser ragenden, 395 m hohen, glockenförmigen Berges, der die Guanabara-Bucht im Westen abschließt, beruht auf einem Mißverständnis. Die einheimischen Indianer bezeichneten die Landschaft als „paund-açuquá" – hohe, niedrige und spitze Inseln. Für die portugiesischen Seefahrer, die als erste Europäer am 1. Januar 1502 in der Bucht landeten, klang das wie Pão de Açúcar, Zuckerhut. Auf die Entdecker der Guanabara-Bucht ist auch der Name Rio de Janeiro, Januarfluß, zurückzuführen: Sie vermuteten in der weitläufigen Bucht die Mündung eines Flusses.

Die eigentliche Gründung der Stadt erfolgte erst 1567, nachdem die Portugiesen die seit 1555 siedelnden Franzosen vertrieben hatten. Die Trockenlegung der sumpfigen Landschaft ermöglichte das Anwachsen der Siedlung. Bedeutung gewann Rio jedoch erst im 18. Jahrhundert, als die Goldminen von Minas Gerais ausgebeutet wurden. 1763 wurde Rio Hauptstadt des portugiesischen Vizekönigreichs Brasilien. 1822, nach der Unabhängigkeitserklärung, wurde es die Hauptstadt des Staates Brasilien. 1960 mußte Rio diese Funktion allerdings an das neuerbaute Brasilia (→ S. 56/57) im Landesinneren abgeben. Doch auch heute noch ist Rio das größte Banken- und Handelszentrum, die zweitgrößte Industriestadt und das kulturelle Zentrum des Landes.

Vom Gipfel des Zuckerhuts, den man mit Drahtseilbahnen erreichen kann – die erste wurde 1912/13 erbaut – überblickt man die Stadt mit ihren von Hochhäusern gesäumten, weiten Stränden vor dem Hintergrund einer schroffen Berglandschaft. Im Westen erhebt sich der 704 m hohe Corcovado, der von einer Christusstatue gekrönt ist, die segnend ihre Hände über Rio breitet. Nördlich des Zuckerhuts breitet sich die Innenstadt Rios aus, dort sind auch noch einige wenige Bauwerke kolonialer Architektur zu finden. Das Stadtbild ist geprägt von den Bürotürmen des Zentrums, den Hochhäusern an den Buchten und den Favelas, den Elendsvierteln, die sich an den Rändern der Stadt ausbreiten.

Rio mit seinen über acht Millionen Einwohnern ist für viele der Inbegriff von Vergnügen und Exotik. Hier steht das Maracaná-Stadion, mit 200 000 Plätzen das größte Fußballstadion der Welt; hier gibt es kilometerlange Badestrände, an denen sich in den Mittagspausen und an den Wochenenden die Cariocas, die Einwohner Rios, tummeln. Das Wasser lädt allerdings kaum zum Baden ein: In die Guanabara-Bucht werden die Abwässer Rios fast ungeklärt eingelassen, und an den Atlantik-Stränden machen Brandung und Strömung das Baden gefährlich.

Hauptattraktion ist der Karneval, der in Rio bei hochsommerlichen Temperaturen gefeiert wird. Vier Tage lang schwingt Rio im Rhythmus der Samba, um die alltägliche Misere, den krassen Unterschied zwischen arm und reich, zu vergessen. Wenn das Tanzen allein nicht reicht, wird mit Drogen und Alkohol nachgeholfen. Die Bilanz dieser gigantischen Schau, zu der jährlich Hunderttausende von Besuchern anreisen: Jedes Jahr rund hundert Tote und Tausende von Verletzten.

Über die 30 m hohe Christusstatue auf dem Corcovado hinweg geht der Blick über die Innenstadt Rios und den Strand von Botafogo, der vom 390 m hohen Zuckerhut begrenzt wird. Die Christusfigur des französischen Bildhauers Paul Landowski wurde nach fünfjähriger Bauzeit 1931 auf ihren 8 m hohen Sockel gestellt, der zugleich als Kapelle dient.

Die Sieben Weltwunder der Antike

von Ernst von Khuon

Eine Preisfrage

Der Mann, der mein Wissen prüfen sollte, geleitet mich lächelnd zu dem Sessel im Scheinwerferlicht. Aus dem Dunkel heraus weiß ich die Kameras des Fernsehens auf mich gerichtet.

Ein lähmendes Gefühl droht mich zu überwältigen. Es sitzt im Hals und in den Kniekehlen. Ich schlucke. Ob man mir die Unsicherheit ansieht? Diesesmal wird es nicht gutgehen. Gib nicht zu früh auf, spreche ich mir Mut zu. Ich schlage die Beine übereinander. Diesesmal wirst du nicht bestehen, diesesmal nicht. Was werden die Freunde sagen? Wir haben auf dich gesetzt, mein Lieber. Was die Leute? Wir dachten, der macht das spielend. Bei der letzten, der entscheidenden Frage!

„Entspannen Sie sich", höre ich und betont freundlich: „Es wird bestimmt gutgehen. Sie haben bisher alles beantwortet. Sie werden auch das ganz bestimmt wissen."

Er öffnet eine Mappe, feierlich wie ein Großsiegelbewahrer, und sagt dann langsam: „Also, es ist gar nicht schwer. Sie werden sich von der Schule her daran erinnern, mit etwas Nachdenken ganz bestimmt. Gefragt ist nach den – Sieben Weltwundern des Altertums. Würden Sie so freundlich sein, sie mir aufzuzählen. Es sind sieben, wie gesagt. Mindestens fünf müssen Sie uns nennen."

„Also", sage ich, „da waren die, das heißt, da sind die Pyramiden. Sodann die Hängenden Gärten . . ." Ich erinnere mich an die Kreuzworträtselfrage: ‚Sagenhafte babylonische Königin, neun Buchstaben' „. . . der Semiramis."

„Ausgezeichnet. Und weiter?"

„Der Koloß von Rhodos", höre ich mich sagen. Ich sehe das Bild deutlich vor mir. Eine Zeichnung, die mich schon als Junge beschäftigt hat: Ein riesenhafter Jüngling, der breitbeinig über der Hafeneinfahrt steht. Um vieles eindrucksvoller als die Freiheitsstatue von New York. „Die Schiffe konnten unter ihm, zwischen den gespreizten Beinen, durchfahren."

Mein Prüfer scheint davon nicht überzeugt. „Der Koloß von Rhodos, das ist jedenfalls richtig", ermuntert er mich, „das war also Weltwunder Nummer drei."

„Und da war der Pharos von Alexandria."

„Der Pharos . . .", sein Tonfall hört sich an, als wiege er den Kopf . . . „In Ordnung", sagt er, „das lasse ich gelten. Wir reden später darüber."

Habe ich etwas falsch gemacht? Er läßt es gelten, das ist die Hauptsache.

„Da war noch ein Mausoleum, ein Grabmal", fällt mir ein. „Irgendwo in Kleinasien."

„Gut. Nur ‚irgendwo' ist mir zu ungenau."

„Ich erbitte Bedenkzeit."

„Oder, ein Vorschlag, Sie sagen mir, für wen dieses Grabmal war? Warum heißt es Mausoleum? Auch damit wäre ich schon zufrieden. Sonst bitte den Ort. Ein berühmter Mann ist dort geboren."

„Weiß Gott, ich komme nicht darauf."

„Einen halben Punkt kann ich geben, für das Mausoleum. Mehr nicht. Sie haben viereinhalb Punkte und brauchen fünf. Ein Weltwunder in Griechenland sollten Sie mir noch nennen."

Ein Weltwunder in Griechenland, kann doch nicht schwer sein! „Die Akropolis? Der Poseidon-Tempel auf Kap Sunion? Das Labyrinth des Minos auf Kreta?"

„Nicht raten, bitte", kommt es kühl. „Jenes griechische Weltwunder ist nicht mehr da, wenn es auch an einem hochberühmten Ort stand, in einem Tempel, von dem noch Reste zu sehen sind. Fast hätte ich schon zuviel gesagt."

Doch nicht der Stuhl der Pythia, das Orakel von Delphi? Ich werde es nicht herausbekommen. Wieviel Bedenkzeit habe ich noch?

„Vielleicht sollten wir noch einmal nach Kleinasien gehen", schlägt er mir vor, „oder nach Babylon?"

„Die Gärten von Semiramis sind schon gesagt. Der Turm von Babel? Baalbek im Libanon?" Wie viele Orte wurden schon als achtes Weltwunder gefeiert. Jetzt stehen mir alle diese Weltwunder im Weg. Die Hagia Sophia in Istanbul? Die Chinesische Mauer?

Ich höre die Uhr ticken, die Zeit verrinnen. Es wird mir einfallen, vielleicht, aber nicht jetzt, ganz sicher zu spät . . .

Da läutet der Wecker, und ich erwache, froh, mich diesem Verhör vor Millionen nicht stellen zu müssen. Dazu weißt du zu wenig, mein Lieber, und hast ein viel zu schlechtes Gedächtnis. Selbsterkenntnis.

*

Die Sieben Weltwunder des Altertums aufzuzählen, erscheint gar nicht schwierig. Vorausgesetzt, man hat genügend Zeit nachzudenken. Ich habe es mit Freunden versucht, solchen, die ein humanistisches Gymnasium absolvieren konnten, zu einer Zeit, in der es noch keinen Schichtunterricht gab. Aber, ehrlich gesagt, keiner meiner Bekannten hat die Frage nach den Sieben Weltwundern exakt beantworten können. Ein jeder hat zu tun versprochen, was ich natürlich längst getan hatte: ein Nachschlagewerk zu Rate zu ziehen.

„Sieben Wunder der Welt", da steht es: „Im Altertum sieben Bau- und Kunstwerke, die durch ihre Pracht hervorragten: Die ägyptischen Pyramiden, die Hängenden Gärten in Babylon, der Tempel der Artemis zu Ephesus, das Kultbild des Olympischen Zeus von Phidias, das Mausoleum von Halikarnassos, der Koloß von Rhodos und der Leuchtturm auf der Insel Pharos."

Der Archäologe Theodor Dombart meint allerdings, man könne sich in allgemeinen Nachschlagewerken nicht zuverlässig Aufschluß darüber holen, welche Weltwunder oder Weltsehenswürdigkeiten dereinst in der ältesten Siebener-Reihe zusammengestellt waren. Dombart verweist auf die Münchener Dissertation von Hermann Schott „De septem orbis spectaculis quaestiones" und betont, daß in der ältesten Weltwunderliste zu Beginn des 3. vorchristlichen Jahrhunders der Leuchtturm auf der Insel Pharos vor Alexandria noch gar nicht hat aufgeführt sein können. Es hat ihn damals noch nicht gegeben. Die älteste Siebener-Reihe enthielt statt des bewunderungswerten Leuchtturms ein anderes Weltwunder, nämlich die Mauern von Babylon. Zunächst waren es also nur, dem Merkvers Dombarts entsprechend:

„Steinpyramiden und Babylons Mauern und Hängender Garten, Zeusbild, Artemishaus, Maussolosgrab und Koloß."

Bereits in der zweitältesten Weltwunder-Reihe aber erscheint dann jener Leuchtturm vor Alexandria. Dafür sind die mit dem Niedergang Babylons verfallenden Festungsmauern aus der Siebener-Liste gestrichen.

*

Spätere Weltwunder-Listen haben die magische Sieben in den Hintergrund treten lassen. Man rühmte als „achtes Weltwunder": Das Kolosseum in Rom, die Hagia Sophia zu Istanbul und andere. Es gab so viele „achte Weltwunder", daß man die Namen der Sieben, zumal sie bis auf eines vergingen, um so leichter vergessen hat.

Daß es ursprünglich sieben sein mußten, nicht mehr und nicht weniger, hing mit der zauberischen Bedeutung dieser Zahl zusammen. Ein Zauber, der sich erhalten hat. Er wirkt bis in unsere Zeit hinein nach.

Der griechische Philosoph Aristoteles dachte sich das Gewölbe der Welt aus sieben durchsichtigen Schalen erbaut. Die drehen sich um unsere Erde, eine jede für sich und verschieden schnell. Die Sonne, der Mond, die Planeten wandern mit den gläsernen Sphären. Noch heute lebt dieses Weltbild im Gleichnis des „Siebenten Himmels“.

Sieben Helden Griechenlands zogen unter des Theseus' Führung gegen das siebentorige Theben. Sieben Jünglinge und sieben Jungfrauen hatte Athen siebenmal sieben Jahre nach Kreta, in das Labyrinth des Minos, zu schicken.

Am siebenten Tage sollst du ruhen, verlangt das Alte Gesetz der Juden. Jedes siebente Jahr ließ man die Felder brachliegen. Siebenarmige Leuchter brannten in den Tempeln Jahwes.

Vor zweieinhalbtausend Jahren schon wußten die Griechen sieben Philosophen, die „Sieben Weisen“, zu nennen. Darunter war Solon, der große Gesetzgeber Athens, auch Kleobulos, ein genialer Tyrann, der zum besten von Lindos herrschte. Ein Steinrund, dem herrlichen Tempel von Lindos benachbart, wird noch heute als sein Grabmal gezeigt. Zu den Sieben Weisen gehörte Thales von Milet, der Mond- und Sonnenfinsternisse vorausberechnete und, zum großen Staunen der Ägypter, die Höhen der Pyramiden aus der Entfernung mathematisch bestimmen konnte.

Wie kam es, daß die Zahl Sieben diesen außerordentlichen Rang erhielt? Pythagoras, um 570 v. Chr. auf Samos geboren, formulierte, was die Magier und Priester der alten Kulturen irgendwie „wußten“: Zahlen sind mehr als eine Rechenhilfe. Das Gebäude der Welt ist nach einem mathematischen Plan geschaffen.

Innerhalb der Zehnerreihe spielt nun die Sieben ihre besondere Rolle. Sie ist eine Primzahl, d.h., sie läßt sich nur durch 1 oder durch sich selber teilen. Auch 2, 3 und 5 sind Primzahlen. Sie lassen sich aber durch Teilung aus Zahlen der Zehnerreihe gewinnen. Die Sieben allein steht für sich. Innerhalb der Zehnerreihe „zeugt“ sie nicht und ist nicht „erzeugt“: Eine jungfräuliche, eine magische Zahl.

Die Pyramiden von Gise

Die ägyptischen Pyramiden – das älteste Weltwunder – haben viereinhalbtausend Jahre überdauert. Sie sind das einzige Weltwunder, das noch zu besichtigen ist. Mag sein, daß die Phantasie das, was endgültig versunken und verschwunden ist, herrlicher sieht, als es in Wirklichkeit war. Die Pyramiden jedenfalls sind ein großartiger Maßstab für die dahingeschwundene Großartigkeit der übrigen Weltwunder. Was immer an den Pyramiden gemessen werden konnte, was man in einem Atemzug mit ihnen nannte, muß in der Tat bestaunenswert gewesen sein.

„Das große Ägypten der Pharaonen schläft und träumt“, hat Jean Cocteau geschrieben, „nach seinem Untergang gleicht es einem verlassenen Bienenstock, den Hummeln in Besitz genommen haben.“ Die Großstadt Kairo, mit fünf Millionen Einwohnern, hat sich längst an die Pyramiden herangeschoben. Kairo ist, zur Überraschung der meisten Reisenden, eine moderne Großstadt mit Hochhäusern und Fernsehturm. Das unabsehbare Häusermeer hat die Motive aus Eintausendundeiner Nacht, die 400 Moscheen und die Gräber von Kalifen und Mameluken überwältigt. Nur 8 km vom Stadtzentrum entfernt, am Rande der Libyschen Wüste, deren Gluthauch über Kairo hinstreicht, liegen die Pyramiden. Sie sind schon in die große Stadt einbezogen, was einem, so bequem es ist, als nicht angemessen erscheint. Das Gefühl trügt nicht: Dereinst waren die Pyramiden in weitem Abstand mauerumfriedet. Die Prozessionen bewegten sich auf feierliche Tore zu. Die Pyramiden waren unnahbar. Sie erstrahlten hinter den Mauern des Tempelbezirks wie riesenhafte Kristalle.

Die Pyramide des Cheops, die größte, heute 137 m hoch, einst noch 10 m höher, würde das Straßburger Münster überragen. Auf ihrer Grundfläche, einer quadratischen Basis von 230 m Seitenlänge, könnten die mächtigsten Kirchen der Christenheit, der Petersdom, der Kölner Dom, die Westminster Abbey, Platz finden.

Die Pyramide des Chephren, der dem Cheops als Pharao nachfolgte, trägt noch an ihrer Spitze die Reste des glatten Steinmantels, der einmal alle Pyramiden umhüllte. Man hat die Mantelsteine in späterer Zeit abgetragen, um Häuser daraus zu bauen. Die Chephren-Pyramide ist heute 136 m hoch; sie hat ursprünglich 143,5 m gemessen. Obschon sie kleiner als die Cheops-Pyramide ist, auch kleiner war, erscheint sie, besonders von der Wüste her, größer, da sie höher liegt. Die Pyramide des Mykerinos, der auf Chephren um 2490 v. Chr. folgte, ist mit 62,18 m Höhe noch knapp halb so hoch. Das Bild der Pyramiden ist Schaufensterdekoration Tausender Reisebüros; jedermann glaubt sie zu kennen. Steht man zu ihren Füßen, verschlägt es einem den Atem. So groß, so mächtig hat man sie sich nicht vorgestellt.

Was waren diese Pyramiden? Den Menschen im alten Ägypten galten sie als „Thron des Sonnengottes“, der sich auf seiner Tagesreise hier ausruhen konnte und die polierten Steinschrägen spiegeln ließ. Der Thron des Sonnengottes war zugleich Grabmal des Gottkönigs, ein Schutzgebirge über dem Sarg des Pharao, dessen Körper unversehrt bleiben sollte. Man balsamierte ihn ein, der Vorstellung folgend, daß die Seele, die beim Tod den Körper verläßt, ihn dereinst wiederfinden müsse.

Der Eingang der Cheops-Pyramide liegt in 15 m Höhe, genau nach Norden. Er war sorgfältig vermauert. Er sollte, für immer unzugänglich, später dann vergessen, nicht mehr auffindbar sein. Vom Eingang führt ein rund 100 m langer Gang schräg nach unten in eine Grabkammer, die unter der Pyramide aus dem gewachsenen Fels herausgemeißelt ist. Man sagt, daß dieser Gang im tiefen Innern der Pyramide auf den Zirkumpolarstern, den Drehpunkt des Himmelsgewölbes, exakt ausgerichtet ist. Ein zweiter Gang zielt nach oben; eine Abzweigung führt dann waagerecht weiter, um in einer kleinen, der sog. Königinnenkammer zu enden. Der andere Zweig verfolgt die ursprüngliche Richtung weiter. Man gelangt durch einen kleinen Vorraum in die eigentliche, mit schwarzem Granit ausgekleidete Königskammer. Der Granitsarkophag wurde ohne Deckel und leer aufgefunden. Keine Inschrift, kein Schmuck erinnern an den Gottkönig. Die Mumie des Cheops blieb verschollen. Die Grabräuber sind den Wissenschaftlern und den Touristen zuvorgekommen. Sie haben die Mauern überwunden, haben die Fallsteine rechtzeitig abgestützt. Sie haben im Innern der Pyramide Stollen angelegt, unbemerkt von den Wachen, die im Tempelbezirk patroullierten, oder waren mit diesen Wachen, vielleicht auch mit den Priestern im Bunde. Sie haben die Schätze weggeschleppt, die Mumie des Königs wie Müll weggeworfen.

Dragomane rufen gegen die Wände; das Echo bleibt lange stehen. Die Granitquader in der großen Halle sind so tadellos aneinandergefügt, daß man weder Nadel noch Haar in die Fugen bringen könnte. Der Aufenthalt in der Pyramide ist beklemmend; er treibt den Schweiß aus den Poren. Im alten Baedeker steht: „Leidenden Personen ist der Besuch wegen der dumpfen heißen Luft zu widerraten.“ Doch ist man in der Königskammer nicht hermetisch abgeschlossen. Schmale Lüftungskanäle führen nach draußen, einer nach Norden zur Schattenseite, einer zur südlichen Sonnenseite. Die Kammer ist also belüftet; man müßte sonst nach Luft ringen.

Abenteuerliche Spekulationen haben die Pyramiden zu Denkmälern astronomischen Wissens erklären wollen. Ernstlich wird behauptet, die Ägypter hätten den Abstand Erde–Sonne genau gekannt. Es gibt Pyramidologen, die alles und jedes aus den Maßen der großen Pyramide herauslesen wollen. Ein britischer Spaßvogel hat sich demgegenüber erboten, aus den Maßen des Londoner Kristallpalastes die Entfernung London–Timbuktu und das Durchschnittsgewicht eines erwachsenen Goldfisches zu errechnen. Daß die alten Ägypter vorzügliche Geometer waren, kann nicht bestritten werden. Jedes Jahr mußte man nach der Nilüberschwemmung die verwischten Flurgrenzen wiederherstellen, die Ackerflächen neu vermessen. Die Steuer wurde nach der Größe der Felder festgesetzt. Man wußte den Flächeninhalt von Vier- und Dreiecken zu berechnen, auch den eines Kreises: „Dreieinsiebentel mal Halbmesser.“ So ist es auf einem 3500 Jahre alten Papyrus, der heute im Britischen Museum zu London verwahrt wird, nachzulesen.

Als Herodot, der altgriechische Reiseschriftsteller und „Vater der Geschichte“, die Pyramiden bestaunte, erfuhr er, was damals durch zwei Jahrtausende überliefert war: Zehn Jahre lang hätten die Vorarbeiten zum Bau der Cheops-Pyramide gedauert. Jeweils 10000 Menschen seien damit beschäftigt gewesen, während der drei Überschwemmungsmonate, in denen die Feldarbeit ruhte. Die Pyramide des Cheops ist aus über zwei Millionen Blöcken von etwa zweieinhalb Tonnen Gewicht geschichtet. Sie mußten aus den Steinbrüchen östlich des Nil über Schleifdämme zum Fluß und vom westlichen Nilufer hinauf zum Pyramidenbauplatz geschafft werden. Mit Hebeln und Rollen wurden die mächtigen Kalksteinblöcke die Schrägen der aufgeschütteten Rampen hinaufbefördert. Der eigentliche Aufbau der Cheops-Pyramide hat bei jährlich dreimonatigem Arbeitsdienst noch einmal 20 Jahre gedauert: Zuerst sei ein Stufengebäude geschichtet worden, dann habe man die Stufen ausgefüllt, schließlich seien die Pyramidenflächen von oben, von der Spitze her, mit vulkanischen Schleifsteinen geglättet worden. So sind die Riesenkristalle, deren Seiten tags die Strahlen der Wüstensonne, nachts das Mondlicht spiegelten, entstanden.

Vor der großen Pyramide verharrte Alexander der Große in Schweigen, verstummte Cäsar, diktierte Napoleon seinen Tagesbefehl: „40 Jahrhunderte blicken auf euch herab!“ Ernest Renan, der französische Historiker und Philosoph, hat das alte Ägypten „ein Leuchtfeuer in den umnachteten Meeren der Urzeit“ genannt.

Pyramiden von Gise (Kupferstich von Johann Bernhard Fischer von Erlach, 1721)

Zum Bild der Pyramiden gehört die Sphinx, die zu ihren Füßen ruht: Das größte Bildwerk der Menschheit, 20 m hoch und 74 m lang. Herodot hat die Sphinx nicht erwähnt. Sollte er sie, erdrückt vom Gesamteindruck der Pyramiden, vergessen haben? Wahrscheinlicher ist: Sie war zur Zeit seines Besuchs gar nicht zu sehen, sie war wieder einmal zugeweht. Man hat sie durch die Zeiten immer wieder aus dem Wüstensand graben müssen. Darum wohl ist auf den Weltwunderlisten nur von den Pyramiden die Rede, die Sphinx nicht, auch nicht als Anhängsel, erwähnt.

Herodot berichtet, auf der großen Pyramide sei in ägyptischer Schrift verzeichnet gewesen, wieviel man allein für die Verpflegung der Arbeiter, für Rettich, Zwiebeln und Knoblauch, beim Bau ausgegeben hätte. „Wenn ich mich recht erinnere, was der Dolmetscher, der mir vorlas, gesagt hat, so waren es 1600 Talente." Das wären rund sieben Millionen Mark.

Wahrscheinlich sind die Pyramiden nicht, wie durch die Jahrhunderte immer wieder behauptet wurde, in Sklavenarbeit unter klatschenden Peitschen gebaut worden. Man kann den Pyramidenbau als religiöses Gemeinschaftswerk erklären, als eine Verherrlichung des Pharao, der Gott auf Erden war und nach seinem Tod zu den Göttern zurückging, seinem Volk aber verbunden blieb. In den Monaten der Nilüberschwemmung bedeutete der tätige Gottesdienst des Pyramidenbaus zudem Arbeit und Brot für Tausende. Die Namen von Bautrupps sind durch Inschriften überliefert. Sicherlich galt dies als eine Ehre und Auszeichnung.

Ein Rampenweg, schneckenförmig um die Pyramide herumgeführt, durfte nicht mehr als 8% Steigung haben. Nur so waren die auf geschmierter Bahn hochzuziehenden gewaltigen Lasten zu sichern. Die Blöcke mußten exakt aufeinandergesetzt werden, die Seitenflächen der Pyramide an der Spitze richtig zusammenkommen. Die Pyramide selbst blieb bis zuletzt hinter der erst später abzutragenden Rampe verborgen. Die heutigen Bauingenieure rechnen kopfschüttelnd nach: Bei ununterbrochener Bauzeit mußte alle zwei Minuten ein Block von zweieinhalb Tonnen zugefügt sein!

Das ist nun, erinnern wir uns, 4500 Jahre her. Rechnet man eine Generation zu 30 Jahren, sind seit dem Bau der Pyramiden 150 Generationen über die Bühne des Lebens gezogen. 150mal folgte ein Sohn, eine Tochter dem Vater, der Mutter. 150mal wiederholte sich seitdem in langer Kette das Schicksal des Menschen: Geburt, Kindheit, Jugend, Mann- und Frau-Sein, Alter und Tod.

Die Mauern von Babylon

Sah sich die Sphinx zu Füßen der Pyramiden auch immer wieder von der Wüste bedrängt, die Pyramiden selbst konnte der herangewehte Sand nicht ernstlich bedrohen. Sie trotzten den Jahrtausenden, der Wüste und dem Menschen. Generationen haben das Weltwunder als Steinbruch benutzt. Sie vermochten indes nicht mehr, als den Mantel herunterzubrechen.

Anders erging es dem zweitältesten Weltwunder, der mächtigen Festungsmauer von Babylon. Sie wurde um 600 v. Chr. errichtet und war ein halbes Jahrtausend später, also noch vor Christi Geburt, nur noch eine Schutthalde, ein riesenhafter Ziegelsteinbruch, den man nach Kräften ausbeutete. Aus der Vogelschau mag der Festungsgürtel von Babylon sich immer noch als eine Riesenschlange imponierend dargestellt haben, eine Schlange, von der die Ameisen zehrten. Die einst festgefügte Mauer war zu einem bereits oft unterbrochenen Damm auseinandergeflossen. Hügel und Bodenwellen waren entstanden, die immer mehr zusammensackten, an vielen Stellen ganz verwehten. Dennoch mag man sich fragen, wie es möglich sein kann, daß eine Festungsmauer, die in einem Atemzug mit den Pyramiden genannt worden ist, fast spurlos verschwindet, jedenfalls zu Beginn unseres Jahrhunderts erst wieder mühsam identifiziert werden mußte.

Immerhin: Die Natur hat rund zweieinhalbtausend Jahre Zeit gehabt, die Ruinen des einst blühenden Babylon zu überwältigen. Das ist eine lange Zeit, wenn die Geschichte sich von einer Stadt, die sie als Mittelpunkt politischer Macht bevorzugt hat, endgültig abwendet, sie nach einem gewalttätigen Ende dem Vergessen anheimfallen läßt.

Die Sprache der Geschichtsschreibung schildert das Geschehen dramatisch und bildhaft: Eine Festung wird „geschleift". Eine Stadt „sinkt in Trümmer", „in Schutt und Asche". Sie wird „dem Erdboden gleichgemacht". Die Natur kehrt zurück, sie deckt alles zu. Wo stand der Turm, das Monument menschlicher Vermessenheit? In früheren Zeiten hat kaum jemand daran gedacht, Ruinen als Zeugnisse vergangener Größe zu achten oder gar zu erhalten. Die Festungsmauer Babylons war aus Ziegeln geschichtet und mit gestampfter Erde gefüllt, nicht aus tonnenschweren Steinquadern zusammengefügt. Das einst weltweit bewunderte Bollwerk erwies sich, sinnlos geworden und darum verlassen, als sehr zerbrechlich. Streckenweise war die Festungsmauer Babylons auch Damm für die Fluten des Euphrat. Überschwemmungen mögen das Gelockerte angenagt und aufgelöst, die Erde fortgeschwemmt, die

Ziegel weithin zerstreut haben. Der Verfall der Mauer von Babylon muß zu Beginn des 3. vorchristlichen Jahrhunderts schon sehr weit fortgeschritten gewesen sein. So versteht man, daß in der zweitältesten Aufzählung der Sieben Weltwunder die babylonische Mauer gestrichen, dafür der neuerrichtete Leuchtturm von Alexandria eingesetzt ist.

Babylon ist im Lauf seiner Geschichte wiederholt zerstört worden, von den Hethitern, von den Assyrern. Viermal schien das Schicksal der Stadt endgültig besiegelt und war es doch nicht. Nabopolassar erbaute Bab-illu, „Die Pforte Gottes“, als Hauptstadt des Neubabylonischen Reiches (626–539 v. Chr.) größer und schöner auf. Sein Sohn, der biblische Nebukadnezar, übertraf den Vater; er war von der Bauwut besessen. Er machte Babylon zur ersten wirklichen Weltstadt der Geschichte. Nebukadnezar konnte über die Reichtümer Assyriens, Syriens und Palästinas verfügen. Er hatte Jerusalem erobert, es nach einem Aufstand zerstört und die Juden in die babylonische Gefangenschaft führen lassen. Der jüdische Prophet Jesaja gibt dem Haß der Unterworfenen wortgewaltig Ausdruck: „Also soll Babel, das schönste unter den Königreichen, umgekehret werden von Gott wie Sodom und Gomorrha, daß man hinfort nicht mehr da wohne, noch jemand da bleibe für und für; sondern Wüstentiere sich da lagern und wilde Hunde in ihren Palästen und Schakale in ihren Lustschlössern heulen.“ Abermals Jesaja: „Und ich will über sie kommen, spricht der Herr, und zu Babel ausrotten ihr Gedächtnis, ihre Überbliebenen, Kind und Kindeskinder, spricht der Herr, und will Babel machen zum Erbe den Igeln und zum Wassersumpf, und will sie mit dem Besen des Verderbens kehren.“ Die Prophezeiung ist in Erfüllung gegangen. Das Babylon unserer Zeit ist eine Bedarfshaltestelle der Eisenbahn, die Bagdad mit Basra verbindet. Die Bahn hält, wenn jemand ein- oder aussteigen will. Das biblische Land der Babylonier und Assyrer deckt sich in etwa mit dem heutigen Staat Irak, der, zwischen der Türkei, dem Iran, Saudi-Arabien, Jordanien und Syrien gelegen, sofort an Wüste, an Bohrtürme und Ölleitungen denken läßt. Eine Bedarfshaltestelle! Das ist also geblieben von Babylon, der glanzvollen Stadt mit ihren prächtigen Tempeln, mit den hohen Toren und den feierlichen Prozessionsstraßen, der Stadt des Luxus und der Prostitution, woran noch heute das Wort vom „Sündenbabel“ erinnert.

So steht es in der Bibel: „Die große Stadt, die bekleidet ist mit köstlicher Leinwand und Purpur und Scharlach und überschüttet mit Gold und Edelgestein und Perlen, die große Babylon, die Mutter der Hurerei und aller Übel auf Erden.“ Und so hat Nebukadnezar in Keilschrift niederlegen lassen: „Was kein König vor mir getan hat, tat ich, 4000 Ellen Landes (das sind 2 km etwa) seitwärts der Stadt, fern, unnahbar, ließ ich eine gewaltige Mauer, gen Osten zu, Babylon umschließen. Ich grub ihren Graben bis auf das Grundwasser. Den Uferrand baute ich mit Asphaltmörtel und Brandziegeln und fügte ihn mit der Landmauer, die mein Vater errichtet hat, zusammen ... Babylon vollendete ich ... Eine gewaltige Mauer baute ich an des Grabens Rand berghoch ... Mit zwei Grabenmauern hatte mein väterlicher Erzeuger die Stadt eingehegt. Ich erbaute eine gewaltige Grabenmauer als die dritte davor, eine längs der andern, und vereinigte sie mit der Böschungsmauer meines Vaters. Mit einer Ufermauer aus Ziegeln umhegte ich den Wall vom Babylon ... Die östliche Ufermauer des Arachtu-Kanals von Ischtartor bis zum Tor des Urasch hat mein Vater errichtet ... aber nicht vollendet. Ich nun, sein erstgeborener Sohn, der Liebling seines Herzens, baute sie fertig, verstärkte sie.“ Ein großartig tönender Text.

Die Keilschrift, vor fünfeinhalbtausend Jahren von den Sumerern erfunden, von den Akkadern, den Assyrern, den Babyloniern übernommen und weiterentwickelt, wurde 1802 durch Georg Friedrich Grotefend, Direktor einer höheren Töchterschule in Göttingen, entziffert. 20 Jahre später konnte übrigens Jean François Champollion, Professor der Französischen Akademie, die Grundlagen zur Entzifferung der ägyptischen Hieroplyphen veröffentlichen.

Der stolze Text des Nebukadnezar enthält keine Maße. Warum auch? Das Werk war sozusagen unüberwindlich und für die Ewigkeit erbaut. Was nicht in Vergessenheit geraten sollte, war der ruhmvolle Name des Erbauers.

Wie groß, wie mächtig waren die Festungsmauern von Babylon wirklich? Man kann es bei den antiken Schriftstellern nachlesen: Pausanias, der im 2. Jahrhundert n. Chr. lebte, hat die Wälle von Babylon erst im Zustand des gänzlichen Verfalls gesehen. Er nennt sie noch immer gewaltig; man sei versucht, sich vorzustellen, daß Dämonen mit übermenschlichen Kräften sie zerstört hätten. Die Impression des Pausanias enthält allerdings keine Größenangabe.

Herodot aber, aus Halikarnassos gebürtig und um 425 v. Chr. gestorben, hat die Mauern von Babylon noch aufrecht, in Glanz und Gloria erlebt. Er, der Vielgereiste, ein, wie erwiesen ist, recht zuverlässiger Beobachter, gibt als Länge der Stadtmauer 86 km an! Kann denn das stimmen, so hat man sich durch die Jahrhunderte immer wieder gefragt: Ein Quadrat von über 20 km Seitenlänge!

Der deutsche Archäologe Robert Koldewey, der Babylon Anfang unseres Jahrhunderts ausgegraben hat, stellte fest, daß Herodot mehr als vierfach übertrieben hat, daß die Mauer tatsächlich nur 18 km lang war. Herodot muß sich verschätzt, verhört oder falsch erinnert haben. Vielleicht sind ihm die Zahlen in seinen Notizen durcheinandergeraten. Auch 18 km Mauer sind übrigens riesig! „Jedenfalls“, so schreibt Koldewey, „war die Stadt schon in dem Umfang, wie wir sie jetzt festgelegt haben, die größte des antiken Orients, auch Ninive nicht ausgenommen. Letzteres kam Babylon allerdings nahe. Aber die Zeit, in welcher sich der Ruhm von Babylons Größe über die Welt verbreitete, war diejenige Herodots, und damals hatte Ninive bereits aufgehört zu existieren. Ein Vergleich mit modernen Städten läßt sich so ohne weiteres kaum ziehen. Man muß immer bedenken, daß es sich in der Antike stets um eine Stadt als Festung handelt, um den Mauerring, der den Wohnplatz wie ein schützender Gürtel einheitlich umspannte. Unsere modernen Großstädte sind ganz anderer Natur. Sie sind bewohntes Land, offen nach allen Richtungen. Ein vernünftiger Vergleich kann daher nur ummauerte Städte mit Babylon zusammenstellen, und gerade an Ausdehnung des ummauerten Wohngebiets steht Babylon für alte und für neue Zeit immer noch an erster Stelle.“

Die deutschen Ausgrabungen ergaben dies: Das alte Babylon, das spätere Stadtzentrum, am Ostufer des 120 m breiten Euphrat gelegen, war nach Norden, Osten und Süden hin befestigt, durch Mauern und einen 80 m breiten Wassergraben. Nach Westen zu schützte der Euphrat und der Wall, der die Stadt bei Hochwasser vor dem Strom schützen mußte. Spätestens unter Nebukadnezar griff die rasch wachsende Weltstadt Babylon über den Fluß; eine Neustadt entstand auf der Westseite des Euphrat. Auch dieser Stadtteil mußte mit Mauern umgeben werden. So entstand ein Festungsviereck, durch das der Euphrat hindurchfloß.

Darüber hinaus aber wurde noch weiter draußen eine Außenmauer gebaut, die die östlichen Vorstädte und vielleicht auch noch bebautes Freiland umschloß, wohl um in Kriegszeiten als riesige Fluchtburg dienen zu können.

Herodot und andere Schriftsteller haben besonders gerühmt, daß die Stadtmauern von Babylon so dick waren, daß auf der Mauerkrone Streitwagen-Quadrigen fahren und wenden konnten. Auf der Höhe der Befestigungsmauer, hinter Zinnen und Schutzbrüstung, war ihren Schilderungen zufolge genügend viel Platz. Die Gespanne konnten, ohne sich dabei zu behindern, aneinander vorüberjagen. Der Verteidiger konnte, wo immer es einem Belagerer gelingen mochte, die Mauer überraschend zu erklimmen, von den Bereitstellungsräumen aus vierspännige Streitwagen heranführen.

Die Ausgrabungen haben die Klassikerberichte, was die angegebenen Mauerdicken und Höhen anlangt, bestätigt. Die Ufermauern am Euphrat waren 8 bis 10 m dick, die Befestigungswälle um die Innenstadt herum 17,5 m, die Außenmauern waren gar 27 bis 30 m stark. Die Befestigungsanlage um den Stadtkern ragte 25 m, die Außenmauer 30 m hoch auf! Koldewey hat die Konstruktion der Wälle genau untersucht. Man hat sie innen und außen hochgemauert und den Zwischenraum mit Schutt und dem Lehm vom Grabenaushub aufgefüllt. Auf diese Weise entstand eine breite Dammkrone, auf dem 30 m starken Wall hinter den schützenden Türmen, Zinnen und Brüstungen ein Fahrweg von mehr als 12 m Breite, den der Belagerer nicht einsehen konnte: Genügend Platz also für die vierspännigen Kampfwagen des Verteidigers.

Es mag interessieren, wie diese großartige Weltstadt-Befestigung die Probe im Ernstfall bestanden hat:

Ein knappes Vierteljahrhundert nach dem Tod Nebukadnezars stand Kyros der Große, der Begründer des persischen Weltreichs, vor den Weltwundermauern Babylons. Er schickte sich an, die Stadt zu belagern, brauchte indessen die Mauer nicht zu berennen. Kyros zog, wohl im Einverständnis mit der Priesterschaft Babylons, als neuer König und Befreier gefeiert, unter dem Jubel der Massen in die Stadt ein. Den Juden gestattete er, aus der babylonischen Gefangenschaft nach Jerusalem zurückzukehren.

200 Jahre später kapitulierten die Perser in Babylon; die Tore öffneten sich dem Makedonenheer des jungen Alexander. Johann Gustav Droysen, der deutsche Historiker, berichtet: „Es war die erste wahrhaft morgenländische Großstadt, die sie sahen; ungeheuer in ihrem Umfang, voller Bauwerke der staunenswürdigsten Art ... dazu die endlose Menschenmenge, die hier aus Arabien und Armenien, aus Persien und Syrien zusammenströmte; dazu die überschwengliche Pracht und Lüsternheit des Lebens, der tausendfältige Wechsel raffinierter Wollust und ausgewählter Genüsse; dieser ganze märchenhafte Zauber morgenländischer Taumellust ward hier den Söhnen des Abendlandes als Preis so vieler Mühen und Siege.“ Die Makedonen des Alexander ha-

ben die Wälle des Nebukadnezar also von innen her unangefochten bestiegen, über bequeme Treppen und Rampen. Sie sind auf der Dammkrone spazierengegangen, sie haben sich von den schönen, den fremden Soldaten zugeneigten Babylonierinnen das Wunderwerk zeigen lassen.

Nur ein Teil der hochgemuten Krieger ist sieben Jahre später mit Alexander aus Indien nach Babylon zurückgekehrt. Von hier aus wollte der nunmehr 32jährige König die Welt regieren. Eine Mücke hat diesen großartigen Plan vereitelt. Alexander starb an der Malaria. Das Weltreich zerfiel. Babylon, als seine Mitte gedacht, sank zur Kleinstadt, am Ende zu einem elenden Dorf herab, das verlassen wird, das der Wüstensand zuweht.

Daß die Festungswälle von Babylon größtenteils aus gebrannten und aus sonnengetrockneten Lehmziegeln errichtet waren, ist für die Griechen, die Werksteinmauern aufführten, zusätzlich staunenswert und mitteilungswürdig gewesen. Der römische Satiriker Juvenal, der von etwa 58 bis 140 gelebt hat, schrieb darauf anspielend recht mokant, die Weltstadt Babylon sein „von Töpfern" befestigt worden. Töpferware ist zerbrechlich, das stimmt wohl. In gewisser Weise hat sie sich dennoch als überaus dauerhaft erwiesen. Scherben aus gebranntem Ton haben sich länger gehalten als Waffen und Schmuck aus Metall. Die weithin verstreuten Ziegel der Babylonischen Mauer zeugen noch heute für den Erbauer. Sie sind Stück für Stück mit dem Stempel Nebukadnezars gezeichnet.

Die Gärten der Semiramis

Nächst den ägyptischen Pyramiden sind es wohl die Hängenden Gärten der Semiramis, die sich dem Gedächtnis der Menschen am besten eingeprägt haben. Wer auch nur zwei oder drei der Sieben Weltwunder aufzuzählen weiß, hat sie dabei schon genannt. Man erinnert sich, daß davon in der Schule die Rede war und wie man sie sich vorgestellt hat: Ein zwischen Himmel und Erde schwebender, irgendwie aufgehängter Garten, eine riesige blühende, duftende, schwingende Hollywood-Schaukel, das mußte die Kinderphantasie bewegen, war sozusagen das Alleräußerste, was Sommerferien bieten könnten. „Hängende Gärten", vielleicht neigten sie sich zum Euphrat?

Die Hängenden Gärten der Semiramis sind als das drittälteste Weltwunder des Altertums, als zweite Welt-Sehenswürdigkeit Babylons verzeichnet. Entstanden sind sie zwischen 600 und 400 v. Chr. Wahrscheinlich waren sie eine Art Dachgarten, blühende Terrassen hoch über dem Euphrat, zum Palast des Königs von Babylon gehörend. Nach einem Bericht des jüdischen Schriftstellers Flavius Josephus, der im 1. Jahrhundert n. Chr. lebte, wurden die Hängenden Gärten von König Nebukadnezar angelegt, seiner aus Medien stammenden Gemahlin zur Freude.

Daß eine Gartenanlage den Rang eines Weltwunders erhielt, mag erstaunen: Überlegt man, wie vergänglich die Schönheit von Gärten ist, wie sehr sie der Pflege bedürfen, wie rasch Pflanzen dahinwelken können, wie kurzlebig und hinfällig selbst starke Bäume sind, wenn sie nicht hinreichend bewässert werden. Ist es nicht seltsam, daß man neben den mächtigen Mauern von Babylon einen kurzlebigen Garten als gleichrangig ansah?

Warum nur ist der Turm von Babel, den die biblische Geschichte als ein Sinnbild menschlicher Anmaßung anführt, übergangen? Es mag das, auf den ersten Blick hin, verwunderlich scheinen, doch läßt es sich leicht erklären: Die älteste uns bekannte Liste der Weltwunder ist erst nach Alexanders des Großen Tod entstanden. Der Turm von Babel war zu dieser Zeit bereits vom Erdboden verschwunden. Alexander hat den Turm, den Herodot – 200 Jahre vor ihm – noch gesehen hat, schon als Trümmerhaufen vorgefunden. Die Perser hatten ihn kurz zuvor niedergelegt. Der junge König befahl die Wiederherstellung. Als er sieben Jahre später, nach der Rückkehr aus Indien, zum zweitenmal in Babylon einzog, war der Bauplatz immer noch nicht geräumt. Nunmehr wurden die Arbeiten beschleunigt. Aber nur ein halbes Jahr später, noch ehe der Neubau beginnen konnte, war Alexander tot. Die Pläne blieben unausgeführt. Bald wußte niemand mehr zu sagen, wo jener Turm gestanden hatte. War er je existent? Erst Koldewey, der Ausgräber Babylons, hat seine Fundamente feststellen können.

Die Trümmer, die Alexander der Große wegzuräumen befohlen hatte, waren übrigens gar nicht die Reste des biblischen Turms; der war 300 Jahre früher schon eingestürzt. Nebukadnezars Vater hatte die Neugründung befohlen: Einen 90 m hohen, in sieben Stockwerken sich verjüngenden Turm.

Koldewey war enttäuscht. Immerhin konnte er rund 100 000 farbige Glasurziegel sammeln, die Verkleidung des Ischtar-Tors, das heute im Pergamon-Museum auf der Museumsinsel in Ost-Berlin aufgestellt ist.

Babylon mit den Gärten der Semiramis (Kupferstich von Johann Bernhard Fischer von Erlach, 1721)

Würde Koldewey auch die noch späteren, die sehr viel vergänglicheren Gärten der Semiramis finden können? Tatsächlich schien ihm das Glück des Entdeckers ein weiteres Mal hold. Er stieß auf ein Kellergewölbe und seltsame Brunnenschächte, die den Gedanken an ein Schöpfwerk nahelegten. Ein höchst merkwürdiges Bauwerk! Ein Gewölbe aus Haustein, nicht aus Ziegelwerk, eine Seltenheit im alten Babylon. War nicht eben dies in einer ganzen Reihe von alten Berichten ausdrücklich bei den Hängenden Gärten der Semiramis erwähnt? Ließen diese Brunnenschächte nicht an ein Bewässern von unten her denken? Koldewey war von seiner Entdeckung fasziniert.

Wenn dieses Kellergewölbe tatsächlich die Hängenden Gärten getragen hat, dann freilich war ein etwas enttäuschender Tatbestand ans Licht gebracht. Der Dachgarten der Semiramis hätte dann als ein Trapez mit Seitenlängen zwischen 35 und 23 m recht bescheidene Ausmaße gehabt. Koldewey hat freilich nie behauptet, er habe den Weltwunder-Garten gefunden. Er wollte diese seine Vermutung nur zur Diskussion stellen, doch war er in seinen Gedanken verliebt. Er hat den Garten der Semiramis an keiner anderen Stelle mehr sehen, andere Argumente nicht gelten lassen wollen. Ist denn, so wird man fragen, ein Ort gefunden, der Vergleichbares zu bieten hat oder gar mit den Schilderungen antiker Autoren besser übereinstimmt?

Sehr seltsamerweise sind die Hängenden Gärten der Semiramis bei dem doch recht zuverlässigen Herodot überhaupt nicht erwähnt. Sollten sie (450 v. Chr.) seiner Aufmerksamkeit entgangen sein? Sollte er sie gegenüber den großartigen Stadtmauern, die ihn so sehr beeindruckten, nicht für erwähnenswert gehalten haben? Gab es sie vielleicht gar nicht mehr? Oder gab es sie noch nicht?

Jene Semiramis ist übrigens eine halbe Sagenfigur, wohl identisch mit der Königinmutter Sammuramat, die um 800 v. Chr. gelebt hat. Die Hängenden Gärten werden aber erst vier Jahrhunderte später erwähnt (übrigens in der Einzahl, als Hängender Garten), und ausdrücklich ist vermerkt, dieser Garten sei nicht von Semiramis, vielmehr erst von einem späteren König angelegt worden. Nebukadnezar II. könnte es sehr wohl gewesen sein, wie Flavius Josephus später berichtet hat. Indes wurde keine Inschrift gefunden, die ihm das nachrühmt.

Sehen wir vom Erbauer ab. Wie ist der Ort der Hängenden Gärten beschrieben? Die älteste Quelle, das Werk „Persica“ des königlichen Leibarztes Ktesias, den Diodoros zitiert, nennt den Garten „neben der Burg“. Man habe das Wasser dafür „aus dem Fluß“ geschöpft. Strabon schreibt „über dem Strom gelegen“; das Wasser sei „aus dem Euphrat hochgeschöpft“ worden. Josephus und andere sprechen vom „Königspalast“ bzw. von „oben auf der Burg“. Das stimmt überein; auch die Größenangaben der Klassiker sind sich einig: Ein Viereck 120 × 120 m. Koldeweys Kellergewölbe ist einmal dafür zu klein und liegt zum andern nicht am oder über dem Euphrat, vielmehr in der Nähe des Ischtar-Tors.

Im Norden der einstigen Weltstadt hat sich der Babil-Hügel erhalten; er überragt die Ebene rund 25 m hoch. Dort war die Sommerresidenz des Königs; der Euphrat fließt vorbei. Die Hängenden Gärten könnte man sich also da denken; doch haben die Ausgrabungen an dieser Stelle keine Übereinstimmung mit den alten Schilderungen erbracht.

Also bleibt eigentlich nur die Südburg Nebukadnezars, die unmittelbar am, das heißt über dem Strom erbaut war. Tatsächlich deuten zahlreiche Indizien darauf hin, daß die Weltwunder-Gärten hier angelegt waren. Der Westabschluß der Königsburg nämlich bildet eine Plattform über dem Euphrat, und eben diese Stelle paßt vorzüglich zu den Berichten, die man von den Hängenden Gärten besitzt. Zunächst gibt es da wieder einen Text, der Nebukadnezar rühmt: „Damit sich nicht Sandbänke im Euphrat absetzen können, ließ ich eine große Schanze aus Ziegeln in den Fluß hineinbauen. Ihr Fundament ließ ich in der Wassertiefe festigen, ihren Gipfel führte ich hochauf wie ein Waldgebirge.“ Die Formulierung ist bemerkenswert: nicht „turmhoch“ ist die Schanze gebaut; von einem in Babylon fremdartigen Erscheinungsbild, einem „Waldgebirge“, ist die Rede.

Die in den Fluß hinausgebaute Schanze wurde als ein Quadrat etwa 107 × 107 m festgestellt; das entspricht den alten Schätzungen recht gut. Und was den Grundriß der Königsburg anlangt, den die Archäologen recht genau festlegen konnten, so macht er die Hängenden Gärten an dieser Stelle wirklich glaubhaft. Die Gemächer der Königin führten nämlich auf eine Gartenterrasse hinaus; die könnte ein Übergang zu den Hängenden Gärten gewesen sein. Danach wären sie also ein stufenförmiger Terrassenbau am Hang gewesen, eine blühende Riesentreppe, jede Treppenstufe ein zurückgesetztes Stockwerk, gedeckt mit Blei, abgedichtet mit Pech, und darüber Humus geschüttet „für die Wurzeln der größten Bäume“, wie Diodoros es schildert. „Ein Hohlgang aber war da, der nach der obersten Plattform Schächte hatte und Vorrichtungen zum Schöpfen des Wassers, wodurch eine Menge Wasser aus dem Fluß emporgehoben wurde, ohne daß jemand von außen sehen konnte, was vorging.“

Ein Aufzug also, eine Art Paternoster, schöpfte aus dem Fluß und bewässerte die Dachgarten-Treppe, ein künstliches Paradies, eine vielbewunderte Oase, über die Steinwüste der Weltstadt, dem von der Sonne bebrüteten Babylon, hinausgehoben.

Der Olympische Zeus des Phidias

Daß kolossale und berühmte Bauten, wenn auch in Jahrtausenden, vom Erdboden gänzlich verschwinden können, ist schwer vorstellbar. Irgend etwas, so meint man, müsse doch zurückbleiben. Tatsächlich haben die Archäologen, geleitet von den Hinweisen früher Schriftsteller, immer wieder mit kriminalistischem Scharfsinn Spuren und Restbestände gesichert, Grundmauern ausgegraben, Fundamente identifiziert. Sie haben, Zweifel und Skepsis überwindend, den Beweis geführt: Hier, an dieser Stelle, stand das gesuchte Gebäude.

Daß Kunstwerke, die nicht Architektur sind, etwa eine Großplastik, spurlos verschwinden können, ist leichter einzusehen. Die Gefahr des Verlustes ist besonders groß, wenn zum künsterischen Rang die Kostbarkeit des Materials tritt. Wie viele Kunstwerke sind brutaler Raffgier zum Opfer gefallen! Unzählige antike Säulen sind in die Kalköfen gesteckt, unersetzliche Schmuckstücke eingeschmolzen worden. Dennoch mögen Diebstahl, Raub und Plünderungen weniger zerstört haben als Massenwahn und blinder Glaubenseifer und eine offensichtlich in vielen Menschen lauernde unbestimmte Lust an der Zerstörung. Wie viele Götterbilder sind so von den Altären gestürzt, wie viele Säulen gefällt worden! Der Sinn für die Schönheit von Altertümern, für die Notwendigkeit, sie zu bewahren, wird wohl kaum anders als durch Erziehung geweckt. Museen für die Öffentlichkeit, unter dem Schutz des Staates, sind eine relativ junge Einrichtung. Sie haben sich aus fürstlichen Schatzkammern und Kuriositätenkabinetten heraus entwickelt.

Von den originalen Werken der großen griechischen Bildhauer ist nur wenig erhalten. Gelegentlich sind römische Kopien auf uns gekommen. Im übrigen müssen wir uns mit den Bildern auf antiken Münzen zufriedengeben, wenn wir, was antike Autoren berichten, optisch vor Augen haben wollen.

Mit jenem großartigen Bildnis des Zeus in Olympia, das Phidias, der bedeutendste unter den Bildhauern des Altertums, geschaffen hat, ist es nicht anders. Zahlreiche Schriftsteller haben es ausführlich beschrieben. Der Ort, an dem es aufgestellt war, ist zentimetergenau vermessen. Die Werkstatt des Phidias, neben dem Tempel des Zeus eingerichtet, wurde ausgegraben.

Das Kultbild selbst, das alle anderen an Größe und Reichtum übertroffen haben muß, da man es den Sieben Weltwundern zuzählte, „für griechische Begriffe wohl das herrlichste und ergreifendste aller Weltsehenswürdigkeiten“ (Theodor Dombart), eine etwa 12 m hohe Plastik aus Gold und Elfenbein, ist spurlos verschwunden. Wie es verlorenging, auf welche Art es zerstört wurde und wann, ist unbekannt. Entweder ist es um das Jahr 426 n. Chr., dann noch zu Olympia geschehen, oder spätestens 50 Jahre später, 476, zu Byzanz, wohin der Olympische Zeus, wie behauptet wurde, verschleppt worden sei. Durch Brand zerstört, heißt es. Niemand scheint einen Rest geborgen und als kostbare Erinnerung verwahrt zu haben. Allein die massiven Goldsandalen des Gottes hätten zu einem großen Klumpen zusammenschmelzen müssen. Was ist daraus geworden? Wurde die Brandstätte geplündert? Wurde das Gold veruntreut? Wurde es von Staats wegen beschlagnahmt, ein- und umgeschmolzen? Wurden fremde Götter, Münzen, Schmuckstücke daraus?

Der Tempel, in dem das Kultbild ehedem stand, befindet sich in Olympia, in der Landschaft Elis auf der westlichen Peloponnes. Ein paar Stufen sind da, die Basis des Tempels, mächtige Säulenrollen. Der Durchmesser dieser Rollen beträgt 2,30 m! Sie geben eine Vorstellung von der Größe, der Wucht dieses Heiligtums.

An den Überresten des Zeustempels hat man Olympia vor rund 220 Jahren, 1766 genau, wiedererkannt. Olympia war gleichsam vom Erdboden verschwunden. Sogar der Name des Orts war verloren. Die Bevölkerung lebte gleichgültig dahin. Sie konnte sich nicht vorstellen, daß irgend jemand für das bloße Anschauen von umgestürzten Säulen, für zertrümmerte Steine Geld ausgeben möchte. Die Vergangenheit war tot, die alten Helden und Götter vergessen.

Der englische Archäologe Richard Chandler aus Oxford hatte sich viel Mühe gegeben, etwas über Olympia zu erfahren. Er stieß, so viel er

Statue des Olympischen Zeus von Phidias (Kupferstich von Johann Bernhard Fischer von Erlach, 1721)

auch fragte, kreuz und quer suchte, nur auf Achselzucken. Als er enttäuscht abreisen wollte, erfuhr er, sozusagen in letzter Minute, von den Ruinen. Er ritt sofort los und stand an einem Sommerabend vor einem, wie er es beschrieb, „very large temple, standing many feet high and well-built", eben den Resten des Zeus-Tempels.

Olympia, der verwüstete und verlassene Ort, lag unter einer bis zu 5 m hohen, von Überschwemmungen zurückgebliebenen Geröll- und Sandschicht begraben. Der mächtige Zeus-Tempel ragte, wie ein gestrandetes Schiff, heraus. Die Archäologen konnten sich an ihm orientieren. Sie wußten nun, wo sie den Spaten ansetzen mußten.

Die Geschichte der Heiligen Stätte Olympia reicht weit, bis in das 3. Jahrtausend v. Chr. zurück; das ist durch Scherbenfunde erwiesen. Die Tradition war mehr als 3000 Jahre lang lebendig. Pausanias, der Mitte des 2. Jahrhunderts n. Chr. Olympia besuchte, schrieb von 60 Altären, an denen die Priester opferten. Auf einem 7 m hohen Zeus-Altar wurden täglich Geschenke niedergelegt. Die alle vier Jahre wiederkehrenden festlichen Olympischen Spiele waren dem Zeus geweiht.

Über 900 Jahre vor Pausanias wurden die Olympiaden schon aufgezeichnet: Zum einfachen Stadionlauf des Anfangs kam im späteren 8. Jahrhunders v. Chr. der Doppel- und Langlauf, ab 708 v. Chr. ein Fünfkampf, der Springen, Laufen, Ringen, Diskus- und Speerwurf umfaßte. Der Faustkampf wurde 688 v. Chr. eingeführt, das Wagenrennen 680. Seit 632 v. Chr. nahmen die Knaben am Laufen und Ringen teil, 628 auch am Pankration, einer Art Catch-as-catch-can. Man zog die Erlaubnis dafür bald wieder zurück; der gefährliche Kampfsport erschien für Knaben nicht angemessen.

Anfänglich wurden die Olympischen Spiele an einem einzigen Tag abgewickelt. Ab 472 v. Chr. dauerten sie fünf Tage: Drei Kampftage, der Eröffnungstag für die Zeremonien, der Schlußtag mit der Siegerehrung. Die Spiele fanden im heißen August statt, für Kämpfer und Zuschauer keine geringe Anstrengung. Die Olympischen Spiele waren mehr als Sportereignis und Konkurrenz; sie bedeuteten allgemeinen Landfrieden auf Geheiß der Götter, zugleich eine Art Pilgerreise, Gottesdienst und Vergnügen.

Als die Griechen Anfang des 5. Jahrhunderts v. Chr. die Persergefahr glücklich abgewendet hatten, wurde dem Zeus zum Dank in Olympia ein mächtiger Tempel errichtet: Über 27 m breit, 64 m lang und 20 m hoch. Dieser Tempel wurde gleichsam als das National-Heiligtum der Griechen angesehen. Zeus war damit offiziell zum Hauptgott von Olympia erhoben.

Neben den Fundamenten und den riesigen Säulenrollen, die an Ort und Stelle liegen, haben die Archäologen Teile des Giebelschmucks geborgen. Sie sind im Museum von Olympia aufgestellt. Man kann sich daraus eine Vorstellung von der Pracht des Tempels machen. Im Ostgiebel bereiten sich die legendären Könige Pelops und Oinomaos auf den Kampf vor. Die Opfer sind dargebracht, die Pferde für das Wagenrennen stehen bereit. Im Westgiebel bekämpfen sich Kentauren und Lapithen, Barbarentum und Zivilisation. Wer die Künstler waren, weiß man nicht. Der Tempel des Zeus wurde 470 v. Chr. begonnen, 456 v. Chr. waren die Bauarbeiten beendet. Um 430 v. Chr. wurde dann Phidias eingeladen, für diesen heiligsten Tempel der Griechen das Kultbild des Gottes zu schaffen, jenes Kultbild, das später unter die Sieben Weltwunder eingereiht worden ist.

Phidias, der unbestritten größte Bildhauer seiner Zeit, hatte kurz zuvor das berühmte Gold-Elfenbein-Standbild der Athena Parthenos vollendet, ein Werk, das ihm hohe Bewunderung eintrug und natürlich auch Neider auf den Plan rief. Er sah sich gezwungen, seine Vaterstadt Athen zu verlassen. Der große Auftrag kam also zur rechten Stunde: Ein Bildnis des höchsten Gottes, prunkvoller, großartiger, hoheitsvoller noch als das der Athene.

Die ausgegrabene Werkstatt des Phidias in Olympia entspricht dem Zeus-Tempel in den inneren Abmessungen sehr genau. Es kann als sicher gelten, daß das Zeus-Bild in der Werkstatt geschaffen und dann erst in den Tempel gebracht worden ist. Es muß wohl von vornherein zerlegbar gewesen sein, damit es bewegt werden konnte. Das würde auch den behaupteten späteren Abtransport nach Konstantinopel erleichtert haben.

Die Maße der thronenden Zeus-Gestalt waren aus den Resten des Sockels und den Abmessungen des Tempels ziemlich genau zu berechnen: Mindestens siebenfache Menschengröße. Für den sitzenden Zeus standen 12 bis 13 m Höhe zur Verfügung; dies stimmt mit den zeitgenössischen Schilderungen überein.

Der Prunkthron aus Ebenholz und Elfenbein war mit Gold und Edelsteinen besetzt. Zwei goldene Löwen bildeten den Fußschemel, goldene Sphinxe die Armlehnen des 10 m hohen Throns. Der Kopf des Zeus soll die Rückenlehne um 2,5 m überragt haben. Ein mit duftendem Öl gefülltes Becken spiegelte das Götterbild.

Es gibt eine Münze aus der Zeit des Kaisers Hadrian, die eine Vorstellung von dem berühmten Kultbild als Ganzes gibt, wenn auch die Einzelheiten auf einer kleinen Münze nur angedeutet sein können. Der

Kern des Götterbilds bestand aus Zypressen- und Edelholz; Gesicht, Arme, Hände und Füße waren in Elfenbein modelliert, die Bekleidung des Gottes aus Gold, übrigens auch sein Haar. Mit der Linken hielt Zeus ein kostbares Zepter; in seiner rechten Handfläche stand eine Nike, den Gott mit der Siegerbinde zu schmücken. Der Kopf des Olympischen Zeus ist auf Münzen oft dargestellt worden. Sie vermitteln einen noch besseren Eindruck von der Schönheit des Bildes. Der Künstler habe, wie eine spätere Lobrede es ausdrückt, im Zeus den Vater und König gesehen, einen hoheitsvollen und verständigen Gott, der den Menschen zugeneigt ist. Philon (II.) von Byzantion hat auszudrücken versucht, was seiner Meinung nach die Schöpfung des Phidias aus der Reihe der Weltwunder heraushebt. Für die anderen großen Sehenswürdigkeiten habe man, so schrieb er, „einfach Bewunderung. Dieses aber verehren wir kniefällig“.

Man berichtete, daß Phidias seinen Zeus am liebsten allein betrachtete, ihn ungern vielen Besuchern zugleich gezeigt hätte. Auf den Goldschemel zu Füßen des Gottes habe er die stolzen Worte gesetzt: „Pheidias, des Charmides Sohn aus Athen, der hat mich geschaffen.“

Wie schon gesagt, es ist unbekannt, wann und wie das Kultbild umkam. Sein Ende kündete auch das Ende der Olympischen Spiele des Altertums an: 394 n. Chr. schaffte Theodosius I., der Große, die Wettkämpfe und den heidnischen Gottesdienst zu Olympia ab. 420 befahl Theodosius II., den Zeus-Tempel in Brand zu stecken. Die Säulen, die stehengeblieben waren, wurden von Erdbeben 522 und 551 gestürzt.

Übrigens ist auch das Ende des Phidias ungewiß. Man weiß nicht, wann und wo er gestorben ist. Neid und Mißgunst blieben ihm auf den Fersen. Man schuldigte ihn an, Edelmetall, das für das Zeusbild bestimmt war, veruntreut zu haben. Es wird behauptet, er sei während der Untersuchung im Gefängnis verstorben.

Die Nachwelt jedenfalls hat Phidias freigesprochen, ohne vom Ausgang des Prozesses erfahren zu können. Er allein, kein anderer Bildhauer in der Geschichte, kann den Ruhm für sich in Anspruch nehmen, ein Weltwunder geschaffen zu haben.

Das Mausoleum von Halikarnassos

Das sechste Weltwunder, das Grabmal des karischen Königs Maussolos zu Halikarnassos (heute Bodrum), lag südlich von Ephesus, an der Südwestecke Kleinasiens. Karien war ein Kleinstaat, eine persische Satrapie. Seine Könige waren Statthalter des persischen Großkönigs.

Maussolos nun muß ein ungewöhnlicher Mensch gewesen sein, ein überaus talentierter Mann mit hochfahrenden Träumen, ein Mann von ausschweifender Phantasie bei realistischer Einschätzung des Gegebenen. Er erkannte, wie begrenzt seine Möglichkeiten waren, trotz seiner Talente, trotz seines Reichtums. Er sah die bescheidene Rolle, die er politisch spielen konnte, deutlich genug. Ruhm auf dem Schlachtfeld würde er nicht erringen, auch nicht, bei aller Begabung, den Lorbeer des Dichters, des Künstlers. Maussolos war ein Freund der griechischen Kultur, ein Verehrer der griechischen Philosophen. Er sah das kurze menschliche Leben, sein Leben als König von Karien, im breiten Strom der Zeit untergehen und wollte dieses unausweichliche Schicksal nicht einfach hinnehmen. Er träumte davon, etwas zu hinterlassen, das dauern müßte, das seinen Namen unsterblich machen könnte.

Der Nachruhm bedeutete den Griechen, allen griechisch Denkenden viel. Sie hatten nicht den christlichen Trost eines ewigen Lebens, das die Kümmernisse des irdischen „Jammertals“ überstrahlt. Sie sahen sich in das Schattenreich der Toten hinabsinken. So bedeutete Nachruhm dem antiken Menschen ein Stück Unsterblichkeit. Nachruhm gewinnen wollen galt nicht als Unbescheidenheit vor den Göttern, vielmehr als ehrenhaftes Streben, würdig der Edlen, die sich der menschlichen Vergänglichkeit bewußt sind.

Also faßte Maussolos einen Gedanken, der uns heute schicksalsergeben und anmaßend zugleich erscheinen muß: Die größten Künstler seiner Zeit sollten ihm ein Grabmal bauen, das seinen Namen über viele Jahrhunderte hinweg verkünden würde, nicht als Feldherr oder Dichter, eben als Bauherr und König. Maussolos mag an die Pyramiden der ägyptischen Gottkönige gedacht haben.

Er war stolz und klug genug, sie nicht kopieren zu wollen. Ein griechischer Grabtempel sollte es sein; die schönsten Tempel der Zeit sollte er übertreffen, in der Harmonie der Maße, in der geographischen Lage.

Diesen großartigen Traum muß König Maussolos von Jugend auf geträumt haben; als er dem Vater auf den Thron von Karien nachgefolgt war, ging er unverzüglich daran, diesen seinen Plan zu verwirklichen. Dem toten Vater ließ er göttliche Ehren erweisen. Die Könige von Karien leiteten sich wie die Pharaonen vom Sonnengott her; sie nannten sich Söhne des Helios. Wie ein Pharao heiratete Maussolos eine seiner Schwestern, seine älteste Schwester Artemisia. Das brachte vermögenspolitischen Vorteil und unterstrich, daß wirkliche Ebenbürtigkeit bei einem Gott eben nur mit der gleichen göttlichen Herkunft gegeben sein konnte. Doch war diese Geschwisterehe, wie überliefert ist, nicht nur auf Vorteil und Anmaßung gegründet. Vielmehr sollen sich Maussolos und seine Schwester Artemisia in leidenschaftlicher Liebe verbunden gewesen sein.

Zunächst also war der Ort für den großartigen Plan zu bestimmen. Der junge König von Karien erkannte die Abgelegenheit seiner Geburtsstadt, der Residenz Mylase im Innern des Landes. Er verlegte die Regierung nach Halikarnassos ans Meer. Er sah die Möglichkeiten, die einer neuen Stadt an dieser Stelle geschenkt waren. Wie das Zuschauerrund eines antiken Theaters würde das neue Halikarnassos die Doppelbucht umschließen. Die Bewohner der Stadt würden die ein- und ausfahrenden Schiffe, den Reichtum des Königs und den eigenen Reichtum zu ihren Füßen erkennen. Wer immer vom Meer her der Stadt nahte, würde vom Glanz der Theaterränge überwältigt sein, die Staffelung der neuen Bauten, die herrlichen Paläste und Tempel bewundern müssen. Als grandiose Mitte der neuen Residenzstadt aber sollte auf hoher Plattform das Grabmal des Königs entstehen: Eine Säulenhalle im griechischen Stil, ein figurengeschmückter Tempel, der nach Lage, nach Größe und Schmuck noch in fernsten Zeiten bestaunt werden würde.

König Maussolos ließ einen Wettbewerb ausschreiben. Die Künstler des griechischen Kulturkreises waren darin aufgefordert, Vorschläge und Entwürfe einzureichen. Die Namen der Gewinner dieses Preisausschreibens sind überliefert: Die Architekten und Bildhauer Satyros und Pytheos wurden als Schöpfer des Gesamtentwurfs ausgezeichnet; sie bekamen den Auftrag. Die beiden haben ein Buch über ihr Bauwerk geschrieben; es ist leider verloren. Doch scheinen zahlreiche Einzelheiten aus diesem Buch in die klassische Überlieferung eingegangen zu sein. Das Grabmal ist wiederholt beschrieben, unter anderem von Plinius.

Der Gedächtnis-Tempel des Maussolos soll einen traumhaft leichten Eindruck gemacht haben; er sei über dem hohen massigen Sockel „geschwebt“. Die Schilderungen der antiken Schriftsteller konnten von den Archäologen überprüft und bestätigt werden. Zunächst der Ort: Man hat die Baugrube im Felsboden ausgeschachtet gefunden, ein Rechteck von rund 40 m Länge und 33 m Breite. Zahlreiche Werkstücke und Teile der Plastiken, die den Grabtempel einmal geschmückt haben, kamen ans Licht: wenige, wenn auch eindrucksvolle Bruchstücke, die im Museum zu besichtigen sind. Mehr ist von der einstigen Herrlichkeit nicht vorhanden.

Erdbeben waren es, die das Weltwunder-Grabmal zum Einsturz gebracht haben. Vom 13. Jahrhundert an ist Halikarnassos mehrmals erschüttert worden. Zwei Jahrhunderte später begannen die Johanniter sich auf die Verteidigung des Ortes einzurichten. Aus den gestürzten Säulen drehten sie Steinkugeln für die Schleuderanlagen der Wälle. Die zugerichteten Steine bauten sie in die Mauer der Hafenfestung Petronia, des heutigen Bodrum Kalesi, ein. Vor der erdrückenden Übermacht der Türken hatte der Ritterorden die undankbare Aufgabe, als Nachhut den Rückzug zu decken, so lange als möglich zu halten, was irgendwie zu halten war. Die Johanniter sind, wie man das auch auf Rhodos, einem der Schrittsteine zum Heiligen Land, feststellen kann, beim Bau ihrer Befestigungen nicht wählerisch gewesen. Zahlreiche antike Tempel wurden als Steinbrüche so abgebaut. Die Ritter schichteten die kostbaren Quader zur Verteidigung auf, verstärkten ihre Bastionen, besserten strategisch wichtige Mauern damit aus.

Der deutsche Archäologe Fritz Krischen hat in den 20er Jahren unseres Jahrhunderts zu rekonstruieren versucht, wie der Weltwunderbau wohl ausgesehen haben muß. Danach erhob sich aus der in den Felsen gemeißelten 40 × 33 m großen Grube zunächst ein stufenförmiger Basisbau. Auf diesem Stufenblock war sodann ein mächtiger Prismenklotz aufgemauert. Der eigentliche Grab-Tempel thronte 22 m hoch über dem Felsgrund. Den Kern des Heiligtums, die Cella, umgaben 40 Säulen. Das Dach über dem 13 m hohen Steingebälk war zu einer 24stufigen flachen Pyramide geschichtet. Sie lief nicht in einer Spitze zusammen; sie gipfelte, 9 m hoch über dem Steingebälk, in einer Plattform, darauf eine 5 m hohe Quadriga aus Marmor gestellt wurde: Der König lenkt das Vierergespann vom einachsigen Streitwagen aus. Als Sohn des Helios fährt er im Sonnenwagen zum Himmel auf. Zählt man die von Krischen errechneten Höhen zusammen, kommt man auf eine Gesamthöhe von 49 m. Plinius hat 140 ionische Fuß dafür angegeben; das sind 49 m. Es stimmt also genau überein.

Auf den marmornen Reliefs, die Tempelsockel und Dachgebälk umgaben, waren, wie die Bruchstücke zeigen, bewegte Szenen ausgemei-

Mausoleum von Halikarnassos (Kupferstich von Johann Bernhard Fischer von Erlach, 1721)

ßelt: Der Kampf mit Amazonen und Kentauren, Wettstreit und Wagenrennen. Der große Praxiteles soll auch hier, wie in Ephesus, mitgewirkt haben. Man hat ihm die Südseite zugeschrieben. Pytheos, der am Gesamtentwurf beteiligt war, wird für das krönende Vierergespann genannt. Wie der Grabtempel innen ausgestattet war, darüber ist zuverlässig nichts berichtet. Wahrscheinlich stand der prunkvolle Sarg, umgeben von kostbaren Plastiken, in der Mitte der Cella. Teile der Quadriga und der Friese sind heute im Britischen Museum.

Die Entstehung des glanzvollen Denkmals fiel in eine Zeit kultureller Blüte, eine jener bemerkenswerten Abschnitte menschlicher Geschichte, in der sich ungewöhnliche Begabungen häufen. Die Konkurrenz und die Großzügigkeit des Königs, dem das Beste gerade gut genug schien, lockten die größten lebenden Künstler des griechischen Kulturkreises an. Der Gesamtentwurf war in besonderer Weise glücklich zu nennen. Er verwirklichte als Ganzes die Bauidee und er ließ den ausgewählten Künstlern überdies genügend viel Freiheit. Sie konnten sich aneinander messen, ohne sich deshalb im Wege zu stehen.

Maussolos hat die Fertigstellung seines Grabmals nicht erlebt. Seine Regierung währte nur 24 Jahre. Er starb kinderlos. Artemisia, die Schwestergemahlin, ließ den Bau, der das Andenken des angebeteten Bruders und Gemahls durch die Zeiten erhalten sollte, fortführen. Zwei Lebensjahre waren ihr noch gegeben. Danach sollen die Arbeiten ins Stocken geraten sein. Doch hätten, so wird berichtet, die beteiligten Künstler es als Ehrenpflicht angesehen, ihren Auftrag zu Ende zu führen. Auf Betreiben Alexanders des Großen wurde der Prachtbau schließlich vollendet.

Cicero hat das Grabmal des Maussolos zu Halikarnassos, wo übrigens Herodot geboren wurde, als „erhaben" bezeichnet. In Lukians Totengesprächen heißt es darüber: „Kein anderes kommt ihm gleich, weder an Größe noch an Schönheit. Es prangt mit den vollendetsten Kunstwerken, den Bildern von Mensch und Pferden aus schönstem Marmor."

Will man Größe und Schönheit eines vergangenen Baus nach seiner Wirkung auf die Zeitgenossen beurteilen, wird man den Rang der Bewunderer in Betracht ziehen müssen. Diogenes Laertius überlieferte uns, wie sehr Anaxagoras, der zur Zeit des Perikles lebte, das Grabmal bewundert habe. Anaxagoras hatte aus Athen fliehen müssen. Er hatte behauptet, die Sonne sei ein Feuerball, größer als der Peloponnes, die südliche Halbinsel Griechenlands. Das war den Zeitgenossen so unvorstellbar, daß es einer Verhöhnung der Götter und des gesunden Menschenverstandes gleichgesetzt wurde. Friedrich Schiller hat den von Anaxagoras begründeten Wandel in der Anschauung in diese Verse gebracht: „Wo jetzt, wie unsere Weisen sagen / seelenlos ein Feuerball sich dreht / lenkte damals einen goldenen Wagen / Helios in stiller Majestät." Dieser Anaxagoras also, ein Mann von überragendem Vorstellungsvermögen, soll lange vor dem Tempel des Maussolos gestanden und darüber meditiert haben, was ein Grabmal im Fluß der Zeit bedeuten könne. Eustathios von Tessaloniki schließlich, der den Tempel im 12. Jahrhundert noch gesehen hat, ehe das Erdbeben ihn einstürzen ließ, verkürzte die Lobpreisungen auf einen einzigen Satz: „Es war und es ist ein Wunder."

Pausanias war es, der betonte, die Römer hätten das Grabmal des Maussolos so sehr bewundert, daß sie von da an alle großen Grabmäler Mausoleen nannten. Die Späteren haben das übernommen. Ein monumentales Denkmal über einer Gruft wird noch heute als Mausoleum bezeichnet. So lebt Maussolos, von dem ein schwärmerisch anmutendes Jugendbildnis, eine Plastik, erhalten ist, durch diese seine Idee fort: Das sechstälteste der Sieben Weltwunder ist, obschon längst vergangen, als Name und Begriff existent.

Der Artemis-Tempel von Ephesus

Als sich vor rund 3000 Jahren die Griechen an der Westküste Anatoliens, in der heutigen Türkei, festsetzten, fanden sie in den Heiligtümern der einheimischen Bevölkerung eine uralte Göttin der Fruchtbarkeit, die Große Mutter Kleinasiens, vor. Man hat zahlreiche Bilder dieser Göttin ausgegraben: Sie trägt einen engen Rock, der mit Tiergestalten besetzt ist, eine hohe Kopfbedeckung, die eine entfernte Ähnlichkeit mit der Tiara des Papstes hat, und kostbaren Halsschmuck. Am erstaunlichsten aber ist der (wenn man es so sehen will) „Behang ihres Mieders": Drei Reihen von je sieben eiförmigen Gebilden. Sie fordern die Phantasie heraus. Man hat diese merkwürdigen Anhänger auch als symbolische Brüste gedeutet, mit denen die Göttin alle Geschöpfe der Natur nähre, als Ausdruck der Fruchtbarkeit schlechthin. Kleinplastiken der Fruchtbarkeitsgöttin lassen in der Tat an eine Vielzahl von Brüsten denken, obschon auffallen muß, daß die Brustwarzen fehlen. Eigentlich ist nicht einzusehen, warum die natürlich denkenden Völker jener Zeit dieses Detail vernachlässigt oder gar in diesem Punkt ein Tabu errichtet haben sollten. So muß man wohl eher annehmen, daß die „vielbrüstige" Göttin in Wirklichkeit doch eine Art Umhang trägt, der mit großen Eiern behängt ist. Das Ei galt ja in der Symbolik vieler Völker als ein Sinnbild der Schöpfung des Lebens, der Auferstehung. Wir brauchen nur an die bemalten oder gefärbten Ostereier zu denken, die für Deutschland weit zurück, bis ins 13. Jahrhundert hinein, verbürgt sind. Und ist die Streitfrage nicht uralt, wer zuerst da war: Die Henne, die das Ei legt, oder das Ei, aus dem ein Küken schlüpft?

Die Griechen haben die fremdartige Fruchtbarkeitsgöttin übernommen und umbenannt. Sie machten die Große Mutter Kleinasiens zu der ihnen vertrauten Artemis: Die volkstümliche Tochter des Zeus, die als Herrin der freien Natur mit ihren Nymphen umherzog. Artemis, die Göttin der Jagd, beschützte nicht nur die in der Wildnis lebenden Tiere, auch die gebärenden Mütter und ihre Säuglinge. Die kleinasiatische „Artemis" erschien eben nicht als leichtgeschürzte Jägerin mit Pfeil und Bogen, vielmehr als geheimnis- und hoheitsvolle Nährmutter der Natur. Das berühmteste unter ihren Standbildern wurde zu Ephesus verehrt. Es ist leider verloren. Man hat aber in Ephesus noch drei Artemis-Statuen gefunden; sie werden heute im Museum von Selčuk, der Bahnstation für die ephesischen Ausgrabungen, gezeigt. Einstmals muß es Tausende von Abbildern der Großen Mutter gegeben haben, so wie es in katholischen Ländern Tausende von Bildern der Muttergottes gibt.

Der marmorne Artemis-Tempel zu Ephesus wurde als „die vornehmste, größte und schönste Weihestätte des Erdkreises" bezeichnet. Plinius nennt ihn „ein wahrhaft bewunderungswürdiges Denkmal griechischer Pracht". Auch das Neue Testament spricht in der Apostelgeschichte vom „Tempel der großen Göttin Diana" (Diana ist die Artemis der Römer) und „ihres himmlischen Bildes". Als nämlich Paulus, der Wanderprediger, in der Stadt der Artemis den neuen christlichen Glauben verkündete, da stand der einheimische Goldschmied Demetrius gegen ihn auf (57 n. Chr.). Demetrius sah sein Geschäft bedroht; bei ihm konnten die Pilger das Bild der Göttin „in klein" kaufen, zur Erinnerung an den Tempelbesuch. Der Handel mit Souvenirs war schon immer eine Goldgrube. Im Theaterrund zu Ephesus hielt Demetrius eine flammende Ansprache. Die erregte Menge machte sich seine Argumente zu eigen. Die Bürger zu Ephesus sahen ihre alte Religion bedroht, die Bedeutung der Stadt damit zwangsläufig herabgesetzt. Sie stimmten vieltausendfach in den Ruf ein: „Groß ist die Artemis der Epheser!" Paulus war nahe daran, gelyncht zu werden; der Apostel des christlichen Glaubens mußte die Stadt eilends verlassen.

Wann der alten Fruchtbarkeitsgöttin zu Ephesus erstmals ein Heiligtum errichtet wurde, ist unbekannt. Schon zur Zeit des sprichwörtlich reichen Königs Krösus muß ein beachtlicher Tempel bestanden haben. Nach der Eroberung der Stadt bot der Lyder-König sofort an, den beschädigten Tempel schöner und größer wiederherzustellen, die dazu nötigen Säulen zu stiften. Man hat den Stiftungstext eingemeißelt gefunden. König Krösus legte großen Wert darauf, gerade bei den Griechen angesehen zu sein. Er verehrte die griechischen Götter; er suchte sie und damit die Griechen freundlich zu stimmen. Wie er Ephesus beschenkte, so auch den Apollon-Tempel zu Didyma, ein berühmtes Orakel nahe Milet. Auch dem Heiligtum von Delphi machte er großzügige Geschenke. Er war begierig zu hören, was ihm die Zukunft bescheren würde. Die Weissagung der Pythia von Delphi, er würde, wenn er den Halys-Fluß (die Grenze Persiens in Kleinasien) überschreite, ein großes Reich zerstören, stimmte ihn zuversichtlich. Doch erfüllte sich das doppeldeutige Wort auf entgegengesetzte Weise: Krösus wurde von dem Perserkönig Kyros dem Großen 546 v. Chr. besiegt. Derselbe Kyros nahm sieben Jahre später Babylon kampflos ein, entließ die Juden aus der babylonischen Gefangenschaft, gestattete ihre Rückkehr nach Jerusalem, wie die Bibel berichtet.

Die Perser hatten nichts dagegen, daß am Artemis-Tempel zu Ephesus weitergebaut wurde. Die Arbeiten an dem damals größten griechischen Tempel haben rund 120 Jahre gedauert. Eine doppelte Säulenreihe umgab die Cella, 127 Marmorsäulen von 18 m Höhe, ein Säulenwald, der die Besucher über die Maßen beeindrucken mußte. Die Decken und der Dachstuhl des Tempels waren aus Zedernholz, den berühmten Zedern des Libanon, die Flügeltüren aus poliertem Zypressenholz. Die glänzenden Marmorböden spiegelten den Goldschmuck der Wände. Das Haus war von leuchtenden Farben erfüllt.

Die Fundamente waren, so gut es ging, erdbebensicher angelegt. Man hatte angekohlte Eichenstämme in den weichen sumpfigen Untergrund eingerammt, auf den Pfahlrost Felsgestein aufgeschüttet, das Gotteshaus also fest, wie für ewige Zeiten gegründet.

Niemand konnte voraussehen, daß nicht Naturgewalt und nicht die Furie des Krieges, daß ein Verbrechen das Heiligtum zerstören würde, ein Verbrechen, das sich, wie vom Verbrecher geplant, dem Gedächtnis der Nachwelt einprägen würde. 356 v. Chr. brannte der Tempel lichterloh. Ein Psychopath namens Herostratos, der an krankhafter Geltungs-

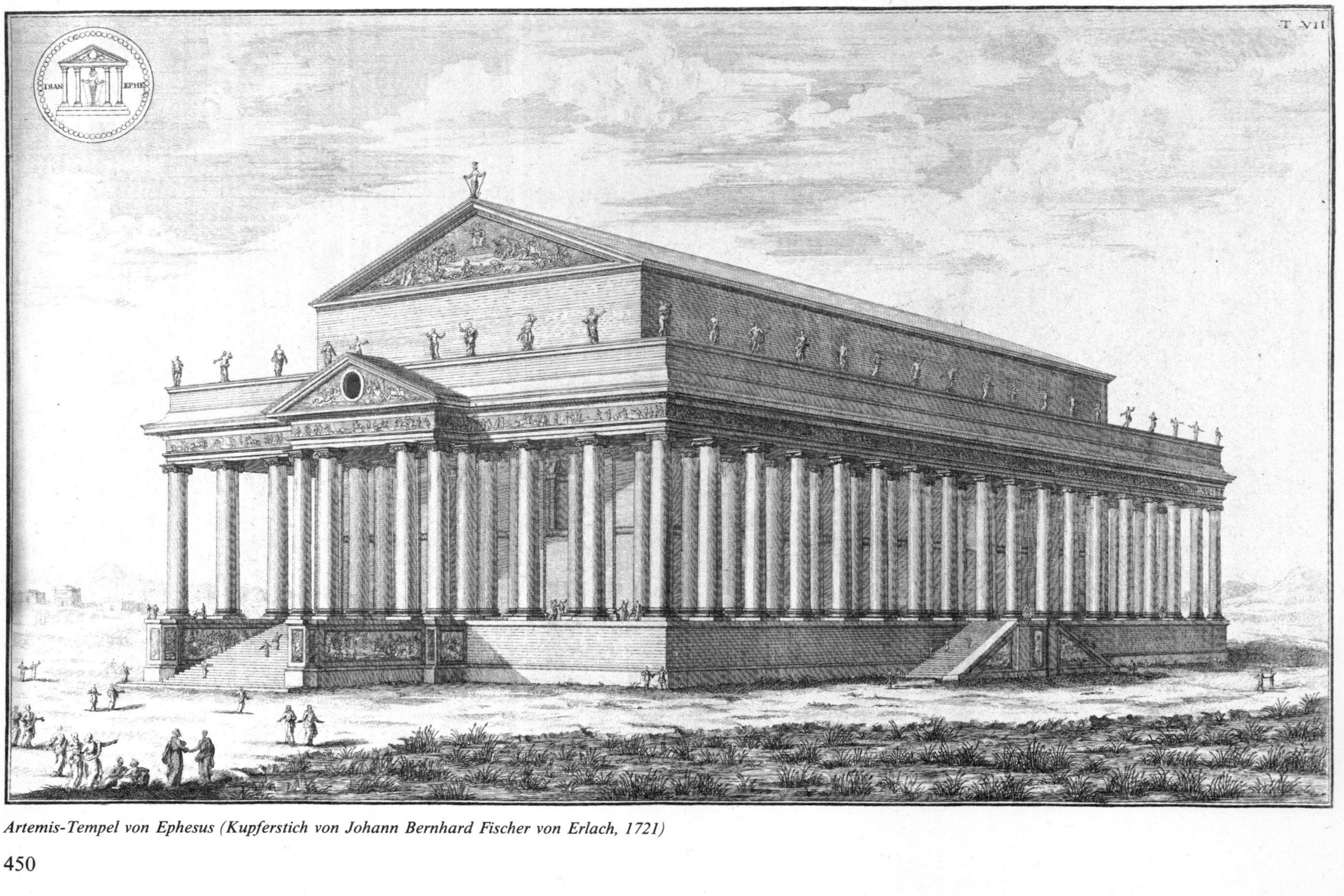

Artemis-Tempel von Ephesus (Kupferstich von Johann Bernhard Fischer von Erlach, 1721)

sucht litt, hatte das Gotteshaus angezündet, aus dem einzigen Wunsch heraus, mit dieser Wahnsinnstat von sich reden zu machen. Die Epheser haben bei Todesstrafe verboten, den Namen des Brandstifters jemals auch nur zu nennen. Der halbverrückte Frevler hat sein Ziel dennoch erreicht. Noch heute wird Zerstörung aus Geltungssucht als eine „Herostraten-Tat“ bezeichnet.

Daß die Göttin, deren Standbild aus metallbelegtem Rebenholz den Flammen entrissen werden konnte, die Katastrophe des Tempels nicht hat verhindern können, mochte den Gläubigen nicht eingehen. Zur rechten Zeit verknüpfte man später den Brand des Gotteshauses mit einem anderen Ereignis, mit einem Namen, der die Flammen von Ephesus überstrahlte: Die Göttin, so hieß es, sei abwesend gewesen. Sie habe bei der Geburt Alexanders des Großen in Pella, der mazedonischen Königsresidenz bei Thessaloniki, helfend eingreifen müssen. In der Nacht, in der der Artemis-Tempel bis auf die Grundmauern niederbrannte, soll Alexander der Große geboren sein. Mit solcher Gleichzeitigkeit war das Ansehen der ephesischen Artemis zurückgewonnen, zugleich eine Verbindung von Gott zu Gott hergestellt. Der brennende Tempel konnte als ein großartiges Flammenzeichen gelten für die Geburt eines Mannes, der schon zu Lebzeiten vergöttlicht wurde.

Die Vernichtung des Heiligtums muß ein fürchterlicher Schlag für die Epheser gewesen sein. Doch schüttelten sie ihre Entmutigung ab und rafften sich zu einem Entschluß von historischer Größe auf: Aus dem Schutt heraus sollte der Tempel wiedererstehen, am gleichen Ort, in gleicher Größe und Pracht, womöglich noch schöner, noch großartiger. Die Hellenen sahen eine gemeinsame Aufgabe. Sie übertrafen sich an Opferbereitschaft. Die Frauen trennten sich von kostbarem Schmuck. Man schickte Geld von weit her. Im Grundriß sollte der neue Tempel dem alten genau entsprechen.

22jährig stand Alexander der Große vor dem neuen, damals noch lange nicht fertigen Artemis-Tempel, der später als eines der Sieben Weltwunder bezeichnet wurde. Er nahm, gleichsam unter den Augen der Artemis, eine Truppenparade ab, so wie es mehr als 2000 Jahre später Napoleon vor den Pyramiden tat. Alexander opferte der Göttin in gewohnter Großzügigkeit. Er bot den Ephesern an, den Weiterbau zu finanzieren. Es scheint, daß die Würdenträger zu Ephesus befürchtet haben, die eigenen Bemühungen könnten vom großen Namen des Makedonen-Königs überstrahlt werden. Sie lehnten vorsichtig, mit einer Schmeichelei ab: Einer Gottheit das Haus zu bauen, käme den Menschen, nicht einem Gott zu. Der junge Alexander scheint dies respektiert zu haben; er hat auf seinem Angebot nicht weiter bestanden.

Das neue Weltwunder ging der Vollendung entgegen. Der Tempel der Artemis zu Ephesus war viermal größer als das Parthenon zu Athen. Er war das größte Heiligtum im griechischen Raum. Seine Ausstattung war die allerkostbarste, bestand aus Marmor und Gold. Praxiteles soll am Schmuck mitgearbeitet haben.

Auf Münzprägungen römischer Kaiser ist der Artemis-Tempel abgebildet. Natürlich ist der Eindruck des Monumentalen auf einer kleinen Münze schwer wiederzugeben. Man erkennt immerhin, wie die Tempelfront gegliedert war: Über den hohen Säulen erhob sich ein reich mit Figuren geschmückter Giebel.

Von 133 v. Chr. an ist Ephesus dem Imperium Romanum eingegliedert. Wie lange noch wird Rom den Schutz des Heiligtums garantieren können? 263 n. Chr. überfällt eine Gotenschar die Stadt. Sie plündert den Artemis-Tempel und steckt ihn in Brand. Der Niedergang der römischen Welt ist signalisiert. Konstantin, der das Christentum fördert, läßt die Ruine des Heidentempels abtragen. Die Türken führen fort, was noch verwendbar erscheint. Die letzten Steine, die den Abtransport nicht mehr lohnen, versinken im feuchten Erdreich. Schließlich, als schon der Pflug generationenlang darübergeführt war, wußte niemand mehr, wo der Tempel der Artemis einst gestanden hatte.

Vor 120 Jahren erst stieß der englische Archäologe John Turtle Wood nach jahrelangem Suchen in 6 m Tiefe auf die versunkenen Reste des Tempelfundaments. Wood hatte mit dem Kuratorium des Britischen Museums verhandelt; es vermittelte ihm eine befristete Grabungserlaubnis. Der Vertrag mit den türkischen Behörden erlaubte die Ausfuhr von Funden; nur Doubletten sollten im Lande bleiben. Wood mußte auf eigene Kosten graben und es gab nur vage Hinweise, wo anzusetzen lohnend sein könnte. Wood hat nur armselige Fragmente gefunden; er war mit seinem Geld bald am Ende und ruinierte in den glühendheißen Sommern seine Gesundheit.

Möglicherweise war der Marmor des berühmten Artemis-Tempels schon vor langer Zeit nach Konstantinopel entführt worden. Wahrscheinlich ist der größte Teil aus dem bequemen Steinbruch in die Kalköfen gewandert. Von der Herrlichkeit des fünften Weltwunders ist heute nichts mehr zu sehen. Geblieben sind ein paar Säulentrommeln in einem verschilften Tümpel.

Der Koloß von Rhodos

Erwägt man die Frage, welche Weltwunder unter den Sieben des Altertums die Phantasie der Menschen bis auf den heutigen Tag am meisten beschäftigt haben, wird man wohl immer auf zwei zurückkommen: Das älteste Weltwunder, die 4500 Jahre alten Großen Pyramiden Ägyptens und das jüngste und letzte, der Koloß von Rhodos, der ungefähr halb so alt ist.

Daß die Pyramiden, in wenigen Flugstunden erreichbar, fast zum Symbol des Tourismus, der großen Jedermanns-Reise geworden sind, hat ihren Nimbus nicht geschmälert. Trotz der tausend Bilder, die man gesehen hat, ist die Wirklichkeit überwältigend. Zudem haben die Mutmaßungen nicht aufgehört: Um die Bedeutung der Pyramidenmaße, um Geheimnisse, die vielleicht immer noch unentdeckt sich im Innern eingeschlossen finden könnten, um den hartnäckig behaupteten, wenn auch längst widerlegten „Fluch“ des Pharao.

Der Koloß von Rhodos erscheint demgegenüber sehr viel weniger geheimnisvoll. Dennoch haben sich die Menschen der Neuzeit, die Kinder der Technik, von den Fragen, die seine Existenz aufwirft, in besonderem Maß anziehen lassen. Auf den Werbeplakaten der Reisebüros erscheint der Koloß von Rhodos wie eine Sehenswürdigkeit, die noch zu besichtigen ist, obschon niemand ernstlich behauptet, er sei noch zu sehen. Eben dies macht einen Teil der Faszination aus, die von dem vielabgebildeten Riesenstandbild ausgeht: Niemand hat ein, wenn auch noch so kleines originales Stück des verschwundenen Kolosses auffinden können oder doch so etwas wie einen Fußabdruck der übermächtigen Figur zu entdecken vermocht. Dennoch werden alljährlich viele tausend Postkarten mit dem berühmten Bild in alle Welt versandt, viele tausend „kleine Kolosse“ als Reiseandenken mit nach Hause genommen.

Es gibt offizielle Briefmarken mit dem Bild des Kolosses. Auch bestehen ernsthafte Pläne, eine Nachbildung des verschwundenen Weltwunders an Ort und Stelle aufzurichten. Eine möglichst originalgetreue Nachbildung soll es sein, die freilich nicht mehr aus schwerem Erz, vielmehr aus Aluminium, dem leichten Metall unseres Jahrhunderts, gegossen würde. Eine Hollywood-Idee, das monumentale Werk von Filmarchitekten! Daß der neue Koloß dem Winddruck zu widerstehen vermöchte, wird versichert. Auch mache es für das Auge keinen Unterschied, ob Erz oder eloxiertes Aluminium. Man habe ja auch die Kuppel des ehrwürdigen Felsendoms zu Jerusalem damit gedeckt und den Seidenglanz der alten Vergoldung von einst mit modernen Mitteln recht gut getroffen. Entrüstet malen demgegenüber die Gegner des Projekts aus, wie sehr ein nachgebauter Koloß enttäuschen müßte. Wie immer man ihn gestalten würde, die Phanatsie wäre eingeengt, auf ein endgültiges Bild festgelegt. Das staunenswerte Weltwunder würde eben doch nur in einer schlechten Imitation greifbar sein, einer riesenhaften Jahrmarkts-Sensation, einer Kulissenexistenz, die keine Patina gewinnen kann, vielmehr korrodierend dem Abwracken entgegensehe. Sodann: Wo eigentlich wolle man den Koloß aufstellen?

Tatsache ist, daß man nicht weiß, wo der Koloß von Rhodos wirklich stand. Auch kann trotz zahlreicher Schilderungen niemand sagen, wie er ausgesehen hat. So gut wie sicher aber ist es, daß er anders aussah, als er heute allgemein dargestellt wird. Die Heutigen berufen sich gern auf Fischer von Erlach, den berühmten Architekten des Barock, der die Wiener Karlskirche gebaut und der die Sieben Weltwunder, wie er sie sich vorstellte, meisterhaft gezeichnet hat. Beim Rhodischen Koloß folgte Fischer von Erlach der seit Jahrhunderten traditionellen Vorstellung, die zwar sehr reizvoll, aber leider falsch ist. Viele Bewunderer werden es enttäuscht hören: Der Koloß von Rhodos stand keineswegs in der herausfordernden und großartigen Pose breitbeinig über der Hafeneinfahrt von Rhodos, so, daß ein- und auslaufende Schiffe unter ihm durchfahren mußten.

Das hat, so weit bisher bekannt, als erster 1481/1496 ein Franzose namens Guillaume Caorsin in seiner „Historia von Rhodos“ behauptet. Der Koloß habe „die bein wyth von einander uffgethon und ussgestrekket, also das kain schiff groß oder klein mocht in die port kommen anders dan zwischen den beinen“. André Thevet hat dann rund 60 Jahre später in seiner „Cosmographie du Levant“ (Lyon 1554) den Koloß so gezeichnet, und dieses Bild des spreizbeinigen Riesen über der Hafeneinfahrt war so eindrucksvoll, daß fürderhin kein Künstler mehr von dieser Vorstellung loskommen wollte.

Schon vor 2200 Jahren ist der Koloß umgestürzt; die Bruchstücke lagen dann rund 900 Jahre lang zur freien Besichtigung da. Zur Zeit des Belgiers aber, der als erster die Breitbeinigkeit behauptete, waren die Trümmer längst verschwunden, damals vor mehr als 800 Jahren schon abtransportiert. Man muß sich also wohl, wenn man Authentisches erfahren will, an sehr viel ältere Zeugnisse halten.

Koloß von Rhodos (Kupferstich von Johann Bernhard Fischer von Erlach, 1721)

Wen stellte das Weltwunder überhaupt dar? Zur Beantwortung dieser Frage muß man die griechische Sagenwelt bemühen. Danach verdankt Rhodos, die rund 20 km von der türkischen Küste entfernte Insel, ihr Dasein einem verspäteten Schöpfungsakt. Zeus hatte die Erde an die Götter verteilt; der Sonnengott Helios war dabei leer ausgegangen. Helios, der sein strahlendes Gespann jeden Tag über den Himmel lenkte, war unabkömmlich gewesen. So hatte man ihn vergessen. Er reklamierte und verlangte entschädigt zu werden. Aus großer Höhe, so erklärte er Zeus, habe er tief unter dem Wasser eine herrliche Insel vorgezeichnet gesehen. Wenn Zeus sie an die Meeresoberfläche heraufholen und ihm zuteilen wolle, würde er, Helios, sich damit zufriedengeben. Zeus vollbrachte das, und Helios übernahm die nachgeborene Insel als Eigentum. So berichtet es Pindar, der Dichter.

Nach der Sage vermählte sich Helios mit einer Tochter des Okeanos, der Nymphe Rhode; sie gab der Insel den Namen. Sieben Söhne hatten sie, und einer dieser sieben hatte wiederum drei Söhne: Ialysos, Kameiros und Lindos; sie begründeten Städte dieses Namens. Später erst erkannte man, daß an der nördlichsten Spitze der Insel der ideale Ort für eine Hafenstadt wäre: Man unterstellte sie dem besonderen Schutz des Sonnengottes. Es sollen ihm an die hundert Bildsäulen in Rhodos, das innerhalb von drei Generationen zur reichen Stadt aufblühte, errichtet gewesen sein.

Der wachsende Wohlstand rief im Jahr 305 v. Chr. einen kleinasiatischen Diadochen auf den Plan, Demetrios Poliorketes, den gefürchteten Städte-Eroberer, der bereits Zypern geplündert hatte. Die erschreckten Bewohner von Rhodos besetzten die Mauern der Stadt. Sie verteidigten sich mit dem Mut der Verzweiflung. Ihrem Gott Helios gelobten sie, wenn er sie schütze, ein riesiges Standbild zu errichten, das alle anderen in den Schatten stellen würde. Tatsächlich mußte Demetrios, der sehr siegessicher angerückt war, abziehen. Das Belagerungsmaterial ließ er zurück. Die Rhodier verkauften es mit Gewinn. Zusammen mit den Spenden, die der allgemeinen Erleichterung folgten, konnte man das Versprechen großzügig einlösen. Chares, ein vielgerühmter rhodischer Künstler, erhielt den Auftrag, das Riesenbild des Helios zu gießen und aufzurichten. Der Erzgießer entledigte sich dieser Aufgabe auf überzeugende Weise. Stolz signierte er sein Bronzestandbild: „Wie den Koloß du siehst, in 80 Ellen Höhe, erschuf ihn Chares einst, der geborene Lindier.“ 80 Ellen, das sind 35 m Höhe. Die Freiheitsstatue vor dem New Yorker Hafen, die dem Koloß von Rhodos nachempfunden sein dürfte, mißt 46 m. Die überlieferte Höhe stimmt auch mit den Maßen überein, die für einen konkurrierenden Koloß angegeben sind. Kaiser Nero ließ ihn in Rom errichten; er wollte das rhodische Weltwunder damit übertrumpfen: Der römische Helios war 35,40 m hoch. Er stand auf einem 11,60 m hohen Marmorsockel.

Der Helios von Rhodos war nur in Teilen zu gießen. Diese Teile seien, so ist überliefert, über gewaltige Erdaufschüttungen hochgebracht und montiert worden. Das Standbild des Sonnengottes war natürlich hohl. Eisenklammern hätten Halt gegeben, Felsbrocken die unteren Teile so beschwert, daß die Riesenstatue nicht das Übergewicht habe bekommen können.

Der Kopf des Helios sei unverhältnismäßig groß gewesen. Eine spätere Quelle behauptet, er habe ein Fassungsvermögen für 22 Fuder Weizen gehabt. (Das Fuder wird verschieden definiert: zwischen 750 und 1950 l, also 1000 l im Schnitt. Das wären als 22 m^3 Inhalt.) Daß der Kopf des Helios größer als normal dimensioniert gewesen sein muß, ist leicht verständlich. Bei der Höhe des Standbilds konnte er nur so in natürlicher Größe erscheinen. Das Antlitz und die siebenstrahlige Krone des Sonnengottes waren vergoldet. Der Koloß sei seiner Riesenhaftigkeit wegen „überwältigend, wenn auch nicht gerade liebenswürdig“ erschienen.

Über die Haltung der Arme und Beine ist in den antiken Schilderungen nichts gesagt: Weder, daß der Sonnengott eine Fackel oder Pfanne als Leuchtfeuer hoch über den Kopf gehalten hätte, noch, daß er breitbeinig über der Hafeneinfahrt gestanden sei. Das eine wie das andere wäre etwas Außerordentliches gewesen, ein so entscheidendes Abweichen vom Herkömmlichen, daß man es nicht als selbstverständlich übergangen hätte. Es ist übrigens auch nicht von zwei Sockeln die Rede, nur von einem.

Sind die effektvoll gespreizten Beine somit ein reines Phantasieprodukt aus dem 16. Jahrhundert n. Chr., der beginnenden Neuzeit? Das wiederum wäre zuviel behauptet. Die alten Texte sind so und so auszulegen. Auf der Weihe-Inschrift, so ist überliefert, habe gestanden: „Fest auf der Erde erbaute es (das rhodische Volk) ihn und hoch überm Meere, daß er ein herrliches Licht fronloser Freiheit ihm sei.“ Das „hoch überm Meer“ muß nicht „am Wasser“, es kann „auf einem erhöhten Punkt auf der Insel“ bedeuten. Das „herrliche Licht“ braucht nicht als Leuchtfeuer interpretiert zu werden; der Verfasser der Inschrift kann das vergoldete Gesicht des Helios damit gemeint haben. Wohl gibt es ein Wort des Plutarch, danach Statuen besonders eindrucksvoll erscheinen, wenn sie eine Person mit weitem Schritt darstellen. Plutarch erwähnt das im Zusammenhang mit „Kolossen“, wenn auch ganz allgemein. „Koloß“ ist aber ursprünglich ganz einfach mit „Bildsäule“ zu übersetzen; erst das mächtige Standbild von Rhodos gab dem „Koloß“ die Bedeutung des Riesenhaften, eben des Kolossalen.

Wahrscheinlich war der Sonnengott unbekleidet dargestellt. Möglicherweise hat er eine Lanze, vielleicht auch einen Bogen gehalten, dazu den Köcher mit Pfeilen getragen. Daß man im Innern der Statue bis zum Hals habe emporsteigen können, wird später berichtet. Es könnte wohl so gewesen sein. Im Münchener Bronze-Kolossalstandbild der Bavaria, 1850 von Ludwig von Schwanthaler geschaffen, ist bei nur 20,50 m Höhe genügend Platz für eine Wendeltreppe, im Kopf der Bavaria für eine Sitzbank.

Anzunehmen ist, daß der Weltwunder-Koloß als riesenhaftes Weihegeschenk auf einem erhöhten Punkt über der Stadt stand, um so schon von weitem, vom Meer her sichtbar zu sein: Ein kraftvoller Helios, der vielleicht ausschritt.

Das Schicksal des vielbestaunten Weltwunders ist bekannt: Nur 66 Jahre nach seiner Fertigstellung, 224 v. Chr. stürzte ein Erdbeben den Koloß um. Strabon berichtet, er sei an den Knien abgebrochen. Man habe ihn liegengelassen; ein Orakelspruch habe von der Wiederaufrichtung abgeraten. Auch der gestürzte Koloß gilt Strabon noch „als eine der Sieben Sehenswürdigkeiten". Plinius betont, der Sonnenkoloß errege „selbst so noch im Daliegen das Staunen aller, die ihn sehen". Wie immer gibt er prägnante Einzelheiten: Den Daumen könne man kaum umfassen, die Finger seien größer als normalgroße Statuen. In den abgebrochenen Gliedern hätten weite Höhlungen gegähnt. Man habe die Felsblöcke, mit denen der Koloß von innen her ausbalanciert war, sehen können. In zwölf Jahren sei der Koloß fertiggestellt worden. Er habe 300 Talente gekostet, heute an die zwei Millionen Mark.

Auch diese Schilderungen sprechen dafür, daß der Koloß an bevorzugter Stelle, auf einer Höhe über der Stadt, vielleicht auf dem höchsten Punkt, nicht aber über der Hafeneinfahrt gestanden hat. Ein knappes Jahrtausend ist der gefällte Riese an Ort und Stelle liegengeblieben. Dann erst, nach der Eroberung der Insel durch die Araber 653, war sein endgültiges Ende gekommen. Die stehengebliebenen Reste wurden vom Sockel gerissen, die Erzmasse in 900 Teile zerlegt, auf Kamelen geladen und zum Einschmelzen nach Syrien verschickt.

Wenn der Koloß auf der Hafenmole errichtet gewesen wäre, hätte er wohl ins Wasser stürzen müssen. Die Trümmer hätten die ein- und auslaufenden Schiffe gefährdet; man würde sie geborgen haben. Auch hätten die arabischen Schrotthändler dann kaum Kamele bemühen müssen, um das Erz zum Hafen zu bringen. Noch ein Indiz, daß der Koloß nicht über der Hafeneinfahrt gestanden hat: Der Konkurrenz-Koloß des Nero ist in der Stadt Rom, nicht über der Einfahrt zum Hafen Roms, in Ostia, aufgestellt worden.

Bisher hat man den Koloß von Rhodos auf keiner Münze gefunden. Das ist leicht zu erklären: Auch die Abbildung des thronenden Zeus von Olympia hat in der Verkleinerung auf einer Münze nicht befriedigen können; das Monumentale versagt sich dem Münzbild. Man hat sich nach einem mißglückten Versuch damit begnügt, fürderhin nur noch das Gesicht des olympischen Zeus auf Münzen wiederzugeben. Der Koloß von Rhodos war dreieinhalbmal so groß wie der Zeus von Olympia, dabei weniger auf das Majestätische als auf das Riesenhafte hin gestaltet. Also wird man hier nicht anders verfahren haben. Die Vermutung liegt nahe, daß der Helioskopf auf den rhodischen Münzen, der kraftvoll, sogar etwas grob erscheint, den Kopf des Weltwunders wiedergibt. Diese Münzen könnten sogar zur Feier der Einweihung geprägt worden sein. Daß das Rätselhafte nirgendwo ganz gelöst werden konnte, trägt mit zur Faszination bei, die der lange verschwundene Koloß von Rhodos bis auf den heutigen Tag ausübt.

Man hat, ein Glücksfall, die in den Marmorsockel eingemeißelte Weihe-Inschrift gefunden. Da steht:

„Bis zum Olympos empor, o Helios, türmte dir preisend
Rhodos' dorisches Volk diesen Koloß hier aus Erz
als es endlich die Wogen des grimmigen Krieges beschwichtigt
und das heimische Land prächtig mit Beute geschmückt.
Fest auf der Erde erbaute es ihn und hoch überm Meere,
daß er ein herrliches Licht fronloser Freiheit ihm sei.
Ist das Recht doch der Männer vom Blute des Herakles, daß sie
herrschen zu Lande und Meer, wie es die Väter getan."

Der Pharos von Alexandria

Wie von der ersten zur zweiten Weltwunder-Liste sich die Gewichte verschoben haben, für die verfallenden Mauern der Weltstadt Babylon die damals neueste Sehenswürdigkeit, der großartige Leuchtturm auf der Insel Pharos vor Alexandria eintrat, das wurde bereits beschrieben.

Alexandria ist eine Gründung des großen Alexander, wohl das würdigste und dauerhafteste Denkmal, das er der Nachwelt hinterlassen hat, ein Denkmal, das seinen Namen trägt. Alexandria sollte, das war der Wille des jungen Königs, die glanzvollste Stadt der Hellenistischen Welt werden, nach einem Wort Droysens „die Heimat der aus Orient und Okzident zusammenströmenden Weltbildung und Weltliteratur".

Alexander hat die Umrisse der Stadt, ihr Straßennetz und ihre Plätze, in den Sand des Nildeltas skizziert. Sein Leben verlief zu schnell, zu kometenhaft, als daß er hätte verfolgen können, wie aus dem vom Wind und von der Flut rasch gelöschten Entwurf die Realität einer Großstadt wurde. Diese Realität war stark genug, um über zweieinhalb Jahrtausende hinweg zu bestehen: Alexandria, der Welthafen unserer Zeit.

Wir sind dem Kometen Alexander, diesem „mit glänzenden Gaben ausgestatteten Liebling der Götter" (Peter Bamm) wiederholt begegnet: Er stand im Schatten der Pyramiden, er genoß die Sehenswürdigkeiten von Babylon, er erbot sich, die Kosten für den Wiederaufbau des Artemis-Tempels zu tragen, er betrieb die Fertigstellung des Mausoleums zu Halikarnassos, er erwies dem Zeus des Phidias zu Olympia seine Reverenz. Alexander der Große hat keine der Weltsehenswürdigkeiten seiner Zeit ausgelassen.

In pomphaftem Leichenzug sollte Alexander in seine Stadt an der Mündung des Nils zurückkehren. Er wurde dort in einem gläsernen Sarg beigesetzt. Kaiser Augustus, unter dessen Regierung die Geburt Christi registriert wurde, hat Alexander noch im Glassarg gesehen. Er hat die Schönheit seiner Gesichtszüge bewundern können; so sorgfältig war der Leichnam einbalsamiert.

Ptolemaios, ein General des Alexander, wurde nach dessen Tod König von Ägypten. Er hat Alexander ein glanzvolles Grabmal errichten lassen. Es ist verschollen. Man vermutet es unter der Moschee, die nach der Eroberung Ägyptens durch die Araber dem Propheten Daniel erbaut worden ist. Unter dem gleichen Ptolemaios wurde 299 v. Chr. auf einer kleinen, dem Nildelta vorgelagerten Insel, die durch einen Damm mit dem Festland verbunden war, der Bau des berühmten Leuchtturms begonnen. 20 Jahre später, nach seiner Fertigstellung unter dem Sohn des Alexander-Generals, Ptolemaios II., nahm man den „Pharos von Alexandria" in die Reihe der Sieben Weltwunder auf.

Die Basis, von der aus der Turm sich erhob, war ein Quadrat 30 × 30 m. Das erste sich verjüngende Geschoß endete mit einem Umgang. Tritonen hielten nach den vier Himmelsrichtungen hin Ausschau. Zurückgesetzt strebte ein zweites Stockwerk empor; das hatte die Form eines achteckigen Prismas. Darauf saß ein kleines zylindrisches drittes Geschoß. Es war gekrönt von einer Bronzestatue des vergöttlichten Königs Ptolemaios I.

Man hat die Höhe des sehr schlank erscheinenden Turms auf 113 m errechnet. Der Pharos von Alexandria erreichte somit die Höhe unserer Dome. Er galt als ein technisches Wunder, ein Meisterwerk der Baukunst, als der großartigste Blickpunkt im östlichen Mittelmeer, strahlend genug, die Riesenmauern von Babylon auszustechen. Diodoros von Sardes rühmt den Turm, indem er ihn sprechen läßt: „Pharos bin ich, ein Turm auf dem Felsen im Meer. Ich heiße so wie die Insel und bin des schirmenden Hafens Symbol."

Der mit Wasserdurchlässen versehene Damm, der zur Insel hinausführte, war das Werk eines berühmten Baumeisters, des Dexiphanes von Knidos. Sostratos von Knidos, der Architekt des Turms, war der Sohn des Dexiphanes. Der Turm sollte den Seglern bei Tag und Nacht als Richtpunkt dienen. Die Hafenmole hatte sich vor der flachen Küste Ägyptens kaum abgehoben; sie war nunmehr leichter zu finden. Wie Poseidippos zur Einweihung – wahrscheinlich 279 v. Chr. – es niederschrieb: „Darum zeigt sich bei Tag nun aus weiter Ferne der Turm schon / Welcher gerade und steil ragt in den Äther hinauf / Doch auch der Schiffer, der in der Nacht fährt auf den Wogen des Meeres / Kann an der Turmspitze sehn, mächtig ein Feuer in Glut."

Der Leuchtturm von Alexandria überdauerte die Dynastie der Ptolemäer, die rund 300 Jahre lang blühte und mit Kleopatra endete. Kleopatra VII. ist als die Frau, die Cäsar und Marcus Antonius zu bestrikken vermochte, in das Gedächtnis der Nachwelt eingegangen. Mit den Waffen der Frau hat sie zu verhindern gesucht, daß Ägypten schließlich nur mehr eine unter den vielen Provinzen Roms sein würde. Als sie ihr Spiel verloren und sich selbst als Gefangene in einem römischen Triumphzug figurieren sah, drückte sie, ihr Leben endend, eine Giftschlange an die Brust.

Der Pharos von Alexandria stand, als das Römische Weltreich bereits verfallen war, noch immer. Im 14. Jahrhundert erst fällte ein Erdbeben den Leuchtturm. Heute ist nichts mehr von ihm erhalten. Die Bewunderung, die dem zeitlich letzten Weltwunder des Altertums zuteil geworden ist, klingt – wenn auch nur in einem Wort – nach: „Leuchtturm" heißt im Französischen – „le phare". Bei den Griechen ist der Leuchtturm noch immer ein Phanár.

Pharos von Alexandria (Kupferstich von Johann Bernhard Fischer von Erlach, 1721)

Als Napoleon in Ägypten landete, war Alexandria nur noch ein Dorf mit Namen Iskenderieh, ein Dorf von 5000 Einwohnern. Napoleon sah über Niedergang und Verfall hinweg und urteilte: „Durch die Gründung Alexandrias hat Alexander sich berühmter gemacht als durch seine glänzenden Siege. Diese Stadt mußte das Herz der Welt werden." War der Ort nicht ideal als Umschlag- und Tauschplatz für die Güter Europas und des Orients? Und war der Niedergang das letzte Wort der Geschichte? Konnte, was eine Jahrtausend-Ebbe fortgeschwemmt, nicht mit neuer Flut zurückkehren? In der Tat ist Alexandria, heute wieder eine Weltstadt, wenn auch politisch und wirtschaftlich im Schatten von Kairo.

Der mächtige Leuchtturm, das Weltwunder der Antike, stand einst auf der Insel Pharos, dort, wo Ende des 15. Jahrhunderts der Mameluken-Sultan Kait Bey das nach ihm benannte Fort errichtet hat. Der Sultan ließ das Bollwerk auf die Fundamente des alten Leuchtturms setzen; man kann sie knapp unter Wasser noch immer erkennen. Was von den Resten des Weltwunder-Leuchtturms greifbar war, wurde in die Kastellmauern verbaut, Quader, Säulenstümpfe, ein Kapitell. Die Sultane gingen mit der Hinterlassenschaft der hellenistischen Kultur alles andere als pfleglich um. Die Kreuzritter verfuhren damit genauso. Wo sich griechische Tempel als Steinbruch anboten, mußten die zur Ehre der alten Götter errichteten Säulen zur Verstärkung der Mauern und Wälle dienen.

Die Insel Pharos war schon im Altertum durch einen 1300 m langen Damm mit dem Festland verbunden. Man hat ihn im Lauf der Zeit immer wieder verbreitert; viele tausend Tonnen Fels wurden aufgeschüttet, damit der Grund geschaffen für einen ganzen Stadtteil, der die einstige Insel kaum noch als solche erkennen läßt. Das Turminnere des Forts Kait Bey gibt eine Vorstellung von der Größe des einstigen Leuchtturms. In über 100 m Höhe brannte das Feuer aus breiter Schale. Ein mächtiger Hohlspiegel bündelte das Licht und richtete es durch einen Mauerschlitz aufs Meer hinaus; es war noch in einer Entfernung von 55 km zu sehen. Das Licht des Pharos von Alexandria drehte sich nicht, es stand wie ein ruhiger Stern am Horizont.

Der Innenraum des Forts veranschaulicht auch den Lastenaufzug im antiken Leuchtturm. Über Flaschenzüge wurden die Bau- und Reparaturmaterialien hochgehievt, auch das Brennmaterial für das Leuchtfeuer. Die breiten Aufgänge im Innern führten von Rampe zu Rampe. Man konnte von dort in die Aussichtskammern gelangen. Die Wachen sahen jede Bewegung auf See bis an den Horizont. Und sicher hatten die Astronomen und Mathematiker der alexandrinischen Universität von dort aus Gelegenheit, ihre Studien und Versuche zu machen.

Das Leuchtfeuer brannte nicht auf offener Plattform. Die Stürme hätten es allzuleicht auslöschen können; auch wäre der Funkenflug zur Gefahr für die Stadt geworden. Man hielt das Feuer in einer hohen Kammer unter Kontrolle. Durch Schächte wurde die Brennluft zugeführt, durch Mauerschlitze der Rauch ins Freie entlassen.

Die Spitze des Turms krönte eine Kolossalstatue aus Bronze, vergoldet, wahrscheinlich Ptolemaius Soter, in der Gestalt des Sonnengotts Helios. Ptolemaius war der politisch begabteste Führer unter den Generälen Alexanders gewesen, der glücklichste unter seinen Nachfolgern. Er muß die Fertigstellung des Leuchtturms in Alexandria nach 20jähriger Bauzeit im Jahre 279 v. Chr. als seinen persönlichen Triumph empfunden haben.

Das Licht, das vom Pharos hinausstrahlte, war wohl mehr als nur Orientierung und Sicherheit für die Schiffe. Es signalisierte die Weltstadt, die politische und geistige Mitte einer neuen Welt, in der die Wissenschaften herrschen sollten. In Alexandria pflegte man Mathematik und Physik, Botanik und Zoologie, Astronomie und Medizin. Euklid hatte seine Rechenkunst geschaffen, Archimedes von Syrakus den Flaschenzug und die Wasserschraube erfunden, Herion Automaten gefertigt, Aristarchos aus Samos lehrte als erster den Umlauf der Erde um die Sonne und die Drehung um ihre eigene Achse. Eratosthenes wußte den Umfang der Erde zu berechnen; bei der Ermittlung des Erddurchmessers irrte er sich nur um 80 km. Die Bibliothek von Alexandria, unter dem zweiten Ptolemaius gegründet, wurde die größte der antiken Welt. Sie umfaßte zuletzt 700 000 Buchrollen und sie bestand rund 200 Jahre. Bei der Eroberung durch Cäsar ging sie in Flammen auf. Das gesammelte Wissen der Antike war damit verloren.

Mit 120 bis 140 m Höhe war der Pharos von Alexandria, wenn man von der Cheops- und Chefren-Pyramide absieht, das höchste Gebäude der Alten Welt. Er behielt diesen Rang bis zu den gotischen Kathedralen des Mittelalters. Der höchste aller Leuchttürme wäre er, stünde er noch, bis heute. In römischer Zeit standen die mächtigsten Leuchttürme in Messina und Ostia, in Brindisi und Ravenna, in Capri, Gaeta und Pozzuoli. Der einzige noch erhaltene antike Leuchtturm steht in La Coruña an der Nordwestküste Spaniens. Er wirkt klassizistisch, ist aber erst 1791 umgebaut worden. Der Leuchtturm von La Coruña ist seitdem 58 Meter hoch; sein antiker Kern von 34 Meter Höhe ist noch, wenn man genau hinsieht, zu erkennen.

Weltwunder heute und morgen

Der Überlegung wert ist die Frage, ob in unserem 20. Jahrhundert Bau- oder Kunstwerke geschaffen wurden, die wie die Pyramiden den Rang eines Weltwunders für sich beanspruchen können.

Man wird sie wohl im Reich der Technik suchen müssen. Wo gipfelt unser technisches Zeitalter in einem auf seine Art einzigartigen Werk? Es müßte etwas sein, das über Vergleichbares weit hinausragt, zugleich etwas, das auch in nächster Zukunft nicht mehr erreicht oder gar überboten werden kann. Eben das kann man sich schwer vorstellen.

Vielleicht wird der Mondbahnhof auf Kap Kennedy als Weltwunder des 20. Jahrhunderts gelten. Aber besitzen die Russen nicht vergleichbare Anlagen? Und: Wird man die Starttürme von heute nicht eines Tages kurzerhand abreißen, um Größeres an ihre Stelle zu setzen? Werden nicht Fahrten zu den Nachbarplaneten vorbereitet? Wie werden die Weltraumbahnhöfe von morgen aussehen?

Man hat die Sternwarte auf dem Mount Palomar bei Los Angeles als Weltwunder gerühmt. Von dort sieht man zwei Milliarden Lichtjahre tief in den Sternenraum. Die Luftunruhe ist es, die der Reichweite von Fernrohren Grenzen setzt. Vielleicht wird man auch in Zukunft von unserer Erde aus mit keinem optischen Teleskop „weiter sehen" können. Dann wäre die Sternwarte von Palomar das großartige Endbauwerk der Astronomie seit Galileo Galilei, einer Wissenschaft, die eines Tages über Stationen auf dem lufthüllenlosen Mond verfügen wird. Werden diese dann Weltwunder des 21. Jahrhunderts sein?

Immer wieder wird man Menschenwerke an den Pyramiden messen. Doch wer vermöchte zu sagen, ob eines der neuen Weltwunder seinen Rang in der Erinnerung der Menschen so lange – zwei, drei, vier Jahrtausende – wird verteidigen können wie die Weltwunder des Altertums.

1971 veranstaltete das Haus Reemtsma einen Wettbewerb für Journalisten mit dem Thema „Die sieben modernen Weltwunder". Jeder durfte nur einen Weltwunder-Vorschlag unterbreiten und mußte diesen auf ein bis zwei Schreibmaschinenseiten begründen. In der Ausschreibung stand: „Die sieben klassischen Weltwunder haben ihre Schuldigkeit getan. Wir suchen die neuen. Es soll eine Auszeichnung neu vergeben und belebt werden, mit der vor mindestens 2000 Jahren große Leistungen in Wissenschaft und Technik gewürdigt wurden. Gibt es solche Weltwunder? Dinge, die auf unserer Erde neue Maßstäbe setzen und neue Impulse auslösen. Das ist Ihre Aufgabe." Die Jury, die auswählen sollte, bestand aus den Chefredakteuren großer Zeitungen und aus bekannten Publizisten. Die Auswahl wurde später in einem Buch (Deutsche Verlags-Anstalt, Stuttgart) unter dem Titel „Die sieben modernen Weltwunder" dokumentiert. Als moderne Weltwunder werden gekürt: Die Raumfahrt, die Organverpflanzungen, die Kernfusion, die Antibabypille, das Delta-Projekt, das synthetische Gen und der Computer. Wir zitieren aus den Begründungen der Preisträger.

Ulrich Blumenschein schrieb über „Weltwunder Raumfahrt":

„Keines der modernen Weltwunder aber übertrifft dies Ergebnis: Menschen verließen den Planeten des Lebens, ihr Heimatgestirn, und durchwanderten die Maare des Mondes. Diese ersten Schritte auf dem Mond öffneten das Tor zu den acht Planeten und dreißig Monden des Sonnensystems. Die raumfahrttechnischen Leistungen erzwangen ein ganz neuartiges und entscheidendes Organisationsphänomen: die präzise, abgestimmte Zusammenarbeit Hunderter von Wissenschaftszweigen und Industriebranchen für das Erreichen des gemeinsamen Ziels. Darin offenbarte der Geist des Menschen eine Fähigkeit, die ihm in diesem Ausmaß und in diesem breiten Spektrum nie zuvor abverlangt worden war."

Reinhard Hecker über „Weltwunder Organverpflanzungen":

„Als im Jahre 1967 in Südafrika erstmalig einem Menschen das kranke Herz gegen das gesunde eines tödlich Verunglückten ausgetauscht wurde, erfuhr die Menschheit von einer neuen chirurgischen Technik, der Organtransplantation.

Begonnen hatte diese Entwicklung mit der Verpflanzung einer Niere im Jahre 1954. Inzwischen haben überpflanzte Organe manchen todgeweihten Kranken zusätzliche Lebensjahre geschenkt. Aber nicht nur darin liegt die Bedeutung dieses großen Fortschritts der Chirurgie. Wichtiger sind fraglos die mächtigen Impulse für die Medizin, die von der Transplantationstechnik ausgehen. Der Organismus wehrt sich gegen körperfremdes Gewebe, und diese Immunreaktion gilt es bei der Überpflanzung fremder Organe zu überwinden. Eine Herausforderung, die eine Forschungslawine ins Rollen brachte. Bald stellte sich heraus, daß der Immunreaktion eine zentrale Bedeutung bei fast jeder Krankheit zukommt. Mit der Enträtselung dieses Abwehrmechanismus wird ein medizinischer Universalschlüssel gefunden werden."

Helmut L. Karcher über „Weltwunder Kernfusion":

„Um die Verschmelzung von Wasserstoffkernen, die die gewünschte Energie freisetzt, beherrschen zu können, muß man mit extrem heißem Gas arbeiten, mit Plasma. Das allerdings ist so heiß, daß es jedes materielle Gefäß augenblicklich zum Verdampfen bringt.

Die Physiker haben jedoch Verfahren erdacht, mit denen sich das Plasma dennoch bezwingen läßt. Darauf basiert die Gewißheit, daß die friedliche Nutzung der Fusionsenergie in absehbarer Zeit möglich wird. Sie wird die Welt aus einer Sackgasse befreien, in die sie längst hineingeraten ist. Unsere natürlichen Energiequellen beginnen zu versiegen. Auch Uran, der Brennstoff für die Kernreaktoren, ist nur begrenzt vorhanden. Für die gezähmten Wasserstoffbomben, die Fusionsreaktoren, aber gibt es Betriebsstoff für Jahrmillionen: das Wasser der Weltmeere."

Walter Kunze über „Weltwunder Antibaby-Pille":

„Thomas Robert Malthus hatte vor über 150 Jahren eindringlich vor der Bevölkerungsexplosion gewarnt. Ernstgenommen wurden seine Kassandrarufe erst in unserem Jahrhundert. Die Möglichkeit einer wirksamen und akzeptablen Geburtenregelung ließ aber bis zu den sechziger Jahren auf sich warten, bis zur Erfindung der Ovulationshemmer. Dabei ist das Prinzip dieser wirksamen Waffe gegen die trickreich auf Vermehrung der Arten bedachte Natur, das Prinzip der Antibaby-Pille, sehr einfach. Dem weiblichen Organismus wird mit Hormonen biochemisch eine Schwangerschaft vorgetäuscht. Daraufhin sperrt er sich gegen eine Befruchtung. Es sieht deshalb so aus, als würden wir in letzter Minute noch einer katastrophalen Überbevölkerung des Erdballs entkommen. Auch wenn von einem Siegeszug der Pille bisher kaum die Rede sein kann – das Wunder Antibaby-Pille, winzig klein im Vergleich zu den Weltwundern der Antike, könnte bewirken, daß die Zunahme der Weltbevölkerung um 120 Menschen in jeder Minute gestoppt wird."

Martin Bernstorf über „Weltwunder Delta-Projekt:"

„Die Holländer korrigieren die Geographie ihrer Küste. Dämme wachsen aus dem Meer zwischen Rotterdam und Vlissingen. Mit dem Delta-Projekt wollen die Niederländer ihr bis zu sechs Meter unter dem Meeresspiegel liegendes Land schützen, die Sintflut zähmen, Millionen Küstenbewohnern Sicherheit bringen. An fünf Stellen südlich der Rheinmündung greift das Meer durch die Inselkette hindurch tief ins Land hinein. Am 1. Februar 1953 brachen die Dämme. Es war eine der größten Flutkatastrophen in der Geschichte Hollands. Fast 2000 Menschen ertranken. Nach dem nationalen Unglück begann die Arbeit am Delta-Projekt: Die Abriegelung des Deltas bis auf die Mündung von Rhein und Westerschelde durch sechs gewaltige Dämme mit den berühmten ‚denkenden Schleusen' im Haringvliet. Durch 25 Kilometer lange Dammbauten verringert sich Hollands Küstenlinie jetzt um 700 Kilometer.

Das ist mehr als ein partieller Sieg über Naturgewalten. Das Delta-Projekt weist einen Weg zur Korrektur ungünstiger Umweltgegebenheiten."

Heinrich Mühle über „Weltwunder Synthetisches Gen":

„Anfang der sechziger Jahre wurde das erste Wort des chemischen Codes entschlüsselt, dessen sich die Erbträger, die Gene, bedienen, um den Zellen der Lebewesen Anweisungen für ihre Produktion unzähliger Substanzen zu geben. Viele Zeitgenossen erblickten in dieser Entdeckung den Beginn einer höchst gefährlichen Entwicklung: der genetischen Manipulation. Bald, so warnten viele, wird man Menschen nach Maß schneidern und willige Sklavennaturen züchten können. Biologen hielten dies für übertrieben, und Science-Fiction-Romane, in denen Wissenschaftler künstlich Gene produzierten, wurden belächelt.

Gerade dies aber gelang amerikanischen Wissenschaftlern schon vor mehr als einem Jahr. Die Synthese eines biologisch wirksamen Gens in der Retorte, die erst in ferner Zukunft möglich schien, ist vollbracht. Von einer Manipulierbarkeit menschlicher Erbeigenschaften mit Hilfe synthetischer Gene sind wir allerdings noch weit entfernt. Doch hat die Wissenschaft jetzt den Weg dorthin eingeschlagen. Er kann zum Guten führen, nämlich dazu, daß Krankheiten, die heute noch Geißeln der Menschheit sind, ausgerottet und Erbschäden repariert werden. Mit der künstlichen Herstellung eines Erbträgers wurde ein biochemischer Schlüssel gefunden, der die Pforten des Paradieses oder der Hölle aufzuschließen vermag."

Hans-Ulrich von Mende über „Weltwunder Computer":

„Ohne elektronische Datenverarbeitung hätte es die meisten der wissenschaftlichen und technischen Errungenschaften der letzten Jahrzehnte nicht geben können. Ohne Computer gäbe es keine Raumfahrt, nicht einmal den Jumbo-Jet, wären wir außerstande gewesen, all das zu erfahren, was wir heute über die elementaren Lebensprozesse in der menschlichen Zelle, über die Bausteine der Materie, über den Ablauf chemischer Reaktionen oder lichtjahrmilliardenferne Objekte im Universum wissen."

Das Buch über „Die 7 modernen Weltwunder" wurde von Rüdiger Proske mit einem Vorwort „Weltwunder heute" eingeleitet. Er schreibt da: „Sind die Kriterien richtig? Ist ihre Liste vollständig? Was wird von dem, was wir heute denken, morgen noch gültig sein? Fragen, die sich nicht beantworten lassen. So stellt dieses Buch auch nicht den Anspruch, die Wahrheit vorzutragen. Vielleicht zählt es tatsächlich die sieben Weltwunder unserer Zeit auf, vielleicht aber auch nicht. Immerhin könnte der Entwurf zum Nachdenken darüber anregen, was wir in unserer Welt als wichtig empfinden, was wir als die Gegebenheiten ansehen, die uns in unserer Existenz bewegen und verändern. Solche Gedanken zwingen zur Formulierung von Maßstäben. Die Beschäftigung mit den ihnen zugeordneten Werten gibt unserem Leben seinen Sinn."

Im Jahr 1978 war es dann HÖR ZU, die größte Rundfunk- und Fernsehprogrammzeitschrift, die nach den sieben neuen Weltwundern fragte. Innerhalb der Chefredaktion war nach langen Überlegungen und Diskussionen eine Liste von Menschenwerk zusammengestellt worden, dem nach Meinung der Redakteure der Rang eines Weltwunders zuerkannt werden könnte. Man hatte die Vorschläge nach den verschiedensten Gesichtspunkten wieder und wieder ausgesiebt. Am Ende blieben elf Sehenswürdigkeiten in der allerengsten Auswahl. Daraus wiederum sollte eine Jury, sieben Wissenschaftler und Journalisten, die „sieben neuen Weltwunder" küren.

Das war, wenn man das intellektuelle Spiel ernst nahm und gewissenhaft abwog, gar nicht so einfach. Es mußten, es durften nur sieben benannt werden, nicht mehr und nicht weniger. Zudem war man aufgefordert, mindestens zwei zu nennen, die man als die Favoriten ansah. Was kam heraus? Nach dem Urteil der Jury waren zu den neuen sieben Weltwundern zu zählen: Der Fernsehturm von Toronto, der Weltraum-Bahnhof Cape Canaveral (Kennedy), das Tiefsee-Tauchboot „Trieste", der Sears Tower in Chicago, die Seilbahn von Chamonix, die Bohrinsel CP in der Nordsee und das Spiegelteleskop auf dem Mount Palomar. Zu guter Letzt entschloß sich die Redaktion den gleichermaßen mit Stimmenmehrheit genannten Computer als achtes Weltwunder nachzuschieben, „weil ohne Computereinsatz alle vorangegangenen Weltwunder nicht denkbar und funktionsfähig wären."

Auch hier sind es die Begründungen, die später einmal etwas über den Zeitgeist der heute lebenden Generationen aussagen können.

Prof. Dr. Ing. h. c. Walter Bruch, Fernseh-Pionier und Erfinder des PAL-Farbfernsehverfahrens, erinnert an die 211 m hohe Betonnadel auf dem Hohen Bopser bei Stuttgart, „das ist der Urahn aller Fernsehtürme", und fährt fort:

„Mehr als doppelt so hoch: die Plattform des Fernsehturms von Toronto. Eines der gigantischsten Bauwerke unserer Zeit! Für mich ein Weltwunder.

Per Fahrstuhl gelangen wir auf das 447 Meter hohe Aussichtsdeck. Für das Publikum ist in dieser schwindelnden Höhe die Exkursion zu Ende.

Ich klettere jedoch über Labyrinthe von Treppen und Treppchen zu den Räumen, in denen die Fernsehsender der kanadischen Kanäle, UKW-Sender und Tele-Kommunikationsanlagen stehen. Was da oben in großzügigen Räumen an gewichtigen Anlagen steht, läßt erst erkennen, wie gigantisch dieses Bauwerk ist.

Alle Sender arbeiten auf Antennen, die wie ein ausgezogenes Teleskop sich verjüngend bis auf 553,33 Meter in die Höhe ragen. Der Fernsehturm von Toronto ist das höchste Bauwerk unserer Zeit und darum Weltwunder der Neuzeit."

Dr. Peter Scholl-Latour beschreibt seine Wahl folgendermaßen:

„Der Weltraumbahnhof von Cape Canaveral beeindruckt einmal durch seine Dimensionen. Das Gelände umfaßt knapp 90000 Hektar und ist fast dreimal so groß wie das Stadtgebiet von München. Seit dem Baubeginn im Februar 1949 sind dort 41 Abschußrampen entstanden. Die 42. ist für ‚Space Shuttle' bestimmt."

Scholl-Latour sieht mit der ersten Mondreise einen historischen Wendepunkt erreicht:

„So wie die Neuzeit, in der wir leben, eingeleitet wurde durch die Abkehr von den geozentrischen Vorstellungen und der Hinwendung zum heliozentrischen System, so sind wir vermutlich in der Erforschung des Weltalls in eine neue Kenntnis- und Bewußtseinsphase eingetreten. Ob am Ende das Zusammentreffen mit völlig unbekannten und unvorstellbaren Lebewesen steht, ist zwar nicht sicher, aber wahrscheinlich. Die philosophischen und theologischen Umwälzungen, die mit der Weltraumerkundung verbunden sind, können noch gar nicht ermessen werden."

Prof. Hoimar von Ditfurt schreibt zum Tiefsee-Tauchboot „Trieste":

„Das scheinbar Unerreichbare zieht den Menschen magisch an. Seine angeborene Neugier treibt ihn zu den Polen der Erde, auf die höchsten Gipfel des Himalaja, zum Mond und in das tiefste Loch im Ozean."

Und später:

„Die Konstruktion der Tauchkugel von Auguste Piccard und die Leistungen von Jacques Piccard und Don Walsh sind bewundernswert und bis heute einmalig: Nie wieder hat es jemand geschafft, 11000 Meter tief zu tauchen."

Prof. Dr. Elisabeth Noelle-Neumann, die Leiterin des Instituts für Demoskopie in Allensbach, meinte, eigentlich müßte ein Architekt oder Ingenieur den Sears-Tower in Chicago würdigen.

„Ein Fotograf meinte, das Großartigste sei die automatische Außenfensterputzanlage. Sechs Automaten können die 16000 Fenster in drei Schichten von je acht Stunden putzen. Mit der Hand hätten siebzehn Männer im Laufe eines Monats 2930 Stunden zu tun."

Frau Noelle-Neumann erinnert an die Wolkenkratzer von New York:

„Viele der Giganten von Manhattan sind mit den Jahren grau und ehrwürdig geworden, aber neue Weltwunder ihrer Rasse wachsen nach. Die Königin von ihnen ist heute der Sears Tower. Alle Tonnen Stahl und Beton sind vergessen, wenn man sieht, wie leicht und schlank er in die Höhe steigt und sich samtdunkel gegen den Abendhimmel abhebt."

Das Spieteltelеskop auf dem Mount Palomar in Kalifornien besprach Prof. Dr. Heinz Haber. Er zählt es zu den Weltwundern, weil mit seiner Hilfe großartige Erkenntnisse gesammelt wurden:

„Dazu gehören: die Korrektur der räumlichen Dimension unserer Milchstraße, die man zuvor nur für halb so groß hielt, das Vorrücken der Grenzen des Universums von zwei auf vier oder gar sechs Milliarden Lichtjahre; die Entdeckung der ‚Quasars', der gigantischen Energiequellen an den Grenzen des Alls. Dann kam ein Schuß ins Schwarze: die Entdeckung der ‚Schwarzen Löcher', unvorstellbar dichter Massenansammlungen, die Licht und Materie unwiederbringlich aufsaugen. Auf eine Trophäe allerdings lauern die Astronomen noch: die Entscheidung darüber, ob das All endlich oder unendlich ist."

Die größte Bohrinsel, die Central Plattform (CP), ein 600000-Tonnen-Koloß, der vor der schottischen Küste auf den Meeresgrund gesetzt wurde (137 m unter Wasser, 100 m über Wasser) wird von Prof. Heinrich Harrer zu den modernen Weltwundern gerechnet:

„Die Entwicklung zu neuen Wundern geht Hand in Hand mit der Technik. Flüge ins All, das Tauchen in der Tiefe, das Bauen von immer höheren Gebäuden, das Suchen nach immer neuen Energiequellen – immer neue Dimensionen.

Dazu gehört auch das, was Engländer, Schotten und Franzosen vor wenigen Monaten in der Nordsee vollbrachten: Planung, Konstruktion und Bau einer Bohrinsel in bisher nie dagewesenen Ausmaßen."

Ich selbst (Ernst von Khuon) hatte meine Wahl der Seilbahn von Chamonix zu begründen:

„Unangefochten im Kreis der großen Sieben ist für mich die Seilschwebebahn, die von Chamonix (1036 m) bis knapp unter die 3842 m hohe Aiguille du Midi führt. Sie ist die mächtigste Seilbahn der Erde, auch wenn es in Venezuela eine gibt, die einige Meter höher endet. In der Überwindung des Höhenunterschieds bleibt die Seilbahn von Chamonix sicher auf lange Zeit unerreicht.

Die 1954 fertiggestellte Bahn bewältigt eine Höhendifferenz von annähernd 3000 m. Die 80 (untere Teilstrecke) und 45 Personen (oberer Abschnitt fassenden Gondeln laufen mit einer Geschwindigkeit von rund 10 m in der Sekunde. Das Seil von der Zwischenstation bis zum Gipfel mißt über 3 km und überwindet einen Höhenunterschied von 1500 Metern. Unvorstellbar: Kein Zwischenpfeiler stützt das Seil auf dieser Strecke. Kurz vor der Bergstation steigt die Gondel fast senkrecht empor. Und oben scheint der Mont Blanc zum Greifen nahe.

Sicher spielt die großartige Szenerie und das Gefühl schwerelosen Schwebens mit, wenn wir dieser Seilbahn den Rang eines Weltwunders unserer Zeit zuerkennen möchten."

Die Register

Das Begriffsregister erläutert kurz und prägnant wichtige historische, kunsthistorische, religiöse und naturwissenschaftliche Fachausdrücke.
Das Personenregister enthält alle in diesem Buch genannten Personen, dabei sind auch mythologische Gestalten berücksichtigt. Namensgleiche Personen sind chronologisch geordnet. Namensgleiche Herrscher und Angehörige regierender Häuser sind alphabetisch nach den Ländern ihrer Herkunft aufgeführt. Jeder Eintrag enthält wichtige Lebensdaten und Werke der Personen sowie die Seiten, auf denen die erwähnten Frauen und Männer im Buch erscheinen.

Begriffsregister

A

Absolutismus (von lateinisch absolutus: uneingeschränkt, vollkommen), Regierungsform, in der ein Monarch (z. B. ein König) die alleinige Herrschergewalt besitzt, jedoch gewisse Rechtsnormen anerkennt.

Abt (von biblisch-griechisch Abbas: Vater), Vorsteher einer Klostergemeinschaft, die keinem Bischof untersteht und eigene Gerichtsbefugnisse (Jurisdiktion) besitzt.

Abtei (→ Abt), kirchenrechtlich unabhängige Klostergemeinschaft.

Akropolis (griechisch: hochgelegene Stadt), hochgelegener, geschützter bzw. befestigter Mittelpunkt griechischer Städte (Herrschersitz, Tempelbezirk, Zufluchtsort).

Albigenser, seit Mitte des 12. Jahrhunderts Bezeichnung für südfranzösische, um die Stadt Albi konzentrierte Ketzergruppen (Sekte der → Katharer).

Alignement (französisch: Abmessung, Bauflucht), die durch zwei Punkte bestimmte Richtung einer geraden Linie, auch Steinreihen frühgeschichtlicher, westeuropäischer Kulturen.

Allegorie (griechisch allegoria: Anderssagen), Versinnbildlichung eines abstrakten Begriffs durch eine Personifikation.

Altan (von lateinisch altus: hoch), auf dem Erdboden stehender balkonartiger Anbau an einem Gebäude.

Altsteinzeit, jüngere, Untergliederung der → Steinzeit, begann vor etwa 120000 Jahren.

Amazone, in der griechischen Mythologie ein Volk kriegerischer Frauen.

Ambo (griechischen Ursprungs), erhöhtes, von einer Brüstung umgebenes Lesepult in mittelalterlichen Kirchen.

Amphitheater, großer runder Bau (über elliptischem Grundriß) in oder bei römischen Städten mit ansteigenden, um eine → Arena gelegenen Sitzreihen.

Andesitstein (nach dem Gebirge Anden, Südamerika), lavaartiges Gestein vulkanischen Ursprungs.

Antike (von lateinisch antiquus: alt), Bezeichnung für die Zeit des griechisch-römischen Altertums.

Apsis (griechisch: Gewölbe), nischenartiger Abschluß eines Raumes (z. B. christlicher Kirchen).

Aquädukt (lateinisch: Wasserleitung), in der Antike Anlagen (z. B. Bogenbauten) für die Wasserversorgung von Städten.

Arena (von lateinisch: Sand), Kampfplatz und -bahn im → Amphitheater, Stadion und Zirkus.

Arkaden (von lateinisch arcus: Bogen), Bogen über Säulen oder Pfeilern in einer fortlaufenden Reihe.

Arkose, eine bestimmte Art von Sandstein.

Astrolabium (griechisch: Sternring), historisches Winkelmeßgerät zur Ortsbestimmung mit Hilfe der Sterne, auch als Sternuhr verwendbar.

Atlant (nach dem den Himmel tragenden Atlas der griechischen Mythologie), in der Baukunst eine Stütze in Gestalt einer männlichen Figur.

Attika (nach der griechischen Landschaft Attika), in der Baukunst ein quergelagerter Aufsatz über einem freistehenden Tor bzw. Triumphbogen oder über einem vorspringenden Gebäudeteil.

Atrium (lateinisch), vorderste bedeckte Halle eines römischen öffentlichen oder privaten Gebäudes, auch offener Innenhof größerer Häuser (z. B. Villen).

Aufklärung, die das ausgehende 17. und das 18. Jahrhundert beherrschende Geistesbewegung, „Beginn und Grundlage der eigentlich modernen Periode der europäischen Kultur und Geschichte im Gegensatz zu der bis dahin herrschenden kirchlich und theologisch bestimmten Kultur" (Ernst Troeltsch).

Aula (griechisch), offener Innenhof (Lichthof) griechischer öffentlicher oder privater Gebäude, später Bezeichnung für die große Halle eines römischen Kaiserpalastes.

B

Barock (von portugiesisch barocco: unregelmäßige Perle), Epoche der Geschichte, Kunst- und Kulturgeschichte vom Ende des 16. bis zum Ende des 18. Jahrhunderts, in der Spätphase → Rokoko genannt.

Basar (persisch; arabisch Suk), Geschäftsstraße bzw. -viertel in orientalischen Städten.

Basilika (von griechisch basilikos: königlich), ursprünglich eine königliche Halle, in römischer Zeit ein großes öffentliches Gebäude, seit dem 4. Jahrhundert eine christliche Kirche mit langgestreckten Mittel- und Seitenschiffen.

Biotop (von griechisch bios: Leben), Lebensraum.

Buddhismus, eine der Weltreligionen, benannt nach ihrem Stifter Buddha.

C

Caldera (spanisch: Kessel), riesiger Krater eines Vulkans, entsteht durch Einbrüche nach Entleerung mehrerer Krater.

Cattedra (von griechisch cathedra: Armsessel), Stuhl des Apostels Petrus im Petersdom zu Rom.

Chedi, ein Tempelturm in Südostasien mit einer Grabkammer.

Chor (griechisch), in der Baukunst der für den Gesang der Geistlichen bestimmte Ort in einer christlichen Kirche.

Cromlech → Kromlech.

D

Dalai Lama, Titel des tibetanischen Gottkönigs, nach der Lehre des Buddhismus die sich stets erneuernde Inkarnation des Gottes Awalokiteschwara.

Delta, fächerförmig verzweigter Mündungsbereich eines Flusses, benannt nach der Form des griechischen Buchstabens Δ (Delta).

Dolm (bretonisch taol: Tisch und maen: Stein), frühgeschichtliche Grabkammer, aus großen Steinen errichtet.

Dom (von lateinisch domus: Haus), Bezeichnung für eine Bischofskirche vor allem in Deutschland und Italien, → Kathedrale.

dorisch → Säule.

Dragoman (arabisch), Fremdenführer und Dolmetscher im Orient, ursprünglich Dolmetscher und Vermittler bei Verhandlungen zwischen dem osmanischen Sultan und europäischen Diplomaten.

Dschainismus (Anhänger des Dschina, des „Siegers"), indische, im 5. Jahrhundert v. Chr. entstandene religiöse Bewegung.

E

Empore (oberer Raum), galerieartiges Obergeschoß, auch tribünenartige Anlage in Kirchenräumen oder Sälen anderer Gebäude.

Essener, jüdische Sekte in Palästina seit dem 2. Jahrhundert v. Chr., fordert strenge Befolgung der Mosaischen (biblischen) Gesetze, Askese und Ehelosigkeit.

F

Fadenkreuz, Markierung durch zwei kreuzförmig angebrachte Striche („Fäden") auf der Linse eines Fernrohres oder Mikroskops.

Fellache (arabisch: Pflüger), Bezeichnung für einen Ackerbauern in arabischen Ländern.

Feudalsystem (von mittellateinisch feodum, feudum: Lehn), die Gesamtheit derjenigen politischen, kirchlichen und sozialen Verhältnisse, bei denen Pflichten und Leistungen auf einem persönlichen Treueverhältnis zwischen Herrn (Feudalherr) und Untergebenen (Vasallen) beruhen, wobei letztere durch Belehnung mit Grund und Boden belohnt werden.

Fiale (italienisch), schlankes, spitzes Türmchen, als Flankierung oder Bekrönung eines Strebpfeilers zur Zierde eines gotischen Baues.

Filigran (von lateinisch filum: Faden und granum: Korn), Zierwerk aus feinen, gezwirnten Metalldrähten (meist Gold und Silber) oder aus Drähten mit aufgelöteten Körnern.

Firn (von althochdeutsch firni: alt), mehrere Jahre alter Schnee im Hochgebirge, wird durch Tauen und Wiedergefrieren körnig und zu Firneis, dann unter dem Druck neuen Schnees zu Gletschereis.

Fossilien (von lateinisch fossilis: ausgegraben), aus der Erde ausgegrabene Reste von Tieren, Pflanzen und anderen Lebensspuren.

Freitagsmoschee (Dschami), eine → Moschee (Haupt- oder Versammlungsmoschee), in der freitags ein Gottesdienst mit Predigt stattfindet.

Fumarolen, Ausströmungen von heißen Gasen oder mit Gasen gemischten Wasserdämpfen aus der Erde in vulkanischen Gegenden.

Futurologie (von lateinisch futurum: Zukunft und griechisch logos: Wort), wissenschaftliche Erforschung der Zukunft mittels verschiedener wissenschaftlicher Disziplinen.

G

Galaxis (von griechisch galaxias: Milchstraße), Sternensystem im Weltall.

Gezeiten, Wechsel von Ebbe und Flut, hervorgerufen durch das Zusammenwirken der Anziehungskräfte von Erde, Mond und Sonne und der mit den Bewegungen dieser Himmelskörper verbundenen Fliehkräfte, auch → Tiden genannt.

Geysir (von isländisch: das Hervorspringende, tobender Sprudel), heiße Quelle mit periodischem oder unregelmäßigem Wasserausstoß.

Glimmerschiefer, Gesteinsart mit Quarzgehalt, im übrigen unterschiedlicher Zusammensetzung, von schiefrigem Gefüge.

Gneis, eine kristalline Gesteinsart (Granit) von schiefrigem Gefüge.

Gotik (vom Stammesnamen der Goten hergeleitet), Epoche der Kunst frühestens seit Mitte des 12. bis spätestens Anfang des 16. Jahrhunderts.

Granit, kristallinische Gesteinsart, das häufigste Gestein der Erdkruste.

H

Hieroglyphe (von griechisch: heilige Schriftzeichen), Schriftzeichen in Form von Bildern, wie sie besonders im alten Ägypten üblich waren.

Hierothesion (von griechisch hiero: heilig), Bezeichnung für das Gebäude des Antiochos I. von Kommagene auf dem Nemrut daği.

Hinduismus, eine der großen Religionen, hervorgegangen aus einer Vielzahl von Sekten, denen nur allgemeine Grundlagen gemeinsam sind (keine Stifterreligion).

Hofkapelle (→ Kapelle), Bezeichnung für die Gesamtheit der einer königlichen Kapelle angehörenden Geistlichen (Capellani, Kaplane), die gleichzeitig in der Königskanzlei Geschäfte der Regierung wahrnehmen.

Hydrothermal (von griechisch hydro: Wasser und therme: Wärme), 1. Verwendung von heißem Wasser als Wärme- bzw. Energiespender, 2. hydrothermale Lösungen, wäßrige, mit Metallen angereicherte Reste eines → Magmas.

I, J

Ikone (griechisch eikon: Bild), Heiligenbild der christlich-orthodoxen Ostkirchen.

Ikonostase (griechisch), in orthodoxen Kirchen eine mit Heiligenbildern bedeckte dreitürige Wand, die das Allerheiligste vom Raum der Gemeinde trennt.

Imam (arabisch: Vorsteher), 1. Vorbeter in einer Moschee, 2. als Nachfolger des Propheten Mohammed (umstrittenes) Oberhaupt des → Islam.

Inkrustation, farbige Verzierung von Flächen durch Einlagen, meistens Einlagen von Stein in Stein.

ionisch → Säule.

Inquisition (von lateinisch inquisitio: gerichtliche Untersuchung), kirchliche Institution zur Untersuchung, Verfolgung und Verurteilung von Menschen, die von der kirchlichen (katholischen) Lehre abweichen.

Islam (arabisch: Ergebung [in Gottes Willen]), eine der großen Weltreligionen, gestiftet von Mohammed.

Jungpaläolithikum → Altsteinzeit, jüngere.

Jungsteinzeit (Neolithikum), Periode der Menschheitsgeschichte, Untergliederung der → Steinzeit, vor etwa 10000 bis vor etwa 5000 Jahren.

K

Kalifat (arabisch Kalif: Stellvertreter, Nachfolger), Amt des geistlichen und weltlichen Oberhauptes des Islam als Nachfolger des Propheten Mohammed.

Kalksinter → Sinter.

Kambrium, ein Erdzeitalter, älteste Formation des Erdaltertums, benannt nach Gesteinsvorkommen in Nordwales (lateinischer Name: Cambria), vor etwa 570 bis vor etwa 500 Millionen Jahren.

Kanope (nach der altägyptischen Stadt Kanobos), altägyptisches Gefäß zum Beisetzen der aus einer → Mumie entfernten Eingeweide.

Kapelle (mittellateinisch cappella: kleines Gotteshaus), ursprünglich Bezeichnung für den Aufbewahrungsort der heiligsten → Reliquie des Frankenreichs, der Cappa (d. h. des Mantels des heiligen Martin), dann Gattungsbegriff im Sakralbau.

Karbon (lateinisch carba: [Holz]kohle), ein Erdzeitalter, zweitjüngste Formation des Erdaltertums (→ Paläozoikum), vor etwa 350 bis vor etwa 285 Millionen Jahren.

Karyatide (griechisch), freistehende oder wandverbundene Stütze eines Gebäudeteils in Gestalt einer Figur (ähnlich wie ein → Atlant).

Katharer (von griechisch: die Reinen), eine vom Balkan kommende christliche Sekte, seit etwa Mitte des 12. Jahrhunderts über Oberitalien, Südfrankreich (→ Albigenser) und Westdeutschland verbreitet.

Kathedrale (von griechisch cathedra: Armsessel), Bezeichnung für eine Bischofskirche (mit dem Thron des Bischofs) vor allem in Frankreich, Spanien und England, in Deutschland und Italien meist Dom.

Kenotaph (griechisch etwa: leeres Grab), Denkmal in Form eines Grabes für einen Toten, dessen sterbliche Hülle an einem anderen Platz beigesetzt ist.

Kentauren (griechisch), in der griechischen Mythologie vierbeinige aus einem Tierleib und einem menschlichen Oberkörper gebildete Wesen, auch Zentauren genannt.

Klassizismus, Epoche der Kunstgeschichte, nach Mitte des 18. Jahrhunderts bis um 1830.

Kolonnade (von lateinisch columna: Säule), Reihe von Säulen mit waagerechtem Gebälk verbunden, zum Rahmen von Gebäuden oder von Plätzen und Straßen.

Konklave (von lateinisch conclave: verschließbarer Raum), streng abgeschiedener Raum für die Wahl eines Papstes im Vatikan, auch Bezeichnung für den Vorgang der Wahl selbst.

Konsole (französisch console: Träger), in der Baukunst ein aus der Mauer hervortretendes Element, dient zum Tragen von Architekturteilen.

Koran (arabisch: Lesung), das heilige Buch des → Islam, enthält die Offenbarungen des Propheten Mohammed.

Koransure → Sure.

Kore (griechisch: Mädchen), moderne Bezeichnung einer Weihestatue langgewandeter Mädchen in Heiligtümern der alten Griechen.

korinthisch → Säule.

Krak (von arabisch Karak: Burg), Bezeichnung für eine Festung, wie sie die Kreuzfahrer in Syrien errichteten.

Kreml (russisch: Burg, hergeleitet von griechisch: → Akropolis), befestigter, burgartiger Teil russischer Städte im Mittelalter.

Kromlech (Cromlech; walisisch crom: Kreis und llech: flacher Stein), Steinkreisanlagen frühgeschichtlicher, westeuropäischer Kulturen.

L

Laterne (von griechisch lampter: Leuchter), durchbrochenes Türmchen über der Scheitelöffnung einer Kuppel.

Lava (von lateinisch labi: stürzen), aus Vulkanen austretende, glühend flüssige Masse, eine dem → Magma ähnliche Gesteinsschmelze des Erdinneren.

Legende (von lateinisch legenda: zu lesende Stücke), volkstümliche, religiöse Erzählungen über Heilige, Wunder und ähnliches.

Lehnsstaat, ein nach dem mittelalterlichen → Feudalsystem vom Herrscher (meist dem König) an einen Untergebenen (Vasallen) verliehenes Territorium (Land).

Lichtjahr, eine in der Astronomie verwendete Längeneinheit, Entfernung, die das Licht (rund 300000 km/sec) in einem Jahr zurücklegt (rund 9,4605 Billionen km).

Linga (Sanskrit: Kennzeichen), Darstellung des Phallus, des männlichen Gliedes als Kultbild, gilt im → Hinduismus als → Symbol des Gottes Schiwa.

M

Magma (griechisch: knetbare Masse, Salbe), geschmolzenes Gestein im oberen Erdmantel und in der Erdkruste, tritt durch Vulkane an die Erdoberfläche.

Maharadscha (Sanskrit: großer König), Titel indischer Fürsten seit der Unabhängigkeit Indiens (1947), früher ein indischer Großfürst, dem mehrere → Radschas unterstanden.

Mandala (Sanskrit: Kreis), Allerheiligstes des hinduistischen Gottes Schiwa, meist viereckiges, schachtelförmiges Gebilde mit Zeichen und Bildern von Heiligen.

Mangan, ein metallisches Element von silbrig-weißer Farbe.

Märtyrer (von griechisch martys: Zeuge), Bezeichnung für Christen, die wegen ihres Glaubens körperliche Leiden und den Tod auf sich nehmen.

Mastaba (arabisch: Bank), Bezeichnung für Privatgräber im ägyptischen Alten Reich mit Sargkammer und Kultraum.

Mäzen (nach Gains Cilnius Maecenas, †8. v. Chr.), ein Förderer und Freund von Kunst und Wissenschaft.

Medrese (von aramäisch-arabisch Midrasch: soviel wie Ort des Gebets), Hochschule des Islam, aus den Lehrstätten an → Moscheen hervorgegangen.

Megalith (griechisch: großer bzw. langer Stein), Megalithgrab, aus großen Steinen errichtete Grabanlagen frühgeschichtlicher Kulturen.

Megalithkultur → Megalith.

Menhir (bretonisch maen-hir: soviel wie langer Stein), in bestimmter Ordnung aufrechtstehende, hohe Steine frühgeschichtlicher Kulturen.

Mihrab (arabisch), Gebetsnische an der nach Mekka ausgerichteten Wand in einer → Moschee.

Mikrometerschraube, Schraube mit feinem Gewinde und Einteilungen am Kopf, mit deren Hilfe durch Drehung die lineare Verschiebung der Schraubenmutter genau gemessen werden kann, in der Astronomie zum Messen kleiner Winkel verwendet.

Minarett (von arabisch manara: soviel wie Platz, wo Licht ist), Turm an einer → Moschee, von dem die Zeiten des Gebets ausgerufen werden.

Minbar (arabisch: soviel wie Turm), Kanzel in einer → Freitagsmoschee rechts neben dem → Mihrab.

Monolith (griechisch: Einstein), einzeln gelegener großer Stein oder Felsen, oder ein aus einem einzigen Steinblock gefertigtes Kunstwerk, z. B. Obelisk, Brunnen- oder Kuppelschale, Säule.

Moräne (französisch moraine: Geröll), Anhäufung von Felsbrocken und Schutt, die durch Gletscher talabwärts geschoben wurden.

Moschee (von arabisch masdschid: Ort der Anbetung), Kultgebäude des → Islam.

Muezzin (arabisch), Beamter an einer → Moschee, der fünfmal täglich vom → Minarett aus die Aufforderung zum Gebet absingt.

Mumie (von persisch mum: Wachs), Bezeichnung für eine durch natürliche oder künstliche Austrocknung der Gewebe vor dem Zerfall geschützte Leiche; die künstliche Herstellung von M. war in Ägypten seit dem 3. Jahrtausend v. Chr. aus religiösen Gründen üblich.

Mythologie (von griechisch mythos: Erzählung, Fabel), im Sinn von Göttersagen die Erzählung vom Handeln der Götter und anderer überirdischer Naturen.

N

Narthex (griechisch), die Vorhalle einer altchristlichen bzw. byzantinischen Kirche.

Neolithikum → Jungsteinzeit.

Nirwana (Sanskrit: Erlösen, Verwehen), im → Buddhismus und → Dschainismus das Heilsziel des Daseins, das Erlöschen jeden Daseins im Nichts.

O

Obergaden (auch Lichtgaden), Fensterzone des Mittelschiffs einer Langhauskirche (→ Basilika) oberhalb der Seitenschiffe.

Observatorium (von lateinisch observare: beobachten), eine Beobachtungsstation zur Erforschung des Himmels (Astronomie), des Wetters u. a.

Odeion (griechisch), in der → Antike ein für Aufführungen und Wettkämpfe bestimmtes Gebäude (halbrund oder kreisrund mit Dach).

Oktogon (griechisch: Achteck), ein über einem achteckigen Grundriß errichtetes Gebäude.

Orchestra (griechisch: Tanzplatz), ursprünglich Tanzplatz vor einem Tempel des Dionysos, dann im antiken Theater der Platz zwischen Zuschauerraum und Bühnenhaus (→ Skene).

P

Paläozoikum (griechisch palaios: alt), das Erdaltertum vor etwa 570 bis vor etwa 225 Millionen Jahren.

Palas (von lateinisch palatium: Palast), Wohn- oder Saalbau auf einer mittelalterlichen Burg.

Perpendikularstil (englisch perpendicular: lotrecht, aufrecht, p.style: spätgotischer Stil), Epoche der englischen → Gotik, von Mitte des 14. Jahrhunderts bis etwa 1520.

Pfalz (althochdeutsch phalanza von lateinisch palatium: Palast), im Frankenreich und im römisch-deutschen Reich des Mittelalters Burg bzw. Hofbezirk für den Aufenthalt des Königs und Kaisers.

Pharao (altägyptisch), seit etwa 1580 v. Chr. Bezeichnung des ägyptischen Königs (auch Hofstaat und Regierung), jedoch kein offizieller Titel des Königs.

Pilaster (von lateinisch pila: Pfeiler), ein Wandpfeiler, ein mehr oder weniger flach aus einer Wand hervortretender Pfeiler (Säule mit Fuß, Schaft und Kapitell).

Portikus (lateinisch porticus: Säulengang, Halle), ein säulengetragener Vorbau eines Gebäudes an der Haupteingangsseite.

Präkambrium (lateinisch prae: vor), der gesamte vor dem → Kambrium liegende erdgeschichtliche Zeitraum.

Prälat (mittellateinisch praelatus: Würdenträger), Titel amtierender hoher kirchlicher Würdenträger der katholischen Kirche.

Prang, Tempelturm in Südostasien mit einer Kammer für → Reliquien.

Prior (lateinisch: der vordere), Vorsteher eines Klosters, das keine → Abtei ist, auch Stellvertreter eines Abtes.

Propyläen (griechisch), Eingangstore zu großen Bauanlagen, gewöhnlich zu altgriechischen Heiligtümern.

Pylon (griechisch), turmartiger, rechteckiger Bau mit schrägen Wänden; paarweise als Eingang altägyptischer Tempelbezirke angeordnet.

Pythia, Bezeichnung für die Priesterin am Apollonheiligtum des delphischen Orakels.

Q

Quadriga (lateinisch: Viergespann), ein mit vier nebeneinanderlaufenden Rossen bespannter, zweirädriger Streitwagen.

Quartär (von lateinisch quartus: vierte), jüngste Formation der Erdneuzeit, vor etwa 1,5 Millionen Jahren.

R

Radscha (Sanskrit: König), Titel und Amt eines Fürsten in Indien und auf dem Malaiischen Archipel.

Ratha, ein aus dem natürlichen Felsgestein herausgearbeiteter Tempel des → Hinduismus.

Refektorium (von lateinisch refectio: Wiederherstellung), Speise- und Erholungsraum in Klöstern.

Registan (Registan, arabisch), ein kommerzieller Mittelpunkt für die Vorstadtgebiete islamischer Städte in Zentralasien, auch das freie Feld vor einer → Zitadelle.

Reliquiar, Behälter zur Aufbewahrung von → Reliquien.

Reliquie (von lateinisch reliquiae: Überreste), Überreste eines Heiligen oder heilige Gegenstände, die religiöse Verehrung genießen, z. B. Gebeine, Kleider, Gebrauchsgegenstände eines Heiligen.

Renaissance (von lateinisch ordo renascendi: Wiedergeburt), allgemein die Wiedergeburt einer vergangenen Epoche, vor allem aber Bezeichnung für die Geschichts- und Kulturwende vom Mittelalter zur Neuzeit, etwa vom 14. bis ins 16. Jahrhundert.

Rokoko (von französisch rocaille: Muschelwerk), späte Phase der Kunst des → Barock.

Romanik (romanischer, „römischer“ Stil), Epoche der abendländischen Kunst vom ausgehenden 9. bis zum ausgehenden 12. bzw. beginnenden 13. Jahrhundert.

S

Sarai (persisch-türkisch serâi: großes Haus), Palast eines → Sultans, vornehmlich der des osmanischen Sultans in Konstantinopel (Istanbul).

Säule, griechische, die griechische Baukunst kennt – nach dem Stil der Kapitelle – drei Säulenarten: 1. dorische S. mit wulstförmig abgeschrägtem Kapitell und einfacher quadratischer Deckplatte, 2. ionische S. mit zwei seitlich ausladenden Voluten (spiralförmigen Einrollungen) am Kapitell, 3. korinthische S. mit dekorativem Kapitell aus Akanthusblättern und kleinen Voluten.

Schintoismus (von japanisch shinto: Weg der Götter), die einheimische Religion Japans.

Schogun (japanisch), in Japan ursprünglich Bezeichnung für einen in Kriegszeiten ernannten Heerführer, dann dauernder Amtstitel für den neben dem Kaiser tatsächlich herrschenden Heerführer.

Sinter, Gesteine, die sich aus mineralhaltigen, fließenden Gewässern ablagern, bilden Wälle und Terrassen.

Skene (griechisch), im antiken Theater Bühnenhaus bzw. Bühnenwand.

Skyline (englisch: Horizont), eine gegen den Himmel sich abzeichnende Silhouette z. B. einer Stadt.

Spezies (lateinisch: Art), Grundeinheit im System der Tier- und Pflanzenwelt.

Sphinx (griechisch: Würger), Gestalten der altägyptischen und altgriechischen Mythologie mit menschlichem Haupt und Löwen- oder Widderleib, in Ägypten → Symbol des Sonnengottes und → Pharaos.

Spiegelachse, gedachte Linie eines Grundrisses, die ihn in zwei symmetrische Hälften teilt.

Steinzeit, älteste und längste Periode der Menschheitsgeschichte, begann vor etwa zwei Millionen Jahren, gegliedert in Altsteinzeit (Paläolithikum, von griechisch palaios: alt und lithos: Stein), Mittelsteinzeit (Mesolithikum, von griechisch meso: mittel), Jungsteinzeit (Neolithikum, von griechisch neos: neu).

Stoa (griechisch: Säulenhalle), in altgriechischen Städten Ort für Märkte und gesellige Zusammenkünfte, auch Lehrstätte für Philosophenschulen (z. B. Stoiker).

Stupa (Sanskrit: Hügel), buddhistischer Sakralbau von ursprünglich halbkugeliger Gestalt, zur Aufbewahrung von → Reliquien.

Sultan (arabisch: Herrschaft), seit dem 11. Jahrhundert Titel des Herrschers in islamischen Reichen.
Sure (arabisch: Reihe), Kapitel des → Korans.
Symbol (von griechisch symbolon: Kennzeichen), Zeichen bzw. Sinnbild, das stellvertretend für etwas nicht Wahrnehmbares steht.

T

Talent (von griechisch talanton: Gewogenes, Waage), in der Antike eine griechische Gewichtseinheit (26,2 kg), als Geldeinheit eine dem Gewicht entsprechende Summe Silbers.
Territorium (von lateinisch terra: Land), mittelalterliches Staatsgebiet, als solches Grundherrschaft, Gerichts- und Rechtsbezirk.
Tertiär (von lateinisch tertius: dritte), ältere Formation der Erdneuzeit, vor etwa 67 Millionen bis vor etwa 1,5 Millionen Jahren.
Theater (griechisch theatron: Schauplatz), Ort und Gebäude für die Aufführung von Schauspielen; im alten Griechenland besaßen Theateraufführungen gottesdienstlichen Charakter.
Thermen (griechisch-lateinisch: Bad), in der Antike öffentliche Badeanstalten.
Tiden, (niederdeutsch), → Gezeiten des Meeres. Die Höhendifferenz zwischen Ebbe und Flut wird Tidenhub genannt.
Triforium (von altfranzösisch trifoire: durchbrochene Arbeit), im romanischen und besonders gotischen Kirchenbau ein meist in dreifacher Bogenstellung sich öffnender Laufgang unter den Fenstern von Mittel- und Querschiff sowie → Chor.
Tympanon (griechisch), in der Baukunst ein Giebel- bzw. Bogenfeld über Türen oder Toren.

V

Votivgabe (von lateinisch votivus: durch Gelübde versprochen), eine auf Grund eines Gelübdes Gott, einer Gottheit oder einem Heiligen gestiftete Gabe.

W

Wappen (von mittelhochdeutsch wapen: Waffe, Schildzeichen), schildförmige, farbige, nach festgelegten Regeln gestaltete Abzeichen, die Personen, Familien oder Institutionen kennzeichnen und vertreten.

Z

Zen-Buddhismus, eine vor allem in Japan vertretene Schulrichtung des → Buddhismus.
Zikkurat, altorientalischer Tempelturm, Stufenturm mit Hochtempel.
Ziselierung (von französisch ciseau: Meißel), eingearbeitete Muster in Metalloberflächen, auch Nacharbeiten an Metallgußstücken.
Zitadelle (französisch Citadelle: Festung), gesonderte Festung innerhalb einer Stadt oder einer Befestigungsanlage.

Personenregister

W

X

Y

Z

Bildquellenverzeichnis

Air France, Frankfurt (86 M.)
Sean Anderson/The Image Bank (114/15)
Klaus D. Appuhn, Stuttgart (32, 33, 224 l., 225 o.r., 330/31)
Arakawa/The Image Bank (57 o.r.)
Artothek Hinrichs, München (229)
D'Ayer/Mauritius (252/53)
Balzat (392 u.)
Bruno Barbey/Magnum (34, 325 o., 352 o.l.)
Sebastao Barbosa/The Image Bank (438/439)
Gert v. Bassewitz/Transglobe Agency (118/19, 192/93, 193 u., 402/03, 403 u.)
Bergmann/Mauritius (304/05)
Gunter Bergmann/Transglobe Agency (170 o.)
Ian Berry/Magnum (104/105)
Bildarchiv Preußischer Kulturbesitz, Berlin (318/19)
Brignolo/The Image Bank (332/333)
British Tourist Authority, London (60/61, 72 o.)
John Bryson/The Image Bank (170 u., 412 u.)
Bürger-Prenzel, Gröbenzell (408 o.)
René Burri/Magnum (266/267)
Cassio/Mauritius (20/21, 110/111, 172/73, 214/15, 194/95, 338/39)
Cassio-Prenzel, Gröbenzell (412/413)
Louis Castaneda/The Image Bank (120)
Colorphoto Hinz, Basel (216/217)
Gordon/The Image Bank (87)
Klaus Demuth, Gauting (16/17, 278/279, 278)
Dottore/Mauritius (419 o.)
dpa, Frankfurt (16 u., 22/23, 30/31, 36/37, 38/39, 40/41, 45, 48/49, 48 o., 50 u., 57 u., 69 o., 74, 76/77, 88/89, 90/91, 98/99, 100 u., 102/103, 103 o., 106/107, 127 r., 127 l., 132/133, 132, 142/143, 142 o., 144/45, 162 M., 166 u., 168/69, 174/75, 176 o., 186/187, 186 o., 187 o., 204/05, 206/07 o., 210/11, 220/21, 224 o.M., 236/37, 244/45, 248/49, 249 o., 264/65, 274/75, 276/77, 282/83, 284/85, 284 o., 288/89, 291 o., 291 u., 300 u., 314/315, 334/35, 367 u., 372, 373, 374/75, 378/79, 380/81, 380, 384/85, 384 o., 384 u., 386, 398 o., 400/01, 420 l., 420 r., 421 l., 425, 428, 429, 436/37)
Enit, Staatliches Italienisches Verkehrsbüro, Frankfurt (302 o.)
Elliott Erwitt/Magnum (36 u.l.)
Everts-Prenzel, Gröbenzell (62 o., 64/65, 70/71, 80/81, 166/67, 167, 214 l., 344)
R. Farber/The Image Bank (147 r.)
Fieselmann/Mauritius (392 o.)
Finnisches Fremdenverkehrsamt, Hamburg (382/83, 383)
FM/Mauritius (418/19)
Französisches Verkehrsbüro, Frankfurt (224 o.l., 225 M.l.)
Jay Freis/The Image Bank (92/93)
Rainer Gaertner, Bergisch Gladbach (14/15, 14 u., 15 u.l., 15 u.M., 15 u.r., 15 M.r., 96/97, 97, 202 o.l., 202 o.r., 202 u., 203)
E. Gebhardt/Mauritius (427)
Margot Granitsas/Transglobe Agency (98 o., 98 u., 206/07 u.)
Klaus Hackenberg/Mauritius (306/07, 316/17)
Jan Halaska/Transglobe Agency (298/99, 298 l.)
Harenberg-Archiv, Dortmund (40 u., 124 u., 130 o., 165 o., 342, 414 o., 415 o., 415 u.)
Dirk Hartienstein, Cloppenburg (368/69)
Peter Hendrie/ The Image Bank (156/157)
Hiser/The Image Bank (311)
The Image Bank, New York (26, 56/57, 91 ., 108 o., 212/13, 270/71)
Indian Tourist Organization, Frankfurt (20 M.)
Karl-Heinz Jürgens, Ost + Europa-Photos, Köln (118 M., 118 u., 152/53, 183 M.r., 183 u., 190/91, 208/09, 209, 336/37, 340/41, 341o., 341 ., 341 u., 350/351)
Pawel Kanicki/Transglobe Agency (182)
Kerth/Mauritius (249 u.)
Dietmar Krichner/Mauritius (404 u.)
Koene/Transglobe Agency (140/41)
Maria Koettnitz-Bies, Dortmund (408 u.)
Steve Kongard/The Image Bank (366/367)
J. Kugler/Mauritius (194 o., 413 u.)
Manfred Kunst, Hamburg (94 o., 260/61, 376/77)
Wolfgang Lauter, München (82 l.u., 82 r.u., 138/139 138 o., 138 M., 138 u., 162 u., 224 M.r., 224 u., 286/87, 334 o., 334 u.)
Chr. Leblond/Mauritius (320/21)
Lederer-Prenzel, Gröbenzell (408/09)
Peter Lempert, Dortmund (82/83m 424 u.)
Frank Logemann, Münster (26/27, 27, 116/117)
Terry Madison/The Image Bank (420/421)
David J. Maenza/The Image Band (243, 326/27)
Richard + Mary Magruder/The Image Bank (128/29, 417 u.)
Josef F. Martin/Artothek Hinrichs, München; © für Pablo Picaso, Guernica: SPADEM/VG Bild-Kunst, Bonn 1985 (158/59)
M. Mehlig/Mauritius (124/125, 242)
Joachim Messerschmidt, Berlin (54/55, 54 o., 54 u., 62 u., 66/67, 66 u., 84/85, 126, 228 o., 250/51, 312, 394/395, 396/397, 396 o., 396 u., 398 u.r., 404/05, 404 o.)
Dr. Dieter Metzler, Münster (91 M.r., 230/31, 231 u.l., 390 u.r., 392/93, 416 u.)
Mexicanisches Verkehrsamt, Frankfurt (416/17)
Dr. Franz-Dieter Miotke, Garbsen (238, 239)
Mobil Oil AG, Hamburg (362/363)
Muthny/Mauritius (245)
Edmund Nägele/Mauritius (62/63, 430/31)
Newmann/The Image Bank (370/371)
NBT, Niederländisches Büro für Tourismus, Köln (290/91, 291 M.)
Obremski/The Image Bank (86/87)
O. Paterson/The Image Bank (262/63)
Felix R. Paturi, Roderbach (18 u., 24/25, 76 o., 76 u., 182/183, 196/197, 218/219, 226/227, 232/33, 256/57, 258/59, 258, 272/273, 279 u., 294/95, 300/01, 301, 315, 329, 331, 348/349, 349 o.l., 349 o.r., 387 o., 387 M., 387 u., 436)
Photothèque Vautier-De Nanxe, Paris (28/29, 50/51, 56 o.l., 94/95, 112/13, 122/23, 134/35, 135/37, 136 u., 137 o., 137 M., 143 u., 146/147, 154/155, 160/61 170/71, 170 M., 178/79, 184/85, 184 l., 213 o., 213 u., 231 u.r., 231 u.M., 246/247, 254/255, 255 u.l., 255 u.r., 292/93, 296/297, 360/361, 360 o., 390/91, 391 u.l., 391 u.r., 394, 402, 410/11, 434 o., 434 u., 435 o., 435 u.)
Photri/Mauritius (75)
Pratz-Arepi/The Image Bank (225 M.r.)
Prenzel/IF, Gröbenzell (71 o.)
DePrins/Mauritius (398 u.l.)
George Rodger/Magnum (60 l., 180/81, 180)
Wilhelm Rogge, Lünen (73 o., 73 M., 73 u., 89 r., 128 u.l., 128 u.r. 174 o., 174 M., 205, 280 o., 308 o.r., 308 o.l.M., 308 o.r.M., 308 M.l., 308 M.r., 309, 318 u., 423, 424/425)
Rossenbach/Mauritius (46/47, 46 o.)
Rowan/Transglobe Agency (34/35)
W. Rudolph, München (42/43, 42 u.l., 43 u.r., 43 u., 52/53, 52 o., 83 u., 100/01, 108 u., 142 u., 198/99, 198 o., 198 u., 201, 364/365, 398/399, 422/433)
Ted Russel/The Image Bank (280/81)
Rutz-Prenzel, Gröbenzell (68/69)
C. Sattlberger/Transglobe Agency (364)
Schmeltzer/Mauritius (78/79)
Jürgen Schmitt/The Image Bank (164/165)
Philipp Schmitt/The Image Bank (322/23)
Dr. Christian Schneider, Münster (193 o., 266 M., 284 M.)
T. Schneiders/Mauritius (120/21)
Rolf D. Schwarz, Düsseldorf (53 o., 113 r., 130/31, 148/49, 148 u., 149 o., 149 M., 176/77, 200/01, 201 u., 222/23, 222, 230 u.M. 230 u.r., 240/41, 252 o., 252 u., 310 o., 352/53, 352 u., 381 u., 426/27, 433)
Fernando Scianna/Magnum (18 o.)
Silvestris-Fotoservice, Kastl (151, 242, 386/387)
Silvestris-Daily Telegraph (358/359, 388/89)
Paul Slauhter/Transworld Feature Syndicate (432)
Spanisches Fremdenverkehrsamt, Düsseldorf (328/29)
Achim Sperber, Hamburg (31 o., 31 u., 103 u., 120 o., 161, 168, 342/43)
v. Stroheim-Prenzel, Gröbenzell (234/35)
Teatro ala Scala, Mailand (346/47, 346 u., 346 o.)
Thiele-Prenzel, Gröbenzell (215 r.)
Thonig-Mauritius (150)
Tomcat-Photo (225 u.l.)
Troisfontaines/Mauritius (64)
Transglobe Agency, Hamburg (58/59)
Turner/Image Bank (354/55)
Anne von der Vaeren/The Image Bank (225 o.M.)
Giorgio Vasari, Rom (406/07)
Amadeo Vergani/The Image Bank (18/19)
Steve Vidler/Mauritius (127 u., 194 u., 228 u., 268/69, 303 o., 313, 344/45, 356/57, 371 u., 419 M., 419 u.)
Charles Weckler/The Image Bank (20 u.l., 20 u.r., 110)
Wiese/Transglobe Agency (324/325)
H.Winter/Anthony-Verlag, Starnberg (188/89)
E. Wolff/Mauritius (388)
Jules Zalon/The Image Bank (44 u.)